D0846340

# THE LOEB CLASSICAL LIBRARY

FOUNDED BY JAMES LOEB, LL.D.

EDITED BY

† T. E. PAGE, C.H., LITT.D.

† E. CAPPS, PH.D., LL.D.    † W. H. D. ROUSE, LITT.D.

L. A. POST, L.H.D.  E. H. WARMINGTON, M.A., F.R.HIST.SOC.

# PAUSANIAS

## IV

# PAUSANIAS
## DESCRIPTION OF GREECE

WITH AN ENGLISH TRANSLATION BY
### W. H. S. JONES, Litt.D.
ST. CATHARINE'S COLLEGE, CAMBRIDGE

IN FOUR VOLUMES
WITH A COMPANION VOLUME CONTAINING
MAPS, PLANS AND INDICES

## IV

BOOKS VIII (XXII)—X

CAMBRIDGE, MASSACHUSETTS
## HARVARD UNIVERSITY PRESS
### LONDON
## WILLIAM HEINEMANN LTD
MCMLXV

*First printed 1935*
*Reprinted 1955, 1961, 1965*

*Printed in Great Britain*

# CONTENTS

v

# PAUSANIAS

## DESCRIPTION OF GREECE

## BOOK VIII—ARCADIA

# ΠΑΥΣΑΝΙΟΥ

## ΕΛΛΑΔΟΣ ΠΕΡΙΗΓΗΣΕΩΣ

### Η΄

#### ΑΡΚΑΔΙΚΑ

XXII. Ἐπανάγει δὲ ὁ λόγος με ἐπὶ Στύμφαλον καὶ ἐπὶ τοὺς Φενεατῶν καὶ Στυμφαλίων ὅρους, τὸ ὀνομαζόμενον Γερόντειον. Στυμφάλιοι δὲ τεταγμένοι μὲν οὐ μετὰ Ἀρκάδων ἔτι εἰσὶν, ἀλλὰ ἐς τὸ Ἀργολικὸν συντελοῦσι μεταστάντες ἐς αὐτὸ ἐθελονταί· γένους δὲ εἶναι σφᾶς τοῦ Ἀρκά-δων τὰ ἔπη μαρτυρεῖ τὰ Ὁμήρου, καὶ ὁ Στύμ-φαλος ὁ οἰκιστὴς ἀπόγονος ἦν τρίτος Ἀρκάδος τοῦ Καλλιστοῦς. λέγεται δὲ ἐξ ἀρχῆς ἑτέρωθι οἰκισθῆναι τῆς χώρας καὶ οὐκ ἐς τὴν ἐφ᾽ ἡμῶν
2 πόλιν. ἐν δὲ τῇ Στυμφάλῳ τῇ ἀρχαίᾳ Τήμενόν φασιν οἰκῆσαι τὸν Πελασγοῦ καὶ Ἥραν ὑπὸ τοῦ Τημένου τραφῆναι τούτου καὶ αὐτὸν ἱερὰ τῇ θεῷ τρία ἱδρύσασθαι καὶ ἐπικλήσεις τρεῖς ἐπ᾽ αὐτῇ θέσθαι· παρθένῳ μὲν ἔτι οὔσῃ Παιδί, γημαμένην δὲ τῷ Διὶ ἐκάλεσεν αὐτὴν Τελείαν, διενεχθεῖσαν δὲ ἐφ᾽ ὅτῳ δὴ ἐς τὸν Δία καὶ ἐπανήκουσαν ἐς τὴν Στύμφαλον ὠνόμασεν ὁ Τήμενος Χήραν. τάδε μὲν ὑπὸ Στυμφαλίων λεγόμενα οἶδα ἐς τὴν θεόν·

# PAUSANIAS

## DESCRIPTION OF GREECE

## BOOK VIII

### ARCADIA

XXII. My narrative returns to Stymphalus and to Geronteium, as it is called, the boundary between Stymphalus and Pheneüs. The Stymphalians are no longer included among the Arcadians, but are numbered with the Argive League, which they joined of their own accord. That they are by race Arcadians is testified by the verses of Homer,[1] and Stymphalus their founder was a grandson of Arcas, the son of Callisto. It is said that it was originally founded on another site, and not on that of the modern city. The story has it that in the old Stymphalus dwelt Temenus, the son of Pelasgus, and that Hera was reared by this Temenus, who himself established three sanctuaries for the goddess, and gave her three surnames: when she was still a maiden, Girl; when married to Zeus he called her Grown-up; when for some cause or other she quarrelled with Zeus and came back to Stymphalus, Temenus named her Widow. This is the account which, to my own knowledge, the Stymphalians give of the goddess.

---

[1] See *Iliad* ii. 608.

3 ἡ δὲ ἐφ' ἡμῶν πόλις τῶν μὲν εἰρημένων οὐδέν, ἄλλα δὲ εἶχε τοσάδε. ἔστιν ἐν τῇ Στυμφαλίων πηγή, καὶ ἀπὸ ταύτης ὕδωρ βασιλεὺς Ἀδριανὸς Κορινθίοις ἤγαγεν ἐς τὴν πόλιν. ἐν δὲ τῇ Στυμφάλῳ χειμῶνος μὲν ὥρᾳ λίμνην τε οὐ μεγάλην ἡ πηγὴ καὶ ἀπ' αὐτῆς ποταμὸν ποιεῖ τὸν Στύμφαλον· ἐν θέρει δὲ προλιμνάζει μὲν οὐδὲν ἔτι, ποταμὸς δὲ αὐτίκα ἐστὶν ἀπὸ τῆς πηγῆς. οὗτος ἐς χάσμα γῆς κάτεισιν ὁ ποταμός, ἀναφαινόμενος δὲ αὖθις ἐν τῇ Ἀργολίδι μεταβάλλει τὸ ὄνομα, καὶ αὐτὸν ἀντὶ Στυμφάλου καλοῦσιν Ἐρασῖνον.

4 ἐπὶ δὲ τῷ ὕδατι τῷ ἐν Στυμφάλῳ κατέχει λόγος ὄρνιθάς ποτε ἀνδροφάγους ἐπ' αὐτῷ τραφῆναι· ταύτας κατατοξεῦσαι τὰς ὄρνιθας Ἡρακλῆς λέγεται. Πείσανδρος δὲ αὐτὸν ὁ Καμιρεὺς ἀποκτεῖναι τὰς ὄρνιθας οὔ φησιν, ἀλλὰ ὡς ψόφῳ κροτάλων ἐκδιώξειεν αὐτάς. γῆς δὲ τῆς Ἀράβων ἡ ἔρημος παρέχεται καὶ ἄλλα θηρία καὶ ὄρνιθας καλουμένας Στυμφαλίδας, λεόντων καὶ παρδά-

5 λεων οὐδέν τι ἡμερωτέρας ἀνθρώποις· αὗται τοῖς ἐπὶ ἄγραν αὐτῶν ἀφικνουμένοις ἐπιπέτανται, καὶ τιτρώσκουσί τε τοῖς ῥάμφεσι καὶ ἀποκτείνουσιν. ὅσα μὲν δὴ χαλκοῦ καὶ σιδήρου φοροῦσιν ἄνθρωποι, διατρυπῶσιν αἱ ὄρνιθες· ἢν δὲ ἐσθῆτα φλοΐνην παχεῖαν πλέξωνται, τὰ ῥάμφη τῶν Στυμφαλίδων ὑπὸ τῆς ἐσθῆτος ἔχεται τῆς φλοΐνης, καθὰ καὶ πτέρυγες ὀρνίθων τῶν μικρῶν προσέχονται τῷ ἰξῷ. αὗται μέγεθος μὲν κατὰ γέρανόν εἰσιν αἱ ὄρνιθες, ἐοίκασι δὲ ἴβεσι, ῥάμφη δὲ ἀλκιμώτερα φέρουσι καὶ οὐ σκολιὰ ὥσπερ αἱ

6 ἴβεις. εἰ μὲν δὴ καὶ αἱ κατ' ἐμὲ ὄρνιθες αἱ Ἀράβιοι τῶν ἐν Ἀρκαδίᾳ ποτὲ ὀρνίθων τὸ

4

The modern city contains none of these sanctuaries, but I found the following notable things. In the Stymphalian territory is a spring, from which the emperor Hadrian brought water to Corinth. In winter the spring makes a small lake in Stymphalus, and the river Stymphalus issues from the lake; in summer there is no lake, but the river comes straight from the spring. This river descends into a chasm in the earth, and reappearing once more in Argolis it changes its name, and is called Erasinus instead of Stymphalus. There is a story current about the water of the Stymphalus, that at one time man-eating birds bred on it, which Heracles is said to have shot down. Peisander of Camira, however, says that Heracles did not kill the birds, but drove them away with the noise of rattles. The Arabian desert breeds among other wild creatures birds called Stymphalian, which are quite as savage against men as lions or leopards. These fly against those who come to hunt them, wounding and killing them with their beaks. All armour of bronze or iron that men wear is pierced by the birds; but if they weave a garment of thick cork, the beaks of the Stymphalian birds are caught in the cork garment, just as the wings of small birds stick in bird-lime. These birds are of the size of a crane, and are like the ibis, but their beaks are more powerful, and not crooked like that of the ibis. Whether the modern Arabian birds with the same name as the old Arcadian

ὄνομα, εἶδος δὲ[1] τὸ αὐτὸ ἐκείναις ἔχουσιν, οὐκ
οἶδα· εἰ δὲ τὸν πάντα αἰῶνα κατὰ τὰ αὐτὰ
ἱέραξι καὶ ἀετοῖς καὶ Στυμφαλίδες εἰσὶν ὄρνιθες,
Ἀράβιόν τε εἶναί μοι θρέμμα αἱ ὄρνιθες αὗται
φαίνονται, καὶ δύναιτο ἂν πετομένη ποτὲ ἀπό-
μοιρα[2] ἐξ αὐτῶν ἐς Ἀρκαδίαν ἀφικέσθαι ἐπὶ
Στύμφαλον. ὑπὸ μὲν δὴ τῶν Ἀράβων ἄλλο
τί που ἐξ ἀρχῆς καλοῖντο ἂν καὶ οὐ Στυμφαλίδες·
τοῦ Ἡρακλέους δὲ ἡ δόξα καὶ τὸ Ἑλληνικὸν
πρὸ τοῦ βαρβαρικοῦ τετιμημένον ἐξενίκησεν ὡς
καὶ τὰς ἐν τῇ ἐρήμῳ τῇ Ἀράβων Στυμφαλίδας
7 καὶ ἐπὶ ἡμῶν ὀνομάζεσθαι. ἐν Στυμφάλῳ δὲ καὶ
ἱερὸν Ἀρτέμιδός ἐστιν ἀρχαῖον Στυμφαλίας· τὸ
δὲ ἄγαλμα ξόανόν ἐστι τὰ πολλὰ ἐπίχρυσον.
πρὸς δὲ τοῦ ναοῦ τῷ ὀρόφῳ πεποιημέναι καὶ αἱ
Στυμφαλίδες εἰσὶν ὄρνιθες· σαφῶς μὲν οὖν
χαλεπὸν ἦν διαγνῶναι πότερον ξύλου ποίημα ἦν
ἢ γύψου, τεκμαιρομένοις δὲ ἡμῖν ἐφαίνετο εἶναι
ξύλου μᾶλλον ἢ γύψου. εἰσὶ δὲ αὐτόθι καὶ
παρθένοι λίθου λευκοῦ, σκέλη δέ σφισίν ἐστιν
8 ὀρνίθων, ἑστᾶσι δὲ ὄπισθε τοῦ ναοῦ. λέγεται δὲ
καὶ ἐφ᾽ ἡμῶν γενέσθαι θαῦμα τοιόνδε. ἐν Στυμ-
φάλῳ τῆς Ἀρτέμιδος τῆς Στυμφαλίας τὴν
ἑορτὴν τά[3] τε ἄλλα ἦγον οὐ σπουδῇ καὶ τὰ ἐς
αὐτὴν καθεστηκότα ὑπερέβαινον τὰ πολλά.
ἐσπεσοῦσα οὖν ὕλη κατὰ τοῦ βαράθρου τὸ
στόμα, ᾗ κάτεισιν ὁ ποταμός, ἀνεῖργε μὴ κατα-
δύεσθαι τὸ ὕδωρ, λίμνην τε ὅσον ἐπὶ τετρακοσίους
σταδίους τὸ πεδίον σφίσι γενέσθαι λέγουσι.
9 φασὶ δὲ ἕπεσθαι θηρευτὴν ἄνδρα ἐλάφῳ φευγούσῃ,
καὶ τὴν μὲν ἐς τὸ τέλμα ἵεσθαι, τὸν δὲ ἄνδρα τὸν

---

[1] Some would read οὐ after δὲ.

birds are also of the same breed, I do not know. But if there have been from all time Stymphalian birds, just as there have been hawks and eagles, I should call these birds of Arabian origin, and a section of them might have flown on some occasion to Arcadia and reached Stymphalus. Originally they would be called by the Arabians, not Stymphalian, but by another name. But the fame of Heracles, and the superiority of the Greek over the foreigner, has resulted in the birds of the Arabian desert being called Stymphalian even in modern times. In Stymphalus there is also an old sanctuary of Stymphalian Artemis, the image being of wood, for the most part gilded. Near the roof of the temple have been carved, among other things, the Stymphalian birds. Now it was difficult to discern clearly whether the carving was in wood or in gypsum, but such evidence as I had led me to conclude that it was not of gypsum but of wood. There are here also maidens of white marble, with the legs of birds, and they stand behind the temple. Even in our own day the following miracle is said to have occurred. The festival of Stymphalian Artemis at Stymphalus was carelessly celebrated, and its established ritual in great part transgressed. Now a log fell into the mouth of the chasm into which the river descends, and so prevented the water from draining away, and (so it is said) the plain became a lake for a distance of four hundred stades. They also say that a hunter chased a deer, which fled and plunged into the marsh, followed by the hunter,

---

[2] Schubart would read ἀποπετομένη ποτὲ μοῖρα.
[3] For τὰ the MSS. have κατά.

θηρευτὴν ἐπακολουθοῦντα ὑπὸ τοῦ θυμοῦ κατόπιν
τῆς ἐλάφου νήχεσθαι· καὶ οὕτω τὸ βάραθρον τήν
τε ἔλαφον καὶ ἐπ᾽ αὐτῇ τὸν ἄνδρα ὑπεδέξατο.
τούτοις δὲ τοῦ ποταμοῦ τὸ ὕδωρ ἐπακολουθῆσαί
φασιν, ὥστε ἐς ἡμέραν Στυμφαλίοις ἐξήραντο
ἅπαν τοῦ πεδίου τὸ λιμνάζον· καὶ ἀπὸ τούτου
τῇ Ἀρτέμιδι τὴν ἑορτὴν φιλοτιμίᾳ πλέονι
ἄγουσι.

XXIII. Μετὰ δὲ Στύμφαλόν ἐστιν Ἀλέα,
συνεδρίου μὲν τοῦ Ἀργολικοῦ μετέχουσα καὶ
αὕτη, Ἄλεον δὲ τὸν Ἀφείδαντος γενέσθαι σφίσιν
ἀποφαίνουσιν οἰκιστήν. θεῶν δὲ ἱερὰ αὐτόθι
Ἀρτέμιδός ἐστιν Ἐφεσίας καὶ Ἀθηνᾶς Ἀλέας,
καὶ Διονύσου ναὸς καὶ ἄγαλμα. τούτῳ παρὰ
ἔτος Σκιέρεια ἑορτὴν ἄγουσι, καὶ ἐν Διονύσου
τῇ ἑορτῇ κατὰ μάντευμα ἐκ Δελφῶν μαστιγοῦν-
ται γυναῖκες, καθὰ καὶ οἱ Σπαρτιατῶν ἔφηβοι
παρὰ τῇ Ὀρθίᾳ.

2      Ἐδήλωσα δὲ ἐν τῷ λόγῳ τῷ ἐς Ὀρχομενίους ὡς
πρῶτα μὲν παρὰ τὴν χαράδραν ἐστὶν ἡ εὐθεῖα, τὸ
ἀπὸ τούτου δὲ ἐν ἀριστερᾷ τοῦ ὕδατος τοῦ λιμνά-
ζοντος. ἐν δὲ τῷ πεδίῳ τῷ Καφυῶν πεποίηται
γῆς χῶμα, δι᾽ οὗ ἀπείργεται τὸ ὕδωρ τὸ ἐκ τῆς
Ὀρχομενίας μὴ εἶναι Καφυεῦσιν βλάβος τῇ
ἐνεργῷ. κατὰ δὲ τὸ ἐντὸς τοῦ χώματος παρέξει-
σιν ὕδωρ ἄλλο, πλήθει μὲν ὅσον τε εἶναι ποταμόν,
κατερχόμενον δὲ ἐς χάσμα γῆς ἄνεισιν αὖθις
παρὰ Νάσους καλουμένας· τὸ δὲ χωρίον ἔνθα
ἄνεισιν ὀνομάζεται Ῥεῦνος· ἀνατείλαντος δὲ
ἐνταῦθα, τὸ ὕδωρ τὸ ἀπὸ τούτου παρέχεται
3 ποταμὸν ἀέναον Τράγον. τὸ δὲ ὄνομά ἐστι μὲν
δῆλον ἀπὸ Κηφέως τοῦ Ἀλέου τῇ πόλει γεγονός,

8

who, in the excitement of the hunt, swam after the deer. So the chasm swallowed up both the deer and her pursuer. They are said to have been followed by the water of the river, so that by the next day the whole of the water was dried up that flooded the Stymphalian plain. Hereafter they put greater zeal into the festival in honour of Artemis.

XXIII. After Stymphalus comes Alea, which too belongs to the Argive federation, and its citizens point to Aleüs, the son of Apheidas, as their founder. The sanctuaries of the gods here are those of Ephesian Artemis and Athena Alea, and there is a temple of Dionysus with an image. In honour of Dionysus they celebrate every other year a festival called Sciereia, and at this festival, in obedience to a response from Delphi, women are flogged, just as the Spartan lads are flogged at the image of the Orthian goddess.

In my account of Orchomenus, I explained how the straight road runs at first beside the gully, and afterwards to the left of the flood water. On the plain of Caphyae has been made a dyke of earth, which prevents the water from the Orchomenian territory from doing harm to the tilled land of Caphyae. Inside the dyke flows along another stream, in size big enough to be called a river, and descending into a chasm of the earth it rises again at Nasi, as it is called. The place where it reappears is called Rheunus; the stream having risen here, hereafter the water forms an ever-flowing river, the Tragus. The name of the city is clearly derived from Cepheus, the son of Aleüs, but its form in

ὀνομάζεσθαι δὲ αὐτὴν φωνῇ τῇ Ἀρκάδων Καφυὰς
ἐκνενίκηκε. φασὶ δὲ οἱ Καφυεῖς τὰ ἄνωθεν ἐκ
τῆς Ἀττικῆς εἶναι χώρας, ἐκβληθέντες δὲ ὑπὸ
Αἰγέως ἐξ Ἀθηνῶν ἐς Ἀρκαδίαν φυγεῖν καὶ
ἱκέται γενόμενοι Κηφέως οἰκῆσαι ἐνταῦθα. τὸ
μὲν δὴ πόλισμα ἐπὶ τοῦ πεδίου τῷ πέρατι ὀρῶν
οὐκ ἄγαν ὑψηλῶν παρὰ τοῖς ποσίν ἐστι· Καφυά-
ταις δὲ ἱερὰ θεῶν Ποσειδῶνός ἐστι καὶ ἐπίκλησιν
4 Κνακαλησίας Ἀρτέμιδος. ἔστι δὲ αὐτοῖς καὶ
ὄρος Κνάκαλος, ἔνθα ἐπέτειον τελετὴν ἄγουσι τῇ
Ἀρτέμιδι. ὀλίγον δὲ ὑπὲρ τὴν πόλιν πηγή τέ
ἐστι καὶ ἐπὶ τῇ πηγῇ πλάτανος μεγάλη καὶ
εὐειδὴς πέφυκε· καλοῦσι δὲ αὐτὴν Μενελαΐδα,
Μενέλαον γὰρ στρατὸν ἀθροίζοντα ἐς Τροίαν ἀφι-
κέσθαι τε ἐνταῦθα καὶ ἐπὶ τῇ πηγῇ τὴν πλάτανον
φυτεῦσαι λέγοντες· ἐφ᾽ ἡμῶν δὲ καὶ τὴν πηγὴν
κατὰ ταὐτὰ τῇ πλατάνῳ καλοῦσι Μενελαΐδα.
5 εἰ δὲ Ἑλλήνων τοῖς λόγοις ἑπόμενον καταριθμή-
σασθαι δεῖ με ὁπόσα δένδρα σῶα ἔτι καὶ τεθηλότα
λείπεται, πρεσβύτατον μὲν ἡ λύγος ἐστὶν αὐτῶν
ἡ ἐν τῷ Σαμίων πεφυκυῖα ἱερῷ Ἥρας, μετὰ δὲ
αὐτὴν ἡ ἐν Δωδώνῃ δρῦς καὶ ἐλαία τε ἡ ἐν
ἀκροπόλει καὶ ἡ παρὰ Δηλίοις· τρίτα δὲ ἕνεκα
ἀρχαιότητος νέμοιεν ἂν τῇ δάφνῃ τῇ παρὰ
σφίσιν οἱ Σύροι· τῶν δὲ ἄλλων ἡ πλάτανός
ἐστιν αὕτη παλαιότατον.
6 Καφυῶν δὲ ἀφέστηκεν ὅσον στάδιον Κονδυλέα
χωρίον, καὶ Ἀρτέμιδος ἄλσος καὶ ναός ἐστιν
ἐνταῦθα καλουμένης Κονδυλεάτιδος τὸ ἀρχαῖον·
μετονομασθῆναι δὲ ἐπὶ αἰτίᾳ τὴν θεόν φασι
τοιαύτῃ. παιδία περὶ τὸ ἱερὸν παίζοντα—ἀριθμὸν
δὲ αὐτῶν οὐ μνημονεύουσιν—ἐπέτυχε καλῳδίῳ,

10

the Arcadian dialect, Caphyae, is the one that has survived. The inhabitants say that originally they were from Attica, but on being expelled from Athens by Aegeus they fled to Arcadia, threw themselves on the mercy of Cepheus, and found a home in the country. The town is on the border of the plain at the foot of some inconsiderable mountains. The Caphyatans have a sanctuary of the god Poseidon, and one of the goddess Artemis, surnamed Cnacalesia. They have also a mountain called Cnacalus, where every year they celebrate mysteries in honour of their Artemis. A little beyond the city is a spring, and by the spring grows a large and beautiful plane tree. They call it Menelaïs, saying that the plane was planted by the spring by Menelaüs, who came to the spot when he was collecting his army against Troy. To-day they give the name Menelaïs to the spring as well as to the plane. If I am to base my calculations on the accounts of the Greeks in fixing the relative ages of such trees as are still preserved and flourish, the oldest of them is the withy growing in the Samian sanctuary of Hera, after which come the oak in Dodona, the olive on the Acropolis and the olive in Delos. The third place in respect of age the Syrians would assign to the bay-tree they have in their country. Of the others this plane-tree is the oldest.

About a stade distant from Caphyae is a place called Condylea, where there are a grove and a temple of Artemis called of old Condyleatis. They say that the name of the goddess was changed for the following reason. Some children, the number of whom is not recorded, while playing about the

δήσαντα δὲ τὸ καλῴδιον τοῦ ἀγάλματος περὶ τὸν
τράχηλον ἐπέλεγεν ὡς ἀπάγχοιτο ἡ Ἄρτεμις.
7 φωράσαντες δὲ οἱ Καφυεῖς τὰ ποιηθέντα ὑπὸ
τῶν παιδίων καταλεύουσιν αὐτά· καί σφισι
ταῦτα ἐργασαμένοις ἐσέπεσεν ἐς τὰς γυναῖκας
νόσος, τὰ ἐν τῇ γαστρὶ πρὸ τοκετοῦ τεθνεῶτα
ἐκβάλλεσθαι, ἐς ὃ ἡ Πυθία θάψαι τε τὰ παιδία
ἀνεῖπε καὶ ἐναγίζειν αὐτοῖς κατὰ ἔτος· ἀποθανεῖν
γὰρ αὐτὰ οὐ σὺν δίκῃ. Καφυεῖς δὲ ποιοῦσι τά τε
ἄλλα ἔτι καὶ νῦν κατ' ἐκεῖνο τὸ μάντευμα καὶ
τὴν ἐν ταῖς Κονδυλέαις θεὸν—προσεῖναι γὰρ καὶ
τόδε ἔτι τῷ χρησμῷ φασι—καλοῦσιν Ἀπαγχο-
μένην ἐξ ἐκείνου.
8    Ἀνελθὼν δὲ ἐκ Καφυῶν ὅσον σταδίους ἑπτὰ
ἐπὶ Νάσους καλουμένας καταβήσῃ· πεντήκοντα
δὲ προελθόντι αὐτόθεν σταδίους ἐστὶν ὁ Λάδων.
διαβήσῃ τε δὴ τὸν ποταμὸν καὶ ἐπὶ δρυμὸν
ἀφίξῃ Σόρωνα διά τε Ἀργεαθῶν καὶ Λυκούντων
καλουμένων καὶ Σκοτάνης. ἄγει μὲν δὴ ὁ Σόρων
9 τὴν ἐπὶ Ψωφῖδος· θηρία δὲ οὗτός τε καὶ ὅσοι
δρυμοὶ τοῖς Ἀρκάσιν εἰσὶν ἄλλοι παρέχονται
τοσάδε, ἀγρίους ὗς καὶ ἄρκτους καὶ χελώνας
μεγίστας μεγέθει· λύρας ἂν ποιήσαιο ἐξ αὐτῶν
χελώνης Ἰνδικῆς λύρᾳ παρισουμένας.    τοῦ
Σόρωνος δὲ πρὸς τοῖς πέρασιν ἔστι μὲν Πάου
κώμης ἐρείπια, εἰσὶ δὲ οὐ πολὺ ἀπωτέρω καλού-
μεναι Σεῖραι· ὅροι δὲ Κλειτορίοις τῆς χώρας
πρὸς Ψωφιδίους εἰσὶν αἱ Σεῖραι.

XXIV. Ψωφῖδος δὲ οἱ μέν φασιν οἰκιστὴν
γενέσθαι Ψώφιδα τὸν Ἄρρωνος τοῦ Ἐρυμάνθου
τοῦ Ἀρίστα τοῦ Παρθάονος τοῦ Περιφήτου τοῦ
Νυκτίμου· τοῖς δέ ἐστιν εἰρημένα θυγατέρα

sanctuary found a rope, and tying it round the neck of the image said that Artemis was being strangled. The Caphyans, detecting what the children had done, stoned them to death. When they had done this, a malady befell their women, whose babies were still-born, until the Pythian priestess bade them bury the children, and sacrifice to them every year as sacrifice is made to heroes, because they had been wrongly put to death. The Caphyans still obey this oracle, and call the goddess at Condyleae, as they say the oracle also bade them, the Strangled Lady from that day to this.

Going up about seven stades from Caphyae you will go down to what is called Nasi. Fifty stades farther on is the Ladon. You will then cross the river and reach a grove called Soron, passing through Argeathae, Lycuntes, as it is called, and Scotane. Now the road to Psophis passes by way of Soron, which, like other Arcadian groves, breeds the following beasts: wild boars, bears, and tortoises of vast size. One could of the last make harps not inferior to those made from the Indian tortoise. At the end of Soron are the ruins of the village Paüs, and a little farther what is called Seirae; this Seirae forms a boundary between Cleitor and Psophis.

XXIV. The founder of Psophis, according to some, was Psophis, the son of Arrhon, the son of Erymanthus, the son of Aristas, the son of Parthaon, the son of Periphetes, the son of Nyctimus. Others say that

Ψωφῖδα εἶναι Ξάνθου τοῦ Ἐρυμάνθου τοῦ
Ἀρκάδος. τάδε μὲν οὖν οὕτω κατὰ τὴν Ἀρκά-
2 δων ἐς τοὺς βασιλέας ἔχει μνήμην· ὁ δὲ ἀληθέσ-
τατος τῶν λόγων ἐστὶν Ἔρυκος τοῦ ἐν Σικανίᾳ
δυναστεύσαντος παῖδα εἶναι τὴν Ψωφῖδα, ᾗ
<συγγενόμενος Ἡρακλῆς ἀγαγέσθαι μὲν αὐτὴν>¹
ἐς τὸν οἶκον οὐκ ἠξίου, καταλείπει δὲ ἔχουσαν
ἐν τῇ γαστρὶ παρὰ Λυκόρτᾳ, ξένῳ μὲν ὄντι
αὑτοῦ, παροικοῦντι δὲ ἐν πόλει Φηγίᾳ, πρὸ δὲ
τοῦ Φηγέως τῆς βασιλείας Ἐρυμάνθῳ καλουμένῃ·
ἐπιτραφέντες δὲ αὐτόθι Ἐχέφρων καὶ Πρόμαχος
Ἡρακλέους τε ὄντες καὶ τῆς γυναικὸς τῆς
Σικανῆς μετέθεντο τῇ Φηγίᾳ τὸ ὄνομα Ψωφῖδα
3 ἀπὸ τῆς μητρός. ἔστι δὲ καὶ Ζακυνθίων τῇ
ἀκροπόλει Ψωφὶς ὄνομα, ὅτι ναυσὶν ἐς τὴν νῆσον
ἐπεραιώθη πρῶτος καὶ ἐγένετο οἰκιστὴς ἀνὴρ
Ψωφίδιος, Ζάκυνθός τε ὁ Δαρδάνου. Σειρῶν
μὲν δὴ σταδίοις ἐστὶν ἀπωτέρω τριάκοντα ἡ
Ψωφίς· παρὰ δὲ αὐτὴν ὅ τε Ἀροάνιος ποταμὸς
καὶ ὀλίγον ἀπωτέρω τῆς πόλεως Ἐρύμανθος
4 ῥέουσιν. ἔχει δὲ τὰς πηγὰς ὁ Ἐρύμανθος ἐν
ὄρει Λαμπείᾳ, τὸ δὲ ὄρος τοῦτο ἱερὸν εἶναι
Πανὸς λέγεται· εἴη δ᾽ ἂν τοῦ ὄρους τοῦ Ἐρυ-
μάνθου μοῖρα ἡ Λάμπεια. ἐποίησε δὲ Ὅμηρος
ὡς ἐν Ταϋγέτῳ τε καὶ Ἐρυμάνθῳ * * * θηρευτὴς
* * * οὖν τῆς Λαμπείας ὁ Ἐρύμανθος, καὶ
Ἀρκαδίαν διεξελθὼν ἐν δεξιᾷ μὲν τὸ ὄρος ἔχων
τὴν Φολόην, ἐν ἀριστερᾷ δὲ πάλιν Θέλπουσαν
5 χώραν, κάτεισιν ἐς τὸν Ἀλφειόν. λέγεται δὲ
ὡς Ἡρακλῆς κατὰ πρόσταγμα Εὐρυσθέως παρὰ
τῷ Ἐρυμάνθῳ θηράσειεν ὗν μεγέθει καὶ ἀλκῇ
τοὺς ἄλλους ὑπερηρκότα. Κυμαῖοι δὲ οἱ ἐν

14

Psophis was the daughter of Xanthus, the son of Erymanthus, the son of Arcas. Such are the Arcadian traditions concerning their kings, but the most accurate version is that Eryx, the despot of Sicania, had a daughter named Psophis, whom Heracles, though he had intercourse with her, refused to take to his home, but left with child in the care of his friend Lycortas, who lived at Phegia, a city called Erymanthus before the reign of Phegeus. Having been brought up here, Echephron and Promachus, the sons of Heracles and the Sicanian woman, changed the name of Phegia to Psophis, the name of their mother. Psophis is also the name of the Zacynthian acropolis, because the first man to sail across to the island was Zacynthus, the son of Dardanus, a Psophidian who became its founder. From Seirae it is thirty stades to Psophis, by the side of which runs the river Aroanius, and a little farther away the river Erymanthus. The Erymanthus has its source in Mount Lampeia, which is said to be sacred to Pan. One might regard Lampeia as a part of Mount Erymanthus. Homer says [1] that in Taÿgetus and Erymanthus . . . hunter . . . so . . . of Lampeia, Erymanthus, and passing through Arcadia, with Mount Pholoë on the right and the district of Thelpusa on the left, flows into the Alpheius. There is also a legend that Heracles at the command of Eurystheus hunted by the side of the Erymanthus a boar that surpassed all others in size and in strength. The people of Cumae among

[1] *Iliad* vii. 102.

---

[1] The words within brackets are not in the MSS., but were added by Bekker to complete the sense and the grammar.

Ὀπικοῖς συὸς ὀδόντας ἀνακειμένους παρὰ σφίσιν
ἐν Ἀπόλλωνος ἱερῷ λόγῳ μὲν λέγουσιν ὡς οἱ
ὀδόντες ὑὸς εἶεν τοῦ Ἐρυμανθίου, τῷ λόγῳ δὲ
αὐτῶν οὐδὲ ἐπ᾽ ὀλίγον μέτεστι τοῦ εἰκότος.
6 Ψωφιδίοις δὲ ἐν τῇ πόλει τοῦτο μὲν Ἀφροδίτης
ἱερὸν Ἐρυκίνης ἐστὶν ἐπίκλησιν, ἧς ἐρείπια ἐφ᾽
ἡμῶν ἐλείπετο αὐτοῦ μόνα, ἐλέγοντο δὲ οἱ
Ψωφῖδος αὐτὸ ἱδρύσασθαι παῖδες, καὶ τῷ λόγῳ
τὸ εἰκὸς πρόσεστι· ἔστι γὰρ καὶ ἐν Σικελίᾳ τῆς
Ἐρυκίνης ἱερὸν ἐν τῇ χώρᾳ τῇ Ἔρυκος, ἁγιώ-
τατόν τε ἐκ παλαιοτάτου καὶ οὐκ ἀποδέον πλούτῳ
7 τοῦ ἱεροῦ τοῦ ἐν Πάφῳ· Προμάχου δὲ καὶ Ἐχέφ-
ρονος τῶν Ψωφῖδος οὐκ ἐπιφανῆ κατ᾽ ἐμὲ ἔτι ἦν τὰ
ἡρῷα. τέθαπται δὲ καὶ Ἀλκμαίων ἐν Ψωφῖδι ὁ
Ἀμφιαράου, καί οἱ τὸ μνῆμά ἐστιν οἴκημα οὔτε
μεγέθει μέγα[1] οὔτε ἄλλως κεκοσμημένον· περὶ
δὲ αὐτὸ κυπάρισσοι πεφύκασιν ἐς τοσοῦτον ὕψος
ἀνήκουσαι, ὥστε καὶ τὸ ὄρος τὸ πρὸς τῇ Ψωφῖδι
κατεσκιάζετο ὑπ᾽ αὐτῶν. ταύτας οὐκ ἐθέλουσιν
ἐκκόπτειν ἱερὰς τοῦ Ἀλκμαίωνος νομίζοντες
8 καλοῦνται δὲ ὑπὸ τῶν ἐπιχωρίων παρθένοι. ὁ δὲ
Ἀλκμαίων ἡνίκα τὴν μητέρα ἀποκτείνας ἔφυγεν
ἐξ Ἄργους, τότε ἐς τὴν Ψωφῖδα ἐλθών, Φηγίαν
ἔτι ἀπὸ τοῦ Φηγέως ὀνομαζομένην, συνῴκησεν
Ἀλφεσιβοίᾳ τῇ Φηγέως θυγατρὶ καὶ αὐτῇ δῶρα
ὡς τὸ εἰκὸς καὶ ἄλλα καὶ τὸν ὅρμον δίδωσιν.
ὡς δὲ οἰκοῦντι αὐτῷ παρὰ τοῖς Ἀρκάσιν οὐδὲν
ἐγίνετο ἡ νόσος ῥᾴων, κατέφυγεν ἐπὶ τὸ μαντεῖον
τὸ ἐν Δελφοῖς, καὶ αὐτὸν ἡ Πυθία διδάσκει τὸν
Ἐριφύλης ἀλάστορα ἐς ταύτην οἱ μόνην χώραν
οὐ συνακολουθήσειν, ἥτις ἐστὶ νεωτάτη καὶ ἡ
θάλασσα τοῦ μητρῴου μιάσματος ἀνέφηνεν

16

the Opici say that the boar's tusks dedicated in their sanctuary of Apollo are those of the Erymanthian boar, but the saying is altogether improbable. In Psophis there is a sanctuary of Aphrodite surnamed Erycine; I found only ruins of it remaining, but the people said that it was established by the sons of Psophis. Their account is probable, for in Sicily too, in the territory of Eryx, is a sanctuary of Erycine, which from the remotest times has been very holy, and quite as rich as the sanctuary in Paphos. The hero-shrines, however, of Promachus and Echephron, the sons of Psophis, were no longer distinguished when I saw them. In Psophis is buried Alcmaeon also, the son of Amphiaraüs, and his tomb is a building remarkable for neither its size nor its ornament. About it grow cypresses, reaching to such a height that even the mountain by Psophis was overshadowed by them. These the inhabitants will not cut down, holding them to be sacred to Alcmaeon. They are called "maidens" by the natives. Alcmaeon, after killing his mother, fled from Argos and came to Psophis, which was still called Phegia after Phegeus, and married Alphesiboea, the daughter of Phegeus. Among the presents that he naturally gave her was the necklace. While he lived among the Arcadians his disease did not grow any better, so he had recourse to the oracle at Delphi. The Pythian priestess informed him that the only land into which the avenging spirit of Eriphyle would not follow him was the newest land, one brought up to light by the sea after the pollution of his mother's death.

---

[1] μέγα is not in the MSS. It was added by Corais.

9 ὕστερον αὐτήν. καὶ ὁ μὲν ἐξευρὼν τοῦ Ἀχελῴου
τὴν πρόσχωσιν ἐνταῦθα ᾤκησε, καὶ γυναῖκα
ἔσχε Καλλιρόην τοῦ Ἀχελῴου θυγατέρα λόγῳ
τῷ Ἀκαρνάνων, καί οἱ παῖδες Ἀκαρνάν τε καὶ
Ἀμφότερος ἐγένοντο· ἀπὸ δὲ τοῦ Ἀκαρνᾶνος
τοῖς ἐν τῇ ἠπείρῳ ταύτῃ τὸ ὄνομα τὸ νῦν γενέσθαι
λέγουσι τὰ πρὸ τούτου Κούρησι καλουμένοις.
ἐς ἐπιθυμίας δὲ ἀνοήτους πολλοὶ μὲν ἄνδρες,
10 γυναῖκες δὲ ἔτι πλέον ἐξοκέλλουσιν. ἐπεθύμησεν
ἡ Καλλιρόη τῆς Ἐριφύλης οἱ γενέσθαι τὸν ὅρμον
καὶ δι' αὐτὸ ἐς τὴν Φηγίαν τὸν Ἀλκμαίωνα
ἔστειλεν ἄκοντα, καὶ αὐτὸν ὑπὸ Φηγέως τῶν
παίδων Τημένου καὶ Ἀξίονος δολοφονηθέντα
ἐπέλαβεν ἡ τελευτή. τοῦ Φηγέως δὲ οἱ παῖδες
τῷ Ἀπόλλωνι ἀναθεῖναι τῷ ἐν Δελφοῖς λέγονται
τὸν ὅρμον. καὶ ἐπὶ τούτων βασιλευόντων ἐν
Φηγίᾳ τότε ἔτι καλουμένῃ τῇ πόλει στρατεῦσαί
φασιν Ἕλληνας ἐς Τροίαν· σφᾶς δὲ οἱ Ψωφίδιοι
τοῦ στόλου φασὶν οὐ μετασχεῖν, ὅτι αὐτῶν τοῖς
βασιλεῦσιν οἱ Ἀργείων ἀπηχθάνοντο ἡγεμόνες,
κατὰ γένος τε τῷ Ἀλκμαίωνι οἱ πολλοὶ προσή-
κοντες καὶ τῆς ἐπιστρατείας αὐτῷ κοινωνήσαντες
τῆς ἐς Θήβας.

11 Τὰς δὲ Ἐχινάδας νήσους ὑπὸ τοῦ Ἀχελῴου
μὴ σφᾶς ἤπειρον ἄχρι ἡμῶν ἀπειργάσθαι γέγονε
δὴ αἰτία τὸ Αἰτωλῶν ἔθνος, γεγόνασι δὲ αὐτοί
τε ἀνάστατοι καὶ ἡ γῆ σφισι πᾶσα ἠρήμωται·
ταῖς Ἐχινάσιν οὖν ἅτε ἀσπόρου μενούσης τῆς
Αἰτωλίας οὐχ ὁμοίως ὁ Ἀχελῷος ἐπάγει τὴν
ἰλύν. μαρτύριον δέ μοι τοῦ λόγου· ὁ γὰρ
Μαίανδρος διὰ τῆς Φρυγῶν καὶ Καρῶν ἀρου-
μένης ὅσα ἔτη ῥέων τὴν μεταξὺ Πριήνης καὶ
18

On discovering the alluvial deposit of the Acheloüs he settled there, and took to wife Callirhoë, said by the Acarnanians to have been the daughter of Acheloüs. He had two sons, Acarnan and Amphoterus; after this Acarnan were called by their present name (so the story runs) the dwellers in this part of the mainland, who previously were called Curetes. Senseless passions shipwreck many men, and even more women. Callirhoë conceived a passion for the necklace of Eriphyle, and for this reason sent Alcmaeon against his will to Phegia. Temenus and Axion, the sons of Phegeus, murdered him by treachery. The sons of Phegeus are said to have dedicated the necklace to the god in Delphi, and it is said that the expedition of the Greeks to Troy took place when they were kings in the city that was still called Phegia. The people of Psophis assert that the reason why they took no part in the expedition was because their princes had incurred the enmity of the leaders of the Argives, who were in most cases related by blood to Alcmaeon, and had joined him in his campaign against Thebes.

That the Echinades islands have not been made mainland as yet by the Acheloüs is due to the Aetolian people, who have been driven from their homes and all their land has been laid waste. Accordingly, as Aetolia remains untilled, the Acheloüs does not bring as much mud upon the Echinades as it otherwise would do. My reasoning is confirmed by the fact that the Maeander, flowing through the land of the Phrygians and Carians, which is ploughed up each year, has turned to mainland in a short time the

Μιλήτου θάλασσαν ἐν οὐ πολλῷ χρόνῳ πεποίη-
12 κεν ἤπειρον. Ψωφιδίοις δὲ καὶ παρὰ τῷ Ἐρυ-
μάνθῳ ναός ἐστιν Ἐρυμάνθου καὶ ἄγαλμα.
ποιεῖται δὲ πλὴν τοῦ Αἰγυπτίου Νείλου ποτα-
μοῖς τοῖς ἄλλοις λίθου λευκοῦ τὰ ἀγάλματα·
τῷ Νείλῳ δέ, ἅτε διὰ τῆς Αἰθιόπων κατιόντι ἐς
θάλασσαν, μέλανος λίθου τὰ ἀγάλματα ἐργάζεσ-
θαι νομίζουσιν.
13 Ὃν δὲ ἤκουσα ἐν Ψωφίδι ἐπὶ Ἀγλαῷ λόγον
ἀνδρὶ Ψωφιδίῳ κατὰ Κροῖσον τὸν Λυδὸν ὄντι
ἡλικίαν, ὡς ὁ Ἀγλαὸς τὸν χρόνον τοῦ βίου
πάντα γένοιτο εὐδαίμων, οὔ με ἔπειθεν ὁ λόγος.
ἀλλὰ ἀνθρώπων μὲν τῶν ἐφ᾿ ἑαυτοῦ κακὰ ἄν τις
ἐλάσσονα ἀναδέξαιτο, καθὰ καὶ ναῦς ἧσσον ἂν
14 χειμασθείη νεὼς ἄλλης· ἄνδρα δὲ συμφορῶν ἀεὶ
στάντα ἐκτὸς ἢ τὰ πάντα οὐρίῳ ναῦν χρησαμένην
πνεύματι οὐκ ἔστιν ὅπως δυνησόμεθα ἐξευρεῖν,
ἐπεὶ καὶ Ὅμηρος κατακείμενον παρὰ τῷ Διὶ
ἀγαθῶν πίθον, τὸν δὲ ἕτερον κακῶν ἐποίησεν,
ὑπὸ τοῦ ἐν Δελφοῖς θεοῦ δεδιδαγμένος, ὃς αὐτόν
ποτε Ὅμηρον κακοδαίμονά τε προσεῖπε καὶ
ὄλβιον ὡς φύντα ἐπὶ ἀμφοτέροις ὁμοίως.

XXV. Ἐς δὲ Θέλπουσαν ἰόντι ἐκ Ψωφῖδος
πρῶτα μὲν χωρίον Τρόπαιά ἐστιν ὀνομαζόμενον
ἐν ἀριστερᾷ τοῦ Λάδωνος, Τροπαίων δὲ ἔχεται
δρυμὸς Ἀφροδίσιον· τρίτα δέ ἐστιν ἀρχαῖα ἐν
στήλῃ γράμματα, ὅροι Ψωφιδίοις πρὸς τὴν
Θελπουσίαν χώραν. ἐν δὲ τῇ γῇ τῇ Θελπουσίᾳ
ποταμός ἐστιν Ἄρσην καλούμενος· τοῦτον οὖν
διαβήσῃ καὶ ὅσον πέντε ἀπ᾿ αὐτοῦ σταδίοις
ἀφίξῃ καὶ εἴκοσι ἐπὶ ἐρείπια Καούντος κώμης
καὶ ἱερὸν Ἀσκληπιοῦ Καουσίου πεποιημένον ἐν τῇ

sea that once was between Priene and Miletus. The people of Psophis have also by the side of the Erymanthus a temple and image of Erymanthus. The images of all rivers except the Nile in Egypt are made of white marble; but the images of the Nile, because it descends to the sea through Aethiopia, they are accustomed to make of black stone.

I heard in Psophis a statement about one Aglaüs, a Psophidian contemporary with Croesus the Lydian. The statement was that the whole of his life was happy, but I could not believe it. The truth is that one man may receive fewer ills than his contemporaries, just as one ship may be less tossed by storms than another ship. But we shall not be able to find a man never touched by misfortune or a ship never met by an unfavourable breeze. For Homer [1] too says in his poetry that by the side of Zeus is set a jar of good things, and another jar of evil things, taught by the god at Delphi, who once declared that Homer himself was both unhappy and blessed, being destined by birth to both states alike.

XXV. As you go from Psophis to Thelpusa you first reach on the left of the Ladon a place called Tropaea, adjoining which is a grove, Aphrodisium. Thirdly, there is ancient writing on a slab:—" The boundary between Psophis and Thelpusa." In the Thelpusian territory is a river called Arsen (*Male*). Cross this and go on for about twenty-five stades, when you will arrive at the ruins of the village Caüs, with a sanctuary of Caüsian Asclepius, built on the

[1] *Iliad* xxiv. 527.

2 ὁδῷ. τοῦ δὲ ἱεροῦ τούτου σταδίους τεσσαράκοντα
μάλιστα ἀφέστηκεν ἡ πόλις· τεθῆναι δὲ αὐτῇ
ὄνομα ἀπὸ νύμφης λέγουσι Θελπούσης, ταύτην
δὲ θυγατέρα εἶναι Λάδωνος. τῷ δὲ Λάδωνι
ἄρχεται μὲν τὸ ὕδωρ ἐν πηγαῖς τῆς Κλειτορίας,
καθὰ ὁ λόγος ἐδήλωσεν ἤδη μοι· ῥεῖ δὲ πρῶτον
μὲν παρὰ Λευκάσιον χωρίον καὶ Μεσόβοα καὶ
διὰ τῶν Νάσων ἐπί τε Ὄρυγα τὸν καὶ Ἀλοῦντα
ὀνομαζόμενον, ἐξ Ἀλοῦντος δὲ ἐπὶ Θαλιάδας τε
καὶ ἐπὶ Δήμητρος ἱερὸν κάτεισιν Ἐλευσινίας.
3 τὸ δὲ ἱερὸν τοῦτο ἔστι μὲν Θελπουσίων ἐν ὅροις·
ἀγάλματα δὲ ἐν αὐτῷ, ποδῶν ἑπτὰ οὐκ ἀποδέον
ἕκαστον, Δήμητρός ἐστι καὶ ἡ παῖς καὶ ὁ
Διόνυσος, τὰ πάντα ὁμοίως λίθου. μετὰ δὲ τῆς
Ἐλευσινίας τὸ ἱερὸν καὶ Θέλπουσαν τὴν πόλιν
ὁ Λάδων παρέξεισιν ἐν ἀριστερᾷ, κειμένην μὲν
ἐπὶ λόφου μεγάλου, τὰ πλείω δὲ ἐφ᾽ ἡμῶν
ἔρημον, ὥστε καὶ τὴν ἀγορὰν ἐπὶ τῷ πέρατι
οὖσάν φασιν ἐν τῷ μεσαιτάτῳ ποιηθῆναι τὸ ἐξ
ἀρχῆς. ἔστι δὲ ἐν Θελπούσῃ ναὸς Ἀσκληπιοῦ
καὶ θεῶν ἱερὸν τῶν δώδεκα· τούτου τὰ πολλὰ ἐς
4 ἔδαφος ἔκειτο ἤδη. μετὰ δὲ Θέλπουσαν ἐπὶ τὸ
ἱερὸν τῆς Δήμητρος ὁ Λάδων κάτεισι τὸ ἐν
Ὀγκείῳ· καλοῦσι δὲ Ἐρινὺν οἱ Θελπούσιοι τὴν
θεόν, ὁμολογεῖ δέ σφισι καὶ Ἀντίμαχος ἐπι-
στρατείαν Ἀργείων ποιήσας ἐς Θήβας· καί οἱ τὸ
ἔπος ἔχει,

Δήμητρος τόθι φασὶν Ἐρινύος εἶναι ἔδεθλον.

ὁ μὲν δὴ Ὄγκιος Ἀπόλλωνός ἐστι κατὰ τὴν
φήμην καὶ ἐν τῇ Θελπουσίᾳ περὶ τὸ χωρίον
ἐδυνάστευε τὸ Ὄγκιον, τῇ θεῷ δὲ Ἐρινὺς

22

road. Thelpusa is some forty stades distant from this sanctuary. It is said that it was named after Thelpusa, a nymph, and that she was a daughter of Ladon. The Ladon rises in springs within the territory of Cleitor, as my account has already set forth. It flows first beside a place Leucasium and Mesoboa, through Nasi to Oryx, also called Halus, and from Halus it descends to Thaliades and a sanctuary of Eleusinian Demeter. This sanctuary is on the borders of Thelpusa. In it are images, each no less than seven feet high, of Demeter, her daughter, and Dionysus, all alike of stone. After the sanctuary of the Eleusinian goddess the Ladon flows by the city Thelpusa on the left, situated on a high hill, in modern times so deserted that the market-place, which is at the extremity of it, was originally, they say, right in the very middle of it. Thelpusa has a temple of Asclepius and a sanctuary of the twelve gods; the greater part of this, I found, lay level with the ground. After Thelpusa the Ladon descends to the sanctuary of Demeter in Onceium. The Thelpusians call the goddess Fury, and with them agrees Antimachus also, who wrote a poem about the expedition of the Argives against Thebes. His verse runs thus :—

There, they say, is the seat of Demeter Fury.

Now Oncius was, according to tradition, a son of Apollo, and held sway in Thelpusian territory around the place Oncium; the goddess has the surname

23

5 γέγονεν ἐπίκλησις· πλανωμένη γὰρ τῇ Δήμητρι,
ἡνίκα τὴν παῖδα ἐζήτει, λέγουσιν ἕπεσθαί οἱ
τὸν Ποσειδῶνα ἐπιθυμοῦντα αὐτῇ μιχθῆναι,
καὶ τὴν μὲν ἐς ἵππον μεταβαλοῦσαν ὁμοῦ
ταῖς ἵπποις νέμεσθαι ταῖς Ὀγκίου, Ποσειδῶν
δὲ συνίησεν ἀπατώμενος καὶ συγγίνεται τῇ
6 Δήμητρι ἄρσενι ἵππῳ καὶ αὐτὸς εἰκασθείς. τὸ
μὲν δὴ παραυτίκα τὴν Δήμητρα ἐπὶ τῷ συμβάντι
ἔχειν ὀργίλως, χρόνῳ δὲ ὕστερον τοῦ τε θυμοῦ
παύσασθαι καὶ τῷ Λάδωνι ἐθελῆσαί φασιν
αὐτὴν λούσασθαι· ἐπὶ τούτῳ καὶ ἐπικλήσεις τῇ
θεῷ γεγόνασι, τοῦ μηνίματος μὲν ἕνεκα Ἐρινύς,
ὅτι τὸ θυμῷ χρῆσθαι καλοῦσιν ἐρινύειν οἱ
Ἀρκάδες, Λουσία δὲ ἐπὶ τῷ λούσασθαι τῷ
Λάδωνι. τὰ δὲ ἀγάλματά ἐστι τὰ ἐν τῷ ναῷ
ξύλου, πρόσωπα δέ σφισι καὶ χεῖρες ἄκραι καὶ
7 πόδες εἰσὶ Παρίου λίθου· τὸ μὲν δὴ τῆς Ἐρινύος
τήν τε κίστην καλουμένην ἔχει καὶ ἐν τῇ δεξιᾷ
δᾷδα, μέγεθος δὲ εἰκάζομεν ἐννέα εἶναι ποδῶν
αὐτήν· ἡ Λουσία δὲ ποδῶν ἓξ ἐφαίνετο εἶναι.
ὅσοι δὲ Θέμιδος καὶ οὐ Δήμητρος τῆς Λουσίας
τὸ ἄγαλμα εἶναι νομίζουσι, μάταια ἴστωσαν
ὑπειληφότες. τὴν δὲ Δήμητρα τεκεῖν φασιν ἐκ
τοῦ Ποσειδῶνος θυγατέρα, ἧς τὸ ὄνομα ἐς
ἀτελέστους λέγειν οὐ νομίζουσι, καὶ ἵππον τὸν
Ἀρείονα· ἐπὶ τούτῳ δὲ παρὰ σφίσιν Ἀρκάδων
8 πρώτοις Ἵππιον Ποσειδῶνα ὀνομασθῆναι. ἐπά-
γονται δὲ ἐξ Ἰλιάδος ἔπη καὶ ἐκ Θηβαΐδος
μαρτύριά σφισιν εἶναι τῷ λόγῳ, ἐν μὲν Ἰλιάδι
ἐς αὐτὸν Ἀρείονα πεποιῆσθαι,

οὐδ' εἴ κεν μετόπισθεν Ἀρείονα δῖον ἐλαύνοι,
Ἀδρήστου ταχὺν ἵππον, ὃς ἐκ θεόφιν γένος ἦεν·

24

Fury for the following reason. When Demeter was wandering in search of her daughter, she was followed, it is said, by Poseidon, who lusted after her. So she turned, the story runs, into a mare, and grazed with the mares of Oncius; realising that he was outwitted, Poseidon too changed into a stallion and enjoyed Demeter. At first, they say, Demeter was angry at what had happened, but later on she laid aside her wrath and wished to bathe in the Ladon. So the goddess has obtained two surnames, Fury because of her avenging anger, because the Arcadians call being wrathful " being furious," and Bather (*Lusia*) because she bathed in the Ladon. The images in the temple are of wood, but their faces, hands and feet are of Parian marble. The image of Fury holds what is called the chest, and in her right hand a torch; her height I conjecture to be nine feet. Lusia seemed to be six feet high. Those who think the image to be Themis and not Demeter Lusia are, I would have them know, mistaken in their opinion. Demeter, they say, had by Poseidon a daughter, whose name they are not wont to divulge to the uninitiated, and a horse called Areion. For this reason they say that they were the first Arcadians to call Poseidon Horse. They quote verses from the *Iliad* and from the *Thebaid* in confirmation of their story. In the *Iliad* [1] there are verses about Arcion himself:

Not even if he drive divine Areion behind,
  The swift horse of Adrastus, who was of the race
    of the gods.

[1] *Iliad* xxiii. 346.

ἐν δὲ τῇ Θηβαΐδι ὡς Ἄδραστος ἔφευγεν ἐκ Θηβῶν

εἵματα λυγρὰ φέρων σὺν Ἀρείονι κυανοχαίτῃ.

αἰνίσσεσθαι οὖν ἐθέλουσι τὰ ἔπη Ποσειδῶνα Ἀρείονι εἶναι πατέρα, Ἀντίμαχος δὲ παῖδα εἶναι Γῆς φησίν·

9 Ἄδρηστος Ταλαῶ υἱὸς Κρηθηιάδαο
πρώτιστος Δαναῶν ἑῶ αἰνέτω ἤλασεν ἵππω,
Καιρόν τε κραιπνὸν καὶ Ἀρείονα Θελπουσαῖον,
τόν ῥά τ' Ἀπόλλωνος σχεδὸν ἄλσεος
Ὀγκαίοιο
αὐτὴ Γαῖ' ἀνέδωκε, σέβας θνητοῖσιν ἰδέσθαι.

10 δύναιτο δ' ἂν καὶ ἀναφύντι ἐκ γῆς τῷ ἵππῳ ἐκ θεοῦ τε εἶναι τὸ γένος καὶ αἱ τρίχες οἱ τὴν χρόαν ἐοικέναι κυανῷ. λέγεται δὲ καὶ τοιάδε, Ἡρακλέα πολεμοῦντα Ἠλείοις αἰτῆσαι παρ' Ὄγκου τὸν ἵππον καὶ ἑλεῖν τὴν Ἦλιν ἐπὶ τῷ Ἀρείονι ὀχούμενον ἐς τὰς μάχας, δοθῆναι δὲ ὑπὸ Ἡρακλέους ὕστερον Ἀδράστῳ τὸν ἵππον. ἐπὶ τούτῳ δὲ ἐς τὸν Ἀρείονα ἐποίησεν Ἀντίμαχος

ὅς ῥά ποτ' Ἀδρήστῳ τριτάτῳ δέδμηθ' ὑπ' ἄνακτι.

11 Ὁ δὲ Λάδων τῆς Ἐρινύος τὸ ἱερὸν ἀπολιπὼν ἐν ἀριστερᾷ, παρέξεισιν ἐν ἀριστερᾷ μὲν τοῦ Ἀπόλλωνος τοῦ Ὀγκαιάτου τὸν ναόν, τὰ δὲ ἐν δεξιᾷ παρὰ Ἀσκληπιοῦ Παιδὸς ἱερόν, ἔνθα Τρυγόνος μνῆμά ἐστι·[1] τροφὸν δὲ Ἀσκληπιοῦ τὴν Τρυγόνα εἶναι λέγουσιν· ἐν γὰρ τῇ Θελπούσῃ τῷ Ἀσκληπιῷ παιδὶ ἐκκειμένῳ φασὶν ἐπιτυ-

26

In the *Thebaid* it is said that Adrastus fled from Thebes:

> Wearing wretched clothes, and with him dark-maned Areion.

They will have it that the verses obscurely hint that Poseidon was father to Areion, but Antimachus says that Earth was his mother:

> Adrastus, son of Talaüs, son of Cretheus,
> The very first of the Danaï to drive his famous horses,
> Swift Caerus and Areion of Thelpusa,
> Whom near the grove of Oncean Apollo
> Earth herself sent up, a marvel for mortals to see.

But even though sprung from Earth the horse might be of divine lineage and the colour of his hair might still be dark. Legend also has it that when Heracles was warring on Elis he asked Oncus for the horse, and was carried to battle on the back of Areion when he took Elis, but afterwards the horse was given to Adrastus by Heracles. Wherefore Antimachus says about Areion:

> Adrastus was the third lord who tamed him.

The Ladon, leaving on the left the sanctuary of the Fury, passes on the left the temple of Oncaeatian Apollo, and on the right a sanctuary of Boy Asclepius, where is the tomb of Trygon, who is said to have been the nurse of Asclepius. For the story is that Asclepius, when little, was exposed in Thelpusa, but

---

[1] After ἐστι the MSS. have τροφοῦ.

χόντα Αὐτόλαον Ἀρκάδος υἱὸν νόθον ἀνελέσθαι[1]
τὸ παιδίον, καὶ ἐπὶ τούτῳ παῖδα Ἀσκληπιὸν
* * * εἰκότα εἶναι μᾶλλον ἡγούμην, ὃ καὶ ἐδή-
12 λωσα ἐν τοῖς Ἐπιδαυρίων. ἔστι δὲ Τουθόα
ποταμός· ἐμβάλλει δὲ ἐς τὸν Λάδωνα καὶ ἡ
Τουθόα κατὰ τὸν Θελπουσίων ὅρον πρὸς Ἡραιεῖς,
καλούμενον δὲ ὑπὸ Ἀρκάδων Πεδίον. καθότι
δὲ αὐτὸς ὁ Λάδων ἐκδίδωσιν ἐς τὸν Ἀλφειόν,
Κοράκων ὠνόμασται νᾶσος. οἱ δὲ ἥγηνται τὴν
Ἐνίσπην καὶ Στρατίην τε καὶ Ῥίπην τὰς ὑπὸ
Ὁμήρου κατειλεγμένας γενέσθαι νήσους ποτὲ
ἐν τῷ Λάδωνι ὑπὸ ἀνθρώπων οἰκουμένας, ἃ οἱ
13 πεπιστευκότες μάταια ἴστωσαν· οὐ γὰρ ἄν ποτε
οὐδὲ νηὶ παρισουμένας πορθμίδι παράσχοιτο ὁ
Λάδων νήσους. κάλλους μὲν γὰρ ἕνεκα οὐδενὸς
ποταμῶν δεύτερος οὔτε τῶν βαρβαρικῶν ἐστιν
οὔτε Ἕλληνος, μέγεθος δὲ οὐ τοσοῦτος ὡς ἐν
αὐτῷ καὶ νήσους ἀναφαίνεσθαι καθάπερ ἐν
Ἴστρῳ τε καὶ Ἠριδανῷ.

XXVI. Ἡραιεῦσι δὲ οἰκιστὴς μὲν γέγονεν
Ἡραιεὺς ὁ Λυκάονος, κεῖται δὲ ἡ πόλις ἐν δεξιᾷ
τοῦ Ἀλφειοῦ, τὰ μὲν πολλὰ ἐν ἠρέμα προσάντει,
τὰ δὲ καὶ ἐπ᾽ αὐτὸν καθήκει τὸν Ἀλφειόν.
δρόμοι τε παρὰ τῷ ποταμῷ πεποίηνται μυρσί-
ναις καὶ ἄλλοις ἡμέροις διακεκριμένοι δένδροις,
καὶ τὰ λουτρὰ αὐτόθι, εἰσὶ δὲ καὶ Διονύσῳ ναοί·
τὸν μὲν καλοῦσιν αὐτῶν Πολίτην, τὸν δὲ Αὐξί-
την, καὶ οἴκημά ἐστί σφισιν ἔνθα τῷ Διονύσῳ τὰ
2 ὄργια ἄγουσιν. ἔστι καὶ ναὸς ἐν τῇ Ἡραίᾳ
Πανὸς ἅτε τοῖς Ἀρκάσιν ἐπιχωρίου, τῆς δὲ
Ἥρας τοῦ ναοῦ καὶ ἄλλα ἐρείπια καὶ οἱ κίονες
ἔτι ἐλείποντο· ἀθλητὰς δὲ ὁπόσοι γεγόνασιν
28

was found by Autolaüs, the illegitimate son of Arcas, who reared the baby, and for this reason Boy Asclepius . . . I thought more likely, as also I set forth in my account of Epidaurus.[1] There is a river Tuthoa, and it falls into the Ladon at the boundary between Thelpusa and Heraea, called Plain by the Arcadians. Where the Ladon itself falls into the Alpheius is an island called the Island of Crows. Those who have thought that Enispe, Stratia and Rhipe, mentioned by Homer,[2] were once inhabited islands in the Ladon, cherish, I would tell them, a false belief. For the Ladon could never show islands even as large as a ferry-boat. As far as beauty is concerned, it is second to no river, either in Greece or in foreign lands, but it is not big enough to carry islands on its waters, as do the Danube and the Eridanus.

XXVI. The founder of Heraea was Heraeeus the son of Lycaon, and the city lies on the right of the Alpheius, mostly upon a gentle slope, though a part descends right to the Alpheius. Walks have been made along the river, separated by myrtles and other cultivated trees; the baths are there, as are also two temples to Dionysus. One is to the god named Citizen, the other to the Giver of Increase, and they have a building there where they celebrate their mysteries in honour of Dionysus. There is also in Heraea a temple of Pan, as he is native to Arcadia, and of the temple of Hera I found remaining various ruins, including the pillars. Of Arcadian athletes

---

[1] See II. xxvi. §§ 4 foll.    [2] *Iliad* ii. 606.

---

[1] ἀναθέσθαι MSS. : ἀνελέσθαι Kuhn.

Ἀρκάσιν ὑπερῆρκε τῇ δόξῃ Δαμάρετος Ἡραιεύς,
ὃς τὸν ὁπλίτην δρόμον ἐνίκησεν ἐν [1] Ὀλυμπίᾳ
πρῶτος.

3 Ἐς δὲ τὴν Ἠλείαν κατιὼν ἐξ Ἡραίας στάδια
μέν που πέντε καὶ δέκα ἀποσχὼν Ἡραίας δια-
βήσῃ τὸν Λάδωνα, ἀπὸ τούτου δὲ ἐς [2] Ἐρύμανθον
ὅσον εἴκοσιν ἀφίξῃ σταδίοις. τῇ δὲ Ἡραίᾳ ὅροι
πρὸς τὴν Ἠλείαν λόγῳ μὲν τῷ Ἀρκάδων ἐστὶν
ὁ Ἐρύμανθος, Ἠλεῖοι δὲ τὸν Κοροίβου τάφον
4 φασὶ τὴν χώραν σφίσιν ὁρίζειν. ἡνίκα δὲ τὸν
ἀγῶνα τὸν Ὀλυμπικὸν ἐκλιπόντα ἐπὶ χρόνον
πολὺν ἀνενεώσατο Ἴφιτος καὶ αὖθις ἐξ ἀρχῆς
Ὀλύμπια ἤγαγον, τότε δρόμου σφίσιν ἆθλα ἐτέθη
μόνον καὶ ὁ Κόροιβος ἐνίκησε· καὶ ἔστιν ἐπί-
γραμμα ἐπὶ τῷ μνήματι ὡς Ὀλυμπίασιν ὁ
Κόροιβος ἐνίκησεν ἀνθρώπων πρῶτος καὶ ὅτι
τῆς Ἠλείας ἐπὶ τῷ πέρατι ὁ τάφος αὐτῷ
πεποίηται.

5 Ἔστι δὲ Ἀλίφηρα πόλισμα οὐ μέγα· ἐξε-
λείφθη γὰρ ὑπὸ οἰκητόρων πολλῶν ὑπὸ τὸν
συνοικισμὸν τῶν Ἀρκάδων ἐς Μεγάλην πόλιν.
ἐς τοῦτο οὖν τὸ πόλισμα ἐρχόμενος ἐξ Ἡραίας
τόν τε Ἀλφειὸν διαβήσῃ καὶ σταδίων μάλιστά
που δέκα διελθὼν πεδίον ἐπὶ ὄρος ἀφίξῃ καὶ
αὖθις στάδια ὅσον τριάκοντα ἐς τὸ πόλισμα
6 ἀναβήσῃ διὰ τοῦ ὄρους. Ἀλιφηρεῦσι δὲ τὸ μὲν
ὄνομα τῇ πόλει γέγονεν ἀπὸ Ἀλιφήρου Λυκάονος
παιδός, ἱερὰ δὲ Ἀσκληπιοῦ τέ ἐστι καὶ Ἀθηνᾶς,
ἣν θεῶν σέβονται μάλιστα, γενέσθαι καὶ τραφῆναι
παρὰ σφίσιν αὐτὴν λέγοντες· καὶ Διός τε ἱδρύ-
σαντο Λεχεάτου βωμόν, ἅτε ἐνταῦθα τὴν Ἀθηνᾶν
τεκόντος, καὶ κρήνην καλοῦσι Τριτωνίδα, τὸν

the most renowned has been Damaretus of Heraea, who was the first to win the race in armour at Olympia.

As you go down to the land of Elis from Heraea, at a distance of about fifteen stades from Heraea you will cross the Ladon, and from it to the Erymanthus is a journey of roughly twenty stades. The boundary between Heraea and the land of Elis is according to the Arcadians the Erymanthus, but the people of Elis say that the grave of Coroebus bounds their territory. But when the Olympic games, after not being held for a long period, were revived by Iphitus, and the Olympic festival was again held, the only prizes offered were for running, and Coroebus won. On the tomb is an inscription that Coroebus was the first man to win at Olympia, and that his grave was made at the end of Elean territory.

There is a town, Aliphera, of no great size, for it was abandoned by many of its inhabitants at the union of the Arcadians into Megalopolis. As you go to this town from Heraea you will cross the Alpheius, and after going over a plain of just about ten stades you will reach a mountain, and ascending across the mountain for some thirty stades more you will come to the town. The city of Aliphera has received its name from Alipherus, the son of Lycaon, and there are sanctuaries here of Asclepius and Athena; the latter they worship more than any other god, saying that she was born and bred among them. They also set up an altar of Zeus Lecheates (*In child-bed*), because here he gave birth to Athena. There is a stream

---

[1] ἐν is not in the MSS.
[2] ἐς is not in the MSS.

ἐπὶ τῷ ποταμῷ τῷ Τρίτωνι οἰκειούμενοι λόγον.
7 τῆς δὲ ᾿Αθηνᾶς τὸ ἄγαλμα πεποίηται χαλκοῦ,
῾Υπατοδώρου ἔργον, θέας ἄξιον μεγέθους τε ἕνεκα
καὶ ἐς τὴν τέχνην. ἄγουσι δὲ καὶ πανήγυριν
ὅτῳ δὴ θεῶν, δοκῶ δὲ σφᾶς ἄγειν τῇ ᾿Αθηνᾷ·
ἐν ταύτῃ τῇ πανηγύρει Μυάγρῳ[1] προθύουσιν,
ἐπευχόμενοί τε κατὰ τῶν ἱερείων τῷ ἥρωι καὶ
ἐπικαλούμενοι τὸν Μύαγρον· καί σφισι ταῦτα
8 δράσασιν οὐδὲν ἔτι ἀνιαρόν εἰσιν αἱ μυῖαι. κατὰ
δὲ τὴν ἐξ ῾Ηραίας ἄγουσαν ἐς Μεγάλην πόλιν
εἰσὶ Μελαινεαί· ταύτας ᾤκισε μὲν Μελαινεὺς ὁ
Λυκάονος, ἔρημος δὲ ἦν ἐφ᾽ ἡμῶν, ὕδατι δὲ
καταρρεῖται. Μελαινεῶν δὲ τεσσαράκοντά ἐστιν
ἀνωτέρω σταδίοις Βουφάγιον, καὶ ὁ ποταμὸς
ἐνταῦθα ἔχει πηγὰς ὁ Βουφάγος κατιὼν ἐς τὸν
᾿Αλφειόν· τοῦ Βουφάγου δὲ περὶ τὰς πηγὰς ὅροι
πρὸς Μεγαλοπολίτας ῾Ηραιεῦσίν εἰσιν.

XXVII. ῾Η δὲ Μεγάλη πόλις νεωτάτη πόλεών
ἐστιν οὐ τῶν ᾿Αρκαδικῶν μόνον ἀλλὰ καὶ τῶν
ἐν ῞Ελλησι, πλὴν ὅσων κατὰ συμφορὰν ἀρχῆς
τῆς ῾Ρωμαίων μεταβεβήκασιν οἰκήτορες· συνῆλθον
δὲ ὑπὲρ ἰσχύος ἐς αὐτὴν οἱ ᾿Αρκάδες, ἅτε καὶ
᾿Αργείους ἐπιστάμενοι τὰ μὲν ἔτι παλαιότερα
μόνον οὐ κατὰ μίαν ἡμέραν ἑκάστην κινδυνεύοντας
ὑπὸ Λακεδαιμονίων παραστῆναι τῷ πολέμῳ,
ἐπειδὴ δὲ ἀνθρώπων πλήθει τὸ ῎Αργος ἐπηύξησαν
καταλύσαντες Τίρυνθα καὶ ῾Υσιάς τε καὶ ᾿Ορνεὰς
καὶ Μυκήνας καὶ Μίδειαν καὶ εἰ δή τι ἄλλο
πόλισμα οὐκ ἀξιόλογον ἐν τῇ ᾿Αργολίδι ἦν, τά
τε ἀπὸ Λακεδαιμονίων ἀδεέστερα τοῖς ᾿Αργείοις
ὑπάρξαντα καὶ ἅμα ἐς τοὺς περιοίκους ἰσχὺν
2 γενομένην αὐτοῖς. γνώμῃ μὲν τοιαύτῃ συνῳκί-

they call Tritonis, adopting the story about the river Triton. The image of Athena is made of bronze, the work of Hypatodorus, worth seeing for its size and workmanship. They keep a general festival in honour of some god or other; I think in honour of Athena. At this festival they sacrifice first to Fly-catcher, praying to the hero over the victims and calling upon the Fly-catcher. When they have done this the flies trouble them no longer. On the road from Heraea to Megalopolis is Melaeneae. It was founded by Melaeneus, the son of Lycaon; in my time it was uninhabited, but there is plenty of water flowing over it. Forty stades above Melaeneae is Buphagium, and here is the source of the Buphagus, which flows down into the Alpheius. Near the source of the Buphagus is the boundary between Megalopolis and Heraea.

XXVII. Megalopolis is the youngest city, not of Arcadia only, but of Greece, with the exception of those whose inhabitants have been removed by the accident of the Roman domination. The Arcadians united into it to gain strength, realising that the Argives also were in earlier times in almost daily danger of being subjected by war to the Lacedaemonians, but when they had increased the population of Argos by reducing Tiryns, Hysiae, Orneae, Mycenae, Mideia, along with other towns of little importance in Argolis, the Argives had less to fear from the Lacedaemonians, while they were in a stronger position to deal with their vassal neighbours. It was with this policy in view that the

---

[1] It has been proposed to read Μυιάγρῳ.

ζοντο οἱ Ἀρκάδες, τῆς πόλεως δὲ οἰκιστὴς
Ἐπαμινώνδας ὁ Θηβαῖος σὺν τῷ δικαίῳ καλοῖτο
ἄν· τούς τε γὰρ Ἀρκάδας οὗτος ἦν ὁ ἐπεγείρας
ἐς τὸν συνοικισμὸν Θηβαίων τε χιλίους λογάδας
καὶ Παμμένην ἀπέστειλεν ἡγεμόνα ἀμύνειν τοῖς
Ἀρκάσιν, εἰ κωλύειν πειρῶνται οἱ Λακεδαιμόνιοι
τὸν οἰκισμόν. ᾑρέθησαν δὲ καὶ ὑπὸ τῶν Ἀρκάδων
οἰκισταὶ Λυκομήδης καὶ Ὁπολέας καὶ Τίμων τε
καὶ Πρόξενος, οὗτοι μὲν ἐκ Τεγέας, Λυκομήδης δὲ
καὶ Ὁπολέας Μαντινεῖς, Κλειτορίων δὲ Κλεόλαος
καὶ Ἀκρίφιος, Εὐκαμπίδας δὲ καὶ Ἱερώνυμος ἐκ
Μαινάλου, Παρρασίων δὲ Ποσσικράτης τε καὶ
3 Θεόξενος. πόλεις δὲ τοσαίδε ἦσαν ὁπόσας ὑπό
τε προθυμίας καὶ διὰ τὸ ἔχθος τὸ Λακεδαιμονίων
πατρίδας σφίσιν οὔσας ἐκλιπεῖν ἐπείθοντο οἱ
Ἀρκάδες, Ἀλέα Παλλάντιον Εὐταία Σουμάτειον
Ἀσέα Περαιθεῖς Ἑλισσῶν Ὀρεσθάσιον Δίπαια
Λύκαια· ταύτας μὲν ἐκ Μαινάλου· ἐκ δὲ Εὐτρη-
σίων Τρικόλωνοι καὶ Ζοίτιον καὶ Χαρισία καὶ
4 Πτολέδερμα καὶ Κναῦσον καὶ Παρώρεια· παρὰ
δὲ Αἰγυτῶν Αἶγυς[1] καὶ Σκιρτώνιον καὶ Μαλέα
καὶ Κρῶμοι καὶ Βλένινα καὶ Λεῦκτρον· Παρρα-
σίων δὲ Λυκοσουρεῖς Θωκνεῖς Τραπεζούντιοι
Προσεῖς Ἀκακήσιον Ἀκόντιον Μακαρία Δασέα·
ἐκ δὲ Κυνουραίων τῶν ἐν Ἀρκαδίᾳ Γόρτυς καὶ
Θεισόα ἡ πρὸς Λυκαίῳ καὶ Λυκαιᾶται καὶ
Ἀλίφηρα· ἐκ δὲ τῶν συντελούντων ἐς Ὀρχο-
μενὸν Θεισόα Μεθύδριον Τεῦθις· προσεγένετο
δὲ καὶ Τρίπολις ὀνομαζομένη, Καλλία καὶ
5 Δίποινα καὶ Νώνακρις. τὸ μὲν δὴ ἄλλο Ἀρκα-
δικὸν οὔτε τι παρέλυε τοῦ κοινοῦ δόγματος
καὶ συνελέγοντο ἐς τὴν Μεγάλην πόλιν σπουδῇ·

Arcadians united, and the founder of the city might
fairly be considered Epaminondas of Thebes. For
he it was who gathered the Arcadians together for
the union and despatched a thousand picked Thebans
under Pammenes to defend the Arcadians, if the
Lacedaemonians should try to prevent the union.
There were chosen as founders by the Arcadians,
Lycomedes and Hopoleas of Mantineia, Timon and
Proxenus of Tegea, Cleolaüs and Acriphius of Cleitor,
Eucampidas and Hieronymus of Maenalus, Possi-
crates and Theoxenus of the Parrhasians. The
following were the cities which the Arcadians were
persuaded to abandon through their zeal and because
of their hatred of the Lacedaemonians, in spite of
the fact that these cities were their homes: Alea,
Pallantium, Eutaea, Sumateium, Asea, Peraethenses,
Helisson, Oresthasium, Dipaea, Lycaea; these
were cities of Maenalus. Of the Eutresian cities
Tricoloni, Zoetium, Charisia, Ptolederma, Cnausum,
Paroreia. From the Aegytae: Aegys, Scirtonium,
Malea, Cromi, Blenina, Leuctrum. Of the Par-
rhasians: Lycosura, Thocnia, Trapezus, Prosenses,
Acacesium, Acontium, Macaria, Dasea. Of the
Cynurians in Arcadia: Gortys, Theisoa by Mount
Lycaeüs, Lycaea, Aliphera. Of those belonging to
Orchomenus: Theisoa, Methydrium, Teuthis. These
were joined by Tripolis, as it is called, Callia, Dipoena,
Nonacris. The Arcadians for the most part obeyed
the general resolution and assembled promptly at

---

[1] Αἴγυς is not in the MSS.

Λυκαιᾶται δὲ καὶ Τρικολωνεῖς καὶ Λυκοσουρεῖς
τε καὶ Τραπεζούντιοι μετεβάλοντο Ἀρκάδων
μόνοι, καὶ—οὐ γὰρ συνεχώρουν ἔτι τὰ ἄστη
τὰ ἀρχαῖα ἐκλιπεῖν—οἱ μὲν αὐτῶν καὶ ἄκοντες
ἀνάγκῃ κατήγοντο ἐς τὴν Μεγάλην πόλιν,
6 Τραπεζούντιοι δὲ ἐκ Πελοποννήσου τὸ παράπαν
ἐξεχώρησαν, ὅσοι γε αὐτῶν ἐλείφθησαν καὶ μὴ
σφᾶς ὑπὸ τοῦ θυμοῦ παραυτίκα διεχρήσαντο
οἱ Ἀρκάδες· τοὺς δὲ αὐτῶν ἀνασωθέντας
ἀναπλεύσαντας ναυσὶν ἐς τὸν Πόντον συνοί-
κους ἐδέξαντο μητροπολίτας τ' ὄντας καὶ
ὁμωνύμους οἱ Τραπεζοῦντα ἔχοντες τὴν ἐν τῷ
Εὐξείνῳ. Λυκοσουρεῦσι δὲ καὶ ἀπειθήσασιν
ἐγένετο ὅμως παρὰ τῶν Ἀρκάδων αἰδὼς Δήμη-
τρός τε ἕνεκα καὶ Δεσποίνης ἐλθοῦσιν ἐς τὸ
7 ἱερόν. τῶν δὲ ἄλλων τῶν κατειλεγμένων πόλεων
αἱ μὲν ἐς ἅπαν εἰσὶν ἐφ' ἡμῶν ἔρημοι, τὰς δὲ
ἔχουσιν οἱ Μεγαλοπολῖται κώμας, Γόρτυνα
Διποίνας Θεισόαν τὴν πρὸς Ὀρχομενῷ Μεθύδριον
Τεῦθιν Καλλιὰς Ἑλισσόντα· μόνη δὲ ἐξ αὐτῶν
Παλλάντιον ἔμελλεν ἄρα ἠπιωτέρου πειρᾶσθαι
καὶ τότε[1] τοῦ δαίμονος. τοῖς δὲ Ἀλιφηρεῦσι
παραμεμένηκεν ἐξ ἀρχῆς πόλιν σφᾶς καὶ ἐς τόδε
8 νομίζεσθαι. συνῳκίσθη δὲ ἡ Μεγάλη πόλις
ἐνιαυτῷ τε τῷ αὐτῷ καὶ μησὶν[2] ὀλίγοις ὕστερον
ἢ τὸ πταῖσμα ἐγένετο Λακεδαιμονίων τὸ ἐν
Λεύκτροις, Φρασικλείδου μὲν Ἀθήνησιν ἄρχοντος,
δευτέρῳ δὲ ἔτει τῆς ἑκατοστῆς ὀλυμπιάδος καὶ
δευτέρας, ἣν Δάμων Θούριος ἐνίκα στάδιον.
9  Μεγαλοπολίταις δὲ ἐς τὴν Θηβαίων συμμαχίαν
ἐγγραφεῖσιν ἀπὸ Λακεδαιμονίων δεῖμα ἦν οὐδέν.

[1] Frazer would delete καὶ τότε as meaningless.

Megalopolis. But the people of Lycaea, Tricoloni, Lycosura and Trapezus, but no other Arcadians, repented and, being no longer ready to abandon their ancient cities, were, with the exception of the last, taken to Megalopolis by force against their will, while the inhabitants of Trapezus departed altogether from the Peloponnesus, such of them as were left and were not immediately massacred by the exasperated Arcadians. Those who escaped with their lives sailed away to Pontus and were welcomed by the citizens of Trapezus on the Euxine as their kindred, as they bore their name and came from their mother-city. The Lycosurians, although they had disobeyed, were nevertheless spared by the Arcadians because of Demeter and the Mistress, in whose sanctuary they had taken refuge. Of the other cities I have mentioned, some are altogether deserted in our time, some are held by the people of Megalopolis as villages, namely Gortys, Dipoenae, Theisoa near Orchomenus, Methydrium, Teuthis, Calliae, Helisson. Only one of them, Pallantium, was destined to meet with a kindlier fate even then. Aliphera has continued to be regarded as a city from the beginning to the present day. Megalopolis was united into one city in the same year, but a few months later,² as occurred the defeat of the Lacedaemonians at Leuctra, when Phrasicleides was archon at Athens, in the second year of 371 B.C. the hundred and second Olympiad, when Damon of Thurii was victor in the foot-race.

When the citizens of Megalopolis had been enrolled in the Theban alliance they had nothing to fear from

---

² After μησὶν the MSS. have τε.

ὡς δὲ ἐς τὸν πόλεμον τὸν ἱερὸν ὀνομασθέντα οἱ
Θηβαῖοι κατέστησαν καὶ αὐτοῖς ἐπέκειντο οἱ
Φωκεῖς, τήν τε ὅμορον τῇ Βοιωτῶν ἔχοντες καὶ
ὄντες οὐκ ἀδύνατοι χρήμασιν ἅτε τὸ ἱερὸν τὸ ἐν
10 Δελφοῖς κατειληφότες, τηνικαῦτα οἱ Λακεδαι-
μόνιοι προθυμίας μὲν ἕνεκα Ἀρκάδας τε ἂν τοὺς
ἄλλους καὶ τοὺς Μεγαλοπολίτας ἐποίησαν ἀνα-
στάτους, ἀμυνομένων δὲ τῶν τότε οὐκ ἀθύμως καὶ
ἅμα τῶν περιοίκων ἀπροφασίστως σφίσιν ἐπι-
κουρούντων, λόγου μὲν συνέπεσεν οὐδὲν ἄξιον
γενέσθαι παρὰ οὐδετέρων· Φίλιππον δὲ τὸν
Ἀμύντου καὶ Μακεδόνων τὴν ἀρχὴν οὐχ ἥκιστα
αὐξηθῆναι τὸ ἔχθος τὸ Ἀρκάδων ἐς Λακεδαι-
μονίους ἐποίησε, καὶ Ἕλλησιν ἐν Χαιρωνείᾳ καὶ
αὖθις περὶ Θεσσαλίαν τοῦ ἀγῶνος οὐ μετέσχον
11 οἱ Ἀρκάδες. χρόνον δὲ οὐ μετὰ πολὺν Ἀριστό-
δημος Μεγαλοπολίταις ἀνέφυ τύραννος, Φιγαλεὺς
μὲν γένος καὶ υἱὸς Ἀρτύλα, ποιησαμένου δὲ
αὐτὸν Τριταίου τῶν οὐκ ἀδυνάτων ἐν Μεγάλῃ
πόλει· τούτῳ τῷ Ἀριστοδήμῳ καὶ τυραννοῦντι
ἐξεγένετο ὅμως ἐπικληθῆναι Χρηστῷ. ἐπὶ τού-
του τυραννοῦντος ἐσβάλλουσιν ἐς τὴν Μεγαλο-
πολῖτιν στρατιᾷ Λακεδαιμόνιοι καὶ τοῦ βασιλέως
Κλεομένους ὁ πρεσβύτατος τῶν παίδων Ἀκρό-
τατος· ἐγενεαλόγησα δὲ ἤδη τά τε ἐς τοῦτον καὶ
ἐς τὸ πᾶν γένος τῶν ἐν Σπάρτῃ βασιλέων. γενο-
μένης δὲ ἰσχυρᾶς μάχης καὶ ἀποθανόντων πολλῶν
παρ᾽ ἀμφοτέρων κρατοῦσιν οἱ Μεγαλοπολῖται
τῇ συμβολῇ· καὶ ἄλλοι τε διεφθάρησαν Σπαρ-
τιατῶν καὶ Ἀκρότατος, οὐδέ οἱ τὴν πατρῴαν
12 παραλαβεῖν ἐξεγένετο ἀρχήν. μετὰ δὲ Ἀριστό-
δημον τελευτήσαντα δύο μάλιστα ὕστερον γενεαῖς

the Lacedaemonians. But when the Thebans became involved in what was called the Sacred War, and they were hard pressed by the Phocians, who were neighbours of the Boeotians, and wealthy because they had seized the sanctuary at Delphi, then the Lacedaemonians, if eagerness would have done it, would have removed bodily the Megalopolitans and the other Arcadians besides; but as the Arcadians of the day put up a vigorous defence, while their vassal neighbours gave them wholehearted assistance, no achievement of note was accomplished by either side. But the hatred felt by the Arcadians for the Lacedaemonians was not a little responsible for the rise of Philip, the son of Amyntas, and of the Macedonian empire, and the Arcadians did not help the Greeks at Chaeroneia or again in the struggle in Thessaly. After a short time a tyrant arose at Megalopolis in the person of Aristodemus, a Phigalian by birth and a son of Artylas, who had been adopted by Tritaeüs, an influential citizen of Megalopolis. This Aristodemus, in spite of his being a tyrant, nevertheless won the surname of " the Good." During his tyranny the territory of Megalopolis was invaded by the Lacedaemonians under Acrotatus, the eldest of the sons of King Cleomenes, whose lineage I have already traced with that of all the other Spartan kings.[1] A fierce battle took place, and after many had fallen on both sides the army of Megalopolis had the better of the encounter. Among the Spartan killed was Acrotatus, who never succeeded to the throne of his fathers. Some two generations after the death of Aristodemus, Lydiades became tyrant, a man of

[1] See III. vi. 2.

ἐτυράννησε Λυδιάδης, οἴκου μὲν οὐκ ἀφανοῦς,
φύσιν δὲ φιλότιμος ὢν καὶ οὐχ ἥκιστα, ὡς
ἐπέδειξεν ὕστερον, καὶ φιλόπολις. ἔσχε μὲν γὰρ
ἔτι νέος ὢν τὴν ἀρχήν· ἐπεὶ δὲ ἤρχετο φρονεῖν,
κατέπαυεν ἑαυτὸν ἑκὼν τυραννίδος, καίπερ ἐς τὸ
ἀσφαλὲς ἤδη οἱ τῆς ἀρχῆς καθωρμισμένης.
Μεγαλοπολιτῶν δὲ συντελούντων ἤδη τότε ες
τὸ Ἀχαϊκόν, ὁ Λυδιάδης ἔν τε αὐτοῖς Μεγαλο-
πολίταις καὶ ἐν τοῖς πᾶσιν Ἀχαιοῖς ἐγένετο
οὕτω δόκιμος ὡς Ἀράτῳ παρισωθῆναι τὰ ἐς δόξαν.
13 Λακεδαιμόνιοι δὲ αὐτοί τε πανδημεὶ καὶ ὁ τῆς
οἰκίας βασιλεὺς τῆς ἑτέρας Ἆγις ὁ Εὐδαμίδου
στρατεύουσιν ἐπὶ Μεγάλην πόλιν παρασκευῇ
μείζονι καὶ ἀξιολογωτέρᾳ τῆς ὑπὸ Ἀκροτάτου
συναχθείσης· καὶ μάχῃ τε ἐπεξελθόντας τοὺς
Μεγαλοπολίτας ἐνίκησαν καὶ μηχάνημα ἰσχυρὸν
προσάγοντες τῷ τείχει τὸν πύργον τὸν ταύτῃ δι'
αὐτοῦ σείουσι καὶ ἐς τὴν ὑστεραίαν καταρρίψειν
14 τῷ μηχανήματι ἤλπιζον. ἔμελλε δὲ ἄρα οὐχ
Ἕλλησιν ὁ Βορέας ἔσεσθαι μόνον τοῖς πᾶσιν
ὄφελος, τοῦ Μήδων ναυτικοῦ ταῖς Σηπιάσι
προσράξας τὰς πολλάς, ἀλλὰ καὶ Μεγαλοπολίτας
ὁ ἄνεμος οὗτος ἐρρύσατο μὴ ἁλῶναι· κατελυσέ
τε γὰρ τὸ μηχάνημα τοῦ Ἄγιδος καὶ διεφόρησεν
ἐς ἀπώλειαν παντελῆ βιαίῳ τῷ πνεύματι ὁμοῦ
καὶ συνεχεῖ. ὁ δὲ Ἆγις ὅτῳ τὰ ἐκ τοῦ Βορέου
μὴ ἑλεῖν τὴν Μεγαλόπολιν ἐγένετο ἐμποδών,
ἔστιν ὁ τὴν ἐν Ἀχαΐᾳ Πελλήνην ἀφαιρεθεὶς ὑπὸ
Ἀράτου καὶ Σικυωνίων καὶ ὕστερον πρὸς Μαν-
15 τινείᾳ χρησάμενος τῷ τέλει. μετὰ δὲ οὐ πολὺν
χρόνον Κλεομένης ὁ Λεωνίδου Μεγαλόπολιν
κατέλαβεν ἐν σπονδαῖς. Μεγαλοπολιτῶν δὲ οἱ

distinguished family, by nature ambitious and, as he proved later, a devoted patriot. For he came to power while still young, but on reaching years of discretion he was minded to resign voluntarily the tyranny, although by this time his power was securely established. At this time Megalopolis was already a member of the Achaean League, and Lydiades became so famous among not only the people of Megalopolis but also all the Achaeans that he rivalled the fame of Aratus. The Lacedaemonians with all their forces under Agis, the son of Eudamidas, the king of the other house, attacked Megalopolis with larger and stronger forces than those collected by Acrotatus. They overcame in battle the men of Megalopolis, who came out against them, and bringing up a powerful engine against the wall they shook by it the tower in this place, and hoped on the morrow to knock it down by the engine. But the north wind was not only to prove a help to the whole Greek nation, when it dashed the greater part of the Persian fleet on the Sepiad rocks, but it also saved Megalopolis from being captured. For it blew violently and continuously, and broke up the engine of Agis, scattering it to utter destruction. The Agis whom the north wind prevented from taking Megalopolis is the man from whom was taken Pellene in Achaia by the Sicyonians under Aratus, and later he met his end at Mantineia. Shortly afterwards Cleomenes the son of Leonidas seized Megalopolis during a truce. Of the Megalopolitans some fell at

μὲν ἐν τῇ νυκτὶ εὐθὺς τότε ἀμύνοντες τῇ πατρίδι
ἐπεπτώκεσαν, ἔνθα καὶ Λυδιάδην ἀγωνιζόμενον
ἀξίως λόγου κατέλαβεν ἐν τῇ μάχῃ τὸ χρεών·
τοὺς δὲ αὐτῶν Φιλοποίμην ὁ Κραύγιδος ὅσον τε
τὰ δύο μέρη τῶν ἐν ἡλικίᾳ καὶ παῖδας ἅμα ἔχων
16 καὶ γυναῖκας διέφυγεν ἐς τὴν Μεσσηνίαν. Κλεο-
μένης δὲ τούς τε ἐγκαταληφθέντας ἐφόνευε καὶ
κατέσκαπτέ τε καὶ ἔκαιε τὴν πόλιν. Μεγαλο-
πολῖται μὲν δὴ τρόπον ὁποῖον ἀνεσώσαντο τὴν
αὑτῶν καὶ ὁποῖα κατελθοῦσιν αὖθις ἐπράχθη
σφίσι, δηλώσει τοῦ λόγου μοι τὰ ἐς Φιλοποί-
μενα· Λακεδαιμονίων δὲ τῷ δήμῳ τοῦ τῶν
Μεγαλοπολιτῶν παθήματος μέτεστιν αἰτίας
οὐδέν, ὅτι σφίσιν ἐκ βασιλείας μετέστησεν ἐς
τυραννίδα ὁ Κλεομένης τὴν πολιτείαν.

17    Μεγαλοπολίταις δὲ καὶ Ἡραιεῦσι κατὰ τὰ
εἰρημένα ἤδη μοι τοῦ Βουφάγου ποταμοῦ περὶ
τὰς πηγὰς εἰσιν ὅροι τῆς χώρας. γενέσθαι δὲ
τῷ ποταμῷ τὸ ὄνομα ἀπὸ Βουφάγου φασὶν
ἥρωος, εἶναι δὲ Ἰαπετοῦ τε παῖδα αὐτὸν καὶ
Θόρνακος. ταύτην καὶ ἐν τῇ Λακωνικῇ Θόρνακα
ὀνομάζουσι. λέγουσι δὲ καὶ ὡς ἐν Φολόῃ τῷ
ὄρει τοξεύσειεν Ἄρτεμις Βουφάγον ἔργα τολμή-
σαντα οὐχ ὅσια ἐς τὴν θεόν.

XXVIII. Ἰόντι δὲ ἀπὸ τοῦ ποταμοῦ τῶν
πηγῶν, πρῶτα μέν σε ἐκδέξεται Μάραθα χωρίον,
μετὰ δὲ αὐτὸ Γόρτυς κώμη τὰ ἐπ' ἐμοῦ, τὰ δὲ
ἔτι ἀρχαιότερα πόλις. ἔστι δὲ αὐτόθι ναὸς
Ἀσκληπιοῦ λίθου Πεντελησίου, καὶ αὐτός τε
οὐκ ἔχων πω γένεια καὶ Ὑγείας ἄγαλμα· Σκόπα
δὲ ἦν ἔργα. λέγουσι δὲ οἱ ἐπιχώριοι καὶ τάδε,
ὡς Ἀλέξανδρος ὁ Φιλίππου τὸν θώρακα καὶ

once on the night of the capture in the defence of their country, when Lydiades too met his death in 226 B.C. the battle, fighting nobly; others, about two-thirds of those of military age along with the women and children, escaped to Messenia with Philopoemen the son of Craugis. But those who were caught in the city were massacred by Cleomenes, who razed it to the ground and burnt it. How the Megalopolitans restored their city, and their achievements on their return, will be set forth in my account of Philopoemen. The Lacedaemonian people were in no way responsible for the disaster to Megalopolis, because Cleomenes had changed their constitution from a kingship to a tyranny.

As I have already related, the boundary between Megalopolis and Heraea is at the source of the river Buphagus. The river got its name, they say, from a hero called Buphagus, the son of Iapetus and Thornax. This is what they call her in Laconia also. They also say that Artemis shot Buphagus on Mount Pholoë because he attempted an unholy sin against her godhead.

XXVIII. As you go from the source of the river, you will reach first a place called Maratha, and after it Gortys, which to-day is a village, but of old was a city. Here there is a temple of Asclepius, made of Pentelic marble, with the god, as a beardless youth, and an image of Health. Scopas was the artist. The natives also say that Alexander the son of Philip

δόρυ ἀναθείη τῷ Ἀσκληπιῷ· καὶ ἐς ἐμέ γε ἔτι
ὁ θώραξ καὶ τοῦ δόρατος ἦν ἡ αἰχμή.

2 Τὴν δὲ Γόρτυνα ποταμὸς διέξεισιν ὑπὸ μὲν
τῶν περὶ τὰς πηγὰς ὀνομαζόμενος Λούσιος, ἐπὶ
λουτροῖς δὴ τοῖς Διὸς τεχθέντος· οἱ δὲ ἀπωτέρω
τῶν πηγῶν καλοῦσιν ἀπὸ τῆς κώμης Γορτύνιον.
οὗτος ὁ Γορτύνιος ὕδωρ ψυχρότατον παρέχεται
ποταμῶν. Ἴστρον μέν γε καὶ Ῥῆνον, ἔτι δὲ
Ὑπάνιν τε καὶ Βορυσθένην καὶ ὅσων ἄλλων
ἐν ὥρᾳ χειμῶνος τὰ ῥεύματα πήγνυται, τούτους
μὲν χειμερίους κατὰ ἐμὴν δόξαν ὀρθῶς ὀνομάσαι
τις ἄν, οἳ ῥέουσι μὲν διὰ γῆς τὸ πολὺ τοῦ χρόνου
νειφομένης, ἀνάπλεως δὲ κρυμοῦ καὶ ὁ περὶ
3 αὐτούς ἐστιν ἀήρ· ὅσοι δὲ γῆν διεξίασιν εὖ τῶν
ὡρῶν ἔχουσαν καὶ θέρους σφίσι τὸ ὕδωρ πινό-
μενόν τε καὶ λουομένους ἀνθρώπους ἀναψύχει,
χειμῶνος δὲ ἀνιαρὸν οὐκ ἔστι, τούτους ἐγώ φημι
παρέχεσθαι σφᾶς ὕδωρ ψυχρόν. ψυχρὸν μὲν
δὴ ὕδωρ καὶ Κύδνου τοῦ διεξιόντος Ταρσεῖς καὶ
Μέλανος τοῦ παρὰ Σίδην τὴν Παμφύλων·
Ἄλεντος δὲ τοῦ ἐν Κολοφῶνι καὶ ἐλεγείων
ποιηταὶ τὴν ψυχρότητα ᾄδουσι. Γορτύνιος δὲ
προήκει καὶ ἐς πλέον ψυχρότητος, μάλιστα δὲ
ὥρᾳ θέρους. ἔχει μὲν δὴ τὰς πηγὰς ἐν Θεισόᾳ
τῇ Μεθυδριεῦσιν ὁμόρῳ· καθότι δὲ τῷ Ἀλφειῷ
τὸ ῥεῦμα ἀνακοινοῖ, καλοῦσι Ῥαιτέας.

4 Τῇ χώρᾳ δὲ τῇ Θεισόᾳ προσεχὴς κώμη Τευθίς
ἐστι· πάλαι δὲ ἦν πόλισμα ἡ Τευθις. ἐπὶ δὲ τοῦ
πολέμου τοῦ πρὸς Ἰλίῳ ἰδίᾳ παρείχοντο οἱ
ἐνταῦθα ἡγεμόνα· ὄνομα δὲ αὐτῷ Τευθιν, οἱ δὲ
Ὄρνυτόν φασιν εἶναι. ὡς δὲ τοῖς Ἕλλησιν οὐκ
ἐγίνετο ἐπίφορα ἐξ Αὐλίδος πνεύματα, ἀλλὰ

dedicated to Asclepius his breastplate and spear. The breastplate and the head of the spear are still there to-day.

Through Gortys flows a river called by those who live around its source the Lusius (*Bathing River*), because Zeus after his birth was bathed in it; those farther from the source call it the Gortynius after the village. The water of this Gortynius is colder than that of any other river. The Danube, Rhine, Hypanis, Borysthenes, and all rivers the streams of which freeze in winter, as they flow through land on which there is snow the greater part of the time, while the air about them is full of frost, might in my opinion rightly be called wintry; I call the water cold of those which flow through a land with a good climate and in summer have water refreshing to drink and to bathe in, without being painful in winter. Cold in this sense is the water of the Cydnus which passes through Tarsus, and of the Melas which flows past Side in Pamphylia. The coldness of the Ales in Colophon has even been celebrated in the verse of elegiac poets. But the Gortynius surpasses them all in coldness, especially in the season of summer. It has its source in Theisoa, which borders on Methydrium. The place where its stream joins the Alpheius is called Rhaeteae.

Adjoining the land of Theisoa is a village called Teuthis, which in old days was a town. In the Trojan war the inhabitants supplied a general of their own. His name according to some was Teuthis, according to others Ornytus. When the Greeks failed to secure favourable winds to take them from Aulis, but were shut in for a long time by a violent

ἄνεμος σφᾶς βίαιος ἐπὶ χρόνον εἶχεν ἐγκλείσας,
ἀφίκετο ὁ Τεῦθις Ἀγαμέμνονι ἐς ἀπέχθειαν καὶ
ὀπίσω τοὺς Ἀρκάδας ὧν ἦρχεν ἀπάξειν ἔμελλεν.
5 ἐνταῦθα Ἀθηνᾶν λέγουσι Μέλανι τῷ Ὤπος
εἰκασμένην ἀποτρέπειν τῆς ὁδοῦ Τεῦθιν τῆς
οἴκαδε· ὁ δέ, ἅτε οἰδοῦντος αὐτῷ τοῦ θυμοῦ,
παίει τὴν θεὸν τῷ δόρατι ἐς τὸν μηρόν, ἀπήγαγε
δὲ καὶ ἐκ τῆς Αὐλίδος ὀπίσω τὸν στρατόν. ἀνα-
στρέψας δὲ ἐς τὴν οἰκείαν, τὴν θεὸν ἔδοξεν αὐτὴν
τετρωμένην φανῆναί οἱ τὸν μηρόν· τὸ δὲ ἀπὸ
τούτου κατέλαβε Τεῦθιν φθινώδης νόσος, μόνοις
τε Ἀρκάδων τοῖς ἐνταῦθα οὐκ ἀπεδίδου καρπὸν
6 οὐδένα ἡ γῆ. χρόνῳ δὲ ὕστερον ἄλλα τε ἐχρήσθη
σφίσιν ἐκ Δωδώνης, ὁποῖα δρῶντες ἱλάσεσθαι
τὴν θεὸν ἔμελλον, καὶ ἄγαλμα ἐποιήσαντο
Ἀθηνᾶς ἔχον τραῦμα ἐπὶ τοῦ μηροῦ. τοῦτο καὶ
αὐτὸς τὸ ἄγαλμα εἶδον, τελαμῶνι πορφυρῷ τὸν
μηρὸν κατειλημένον. καὶ ἄλλα ἐν Τεύθιδι,
Ἀφροδίτης τε ἱερὸν καὶ Ἀρτέμιδός ἐστι.
7    Ταῦτα μὲν δὴ ἐνταῦθά ἐστι· κατὰ δὲ τὴν
ὁδὸν τὴν ἐκ Γόρτυνος ἐς Μεγάλην πόλιν πεποίη-
ται μνῆμα τοῖς ἀποθανοῦσιν ἐν τῇ πρὸς Κλεο-
μένην μάχῃ. τὸ δὲ μνῆμα τοῦτο ὀνομάζουσιν οἱ
Μεγαλοπολῖται Παραιβασίον, ὅτι ἐς αὐτοὺς
παρεσπόνδησεν ὁ Κλεομένης. Παραιβασίου δὲ
ἔχεται πεδίον ἑξήκοντα σταδίων μάλιστα· καὶ
πόλεως ἐρείπια Βρένθης ἐστὶν ἐν δεξιᾷ τῆς ὁδοῦ,
καὶ ποταμὸς ἔξεισιν αὐτόθεν Βρενθεάτης καὶ
ὅσον σταδίους προελθόντι πέντε κάτεισιν ἐς τὸν
Ἀλφειόν.

XXIX. Διαβάντων δὲ Ἀλφειὸν χώρα τε
καλουμένη Τραπεζουντία καὶ πόλεώς ἐστιν

gale, Teuthis quarrelled with Agamemnon and was about to lead the Arcadians under his command back home again. Whereupon, they say, Athena in the guise of Melas, the son of Ops, tried to turn Teuthis aside from his journey home. But Teuthis, his wrath swelling within him, struck with his spear the thigh of the goddess, and actually did lead his army back from Aulis. On his return to his native land the goddess appeared to him in a vision with a wound in her thigh. After this a wasting disease fell on Teuthis, and its people, alone of the Arcadians, suffered from famine. Later, oracles were delivered to them from Dodona, telling them what to do to appease the goddess, and in particular they had an image of Athena made with a wound in the thigh. This image I have myself seen, with its thigh swathed in a purple bandage. There are also at Teuthis sanctuaries of Aphrodite and Artemis.

These are the notable things at Teuthis. On the road from Gortys to Megalopolis stands the tomb of those who were killed in the fight with Cleomenes. This tomb the Megalopolitans call Paraebasium (*Transgression*), because Cleomenes broke his truce with them. Adjoining Paraebasium is a plain about sixty stades across. On the right of the road are ruins of a city Brenthe, and here rises a river Brentheates, which some five stades farther on falls into the Alpheius.

XXIX. After crossing the Alpheius you come to what is called Trapezuntian territory and to the ruins

ἐρείπια Τραπεζοῦντος. καὶ αὖθις ἐπὶ τὸν
Ἀλφειὸν ἐν ἀριστερᾷ καταβαίνοντι ἐκ Τραπε-
ζοῦντος, οὐ πόρρω τοῦ ποταμοῦ Βάθος ἐστὶν
ὀνομαζόμενον, ἔνθα ἄγουσι τελετὴν διὰ ἔτους
τρίτου θεαῖς Μεγάλαις· καὶ πηγή τε αὐτόθι
ἐστὶν Ὀλυμπιὰς καλουμένη, τὸν ἕτερον τῶν
ἐνιαυτῶν οὐκ ἀπορρέουσα, καὶ πλησίον τῆς
πηγῆς πῦρ ἄνεισι. λέγουσι δὲ οἱ Ἀρκάδες τὴν
λεγομένην γιγάντων μάχην καὶ θεῶν ἐνταῦθα
καὶ οὐκ ἐν τῇ Θρᾳκίᾳ γενέσθαι Παλλήνῃ, καὶ
θύουσιν ἀστραπαῖς αὐτόθι καὶ θυέλλαις τε καὶ
2 βροντὰῖς. γιγάντων δὲ ἐν μὲν Ἰλιάδι οὐδεμίαν
ἐποιήσατο Ὅμηρος μνήμην· ἐν Ὀδυσσείᾳ δὲ
ἔγραψε μὲν ὡς ταῖς Ὀδυσσέως ναυσὶ Λαιστρυ-
γόνες ἐπέλθοιεν γίγασι καὶ οὐκ ἀνδράσιν εἰκασ-
μένοι, ἐποίησε δὲ καὶ τὸν βασιλέα τῶν Φαιάκων
λέγοντα εἶναι τοὺς Φαίακας θεῶν ἐγγὺς ὥσπερ
Κύκλωπας καὶ τὸ γιγάντων ἔθνος. ἔν τε οὖν
τούτοις δηλοῖ θνητοὺς ὄντας καὶ οὐ θεῖον γένος
τοὺς γίγαντας καὶ σαφέστερον ἐν τῷδε ἔτι,

ὅς ποθ᾽ ὑπερθύμοισι γιγάντεσσιν βασίλευεν·
ἀλλ᾽ ὁ μὲν ὤλεσε λαὸν ἀτάσθαλον, ὤλετο δ᾽
αὐτός.

ἐθέλουσι δ᾽ αὐτῷ λαὸς ἐν τοῖς ἔπεσιν ἀνθρώπων
3 οἱ πολλοὶ καλεῖσθαι. δράκοντας δὲ ἀντὶ ποδῶν
τοῖς γίγασιν εἶναι, πολλαχῇ τε ὁ λόγος ἄλλῃ καὶ
ἐν τῷδε ἐδείχθη μάλιστα ὡς ἔστιν εὐήθης.
Ὀρόντην τὸν Σύρων ποταμὸν οὐ τὰ πάντα ἐν
ἰσοπέδῳ μέχρι θαλάσσης ῥέοντα, ἀλλὰ ἐπὶ
κρημνόν τε ἀπορρῶγα καὶ ἐς κάταντες ἀπ᾽
αὐτοῦ φερόμενον, ἠθέλησεν ὁ Ῥωμαίων βασι-
48

of a city Trapezus. On the left, as you go down again from Trapezus to the Alpheius, there is, not far from the river, a place called Bathos (*Depth*), where they celebrate mysteries every other year to the Great Goddesses. Here there is a spring called Olympias which, during every other year, does not flow, and near the spring rises up fire. The Arcadians say that the fabled battle between giants and gods took place here and not at Pellene in Thrace, and at this spot sacrifices are offered to lightnings, hurricanes and thunders. Homer does not mention giants at all in the *Iliad*, but in the *Odyssey* he relates how the Laestrygones attacked the ships of Odysseus in the likeness not of men but of giants,[1] and he makes also the king of the Phaeacians say that the Phaeacians are near to the gods like the Cyclopes and the race of giants.[2] In these places then he indicates that the giants are mortal, and not of divine race, and his words in the following passage are plainer still :—

Who once was king among the haughty giants;
But he destroyed the infatuate folk, and was destroyed himself.[3]

" Folk " in the poetry of Homer means the common people. That the giants had serpents for feet is an absurd tale, as many pieces of evidence show, especially the following incident. The Syrian river Orontes does not flow its whole course to the sea on a level, but meets a precipitous ridge with a slope away from it. The Roman emperor[4] wished ships to

---

[1] *Odyssey* x. 118 foll.    [2] *Odyssey* vii. 205 foll.
[3] *Odyssey* vii. 59, 60.
[4] It is not known who the emperor was, but some suppose that it was Tiberius.

λεὺς ἀναπλεῖσθαι ναυσὶν ἐκ θαλάσσης ἐς Ἀντιό-
χειαν πόλιν· ἔλυτρον οὖν σὺν πόνῳ τε καὶ
δαπάνῃ χρημάτων ὀρυξάμενος ἐπιτήδειον ἐς τὸν
ἀνάπλουν, ἐξέτρεψεν ἐς τοῦτο τὸν ποταμόν.
4 ἀναξηρανθέντος δὲ τοῦ ἀρχαίου ῥεύματος, κερα-
μεᾶ τε ἐν αὐτῷ σορὸς πλέον ἢ ἑνός τε καὶ δέκα
εὑρέθη πηχῶν καὶ ὁ νεκρὸς μέγεθός τε ἦν κατὰ
τὴν σορὸν καὶ ἄνθρωπος διὰ παντὸς τοῦ σώματος.
τοῦτον τὸν νεκρὸν ὁ[1] ἐν Κλάρῳ θεός, ἀφικο-
μένων ἐπὶ τὸ χρηστήριον τῶν Σύρων, εἶπεν
Ὀρόντην εἶναι, γένους δὲ αὐτὸν εἶναι τοῦ Ἰνδῶν.
εἰ δὲ τὴν γῆν τὸ ἀρχαῖον οὖσαν ὑγρὰν ἔτι καὶ
ἀνάπλεων νοτίδος θερμαίνων ὁ ἥλιος τοὺς πρώ-
τους ἐποίησεν ἀνθρώπους, ποίαν εἰκός ἐστιν
ἄλλην χώραν ἢ προτέραν τῆς Ἰνδῶν ἢ μείζονας
ἀνεῖναι τοὺς ἀνθρώπους, ἥ γε καὶ ἐς ἡμᾶς ἔτι
καὶ ὄψεως τῷ παραλόγῳ καὶ μεγέθει διάφορα
ἐκτρέφει θηρία;
5   Τοῦ δὲ χωρίου τοῦ ὀνομαζομένου Βάθους
σταδίους ὡς δέκα ἀφέστηκε καλουμένη Βασιλίς·
ταύτης ἐγένετο οἰκιστὴς Κύψελος ὁ Κρεσφόντῃ
τῷ Ἀριστομάχου τὴν θυγατέρα ἐκδούς· ἐπ' ἐμοῦ
δὲ ἐρείπια ἡ Βασιλὶς ἦν καὶ Δήμητρος ἱερὸν ἐν
αὐτοῖς ἐλείπετο Ἐλευσινίας. ἐντεῦθεν δὲ προϊὼν
τὸν Ἀλφειὸν αὖθις διαβήσῃ καὶ ἐπὶ Θωκνίαν
ἀφίξῃ, τὸ ὄνομα ἀπὸ Θώκνου τοῦ Λυκάονος
ἔχουσαν, ἐς ἅπαν δὲ ἐφ' ἡμῶν ἔρημον· ἐλέγετο
δὲ ὁ Θῶκνος ἐν τῷ λόφῳ κτίσαι τὴν πόλιν.
ποταμὸς δὲ ὁ Ἀμίνιος ῥέων παρὰ τὸν λόφον ἐς
τὸν Ἑλισσόντα ἐκδίδωσι, καὶ οὐ πολὺ ἄπωθεν
ἐς τὸν Ἀλφειὸν ὁ Ἑλισσών.
     XXX. Ὁ δὲ Ἑλισσὼν οὗτος ἀρχόμενος ἐκ

sail up the river from the sea to Antioch. So with much labour and expense he dug a channel suitable for ships to sail up, and turned the course of the river into this. But when the old bed had dried up, an earthenware coffin more than eleven cubits long was found in it, and the corpse was proportionately large, and human in all parts of its body. This corpse the god in Clarus, when the Syrians came to his oracle there, declared to be Orontes, and that he was of Indian race. If it was by warming the earth of old when it was still wet and saturated with moisture that the sun made the first men, what other land is likely to have raised men either before India or of greater size, seeing that even to-day it still breeds beasts monstrous in their weird appearance and monstrous in size?

Some ten stades distant from the place named Depth is what is called Basilis. The founder of it was Cypselus, who gave his daughter in marriage to Cresphontes, the son of Aristomachus. To-day Basilis is in ruins, among which remains a sanctuary of Eleusinian Demeter. Going on from here you will cross the Alpheius again and reach Thocnia, which is named after Thocnus, the son of Lycaon, and to-day is altogether uninhabited. Thocnus was said to have built the city on the hill. The river Aminius, flowing by the hill, falls into the Helisson, and not far away the Helisson falls into the Alpheius.

XXX. This Helisson, beginning at a village of

---

[1] In the MSS. δ is before θεός.

κώμης ὁμωνύμου—καὶ γὰρ τῇ κώμῃ τὸ ὄνομα
Ἐλισσών ἐστι—τήν τε Διπαιέων καὶ τὴν
Λυκαιᾶτιν χώραν, τρίτα δὲ αὐτὴν διεξελθὼν
Μεγάλην πόλιν, εἴκοσι[1] σταδίοις ἀπωτέρω
Μεγαλοπολιτῶν τοῦ ἄστεως κάτεισιν ἐς τὸν
Ἀλφειόν. πλησίον δὲ ἤδη τῆς πόλεως Ποσει-
δῶνός ἐστιν Ἐπόπτου ναός· ἐλείπετο δὲ τοῦ
ἀγάλματος ἡ κεφαλή.

2     Διαιροῦντος δὲ τὴν Μεγάλην πόλιν τοῦ ποτα-
μοῦ τοῦ Ἑλισσόντος, καθὰ δὴ καὶ Κνίδον καὶ
Μιτυλήνην δίχα οἱ εὔριποι νέμουσιν, ἐν μέρει
τῷ πρὸς ἄρκτους, δεξιᾷ δὲ κατὰ τὸ μετέωρον
τοῦ ποταμοῦ, πεποίηταί σφισιν ἀγορά. περί-
βολος δέ ἐστιν ἐν ταύτῃ λίθων καὶ ἱερὸν Λυκαίου
Διός, ἔσοδος δὲ ἐς αὐτὸ οὐκ ἔστι· τὰ γὰρ ἐντός
ἐστι δὴ σύνοπτα,[2] βωμοί τέ εἰσι τοῦ θεοῦ καὶ
τράπεζαι δύο καὶ ἀετοὶ ταῖς τραπέζαις ἴσοι καὶ
3 ἄγαλμα Πανὸς λίθου πεποιημένον· ἐπίκλησις δὲ
Σινόεις[3] ἐστὶν αὐτῷ, τήν τε ἐπίκλησιν γενέσθαι
τῷ Πανὶ ἀπὸ νύμφης Σινόης[3] λέγουσι, ταύτην
δὲ σὺν ἄλλαις τῶν νυμφῶν καὶ ἰδίᾳ γενέσθαι
τροφὸν τοῦ Πανός. ἔστι δὲ πρὸ τοῦ τεμένους
τούτου χαλκοῦν ἄγαλμα Ἀπόλλωνος θέας ἄξιον,
μέγεθος μὲν ἐς πόδας δώδεκα, ἐκομίσθη δὲ ἐκ τῆς
Φιγαλέων συντελεια[4] ἐς κόσμον τῇ Μεγάλῃ
4 πόλει. τὸ δὲ χωρίον ἔνθα τὸ ἄγαλμα ἵδρυτο
ἐξ ἀρχῆς ὑπὸ Φιγαλέων, ὀνομάζεται Βᾶσσαι·
τῷ θεῷ δὲ ἡ ἐπίκλησις ἠκολούθηκε μὲν ἐκ τῆς
Φιγαλέων, ἐφ' ὅτῳ δὲ ὄνομα ἔσχεν Ἐπικούριος,
δηλώσει μοι τὰ ἐς Φιγαλέας τοῦ λόγου. ἔστι δὲ
ἐν δεξιᾷ τοῦ Ἀπόλλωνος ἄγαλμα οὐ μέγα

---

[1] εἴκοσι is not in the MSS.

the same name—for the name of the village also is Helisson—passes through the lands of Dipaea and Lycaea, and then through Megalopolis itself, descending into the Alpheius twenty stades away from the city of Megalopolis. Near the city is a temple of Poseidon Overseer. I found the head of the image still remaining.

The river Helisson divides Megalopolis just as Cnidus and Mitylene are cut in two by their straits, and in the north section, on the right as one looks down the river, the townsfolk have made their market-place. In it is an enclosure of stones and a sanctuary of Lycaean Zeus, with no entrance into it. The things inside, however, can be seen—altars of the god, two tables, two eagles, and an image of Pan made of stone. His surname is Sinoeis, and they say that Pan was so surnamed after a nymph Sinoë, who with others of the nymphs nursed him on her own account. There is before this enclosure a bronze image of Apollo worth seeing, in height twelve feet, brought from Phigalia as a contribution to the adornment of Megalopolis. The place where the image was originally set up by the Phigalians is named Bassae. The surname of the god has followed him from Phigalia, but why he received the name of Helper will be set forth in my account of Phigalia. On the right of the Apollo is a small

---

[2] Madvig would read: τὰ δὲ ἐντός—ἔστι γὰρ σύνοπτα—κ.τ.ἑ.

[3] Οἰνόεις and Οἰνόης have been suggested.

[4] The MSS. have συντελείας.

Μητρὸς θεῶν, τοῦ ναοῦ δέ, ὅτι μὴ οἱ κίονες, ἄλλα
ὑπόλοιπον οὐδέν.

5 Πρὸ δὲ τοῦ ναοῦ τῆς Μητρὸς ἀνδριὰς μὲν
οὐδείς ἐστι, δῆλα δὲ ἦν τὰ βάθρα, ἐφ' ὧν ἀνδρι-
άντες ποτὲ ἑστήκεσαν. ἐλεγεῖον δὲ ἐπὶ ἑνὸς
γεγραμμένον τῶν βάθρων Διοφάνους φησὶν εἶναι
τὴν εἰκόνα, Διαίου μὲν υἱοῦ, συντάξαντος δὲ
ἀνδρὸς πρώτου Πελοπόννησον τὴν πᾶσαν ἐς τὸν
6 ὀνομασθέντα Ἀχαϊκὸν σύλλογον. στοὰν δὲ τῆς
ἀγορᾶς ὀνομαζομένην Φιλίππειον οὐ Φίλιππος
ἐποίησεν ὁ Ἀμύντου, χαριζόμενοι δὲ οἱ Μεγαλο-
πολῖται τὴν ἐπωνυμίαν διδόασιν αὐτῷ τοῦ οἰκο-
δομήματος. Ἑρμοῦ δὲ Ἀκακησίου πρὸς αὐτῇ
ναὸς κατεβέβλητο, καὶ οὐδὲν ἐλείπετο ὅτι μὴ
χελώνη λίθου. ταύτης δὲ ἔχεται τῆς Φιλιπ-
πείου μέγεθος ἀποδέουσα ἑτέρα στοά, Μεγαλο-
πολίταις δὲ αὐτόθι ᾠκοδομημένα ἐστὶ τὰ ἀρχεῖα,
ἀριθμὸν οἰκήματα ἕξ· ἐν ἑνὶ δέ ἐστιν αὐτῶν
Ἐφεσίας ἄγαλμα Ἀρτέμιδος καὶ ἐν ἑτέρῳ χαλ-
κοῦς Πὰν πηχυαῖος ἐπίκλησιν Σκολείτας.
7 μετεκομίσθη δὲ ἀπὸ λόφου τοῦ Σκολείτα· καὶ
ὁ λόφος οὗτος τοῦ τείχους ἐστὶν ἐντός, ἀπὸ δὲ
αὐτοῦ κάτεισιν ὕδωρ ἐς τὸν Ἑλισσόντα ἐκ πηγῆς.
τῶν ἀρχείων δὲ ὄπισθε ναὸς Τύχης καὶ ἄγαλμα
λίθου πεποίηται ποδῶν πέντε οὐκ ἀποδέον.
στοὰν δὲ ἥντινα καλοῦσι Μυρόπωλιν, ἔστι μὲν
τῆς ἀγορᾶς, ᾠκοδομήθη δὲ ἀπὸ λαφύρων, ἡνίκα
τὸ πταῖσμα ἐγένετο Ἀκροτάτῳ τῷ Κλεομένους
καὶ Λακεδαιμονίων τοῖς συστρατεύσασι, μαχεσα-
μένοις πρὸς Ἀριστόδημον τυραννίδα ἐν Μεγάλῃ
8 πόλει τότε ἔχοντα. Μεγαλοπολίταις δὲ ἐπὶ τῆς
ἀγορᾶς ἐστιν ὄπισθεν τοῦ περιβόλου τοῦ ἀνειμένου

image of the Mother of the Gods, but of the temple there remains nothing save the pillars.

Before the temple of the Mother is no statue, but I found still to be seen the pedestals on which statues once stood. An inscription in elegiacs on one of the pedestals says that the statue was that of Diophanes, the son of Diaeüs, the man who first united the whole Peloponnesus into what was named the Achaean League. The portico of the market-place, called the Philippeium, was not made by Philip, the son of Amyntas, but as a compliment to him the Megalopolitans gave his name to the building. Near it I found a temple of Hermes Acacesius in ruins, with nothing remaining except a tortoise of stone. Adjoining this Philippeium is another portico, smaller in size, where stand the government offices of Megalopolis, six rooms in number. In one of them is an image of Ephesian Artemis, and in another a bronze Pan, surnamed Scoleitas, one cubit high. It was brought from the hill Scolei-tas, which is within the walls, and from a spring on it a stream descends to the Helisson. Behind the government offices is a temple of Fortune with a stone image not less than five feet high. The portico called Myropolis, situated in the market-place, was built from the spoils taken when the Lacedaemonians fighting under Acrotatus, the son of Cleomenes, suffered the reverse sustained at the hands of Aristodemus, then tyrant of Megalopolis. In the market-place of that city, behind the enclosure sacred to

τῷ Λυκαίῳ Διὶ ἀνὴρ ἐπειργασμένος ἐπὶ στήλῃ,
Πολύβιος Λυκόρτα· γέγραπται δὲ καὶ ἐλεγεῖα ἐπ᾽
αὐτῷ λέγοντα ὡς ἐπὶ γῆν καὶ θάλασσαν πᾶσαν
πλανηθείη, καὶ ὅτι σύμμαχος γένοιτο Ῥωμαίων
καὶ παύσειεν αὐτοὺς ὀργῆς τῆς ἐς τὸ Ἑλληνικόν.
συνέγραψε δὲ ὁ Πολύβιος οὗτος καὶ ἄλλα ἔργα
Ῥωμαίων καὶ ὡς Καρχηδονίοις κατέστησαν ἐς
πόλεμον, αἰτία τε ἥτις ἐγένετο αὐτοῦ καὶ ὡς
ὀψὲ οὐκ ἄνευ κινδύνων μεγάλων Ῥωμαῖοι
Σκιπίωνι * * * ὅν τινα Καρχηδονιακὸν ὀνομά-
ζουσι τέλος τε ἐπιθέντα τῷ πολέμῳ καὶ τὴν
9 Καρχηδόνα καταβαλόντα ἐς ἔδαφος. ὅσα μὲν
δὴ Πολυβίῳ παραινοῦντι ὁ Ῥωμαῖος ἐπείθετο,
ἐς ὀρθὸν ἐχώρησεν αὐτῷ· ἃ δὲ οὐκ ἠκροᾶτο
διδάσκοντος, γενέσθαι οἱ λέγουσιν ἁμαρτήματα.
Ἑλλήνων δὲ ὁπόσαι πόλεις ἐς τὸ Ἀχαϊκὸν
συνετέλουν, παρὰ Ῥωμαίων εὕραντο αὗται
Πολύβιόν σφισι πολιτείας τε καταστήσασθαι
καὶ νόμους θεῖναι. τῆς δ᾽ εἰκόνος τοῦ Πολυβίου
τὸ βουλευτήριόν ἐστιν ἐν ἀριστερᾷ.

10   Τοῦτο μὲν δή ἐστιν ἐνταῦθα, στοὰν δὲ τῆς
ἀγορᾶς Ἀριστάνδρειον ἐπίκλησιν ἄνδρα τῶν
ἀστῶν Ἀρίστανδρον οἰκοδομῆσαι λέγουσι. ταύ-
της τῆς στοᾶς ἐστιν ἐγγυτάτω ὡς πρὸς ἥλιον ἀνίσ-
χοντα ἱερὸν Σωτῆρος ἐπίκλησιν Διός· κεκόσμηται
δὲ πέριξ κίοσι. καθεζομένῳ δὲ τῷ Διὶ ἐν θρόνῳ
παρεστήκασι τῇ μὲν ἡ Μεγάλη πόλις, ἐν ἀρισ-
τερᾷ δὲ Ἀρτέμιδος Σωτείρας ἄγαλμα. ταῦτα
μὲν λίθου τοῦ Πεντελησίου Ἀθηναῖοι Κηφισό-
δοτος καὶ Ξενοφῶν εἰργάσαντο.

XXXI. Τὸ δὲ ἕτερον πέρας τῆς στοᾶς παρέχεται
τὸ πρὸς ἡλίου δυσμῶν περίβολον θεῶν ἱερὸν τῶν

Lycaean Zeus, is the figure of a man carved in relief on a slab, Polybius, the son of Lycortas. Elegiac verses are inscribed upon it saying that he roamed over every land and every sea, and that he became the ally of the Romans and stayed their wrath against the Greek nation. This Polybius wrote also a history of the Romans, including how they went to war with Carthage, what the cause of the war was, and how at last, not before great dangers had been run, Scipio . . . whom they name Carthaginian, because he put an end to the war and razed Carthage to the ground. Whenever the Romans obeyed the advice of Polybius, things went well with them, but they say that whenever they would not listen to his instructions they made mistakes. All the Greek cities that were members of the Achaean League got permission from the Romans that Polybius should draw up constitutions for them and frame laws. On the left of the portrait-statue of Polybius is the Council Chamber.

Here then is the Chamber, but the portico called "Aristander's" in the market-place was built, they say, by Aristander, one of their townsfolk. Quite near to this portico, on the east, is a sanctuary of Zeus, surnamed Saviour. It is adorned with pillars round it. Zeus is seated on a throne, and by his side stand Megalopolis on the right and an image of Artemis Saviour on the left. These are of Pentelic marble and were made by the Athenians Cephisodotus and Xenophon.

XXXI. At the other end, the western, of the portico is an enclosure sacred to the Great Goddesses.

Μεγάλων. αἱ δέ εἰσιν αἱ Μεγάλαι θεαὶ Δημήτηρ
καὶ Κόρη, καθότι ἐδήλωσα ἤδη καὶ ἐν τῇ Μεσσηνίᾳ
συγγραφῇ· τὴν Κόρην δὲ Σώτειραν καλοῦσιν οἱ
Ἀρκάδες. ἐπειργασμένοι δὲ ἐπὶ τύπων πρὸ τῆς
ἐσόδου τῇ μὲν Ἄρτεμις, τῇ δὲ Ἀσκληπιός ἐστι
2 καὶ Ὑγεία. θεαὶ δὲ αἱ Μεγάλαι Δημήτηρ μὲν
λίθου διὰ πάσης, ἡ δὲ Σώτειρα τὰ ἐσθῆτος
ἐχόμενα ξύλου πεποίηται· μέγεθος δὲ ἑκατέρας
πέντε που καὶ δέκα εἰσὶ πόδες. τά τε ἀγάλματα
* * *¹ καὶ πρὸ αὐτῶν κόρας ἐποίησεν οὐ μεγάλας,
ἐν χιτῶσί τε καθήκουσιν ἐς σφυρὰ καὶ ἀνθῶν
ἀνάπλεων ἑκατέρα τάλαρον ἐπὶ τῇ κεφαλῇ φέρει·
εἶναι δὲ θυγατέρες τοῦ Δαμοφῶντος λέγονται,
τοῖς δὲ ἐπανάγουσιν ἐς τὸ θειότερον δοκεῖ σφᾶς
Ἀθηνᾶν τε εἶναι καὶ Ἄρτεμιν τὰ ἄνθη μετὰ τῆς
3 Περσεφόνης συλλεγούσας. ἔστι δὲ καὶ Ἡρακλῆς
παρὰ τῇ Δήμητρι μέγεθος μάλιστα πῆχυν·
τοῦτον τὸν Ἡρακλέα εἶναι τῶν Ἰδαίων καλου-
μένων Δακτύλων Ὀνομάκριτός φησιν ἐν τοῖς
ἔπεσι. κεῖται δὲ τράπεζα ἔμπροσθεν, ἐπειργασ-
μέναι τε ἐπ' αὐτῇ δύο τέ εἰσιν Ὧραι καὶ ἔχων
Πὰν σύριγγα καὶ Ἀπόλλων κιθαρίζων· ἔστι δὲ
καὶ ἐπίγραμμα ἐπ' αὐτοῖς εἶναι σφᾶς θεῶν τῶν
4 πρώτων. πεποίηνται δὲ ἐπὶ τραπέζῃ καὶ Νύμφαι·
Νέδα² μὲν Δία φέρουσά ἐστι νήπιον παῖδα,
Ἀνθρακία δὲ νύμφη τῶν Ἀρκαδικῶν καὶ αὕτη
δᾷδα ἔχουσά ἐστι, Ἁγνὼ δὲ τῇ μὲν ὑδρίαν, ἐν
δὲ τῇ ἑτέρᾳ χειρὶ φιάλην· Ἀγχιρόης³ δὲ καὶ
Μυρτωέσσης εἰσὶν ὑδρίαι τὰ φορήματα, καὶ
ὕδωρ δῆθεν ἀπ' αὐτῶν κάτεισιν. τοῦ περιβόλου
δέ ἐστιν ἐντὸς Φιλίου Διὸς ναός, Πολυκλείτου

---

¹ Here with Bekker we should add Δαμοφῶν.

The Great Goddesses are Demeter and the Maid, as I have already explained in my account of Messenia,[1] and the Maid is called Saviour by the Arcadians. Carved in relief before the entrance are, on one side Artemis, on the other Asclepius and Health. Of the Great Goddesses, Demeter is of stone throughout, but the Saviour has drapery of wood. The height of each is about fifteen feet. The images . . . and before them he made small maids in tunics reaching to the ankles, each of whom carries on her head a basket full of flowers. They are said to be daughters of Damophon, but those inclining to a more religious interpretation hold that they are Athena and Artemis gathering the flowers with Persephone. By the side of Demeter there is also a Heracles about a cubit high. This Heracles, says Onomacritus in his poem, is one of those called Idaean Dactyls. Before it stands a table, on which are carved in relief two seasons, Pan with pipes, and Apollo playing the harp. There is also an inscription by them saying that they are among the first gods. Nymphs too are carved on the table : Neda carrying an infant Zeus, Anthracia, another Arcadian nymph, holding a torch, and Hagno with a water-pot in one hand and a bowl in the other. Anchirhoë and Myrtoessa carry water-pots, with what is meant to be water coming down from them. Within the precinct is a temple of Zeus Friendly. Polycleitus of Argos made the

[1] Book IV. i. § 5.

---

[2] The MSS. have ναῖδα.

[3] The MSS. have ἀρχιρόης—an otherwise unknown name.

μὲν τοῦ Ἀργείου τὸ ἄγαλμα, Διονύσῳ δὲ
ἐμφερές· κόθορνοί τε γὰρ τὰ ὑποδήματά ἐστιν
αὐτῷ καὶ ἔχει τῇ χειρὶ ἔκπωμα, τῇ δὲ ἑτέρᾳ
θύρσον, κάθηται δὲ ἀετὸς ἐπὶ τῷ θύρσῳ· καίτοι
τοῖς[1] γε ἐς Διόνυσον λεγομένοις τοῦτο οὐχ
5 ὁμολογοῦν ἐστι. τούτου δὲ ὄπισθεν τοῦ ναοῦ
δένδρων ἐστὶν ἄλσος οὐ μέγα, θριγκῷ περιεχό-
μενον· ἐς μὲν δὴ τὸ ἐντὸς ἔσοδος οὐκ ἔστιν
ἀνθρώποις, πρὸ δὲ αὐτοῦ Δήμητρος καὶ Κόρης
ὅσον τε ποδῶν τριῶν εἰσιν ἀγάλματα. ἔστι δὲ
ἐντὸς τοῦ περιβόλου τῶν Μεγάλων θεῶν καὶ
Ἀφροδίτης ἱερόν. πρὸ μὲν δὴ τῆς ἐσόδου ξόανά
ἐστιν ἀρχαῖα, Ἥρα καὶ Ἀπόλλων τε καὶ Μοῦσαι
—ταῦτα κομισθῆναί φασιν ἐκ Τραπεζοῦντος—
6 ἀγάλματα δὲ ἐν τῷ ναῷ Δαμοφῶν ἐποίησεν
Ἑρμῆν ξύλου καὶ Ἀφροδίτης ξόανον· καὶ ταύτης
χεῖρές εἰσι λίθου καὶ πρόσωπόν τε καὶ ἄκροι
πόδες. τὴν δὲ ἐπίκλησιν τῇ θεῷ Μαχανῖτιν
ὀρθότατα ἔθεντο ἐμοὶ δοκεῖν· Ἀφροδίτης γὰρ[2]
ἕνεκα καὶ ἔργων τῶν ταύτης πλεῖσται μὲν ἐπι-
τεχνήσεις, παντοῖα δὲ ἀνθρώποις ἀνευρημένα ἐς
7 λόγους ἐστίν. ἑστήκασι δὲ καὶ ἀνδριάντες ἐν
οἰκήματι, Καλλιγνώτου τε καὶ Μέντα καὶ Σωσι-
γένους τε καὶ Πώλου· καταστήσασθαι δὲ οὗτοι
Μεγαλοπολίταις λέγονται πρῶτον τῶν Μεγάλων
θεῶν τὴν τελετήν, καὶ τὰ δρώμενα τῶν Ἐλευσῖνί
ἐστι μιμήματα. κεῖται δὲ ἐντὸς τοῦ περιβόλου
θεῶν τοσάδε ἄλλων ἀγάλματα τὸ τετράγωνον
παρεχόμενα σχῆμα, Ἑρμῆς τε ἐπίκλησιν Ἀγήτωρ
καὶ Ἀπόλλων καὶ Ἀθηνᾶ τε καὶ Ποσειδῶν, ἔτι
δὲ Ἥλιος ἐπωνυμίαν ἔχων Σωτὴρ εἶναι καὶ
Ἡρακλῆς. ᾠκοδόμηται δὲ καὶ * * *[3] σφισι

image; it is like Dionysus in having buskins as foot-wear and in holding a beaker in one hand and a thyrsus in the other, but an eagle sitting on the thyrsus does not fit in with the received accounts of Dionysus. Behind this temple is a small grove of trees surrounded by a wall; nobody may go inside, and before it are images of Demeter and the Maid some three feet high. Within the enclosure of the Great Goddesses is also a sanctuary of Aphrodite. Before the entrance are old wooden images of Hera, Apollo and the Muses, brought, it is said, from Trapezus, and in the temple are images made by Damophon, a wooden Hermes and a wooden Aphrodite with hands, face and feet of stone. The surname Deviser given to the goddess is, in my opinion, a most apt one; for very many are the devices, and most varied are the forms of speech invented by men because of Aphrodite and her works. In a building stand statues also, those of Callignotus, Mentas, Sosigenes and Polus. These men are said to have been the first to establish at Megalopolis the mysteries of the Great Goddesses, and the ritual acts are a copy of those at Eleusis. Within the enclosure of the goddesses are the following images, which all have a square shape: Hermes, surnamed Agetor, Apollo, Athena, Poseidon, Sun too, surnamed Saviour, and Heracles. There has also been built for them a ⟨sanctuary⟩ of vast size,

---

[1] τοῖς added by Porson.
[2] The MSS. read τε for γάρ. Perhaps we should read γε.
[3] We must supply here ἱερόν or μέγαρόν.

μεγέθει μέγα, καὶ ἄγουσιν ἐνταῦθα τὴν τελετὴν
ταῖς θεαῖς.

8    Τοῦ ναοῦ δὲ τῶν Μεγάλων θεῶν ἐστιν ἱερὸν ἐν
δεξιᾷ καὶ Κόρης· λίθου δὲ τὸ ἄγαλμα ποδῶν
ὀκτὼ μάλιστα· ταινίαι δὲ ἐπέχουσι διὰ παντὸς
τὸ βάθρον. ἐς τοῦτο τὸ ἱερὸν γυναιξὶ μὲν τὸν
πάντα ἐστὶν ἔσοδος χρόνον, οἱ δὲ ἄνδρες οὐ πλέον
ἢ ἅπαξ κατὰ ἔτος ἕκαστον ἐς αὐτὸ ἐσίασι.
γυμνάσιον δὲ τῇ ἀγορᾷ συνεχὲς κατὰ ἡλίου
9    δυσμὰς ἐστιν ᾠκοδομημένον. τῆς στοᾶς δὲ ἣν
ἀπὸ τοῦ Μακεδόνος Φιλίππου καλοῦσι, ταύτης
εἰσὶ δύο ὄπισθεν λόφοι, οὐκ ἐς ὕψος ἀνήκοντες·
ἐρείπια δὲ Ἀθηνᾶς ἱεροῦ Πολιάδος † ἐπὶ αὐτῷ,
καὶ τῷ ἑτέρῳ †[1] ναός ἐστιν Ἥρας Τελείας,
ὁμοίως καὶ ταῦτα ἐρείπια. ὑπὸ τούτῳ τῷ λόφῳ
Βάθυλλος καλουμένη πηγὴ συντελεῖ καὶ αὕτη
τῷ ποταμῷ Ἐλισσόντι ἐς μέγεθος.

XXXII. Τοσάδε ἐνταῦθα ἀξιόχρεα ἦν· ἡ δὲ
ἐπέκεινα τοῦ ποταμοῦ μοῖρα ἡ κατὰ μεσημβρίαν
παρείχετο ἐς μνήμην θέατρον μέγιστον τῶν ἐν
τῇ Ἑλλάδι· ἐν δὲ αὐτῷ καὶ ἀέναός ἐστιν ὕδατος
πηγή. τοῦ θεάτρου δὲ οὐ πόρρω λείπεται
τοῦ βουλευτηρίου θεμέλια, ὃ τοῖς μυρίοις ἐπε-
ποίητο Ἀρκάδων· ἐκαλεῖτο δὲ ἀπὸ τοῦ ἀνα-
θέντος Θερσίλιον. πλησίον δὲ οἰκίαν, ἰδιώτου
κατ' ἐμὲ κτῆμα ἀνδρός, ὃ Ἀλεξάνδρῳ τῷ
Φιλίππου τὸ ἐξ ἀρχῆς ἐποίησαν· ἔστι δὲ ἄγαλμα
Ἄμμωνος πρὸς τῇ οἰκίᾳ, τοῖς τετραγώνοις
Ἑρμαῖς εἰκασμένον, κέρατα ἐπὶ τῆς κεφαλῆς ἔχον

---

[1] Kayser would read καὶ ἐπὶ τῷ ἑτέρῳ. Perhaps ἐπὶ αὐτῶν
τῷ ἑτέρῳ καὶ or καὶ ἐπὶ αὐτῶν τῷ ἑτέρῳ.

and here they celebrate the mysteries in honour of the goddesses.

To the right of the temple of the Great Goddesses there is also a sanctuary of the Maid. The image is of stone, about eight feet high; ribbons cover the pedestal all over. Women may enter this sanctuary at all times, but men enter it only once every year. Adjoining the market-place on the west there is built a gymnasium. Behind the portico called after Philip of Macedon are two hills, rising to no great height. Ruins of a sanctuary of Athena Polias are on one, while on the other [1] is a temple of Hera Full-grown, this too being in ruins. Under this hill is a spring called Bathyllus, which is one of the tributaries that swell the Helisson.

XXXII. Such are the notable things on this site. The southern portion, on the other side of the river, can boast of the largest theatre in all Greece, and in it is a spring which never fails. Not far from the theatre are left foundations of the council house built for the Ten Thousand Arcadians, and called Thersilium after the man who dedicated it. Hard by is a house, belonging to-day to a private person, which originally was built for Alexander, the son of Philip. By the house is an image of Ammon, like the square images of Hermes, with a ram's

---

[1] This sense can scarcely be got from the Greek. The emendations would give (a) (Kayser's and my second) the sense of the translation, and (b) (my first) "On one of them are ruins of a sanctuary . . . and a temple," etc.

2 κριοῦ. τὸ δὲ τῶν Μουσῶν Ἀπόλλωνός τε ἱερὸν
καὶ Ἑρμοῦ, κατασκευασθέν σφισιν ἐν κοινῷ,
παρείχετο ἐς μνήμην θεμέλια οὐ πολλά· ἦν δὲ
καὶ τῶν Μουσῶν μία ἔτι καὶ Ἀπόλλωνος ἄγαλμα
κατὰ τοὺς Ἑρμᾶς τοὺς τετραγώνους τέχνην.
ἐρείπια δὲ καὶ τῆς Ἀφροδίτης ἦν τὸ ἱερόν, πλὴν
ὅσον πρόναός τε ἐλείπετο ἔτι καὶ ἀγάλματα
ἀριθμὸν τρία, ἐπίκλησις δὲ Οὐρανία, τῇ δ' ἔστι
3 Πάνδημος, τῇ τρίτῃ δὲ οὐδὲν ἐτίθεντο· ἀπέχει δὲ
οὐ πολὺ Ἄρεως βωμός, ἐλέγετο δὲ ὡς καὶ ἱερὸν
ἐξ ἀρχῆς ᾠκοδομήθη τῷ θεῷ. πεποίηται δὲ καὶ
στάδιον ὑπὲρ τῆς Ἀφροδίτης τῇ μὲν ἐπὶ τὸ
θέατρον καθῆκον—καὶ κρήνη σφίσιν ἐστὶν αὐτόθι,
ἣν ἱερὰν Διονύσου νομίζουσι—κατὰ δὲ τὸ ἕτερον
τοῦ σταδίου πέρας Διονύσου ναὸς ἐλέγετο ὑπὸ
τοῦ θεοῦ κεραυνωθῆναι γενεαῖς δύο ἐμοῦ πρό-
τερον, καὶ ἐρείπια οὐ πολλὰ ἔτι ἐς ἐμὲ ἦν αὐτοῦ.
Ἡρακλέους δὲ κοινὸς καὶ Ἑρμοῦ πρὸς τῷ σταδίῳ
ναὸς μὲν οὐκέτι ἦν, μόνος δέ σφισι βωμὸς ἐλεί-
4 πετο. ἔστι δὲ ἐν τῇ μοίρᾳ ταύτῃ λόφος πρὸς
ἀνίσχοντα ἥλιον καὶ Ἀγροτέρας ἐν αὐτῷ ναὸς
Ἀρτέμιδος, ἀνάθημα Ἀριστοδήμου καὶ τοῦτο.
τῆς δὲ Ἀγροτέρας ἐστὶν ἐν δεξιᾷ τέμενος·
ἐνταῦθα ἔστι μὲν ἱερὸν Ἀσκληπιοῦ καὶ ἀγάλ-
ματα αὐτός τε καὶ Ὑγεία, εἰσὶ δὲ ὑποκατα-
βάντι ὀλίγον θεοὶ—παρέχονται δὲ καὶ οὗτοι
σχῆμα τετράγωνον, Ἐργάται δέ ἐστιν αὐτοῖς
ἐπίκλησις—Ἀθηνᾶ τε Ἐργάνη καὶ Ἀπόλλων
Ἀγυιεύς· τῷ δὲ Ἑρμῇ καὶ Ἡρακλεῖ καὶ Εἰλειθυίᾳ
πρόσεστιν ἐξ ἐπῶν τῶν Ὁμήρου φήμη, τῷ μὲν
Διός τε αὐτὸν διάκονον εἶναι καὶ ὑπὸ τὸν Ἅιδην
ἄγειν τῶν ἀπογινομένων τὰς ψυχάς, Ἡρακλεῖ

horns on his head. The sanctuary built in common for the Muses, Apollo and Hermes had for me to record only a few foundations, but there was still one of the Muses, with an image of Apollo after the style of the square Hermae. The sanctuary of Aphrodite too was in ruins, save that there were left the fore-temple and three images, one surnamed Heavenly, the second Common, and the third without a surname. At no great distance is an altar of Ares, and it was said that originally a sanctuary too was built for the god. Beyond the Aphrodite is built also a race-course, extending on one side to the theatre (and here they have a spring, held sacred to Dionysus), while at the other end of the race-course a temple of Dionysus was said to have been struck by lightning two generations before my time, and a few ruins of it were still there when I saw it. The temple near the race-course shared by Heracles and Hermes was no longer there, only their altar was left. There is also in this district a hill to the east, and on it a temple of Artemis Huntress; this too was dedicated by Aristodemus. To the right of the Huntress is a precinct. Here there is a sanctuary of Asclepius, with images of the god and of Health, and a little lower down there are gods, also of square shape, surnamed Workers, Athena Worker and Apollo, God of Streets. To Hermes, Heracles and Eileithyia are attached traditions from the poems of Homer: that Hermes is the minister of Zeus and leads the souls of the departed down to Hades,[1] and that Heracles accom-

---

[1] *Odyssey* xxiv. 1, 10, 100.

δὲ ὡς πολλούς τε καὶ χαλεποὺς τελέσειεν ἄθλους·
Εἰλειθυίᾳ δὲ ἐποίησεν ἐν Ἰλιάδι ὠδῖνας γυναικῶν
5 μέλειν. ἔστι δὲ καὶ ἄλλο ὑπὸ τὸν λόφον τοῦτον
Ἀσκληπιοῦ Παιδὸς ἱερόν· τούτου μὲν δὴ τὸ
ἄγαλμα ὀρθὸν πεποίηται πηχυαῖον μάλιστα,
Ἀπόλλωνος δὲ ἐν θρόνῳ κάθηται ποδῶν ἐξ οὐκ
ἀποδέον μέγεθος. ἀνάκειται δὲ αὐτόθι καὶ ὀστᾶ
ὑπερηρκότα ἢ ὡς ἀνθρώπου δοκεῖν· καὶ δὴ καὶ
ἐλέγετο ἐπ᾿ αὐτοῖς εἶναι τῶν γιγάντων ἑνός, οὓς
ἐς τὴν συμμαχίαν τῆς Ῥέας ἤθροισεν Ὁπλά-
δαμος, ἃ δὴ καὶ ἐς ὕστερον ἐπέξεισιν ἡμῖν ὁ
λόγος. τούτου δέ ἐστι πηγὴ τοῦ ἱεροῦ πλησίον,
καὶ ἀπ᾿ αὐτῆς ὁ Ἑλισσὼν τὸ ὕδωρ δέχεται
κατεργόμενον.

XXXIII. Εἰ δὲ ἡ Μεγάλη πόλις προθυμίᾳ
τε τῇ πάσῃ συνοικισθεῖσα ὑπὸ Ἀρκάδων καὶ ἐπὶ
μεγίσταις τῶν Ἑλλήνων ἐλπίσιν ἐς αὐτὴν κόσμον
τὸν ἅπαντα καὶ εὐδαιμονίαν τὴν ἀρχαίαν ἀφῄρηται
καὶ τὰ πολλά ἐστιν αὐτῆς ἐρείπια ἐφ᾿ ἡμῶν, θαῦμα
οὐδὲν ἐποιησάμην, εἰδὼς τὸ δαιμόνιον νεώτερα
ἀεί τινα ἐθέλον ἐργάζεσθαι, καὶ ὁμοίως τὰ πάντα
τά τε ἐχυρὰ καὶ τὰ ἀσθενῆ καὶ τὰ γινόμενά τε
καὶ ὁπόσα ἀπόλλυνται μεταβάλλουσαν τὴν
τύχην, καὶ ὅπως ἂν αὐτῇ παριστῆται μετὰ
2 ἰσχυρᾶς ἀνάγκης ἄγουσαν. Μυκῆναι μέν γε,
τοῦ πρὸς Ἰλίῳ πολέμου τοῖς Ἕλλησιν ἡγησα-
μένη, καὶ Νῖνος, ἔνθα ἦν Ἀσσυρίοις βασίλεια,
καὶ Βοιώτιαι Θῆβαι προστῆναι τοῦ Ἑλληνικοῦ
ποτε ἀξιωθεῖσαι, αἱ μὲν ἠρήμωνται πανώλεθροι,
τὸ δὲ ὄνομα τῶν Θηβῶν ἐς ἀκρόπολιν μόνην καὶ
οἰκήτορας καταβέβηκεν οὐ πολλούς. τὰ δὲ
ὑπερηρκότα πλούτῳ τὸ ἀρχαῖον, Θῆβαί τε αἱ

plished many difficult tasks;[1] Eileithyia, he says in the *Iliad*, cares for the pangs of women.[2] Under this hill there is another sanctuary of Boy Asclepius. His image is upright and about a cubit in height, that of Apollo is seated on a throne and is not less than six feet high. Here are also kept bones, too big for those of a human being, about which the story ran that they were those of one of the giants mustered by Hopladamus to fight for Rhea, as my story will relate hereafter. Near this sanctuary is a spring, the water flowing down from which is received by the Helisson.

XXXIII. Megalopolis was founded by the Arcadians with the utmost enthusiasm amidst the highest hopes of the Greeks, but it has lost all its beauty and its old prosperity, being to-day for the most part in ruins. I am not in the least surprised, as I know that heaven is always willing something new, and likewise that all things, strong or weak, increasing or decreasing, are being changed by Fortune, who drives them with imperious necessity according to her whim. For Mycenae, the leader of the Greeks in the Trojan war, and Nineveh, where was the royal palace of the Assyrians, are utterly ruined and desolate; while Boeotian Thebes, once deemed worthy to be the head of the Greek people, why, its name includes only the acropolis and its few inhabitants. Of the opulent places in the ancient world, Egyptian Thebes and Minyan

---

[1] *Iliad* viii. 362 foll.     [2] *Iliad* xvi. 187 and xix. 103.

Αἰγύπτιοι καὶ ὁ Μινύης Ὀρχομενὸς καὶ ἡ Δῆλος
τὸ κοινὸν Ἑλλήνων ἐμπόριον, αἱ μὲν ἀνδρὸς
ἰδιώτου μέσου δυνάμει χρημάτων καταδέουσιν
ἐς εὐδαιμονίαν, ἡ Δῆλος δέ, ἀφελόντι τοὺς
ἀφικνουμένους παρ' Ἀθηναίων ἐς τοῦ ἱεροῦ τὴν
φρουράν, Δηλίων γε ἕνεκα ἔρημός ἐστιν ἀνθρώ-
3 πων. Βαβυλῶνος δὲ τοῦ μὲν Βήλου τὸ ἱερὸν
λείπεται, Βαβυλῶνος δὲ ταύτης, ἥντινα εἶδε
πόλεων τῶν τότε μεγίστην ἥλιος, οὐδὲν ἔτι ἦν εἰ
μὴ τεῖχος, καθὰ καὶ Τίρυνθος τῆς ἐν τῇ Ἀργολίδι.
ταῦτα μὲν δὴ ἐποίησεν ὁ δαίμων εἶναι τὸ μηδέν·
ἡ δὲ Ἀλεξάνδρου πόλις ἐν Αἰγύπτῳ καὶ ἡ Σελεύ-
κου παρὰ τῷ Ὀρόντῃ χθές τε ᾠκισμέναι καὶ
πρώην ἐς τοσοῦτο ἐπιδεδώκασι μεγέθους καὶ
4 εὐδαιμονίας, ὅτι σφᾶς ἡ τύχη δεξιοῦται. ἐπι-
δείκνυται δὲ καὶ ἐν τῷδε ἔτι τὴν ἰσχὺν μείζονα
καὶ θαύματος πλείονος ἢ κατὰ συμφορὰς καὶ
εὐπραγίας πόλεων· Λήμνου γὰρ πλοῦν ἀπεῖχεν
οὐ πολὺν Χρύση νῆσος, ἐν ᾗ καὶ τῷ Φιλοκτήτῃ
γενέσθαι συμφορὰν ἐκ τοῦ ὕδρου φασί· ταύτην
κατέλαβεν ὁ κλύδων πᾶσαν, καὶ κατέδυ τε ἡ
Χρύση καὶ ἠφάνισται κατὰ τοῦ βυθοῦ. νῆσον
δὲ ἄλλην καλουμένην Ἱερὰν * * * τόνδε οὐκ
ἦν χρόνον.

XXXIV. Οὕτω μὲν τὰ ἀνθρώπινα πρόσκαιρά
τε καὶ οὐδαμῶς ἐστιν ἐχυρά· ἐκ δὲ Μεγάλης
πόλεως ἰόντι ἐς Μεσσήνην καὶ σταδίους μάλιστα
προελθόντι ἑπτά, ἔστιν ἐν ἀριστερᾷ τῆς λεωφόρου
θεῶν ἱερόν. καλοῦσι δὲ καὶ αὐτὰς τὰς θεὰς καὶ
τὴν χώραν τὴν περὶ τὸ ἱερὸν Μανίας· δοκεῖν δέ
μοι θεῶν τῶν Εὐμενίδων ἐστὶν ἐπίκλησις, καὶ
Ὀρέστην ἐπὶ τῷ φόνῳ τῆς μητρός φασιν αὐτόθι

Orchomenus are now less prosperous than a private individual of moderate means, while Delos, once the common market of Greece, has no Delian inhabitant, but only the men sent by the Athenians to guard the sanctuary. At Babylon the sanctuary of Belus still is left, but of the Babylon that was the greatest city of its time under the sun nothing remains but the wall. The case of Tiryns in the Argolid is the same. These places have been reduced by heaven to nothing. But the city of Alexander in Egypt, and that of Seleucus on the Orontes, that were founded but yesterday, have reached their present size and prosperity because fortune favours them. The following incident proves the might of fortune to be greater and more marvellous than is shown by the disasters and prosperity of cities. No long sail from Lemnos was once an island Chryse, where, it is said, Philoctetes met with his accident from the water-snake. But the waves utterly overwhelmed it, and Chryse sank and disappeared in the depths. Another island called Hiera (*Sacred*) . . . was not during this time. So temporary and utterly weak are the fortunes of men.

XXXIV. As you go from Megalopolis to Messene, after advancing about seven stades, there stands on the left of the highway a sanctuary of goddesses. They call the goddesses themselves, as well as the district around the sanctuary, Maniae (*Madnesses*). In my view this is a surname of the Eumenides; in fact they say that it was here that madness overtook Orestes as punishment for shedding his mother's

2 μανῆναι. οὐ πόρρω δὲ τοῦ ἱεροῦ γῆς χῶμά
ἐστιν οὐ μέγα, ἐπίθημα ἔχον λίθου πεποιημένον
δάκτυλον, καὶ δὴ καὶ ὄνομα τῷ χώματί ἐστι
Δακτύλου μνῆμα· ἐνταῦθα ἔκφρονα Ὀρέστην
γενόμενον λέγουσιν ἕνα τῆς ἑτέρας τῶν χειρῶν
ἀποφαγεῖν δάκτυλον. τούτῳ δέ ἐστιν ἕτερον
συνεχὲς χωρίον Ἄκη καλούμενον, ὅτι ἐγένετο
ἐν αὐτῷ τῆς νόσου τῷ Ὀρέστῃ τὰ ἰάματα·
3 πεποίηται δὲ Εὐμενίσι καὶ αὐτόθι ἱερόν. ταύτας
τὰς θεάς, ἡνίκα τὸν Ὀρέστην ἔκφρονα ἔμελλον
ποιήσειν, φασὶν αὐτῷ φανῆναι μελαίνας· ὡς δὲ
ἀπέφαγε τὸν δάκτυλον, τὰς δὲ αὖθις δοκεῖν οἱ
λευκὰς εἶναι, καὶ αὐτὸν σωφρονῆσαί τε ἐπὶ τῇ
θέα· καὶ οὕτω ταῖς μὲν ἐνήγισεν ἀποτρέπων τὸ
μήνιμα αὐτῶν, ταῖς δὲ ἔθυσε ταῖς λευκαῖς. ὁμοῦ
δὲ αὐταῖς καὶ Χάρισι θύειν νομίζουσι. πρὸς δὲ
τῷ χωρίῳ τοῖς Ἄκεσιν ἕτερόν ἐστιν * * *[1] ὀνο-
μαζόμενον ἱερόν, ὅτι Ὀρέστης ἐνταῦθα ἐκείρατο
4 τὴν κόμην, ἐπειδὴ ἐντὸς ἐγένετο αὑτοῦ· Πελο-
ποννησίων δὲ οἱ τὰ ἀρχαῖα μνημονεύοντες πρό-
τερα τῷ Ὀρέστῃ τὰ ἐν Ἀρκαδίᾳ γενέσθαι φασὶν
ὑπὸ Ἐρινύων τῶν Κλυταιμνήστρας ἢ ἐν Ἀρείῳ
πάγῳ τὴν κρίσιν, καὶ αὐτῷ κατήγορον οὐ τὸν
Τυνδάρεων—περιεῖναι γὰρ οὐκέτι ἐκεῖνον—
Περίλαον δὲ ἐπιστῆναι δίκην καὶ ἐπὶ τῷ αἵματι
τῆς μητρὸς αἰτοῦντα ἅτε ἀνεψιὸν τῆς Κλυται-
μνήστρας· Ἰκαρίου γὰρ παῖδα εἶναι Περίλαον,
γενέσθαι δὲ ὕστερον καὶ θυγατέρας τῷ Ἰκαρίῳ.
5 Ἐκ Μανιῶν δὲ ὁδὸς ἐπὶ τὸν Ἀλφειόν ἐστιν
ὅσον πέντε σταδίων καὶ δέκα· κατὰ τοῦτο
Γαθεάτας ποταμὸς ἐκδίδωσιν ἐς τὸν Ἀλφειόν, ἐς
δὲ τὸν Γαθεάταν πρότερον ἔτι κάτεισιν ὁ Καρνίων.

blood. Not far from the sanctuary is a mound of
earth, of no great size, surmounted by a finger made
of stone; the name, indeed, of the mound is the
Tomb of the Finger. Here, it is said, Orestes on
losing his wits bit off one finger of one of his hands.
Adjoining this place is another, called Acê (*Remedies*)
because in it Orestes was cured of his malady. Here
too there is a sanctuary for the Eumenides. The
story is that, when these goddesses were about to
put Orestes out of his mind, they appeared to him
black; but when he had bitten off his finger they
seemed to him again to be white and he recovered
his senses at the sight. So he offered a sin-offering
to the black goddesses to avert their wrath, while
to the white deities he sacrificed a thank-offering.
It is customary to sacrifice to the Graces also along
with the Eumenides. Near to the place called Acê
is another . . . a sanctuary called . . . because here
Orestes cut off his hair on coming to his senses.
Historians of Peloponnesian antiquities say that what
Clytaemnestra's Furies did to Orestes in Arcadia took
place before the trial at the Areopagus; that his
accuser was not Tyndareus, who no longer lived, but
Perilaüs, who asked for vengeance for the mother's
murder in that he was a cousin of Clytaemnestra.
For Perilaüs, they say, was a son of Icarius, to whom
afterwards daughters also were born.

The road from Maniae to the Alpheius is roughly
fifteen stades long. At this point the river Gathe-
atas falls into the Alpheius, and before this the
Carnion flows into the Gatheatas. The source of

---

[1] It has been proposed to add here the word Κουρεῖον
(*Place of Hair-Cutting*).

τούτῳ μὲν δὴ αἱ πηγαὶ γῆς εἰσι τῆς Αἰγύτιδος
ὑπὸ τοῦ Ἀπόλλωνος τοῦ Κερεάτα¹ τὸ ἱερόν, τῷ
Γαθεάτα δὲ τῆς Κρωμίτιδος χώρας ἐν Γαθέαις,
6 ἡ δὲ Κρωμῖτις ἀνωτέρω τοῦ Ἀλφειοῦ σταδίους
ὡς τεσσαράκοντά ἐστι, καὶ ἐν αὐτῇ πόλεως
Κρώμων οὐ παντάπασι τὰ ἐρείπια ἦν ἐξίτηλα.
ἐκ δὲ Κρώμων ὡς εἴκοσι στάδιά ἐστιν ἐπὶ
Νυμφάδα· καταρρεῖται δὲ ὕδατι καὶ δένδρων
ἀνάπλεώς ἐστιν ἡ Νυμφάς. καὶ ἀπ᾽ αὐτῆς
στάδια εἴκοσί ἐστιν ἐπὶ τὸ Ἑρμαῖον, ἐς ὃ
Μεσσηνίοις καὶ Μεγαλοπολίταις εἰσὶν ὅροι·
πεποίηνται δὲ αὐτόθι καὶ Ἑρμῆν ἐπὶ στήλῃ.

XXXV. Αὕτη μὲν ἐπὶ Μεσσήνην, ἑτέρα δὲ²
ἐκ Μεγάλης πόλεως ἐπὶ Καρνάσιον ἄγει τὸ
Μεσσηνίων· καὶ ταύτῃ πρῶτα μέν σε ὁ Ἀλφειὸς
ἐκδέξεται, καθότι καὶ Μαλοῦς καὶ ὁ Σκύρος ἐς
αὐτὸν κατέρχονται προανακοινωσάμενοι τὸ ῥεῦμα.
αὐτόθεν δὲ ἔχων τὸν Μαλοῦντα ἐν δεξιᾷ μετὰ
σταδίους ὡς τριάκοντα διαβήσῃ τε αὐτὸν καὶ
ἀναβήσῃ δι᾽ ὁδοῦ προσαντεστέρας ἐς χωρίον
2 καλούμενον Φαιδρίαν. Φαιδρίου δὲ ὡς πέντε
ἀπέχει καὶ δέκα σταδίους κατὰ Δέσποιναν
ὀνομαζόμενον Ἑρμαῖον· ὅροι Μεσσηνίων πρὸς
Μεγαλοπολίτας καὶ οὗτοι, καὶ ἀγάλματα οὐ
μεγάλα Δεσποίνης τε καὶ Δήμητρος, ἔτι³ δὲ καὶ
Ἑρμοῦ πεποίηται καὶ Ἡρακλέους· δοκεῖν δέ μοι
καὶ τὸ ὑπὸ Δαιδάλου ποιηθὲν τῷ Ἡρακλεῖ
ξόανον ἐν μεθορίῳ τῆς Μεσσηνίας καὶ Ἀρκάδων
ἐνταῦθα εἱστήκει.

3 Ἡ δὲ ἐς Λακεδαίμονα ἐκ Μεγάλης πόλεως
ὁδὸς ἐπὶ μὲν τὸν Ἀλφειὸν στάδιοι τριάκοντά
εἰσιν, ἀπὸ δὲ τοῦδε παρὰ ποταμὸν ὁδεύσας

the Carnion is in Aegytian territory beneath the sanctuary of Apollo Cereatas; that of the Gatheatas is at Gatheae in Cromitian territory. The Cromitian territory is about forty stades up from the Alpheius, and in it the ruins of the city Cromi have not entirely disappeared. From Cromi it is about twenty stades to Nymphas, which is well supplied with water and covered with trees. From Nymphas it is twenty stades to the Hermaeum, where is the boundary between Messenia and Megalopolis. Here they have made a Hermes also on a slab.

XXXV. This road leads to Messene, and there is another leading from Megalopolis to Carnasium in Messenia. The first thing you come to on the latter road is the Alpheius at the place where it is joined by the Malus and the Scyrus, whose waters have already united. From this point keeping the Malus on the right after about thirty stades you will cross it and ascend along a rather steep road to a place called Phaedrias. About fifteen stades distant from Phaedrias is an Hermaeum called " by the Mistress "; it too forms a boundary between Messenia and Megalopolis. There are small images of the Mistress and Demeter; likewise of Hermes and Heracles. I am of opinion that the wooden image also, made for Heracles by Daedalus, stood here on the borders of Messenia and Arcadia.

The road from Megalopolis to Lacedaemon is thirty stades long at the Alpheius. After this you

---

¹ Maas would read Κεδρεάτα. Cf. VIII. xiii. 2.
² Here Spiro would add ὁδός.
³ The MSS. have ἔστι and add δὲ after πεποίηται.

Θειοῦντα—κάτεισι δὲ καὶ ὁ Θειοῦς οὗτος ἐς τὸν
Ἀλφειόν—ἀπολιπὼν οὖν τὸν Θειοῦντα ἐν
ἀριστερᾷ σταδίοις ἀπὸ τοῦ Ἀλφειοῦ τεσσαρά-
κοντα ἥξεις μάλιστα ἐς Φαλαισίας· ἀπέχουσι δὲ
αἱ Φαλαισίαι σταδίους εἴκοσι τοῦ Ἑρμαίου τοῦ
4 κατὰ Βελεμίναν. λέγουσι μὲν δὴ οἱ Ἀρκάδες
τὴν Βελεμίναν τῆς σφετέρας οὖσαν τὸ ἀρχαῖον
ἀποτεμέσθαι Λακεδαιμονίους· λέγειν δὲ οὐκ
εἰκότα ἐφαίνοντό μοι καὶ ἄλλων ἕνεκα καὶ
μάλιστα ὅτι μοι δοκοῦσι Θηβαῖοι μηδ᾽ ἂν [1]
τοῦτο ἐλασσουμένους περιιδεῖν τοὺς Ἀρκάδας,
εἴ σφισιν ἔσεσθαι σὺν τῷ δικαίῳ τὸ ἐπανόρθωμα
ἔμελλεν.

5 Εἰσὶ δὲ ἐκ Μεγάλης πόλεως καὶ ἐς τὰ χωρία
ὁδοὶ τὰ ἐντὸς Ἀρκαδίας, ἐς μὲν Μεθύδριον
ἑβδομήκοντα στάδιοι καὶ ἑκατόν, τρισὶ δὲ ἀπὸ
Μεγάλης πόλεως ἀπωτέρω σταδίοις καὶ δέκα
Σκιάς τε καλούμενον χωρίον καὶ Ἀρτέμιδος
Σκιάτιδος ἐρείπιά ἐστιν ἱεροῦ· ποιῆσαι δὲ αὐτὸ
ἐλέγετο Ἀριστόδημος ὁ τυραννήσας. ἐντεῦθεν
μετὰ σταδίους ὡς δέκα πόλεως Χαρισιῶν ὑπομνή-
ματά ἐστιν οὐ πολλά, σταδίων δὲ ἄλλων δέκα
6 ἐστὶν ἀπὸ Χαρισιῶν ἐς Τρικολώνους ὁδός. πόλις
δὲ ἦσαν καὶ οἱ Τρικόλωνοί ποτε· μένει δὲ αὐτόθι
καὶ ἐς ἡμᾶς ἔτι ἐπὶ λόφου Ποσειδῶνος ἱερὸν καὶ
ἄγαλμα τετράγωνον, καὶ δένδρων περὶ τὸ ἱερόν
ἐστιν ἄλσος. ταύταις μὲν δὴ οἱ Λυκάονος παῖδες
ἐγένοντο οἰκισταί, Ζοιτίαν δὲ ἀπωτέρω μὲν
Τρικολώνων πέντε που καὶ δέκα σταδίοις,
κειμένην δὲ οὐ κατ᾽ εὐθὺ ἀλλ᾽ ἐκ Τρικολώνων
ἐν ἀριστερᾷ, Ζοιτέα οἰκίσαι τὸν Τρικολώνου
λέγουσι· Παρωρεὺς δὲ ὁ νεώτερος Τρικολώνου

will travel beside a river Theius, which is a tributary of the Alpheius, and some forty stades from the Alpheius leaving the Theius on the left you will come to Phalaesiae. This place is twenty stades away from the Hermaeum at Belemina. The Arcadians say that Belemina belonged of old to Arcadia but was severed from it by the Lacedaemonians. This account struck me as improbable on various grounds, chiefly because the Thebans, I think, would never have allowed the Arcadians to suffer even this loss, if they could have brought about restitution with justice.

There are also roads from Megalopolis leading to the interior of Arcadia; to Methydrium it is one hundred and seventy stades, and thirteen stades from Megalopolis is a place called Scias, where are ruins of a sanctuary of Artemis Sciatis, said to have been built by Aristodemus the tyrant. About ten stades from here are a few memorials of the city Charisiae, and the journey from Charisiae to Tricoloni is another ten stades. Once Tricoloni also was a city, and even to-day there still remains on a hill a sanctuary of Poseidon with a square image, and around the sanctuary stands a grove of trees. These cities had as founders the sons of Lycaon; but Zoetia, some fifteen stades from Tricoloni, not lying on the straight road but to the left of Tricoloni, was founded, they say, by Zoeteus, the son of Tricolonus. Paroreus, the younger of the sons of Tricolonus,

---

[1] ἂν is not in the MSS., but must be added here or after περιιδεῖν.

τῶν παίδων Παρωρίαν καὶ οὗτος ἔκτισεν, ἀπέ-
7 χουσαν Ζοιτίας σταδίους δέκα. ἔρημοι δὲ καὶ [1] ἐς
ἐμὲ ἦσαν ἀμφότεραι· μένει δὲ ἐν Ζοιτίᾳ Δήμητρος
ναὸς καὶ Ἀρτέμιδος. ἐρείπια δὲ πόλεων καὶ
ἄλλα, Θυραίου μὲν σταδίοις πέντε ἀπωτέρω
Παρωρίας καὶ δέκα, τὰ δὲ Ὑψοῦντός ἐστιν ἐν
ὄρει κειμένῳ μὲν ὑπὲρ τοῦ πεδίου, καλουμένῳ δὲ
Ὑψοῦντι. ἡ δὲ Θυραίου τε καὶ Ὑψοῦντος
μεταξὺ ὀρεινὴ πᾶσά ἐστι καὶ θηριώδης· Λυκάονος
δὲ εἶναι Θυραῖόν τε καὶ Ὑψοῦντα προεδήλωσεν
ἡμῖν ὁ λόγος.

8 Τρικολώνων δέ ἐστιν ἐν δεξιᾷ πρῶτα μὲν
ἀνάντης ὁδὸς ἐπὶ πηγὴν καλουμένους Κρουνούς·
σταδίους δὲ ὡς τριάκοντα καταβάντι ἐκ Κρουνῶν
τάφος ἐστὶ Καλλιστοῦς, χῶμα γῆς ὑψηλόν, δένδρα
ἔχον πολλὰ μὲν τῶν ἀκάρπων, πολλὰ δὲ καὶ
ἥμερα. ἐπὶ δὲ ἄκρῳ τῷ χώματι ἱερόν ἐστιν
Ἀρτέμιδος ἐπίκλησιν Καλλίστης· δοκεῖν δέ μοι
καὶ Πάμφως μαθών τι παρὰ Ἀρκάδων πρῶτος
Ἄρτεμιν ἐν τοῖς ἔπεσιν ὠνόμασε Καλλίστην.
9 σταδίους δὲ αὐτόθεν μὲν πέντε καὶ εἴκοσι, Τρι-
κολώνων δὲ ἑκατὸν τοὺς σύμπαντας ἀπέχουσα
ἐπί γε τοῦ Ἐλισσόντος, κατὰ δὲ τὴν εὐθεῖαν
Μεθυδρίου—αὕτη γὰρ δὴ ἐκ Τρικολώνων ἔτι
λείπεται—Ἀνεμῶσά τέ ἐστι χωρίον καὶ ὄρος
Φάλανθον, ἐν αὐτῷ δὲ ἐρείπιά ἐστι Φαλάνθου
πόλεως· Ἀγελάου δὲ τοῦ Στυμφήλου παῖδα εἶναι
10 τὸν Φάλανθον λέγουσιν. ὑπὲρ τούτου δὲ πεδίον
τέ ἐστι Πώλου καλούμενον καὶ μετ' αὐτὸ Σχοινοῦς,
ἀπὸ ἀνδρὸς Βοιωτοῦ Σχοινέως ἔχων τὴν κλῆσιν.
εἰ δὲ ὁ Σχοινεὺς ἀπεδήμησεν οὗτος παρὰ τοὺς

---

[1] It has been proposed to delete καὶ.

also founded a city, in this case Paroria, ten stades distant from Zoetia. To-day both towns are without inhabitants. In Zoetia, however, there still remains a temple of Demeter and Artemis. There are also other ruins of cities: of Thyraeum, fifteen stades from Paroria, and of Hypsus, lying above the plain on a mountain which is also called Hypsus. The district between Thyraeum and Hypsus is all mountainous and full of wild beasts. My narrative has already pointed out that Thyraeüs and Hypsus were sons of Lycaon.[1]

To the right of Tricoloni there is first a steep road ascending to a spring called Cruni. Descending from Cruni for about thirty stades you come to the grave of Callisto, a high mound of earth, whereon grow many trees, both cultivated and also those that bear no fruit. On the top of the mound is a sanctuary of Artemis, surnamed Calliste (*Most Beautiful*). I believe it was because he had learnt it from the Arcadians that Pamphos was the first in his poems to call Artemis by the name of Calliste. Twenty-five stades from here, a hundred stades in all from Tricoloni, there is on the Helisson, on the straight road to Methydrium, the only city left to be described on the road from Tricoloni, a place called Anemosa, and also Mount Phalanthus, on which are the ruins of a city Phalanthus. It is said that Phalanthus was a son of Agelaüs, a son of Stymphalus. Beyond this is a plain called the Plain of Polus, and after it Schoenus, so named from a Boeotian, Schoeneus. If this Schoeneus emigrated

[1] See VIII. iii. 3.

Ἀρκάδας, εἶεν ἂν καὶ οἱ τῆς Ἀταλάντης δρόμοι
σύνεγγυς τῷ Σχοινοῦντι ὄντες ἀπὸ τῆς τούτου
θυγατρὸς τὸ ὄνομα εἰληφότες. ἑξῆς δέ ἐστιν * *
ἐμοὶ δοκεῖν καλούμενον, καὶ τοῖς πᾶσιν Ἀρκαδίαν
εἶναι [1] τὴν χώραν φασὶν ἐνταῦθα.

XXXVI. Τὸ ἀπὸ τούτου δὲ ἐς μνήμην οὐδὲν
ἄλλο ὅτι μὴ αὐτὸ τὸ Μεθύδριον λείπεται· ὁδὸς
δὲ ἐκ Τρικολώνων ἐς αὐτὸ στάδιοι τριῶν δέοντες
τεσσαράκοντα καὶ ἑκατόν. ὠνομάσθη μὲν δὴ
Μεθύδριον, ὅτι κολωνός ἐστιν ὑψηλὸς Μαλοίτα
τε ποταμοῦ καὶ Μυλάοντος μέσος, ἐφ᾽ ᾧ τὴν
πόλιν ὁ Ὀρχομενὸς ᾤκιζε· πρὶν δὲ ἢ συντελεῖν
ἐς τὸ Μεγαλοπολιτικόν, γεγόνασι καὶ Μεθυδριεῦ-
2 σιν ἀνδράσιν Ὀλυμπικαὶ νῖκαι. ἔστι δὲ ἐν
Μεθυδρίῳ Ποσειδῶνός τε Ἱππίου ναός, οὗτος
μὲν ἐπὶ τῷ Μυλάοντί ἐστι· τὸ δὲ ὄρος τὸ Θαυ-
μάσιον καλούμενον κεῖται μὲν ὑπὲρ τὸν ποταμὸν
τὸν Μαλοίταν, ἐθέλουσι δὲ οἱ Μεθυδριεῖς τὴν
Ῥέαν, ἡνίκα τὸν Δία εἶχεν ἐν τῇ γαστρί, ἐς
τοῦτο ἀφικέσθαι τὸ ὄρος, παρασκευάσασθαι δὲ
αὐτῇ καὶ βοήθειαν, ἢν ὁ Κρόνος ἐπ᾽ αὐτὴν ἴῃ,
τόν τε Ὁπλάδαμον καὶ ἄλλους ὅσοι περὶ ἐκεῖνον
3 ἦσαν γίγαντες· καὶ τεκεῖν μὲν συγχωροῦσιν
αὐτὴν ἐν μοίρᾳ τινὶ τοῦ Λυκαίου, τὴν δὲ ἐς τὸν
Κρόνον ἀπάτην καὶ ἀντὶ τοῦ παιδὸς τὴν λεγο-
μένην ὑπὸ Ἑλλήνων ἀντίδοσιν τοῦ λίθου
γενέσθαι φασὶν ἐνταῦθα. ἔστι δὲ πρὸς τῇ
κορυφῇ τοῦ ὄρους σπήλαιον τῆς Ῥέας, καὶ ἐς
αὐτὸ ὅτι μὴ γυναιξὶ μόναις ἱεραῖς τῆς θεοῦ
ἀνθρώπων γε οὐδενὶ ἐσελθεῖν ἔστι τῶν ἄλλων.
4 Μεθυδρίου δὲ ὡς τριάκοντα ἀπέχει σταδίους
Νυμφασία πηγή· τοσοῦτοι δὲ ἀπὸ Νυμφασίας
78

to Arcadia, the race-courses of Atalanta, which are near Schoenus, probably got their name from his daughter. Adjoining is . . . in my opinion called, and they say that the land here is Arcadia to all.

XXXVI. From this point nothing remains to be recorded except Methydrium itself, which is distant from Tricoloni one hundred and thirty-seven stades. It received the name Methydrium (*Between the Waters*) because there is a high knoll between the river Maloetas and the Mylaon, and on it Orchomenus built his city. Methydrium too had citizens victorious at Olympia before it belonged to Megalopolis. There is in Methydrium a temple of Horse Poseidon, standing by the Mylaon. But Mount Thaumasius (*Wonderful*) lies beyond the river Maloetas, and the Methydrians hold that when Rhea was pregnant with Zeus, she came to this mountain and enlisted as her allies, in case Cronus should attack her, Hopladamus and his few giants. They allow that she gave birth to her son on some part of Mount Lycaeüs, but they claim that here Cronus was deceived, and here took place the substitution of a stone for the child that is spoken of in the Greek legend. On the summit of the mountain is Rhea's Cave, into which no human beings may enter save only the women who are sacred to the goddess.

About thirty stades from Methydrium is a spring Nymphasia, and it is also thirty stades from Nym-

---

[1] Ἀρκάσιν ἀνεῖναι Curtius.

ἕτεροι πρὸς τοὺς Μεγαλοπολιτῶν εἰσι καὶ
Ὀρχομενίων τε κοινοὺς καὶ Καφυατῶν ὅρους.

5 Μεγαλοπολίταις δὲ διὰ τῶν ἐπὶ τὸ ἕλος
ὀνομαζομένων πυλῶν, διὰ τούτων ὁδεύουσιν ἐς
Μαίναλον παρὰ τὸν ποταμὸν τὸν Ἑλισσόντα
ἔστι τῆς ὁδοῦ ἐν ἀριστερᾷ Ἀγαθοῦ θεοῦ ναός·
εἰ δὲ ἀγαθῶν οἱ θεοὶ δοτῆρές εἰσιν ἀνθρώποις,
Ζεὺς δὲ ὕπατος θεῶν ἐστιν, ἐπόμενος ἄν τις τῷ
λόγῳ τὴν ἐπίκλησιν ταύτην Διὸς τεκμαίροιτο
εἶναι. προελθόντι δὲ οὐ πολὺ ἔστι μὲν γῆς
χῶμα Ἀριστοδήμου τάφος, ὃν οὐδὲ τυραννοῦντα
ἀφείλοντο μὴ ἐπονομάσαι Χρηστόν, ἔστι δὲ
Ἀθηνᾶς ἱερὸν ἐπίκλησιν Μαχανίτιδος, ὅτι
βουλευμάτων ἐστὶν ἡ θεὸς παντοίων καὶ ἐπι-
6 τεχνημάτων εὑρέτις. πεποίηται δὲ ἐν δεξιᾷ τῆς
ὁδοῦ Βορέᾳ τῷ ἀνέμῳ τέμενος, καί οἱ Μεγαλο-
πολῖται θυσίας θύουσιν ἀνὰ πᾶν ἔτος καὶ θεῶν
οὐδενὸς Βορέαν ὕστερον ἄγουσιν ἐν τιμῇ, ἅτε
σωτῆρα γενόμενόν σφισιν ἀπὸ Λακεδαιμονίων τε
καὶ Ἄγιδος. ἑξῆς δὲ Οἰκλέους τοῦ Ἀμφιαράου
πατρὸς μνῆμά ἐστιν, εἴ γε δὴ ἐπέλαβεν αὐτὸν τὸ
χρεὼν ἐν Ἀρκαδίᾳ καὶ μὴ τῆς ἐπὶ Λαομέδοντα
Ἡρακλεῖ στρατείας μετασχόντα. μετὰ τοῦτό
ἐστι Δήμητρος καλουμένης ἐν ἕλει ναός τε καὶ
ἄλσος· τοῦτο σταδίοις πέντε ἀπωτέρω τῆς
πόλεως, γυναιξὶ δὲ ἐς αὐτὸ ἔσοδός ἐστι μόναις.

7 τριάκοντα δέ ἐστιν ἀπωτέρω σταδίοις Παλίσκιος
ὀνομαζομένη χώρα· ἐκ Παλισκίου δὲ ἀφιέντι
μὲν ἐν ἀριστερᾷ τὸν Ἔλαφον ὄντα οὐκ ἀέναον
καὶ προελθόντι ὅσον εἴκοσι σταδίους, ἄλλα τε
ἐρείπια Περαιθέων καὶ ἱερὸν λείπεται Πανός.
ἢν δὲ τὸν χείμαρρουν διαβῇς, κατ᾽ εὐθὺ πέντε μὲν

phasia to the common boundaries of Megalopolis, Orchomenus and Caphyae.

Passing through the gate at Megalopolis named the Gate to the Marsh, and proceeding by the side of the river Helisson towards Maenalus, there stands on the left of the road a temple of the Good God. If the gods are givers of good things to men, and if Zeus is supreme among gods, it would be consistent to infer that this surname is that of Zeus. A short distance farther on is a mound of earth which is the grave of Aristodemus, whom in spite of his being a tyrant they could not help calling " the Good "; and there is also a sanctuary of Athena surnamed Contriver, because the goddess is the inventor of plans and devices of all sorts. On the right of the road there has been made a precinct to the North Wind, and the Megalopolitans offer sacrifices every year, holding none of the gods in greater honour than the North Wind, because he proved their saviour from the Lacedaemonians under Agis. Next is the tomb of Oïcles, the father of Amphiaraüs, if indeed he met his end in Arcadia, and not after he had joined Heracles in his campaign against Laomedon. After it comes a temple of Demeter styled " in the Marsh " and her grove, which is five stades away from the city, and women only may enter it. Thirty stades away is a place named Paliscius. Going on from Paliscius and leaving on the left the Elaphus, an intermittent stream, after an advance of some twenty stades you reach ruins of Peraethenses, among which is a sanctuary of Pan. If you cross the torrent and go straight

81

σταδίοις καὶ δέκα ἀπωτέρω τοῦ ποταμοῦ πεδίον
ἐστί, διελθόντι δὲ τοῦτο, τὸ ὄρος ὁμώνυμον τῷ
πεδίῳ τὸ Μαινάλιον. τοῦ δὲ ὄρους ὑπὸ τοῖς
καταλήγουσι πόλεως σημεῖα Λυκόας καὶ Ἀρτέμι-
δος ἱερὸν καὶ ἄγαλμά ἐστι χαλκοῦν Λυκοάτιδος·
8 ἐν δὲ τοῖς κατὰ μεσημβρίαν τοῦ ὄρους Σουμητία
ᾤκιστο. ἐν τούτῳ δέ εἰσι τῷ ὄρει καὶ αἱ καλού-
μεναι Τρίοδοι, καὶ τὰ ὀστᾶ Ἀρκάδος τοῦ Καλ-
λιστοῦς ἀνείλοντο ἐντεῦθεν κατὰ τὸ ἐκ Δελφῶν
μάντευμα οἱ Μαντινεῖς. λείπεται δὲ καὶ αὐτῆς
ἔτι ἐρείπια Μαινάλου, ναοῦ τε σημεῖα Ἀθηνᾶς
καὶ στάδιον ἐς ἀθλητῶν ἀγῶνα καὶ τὸ ἕτερον
αὐτῶν ἐς ἵππων δρόμον· τὸ δὲ ὄρος τὸ Μαινάλιον
ἱερὸν μάλιστα εἶναι Πανὸς νομίζουσιν, ὥστε οἱ
περὶ αὐτὸ καὶ ἐπακροᾶσθαι συρίζοντος τοῦ
9 Πανὸς λέγουσι. τοῦ δὲ τῆς Δεσποίνης ἱεροῦ
καὶ Μεγαλοπολιτῶν τοῦ ἄστεως στάδιοι τεσσα-
ράκοντα μεταξύ εἰσιν· ἥμισυ μὲν τῆς ὁδοῦ πρὸς
τοῦ Ἀλφειοῦ τὸ ῥεῦμα, διαβάντων δὲ μετὰ μὲν
δύο ἀπὸ τοῦ Ἀλφειοῦ σταδίους Μακαρεῶν ἐστιν
ἐρείπια, αὐτόθεν δὲ ἐς ἐρείπια ἄλλα τὰ Δασεῶν
ἑπτά εἰσι στάδιοι, τοσοῦτοι δὲ ἐκ Δασεῶν πρὸς
10 τὸν Ἀκακήσιον ὀνομαζόμενον λόφον. ὑπὸ τούτῳ
δὲ τῷ λόφῳ πόλις τε ἦν Ἀκακήσιον Ἑρμοῦ τε
Ἀκακησίου λίθου πεποιημένον ἄγαλμα καὶ ἐς
ἡμᾶς ἐστιν ἐπὶ τοῦ λόφου, τραφῆναι δὲ Ἑρμῆν
παῖδα αὐτόθι καὶ Ἄκακον τὸν Λυκάονος γενέσθαι
οἱ τροφέα Ἀρκάδων ἐστὶν ἐς αὐτὸν λόγος·
διάφορα δὲ τούτοις Θηβαῖοι καὶ αὖθις οὐχ
ὁμολογοῦντα τοῖς Θηβαίων Ταναγραῖοι λέγουσιν.

XXXVII. Ἀπὸ δὲ Ἀκακησίου τέσσαρας
σταδίους ἀπέχει τὸ ἱερὸν τῆς Δεσποίνης. πρῶτα

on for fifteen stades you come to a plain, and after crossing it to the mountain called, like the plain, Maenalian. Under the fringe of the mountain are traces of a city Lycoa, a sanctuary of Artemis Lycoan, and a bronze image of her. On the southern slope of the mountain once stood Sumetia. On this mountain is what is called the Meeting of the Three Ways, whence the Mantineans fetched the bones of Arcas, the son of Callisto, at the bidding of the Delphic oracle. There are still left ruins of Maenalus itself: traces of a temple of Athena, one race-course for athletes and one for horses. Mount Maenalus is held to be especially sacred to Pan, so that those who dwell around it say that they can actually hear him playing on his pipes. From the sanctuary of the Mistress to the city of Megalopolis it is forty stades. From Megalopolis to the stream of the Alpheius is half this distance. After crossing the river it is two stades from the Alpheius to the ruins of Macareae, from these to the ruins of Daseae seven stades, and seven again from Daseae to the hill called Acacesian Hill. At the foot of this hill used to be a city Acacesium, and even to-day there is on the hill a stone image of Acacesian Hermes, the story of the Arcadians about it being that here the child Hermes was reared, and that Acacus the son of Lycaon became his foster-father. The Theban legend is different, and the people of Tanagra, again, have a legend at variance with the Theban.

XXXVII. From Acacesium it is four stades to the sanctuary of the Mistress. First in this place

μὲν δὴ αὐτόθι Ἡγεμόνης ναός ἐστιν Ἀρτέμιδος
καὶ χαλκοῦν ἄγαλμα ἔχον δᾷδας—ποδῶν ἓξ
εἶναι μάλιστα αὐτὸ εἰκάζομεν—ἐντεῦθεν δὲ ἐς
τὸν ἱερὸν περίβολον τῆς Δεσποίνης ἐστὶν ἔσοδος.
ἰόντων δὲ ἐπὶ τὸν ναὸν στοά τέ ἐστιν ἐν δεξιᾷ
καὶ ἐν τῷ τοίχῳ λίθου λευκοῦ τύποι πεποιημένοι,
καὶ τῷ μέν εἰσιν ἐπειργασμέναι Μοῖραι καὶ Ζεὺς
ἐπίκλησιν Μοιραγέτης, δευτέρῳ δὲ Ἡρακλῆς
τρίποδα Ἀπόλλωνα ἀφαιρούμενος· ὁποῖα δὲ ἐς
αὐτοὺς ἐπυνθανόμην γενέσθαι, δηλώσω καὶ
τοῦτο, ἢν ἐς τοῦ Φωκικοῦ λόγου τὰ ἔχοντα ἐς
2 Δελφοὺς ἀφικώμεθα. ἐν δὲ τῇ στοᾷ τῇ παρὰ τῇ
Δεσποίνῃ μεταξὺ τῶν τύπων τῶν κατειλεγμένων
πινάκιόν ἐστι γεγραμμένον, ἔχον τὰ ἐς τὴν
τελετήν· Νύμφαι δέ εἰσι καὶ Πᾶνες ἐπὶ τῷ
τρίτῳ, ἐπὶ δὲ τῷ τετάρτῳ Πολύβιος ὁ Λυκόρτα·
καὶ οἱ ἐπίγραμμά ἐστιν ἐξ ἀρχῆς τε μὴ ἂν
σφαλῆναι τὴν Ἑλλάδα, εἰ Πολυβίῳ τὰ πάντα
ἐπείθετο, καὶ ἁμαρτούσῃ δι' ἐκείνου βοήθειαν
αὐτῇ γενέσθαι μόνου. πρὸ δὲ τοῦ ναοῦ Δήμητρί
τέ ἐστι βωμὸς καὶ ἕτερος Δεσποίνῃ, μετ' αὐτὸν
3 δὲ μεγάλης Μητρός. θεῶν δὲ αὐτὰ τὰ ἀγάλματα,
Δέσποινα καὶ ἡ Δημήτηρ τε καὶ ὁ θρόνος ἐν ᾧ
καθέζονται, καὶ τὸ ὑπόθημα τὸ ὑπὸ τοῖς ποσίν
ἐστιν ἑνὸς ὁμοίως λίθου· καὶ οὔτε τῶν ἐπὶ τῇ
ἐσθῆτι οὔτε ὁπόσα εἴργασται περὶ τὸν θρόνον
οὐδέν ἐστιν ἑτέρου λίθου προσεχὲς σιδήρῳ καὶ
κόλλῃ, ἀλλὰ τὰ πάντα ἐστὶν εἷς λίθος. οὗτος οὐκ
ἐσεκομίσθη σφίσιν ὁ λίθος, ἀλλὰ κατὰ ὄψιν
ὀνείρατος λέγουσιν αὐτὸν ἐξευρεῖν ἐντὸς τοῦ
περιβόλου τὴν γῆν ὀρύξαντες. τῶν δὲ ἀγαλ-
μάτων ἐστὶν ἑκατέρου μέγεθος κατὰ τὸ Ἀθήνησιν

is a temple of Artemis Leader, with a bronze image, holding torches, which I conjecture to be about six feet high. From this place there is an entrance into the sacred enclosure of the Mistress. As you go to the temple there is a portico on the right, with reliefs of white marble on the wall. On the first relief are wrought Fates and Zeus surnamed Guide of Fate, and on the second Heracles wresting a tripod from Apollo. What I learned about the story of the two latter I will tell if I get as far as an account of Delphi in my history of Phocis. In the portico by the Mistress there is, between the reliefs I have mentioned, a tablet with descriptions [1] of the mysteries. On the third relief are nymphs and Pans; on the fourth is Polybius, the son of Lycortas. On the latter is also an inscription, declaring that Greece would never have fallen at all, if she had obeyed Polybius in everything, and when she met disaster her only help came from him. In front of the temple is an altar to Demeter and another to the Mistress, after which is one of the Great Mother. The actual images of the goddesses, Mistress and Demeter, the throne on which they sit, along with the footstool under their feet, are all made out of one piece of stone. No part of the drapery, and no part of the carvings about the throne, is fastened to another stone by iron or cement, but the whole is from one block. This stone was not brought in by them, but they say that in obedience to a dream they dug up the earth within the enclosure and so found it. The size of both images just about corresponds to the image of

---

[1] Either in writing or in pictures—probably the former. See Frazer's note.

4 ἄγαλμα μάλιστα τῆς Μητρός· Δαμοφῶντος δὲ
καὶ ταῦτα ἔργα. ἡ μὲν οὖν Δημήτηρ δᾷδα ἐν δεξιᾷ
φέρει, τὴν δὲ ἑτέραν χεῖρα ἐπιβέβληκεν ἐπὶ τὴν
Δέσποιναν· ἡ δὲ Δέσποινα σκῆπτρόν τε καὶ τὴν
καλουμένην κίστην ἐπὶ τοῖς γόνασιν ἔχει, τῆς δὲ
ἔχεται τῇ δεξιᾷ τῆς κίστης. τοῦ θρόνου δὲ
ἑκατέρωθεν Ἄρτεμις μὲν παρὰ τὴν Δήμητρα
ἕστηκεν ἀμπεχομένη δέρμα ἐλάφου καὶ ἐπὶ τῶν
ὤμων φαρέτραν ἔχουσα, ἐν δὲ ταῖς χερσὶ τῇ μὲν
λαμπάδα ἔχει, τῇ δὲ δράκοντας δύο. παρὰ δὲ
τὴν Ἄρτεμιν κατάκειται κύων, οἷαι θηρεύειν
5 εἰσὶν ἐπιτήδειοι. πρὸς δὲ τῆς Δεσποίνης τῷ
ἀγάλματι ἕστηκεν Ἄνυτος σχῆμα ὡπλισμένου
παρεχόμενος· φασὶ δὲ οἱ περὶ τὸ ἱερὸν τραφῆναι
τὴν Δέσποιναν ὑπὸ τοῦ Ἀνύτου, καὶ εἶναι τῶν
Τιτάνων καλουμένων καὶ τὸν Ἄνυτον. Τιτᾶνας
δὲ πρῶτος ἐς ποίησιν ἐσήγαγεν Ὅμηρος, θεοὺς
εἶναι σφᾶς ὑπὸ τῷ καλουμένῳ Ταρτάρῳ, καὶ
ἔστιν ἐν Ἥρας ὅρκῳ τὰ ἔπη· παρὰ δὲ Ὁμήρου
Ὀνομάκριτος παραλαβὼν τῶν Τιτάνων τὸ
ὄνομα Διονύσῳ τε συνέθηκεν ὄργια καὶ εἶναι
τοὺς Τιτᾶνας τῷ Διονύσῳ τῶν παθημάτων
6 ἐποίησεν αὐτουργούς. τὰ μὲν δὴ ἐς τὸν Ἄνυτον
ὑπὸ Ἀρκάδων λέγεται· Δήμητρος δὲ Ἄρτεμιν
θυγατέρα εἶναι καὶ οὐ Λητοῦς, ὄντα Αἰγυπ-
τίων τὸν λόγον Αἰσχύλος ἐδίδαξεν Εὐφορίωνος
τοὺς Ἕλληνας. τὰ δὲ ἐς Κούρητας—οὗτοι
γὰρ ὑπὸ τῶν ἀγαλμάτων πεποίηνται—καὶ
τὰ ἐς Κορύβαντας ἐπειργασμένους ἐπὶ τοῦ
βάθρου—γένος δὲ οἵδε ἀλλοῖον καὶ οὐ Κούρητες
7 —τὰ ἐς τούτους παρίημι ἐπιστάμενος. τῶν δὲ
ἡμέρων οἱ Ἀρκάδες δένδρων ἁπάντων πλὴν

the Mother at Athens. These too are works of Damophon. Demeter carries a torch in her right hand; her other hand she has laid upon the Mistress. The Mistress has on her knees a staff and what is called the box, which she holds in her right hand. On both sides of the throne are images. By the side of Demeter stands Artemis wrapped in the skin of a deer, and carrying a quiver on her shoulders, while in one hand she holds a torch, in the other two serpents; by her side a bitch, of a breed suitable for hunting, is lying down. By the image of the Mistress stands Anytus, represented as a man in armour. Those about the sanctuary say that the Mistress was brought up by Anytus, who was one of the Titans, as they are called. The first to introduce Titans into poetry was Homer,[1] representing them as gods down in what is called Tartarus; the lines are in the passage about Hera's oath. From Homer the name of the Titans was taken by Onomacritus, who in the orgies he composed for Dionysus made the Titans the authors of the god's sufferings. This is the story of Anytus told by the Arcadians. That Artemis was the daughter, not of Leto but of Demeter, which is the Egyptian account, the Greeks learned from Aeschylus the son of Euphorion. The story of the Curetes, who are represented under the images, and that of the Corybantes (a different race from the Curetes), carved in relief upon the base, I know, but pass them by. The Arcadians bring into the sanctuary

[1] See *Iliad* xiv. 279.

ροιᾶς ἐσκομίζουσιν ἐς τὸ ἱερόν. ἐν δεξιᾷ δὲ
ἐξιόντι ἐκ τοῦ ναοῦ κάτοπτρον ἡρμοσμένον ἐστὶν
ἐν τῷ τοίχῳ· τοῦτο ἤν τις προσβλέπῃ τὸ
κάτοπτρον, ἑαυτὸν μὲν ἤτοι παντάπασιν ἀμυδρῶς
ἢ οὐδὲ ὄψεται τὴν ἀρχήν, τὰ δὲ ἀγάλματα τῶν
θεῶν καὶ αὐτὰ καὶ τὸν θρόνον ἔστιν ἐναργῶς
8 θεάσασθαι. παρὰ δὲ τὸν ναὸν τῆς Δεσποίνης
ὀλίγον ἐπαναβάντι ἐν δεξιᾷ Μέγαρόν ἐστι καλού-
μενον, καὶ τελετήν τε δρῶσιν ἐνταῦθα καὶ τῇ
Δεσποίνῃ θύουσιν ἱερεῖα οἱ Ἀρκάδες πολλά τε
καὶ ἄφθονα. θύει μὲν δὴ αὐτῶν ἕκαστος ὅ τι
κέκτηται· τῶν ἱερείων δὲ οὐ τὰς φάρυγγας ἀπο-
τέμνει ὥσπερ ἐπὶ ταῖς ἄλλαις θυσίαις, κῶλον δὲ
ὅ τι ἂν τύχῃ, τοῦτο ἕκαστος ἀπέκοψε τοῦ
9 θύματος. ταύτην μάλιστα θεῶν σέβουσιν οἱ
Ἀρκάδες τὴν Δέσποιναν, θυγατέρα δὲ αὐτὴν
Ποσειδῶνός φασιν εἶναι καὶ Δήμητρος. ἐπί-
κλησις ἐς τοὺς πολλούς ἐστιν αὐτῇ Δέσποινα,
καθάπερ καὶ τὴν ἐκ Διὸς Κόρην ἐπονομάζουσιν,
ἰδίᾳ δέ ἐστιν ὄνομα Περσεφόνη, καθὰ Ὅμηρος
καὶ ἔτι πρότερον Πάμφως ἐποίησαν· τῆς δὲ
Δεσποίνης τὸ ὄνομα ἔδεισα ἐς τοὺς ἀτελέστους
10 γράφειν. ὑπὲρ δὲ τὸ καλούμενον Μέγαρόν ἐστιν
ἄλσος τῆς Δεσποίνης ἱερὸν θριγκῷ λίθων περιε-
χόμενον, ἐντὸς δὲ αὐτοῦ δένδρα καὶ ἄλλα καὶ
ἐλαία καὶ πρῖνος ἐκ ῥίζης μιᾶς πεφύκασι· τοῦτο
οὐ γεωργοῦ σοφίας ἐστὶν ἔργον. ὑπὲρ δὲ τὸ
ἄλσος καὶ Ἱππίου Ποσειδῶνος, ἅτε πατρὸς τῆς
Δεσποίνης, καὶ θεῶν ἄλλων εἰσὶ βωμοί· τῷ
τελευταίῳ δὲ ἐπίγραμμά ἐστι θεοῖς αὐτὸν τοῖς
πᾶσιν εἶναι κοινόν.
11 Ἐντεῦθεν δὲ ἀναβήσῃ διὰ κλίμακος ἐς ἱερὸν

the fruit of all cultivated trees except the pomegranate. On the right as you go out of the temple there is a mirror fitted into the wall. If anyone looks into this mirror, he will see himself very dimly indeed or not at all, but the actual images of the gods and the throne can be seen quite clearly. When you have gone up a little, beside the temple of the Mistress on the right is what is called the Hall, where the Arcadians celebrate mysteries, and sacrifice to the Mistress many victims in generous fashion. Every man of them sacrifices what he possesses. But he does not cut the throats of the victims, as is done in other sacrifices; each man chops off a limb of the sacrifice, just that which happens to come to hand. This Mistress the Arcadians worship more than any other god, declaring that she is a daughter of Poseidon and Demeter. Mistress is her surname among the many, just as they surname Demeter's daughter by Zeus the Maid. But whereas the real name of the Maid is Persephone, as Homer [1] and Pamphos before him say in their poems, the real name of the Mistress I am afraid to write to the uninitiated. Beyond what is called the Hall is a grove, sacred to the Mistress and surrounded by a wall of stones, and within it are trees, including an olive and an evergreen oak growing out of one root, and that not the result of a clever piece of gardening. Beyond the grove are altars of Horse Poseidon, as being the father of the Mistress, and of other gods as well. On the last of them is an inscription saying that it is common to all the gods.

Thence you will ascend by stairs to a sanctuary

---

[1] See *Odyssey* x. 491, and *Iliad* ix. 457, 569.

Πανός· πεποίηται δὲ καὶ στοὰ ἐς τὸ ἱερὸν καὶ
ἄγαλμα οὐ μέγα, θεῶν δὲ ὁμοίως τοῖς δυνατωτά-
τοις καὶ τούτῳ μέτεστι τῷ Πανὶ ἀνθρώπων τε
εὐχὰς ἄγειν ἐς τέλος καὶ ὁποῖα ἔοικεν ἀποδοῦναι
πονηροῖς. παρὰ τούτῳ τῷ Πανὶ πῦρ οὔ ποτε
ἀποσβεννύμενον καίεται. λέγεται δὲ ὡς τὰ ἔτι
παλαιότερα καὶ μαντεύοιτο οὗτος ὁ θεός, προφῆτιν
δὲ Ἐρατὼ Νύμφην αὐτῷ γενέσθαι ταύτην ἣ
12 Ἀρκάδι τῷ Καλλιστοῦς συνᾴκησε· μνημονεύουσι
δὲ καὶ ἔπη τῆς Ἐρατοῦς, ἃ δὴ καὶ αὐτὸς ἐπε-
λεξάμην. ἐνταῦθα ἔστι μὲν βωμὸς Ἄρεως, ἔστι
δὲ ἀγάλματα Ἀφροδίτης ἐν ναῷ, λίθου τὸ ἕτερον
λευκοῦ, τὸ δὲ ἀρχαιότερον αὐτῶν ξύλου. ὡσαύ-
τως δὲ καὶ Ἀπόλλωνός τε καὶ Ἀθηνᾶς ξόανά
ἐστι· τῇ δὲ Ἀθηνᾷ καὶ ἱερὸν πεποίηται.

XXXVIII. Ἀνωτέρω δὲ ὀλίγον τείχους τε
περίβολος τῆς Λυκοσούρας ἐστὶ καὶ οἰκήτορες
ἔνεισιν οὐ πολλοί. πόλεων δέ, ὁπόσας ἐπὶ τῇ
ἠπείρῳ ἔδειξε γῆ καὶ ἐν νήσοις, Λυκόσουρά ἐστι
πρεσβυτάτη, καὶ ταύτην εἶδεν ὁ ἥλιος πρώτην·
ἀπὸ ταύτης δὲ οἱ λοιποὶ ποιεῖσθαι πόλεις μεμα-
θήκασιν ἄνθρωποι.

2 Ἐν ἀριστερᾷ δὲ τοῦ ἱεροῦ τῆς Δεσποίνης τὸ
ὄρος ἐστὶ τὸ Λύκαιον· καλοῦσι δὲ αὐτὸ καὶ
Ὄλυμπον καὶ Ἱεράν γε ἕτεροι τῶν Ἀρκάδων
κορυφήν. τραφῆναι δὲ τὸν Δία φασὶν ἐν τῷ
ὄρει τούτῳ· καὶ χώρα τέ ἐστιν ἐν τῷ Λυκαίῳ
Κρητέα καλουμένη—αὕτη δὲ ἡ Κρητέα ἐστὶν ἐξ
ἀριστερᾶς Ἀπόλλωνος ἄλσους ἐπίκλησιν Παρ-
ρασίου—καὶ τὴν Κρήτην, ἔνθα ὁ Κρητῶν ἔχει
λόγος τραφῆναι Δία, τὸ χωρίον τοῦτο εἶναι
καὶ οὐ τὴν νῆσον ἀμφισβητοῦσιν οἱ Ἀρκάδες.

of Pan. Within the sanctuary has been made a portico, and a small image; and this Pan too, equally with the most powerful gods, can bring men's prayers to accomplishment and repay the wicked as they deserve. Beside this Pan a fire is kept burning which is never allowed to go out. It is said that in days of old this god also gave oracles, and that the nymph Erato became his prophetess, she who wedded Arcas, the son of Callisto. They also remember verses of Erato, which I too myself have read. Here is an altar of Ares, and there are two images of Aphrodite in a temple, one of white marble, and the other, the older, of wood. There are also wooden images of Apollo and of Athena. Of Athena a sanctuary also has been made.

XXXVIII. A little farther up is the circuit of the wall of Lycosura, in which there are a few inhabitants. Of all the cities that earth has ever shown, whether on mainland or on islands, Lycosura is the oldest, and was the first that the sun beheld; from it the rest of mankind have learned how to make them cities.

On the left of the sanctuary of the Mistress is Mount Lycaeüs. Some Arcadians call it Olympus, and others Sacred Peak. On it, they say, Zeus was reared. There is a place on Mount Lycaeüs called Cretea, on the left of the grove of Apollo surnamed Parrhasian. The Arcadians claim that the Crete, where the Cretan story has it that Zeus was reared, was this place and not the island. The

3 ταῖς Νύμφαις δὲ ὀνόματα, ὑφ' ὧν τὸν Δία
τραφῆναι λέγουσι, τίθενται Θεισόαν καὶ Νέδαν
καὶ Ἁγνώ· καὶ ἀπὸ μὲν τῆς Θεισόας πόλις
ᾠκεῖτο ἐν τῇ Παρρασίᾳ, τὰ δὲ ἐπ' ἐμοῦ μοίρας
τῆς Μεγαλοπολίτιδός ἐστιν ἡ Θεισόα κώμη· τῆς
Νέδας δὲ ὁ ποταμὸς τὸ ὄνομα ἔσχηκε· τῆς δὲ
Ἁγνοῦς, ἣ ἐν τῷ ὄρει τῷ Λυκαίῳ πηγὴ κατὰ τὰ
αὐτὰ ποταμῷ τῷ Ἴστρῳ πέφυκεν ἴσον παρέ-
χεσθαι τὸ ὕδωρ ἐν χειμῶνι ὁμοίως καὶ ἐν ὥρᾳ
4 θέρους. ἢν δὲ αὐχμὸς χρόνον ἐπέχῃ πολὺν
καὶ ἤδη σφίσι τὰ σπέρματα ἐν τῇ γῇ καὶ τὰ
δένδρα αὐαίνηται, τηνικαῦτα ὁ ἱερεὺς τοῦ Λυκαίου
Διὸς προσευξάμενος ἐς τὸ ὕδωρ καὶ θύσας ὁπόσα
ἐστὶν αὐτῷ νόμος, καθίησι δρυὸς κλάδον ἐπι-
πολῆς καὶ οὐκ ἐς βάθος τῆς πηγῆς· ἀνακινηθέντος
δὲ τοῦ ὕδατος ἄνεισιν ἀχλὺς ἐοικυῖα ὁμίχλῃ,
διαλιποῦσα δὲ ὀλίγον γίνεται νέφος ἡ ἀχλὺς καὶ
ἐς αὑτὴν ἄλλα ἐπαγομένη τῶν νεφῶν ὑετὸν τοῖς
5 Ἀρκάσιν ἐς τὴν γῆν κατιέναι ποιεῖ. ἔστι δὲ ἐν
τῷ Λυκαίῳ Πανός τε ἱερὸν καὶ περὶ αὐτὸ ἄλσος
δένδρων καὶ ἱππόδρομός τε καὶ πρὸ αὐτοῦ
στάδιον· τὸ δὲ ἀρχαῖον τῶν Λυκαίων ἦγον τὸν
ἀγῶνα ἐνταῦθα. ἔστι δὲ αὐτόθι καὶ ἀνδριάντων
βάθρα, οὐκ ἐπόντων ἔτι ἀνδριάντων· ἐλεγεῖον δὲ
ἐπὶ τῶν βάθρων ἑνὶ Ἀστυάνακτός φησιν εἶναι
τὴν εἰκόνα, τὸν δὲ Ἀστυάνακτα εἶναι γένος τῶν
ἀπὸ Ἀρκάδος.

6 Τὸ δὲ ὄρος παρέχεται τὸ Λύκαιον καὶ ἄλλα
ἐς θαῦμα καὶ μάλιστα τόδε. τέμενός ἐστιν ἐν
αὐτῷ Λυκαίου Διός, ἔσοδος δὲ οὐκ ἔστιν ἐς αὐτὸ
ἀνθρώποις· ὑπεριδόντα δὲ τοῦ νόμου καὶ ἐσελ-
θόντα ἀνάγκη πᾶσα αὐτὸν ἐνιαυτοῦ πρόσω μὴ

nymphs, by whom they say that Zeus was reared, they call Theisoa, Neda and Hagno. After Theisoa was named a city in Parrhasia; Theisoa to-day is a village in the district of Megalopolis. From Neda the river Neda takes its name; from Hagno a spring on Mount Lycaeüs, which like the Danube flows with an equal volume of water in winter just as in the season of summer. Should a drought persist for a long time, and the seeds in the earth and the trees wither, then the priest of Lycaean Zeus, after praying towards the water and making the usual sacrifices, lowers an oak branch to the surface of the spring, not letting it sink deep. When the water has been stirred up there rises a vapour, like mist; after a time the mist becomes cloud, gathers to itself other clouds, and makes rain fall on the land of the Arcadians. There is on Mount Lycaeüs a sanctuary of Pan, and a grove of trees around it, with a race-course in front of which is a running-track. Of old they used to hold here the Lycaean games. Here there are also bases of statues, with now no statues on them. On one of the bases an elegiac inscription declares that the statue was a portrait of Astyanax, and that Astyanax was of the race of Arcas.

Among the marvels of Mount Lycaeüs the most wonderful is this. On it is a precinct of Lycaean Zeus, into which people are not allowed to enter. If anyone takes no notice of the rule and enters, he must inevitably live no longer than a year. A

93

βιῶναι. καὶ τάδε ἔτι ἐλέγετο, τὰ ἐντὸς τοῦ
τεμένους γενόμενα ὁμοίως πάντα καὶ θηρία καὶ
ἀνθρώπους οὐ παρέχεσθαι σκιάν· καὶ διὰ τοῦτο
ἐς τὸ τέμενος θηρίου καταφεύγοντος οὐκ ἐθέλει
οἱ συνεσπίπτειν ὁ κυνηγέτης, ἀλλὰ ὑπομένων
ἐκτὸς καὶ ὁρῶν τὸ θηρίον οὐδεμίαν ἀπ᾽ αὐτοῦ
θεᾶται σκιάν. χρόνον μὲν δὴ τὸν ἴσον ἔπεισί
τε ὁ ἥλιος τὸν ἐν τῷ οὐρανῷ καρκίνον καὶ ἐν
Συήνῃ τῇ πρὸ Αἰθιοπίας οὔτε ἀπὸ δένδρων οὔτε
ἀπὸ τῶν ζᾴων γενέσθαι σκιὰν ἔστι· τὸ δὲ ἐν τῷ
Λυκαίῳ τέμενος τὸ αὐτὸ ἐς τὰς σκιὰς ἀεί τε καὶ
ἐπὶ πασῶν πέπονθε τῶν ὡρῶν.

7    Ἔστι δὲ ἐπὶ τῇ ἄκρᾳ τῇ ἀνωτάτω τοῦ ὄρους
γῆς χῶμα, Διὸς τοῦ Λυκαίου βωμός, καὶ ἡ
Πελοπόννησος τὰ πολλά ἐστιν ἀπ᾽ αὐτοῦ
σύνοπτος· πρὸ δὲ τοῦ βωμοῦ κίονες δύο ὡς ἐπὶ
ἀνίσχοντα ἑστήκασιν ἥλιον, ἀετοὶ δὲ ἐπ᾽ αὐτοῖς
ἐπίχρυσοι τά γε ἔτι παλαιότερα ἐπεποίηντο.
ἐπὶ τούτου τοῦ βωμοῦ τῷ Λυκαίῳ Διὶ θύουσιν ἐν
ἀπορρήτῳ· πολυπραγμονῆσαι δὲ οὔ μοι τὰ ἐς
τὴν θυσίαν ἡδὺ ἦν, ἐχέτω δὲ ὡς ἔχει καὶ ὡς
ἔσχεν ἐξ ἀρχῆς.

8    Ἔστι δὲ ἐν τοῖς πρὸς ἀνατολὰς τοῦ ὄρους
Ἀπόλλωνος ἱερὸν ἐπίκλησιν Παρρασίου· τίθενται
δὲ αὐτῷ καὶ Πύθιον ὄνομα. ἄγοντες δὲ τῷ θεῷ
κατὰ ἔτος ἑορτὴν θύουσι μὲν ἐν τῇ ἀγορᾷ κάπρον
τῷ Ἀπόλλωνι τῷ Ἐπικουρίῳ, θύσαντες δὲ
ἐνταῦθα αὐτίκα τὸ ἱερεῖον κομίζουσιν ἐς τὸ
ἱερὸν τοῦ Ἀπόλλωνος τοῦ Παρρασίου σὺν αὐλῷ
τε καὶ πομπῇ, καὶ τά τε μηρία ἐκτεμόντες
καίουσι καὶ δὴ καὶ ἀναλίσκουσιν αὐτόθι τοῦ
9 ἱερείου τὰ κρέα. ταῦτα μὲν οὕτω ποιεῖν νομί-

legend, moreover, was current that everything alike within the precinct, whether beast or man, cast no shadow. For this reason when a beast takes refuge in the precinct, the hunter will not rush in after it, but remains outside, and though he sees the beast can behold no shadow. In Syene also just on this side of Aethiopia neither tree nor creature casts a shadow so long as the sun is in the constellation of the Crab, but the precinct on Mount Lycaeüs affects shadows in the same way always and at every season.

On the highest point of the mountain is a mound of earth, forming an altar of Zeus Lycaeüs, and from it most of the Peloponnesus can be seen. Before the altar on the east stand two pillars, on which there were of old gilded eagles. On this altar they sacrifice in secret to Lycaean Zeus. I was reluctant to pry into the details of the sacrifice; let them be as they are and were from the beginning.

On the east side of the mountain there is a sanctuary of Apollo surnamed Parrhasian. They also give him the name Pythian. They hold every year a festival in honour of the god and sacrifice in the market-place a boar to Apollo Helper, and after the sacrifice here they at once carry the victim to the sanctuary of Parrhasian Apollo in procession to the music of the flute; cutting out the thigh-bones they burn them, and also consume the meat of the victim on the spot. This it is their custom to do. To

ζουσι, τοῦ Λυκαίου δὲ τὰ πρὸς τῆς ἄρκτου γῆ
ἐστιν ἡ Θεισοαία· οἱ δὲ ἄνθρωποι μάλιστα οἱ
ταύτῃ νύμφην τὴν Θεισόαν ἄγουσιν ἐν τιμῇ.
διὰ δὲ τῆς χώρας τῆς Θεισοαίας ῥέοντες ἐμβάλ-
λουσιν ἐς τὸν Ἀλφειὸν Μυλάων, ἐπὶ δὲ αὐτῷ
Νοῦς καὶ Ἀχελῷος καὶ Κέλαδός τε καὶ Νάλιφος.
Ἀχελῴῳ δὲ τῷ Ἀρκάδι εἰσὶν ἄλλοι δύο ὁμώ-
νυμοί τε αὐτῷ ποταμοὶ καὶ τὰ ἐς δόξαν φανε-
10 ρώτεροι· τὸν μέν γε ἐπὶ τὰς Ἐχινάδας κατιόντα
Ἀχελῷον διὰ τῆς Ἀκαρνάνων καὶ δι' Αἰτωλίας
ἔφησεν ἐν Ἰλιάδι Ὅμηρος ποταμῶν τῶν πάντων
ἄρχοντα εἶναι, ἕτερον δὲ Ἀχελῷον ῥέοντα ἐκ
Σιπύλου τοῦ ὄρους ἐποιήσατο αὐτόν τε τὸν
ποταμὸν καὶ τὸ ὄρος τὸν Σίπυλον τοῦ λόγου
προσθήκην τοῦ ἐς Νιόβην· τρίτῳ δ' οὖν καὶ τῷ
περὶ τὸ ὄρος τὸ Λύκαιόν ἐστιν ὄνομα Ἀχελῷος.

11 Τῆς Λυκοσούρας δέ ἐστιν ἐν δεξιᾷ Νόμια ὄρη
καλούμενα, καὶ Πανός τε ἱερὸν ἐν αὐτοῖς ἐστι
Νομίου καὶ τὸ χωρίον ὀνομάζουσι Μέλπειαν, τὸ
ἀπὸ τῆς σύριγγος μέλος ἐνταῦθα ὑπὸ[1] Πανὸς
εὑρεθῆναι λέγοντες. κληθῆναι δὲ τὰ ὄρη Νόμια
προχειρότατον μέν ἐστιν εἰκάζειν ἐπὶ τοῦ Πανὸς
ταῖς νομαῖς, αὐτοὶ δὲ οἱ Ἀρκάδες νύμφης εἶναί
φασιν ὄνομα.

XXXIX. Παρὰ δὲ τὴν Λυκόσουραν ὡς ἐπὶ
ἡλίου δυσμὰς ποταμὸς Πλατανιστῶν παρέξεισιν·
ἀνδρὶ δὲ ἰόντι ἐς Φιγαλίαν ἀνάγκη πᾶσα δια-
βῆναι τὸν Πλατανιστῶνα, μετὰ δὲ αὐτόν ἐστιν
ἄνοδος ὅσον τε σταδίους τριάκοντα ἢ πλείους
2 τῶν τριάκοντα οὐ πολλῷ. τὰ δὲ ἐς τὸν Λυκάονος
Φίγαλον—οὗτος γὰρ δὴ τῇ πόλει τὸ ἐξ ἀρχῆς
ἐγένετο οἰκιστής—καὶ ὡς μετέβαλεν ἀνὰ χρόνον

the north of Mount Lycaeüs is the Theisoan terri-
tory. The inhabitants of it worship most the nymph
Theisoa. There flow through the land of Theisoa
the following tributaries of the Alpheius, the Mylaon,
Nus, Acheloüs, Celadus, and Naliphus. There are
two other rivers of the same name as the Acheloüs
in Arcadia, and more famous than it. One, falling
into the sea by the Echinadian islands, flows through
Acarnania and Aetolia, and is said by Homer in the
*Iliad* [1] to be the prince of all rivers. Another Ache-
loüs, flowing from Mount Sipylus, along with the
mountain also, he takes occasion to mention in con-
nection with his account of Niobe.[2] The third river
called the Acheloüs is the one by Mount Lycaeüs.

On the right of Lycosura are the mountains called
Nomian, and on them is a sanctuary of Nomian
Pan; the place they name Melpeia, saying that
here Pan discovered the music of the pipes. It
is a very obvious conjecture that the name of the
Nomian Mountains is derived from the pasturings
(*nomai*) of Pan, but the Arcadians themselves derive
the name from a nymph.

XXXIX. By Lycosura to the west passes the river
Plataniston. No traveller can possibly avoid crossing
the Plataniston who is going to Phigalia. After-
wards there is an ascent for some thirty stades or
so. The story of Phigalus, the son of Lycaon, who
was the original founder of the city, how in course
of time the city made a change and called itself

---

[1] See xxi. 194.    [2] *Iliad* xxiv. 615.

---

[1] ὑπὸ was added by Schubart.

ἀπὸ Φιάλου Βουκολίωνος τὸ ὄνομα ἡ πόλις καὶ
αὖθις ἀνεσώσατο τὸ ἀρχαῖον, τόδε μὲν καὶ πρό-
τερον ἔτι ἐσήμαινεν ἡμῖν ὁ λόγος· λέγεται δὲ καὶ
ἄλλα οὐκ ἀξιόχρεα ἐς πίστιν, ἄνδρα αὐτόχθονα
εἶναι τὸν Φίγαλον καὶ οὐ Λυκάονος παῖδα· τοῖς δὲ
εἰρημένον ἐστὶν ὡς ἡ Φιγαλία νύμφη τῶν καλου-
3 μένων εἴη Δρυάδων. Λακεδαιμόνιοι δὲ ἡνίκα Ἀρ-
κάσιν ἐπεχείρησαν καὶ ἐσέβαλον ἐς τὴν Φιγαλίαν
στρατιᾷ, μάχῃ τε νικῶσι τοὺς ἐπιχωρίους καὶ
ἐπολιόρκουν προσκαθεζόμενοι· κινδυνεύοντος δὲ
ἁλῶναι τοῦ τείχους ἐκδιδράσκουσιν οἱ Φιγαλεῖς,
ἢ καὶ οἱ Λακεδαιμόνιοι σφᾶς ἀφιᾶσιν ἐξελθεῖν
ὑποσπόνδους. ἐγένετο δὲ ἡ τῆς Φιγαλίας ἅλωσις
καὶ Φιγαλέων ἡ ἐξ αὐτῆς φυγὴ Μιλτιάδου μὲν
Ἀθήνῃσιν ἄρχοντος, δευτέρῳ δὲ ἔτει τῆς τρια-
κοστῆς ὀλυμπιάδος, ἣν Χίονις Λάκων ἐνίκα τὸ
4 τρίτον. Φιγαλέων δὲ τοῖς διαπεφευγόσιν ἔδοξεν
ἀφικομένοις ἐς Δελφοὺς ἐρωτᾶν ὑπὲρ καθόδου τὸν
θεόν· καὶ σφισιν ἡ Πυθία καθ' αὑτοὺς μὲν πειρω-
μένοις ἐς Φιγαλίαν κατελθεῖν οὐχ ὁρᾶν ἔφη
κάθοδον, εἰ δὲ λογάδας ἑκατὸν ἐξ Ὀρεσθασίου
προσλάβοιεν, τοὺς μὲν ἀποθανεῖσθαι παρὰ τὴν
μάχην, Φιγαλεῦσι δὲ ἔσεσθαι δι' αὐτῶν κάθοδον.
Ὀρεσθάσιοι δὲ ὡς τὴν γενομένην τοῖς Φιγαλεῦσιν
ἐπύθοντο μαντείαν, ἄλλος ἔφθανεν ἄλλον σπουδῇ
λογάδων τε τῶν ἑκατὸν αὐτὸς ἕκαστος γενέσθαι
5 καὶ ἐξόδου τῆς ἐς Φιγαλίαν μετασχεῖν. παρελ-
θόντες δὲ ἐπὶ τὴν Λακεδαιμονίων φρουρὰν ἄγουσιν
ἐς πάντα ἐπὶ τέλος τὸν χρησμόν· καὶ γὰρ αὐτοῖς
λόγου μαχεσαμένοις ἀξίως ἐπεγένετο ἡ τελευτὴ
καὶ ἐξελάσαντες τοὺς Σπαρτιάτας παρέσχον
Φιγαλεῦσιν ἀπολαβεῖν τὴν πατρίδα.

after Phialus, the son of Bucolion, and again restored its old name, I have already set forth.[1] Another account, but not worthy of credit, is current, that Phigalus was not a son of Lycaon but an aboriginal. Others have said that Phigalia was one of the nymphs called Dryads. When the Lacedaemonians attacked the Arcadians and invaded Phigalia, they overcame the inhabitants in battle and sat down to besiege the city. When the walls were in danger of capture the Phigalians ran away, or perhaps the Lacedaemonians let them come out under a truce. The taking of Phigalia and the flight of the Phigalians from it took place when Miltiades was Archon at Athens, in the second year of the thirtieth Olympiad, 659 B.C. when Chionis the Laconian was victorious for the third time. The Phigalians who escaped resolved to go to Delphi and ask the god about their return. The Pythian priestess said that if they made the attempt by themselves she saw no return for them; but if they took with them one hundred picked men from Oresthasium, these would die in the battle, but through them the Phigalians would be restored to their city. When the Oresthasians heard of the oracle delivered to the Phigalians, all vied with one another in their eagerness to be one of the picked hundred and take part in the expedition to Phigalia. They advanced against the Lacedaemonian garrison and fulfilled the oracle in all respects. For they fought and met their end gloriously; expelling the Spartans they enabled the Phigalians to recover their native land.

---

[1] Book VIII. iii. 1.

Κεῖται δὲ ἡ Φιγαλία ἐπὶ μετεώρου μὲν καὶ ἀποτόμου τὰ πλέονα, καὶ ἐπὶ τῶν κρημνῶν ᾠκοδομημένα ἐστὶ τείχη σφίσιν· ἀνελθόντι δὲ ὁμαλής ἐστιν ὁ λόφος ἤδη καὶ ἐπίπεδος. ἔστι δὲ Σωτείρας τε ἱερὸν ἐνταῦθα Ἀρτέμιδος καὶ ἄγαλμα ὀρθὸν λίθου· ἐκ τούτου δὲ τοῦ ἱεροῦ καὶ τὰς 6 πομπάς σφισι πέμπειν κατέστη. ἐν δὲ τῷ γυμνασίῳ τὸ ἄγαλμα τοῦ Ἑρμοῦ ἀμπεχομένῳ μὲν ἔοικεν ἱμάτιον, καταλήγει δὲ οὐκ ἐς πόδας, ἀλλὰ ἐς τὸ τετράγωνον σχῆμα. πεποίηται δὲ καὶ Διονύσου ναός· ἐπίκλησις μέν ἐστιν αὐτῷ παρὰ τῶν ἐπιχωρίων Ἀκρατοφόρος, τὰ κάτω δὲ οὐκ ἔστι σύνοπτα τοῦ ἀγάλματος ὑπὸ δάφνης τε φύλλων καὶ κισσῶν. ὁπόσον δὲ αὐτοῦ καθορᾶν ἔστιν, ἐπαλήλιπται * * * κιννάβαρι ἐκλάμπειν· εὑρίσκεσθαι δὲ ὑπὸ τῶν Ἰβήρων ὁμοῦ τῷ χρυσῷ λέγεται.

XL. Φιγαλεῦσι δὲ ἀνδριάς ἐστιν ἐπὶ τῆς ἀγορᾶς Ἀρραχίωνος τοῦ παγκρατιαστοῦ, τά τε ἄλλα ἀρχαῖος καὶ οὐχ ἥκιστα ἐπὶ τῷ σχήματι· οὐ διεστᾶσι μὲν πολὺ οἱ πόδες, καθεῖνται δὲ παρὰ πλευρὰν αἱ χεῖρες ἄχρι τῶν γλουτῶν. πεποίηται μὲν δὴ ἡ εἰκών λίθου, λέγουσι δὲ καὶ ἐπίγραμμα ἐπ' αὐτὴν γραφῆναι· καὶ τοῦτο μὲν ἠφάνιστο ὑπὸ τοῦ χρόνου, τῷ δὲ Ἀρραχίωνι ἐγένοντο Ὀλυμπικαὶ νῖκαι δύο μὲν ὀλυμπιάσι ταῖς πρὸ τῆς τετάρτης καὶ πεντηκοστῆς, ἐγένετο δὲ καὶ ἐν αὐτῇ σὺν δικαίῳ τε ἐκ τῶν Ἑλλανο- 2 δικῶν καὶ Ἀρραχίωνος αὐτοῦ τῇ ἀρετῇ. ὡς γὰρ δὴ πρὸς τὸν καταλειπόμενον ἔτι τῶν ἀνταγωνισ- τῶν ἐμάχετο ὑπὲρ τοῦ κοτίνου, ὁ μὲν προέλαβεν ὅστις δὴ ὁ ἀνταγωνιζόμενος καὶ τοῖς ποσὶ τὸν

Phigalia lies on high land that is for the most part precipitous, and the walls are built on the cliffs. But on the top the hill is level and flat. Here there is a sanctuary of Artemis Saviour with a standing image of stone. From this sanctuary it is their custom to start their processions. The image of Hermes in the gymnasium is like to one dressed in a cloak; but the statue does not end in feet, but in the square shape. A temple also of Dionysus is here, who by the inhabitants is surnamed Acratophorus, but the lower part of the image cannot be seen for laurel-leaves and ivy. As much of it as can be seen is painted . . . with cinnabar to shine. It is said to be found by the Iberians along with the gold.

XL. The Phigalians have on their market-place a statue of the pancratiast Arrhachion; it is archaic, especially in its posture. The feet are close together, and the arms hang down by the side as far as the hips. The statue is made of stone, and it is said that an inscription was written upon it. This has disappeared with time, but Arrhachion won two Olympic victories at Festivals before the fifty-fourth, while at this Festival [1] he won one due partly to the fairness of the Umpires and partly to his own manhood. For when he was contending for the wild olive with the last remaining competitor, whoever he was, the latter got a grip first, and held Arrha-

[1] 564 B.C.

Ἀρραχίωνα εἶχεν ἐζωκὼς καὶ τὸν τράχηλον
ἐπίεζεν ἅμα αὐτοῦ ταῖς χερσίν· ὁ δὲ Ἀρραχίων
ἐκκλᾷ τῶν ἐν τῷ ποδὶ τοῦ ἀνταγωνιζομένου
δάκτυλον, καὶ Ἀρραχίων τε τὴν ψυχὴν ἀφίησιν
ἀγχόμενος καὶ ὁ ἄγχων τὸν Ἀρραχίωνα ὑπὸ τοῦ
δακτύλου τῆς ὀδύνης κατὰ τὸν καιρὸν ἀπαγορεύει
τὸν αὐτόν. Ἠλεῖοι δὲ ἐστεφάνωσάν τε καὶ
ἀνηγόρευσαν νικῶντα τοῦ Ἀρραχίωνος τὸν
3 νεκρόν. ἐοικὸς δὲ καὶ Ἀργείους οἶδα ἐπὶ Κρεύγᾳ
ποιήσαντας Ἐπιδαμνίῳ πύκτῃ· καὶ γὰρ Ἀργεῖοι
τεθνεῶτι ἔδοσαν τῷ Κρεύγᾳ τῶν Νεμείων τὸν
στέφανον, ὅτι ὁ πρὸς αὐτὸν μαχόμενος Δαμόξενος
Συρακόσιος παρέβη τὰ ὡμολογημένα σφίσιν ἐς
ἀλλήλους. ἐφήξειν μὲν γὰρ ἔμελλεν ἑσπέρα
πυκτεύουσιν αὐτοῖς, συνέθεντο δὲ ἐς ἐπήκοον ἀνὰ
μέρος τὸν ἕτερον ὑποσχεῖν αὐτῶν τῷ ἑτέρῳ
πληγήν. τοῖς δὲ πυκτεύουσιν οὐκ ἦν πω τηνι-
καῦτα ἱμὰς ὀξὺς ἐπὶ τῷ καρπῷ τῆς χειρὸς
ἑκατέρας, ἀλλὰ ταῖς μειλίχαις ἔτι ἐπύκτευον, ὑπὸ
τὸ κοῖλον δέοντες τῆς χειρός, ἵνα οἱ δάκτυλοί
σφισιν ἀπολείπωνται γυμνοί· αἱ δὲ ἐκ βοέας
ὠμῆς ἱμάντες λεπτοὶ τρόπον τινὰ ἀρχαῖον
πεπλεγμένοι δι' ἀλλήλων ἦσαν αἱ μειλίχαι.
4 τότε οὖν ὁ μὲν τὴν πληγὴν ἀφῆκεν ἐς τοῦ
Δαμοξένου τὴν κεφαλήν· ὁ δὲ ἀνασχεῖν τὴν
χεῖρα ὁ Δαμόξενος ἐκέλευσε τὸν Κρεύγαν, ἀνα-
σχόντος δὲ παίει τοῖς δακτύλοις ὀρθοῖς ὑπὸ τὴν
πλευράν, ὑπὸ δὲ ἀκμῆς τε τῶν ὀνύχων καὶ βίας
τῆς πληγῆς τὴν χεῖρα ἐς τὸ ἐντὸς καθεὶς καὶ
ἐπιλαβόμενος τῶν σπλάγχνων ἐς τὸ ἐκτὸς ἕλκων
5 ἀπέρρηξε. καὶ ὁ μὲν τὴν ψυχὴν αὐτίκα ὁ
Κρεύγας ἀφίησιν, οἱ δὲ Ἀργεῖοι τὸν Δαμόξενον

chion, hugging him with his legs, and at the same time he squeezed his neck with his hands. Arrhachion dislocated his opponent's toe, but expired owing to suffocation; but he who suffocated Arrhachion was forced to give in at the same time because of the pain in his toe. The Eleans crowned and proclaimed victor the corpse of Arrhachion. I know that the Argives acted similarly in the case of Creugas, a boxer of Epidamnus. For the Argives too gave to Creugas after his death the crown in the Nemean games, because his opponent Damoxenus of Syracuse broke their mutual agreement. For evening drew near as they were boxing, and they agreed within the hearing of witnesses, that each should in turn allow the other to deal him a blow. At that time boxers did not yet wear a sharp thong on the wrist of each hand, but still boxed with the soft gloves, binding them in the hollow of the hand, so that their fingers might be left bare. These soft gloves were thin thongs of raw ox-hide plaited together after an ancient manner. On the occasion to which I refer Creugas aimed his blow at the head of Damoxenus, and the latter bade Creugas lift up his arm. On his doing so, Damoxenus with straight fingers struck his opponent under the ribs; and what with the sharpness of his nails and the force of the blow he drove his hand into the other's inside, caught his bowels, and tore them as he pulled them out. Creugas expired on the spot, and the Argives expelled

ἅτε τὰ συγκείμενα ὑπερβάντα καὶ ἀντὶ μιᾶς
κεχρημένον πολλαῖς ἐς τὸν ἀντίπαλον ταῖς
πληγαῖς ἐξελαύνουσι, τῷ Κρεύγα δὲ τὴν νίκην
τεθνεῶτι ἔδοσαν καὶ ἐποιήσαντο εἰκόνα ἐν Ἄργει·
καὶ ἐς ἐμὲ ἔκειτο ἐν τοῦ Ἀπόλλωνος τοῦ Λυκίου.

XLI. Φιγαλεῦσι δὲ ἐπὶ τῆς ἀγορᾶς καὶ πολυ-
άνδριον τῶν λογάδων τῶν Ὀρεσθασίων ἐστί, καὶ
ὡς ἥρωσιν αὐτοῖς ἐναγίζουσιν ἀνὰ πᾶν ἔτος.
2 ποταμὸς δὲ ὁ καλούμενος Λύμαξ ἐκδίδωσι μὲν
ἐς τὴν Νέδαν παρ᾽ αὐτὴν ῥέων Φιγαλίαν, γενέσθαι
δὲ τοὔνομά φασι τῷ ποταμῷ καθαρσίων τῶν
Ῥέας ἕνεκα. ὡς γὰρ δὴ τεκοῦσαν τὸν Δία
ἐκάθηραν ἐπὶ ταῖς ὠδῖσιν αἱ Νύμφαι, τὰ καθάρ-
ματα ἐς τοῦτον ἐμβάλλουσι τὸν ποταμόν· ὠνό-
μαζον δὲ ἄρα οἱ ἀρχαῖοι αὐτὰ λύματα. μαρτυρεῖ
δὲ καὶ Ὅμηρος, ἀπολυμαίνεσθαί τε ἐπὶ λύσει
τοῦ λοιμοῦ τοὺς Ἕλληνας καὶ ἐμβάλλειν τὰ
3 λύματα εἰπὼν σφᾶς ἐς θάλασσαν. εἰσὶ δὲ αἱ πηγαὶ
τῆς Νέδας ἐν ὄρει τῷ Κεραυσίῳ· τοῦ Λυκαίου δὲ
μοῖρά ἐστι. καθότι δὲ ἐγγύτατα ἡ Νέδα Φιγα-
λέων τῆς πόλεως γίνεται, κατὰ τοῦτο οἱ Φιγαλέων
παῖδες ἀποκείρονται τῷ ποταμῷ τὰς κόμας· τὰ
δὲ πρὸς θαλάσσῃ καὶ ἀναπλεῖται ναυσὶν οὐ
μεγάλαις ἡ Νέδα. ποταμῶν δὲ ὁπόσους ἴσμεν
Μαίανδρος μὲν σκολιῷ μάλιστα κάτεισι τῷ
ῥεύματι, ἔς τε τὸ ἄνω καμπὰς καὶ αὖθις ἐπι-
στροφὰς παρεχόμενος πλείστας· δεύτερα δὲ
ἑλιγμῶν γε ἕνεκα φέροιτο ἂν ἡ Νέδα.
4 Σταδίοις δὲ ὅσον δώδεκα ἀνωτέρω Φιγαλίας
θερμά τέ ἐστι λουτρὰ καὶ τούτων οὐ πόρρω
κάτεισιν ὁ Λύμαξ ἐς τὴν Νέδαν· ᾗ δὲ συμβάλ-
λουσι τὰ ῥεύματα, ἔστι τῆς Εὐρυνόμης τὸ ἱερόν,

Damoxenus for breaking his agreement by dealing his opponent many blows instead of one. They gave the victory to the dead Creugas, and had a statue of him made in Argos. It still stood in my time in the sanctuary of Lycian Apollo.

XLI. In the market-place of Phigalia there is also a common tomb of the picked men of Oresthasium, and every year they sacrifice to them as to heroes. A river called the Lymax flowing just beside Phigalia falls into the Neda, and the river, they say, got its name from the cleansing of Rhea. For when she had given birth to Zeus, the nymphs who cleansed her after her travail threw the refuse into this river. Now the ancients called refuse "lymata." Homer,[1] for example, says that the Greeks were cleansed, after the pestilence was stayed, and threw the "lymata" into the sea. The source of the Neda is on Mount Cerausius, which is a part of Mount Lycaeüs. At the place where the Neda approaches nearest to Phigalia the boys of the Phigalians cut off their hair in honour of the river. Near the sea the Neda is navigable for small ships. Of all known rivers the Maeander descends with the most winding course, which very often turns back and then bends round once more; but the second place for its twistings should be given to the Neda.

Some twelve stades above Phigalia are hot baths, and not far from these the Lymax falls into the Neda. Where the streams meet is the sanctuary of Eurynome, a holy spot from of old and difficult of

---

[1] *Iliad* i. 314.

ἅγιόν τε ἐκ παλαιοῦ καὶ ὑπὸ τραχύτητος τοῦ
χωρίου δυσπρόσοδον· περὶ αὐτὸ καὶ κυπάρισσοι
5 πεφύκασι πολλαί τε καὶ ἀλλήλαις συνεχεῖς. τὴν
δὲ Εὐρυνόμην ὁ μὲν τῶν Φιγαλέων δῆμος ἐπίκλη-
σιν εἶναι πεπίστευκεν Ἀρτέμιδος. ὅσοι δὲ αὐτῶν
παρειλήφασιν ὑπομνήματα ἀρχαῖα, θυγατέρα
Ὠκεανοῦ φασιν εἶναι τὴν Εὐρυνόμην, ἧς δὴ καὶ
Ὅμηρος ἐν Ἰλιάδι ἐποιήσατο μνήμην ὡς ὁμοῦ
Θέτιδι ὑποδέξαιτο Ἥφαιστον. ἡμέρᾳ δὲ τῇ
αὐτῇ κατὰ ἔτος ἕκαστον τὸ ἱερὸν ἀνοιγνύουσι
τῆς Εὐρυνόμης, τὸν δὲ ἄλλον χρόνον οὔ σφισιν
6 ἀνοιγνύναι καθέστηκε· τηνικαῦτα δὲ καὶ θυσίας
δημοσίᾳ τε καὶ ἰδιῶται θύουσιν. ἀφικέσθαι μὲν
δή μοι τῆς ἑορτῆς οὐκ ἐξεγένετο ἐς καιρὸν οὐδὲ
τῆς Εὐρυνόμης τὸ ἄγαλμα εἶδον· τῶν Φιγαλέων
δ᾽ ἤκουσα ὡς χρυσαῖ τε τὸ ξόανον συνδέουσιν
ἁλύσεις καὶ εἰκὼν γυναικὸς τὰ ἄχρι τῶν γλουτῶν,
τὸ ἀπὸ τούτου δέ ἐστιν ἰχθύς. θυγατρὶ μὲν δὴ
Ὠκεανοῦ καὶ ἐν βυθῷ τῆς θαλάσσης ὁμοῦ Θέτιδι
οἰκούσῃ παρέχοιτο ἄν τι ἐς γνώρισμα αὐτῆς ὁ
ἰχθύς· Ἀρτέμιδι δὲ οὐκ ἔστιν ὅπως ἂν μετά γε
τοῦ εἰκότος λόγου μετείη τοιούτου σχήματος.

7    Περιέχεται δὲ ἡ Φιγαλία ὄρεσιν, ἐν ἀριστερᾷ
μὲν ὑπὸ τοῦ καλουμένου Κωτιλίου, τὰ δὲ ἐς
δεξιὰν ἕτερον προβεβλημένον ἐστὶν αὐτῆς ὄρος
τὸ Ἐλάιον. ἀπέχει δὲ τῆς πόλεως ἐς τεσσαρά-
κοντα τὸ Κωτίλιον μάλιστα σταδίους· ἐν δὲ
αὐτῷ χωρίον τέ ἐστι καλούμενον Βάσσαι καὶ ὁ
ναὸς τοῦ Ἀπόλλωνος τοῦ Ἐπικουρίου, λίθου καὶ
8 αὐτὸς καὶ ὁ ὄροφος. ναῶν δὲ ὅσοι Πελοποννη-
σίοις εἰσί, μετά γε τὸν ἐν Τεγέᾳ προτιμῷτο
οὗτος ἂν τοῦ λίθου τε ἐς κάλλος καὶ τῆς ἁρμονίας

approach because of the roughness of the ground. Around it are many cypress trees, growing close together. Eurynome is believed by the people of Phigalia to be a surname of Artemis. Those of them, however, to whom have descended ancient traditions, declare that Eurynome was a daughter of Ocean, whom Homer mentions in the *Iliad*,[1] saying that along with Thetis she received Hephaestus. On the same day in each year they open the sanctuary of Eurynome, but at any other time it is a transgression for them to open it. On this occasion sacrifices also are offered by the state and by individuals. I did not arrive at the season of the festival, and I did not see the image of Eurynome; but the Phigalians told me that golden chains bind the wooden image, which represents a woman as far as the hips, but below this a fish. If she is a daughter of Ocean, and lives with Thetis in the depth of the sea, the fish may be regarded as a kind of emblem of her. But there could be no probable connection between such a shape and Artemis.

Phigalia is surrounded by mountains, on the left by the mountain called Cotilius, while on the right is another, Mount Elaïus, which acts as a shield to the city. The distance from the city to Mount Cotilius is about forty stades. On the mountain is a place called Bassae, and the temple of Apollo the Helper, which, including the roof, is of stone. Of the temples in the Peloponnesus, this might be placed first after the one at Tegea for the beauty of

[1] xviii. 398.

ἕνεκα. τὸ δὲ ὄνομα ἐγένετο τῷ Ἀπόλλωνι ἐπι-
κουρήσαντι ἐπὶ νόσῳ λοιμώδει, καθότι καὶ παρὰ
Ἀθηναίοις ἐπωνυμίαν ἔλαβεν Ἀλεξίκακος ἀπο-
9 τρέψας καὶ τούτοις τὴν νόσον. ἔπαυσε δὲ ὑπὸ
τὸν Πελοποννησίων καὶ Ἀθηναίων πόλεμον καὶ
τοὺς Φιγαλέας καὶ οὐκ ἐν ἑτέρῳ καιρῷ· μαρτύρια
δὲ αἵ τε ἐπικλήσεις ἀμφότεραι τοῦ Ἀπόλλωνος
ἐοικός τι ὑποσημαίνουσαι καὶ Ἰκτῖνος ὁ ἀρχι-
τέκτων τοῦ ἐν Φιγαλίᾳ ναοῦ γεγονὼς τῇ ἡλικίᾳ
κατὰ Περικλέα καὶ Ἀθηναίοις τὸν Παρθενῶνα
καλούμενον κατασκευάσας. ἐδίδαξε δὲ ὁ λόγος
ἤδη μοι τὸ ἄγαλμα εἶναι τοῦ Ἀπόλλωνος
Μεγαλοπολιτῶν ἐν τῇ ἀγορᾷ.

10 Ἔστι δὲ ὕδατος ἐν τῷ ὄρει τῷ Κωτιλίῳ πηγή,
καὶ ὅπου συνέγραψεν ἤδη τις ἀπὸ ταύτης τῷ
ποταμῷ τὸ ῥεῦμα τῷ Λύμακι ἄρχεσθαι, συνέ-
γραψεν οὔτε αὐτὸς θεασάμενος οὔτε ἀνδρὸς ἀκοὴν
ἰδόντος· ἃ καὶ ἀμφότερα παρῆσαν ἐμοί· τὸ μὲν ποτα-
μοῦ ῥεῦμα ὃν ἑωρῶμεν, τῆς δὲ ἐν τῷ Κωτιλίῳ
πηγῆς οὐκ ἐπὶ πολὺ ἐξικνούμενον τὸ ὕδωρ ἀλλὰ
ἐντὸς ὀλίγου παντάπασιν ἀφανὲς γινόμενον. οὐ
μὴν οὐδὲ ὅπου τῆς Ἀρκάδων ἐστὶν ἡ πηγὴ τῷ
Λύμακι, ἐπῆλθε πολυπραγμονῆσαί μοι. ἔστι δὲ
ὑπὲρ τὸ ἱερὸν τοῦ Ἀπόλλωνος τοῦ Ἐπικουρίου
χωρίον Κώτιλον μὲν ἐπίκλησιν, Ἀφροδίτη δέ
ἐστιν ἐν Κωτίλῳ. καὶ αὐτῇ ναός τε ἦν οὐκ ἔχων
ἔτι ὄροφον καὶ ἄγαλμα ἐπεποίητο.

XLII. Τὸ δὲ ἕτερον τῶν ὁρῶν τὸ Ἐλάιον ἀπω-
τέρω μὲν Φιγαλίας ὅσον τε σταδίοις τριάκοντα
ἐστί, Δήμητρος δὲ ἄντρον αὐτόθι ἱερὸν ἐπίκλησιν
Μελαίνης. ὅσα μὲν δὴ οἱ ἐν Θελπούσῃ λέγουσιν
ἐς μῖξιν τὴν Ποσειδῶνός τε καὶ Δήμητρος, κατὰ

108

its stone and for its symmetry. Apollo received his name from the help he gave in time of plague, just as the Athenians gave him the name of Averter of Evil for turning the plague away from them. It was at the time of the war between the Peloponnesians and the Athenians that he also saved the Phigalians, and at no other time; the evidence is that of the two surnames of Apollo, which have practically the same meaning, and also the fact that Ictinus, the architect of the temple at Phigalia, was a contemporary of Pericles, and built for the Athenians what is called the Parthenon. My narrative has already said that the image of Apollo is in the market-place of Megalopolis.

On Mount Cotilius is a spring of water, but the author who related that this spring is the source of the stream of the river Lymax neither saw it himself nor spoke to a man who had done so. But I did both. We saw the river actually flowing, and the water of the spring on Mount Cotilius running no long way, and within a short distance disappearing altogether. It did not, however, occur to me to take pains to discover where in Arcadia the source of the Lymax is. Beyond the sanctuary of Apollo the Helper is a place named Cotilum, and in Cotilum is an Aphrodite. She also has a temple, the roof of which is now gone, and an image of the goddess.

XLII. The second mountain, Mount Elaïus, is some thirty stades away from Phigalia, and has a cave sacred to Demeter surnamed Black. The Phigalians accept the account of the people of Thelpusa about the mating of Poseidon and Demeter,

ταῦτά σφισιν οἱ Φιγαλεῖς νομίζουσι, τεχθῆναι δὲ
ὑπὸ τῆς Δήμητρος οἱ Φιγαλεῖς φασιν οὐχ ἵππον
ἀλλὰ τὴν Δέσποιναν ἐπονομαζομένην ὑπὸ Ἀρκά-
2 δων· τὸ δὲ ἀπὸ τούτου λέγουσι θυμῷ τε ἅμα ἐς
τὸν Ποσειδῶνα αὐτὴν καὶ ἐπὶ τῆς Περσεφόνης
τῇ ἁρπαγῇ πένθει χρωμένην μέλαιναν ἐσθῆτα
ἐνδῦναι καὶ ἐς τὸ σπήλαιον τοῦτο ἐλθοῦσαν ἐπὶ
χρόνον ἀπεῖναι πολύν. ὡς δὲ ἐφθείρετο μὲν
πάντα ὅσα ἡ γῆ τρέφει, τὸ δὲ ἀνθρώπων γένος
καὶ ἐς πλέον ἀπώλλυτο ὑπὸ τοῦ λιμοῦ, θεῶν μὲν
ἄλλων ἠπίστατο ἄρα οὐδεὶς ἔνθα ἀπεκέκρυπτο ἡ
3 Δημήτηρ, τὸν δὲ Πᾶνα ἐπιέναι μὲν τὴν Ἀρκαδίαν
καὶ ἄλλοτε αὐτὸν ἐν ἄλλῳ θηρεύειν τῶν ὀρῶν,
ἀφικόμενον δὲ καὶ πρὸς τὸ Ἐλάιον κατοπτεῦσαι
τὴν Δήμητρα σχήματός τε ὡς εἶχε καὶ ἐσθῆτα
ἐνεδέδυτο ποίαν· πυθέσθαι δὴ τὸν Δία ταῦτα
παρὰ τοῦ Πανὸς καὶ οὕτως ὑπ' αὐτοῦ πεμφθῆναι
τὰς Μοίρας παρὰ τὴν Δήμητρα, τὴν δὲ πεισθῆναί
τε ταῖς Μοίραις καὶ ἀποθέσθαι μὲν τὴν ὀργήν,
ὑφεῖναι δὲ καὶ τῆς λύπης. σφᾶς δὲ ἀντὶ τούτων
φασὶν οἱ Φιγαλεῖς τό τε σπήλαιον νομίσαι τοῦτο
ἱερὸν Δήμητρος καὶ ἐς αὐτὸ ἄγαλμα ἀναθεῖναι
4 ξύλου. πεποιῆσθαι δὲ οὕτω σφίσι τὸ ἄγαλμα·
καθέζεσθαι μὲν ἐπὶ πέτρᾳ, γυναικὶ δὲ ἐοικέναι
τἆλλα πλὴν κεφαλήν· κεφαλὴν δὲ καὶ κόμην
εἶχεν ἵππου, καὶ δρακόντων τε καὶ ἄλλων θηρίων
εἰκόνες προσεπεφύκεσαν τῇ κεφαλῇ· χιτῶνα δὲ
ἐνεδέδυτο καὶ ἐς ἄκρους τοὺς πόδας· δελφὶς δὲ
ἐπὶ τῆς χειρὸς ἦν αὐτῇ, περιστερὰ δὲ ἡ ὄρνις
ἐπὶ τῇ ἑτέρᾳ. ἐφ' ὅτῳ μὲν δὴ τὸ ξόανον ἐποιή-
σαντο οὕτως, ἀνδρὶ οὐκ ἀσυνέτῳ γνώμην ἀγαθῷ
δὲ καὶ τὰ ἐς μνήμην δῆλά ἐστι· Μέλαιναν δὲ

but they assert that Demeter gave birth, not to a horse, but to the Mistress, as the Arcadians call her. Afterwards, they say, angry with Poseidon and grieved at the rape of Persephone, she put on black apparel and shut herself up in this cavern for a long time. But when all the fruits of the earth were perishing, and the human race dying yet more through famine, no god, it seemed, knew where Demeter was in hiding, until Pan, they say, visited Arcadia. Roaming from mountain to mountain as he hunted, he came at last to Mount Elaïus and spied Demeter, the state she was in and the clothes she wore. So Zeus learnt this from Pan, and sent the Fates to Demeter, who listened to the Fates and laid aside her wrath, moderating her grief as well. For these reasons, the Phigalians say, they concluded that this cavern was sacred to Demeter and set up in it a wooden image. The image, they say, was made after this fashion. It was seated on a rock, like to a woman in all respects save the head. She had the head and hair of a horse, and there grew out of her head images of serpents and other beasts. Her tunic reached right to her feet; on one of her hands was a dolphin, on the other a dove. Now why they had the image made after this fashion is plain to any intelligent man who is learned in traditions.

ἐπονομάσαι φασὶν αὐτήν, ὅτι καὶ ἡ θεὸς μέλαιναν
5 τὴν ἐσθῆτα εἶχε. τοῦτο μὲν δὴ τὸ ξόανον οὔτε
ὅτου ποίημα ἦν οὔτε ἡ φλὸξ τρόπον ὅντινα ἐπέ-
λαβεν αὐτό, μνημονεύουσιν· ἀφανισθέντος δὲ τοῦ
ἀρχαίου Φιγαλεῖς οὔτε ἄγαλμα ἄλλο ἀπεδίδοσαν
τῇ θεῷ καὶ ὁπόσα ἐς ἑορτὰς καὶ θυσίας τὰ πολλὰ
δὴ παρῶπτό σφισιν, ἐς ὃ ἡ ἀκαρπία ἐπιλαμβάνει
τὴν γῆν· καὶ ἱκετεύσασιν αὐτοῖς χρᾷ τάδε ἡ
Πυθία·

6 Ἀρκάδες Ἀζᾶνες βαλανηφάγοι, οἳ Φιγάλειαν
    νάσσασθ᾽, ἱππολεχοῦς Δηοῦς κρυπτήριον
        ἄντρον,
  ἥκετε πευσόμενοι λιμοῦ λύσιν ἀλγινόεντος,
  μοῦνοι δὶς νομάδες, μοῦνοι πάλιν ἀγριοδαῖται.
  Δηὼ μέν σε ἔπαυσε νομῆς, Δηὼ δε νομῆας
  ἐκ δησισταχύων[1] καὶ ἀναστοφάγων πάλι
      θῆκε,
  νοσφισθεῖσα γέρα προτέρων τιμάς τε παλαιάς.
  καί σ᾽ ἀλληλοφάγον θήσει τάχα καὶ τεκνοδαί-
      την,
  εἰ μὴ πανδήμοις λοιβαῖς χόλον ἱλάσσεσθε
  σήραγγός τε μυχὸν θείαις κοσμήσετε τιμαῖς.

7 ὡς δὲ οἱ Φιγαλεῖς ἀνακομισθὲν τὸ μάντευμα
ἤκουσαν, τά τε ἄλλα ἐς πλέον τιμῆς ἢ τὰ πρό-
τερα τὴν Δήμητρα ἦγον καὶ Ὀνάταν τὸν Μίκωνος

---

[1] The MSS. have νομῆων ἕλκησιν σταχύων. Herwerden's
emendation in the text makes good sense, but δησισταχύς is
not in the new Liddell and Scott. Later ναστοφάγυς is given
by Frazer, and either that or ἀναστοφάγους must be read for
the ἀναστοφάγων of (apparently) most MSS. "After being
binders of corn and non-eaters of cakes" would make non-
sense.

They say that they named her Black because the goddess had black apparel. They cannot relate either who made this wooden image or how it caught fire. But the old image was destroyed, and the Phigalians gave the goddess no fresh image, while they neglected for the most part her festivals and sacrifices, until the barrenness fell on the land. Then they went as suppliants to the Pythian priestess and received this response :—

Azanian Arcadians, acorn-eaters, who dwell
In Phigaleia, the cave that hid Deo, who bare
    a horse,
You have come to learn a cure for grievous famine,
Who alone have twice been nomads, alone have
    twice lived on wild fruits.
It was Deo who made you cease from pasturing,
    Deo who made you pasture again
After being binders of corn and eaters [1] of cakes,
Because she was deprived of privileges and ancient
    honours given by men of former times.
And soon will she make you eat each other and
    feed on your children,
Unless you appease her anger with libations offered
    by all your people,
And adorn with divine honours the nook of the
    cave.

When the Phigalians heard the oracle that was brought back, they held Demeter in greater honour than before, and particularly they persuaded Onatas of Aegina, son

---

[1] With the reading ἀναστοφάγους, "made you pasture again, and to be non-eaters of cakes, after being binders of corn."

Αἰγινήτην πείθουσιν ἐφ᾽ ὅσῳ δὴ μισθῷ ποιῆσαί
σφισιν ἄγαλμα Δήμητρος· τοῦ δὲ Ὀνάτα τούτου
Περγαμηνοῖς ἐστιν Ἀπόλλων χαλκοῦς, θαῦμα ἐν
τοῖς μάλιστα μεγέθους τε ἕνεκα καὶ ἐπὶ τῇ τέχνῃ.
τότε δὴ ὁ ἀνὴρ οὗτος ἀνευρὼν γραφὴν ἢ μίμημα
τοῦ ἀρχαίου ξοάνου—τὰ πλείω δέ, ὡς λέγεται, καὶ
κατὰ ὀνειράτων ὄψιν—ἐποίησε χαλκοῦν Φιγα-
λεῦσιν ἄγαλμα, γενεαῖς μάλιστα δυσὶν[1] ὕστερον
τῆς ἐπὶ τὴν Ἑλλάδα ἐπιστρατείας τοῦ Μήδου.
8 μαρτυρεῖ δέ μοι τῷ λόγῳ· κατὰ γὰρ τὴν Ξέρξου
διάβασιν ἐς τὴν Εὐρώπην Συρακουσῶν τε
ἐτυράννει καὶ Σικελίας τῆς ἄλλης Γέλων ὁ
Δεινομένους· ἐπεὶ δὲ ἐτελεύτησε Γέλων, ἐς
Ἱέρωνα ἀδελφὸν Γέλωνος περιῆλθεν ἡ ἀρχή·
Ἱέρωνος δὲ ἀποθανόντος πρότερον πρὶν ἢ τῷ
Ὀλυμπίῳ Διὶ ἀναθεῖναι τὰ ἀναθήματα ἃ εὔξατο
ἐπὶ τῶν ἵππων ταῖς νίκαις, οὕτω Δεινομένης ὁ
9 Ἱέρωνος ἀπέδωκεν ὑπὲρ τοῦ πατρός. Ὀνάτα καὶ
ταῦτα ποιήματα, καὶ ἐπιγράμματα ἐν Ὀλυμπίᾳ,
τὸ μὲν ὑπὲρ τοῦ ἀναθήματός ἐστιν αὐτῶν,

σόν ποτε νικήσας, Ζεῦ Ὀλύμπιε, σεμνὸν
    ἀγῶνα
  τεθρίππῳ μὲν ἅπαξ, μουνοκέλητι δὲ δίς,
δῶρα Ἱέρων τάδε σοι ἐχαρίσσατο· παῖς δ᾽
    ἀνέθηκε
  Δεινομένης πατρὸς μνῆμα Συρακοσίου·

10 τὸ δὲ ἕτερον λέγει τῶν ἐπιγραμμάτων·

υἱὸς μέν με Μίκωνος Ὀνάτας ἐξετέλεσσεν,
  νάσῳ ἐν Αἰγίνᾳ δώματα ναιετάων.

---

[1] δυσὶν is not in the MSS.  Added by O. Müller.

of Micon, to make them an image of Demeter at a price.
The Pergamenes have a bronze Apollo made by this
Onatas, a most wonderful marvel both for its size and
workmanship. This man then, about two genera-
tions after the Persian invasion of Greece, made the
Phigalians an image of bronze, guided partly by a
picture or copy of the ancient wooden image which
he discovered, but mostly (so goes the story) by a
vision that he saw in dreams. As to the date, I
have the following evidence to produce. At the
time when Xerxes crossed over into Europe, Gelon
the son of Deinomenes was despot of Syracuse and
of the rest of Sicily besides. When Gelon died, the
kingdom devolved on his brother Hieron. Hieron
died before he could dedicate to Olympian Zeus the
offerings he had vowed for his victories in the chariot-
race, and so Deinomenes his son paid the debt for
his father. These too are works of Onatas, and
there are two inscriptions at Olympia. The one
over the offering is this :—

> Having won victories in thy grand games,
> Olympian Zeus,
>  Once with the four-horse chariot, twice with the
>  race-horse,
> Hieron bestowed on thee these gifts : his son
> dedicated them,
>  Deinomenes, as a memorial to his Syracusan
>  father.

The other inscription is :—

> Onatas, son of Micon, fashioned me,
>  Who had his home in the island of Aegina.

ἡ δὲ ἡλικία τοῦ Ὀνάτα κατὰ τὸν Ἀθηναῖον
Ἡγίαν καὶ Ἀγελάδαν συμβαίνει τὸν Ἀργεῖον.

11 Ταύτης μάλιστα ἐγὼ τῆς Δήμητρος ἕνεκα ἐς
Φιγαλίαν ἀφικόμην. καὶ ἔθυσα τῇ θεῷ, καθὰ
καὶ οἱ ἐπιχώριοι νομίζουσιν, οὐδέν· τὰ δὲ ἀπὸ
τῶν δένδρων τῶν ἡμέρων τά τε ἄλλα καὶ ἀμπέλου
καρπὸν καὶ μελισσῶν τε κηρία καὶ ἐρίων τὰ μὴ ἐς
ἐργασίαν πω ἥκοντα ἀλλὰ ἔτι ἀνάπλεα τοῦ
οἰσύπου, ἃ τιθέασιν ἐπὶ τὸν βωμὸν τὸν¹ ᾠκοδο-
μημένον πρὸ τοῦ σπηλαίου, θέντες δὲ καταχέουσιν
αὐτῶν ἔλαιον, ταῦτα ἰδιώταις τε ἀνδράσι καὶ
ἀνὰ πᾶν ἔτος Φιγαλέων τῷ κοινῷ καθέστηκεν ἐς
12 τὴν θυσίαν. ἱέρεια δέ σφισίν ἐστιν ἡ δρῶσα,
σὺν δὲ αὐτῇ καὶ τῶν ἱεροθυτῶν καλουμένων ὁ
νεώτατος· οἱ δέ εἰσι τῶν ἀστῶν τρεῖς ἀριθμόν·
ἔστι δὲ δρυῶν τε ἄλσος περὶ τὸ σπήλαιον καὶ
ὕδωρ ψυχρὸν ἄνεισιν ἐκ τῆς γῆς. τὸ δὲ ἄγαλμα
τὸ ὑπὸ τοῦ Ὀνάτα ποιηθὲν οὔτε ἦν κατ᾽ ἐμὲ οὔτε
εἰ ἐγένετο ἀρχὴν Φιγαλεῦσιν ἠπίσταντο οἱ
13 πολλοί· τῶν δὲ ἐντυχόντων ἡμῖν ἔλεγεν ὁ πρεσ-
βύτατος γενεαῖς πρότερον τρισὶν ἢ κατ᾽ αὐτὸν
ἐμπεσεῖν ἐς τὸ ἄγαλμα ἐκ τοῦ ὀρόφου πέτρας,
ὑπὸ τούτων δὲ καταγῆναι καὶ ἐς ἅπαν ἔφασκεν
αὐτὸ ἀφανισθῆναι· καὶ ἔν γε τῷ ὀρόφῳ δῆλα καὶ
ἡμῖν ἔτι ἦν, καθὰ ἀπερρώγεσαν αἱ πέτραι.

XLIII. Ἀπαιτεῖ δὲ ἡμᾶς τὸ μετὰ τοῦτο ὁ
λόγος τό τε Παλλάντιον, εἰ δή τι αὐτόθι ἐστὶν
ἐς μνήμην, καὶ καθ᾽ ἥντινα βασιλεὺς αἰτίαν
Ἀντωνῖνος ὁ πρότερος πόλιν τε ἀντὶ κώμης
ἐποίησε Παλλάντιον καί σφισιν ἐλευθερίαν καὶ
2 ἀτέλειαν ἔδωκεν εἶναι φόρων. φασὶ δὴ γενέσθαι

¹ τὸν is not in the MSS. Added by Dindorf.

Onatas was contemporary with Hegias of Athens and Ageladas of Argos.

It was mainly to see this Demeter that I came to Phigalia. I offered no burnt sacrifice to the goddess, that being a custom of the natives. But the rule for sacrifice by private persons, and at the annual sacrifice by the community of Phigalia, is to offer grapes and other cultivated fruits, with honeycombs and raw wool still full of its grease. These they place on the altar built before the cave, afterwards pouring oil over them. They have a priestess who performs the rites, and with her is the youngest of their "sacrificers," as they are called, who are citizens, three in number. There is a grove of oaks around the cave, and a cold spring rises from the earth. The image made by Onatas no longer existed in my time, and most of the Phigalians were ignorant that it had ever existed at all. The oldest, however, of the inhabitants I met said that three generations before his time some stones had fallen on the image out of the roof; these crushed the image, destroying it utterly. Indeed, in the roof I could still discern plainly where the stones had broken away.

XLIII. My story next requires me to describe whatever is notable at Pallantium, and the reason why the emperor Antoninus the first turned it from a village to a city, giving its inhabitants liberty and freedom from taxation. Well, the story

117

καὶ γνώμην καὶ τὰ ἐς πόλεμον ἄριστον τῶν
Ἀρκάδων ἄνδρα[1] ὄνομα Εὔανδρον, παῖδα δὲ
αὐτὸν νύμφης τε εἶναι, θυγατρὸς τοῦ Λάδωνος,
καὶ Ἑρμοῦ. σταλέντα δὲ ἐς ἀποικίαν καὶ
ἄγοντα Ἀρκάδων τῶν ἐκ Παλλαντίου στρατιάν,
παρὰ τῷ ποταμῷ πόλιν τῷ Θύβριδι οἰκίσαι· καὶ
Ῥωμαίων μέρος τῆς καθ' ἡμᾶς πόλεως, ὃ ᾠκεῖτο
ὑπὸ τοῦ Εὐάνδρου καὶ Ἀρκάδων τῶν συνακολου-
θησάντων, ὄνομα ἔσχε Παλλάντιον κατὰ μνήμην
τῆς ἐν Ἀρκαδίᾳ· χρόνῳ δὲ ὕστερον μετέπεσε τὸ
ὄνομα ἐν ἀναιρέσει γραμμάτων τοῦ τε λ καὶ τοῦ
ν. τούτων μὲν τῶν λελεγμένων ἕνεκα Παλλαν-
3 τιεῦσιν ἐκ βασιλέως ἐγένοντο δωρεαί· ὁ δὲ
Ἀντωνῖνος, ὅτῳ καὶ ἐς Παλλαντιεῖς ἐστιν
εὐεργετήματα, πόλεμον μὲν Ῥωμαίοις ἐθελοντὴς
ἐπηγάγετο οὐδένα, πολέμου δὲ ἄρξαντας Μαύρους,
Λιβύων τῶν αὐτονόμων τὴν μεγίστην μοῖραν,
νομάδας τε ὄντας καὶ τοσῷδε ἔτι δυσμαχωτέρους
τοῦ Σκυθικοῦ γένους ὅσῳ μὴ ἐπὶ ἁμαξῶν, ἐπὶ
ἵππων δὲ αὐτοί τε καὶ αἱ γυναῖκες ἠλῶντο, τού-
τους μὲν ἐξ ἁπάσης ἐλαύνων τῆς χώρας ἐς τὰ
ἔσχατα ἠνάγκασεν ἀναφυγεῖν Λιβύης, ἐπί τε
Ἄτλαντα τὸ ὄρος καὶ ἐς τοὺς πρὸς τῷ Ἄτλαντι
4 ἀνθρώπους· ἀπετέμετο δὲ καὶ τῶν ἐν Βριττανίᾳ
Βριγάντων τὴν πολλήν, ὅτι ἐπεσβαίνειν καὶ
οὗτοι σὺν ὅπλοις ἦρξαν ἐς τὴν Γενουνίαν μοῖραν,
ὑπηκόους Ῥωμαίων. Λυκίων δὲ καὶ Καρῶν τὰς
πόλεις Κῶν τε καὶ Ῥόδον ἀνέτρεψε μὲν βίαιος
ἐς αὐτὰς κατασκήψας σεισμός· βασιλεὺς δὲ
Ἀντωνῖνος καὶ ταύτας ἀνεσώσατο δαπανημάτων
τε ὑπερβολῇ καὶ ἐς τὸν ἀνοικισμὸν προθυμίᾳ.

---

[1] ἄνδρα is not in the MSS. Added by Frazer.

is that the wisest man and the best soldier among the Arcadians was one Evander, whose mother was a nymph, a daughter of the Ladon, while his father was Hermes. Sent out to establish a colony at the head of a company of Arcadians from Pallantium, he founded a city on the banks of the river Tiber. That part of modern Rome, which once was the home of Evander and the Arcadians who accompanied him, got the name of Pallantium in memory of the city in Arcadia. Afterwards the name was changed by omitting the letters L and N.[1] These are the reasons why the emperor bestowed boons upon Pallantium. Antoninus, the benefactor of Pallantium, never willingly involved the Romans in war; but when the Moors (who form the greatest part of the independent Libyans, being nomads, and more formidable enemies than even the Scythians in that they wandered, not on wagons, but on horseback with their womenfolk), when these, I say, began an unprovoked war, he drove them from all their country, forcing them to flee to the extreme parts of Libya, right up to Mount Atlas and to the people living on it. He also took away from the Brigantes in Britain the greater part of their territory, because they too had begun an unprovoked war on the province of Genunia, a Roman dependency. The cities of Lycia and of Caria, along with Cos and Rhodes, were overthrown by a violent earthquake that smote them. These cities also were restored by the emperor Antoninus, who was keenly anxious to rebuild them, and devoted vast sums to this task.

---

[1] That is, *Pallantium* became *Palatium*.

χρημάτων δὲ ἐπιδόσεις ὁπόσας καὶ ᾿Έλλησι καὶ
τοῦ βαρβαρικοῦ τοῖς δεηθεῖσι, καὶ ἔργων κατα-
σκευὰς ἔν τε τῇ Ἑλλάδι καὶ περὶ Ἰωνίαν καὶ
περὶ Καρχηδόνα τε καὶ ἐν γῇ τῇ Σύρων, τάδε μὲν
5 ἄλλοι ἔγραψαν ἐς τὸ ἀκριβέστατον· ὁ δὲ βασι-
λεὺς ὑπελίπετο οὗτος καὶ ἄλλο τοιόνδε ἐς μνήμην.
ὅσοις τῶν ὑπηκόων πολίταις ὑπῆρχεν εἶναι
Ῥωμαίων, οἱ δὲ παῖδες ἐτέλουν σφίσιν ἐς τὸ
Ἑλληνικόν, τούτοις ἐλείπετο ἢ κατανεῖμαι τὰ
χρήματα ἐς οὐ προσήκοντας ἢ ἐπαυξῆσαι τὸν
βασιλέως πλοῦτον κατὰ νόμον δή τινα· Ἀντω-
νῖνος δὲ ἐφῆκε καὶ τούτοις διδόναι σφᾶς παισὶ
τὸν κλῆρον,[1] προτιμήσας φανῆναι φιλάνθρωπος
ἢ ὠφέλιμον ἐς χρήματα φυλάξαι νόμον. τοῦτον
Εὐσεβῆ τὸν βασιλέα ἐκάλεσαν οἱ Ῥωμαῖοι, διότι
τῇ ἐς τὸ θεῖον τιμῇ μάλιστα ἐφαίνετο χρώμενος·
6 δόξῃ δὲ ἐμῇ καὶ τὸ ὄνομα τὸ Κύρου φέροιτο ἂν
τοῦ πρεσβυτέρου, πατὴρ ἀνθρώπων καλούμενος.
ἀπέλιπε δὲ καὶ ἐπὶ τῇ βασιλείᾳ παῖδα ὁμώνυμον·
ὁ δὲ Ἀντωνῖνος οὗτος ὁ δεύτερος καὶ τούς τε Γερ-
μανούς, μαχιμωτάτους καὶ πλείστους τῶν ἐν τῇ
Εὐρώπῃ βαρβάρων, καὶ ἔθνος τὸ Σαυρομάτων
πολέμου καὶ ἀδικίας ἄρξαντας, τιμωρούμενος
ἐπεξῆλθε.

XLIV. Τὰ δὲ ἐπίλοιπα ἡμῖν τοῦ Ἀρκαδικοῦ
λόγου ἔστιν ἐκ Μεγάλης πόλεως ἐς Παλλάντιον
ὁδὸς καὶ ἐς Τεγέαν, ἄγουσα αὕτη μέχρι τοῦ
καλουμένου Χώματος. κατὰ ταύτην τὴν ὁδὸν
Λαδόκειά σφισιν ὠνόμασται τὰ πρὸ τοῦ ἄστεως
ἀπὸ Λαδόκου τοῦ Ἐχέμου, καὶ μετὰ ταῦτα
Αἱμονιαὶ πόλις ἦσαν τὸ ἀρχαῖον· οἰκιστὴς δὲ

---

[1] Here the MSS. have δ or δς.

As to his gifts of money to Greeks, and to such non-Greeks as needed it, and his buildings in Greece, Ionia, Carthage and Syria, others have written of them most exactly. But there is also another memorial of himself left by this emperor. There was a certain law whereby provincials who were themselves of Roman citizenship, while their children were considered of Greek nationality, were forced either to leave their property to strangers or let it increase the wealth of the emperor. Antoninus permitted all such to give to the children their heritage, choosing rather to show himself benevolent than to retain a law that swelled his riches. This emperor the Romans called Pius, because he showed himself to be a most religious man. In my opinion he might also be justly called by the same title as the elder Cyrus, who was styled Father of Men. He left to succeed him a son of the same name. This Antoninus the second brought retribution both on the Germans, the most numerous and warlike barbarians in Europe, and also on the Sarmatian nation, both of whom had been guilty of beginning a war of aggression.

XLIV. To complete my account of Arcadia I have only to describe the road from Megalopolis to Pallantium and Tegea, which also takes us as far as what is called the Dyke. On this road is a suburb named Ladoceia after Ladocus, the son of Echemus, and after it is the site of what was in old times the city of Haemoniae. Its founder was Haemon the

121

Αἵμων ἐγένετο αὐταῖς ὁ Λυκάονος, διαμεμένηκε
δὲ καὶ ἐς τόδε Αἱμονιὰς τὸ χωρίον τοῦτο ὀνομά-
2 ζεσθαι. μετὰ δὲ Αἱμονιὰς ἐν δεξιᾷ τῆς ὁδοῦ
πόλεώς ἐστιν Ὀρεσθασίου καὶ ἄλλα ὑπολειπό-
μενα ἐς μνήμην καὶ Ἀρτέμιδος ἱεροῦ κίονες ἔτι·
ἐπίκλησις δὲ Ἱέρεια τῇ Ἀρτέμιδί ἐστι. τὴν δὲ
εὐθεῖαν ἰόντι ἐξ Αἱμονιῶν Ἀφροδίσιόν τέ ἐστιν
ὀνομαζόμενον καὶ μετ' αὐτὸ ἄλλο χωρίον τὸ
Ἀθήναιον· τούτου δὲ ἐν ἀριστερᾷ ναός ἐστιν
3 Ἀθηνᾶς καὶ ἄγαλμα ἐν αὐτῷ λίθου. τοῦ Ἀθη-
ναίου δὲ μάλιστα εἴκοσιν ἀπωτέρω σταδίοις
ἐρείπια Ἀσέας ἐστί, καὶ ὁ λόφος ἀκρόπολις τότε
οὖσα τείχους σημεῖα ἔχει καὶ ἐς τόδε. σταδίους
δὲ ὅσον πέντε ἀπὸ Ἀσέας τοῦ Ἀλφειοῦ μὲν
ὀλίγον ἀπὸ τῆς ὁδοῦ, τοῦ δὲ Εὐρώτα παρ' αὐτήν
ἐστιν ἡ πηγὴ τὴν ὁδόν· πρός τε τοῦ Ἀλφειοῦ τῇ
πηγῇ ναός τε Μητρὸς θεῶν ἐστιν οὐκ ἔχων
4 ὄροφον καὶ λέοντες λίθου δύο πεποιημένοι. τοῦ
δὲ Εὐρώτα τὸ ὕδωρ ἀνακεράννυταί τε πρὸς τὸν
Ἀλφειὸν καὶ ὅσον ἐπὶ εἴκοσι σταδίους κοινῷ
προΐασι τῷ ῥεύματι· κατελθόντες δὲ ἐς χάσμα ὁ
μὲν αὐτῶν ἄνεισιν αὖθις ἐν τῇ γῇ τῇ Λακεδαι-
μονίων ὁ Εὐρώτας, ὁ δὲ Ἀλφειὸς ἐν Πηγαῖς τῆς
Μεγαλοπολίτιδος. ἔστι δὲ ἄνοδος ἐξ Ἀσέας ἐς
τὸ ὄρος τὸ Βόρειον καλούμενον, καὶ ἐπὶ τῇ ἄκρᾳ
τοῦ ὄρους σημεῖά ἐστιν ἱεροῦ· ποιῆσαι δὲ τὸ
ἱερὸν Ἀθηνᾷ τε Σωτείρᾳ καὶ Ποσειδῶνι Ὀδυσσέα
ἐλέγετο ἀνακομισθέντα ἐξ Ἰλίου.
5 Τὸ δὲ ὀνομαζόμενον Χῶμα ὅροι Μεγαλοπο-
λίταις τῆς γῆς πρὸς Τεγεάτας καὶ Παλλαντιεῖς
εἰσι· καὶ τὸ Παλλαντικὸν πεδίον ἐστὶν ἐκτρα-
πεῖσιν ἐς ἀριστερὰν ἀπὸ τοῦ Χώματος. ἐν δὲ

son of Lycaon, and the name of the place has remained Haemoniae to this day. After Haemoniae on the right of the road are some noteworthy remains of the city of Oresthasium, especially the pillars of a sanctuary of Artemis, which still are there. The surname of Artemis is Priestess. On the straight road from Haemoniae is a place called Aphrodisium, and after it another, called Athenaeum. On the left of it is a temple of Athena with a stone image in it. About twenty stades away from Athenaeum are ruins of Asea, and the hill that once was the citadel has traces of fortifications to this day. Some five stades from Asea are the sources of the Alpheius and of the Eurotas, the former a little distance from the road, the latter just by the road itself. Near the source of the Alpheius is a temple of the Mother of the Gods without a roof, and two lions made of stone. The waters of the Eurotas mingle with the Alpheius, and the united streams flow on for some twenty stades. Then they fall into a chasm, and the Eurotas comes again to the surface in the Lacedaemonian territory, the Alpheius at Pegae (*Sources*) in the land of Megalopolis. From Asea is an ascent up Mount Boreius, and on the top of the mountain are traces of a sanctuary. It is said that the sanctuary was built in honour of Athena Saviour and Poseidon by Odysseus after his return from Troy.

What is called the Dyke is the boundary between Megalopolis on the one hand and Tegea and Pallantium on the other. The plain of Pallantium you reach by turning aside to the left from the

Παλλαντίῳ ναός τε καὶ ἀγάλματα λίθου Παλλαντος, τὸ δὲ ἕτερόν ἐστιν Εὐάνδρου· καὶ Κόρης τε τῆς Δήμητρος ἱερὸν καὶ οὐ πολὺ ἀπωτέρω Πολυβίου σφίσιν ἀνδριάς ἐστι. τῷ λόφῳ δὲ τῷ ὑπὲρ τῆς πόλεως ὅσα ἀκροπόλει τὸ ἀρχαῖον ἐχρῶντο· λείπεται δὲ καὶ ἐς ἡμᾶς ἔτι ἐπὶ κορυφῇ

6 τοῦ λόφου θεῶν ἱερόν. ἐπίκλησις μὲν δή ἐστιν αὐτοῖς Καθαροί, περὶ μεγίστων δὲ αὐτόθι καθεστήκασιν οἱ ὅρκοι· καὶ ὀνόματα μὲν τῶν θεῶν οὐκ ἴσασιν ἢ καὶ εἰδότες οὐ θέλουσιν ἐξαγορεύειν, Καθαροὺς δὲ ἐπὶ τοιῷδε ἄν τις κληθῆναι τεκμαίροιτο, ὅτι αὐτοῖς οὐ κατὰ ταὐτὰ ὁ Πάλλας ἔθυσε καθὰ καὶ ὁ πατήρ οἱ τῷ Λυκαίῳ Διί.

7 Τοῦ δὲ καλουμένου Χώματος ἐν δεξιᾷ πεδίον ἐστὶ τὸ Μανθουρικόν· ἔστι δὲ ἐν ὅροις ἤδη Τεγεατῶν τὸ πεδίον, ὃν σταδίων που πεντήκοντα μάλιστα ἄχρι Τεγέας. ἔστι δὲ ὄρος οὐ μέγα ἐν δεξιᾷ τῆς ὁδοῦ καλούμενον Κρήσιον· ἐν δὲ αὐτῷ τὸ ἱερὸν τοῦ Ἀφνειοῦ πεποίηται. Ἀερόπῃ γὰρ Κηφέως τοῦ Ἀλέου συνεγένετο Ἄρης, καθὰ οἱ Τεγεᾶται λέγουσι· καὶ ἡ μὲν ἀφίησιν ἐν ταῖς

8 ὠδῖσι τὴν ψυχήν, ὁ δὲ παῖς καὶ τεθνηκυίας εἴχετο ἔτι τῆς μητρὸς καὶ ἐκ τῶν μαστῶν εἷλκεν αὐτῆς γάλα πολὺ καὶ ἄφθονον, καὶ—ἦν γὰρ τοῦ Ἄρεως γνώμῃ τὰ γινόμενα—τούτων ἕνεκα Ἀφνειὸν τὸν θεὸν ὀνομάζουσι· τῷ δὲ παιδίῳ ὄνομα τεθῆναί φασιν Ἀέροπον. ἔστι δὲ κατὰ τὴν ἐς Τεγέαν ὁδὸν Λευκώνιος καλουμένη κρήνη· θυγατέρα δὲ Ἀφείδαντος λέγουσιν εἶναι τὴν Λευκώνην, καὶ οὐ πόρρω τοῦ Τεγεατῶν οἱ ἄστεως μνῆμά ἐστιν.

XLV. Τεγεᾶται δὲ ἐπὶ μὲν Τεγεάτου τοῦ Λυ-

Dyke. In Pallantium is a temple with two stone images, one of Pallas, the other of Evander. There is also a sanctuary of the Maid, the daughter of Demeter, and not far away is a statue of Polybius. The hill above the city was of old used as a citadel. On the crest of the hill there still remains a sanctuary of certain gods. Their surname is the Pure, and here it is customary to take the most solemn oaths. The names of the gods either they do not know, or knowing will not divulge; but it might be inferred that they were called Pure because Pallas did not sacrifice to them after the same fashion as his father sacrificed to Lycaean Zeus.

On the right of the so-called Dyke lies the Manthuric plain. The plain is on the borders of Tegea, stretching just about fifty stades to that city. On the right of the road is a small mountain called Mount Cresius, on which stands the sanctuary of Aphneius. For Ares, the Tegeans say, mated with Aërope, daughter of Cepheus, the son of Aleüs. She died in giving birth to a child, who clung to his mother even when she was dead, and sucked great abundance of milk from her breasts. Now this took place by the will of Ares, and because of it they name the god Aphneius (*Abundant*); but the name given to the child was, it is said, Aëropus. There is on the way to Tegea a fountain called Leuconian. They say that Apheidas was the father of Leucone, and not far from Tegea is her tomb.

XLV. The Tegeans say that in the time of

κάονος τῇ χώρα φασὶν ἀπ' αὐτοῦ γενέσθαι μόνῃ
τὸ ὄνομα, τοῖς δὲ ἀνθρώποις κατὰ δήμους εἶναι
τὰς οἰκήσεις, Γαρεάτας καὶ Φυλακεῖς καὶ Κα-
ρυάτας τε καὶ Κορυθεῖς, ἔτι δὲ Πωταχίδας καὶ
Οἰάτας Μανθυρεῖς τε καὶ Ἐχευήθεις· ἐπὶ δὲ
Ἀφείδαντος βασιλεύοντος καὶ ἔνατός σφισι δῆμος
προσεγένετο Ἀφείδαντες· τῆς δὲ ἐφ' ἡμῶν πόλεως
2 οἰκιστὴς ἐγένετο Ἄλεος. Τεγεάταις δὲ παρὲξ
ἢ τὰ Ἀρκάδων κοινά, ἐν οἷς ἔστι μὲν ὁ πρὸς
Ἰλίῳ πόλεμος, ἔστι δὲ τὰ Μηδικά τε καὶ ἐν
Διπαιεῦσιν ὁ πρὸς Λακεδαιμονίους ἀγών, παρὲξ
οὖν τῶν καταλελεγμένων ἰδίᾳ Τεγεάταις ἐστὶν
αὐτοῖς τοσάδε ἐς δόξαν. τὸν γὰρ ἐν Καλυδῶνι
ὗν Ἀγκαῖος ὑπέμεινεν ὁ Λυκούργου τρωθείς, καὶ
Ἀταλάντη τοξεύει τὸν ὗν καὶ ἔτυχε πρώτη τοῦ
θηρίου· τούτων ἕνεκα αὐτῇ ἡ κεφαλή τε τοῦ
3 ὑὸς καὶ τὸ δέρμα ἀριστεῖα ἐδόθη. Ἡρακλειδῶν
δὲ ἐς Πελοπόννησον κατιόντων Ἔχεμος ὁ Ἀερό-
που Τεγεάτης ἐμονομάχησεν ἰδίᾳ πρὸς Ὕλλον,
καὶ ἐκράτησε τοῦ Ὕλλου τῇ μάχῃ. Λακεδαι-
μονίους τε οἱ Τεγεᾶται πρῶτοι Ἀρκάδων σφίσιν
ἐπιστρατεύσαντας ἐνίκησαν καὶ αἰχμαλώτους
αἱροῦσιν αὐτῶν τοὺς πολλούς.

4      Τεγεάταις δὲ Ἀθηνᾶς τῆς Ἀλέας τὸ ἱερὸν τὸ
ἀρχαῖον ἐποίησεν Ἄλεος· χρόνῳ δὲ ὕστερον
κατεσκευάσαντο οἱ Τεγεᾶται τῇ θεῷ ναὸν μέγαν
τε καὶ θέας ἄξιον. ἐκεῖνο μὲν δὴ πῦρ ἠφάνισεν
ἐπινεμηθὲν ἐξαίφνης, Διοφάντου παρ' Ἀθηναίοις
ἄρχοντος, δευτέρῳ δὲ ἔτει τῆς ἕκτης καὶ ἐνενη-
κοστῆς Ὀλυμπιάδος, ἣν Εὐπόλεμος Ἠλεῖος ἐνίκα
5 στάδιον. ὁ δὲ ναὸς ὁ ἐφ' ἡμῶν πολὺ δή τι τῶν
ναῶν, ὅσοι Πελοποννησίοις εἰσίν, ἐς κατασκευὴν

Tegeates, son of Lycaon, only the district got its name from him, and that the inhabitants dwelt in parishes, Gareatae, Phylacenses, Caryatae, Corythenses, Potachidae, Oeatae, Manthyrenses, Echeuethenses. But in the reign of Apheidas a ninth parish was added to them, namely Apheidantes. Of the modern city Aleüs was founder. Besides the exploits shared by the Tegeans with the Arcadians, which include the Trojan war, the Persian wars and the battle at Dipaea with the Lacedaemonians, the Tegeans have, besides the deeds already mentioned, the following claims of their own to fame. Ancaeüs, the son of Lycurgus, though wounded, stood up to the Calydonian boar, which Atalanta shot at, being the first to hit the beast. For this feat she received, as a prize for valour, the head and hide of the boar. When the Heracleidae returned to the Peloponnesus, Echemus, son of Aëropus, a Tegean, fought a duel with Hyllus, and overcame him in the fight. The Tegeans again were the first Arcadians to overcome Lacedaemonians; when invaded they defeated their enemies and took most of them prisoners.

The ancient sanctuary of Athena Alea was made for the Tegeans by Aleüs. Later on the Tegeans set up for the goddess a large temple, worth seeing. The sanctuary was utterly destroyed by a fire which suddenly broke out when Diophantus was archon at Athens, in the second year of the ninety-sixth 395 B.C. Olympiad, at which Eupolemus of Elis won the footrace. The modern temple is far superior to all other temples in the Peloponnesus on many grounds,

127

προέχει τὴν ἄλλην καὶ ἐς μέγεθος. ὁ μὲν δὴ
πρῶτός ἐστιν αὐτῷ κόσμος τῶν κιόνων Δώριος,
ὁ δὲ ἐπὶ τούτῳ Κορίνθιος· ἑστήκασι δὲ καὶ ἐκτὸς
τοῦ ναοῦ κίονες ἐργασίας τῆς Ἰώνων. ἀρχι-
τέκτονα δὲ ἐπυνθανόμην Σκόπαν αὐτοῦ γενέσθαι
τὸν Πάριον, ὃς καὶ ἀγάλματα πολλαχοῦ τῆς
ἀρχαίας Ἑλλάδος, τὰ δὲ καὶ περὶ Ἰωνίαν τε καὶ
6 Καρίαν ἐποίησε. τὰ δὲ ἐν τοῖς ἀετοῖς ἐστιν
ἔμπροσθεν ἡ θήρα τοῦ ὑὸς τοῦ Καλυδωνίου·
πεποιημένου δὲ κατὰ μέσον μάλιστα τοῦ ὑὸς
τῇ μέν ἐστιν Ἀταλάντη καὶ Μελέαγρος καὶ
Θησεὺς Τελαμών τε καὶ Πηλεὺς καὶ Πολυδεύκης
καὶ Ἰόλαος, ὃς τὰ πλεῖστα Ἡρακλεῖ συνέκαμνε
τῶν ἔργων, καὶ Θεστίου παῖδες, ἀδελφοὶ δὲ
7 Ἀλθαίας, Πρόθους καὶ Κομήτης· κατὰ δὲ τοῦ
ὑὸς τὰ ἕτερα Ἀγκαῖον ἔχοντα ἤδη τραύματα καὶ
ἀφέντα τὸν πέλεκυν ἀνέχων ἐστὶν Ἔποχος, παρὰ
δὲ αὐτὸν Κάστωρ καὶ Ἀμφιάραος Ὀικλέους, ἐπὶ
δὲ αὐτοῖς Ἱππόθους ὁ Κερκυόνος τοῦ[1] Ἀγα-
μήδους τοῦ Στυμφήλου. τελευταῖος δέ ἐστιν
εἰργασμένος Πειρίθους. τὰ δὲ ὄπισθεν πεποιη-
μένα ἐν τοῖς ἀετοῖς Τηλέφου πρὸς Ἀχιλλέα ἐστὶν[2]
ἐν Καΐκου πεδίῳ μάχη.

XLVI. Τῆς δὲ Ἀθηνᾶς τὸ ἄγαλμα τῆς Ἀλέας
τὸ ἀρχαῖον, σὺν δὲ αὐτῇ καὶ ὑὸς τοῦ Καλυδωνίου
τοὺς ὀδόντας ἔλαβεν ὁ Ῥωμαίων βασιλεὺς
Αὔγουστος, Ἀντώνιον πολέμῳ καὶ τὸ Ἀντωνίου
νικήσας συμμαχικόν, ἐν ᾧ καὶ οἱ Ἀρκάδες πλὴν
2 Μαντινέων ἦσαν οἱ ἄλλοι. φαίνεται δὲ οὐκ
ἄρξας ὁ Αὔγουστος ἀναθήματα καὶ ἕδη θεῶν
ἀπάγεσθαι παρὰ τῶν κρατηθέντων, καθεστηκότι
δὲ ἐκ παλαιοῦ χρησάμενος. Ἰλίου τε γὰρ

especially for its size. Its first row of pillars is
Doric, and the next to it Corinthian; also, outside
the temple, stand pillars of the Ionic order. I dis-
covered that its architect was Scopas the Parian,
who made images in many places of ancient Greece,
and some besides in Ionia and Caria. On the front
gable is the hunting of the Calydonian boar. The
boar stands right in the centre. On one side are
Atalanta, Meleager, Theseus, Telamon, Peleus,
Polydeuces, Iolaüs, the partner in most of the labours
of Heracles, and also the sons of Thestius, the
brothers of Althaea, Prothoüs and Cometes. On the
other side of the boar is Epochus supporting Ancaeüs
who is now wounded and has dropped his axe; by
his side is Castor, with Amphiaraüs, the son of
Oïcles, next to whom is Hippothoüs, the son of
Cercyon, son of Agamedes, son of Stymphalus. The
last figure is Peirithoüs. On the gable at the back
is a representation of Telephus fighting Achilles on
the plain of the Caïcus.

XLVI. The ancient image of Athena Alea, and
with it the tusks of the Calydonian boar, were
carried away by the Roman emperor Augustus after
his defeat of Antonius and his allies, among whom
were all the Arcadians except the Mantineans. It
is clear that Augustus was not the first to carry
away from the vanquished votive offerings and
images of gods, but was only following an old pre-

---

[1] τοῦ is not in the MSS. Added by Sylburg.
[2] Here Spiro would add ἡ.

ἁλούσης καὶ νεμομένων τὰ λάφυρα Ἑλλήνων,
Σθενέλῳ τῷ Καπανέως τὸ ξόανον τοῦ Διὸς ἐδόθη
τοῦ Ἑρκείου· καὶ ἔτεσιν ὕστερον πολλοῖς
Δωριέων ἐς Σικελίαν ἐσοικιζομένων, Ἀντίφημος
ὁ Γέλας οἰκιστὴς πόλισμα Σικανῶν Ὀμφάκην
πορθήσας μετεκόμισεν ἐς Γέλαν ἄγαλμα ὑπὸ
3 Δαιδάλου πεποιημένον. βασιλέα τε τῶν Περσῶν
Ξέρξην τὸν Δαρείου, χωρὶς ἢ ὅσα ἐξεκόμισε τοῦ
Ἀθηναίων ἄστεως, τοῦτο μὲν ἐκ Βραυρῶνος καὶ
ἄγαλμα ἴσμεν τῆς Βραυρωνίας λαβόντα Ἀρτέ-
μιδος, τοῦτο δὲ αἰτίαν ἐπενεγκὼν Μιλησίοις,
ἐθελοκακῆσαι σφᾶς ἐναντία Ἀθηναίων ἐν τῇ
Ἑλλάδι ναυμαχήσαντας, τὸν χαλκοῦν ἔλαβεν
Ἀπόλλωνα τὸν ἐν Βραγχίδαις· καὶ τὸν μὲν
ὕστερον ἔμελλε χρόνῳ Σέλευκος καταπέμψειν
Μιλησίοις, Ἀργείοις δὲ τὰ ἐκ Τίρυνθος ἔτι καὶ
ἐς ἐμὲ τὸ μὲν παρὰ τῇ Ἥρᾳ ξόανον, τὸ δὲ ἐν
τοῦ Ἀπόλλωνός ἐστιν ἀνακείμενον τοῦ Λυκίου·[1]
4 Κυζικηνοί τε, ἀναγκάσαντες πολέμῳ Προκοννη-
σίους γενέσθαι σφίσι συνοίκους, Μητρὸς Δινδυ-
μήνης ἄγαλμα ἔλαβον ἐκ Προκοννήσου· τὸ δὲ
ἄγαλμά ἐστι χρυσοῦ, καὶ αὐτοῦ τὸ πρόσωπον
ἀντὶ ἐλέφαντος ἵππων τῶν ποταμίων ὀδόντες
εἰσὶν εἰργασμένοι. βασιλεὺς μὲν δὴ Αὔγουστος
καθεστηκότα ἐκ παλαιοῦ καὶ ὑπό τε Ἑλλήνων
νομιζόμενα καὶ βαρβάρων εἰργάσατο· Ῥωμαίοις
δὲ τῆς Ἀθηνᾶς τὸ ἄγαλμα τῆς Ἀλέας ἐς τὴν
ἀγορὰν τὴν ὑπὸ Αὐγούστου ποιηθεῖσαν, ἐς ταύ-
5 την ἐστὶν ἰόντι. τοῦτο μὲν δὴ ἐνταῦθα ἀνάκειται
ἐλέφαντος διὰ παντὸς πεποιημένον, τέχνη δὲ
Ἐνδοίου· τοῦ δὲ ὑὸς τῶν ὀδόντων κατεᾶχθαι μὲν
τὸν ἕτερόν φασιν οἱ ἐπὶ τοῖς θαύμασιν, ὁ δ᾽ ἔτι

cedent. For when Troy was taken and the Greeks were dividing up the spoils, Sthenelus the son of Capaneus was given the wooden image of Zeus Herceius (*Of the Courtyard*); and many years later, when Dorians were migrating to Sicily, Antiphemus the founder of Gela, after the sack of Omphace, a town of the Sicanians, removed to Gela an image made by Daedalus. Xerxes, too, the son of Dareius, the king of Persia, apart from the spoil he carried away from the city of Athens, took besides, as we know, from Brauron the image of Brauronian Artemis, and furthermore, accusing the Milesians of cowardice in a naval engagement against the Athenians in Greek waters, carried away from them the bronze Apollo at Branchidae. This it was to be the lot of Seleucus afterwards to restore to the Milesians, but the Argives down to the present still retain the images they took from Tiryns; one, a wooden image, is by the Hera, the other is kept in the sanctuary of Lycian Apollo. Again, the people of Cyzicus, compelling the people of Proconnesus by war to live at Cyzicus, took away from Proconnesus an image of Mother Dindymene. The image is of gold, and its face is made of hippopotamus' teeth instead of ivory. So the emperor Augustus only followed a custom in vogue among the Greeks and barbarians from of old. The image of Athena Alea at Rome is as you enter the Forum made by Augustus. Here then it has been set up, made throughout of ivory, the work of Endoeüs. Those in charge of the curiosities say that one of the boar's tusks has broken off; the remaining

---

[1] The MSS. have ἠλείου (Elean).

ἐξ αὐτῶν λειπόμενος ἀνέκειτο ἐν βασιλέως κήποις
ἐν ἱερῷ Διονύσου, τὴν περίμετρον τοῦ μήκους
παρεχόμενος ἐς ἥμισυ μάλιστα ὀργυιᾶς.

XLVII. Τὸ δὲ ἄγαλμα ἐν Τεγέᾳ τὸ ἐφ' ἡμῶν
ἐκομίσθη μὲν ἐκ δήμου τοῦ Μανθουρέων, Ἱππίᾳ
δὲ παρὰ τοῖς Μανθουρεῦσιν εἶχεν ἐπίκλησιν, ὅτι
τῷ ἐκείνων λόγῳ γινομένης τοῖς θεοῖς πρὸς γί-
γαντας μάχης ἐπήλασεν Ἐγκελάδῳ ἵππων τὸ
ἅρμα· Ἀλέαν μέντοι καλεῖσθαι καὶ ταύτην ἔς
τε Ἕλληνας τοὺς ἄλλους καὶ ἐς αὐτοὺς Πελο-
ποννησίους ἐκνενίκηκε. τῷ δὲ ἀγάλματι τῆς
Ἀθηνᾶς τῇ μὲν Ἀσκληπιός, τῇ δὲ Ὑγεία παρε-
στῶσά ἐστι λίθου τοῦ Πεντελησίου, Σκόπα δὲ
2 ἔργα Παρίου. ἀναθήματα δὲ ἐν τῷ ναῷ τὰ
ἀξιολογώτατα, ἔστι μὲν τὸ δέρμα ὑὸς τοῦ Καλυ-
δωνίου, διεσήπετο δὲ ὑπὸ τοῦ χρόνου καὶ ἐς
ἅπαν ἦν τριχῶν ἤδη ψιλόν· εἰσὶ δὲ αἱ πέδαι
κρεμάμεναι, πλὴν ὅσας ἠφάνισεν αὐτῶν ἰός, ἅς
γε ἔχοντες Λακεδαιμονίων οἱ αἰχμάλωτοι τὸ
πεδίον Τεγεάταις ἔσκαπτον· κλίνη τε ἱερὰ τῆς
Ἀθηνᾶς καὶ Αὔγης εἰκὼν γραφῇ μεμιμημένη
Μαρπήσσης τε ἐπίκλησιν Χοίρας, γυναικὸς
3 Τεγεάτιδος, ἀνάκειται τὸ ὅπλον. ταύτης μὲν δὴ
ποιησόμεθα καὶ ὕστερον μνήμην· ἱερᾶται δὲ τῇ
Ἀθηνᾷ παῖς χρόνον οὐκ οἶδα ὅσον τινά, πρὶν
δὲ ἡβάσκειν καὶ οὐ πρόσω, τὴν ἱερωσύνην. τῇ
θεῷ δὲ ποιηθῆναι τὸν βωμὸν ὑπὸ Μελάμποδος
τοῦ Ἀμυθάονος λέγουσιν· εἰργασμέναι δὲ ἐπὶ τῷ
βωμῷ Ῥέα μὲν καὶ Οἰνόη νύμφη παῖδα ἔτι
νήπιον Δία ἔχουσιν, ἑκατέρωθεν δέ εἰσι τέσσαρες
ἀριθμόν, Γλαύκη καὶ Νέδα καὶ Θεισόα καὶ
Ἀνθρακία, τῇ δὲ Ἴδη καὶ Ἁγνὼ καὶ Ἀλκινόη τε

one is kept in the gardens of the emperor, in a sanctuary of Dionysus, and is about half a fathom long.

XLVII. The present image at Tegea was brought from the parish of Manthurenses, and among them it had the surname of Hippia (*Horse Goddess*). According to their account, when the battle of the gods and giants took place the goddess drove the chariot and horses against Enceladus. Yet this goddess too has come to receive the name of Alea among the Greeks generally and the Peloponnesians themselves. On one side of the image of Athena stands Asclepius, on the other Health, works of Scopas of Paros in Pentelic marble. Of the votive offerings in the temple these are the most notable. There is the hide of the Calydonian boar, rotted by age and by now altogether without bristles. Hanging up are the fetters, except such as have been destroyed by rust, worn by the Lacedaemonian prisoners when they dug the plain of Tegea. There have been dedicated a sacred couch of Athena, a portrait painting of Auge, and the shield of Marpessa, surnamed Choera, a woman of Tegea; of Marpessa I shall make mention later.[1] The priest of Athena is a boy; I do not know how long his priesthood lasts, but it must be before, and not after, puberty. The altar for the goddess was made, they say, by Melampus, the son of Amythaon. Represented on the altar are Rhea and the nymph Oenoë holding the baby Zeus. On either side are four figures: on one, Glauce, Neda, Theisoa and Anthracia; on

---

[1] See chapter xlviii, § 5 of this book.

καὶ Φρίξα. πεποίηται δὲ καὶ Μουσῶν καὶ Μνημοσύνης ἀγάλματα.

4 Τοῦ ναοῦ δὲ οὐ πόρρω στάδιον χῶμα γῆς ἐστι, καὶ ἄγουσιν ἀγῶνας ἐνταῦθα, Ἀλεαῖα ὀνομάζοντες ἀπὸ τῆς Ἀθηνᾶς, τὸν δὲ Ἁλώτια, ὅτι Λακεδαιμονίων τὸ πολὺ ἐν τῇ μάχῃ ζῶντας εἷλον. ἔστι δὲ ἐν τοῖς πρὸς ἄρκτον τοῦ ναοῦ κρήνη, καὶ ἐπὶ ταύτῃ βιασθῆναι τῇ κρήνῃ φασὶν Αὔγην ὑπὸ Ἡρακλέους, οὐχ ὁμολογοῦντες Ἑκαταίῳ τὰ ἐς αὐτήν. ἀπωτέρω δὲ τῆς κρήνης ὅσον σταδίοις τρισίν ἐστιν Ἑρμοῦ ναὸς Αἰπύτου.

5 Τεγεάταις δέ ἐστι καὶ ἄλλο ἱερὸν Ἀθηνᾶς Πολιάτιδος· ἑκάστου δὲ ἅπαξ ἔτους ἱερεὺς ἐς αὐτὸ ἔσεισι· τοῦτο Ἔρυμα τὸ ἱερὸν ὀνομάζουσι, λέγοντες ὡς Κηφεῖ τῷ Ἀλέου γένοιτο δωρεὰ παρὰ Ἀθηνᾶς ἀνάλωτον ἐς τὸν πάντα χρόνον εἶναι Τεγέαν, καὶ αὐτῷ φασὶν ἐς φυλακὴν τῆς πόλεως ἀποτεμοῦσαν τὴν θεὸν δοῦναι τριχῶν τῶν Με-
6 δούσης. ἐς δὲ τὴν Ἄρτεμιν, τὴν Ἡγεμόνην τὴν αὐτήν, τοιάδε λέγουσιν. Ὀρχομενίων τῶν ἐν Ἀρκαδίᾳ τυραννίδα ἔσχεν Ἀριστομηλίδας, ἐρασθεὶς δὲ Τεγεάτιδος παρθένου καὶ ἐγκρατὴς ὅτῳ δὴ τρόπῳ γενόμενος ἐπιτρέπει τὴν φρουρὰν αὐτῆς Χρονίῳ· καὶ ἡ μέν, πρὶν ἀναχθῆναι παρὰ τὸν τύραννον, ἀποκτίννυσιν ἑαυτὴν ὑπὸ δείματός τε καὶ αἰδοῦς, Χρόνιον δὲ Ἀρτέμιδος ἐπήγειρεν ὄψις ἐπὶ Ἀριστομηλίδαν· φονεύσας δὲ ἐκεῖνον καὶ ἐς Τεγέαν φυγὼν ἐποίησεν ἱερὸν τῇ Ἀρτέμιδι.

XLVIII. Τῆς ἀγορᾶς δὲ μάλιστα ἐοικυίας πλίνθῳ κατὰ τὸ σχῆμα, Ἀφροδίτης ἐστὶν ἐν αὐτῇ ναὸς καλούμενος ἐν πλινθίῳ καὶ ἄγαλμα

the other Ide, Hagno, Alcinoë and Phrixa. There are also images of the Muses and of Memory.

Not far from the temple is a stadium formed by a mound of earth, where they celebrate games, one festival called Aleaea after Athena, the other Halotia (*Capture Festival*), because they captured the greater part of the Lacedaemonians alive in the battle. To the north of the temple is a fountain, and at this fountain they say that Auge was outraged by Heracles, therein differing from the account of Auge in Hecataeüs. Some three stades away from the fountain is a temple of Hermes Aepytus.

There is at Tegea another sanctuary of Athena, namely of Athena Poliatis (*Keeper of the City*), into which a priest enters once in each year. This sanctuary they name Eryma (*Defence*), saying that Cepheus, the son of Aleüs, received from Athena a boon, that Tegea should never be captured while time shall endure, adding that the goddess cut off some of the hair of Medusa and gave it to him as a guard to the city. Their story about Artemis, the same as is called Leader, is as follows. Aristomelidas, despot of Orchomenus in Arcadia, fell in love with a Tegean maiden, and, getting her somehow or other into his power, entrusted her to the keeping of Chronius. The girl, before she was delivered up to the despot, killed herself for fear and shame, and Artemis in a vision stirred up Chronius against Aristomelidas. He slew the despot, fled to Tegea, and made a sanctuary for Artemis.

XLVIII. The market-place is in shape very like a brick, and in it is a temple of Aphrodite called " in brick," with a stone image. There are two

λίθου. στήλαις δὲ ἐπειργασμένοι τῇ μὲν Ἀντιφάνης
ἐστὶ καὶ Κρῖσος καὶ Τυρωνίδας τε καὶ Πυρρίας, οἳ
νόμους Τεγεάταις θέμενοι τιμὰς καὶ ἐς τόδε παρ'
αὐτῶν ἔχουσιν· ἐπὶ δὲ τῇ ἑτέρᾳ στήλῃ πεποιη-
μένος ἐστὶν Ἰάσιος ἵππου τε ἐχόμενος καὶ κλάδον
ἐν τῇ δεξιᾷ φέρων φοίνικος· νικῆσαι δὲ ἵππῳ
φασὶν ἐν Ὀλυμπίᾳ τὸν Ἰάσιον, ὅτε Ἡρακλῆς
2 ἔθετο ὁ Θηβαῖος τὰ Ὀλύμπια. ἐν μὲν δὴ
Ὀλυμπίᾳ κοτίνου τῷ νικῶντι δίδοσθαι στέφανον
καὶ ἐν Δελφοῖς δάφνης, τοῦ μὲν ἤδη αἰτίαν
ἀπέδωκα ἐν τοῖς ἐς Ἠλείους, τοῦ δὲ καὶ ἐν τοῖς
ἔπειτα δηλώσω· ἐν Ἰσθμῷ δὲ ἡ πίτυς καὶ τὰ
ἐν Νεμέᾳ σέλινα ἐπὶ τοῦ Παλαίμονος καὶ τοῦ
Ἀρχεμόρου τοῖς παθήμασιν ἐνομίσθησαν. οἱ δὲ
ἀγῶνες φοίνικος ἔχουσιν οἱ πολλοὶ στέφανον· ἐς
δὲ τὴν δεξιάν ἐστι καὶ πανταχοῦ τῷ νικῶντι
3 ἐστιθέμενος φοῖνιξ. ἐνομίσθη δὲ ἐπὶ τοιῷδε.
Θησέα ἀνακομιζόμενον ἐκ Κρήτης φασὶν ἐν Δήλῳ
ἀγῶνα ποιήσασθαι τῷ Ἀπόλλωνι, στεφανοῦν δὲ
αὐτὸν τοὺς νικῶντας τῷ φοίνικι. τοῦτο μὲν δὴ
ἄρξαι λέγουσιν ἐντεῦθεν· τοῦ δὲ φοίνικος τοῦ ἐν
Δήλῳ μνήμην ἐποιήσατο καὶ Ὅμηρος ἐν Ὀδυσσέως
ἱκεσίᾳ πρὸς τὴν Ἀλκίνου θυγατέρα.

4 Ἔστι δὲ καὶ Ἄρεως ἄγαλμα ἐν τῇ Τεγεατῶν
ἀγορᾷ. τοῦτο ἐκτετύπωται μὲν ἐπὶ στήλῃ, Γυ-
ναικοθοίναν δὲ ὀνομάζουσιν αὐτόν. ὑπὸ γὰρ τὸν
Λακωνικὸν πόλεμον καὶ Χαρίλλου τοῦ Λακεδαι-
μονίων βασιλέως τὴν πρώτην ἐπιστρατείαν λα-
βοῦσαι αἱ γυναῖκές σφισιν ὅπλα ἐλόχων ὑπὸ τὸν
λόφον ὃν Φυλακτρίδα ἐφ' ἡμῶν ὀνομάζουσι·
συνελθόντων δὲ τῶν στρατοπέδων καὶ τολμήματα
ἀποδεικνυμένων ἑκατέρωθεν τῶν ἀνδρῶν πολλά

slabs; on one are represented in relief Antiphanes, Crisus, Tyronidas and Pyrrhias, who made laws for the Tegeans, and down to this day receive honours for it from them. On the other slab is represented Iasius, holding a horse, and carrying in his right hand a branch of palm. It is said that Iasius won a horse-race at Olympia, at the time when Heracles the Theban celebrated the Olympian festival. The reason why at Olympia the victor receives a crown of wild-olive I have already explained in my account of Elis;[1] why at Delphi the crown is of bay I shall make plain later.[2] At the Isthmus the pine, and at Nemea celery became the prize to commemorate the sufferings of Palaemon and Archemorus. At most games, however, is given a crown of palm, and at all a palm is placed in the right hand of the victor. The origin of the custom is said to be that Theseus, on his return from Crete, held games in Delos in honour of Apollo, and crowned the victors with palm. Such, it is said, was the origin of the custom. The palm in Delos is mentioned by Homer in the passage [3] where Odysseus supplicates the daughter of Alcinoüs.

There is also an image of Ares in the market-place of Tegea. Carved in relief on a slab it is called Gynaecothoenas (*He who entertains women*). At the time of the Laconian war, when Charillus king of Lacedaemon made the first invasion, the women armed themselves and lay in ambush under the hill they call to-day Phylactris (*Sentry Hill*). When the armies met and the men on either side were performing many remarkable exploits, the

---

[1] See V. vii. § 7.
[2] See X. vii. § 8.
[3] Homer, *Odyssey* vi. 163.

5 τε καὶ ἄξια μνήμης, οὕτω φασὶν ἐπιφανῆναί
σφισι τὰς γυναῖκας καὶ εἶναι τὰς ἐργασαμένας
ταύτας τῶν Λακεδαιμονίων τὴν τροπήν, Μάρ-
πησσαν δὲ τὴν Χοίραν ἐπονομαζομένην ὑπερβα-
λέσθαι τῇ τόλμῃ τὰς ἄλλας γυναῖκας, ἁλῶναι δὲ
ἐν τοῖς Σπαρτιάταις καὶ αὐτὸν Χάριλλον· καὶ
τὸν μὲν ἀφεθέντα ἄνευ λύτρων, καὶ ὅρκον Τεγεά-
ταις δόντα μήποτε Λακεδαιμονίους στρατεύσειν
ἔτι ἐπὶ Τεγέαν, παραβῆναι τὸν ὅρκον, τὰς
γυναῖκας δὲ τῷ Ἄρει θῦσαί τε ἄνευ τῶν ἀνδρῶν
ἰδίᾳ τὰ ἐπινίκια καὶ τοῦ ἱερείου τῶν κρεῶν οὐ
μεταδοῦναι σφᾶς τοῖς ἀνδράσιν. ἀντὶ τούτων
6 μὲν τῷ Ἄρει γέγονεν [1] ἐπίκλησις· πεποίηται δὲ
καὶ Διὸς Τελείου βωμὸς καὶ ἄγαλμα τετράγωνον·
περισσῶς γὰρ δή τι τῷ σχήματι τούτῳ φαίνονταί
μοι χαίρειν οἱ Ἀρκάδες. καὶ μνήματά ἐστιν
ἐνταῦθα Τεγεάτου τοῦ Λυκάονος καὶ Μαιρᾶς
γυναικὸς τοῦ Τεγεάτου· θυγατέρα Ἀτλαντός
φασιν εἶναι τὴν Μαιράν, ἧς δὴ καὶ Ὅμηρος
ἐποιήσατο μνήμην ἐν Ὀδυσσέως λόγοις πρὸς
Ἀλκίνουν περί τε ὁδοῦ τῆς ἐς Ἅιδην καὶ ὁπόσων
7 ἐθεάσατο ἐκεῖ τὰς ψυχάς. τὴν δὲ Εἰλείθυιαν οἱ
Τεγεᾶται—καὶ γὰρ ταύτης ἔχουσιν ἐν τῇ ἀγορᾷ
ναὸν καὶ ἄγαλμα—ἐπονομάζουσιν Αὔγην ἐν γό-
νασι, λέγοντες ὡς Ναυπλίῳ παραδοίη τὴν θυγα-
τέρα Ἄλεος ἐντειλάμενος ἐπαναγαγόντα αὐτὴν
ἐς θάλασσαν καταποντῶσαι· τὴν δὲ ὡς ἤγετο
πεσεῖν τε ἐς γόνατα καὶ οὕτω τεκεῖν τὸν παῖδα,
ἔνθα τῆς Εἰλειθυίας ἐστὶ τὸ ἱερόν. οὗτος ὁ
λόγος διάφορος μέν ἐστιν ἑτέρῳ λόγῳ, λάθρᾳ τὴν
Αὔγην τεκεῖν τοῦ πατρὸς καὶ ἐκτεθῆναι τὸν

---

[1] Here Spiro would add ἡ.

women, they say, came on the scene and put the Lacedaemonians to flight. Marpessa, surnamed Choera, surpassed, they say, the other women in daring, while Charillus himself was one of the Spartan prisoners. The story goes on to say that he was set free without ransom, swore to the Tegeans that the Lacedaemonians would never again attack Tegea, and then broke his oath; that the women offered to Ares a sacrifice of victory on their own account without the men, and gave to the men no share in the meat of the victim. For this reason Ares got his surname. There is also an altar of Zeus Teleius (*Full-grown*), with a square image, a shape of which the Arcadians seem to me to be exceedingly fond. There are also here tombs of Tegeates, the son of Lycaon, and of Maera, the wife of Tegeates. They say that Maera was a daughter of Atlas, and Homer makes mention of her in the passage [1] where Odysseus tells to Alcinoüs his journey to Hades, and of those whose ghosts he beheld there. The Tegeans surname Eileithyia, a temple of whom, with an image, they have in their market-place, " Auge on her knees," saying that Aleüs handed over his daughter to Nauplius with the order to take and drown her in the sea. As she was being carried along, they say, she fell on her knees and so gave birth to her son, at the place where is the sanctuary of Eileithyia. This story is different from another, that Auge was brought to bed without her father's knowing it, and

---

[1] Homer, *Odyssey* xi. 326.

Τήλεφον λέγοντι ἐς τὸ ὄρος τὸ Παρθένιον καὶ
τῷ παιδὶ ἐκκειμένῳ διδόναι γάλα ἔλαφον· λέγεται
δὲ οὐδὲν ἧσσον καὶ οὗτος ὑπὸ Τεγεατῶν ὁ λόγος.
8 πρὸς δὲ τῷ ἱερῷ τῆς Εἰλειθυίας ἐστὶ Γῆς βωμός,
ἔχεται δὲ τοῦ βωμοῦ λίθου λευκοῦ στήλη· ἐπὶ
δὲ αὐτῆς Πολύβιος ὁ Λυκόρτα καὶ ἐπὶ ἑτέρᾳ
στήλῃ τῶν παίδων τῶν Ἀρκάδος Ἔλατός ἐστιν
εἰργασμένος.

XLIX. Οὐ πόρρω δὲ τῆς ἀγορᾶς θέατρόν τέ
ἐστι καὶ πρὸς αὐτῷ βάθρα εἰκόνων χαλκῶν,
αὗται δὲ οὐκ εἰσὶν ἔτι αἱ εἰκόνες· ἐλεγεῖον δὲ
ἐφ᾽ ἑνὶ τῶν βάθρων ἐστὶ Φιλοποίμενος τὸν
ἀνδριάντα εἶναι. τούτου δὲ Ἕλληνες τοῦ Φιλο-
ποίμενος οὐχ ἥκιστα ἀλλὰ καὶ μάλιστα ἔχουσι
μνήμην, γνώμης τε ἕνεκα ἣν παρέσχετο καὶ ἐπὶ
2 τοῖς ἔργοις ὁπόσα ἐτόλμησε. τὰ μὲν δὴ ἐς
γένους δόξαν ὁ πατήρ οἱ Κραῦγις Ἀρκάδων
ἐλείπετο οὐδενὸς τῶν ἐν Μεγάλῃ πόλει· τελευ-
τήσαντος δὲ τοῦ Κραύγιδος ἐπὶ παιδὶ ἔτι νηπίῳ
τῷ Φιλοποίμενι, ἐπετρόπευσεν αὐτὸν ἀνὴρ Μαν-
τινεὺς Κλέανδρος, φεύγων μὲν ἐκ Μαντινείας
καὶ ἐν Μεγάλῃ πόλει μετοικῶν κατὰ τὴν οἴκοθεν
συμφοράν, ξενίας δὲ ὑπαρχούσης αὐτῷ πατρικῆς
ἐς οἶκον τὸν Κραύγιδος. διδασκάλοις δὲ ὁμιλῆσαι
τὸν Φιλοποίμενα καὶ ἄλλοις καὶ Μεγαλοφάνει
τε καὶ Ἐκδήλῳ λέγουσι· τοὺς δὲ Ἀρκεσιλάου
3 φασὶν εἶναι Πιταναίου μαθητάς. μέγεθος μὲν
δὴ καὶ σώματος ῥώμην ἀπέδει Πελοποννησίων
οὐδενός, τὸ δὲ εἶδος ἦν τοῦ προσώπου κακός· καὶ
ἐπὶ μὲν τοὺς στεφανίτας ἀγῶνας ὑπερεφρόνησεν
ἀσκῆσαι, γῆν δὲ ἣν ἐκέκτητο ἐργαζόμενος οὐδὲ
τὰ θηρία ἠμέλει τὰ ἄγρια ἐξαίρειν. ἐπιλέγεσθαι

that Telephus was exposed on Mount Parthenius, the abandoned child being suckled by a deer. This account is equally current among the people of Tegea. Close to the sanctuary of Eileithyia is an altar of Earth, next to which is a slab of white marble. On this is carved Polybius, the son of Lycortas, while on another slab is Elatus, one of the sons of Arcas.

XLIX. Not far from the market-place is a theatre, and near it are pedestals of bronze statues, but the statues themselves no longer exist. On one pedestal is an elegiac inscription that the statue is that of Philopoemen. The memory of this Philopoemen is most carefully cherished by the Greeks, both for the wisdom he showed and for his many brave achievements. His father Craugis was as nobly born as any Arcadian of Megalopolis, but he died while Philopoemen was still a baby, and Cleander of Mantineia became his guardian. This man was an exile from Mantineia, resident in Megalopolis because of his misfortunes at home, and his house and that of Craugis had ties of guest-friendship. Among the teachers of Philopoemen, they say, were Megalophanes and Ecdelus, pupils, it is said, of Arcesilaüs of Pitane. In size and strength of body no Peloponnesian was his superior, but he was ugly of countenance. He scorned training for the prizes of the games, but he worked the land he owned and did not neglect to clear it of wild beasts. They say

δὲ καὶ βιβλία φασὶν αὐτὸν σοφιστῶν τε τῶν
εὐδοκιμούντων παρ᾽ Ἕλλησι καὶ ὅσα ἐς πολέμων
μνήμην καὶ εἰ δή τι ἔχει διδασκαλίαν στρατηγη-
μάτων· καταστήσασθαι δὲ τὸν βίον πάντα ἐθέλ-
ων γνώμης τῆς Ἐπαμινώνδου καὶ ἔργων εἶναι τῶν
ἐκείνου μίμησιν, οὐ τὰ πάντα ἦν ἐξισωθῆναι
δυνατός· Ἐπαμινώνδᾳ γὰρ τά τε ἄλλα ἡ ψυχὴ
καὶ μάλιστα πράως εἶχε τὰ ἐς ὀργήν, τῷ δὲ
4 Ἀρκάδι μετῆν γε θυμοῦ. καταλαβόντος δὲ
Κλεομένους Μεγάλην πόλιν, Φιλοποίμην οὔτε
τῆς συμφορᾶς ἐξεπλάγη τὸ ἀπροσδόκητον καὶ
τῶν ἐν ἡλικίᾳ τὰ δύο μάλιστα μέρη καὶ γυναῖκας
καὶ παῖδας ἀπέσωσεν ἐς Μεσσήνην, συμμάχων
σφίσιν ἐν τῷ τότε καὶ εὔνων τῶν Μεσσηνίων
ὄντων· καὶ—ἦσαν γὰρ τῶν διαπεφευγότων οἷς ὁ
Κλεομένης ἐπεκηρυκεύετο μεταγινώσκειν τε ἐπὶ
τῷ τολμήματι καὶ [1] πρὸς Μεγαλοπολίτας ἐθέλειν
σπένδεσθαι κατιόντας ἐπὶ τὴν ἑαυτῶν—ἔπεισεν
ἐν κοινῷ τοὺς πολίτας ὁ Φιλοποίμην μεθ᾽ ὅπλων
τὴν κάθοδον οἴκαδε εὑρίσκεσθαι μηδὲ ἐς ὁμο-
5 λογίας τε καὶ σπονδὰς ἰέναι. γενομένης δὲ ἐν
Σελλασίᾳ πρὸς Κλεομένην τε καὶ Λακεδαιμονίους
μάχης, ἣν Ἀχαιοὶ καὶ Ἀρκάδες ἀπὸ τῶν πόλεων
πασῶν, σὺν δέ σφισι καὶ Ἀντίγονος ἐμαχέσατο
ἄγων ἐκ Μακεδονίας στρατιάν, ἐτέτακτο μὲν
τηνικαῦτα ὁ Φιλοποίμην ἐν τοῖς ἱππεῦσιν· ἐπεὶ
δὲ ἐν τῷ πεζῷ τοῦ ἔργου τὸ πλεῖστον ἑώρα
ληψόμενον τὴν κρίσιν, ὁπλίτης ἑκὼν ἐγένετο, καὶ
αὐτὸν λόγου κινδυνεύοντα ἀξίως τῶν τις ἐναντίων
6 δι᾽ ἀμφοτέρων ἔπειρε τῶν μηρῶν. ὁ δὲ καὶ ἐς
τοσοῦτο ὅμως πεπεδημένος τά τε γόνατα ἐνέκλινε

---

[1] καὶ is not in the MSS. Added by Bekker.

that he read books of scholars of repute among the Greeks, stories of wars, and all that taught him anything of strategy. He wished to model his whole life on Epaminondas, his wisdom and his achievements, but could not rise to his height in every respect. For the temper of Epaminondas was calm and, in particular, free from anger, but the Arcadian was somewhat passionate. When Megalopolis was captured by Cleomenes, Philopoemen was not dismayed by the unexpected disaster, but led safely to Messene about two-thirds of the men of military age, along with the women and children, the Messenians being at that time friendly allies. To some of those who made good their escape Cleomenes offered terms, saying that he was beginning to repent his crime, and would treat with the Megalopolitans if they returned home; but Philopoemen induced the citizens at a meeting to win a return home by force of arms, and to refuse to negotiate or make a truce. When the battle had joined with the Lacedaemonians under Cleomenes at Sellasia, 222 B.C. in which Achaeans and Arcadians from all the cities took part, along with Antigonus at the head of a Macedonian army, Philopoemen served with the cavalry. But when he saw that the infantry would be the decisive factor in the engagement, he voluntarily fought on foot, showed conspicuous daring, and was pierced through both thighs by one of the enemy. Although so seriously impeded, he bent in his knees and forced himself forward, so that he

καὶ ἐς τὸ πρόσω χωρεῖν ἐβιάζετο, ὥστε καὶ ὑπὸ
τῶν ποδῶν τοῦ κινήματος τὸ δόρυ ἔκλασεν· ἐπεὶ
δὲ οἱ Λακεδαιμόνιοι καὶ ὁ Κλεομένης ἐκρατήθη-
σαν καὶ ἐς τὸ στρατόπεδον ἀνέστρεψε Φιλο-
ποίμην, ἐνταῦθα ἐξ ἀμφοτέρων αὐτοῦ τῶν μηρῶν
οἱ ἰατροὶ τῇ μὲν τὸν σαυρωτῆρα ἐξεῖλκον, τῇ
δὲ τὴν αἰχμήν. Ἀντίγονος δὲ ὡς ἐπύθετο καὶ
εἶδεν αὐτοῦ τὰ τολμήματα, ἐποιεῖτο σπουδὴν
7 ἐπάγεσθαι Φιλοποίμενα ἐς Μακεδονίαν. τῷ δὲ
Ἀντιγόνου μὲν ὀλίγον μελήσειν ἔμελλε· περαιω-
σάμενος δὲ νηὶ ἐς Κρήτην—πόλεμος γὰρ κατεῖχεν
αὐτὴν ἐμφύλιος—ἐπετέτακτο ἡγεμὼν μισθοφό-
ροις· ἐπανήκων δὲ ἐς Μεγάλην πόλιν αὐτίκα ὑπὸ
τῶν Ἀχαιῶν ᾕρητο ἄρχειν τοῦ ἱππικοῦ, καὶ
σφᾶς ἀρίστους Ἑλλήνων ἀπέφαινεν ἱππεύειν.
Ἀχαιῶν δὲ καὶ ὅσοι συντεταγμένοι τοῖς Ἀχαιοῖς
ἦσαν περὶ Λάρισον μαχομένων ποταμὸν πρὸς
Ἠλείους καὶ τὸ Αἰτωλικὸν ἐπικουροῦντας κατὰ
συγγένειαν Ἠλείοις, πρῶτα μὲν Δημόφαντον
ἀπέκτεινεν αὐτοχειρίᾳ τοῖς ἐναντίοις ἡγεμόνα ὄντα
τῆς ἵππου, δεύτερα δὲ καὶ τὸ ἄλλο ἱππικὸν τῶν
Αἰτωλῶν καὶ τῶν Ἠλείων ἐτρέψατο.

L. Ἅτε δὲ ἤδη τῶν Ἀχαιῶν ἀφορώντων ἐς
αὐτὸν καὶ τὰ πάντα ἐκεῖνον ποιουμένων, τοῖς
τεταγμένοις αὐτῶν ἐν τῷ πεζῷ μετέβαλε τῶν
ὅπλων τὴν σκευήν· φοροῦντας γὰρ μικρὰ δοράτια
καὶ ἐπιμηκέστερα ὅπλα κατὰ τοὺς Κελτικοὺς
θυρεοὺς ἢ τὰ γέρρα τὰ Περσῶν, ἔπεισε θώρακάς
τε ἐνδύεσθαι καὶ ἐπιτίθεσθαι κνημῖδας, πρὸς δὲ
ἀσπίσιν Ἀργολικαῖς χρῆσθαι καὶ τοῖς δόρασι
2 μεγάλοις. Μαχανίδου δὲ ἐν Λακεδαίμονι ἀνα-
φύντος τυράννου καὶ αὖθις πολέμου τοῖς Ἀχαιοῖς

actually broke the spear by the movement of his legs. After the defeat of the Lacedaemonians under Cleomenes, Philopoemen returned to the camp, where the surgeons pulled out from one thigh the spike, from the other the blade. When Antigonus learned of his valour and saw it, he was anxious to take Philopoemen to Macedonia. But Philopoemen was not likely to care much about Antigonus. Sailing across to Crete, where a civil war was raging, he put himself at the head of a band of mercenaries. Going back to Megalopolis, he was at once chosen by the Achaeans to command the cavalry, and he turned them into the finest cavalry in Greece. In the battle at the river Larisus between the Achaeans with their allies and the Eleans with the Aetolians, who were helping the Eleans on grounds of kinship, Philopoemen first killed with his own hand Demophantus, the leader of the opposing cavalry, and then turned to flight all the mounted troops of Aetolia and Elis. 220–217 B.C.

L. As the Achaeans now turned their gaze on Philopoemen and placed in him all their hopes, he succeeded in changing the equipment of those serving in their infantry. They had been carrying short javelins and oblong shields after the fashion of the Celtic " door " or the Persian " wicker." [1] Philopoemen, however, persuaded them to put on breastplates and greaves, and also to use Argolic shields [2] and long spears. When Machanidas the upstart became despot of Lacedaemon, and war began once again

---

[1] The θυρεός was so named from being shaped like a door, and the γέρρον was an oblong wicker shield covered with hide.

[2] The ἀσπίς was round in shape.

πρὸς Λακεδαιμονίους καὶ Μαχανίδαν συνεστη-
κότος, ἡγεῖτο μὲν τοῦ Ἀχαϊκοῦ Φιλοποίμην·
γινομένης δὲ πρὸς Μαντινείᾳ μάχης Λακεδαι-
μονίων μὲν οἱ ψιλοὶ τοὺς ἀσκεύους τῶν Ἀχαιῶν
νικῶσι καὶ φεύγουσιν αὐτοῖς ἐπέκειτο ὁ Μαχα-
νίδας, τῇ δὲ φάλαγγι ὁ Φιλοποίμην τῶν πεζῶν
τρέπεται τῶν Λακεδαιμονίων τοὺς ὁπλίτας καὶ
ἀναχωροῦντι ἀπὸ τῆς διώξεως Μαχανίδα συν-
τυχὼν ἀποκτίννυσιν αὐτόν. Λακεδαιμονίοις δὲ
ἠτυχηκόσι τῇ μάχῃ περιεγεγόνει μείζων ἢ κατὰ
τὸ πταῖσμα εὐτυχία, γεγονόσιν ἐλευθέροις ἀπὸ
3 τοῦ τυράννου. μετὰ δὲ οὐ πολὺ ἀγόντων Νέμεια
Ἀργείων ἔτυχε μὲν τῶν κιθαρῳδῶν τῷ ἀγῶνι
ὁ Φιλοποίμην παρών· Πυλάδου δὲ Μεγαλο-
πολίτου μὲν ἀνδρὸς γένος, κιθαρῳδοῦ δὲ τῶν ἐφ'
αὑτοῦ δοκιμωτάτου καὶ ἀνῃρημένου Πυθικὴν
νίκην, τότε ᾄδοντος Τιμοθέου νόμον τοῦ Μιλησίου
Πέρσας καὶ καταρξαμένου τῆς ᾠδῆς

Κλεινὸν ἐλευθερίας τεύχων μέγαν Ἑλλάδι
κόσμον,

ἀπεῖδεν ἐς τὸν Φιλοποίμενα τὸ Ἑλληνικὸν καὶ
ἐπεσημήναντο τῷ κρότῳ φέρειν ἐς ἐκεῖνον τὸ
ᾆσμα. τοιοῦτο ἐς Θεμιστοκλέα ἄλλο ἐν Ὀλυμπίᾳ
πυνθάνομαι συμβῆναι· καὶ γὰρ Θεμιστοκλέους ἐς
4 τιμὴν ἐπανέστη τὸ ἐν Ὀλυμπίᾳ θέατρον. Φίλιπ-
πος δὲ ὁ Δημητρίου Μακεδόνων βασιλεύς, ὃς καὶ
Ἄρατον φαρμάκῳ τὸν Σικυώνιον ἀπέκτεινεν,
ἀπέστειλεν ἄνδρας ἐς Μεγάλην πόλιν φονεῦσαί
σφισι Φιλοποίμενα ἐντειλάμενος· ἁμαρτὼν δὲ ἀνὰ
τὴν Ἑλλάδα ἐμισήθη πᾶσαν.
5 Θηβαῖοι δὲ κεκρατηκότες μάχῃ Μεγαρέας καὶ

between that city under Machanidas and the Achaeans, Philopoemen commanded the Achaean forces. A battle took place at Mantineia. The light troops of the Lacedaemonians overcame the light-armed of the Achaeans, and Machanidas pressed hard on the fugitives. Philopoemen, however, with the phalanx of infantry put to flight the Lacedaemonian men-at-arms, met Machanidas returning from the pursuit and killed him. The Lacedaemonians were unfortunate in the battle, but their good fortune more than compensated for their defeat, for they were delivered from their despot. Not long afterwards the Argives celebrated the Nemean games, and Philopoemen chanced to be present at the competition of the harpists. Pylades, a man of Megalopolis, the most famous harpist of his time, who had won a Pythian victory, was then singing the *Persians*, an ode of Timotheüs the Milesian. When he had begun the song:

Who to Greece gives the great and glorious jewel
    of freedom,

the audience of Greeks looked at Philopoemen and by their clapping signified that the song applied to him. I am told that a similar thing happened to Themistocles at Olympia, for the audience there rose to do him honour. But Philip, the son of Demetrius, king of Macedonia, who poisoned Aratus of Sicyon, sent men to Megalopolis with orders to murder Philopoemen. The attempt failed, and Philip incurred the hatred of all Greece.

The Thebans had defeated the Megarians in battle,

ἤδη τοῦ Μεγαρικοῦ τείχους ἐπιβαίνοντες, ἀπάτῃ
τῶν Μεγαρέων μετελθόντων αὐτοὺς ὡς ἥκοι
Φιλοποίμην σφίσιν ἐς τὴν πόλιν, ἐς τοσοῦτο
εὐλαβείας προῆλθον ὡς οἴκαδε ἀποχωρῆσαι
καταλιπόντες ἄπρακτον τοῦ πολέμου τὸ ἔργον,
ἐν δὲ Λακεδαίμονι αὖθις ἐπανέστη τύραννος
Νάβις, ὃς Πελοποννησίων πρώτοις ἐπέθετο
Μεσσηνίοις· ἐπελθὼν δέ σφισιν ἐν νυκτὶ καὶ
οὐδαμῶς τὴν ἔφοδον ἐλπίζουσιν εἷλε μὲν πλὴν
τῆς ἀκροπόλεως τὸ ἄστυ, ἀφικομένου δὲ ἐς τὴν
ὑστεραίαν στρατιᾷ Φιλοποίμενος ἐξέπεσεν ὑπό-
σπονδος ἐκ Μεσσήνης.

6    Φιλοποίμην δέ, ὡς ἐξῆκέν οἱ στρατηγοῦντι ὁ
χρόνος καὶ ἄρχειν ἄλλοι τῶν Ἀχαιῶν ᾕρηντο,
αὖθις ἐς Κρήτην διέβη καὶ ἐπεκούρησε Γορτυνίοις
πολέμῳ πιεζομένοις. ποιουμένων δὲ ἐν ὀργῇ διὰ
τὴν ἀποδημίαν τῶν Ἀρκάδων αὐτόν, ἐπάνεισί τε
ἐκ Κρήτης καὶ Ῥωμαίους πόλεμον κατελάμβανεν
7 ἐπανῃρημένους πρὸς Νάβιν. παρεσκευασμένων
δὲ ἐπὶ τὸν Νάβιν ναυτικὸν τῶν Ῥωμαίων, ὁ
Φιλοποίμην ὑπὸ προθυμίας μεθέξειν ἔμελλε τοῦ
ἀγῶνος· ἅτε δὲ ἐς ἅπαν ἀπείρως θαλάσσης ἔχων
τριήρους ἔλαθεν ἐπιβὰς ῥεούσης, ὥστε καὶ ἐσῆλθε
Ῥωμαίους καὶ τὸ ἄλλο συμμαχικὸν μνήμῃ τῶν
ἐπῶν ὧν ἐν καταλόγῳ πεποίηκεν Ὅμηρος ἐπὶ τῇ
8 Ἀρκάδων ἀμαθίᾳ τῇ ἐς θάλασσαν. ἡμέραις δὲ
ὕστερον τῆς ναυμαχίας οὐ πολλαῖς Φιλοποίμην
καὶ ὁ σὺν αὐτῷ λόχος φυλάξαντες νύκτα ἀσέλη-
νον τὸ στρατόπεδον τῶν Λακεδαιμονίων κατ-
9 εμπιπρᾶσιν ἐν Γυθίῳ. ἐνταῦθα ἀπέλαβεν ἐν
δυσχωρίαις Νάβις Φιλοποίμενά τε αὐτὸν καὶ
ὅσοι περὶ αὐτὸν τῶν Ἀρκάδων ἦσαν· ἦσαν δὲ

and were already climbing the wall of Megara, when the Megarians deceived them into thinking that Philopoemen had come to Megara. This made the Thebans so cautious that they went away home, and abandoned their military operation. In Lacedaemon another despot arose, Nabis, and the first of the Peloponnesians to be attacked by him were the Messenians. Coming upon them by night, when they by no means were expecting an assault, he took the city except the citadel; but when on the morrow Philopoemen arrived with an army, he evacuated Messene under a truce.

When Philopoemen's term of office as general expired, and others were chosen to be generals of the Achaeans, he again crossed to Crete and sided with the Gortynians, who were hard pressed in war. The Arcadians were wroth with him for his absence; so he returned from Crete and found that the Romans had begun a war against Nabis. The Romans had equipped a fleet against Nabis, and Philopoemen was too enthusiastic to keep out of the quarrel. But being entirely ignorant of nautical affairs he unwittingly embarked on a leaky trireme, so that the Romans and their allies were reminded of the verses of Homer, where in the Catalogue [1] he remarks on the ignorance of the Arcadians of nautical matters. A few days after the sea-fight, Philopoemen and his band, waiting for a moonless night, burnt down the camp of the Lacedaemonians at Gythium. Thereupon Nabis caught Philopoemen himself and the Arcadians with him in a disadvantageous

---

[1] Homer, *Iliad* ii. 614.

ἄλλως μὲν ἀγαθοὶ τὰ ἐς πόλεμον, ἀριθμὸν δὲ οὐ
πολλοί. Φιλοποίμην δὲ τὴν τάξιν, ἣν τεταγμέ-
νους ἀπῆγεν ὀπίσω, ταύτην ὑπαλλάξας τὰ
μάλιστα ἰσχυρὰ τῶν χωρίων πρὸς αὑτοῦ καὶ οὐ
πρὸς τῶν πολεμίων ἐποίησεν εἶναι· κρατήσας δὲ
τῇ μάχῃ Νάβιν καὶ τῶν Λακεδαιμονίων ἐν τῇ
νυκτὶ καταφονεύσας πολλούς, δόξης ἔτι ἐς πλέον
10 παρὰ τοῖς Ἕλλησιν ἤρθη. μετὰ δὲ ταῦτα Νάβις
μὲν ἐς εἰρημένον χρόνον σπονδὰς παρὰ Ῥωμαίων
εὑράμενος τελευτᾷ, πρὶν ἤ οἱ τοῦ πολέμου τὰς
ἀνοχὰς ἐξήκειν, ὑπὸ ἀνδρὸς Καλυδωνίου κατὰ δὴ
συμμαχίας πρόφασιν ἥκοντος, πολεμίου δὲ τῷ
ἔργῳ καὶ ἐπ᾽ αὐτὸ ἐσταλμένου τοῦτο ὑπὸ τῶν
Αἰτωλῶν.

LI. Φιλοποίμην δὲ ὑπὸ τὸν καιρὸν ἐσπεσὼν
τοῦτον ἐς τὴν Σπάρτην ἠνάγκασεν ἐς τὸ Ἀχαϊκὸν
Λακεδαιμονίους συντελέσαι. μετὰ δὲ οὐ πολὺν
χρόνον Τίτος μὲν Ῥωμαίων τῶν περὶ τὴν Ἑλλάδα
ἡγεμὼν καὶ Διοφάνης ὁ Διαίου Μεγαλοπολίτης,
ἄρχειν ἐν τῷ τότε ᾑρημένος τῶν Ἀχαιῶν,
ἤλαυνον ἐπὶ τὴν Λακεδαίμονα, ἐπενεγκόντες
αἰτίαν Λακεδαιμονίοις βουλεύειν σφᾶς νεώτερα
ἐς Ῥωμαίους· Φιλοποίμην δέ, καίπερ ἐν τῷ
παρόντι ἰδιώτης ὤν, ἀπέκλεισαν ὅμως ἐπιοῦσιν
2 αὐτοῖς τὰς¹ πύλας. Λακεδαιμόνιοι δὲ τούτων τε
ἔνεκα καὶ ὧν ἐς ἀμφοτέρους τοὺς τυράννους
ἐτόλμησαν, ἐδίδοσαν οἶκον αὐτῷ τὸν Νάβιδος ἐς
πλέον ἢ τάλαντα ἑκατόν· ὁ δὲ ὑπερεφρόνησέ τε
τῶν χρημάτων καὶ ἐκέλευε τοὺς Λακεδαιμονίους
θεραπεύειν δόσεσιν ἀνθ᾽ αὑτοῦ τοὺς ἐν τῷ συλ-
λόγῳ τῶν Ἀχαιῶν πιθανοὺς τῷ πλήθει, ταῦτα
δὲ ἐς Τιμόλαον αὐτῷ λέγουσιν ὑποσημαίνεσθαι.

position. The Arcadians, though few in number, were good soldiers, and Philopoemen, by changing the order of his line of retreat, caused the strongest positions to be to his advantage and not to that of his enemy. He overcame Nabis in the battle and massacred during the night many of the Lacedaemonians, so raising yet higher his reputation among the Greeks. After this Nabis secured from the Romans a truce for a fixed period, but died before this period came to an end, being assassinated by a man of Calydon, who pretended that he had come about an alliance, but was in reality an enemy who 192 B.C. had been sent for this very purpose of assasination by the Aetolians.

LI. At this time Philopoemen flung himself into Sparta and forced her to join the Achaean League. Shortly afterwards Titus, the Roman commander in Greece, and Diophanes, the son of Diaeüs, a Megalopolitan who had been elected general of the Achaeans, attacked Lacedaemon, accusing the Lacedaemonians of rebellion against the Romans. But Philopoemen, though at the time holding no office, shut the gates against them. For this reason, and because of his courage shown against both the despots, the Lacedaemonians offered him the house [1] of Nabis, worth more than a hundred talents. But he scorned the wealth, and bade the Lacedaemonians court with gifts, not himself, but those who could persuade the many in the meeting of the Achaeans—a suggestion, it is said, directed against Timolaüs. He was again

---

[1] The word οἶκος includes more than the buildings—slaves, implements, etc.

---

[1] τὰς is not in the MSS.

ἀπεδείχθη δὲ καὶ αὖθις Ἀχαιῶν στρατηγῆσαι.
3 Λακεδαιμονίων δὲ τηνικαῦτα ἐς ἔμφυλον προηγ-
μένων στάσιν, τριακοσίους μὲν τῆς στάσεως
μάλιστα αἰτίους ἐξέβαλεν ἐκ Πελοποννήσου καὶ
τῶν εἱλώτων[1] ἀπέδοτο ὅσον τρισχιλίους, τείχη
δὲ περιεῖλε τῆς Σπάρτης καὶ τοῖς ἐφήβοις
προεῖπε μὴ τὰ ἐκ τῶν νόμων τῶν Λυκούργου
μελετᾶν, ἐφήβοις δὲ τοῖς Ἀχαιῶν κατὰ ταὐτὰ
ἀσκεῖσθαι, καὶ τοῖς μὲν ὕστερον ἀποδώσειν
ἔμελλον Ῥωμαῖοι παιδείαν τὴν ἐπιχώριον·
4 Ἀντίοχον δὲ ἀπόγονον Σελεύκου τοῦ ὀνομασ-
θέντος Νικάτορος καὶ Σύρων τὴν σὺν αὐτῷ
στρατιὰν Μανίου καὶ Ῥωμαίων ἐν Θερμοπύλαις
νικησάντων[2] καὶ Ἀρισταίνου τοῖς Ἀχαιοῖς τοῦ
Μεγαλοπολίτου παραινοῦντος ἐπαινεῖν τὰ Ῥω-
μαίοις ἀρέσκοντα ἐπὶ παντὶ μηδὲ ἀνθίστασθαί
σφισιν ὑπὲρ μηδενός, ὁ Φιλοποίμην ἀπεῖδεν ἐς
τὸν Ἀρίσταινον σὺν ὀργῇ καὶ αὐτὸν τῇ Ἑλλάδι
ἔφη τὴν πεπρωμένην ἐπιταχύνειν· Λακεδαιμονίων
δὲ τοὺς φεύγοντας Μανίου καταδέξασθαι θέλοντος
τῷ μὲν ἀντέπραξεν ἐς τὸ βούλευμα, ἐκείνου δὲ
ἀπελθόντος τότε ἤδη κατελθεῖν τοὺς φυγάδας
ἐφίησιν ἐς Σπάρτην.
5 Ἔμελλε δ᾽ ἄρα ὑπεροψίας δίκη περιήξειν καὶ
Φιλοποίμενα. ὡς γὰρ δὴ τῶν Ἀχαιῶν ὄγδοον
ἀπεδείχθη τότε ἡγεμών, ἀνδρὶ οὐ τῶν ἀδόξων
ὠνείδισεν ἁλῶναι ζῶντα ὑπὸ τῶν πολεμίων
αὐτόν· καὶ—ἦν γὰρ τηνικαῦτα ἐς Μεσσηνίους
Ἀχαιοῖς ἔγκλημα—Λυκόρταν σὺν τῇ στρατιᾷ ὁ
Φιλοποίμην ἀποστέλλει δῃώσοντα τῶν Μεσση-
νίων τὴν χώραν, αὐτὸς δὲ τρίτῃ μάλιστα
ὕστερον ἡμέρᾳ, πυρετῷ τε ἐχόμενος πολλῷ καὶ

appointed general of the Achaeans. At this time
the Lacedaemonians were involved in civil war, and
Philopoemen expelled from the Peloponnesus three
hundred who were chiefly responsible for the civil
war, sold some three thousand Helots, razed the
walls of Sparta, and forbade the youths to train in
the manner laid down by the laws of Lycurgus,
ordering them to follow the training of the Achaean
youths. The Romans, in course of time, were to 188 B.C.
restore to the Lacedaemonians the discipline of their
native land. When the Romans under Manius
defeated at Thermopylae Antiochus the descendant
of Seleucus, named Nicator, and the Syrian army
with him, Aristaenus of Megalopolis advised the
Achaeans to approve the wishes of the Romans in all
respects, and to oppose them in nothing. Philo-
poemen looked angrily at Aristaenus, and said that
he was hastening on the doom of Greece. Manius
wished the Lacedaemonian exiles to return, but
Philopoemen opposed his plan, and only when
Manius had gone away did he allow the exiles to
be restored.

But, nevertheless, Philopoemen too was to be
punished for his pride. After being appointed
commander of the Achaeans for the eighth time, he
reproached a man of no little distinction for having
been captured alive by the enemy. Now at this
time the Achaeans had a grievance against the
Messenians, and Philopoemen, despatching Lycortas
with the army to lay waste the land of the Mes-
senians, was very anxious two or three days later,
in spite of his seventy years and a severe attack

---

[1] Here the MSS. have τε.
[2] νικησάντων is not in the MSS.

πρόσω βεβιωκὼς ἑβδομήκοντα ἐτῶν, ὅμως ἠπεί-
γετο μετασχεῖν Λυκόρτᾳ τοῦ ἔργου· ἱππέας δὲ
8 καὶ πελταστὰς ἦγεν ὅσον ἑξήκοντα· Λυκόρτας
μὲν δὴ καὶ ὁ σὺν αὐτῷ στρατὸς ἀνέστρεφον ἤδη
τηνικαῦτα ἐς τὴν οἰκείαν, οὔτε ἐργασάμενοι μέγα
Μεσσηνίους οὐδὲν οὔτε αὐτοὶ παθόντες· Φιλο-
ποίμενα δὲ—ἐβλήθη γὰρ ἐν τῇ μάχῃ τὴν
κεφαλὴν καὶ ἀπέπεσεν ἀπὸ τοῦ ἵππου—ζῶντα
ἐς Μεσσήνην ἄγουσιν αὐτόν. συνελθόντων δὲ
αὐτίκα ἐς ἐκκλησίαν, διάφοροι παρὰ πολὺ καὶ οὐ
7 πάντων κατὰ ταὐτὰ ἐγίνοντο αἱ γνῶμαι· Δεινο-
κράτης μὲν καὶ ὅσοι τῶν Μεσσηνίων ἦσαν δυνα-
τοὶ χρήμασι, παρεκελεύοντο ἀποκτεῖναι Φιλο-
ποίμενα· οἱ δὲ τοῦ δήμου περιποιῆσαι τὰ μάλιστα
εἶχον σπουδήν, πλέον τι ἢ[1] παντὸς τοῦ Ἑλλη-
νικοῦ πατέρα ὀνομάζοντες. Δεινοκράτης δὲ καὶ
ἀκόντων Μεσσηνίων ἔμελλεν[2] ἄρα Φιλοποίμενα
8 ἀναιρήσειν ἐσπέμψας φάρμακον. Λυκόρτας δὲ
μετ᾽ οὐ πολὺ ἀθροίσας ἔκ τε Ἀρκαδίας καὶ παρ᾽
Ἀχαιῶν δύναμιν ἐστράτευσεν ἐπὶ Μεσσήνην· καὶ
ὁ δῆμος αὐτίκα ὁ τῶν Μεσσηνίων προσεχώρησε
τοῖς Ἀρκάσι, καὶ οἱ Φιλοποίμενι αἰτίαν θανάτου
παρασχόντες ἁλόντες πλὴν Δεινοκράτους ὑπέσχον
τιμωρίαν οἱ ἄλλοι, Δεινοκράτης δὲ ἀφίησιν
αὐτοχειρίᾳ τὴν ψυχήν. κατάγουσι δὲ καὶ ἐς
Μεγάλην πόλιν τοῦ Φιλοποίμενος τὰ ὀστᾶ οἱ
Ἀρκάδες.

LII. Καὶ ἤδη τὸ μετὰ τοῦτο ἐς ἀνδρῶν ἀγαθῶν
φορὰν ἔληξεν ἡ Ἑλλάς. Μιλτιάδης μὲν γὰρ ὁ
Κίμωνος τούς τε ἐς Μαραθῶνα ἀποβάντας τῶν

---

[1] Madvig would read ἐλεοῦντες καὶ for πλέον τι ἢ.
[2] Here the MSS. have τε.

of fever, to take his share in the expedition of Lycortas. He led about sixty horsemen and targeteers. Lycortas, however, and his army were already on their way back to their country, having neither suffered great harm nor inflicted it on the Messenians. Philopoemen, wounded in the head during the battle, fell from his horse and was taken alive to Messene. A meeting of the assembly was immediately held, at which the most widely divergent opinions were expressed. Deinocrates, and all the Messenians whose wealth made them influential, urged that Philopoemen should be put to death; but the popular party were keen on saving his life, calling him Father, and more than Father,[1] of all the Greek people. But Deinocrates, after all, and in spite of Messenian opposition, was to bring about the death of Philopoemen, for he sent poison in to him. 183 B.C. Shortly afterwards Lycortas gathered a force from Arcadia and Achaia and marched against Messene. The Messenian populace at once went over to the side of the Arcadians, and those responsible for the death of Philopoemen were caught and punished, all except Deinocrates, who perished by his own hand. The Arcadians also brought back to Megalopolis the bones of Philopoemen.

LII. After this Greece ceased to bear good men. For Miltiades, the son of Cimon, overcame in battle the foreign invaders who had landed at Marathon,

---

[1] With the reading of Madvig, " pitying him, and calling him Father of all the Greek people."

βαρβάρων κρατήσας μάχῃ καὶ τοῦ πρόσω τὸν
Μήδων ἐπισχὼν στόλον ἐγένετο εὐεργέτης πρῶτος
κοινῇ τῆς Ἑλλάδος, Φιλοποίμην δὲ ὁ Κραύγιδος
ἔσχατος· οἱ δὲ πρότερον Μιλτιάδου λαμπρὰ ἔργα
ἀποδειξάμενοι, Κόδρος τε ὁ Μελάνθου καὶ ὁ
Σπαρτιάτης Πολύδωρος καὶ Ἀριστομένης ὁ
Μεσσήνιος καὶ εἰ δή τις ἄλλος, πατρίδας ἕκαστοι
τὰς αὐτῶν καὶ οὐκ ἀθρόαν φανοῦνται τὴν
2 Ἑλλάδα ὠφελήσαντες. Μιλτιάδου δὲ ὕστερον
Λεωνίδας ὁ Ἀναξανδρίδου καὶ Θεμιστοκλῆς ὁ
Νεοκλέους ἀπώσαντο ἐκ τῆς Ἑλλάδος Ξέρξην,
ὁ μὲν ταῖς ναυμαχίαις ἀμφοτέραις, Λεωνίδας δὲ
ἀγῶνι τῷ ἐν Θερμοπύλαις. Ἀριστείδην δὲ τὸν
Λυσιμάχου καὶ Παυσανίαν τὸν Κλεομβρότου
Πλαταιᾶσιν ἡγησαμένους, τὸν μὲν τὰ ὕστερον
ἀφείλετο ἀδικήματα εὐεργέτην μὴ ὀνομασθῆναι
τῆς Ἑλλάδος, Ἀριστείδην δὲ ὅτι ἔταξε φόρους
τοῖς τὰς νήσους ἔχουσιν Ἕλλησι· πρὸ Ἀρισ-
τείδου δὲ ἦν ἅπαν τὸ Ἑλληνικὸν ἀτελὲς φόρων.
3 Ξάνθιππος δὲ ὁ Ἀρίφρονος καὶ Κίμων, ὁ μὲν
ὁμοῦ Λεωτυχίδῃ τῷ βασιλεύοντι ἐν Σπάρτῃ τὸ
Μήδων ναυτικὸν ἔφθειρεν ἐν Μυκάλῃ, Κίμωνι δὲ
πολλὰ καὶ ἄξια ζήλου κατειργασμένα ἐστὶν ὑπὲρ
τῶν Ἑλλήνων. τοὺς δὲ ἐπὶ τοῦ Πελοποννη-
σιακοῦ πρὸς Ἀθηναίους πολέμου, καὶ μάλιστα
αὐτῶν τοὺς εὐδοκιμήσαντας, φαίη τις ἂν αὐτό-
χειρας καὶ ὅτι ἐγγύτατα καταποντιστὰς εἶναι
4 σφᾶς τῆς Ἑλλάδος. κεκακωμένον δὲ ἤδη τὸ
Ἑλληνικὸν Κόνων ὁ Τιμοθέου καὶ Ἐπαμινώνδας
ἀνεκτήσατο ὁ Πολύμνιδος, ὁ μὲν ἐκ τῶν νήσων
καὶ ὅσα ἐγγυτάτω θαλάσσης, Ἐπαμινώνδας δὲ
ἐκ τῶν πόλεων τῶν ἀπὸ θαλάσσης ἄνω Λακε-

stayed the advance of the Persian army, and so 490 B.C. became the first benefactor of all Greece, just as Philopoemen, the son of Craugis, was the last. Those who before Miltiades accomplished brilliant deeds, Codrus, the son of Melanthus, Polydorus the Spartan, Aristomenes the Messenian, and all the rest, will be seen to have helped each his own country and not Greece as a whole. Later than Miltiades, Leonidas, the son of Anaxandrides, and Themistocles, the son of Neocles, repulsed Xerxes from Greece, 480 B.C. Themistocles by the two sea-fights, Leonidas by the action at Thermopylae. But Aristeides the son of Lysimachus, and Pausanias, the son of Cleombrotus, 479 B.C. commanders at Plataea, were debarred from being called benefactors of Greece, Pausanias by his subsequent sins, Aristeides by his imposition of tribute on the island Greeks; for before Aristeides all the Greeks were immune from tribute. Xanthippus, the son of Ariphron, with Leotychidaes the king of Sparta destroyed the Persian fleet at Mycale, and 479 B.C. with Cimon accomplished many enviable achievements on behalf of the Greeks. But those who took part in the Peloponnesian war against Athens, especially the most distinguished of them, might be said to be murderers, almost wreckers, of Greece. When the Greek nation was reduced to a miserable condition, it recovered under the efforts of Conon, the son of 394 B.C. Timotheüs, and of Epaminondas, the son of Polymnis, who drove out the Lacedaemonian garrisons and

δαιμονίων τὰς φρουρὰς καὶ ἁρμοστὰς ἐκβαλόντες
καὶ δεκαδαρχίας καταπαύσαντες· Ἐπαμινώνδας
δὲ καὶ πόλεσιν οὐκ ἀφανέσι, Μεσσήνῃ καὶ
Μεγάλῃ πόλει τῇ Ἀρκάδων, λογιμωτέραν τὴν
5 Ἑλλάδα ἐποίησεν. εἶναι δὲ ἁπάντων Ἑλλήνων
καὶ Λεωσθένην τίθεμαι καὶ Ἄρατον εὐεργέτας·
ὁ μέν γε τὸ Ἑλλήνων μισθοφορικὸν τὸ[1] ἐν
Πέρσαις περὶ πέντε που μυριάδας ἐπὶ θάλασσαν
καταβάντας ναυσὶν ἐς τὴν Ἑλλάδα ἀνέσωσε καὶ
ἄκοντος Ἀλεξάνδρου· τὰ δὲ ἐς Ἄρατον ἐδήλωσε
δή μοι τοῦ λόγου τὰ ἐς Σικυωνίους.
6    Τὸ δὲ ἐπίγραμμά ἐστιν ἐπὶ τῷ Φιλοποίμενι τὸ
ἐν Τεγέᾳ·

τοῦδ᾽ ἀρετὰ καὶ δόξα καθ᾽ Ἑλλάδα, πολλὰ μὲν
  ἀλκαῖς,
πολλὰ δὲ καὶ βουλαῖς ἔργα πονησαμένου,
Ἀρκάδος αἰχμητᾶ Φιλοποίμενος, ᾧ μέγα κῦδος
ἕσπετ᾽ ἐνὶ πτολέμῳ δούρατος ἀγεμόνι.
μανύει δὲ τρόπαια τετυγμένα δισσὰ τυράννων
Σπάρτας· αὐξομέναν δ᾽ ἄρατο δουλοσύναν.
ὧν ἕνεκεν Τεγέα μεγαλόφρονα Κραύγιδος υἱὸν
στᾶσεν, ἀμωμήτου κράντορ᾽ ἐλευθερίας.

LIII. Τοῦτο μὲν δὴ ἐνταῦθά ἐστιν ἐπίγραμμα·
τῷ δὲ Ἀπόλλωνι οἱ Τεγεᾶται τῷ Ἀγυιεῖ τὰ
ἀγάλματα ἐπ᾽ αἰτίᾳ φασὶν ἱδρύσασθαι τοιᾷδε.
Ἀπόλλωνα καὶ Ἄρτεμιν ἐπὶ πᾶσαν λέγουσι
χώραν τιμωρεῖσθαι τῶν τότε ἀνθρώπων ὅσοι
Λητοῦς, ἡνίκα εἶχεν ἐν τῇ γαστρί, πλανωμένης

---

[1] τὸ was added by Bekker.

158

governors, and put down the boards of ten, Conon from the islands and coasts, Epaminondas from the cities of the interior. By founding cities too, of no small fame, Messene and Arcadian Megalopolis, Epaminondas made Greece more famous. I reckon Leosthenes also and Aratus benefactors of all the Greeks. Leosthenes, in spite of Alexander's opposition, brought back safe by sea to Greece the force of Greek mercenaries in Persia, about fifty thousand in number, who had descended to the coast. As for Aratus, I have related his exploits in my history of Sicyon.[1]

The inscription on the statue of Philopoemen at Tegea runs thus:—

> The valour and glory of this man are famed throughout Greece, who worked
> > Many achievements by might and many by his counsels,
> Philopoemen, the Arcadian spearman, whom great renown attended,
> > When he commanded the lances in war.
> Witness are two trophies, won from the despots
> Of Sparta; the swelling flood of slavery he stayed.
> Wherefore did Tegea set up in stone the great-hearted son of Craugis,
> > Author of blameless freedom.

LIII. Such is the inscription at Tegea on Philopoemen. The images of Apollo, Lord of Streets, the Tegeans say they set up for the following reason. Apollo and Artemis, they say, throughout every land visited with punishment all the men of that time who, when Leto was with child and in the

---

[1] See Book II. viii. § 1.

καὶ ἀφικομένης ἐς τὴν γῆν ἐκείνην οὐδένα ἐποιή-
2 σαντο αὐτῆς λόγον. ὡς δὲ ἄρα καὶ ἐς τὴν
Τεγεατῶν ἐληλυθέναι τοὺς θεούς, ἐνταῦθα υἱὸν
Τεγεάτου Σκέφρον προσελθόντα τῷ Ἀπόλλωνι
ἐν ἀπορρήτῳ διαλέγεσθαι πρὸς αὐτόν· Λειμὼν
δὲ—ἦν δὲ καὶ ὁ Λειμὼν οὗτος Τεγεάτου τῶν παίδων
—ὑπονοήσας ἔγκλημα ἔχειν ἐς ἑαυτὸν τὰ ὑπὸ
Σκέφρου λεγόμενα, ἀποκτίννυσιν ἐπιδραμὼν τὸν
3 ἀδελφόν. καὶ Λειμῶνα μὲν τοξευθέντα ὑπὸ
Ἀρτέμιδος περιῆλθεν αὐτίκα ἡ δίκη τοῦ φόνου·
Τεγεάτης δὲ καὶ Μαιρὰ τὸ μὲν παραυτίκα Ἀπόλ-
λωνι καὶ Ἀρτέμιδι θύουσιν, ὕστερον δὲ ἐπιλα-
βούσης ἀκαρπίας ἰσχυρᾶς ἦλθε μάντευμα ἐκ
Δελφῶν Σκέφρον θρηνεῖν· καὶ ἄλλα τε ἐν τοῦ
Ἀγυιέως τῇ ἑορτῇ δρῶσιν ἐς τιμὴν τοῦ Σκέφρου
καὶ ἡ τῆς Ἀρτέμιδος ἱέρεια διώκει τινὰ ἅτε αὐτὴ
4 τὸν Λειμῶνα ἡ Ἄρτεμις. λέγουσι δὲ καὶ ὅσοι
Τεγεάτου τῶν παίδων ἐλείποντο, μετοικῆσαι
σφᾶς ἑκουσίως ἐς Κρήτην, Κύδωνα καὶ Ἀρχήδιον
καὶ Γόρτυνα· καὶ ἀπὸ τούτων φασὶν ὀνομασθῆναι
τὰς πόλεις Κυδωνίαν καὶ Γόρτυνά τε καὶ Κατρέα.
Κρῆτες δὲ οὐχ ὁμολογοῦντες τῷ Τεγεατῶν λόγῳ
Κύδωνα μὲν Ἀκακαλλίδος θυγατρὸς Μίνω καὶ
Ἑρμοῦ, Κατρέα δέ φασιν εἶναι Μίνω, τὸν δὲ
5 Γόρτυνα Ῥαδαμάνθυος. ἐς δὲ αὐτὸν Ῥαδάμαν-
θυν Ὁμήρου μέν ἐστιν ἐν Πρωτέως πρὸς Μενέ-
λαον λόγοις ὡς ἐς τὸ πεδίον ἥξοι Μενέλαος τὸ
Ἠλύσιον, πρότερον δὲ ἔτι Ῥαδάμανθυν ἐνταῦθα
ἥκειν· Κιναίθων δὲ ἐν τοῖς ἔπεσιν ἐποίησεν ὡς [1]
Ῥαδάμανθυς μὲν Ἡφαίστου, Ἥφαιστος δὲ εἴη
Τάλω, Τάλων δὲ εἶναι Κρητὸς παῖδα. οἱ μὲν δὴ

---

[1] ὡς is not in the MSS.

course of her wanderings, took no heed of her when she came to their land. So when the divinities came to the land of Tegea, Scephrus, they say, the son of Tegeates, came to Apollo and had a private conversation with him. And Leimon, who also was a son of Tegeates, suspecting that the conversation of Scephrus contained a charge against him, rushed on his brother and killed him. Immediate punishment for the murder overtook Leimon, for he was shot by Artemis. At the time Tegeates and Maera sacrificed to Apollo and Artemis, but afterwards a severe famine fell on the land, and an oracle of Delphi ordered a mourning for Scephrus. At the feast of the Lord of Streets rites are performed in honour of Scephrus, and in particular the priestess of Artemis pursues a man, pretending she is Artemis herself pursuing Leimon. It is also said that all the surviving sons of Tegeates, namely, Cydon, Archedius and Gortys, migrated of their own free will to Crete, and that after them were named the cities Cydonia, Gortyna and Catreus. The Cretans dissent from the account of the Tegeans, saying that Cydon was a son of Hermes and of Acacallis, daughter of Minos, that Catreus was a son of Minos, and Gortys a son of Rhadamanthys. As to Rhadamanthys himself, Homer says, in the talk of Proteus with Menelaüs,[1] that Menelaüs would go to the Elysian plain, but that Rhadamanthys was already arrived there. Cinaethon too in his poem represents Rhadamanthys as the son of Hephaestus, Hephaestus as a son of Talos, and Talos as a son of Cres. The legends of

---

[1] Homer, *Odyssey* iv. 564.

Ἑλλήνων λόγοι διάφοροι τὰ πλέονα καὶ οὐχ
6 ἥκιστα ἐπὶ τοῖς γένεσίν εἰσι· Τεγεάταις δὲ τοῦ
Ἀγυιέως τὰ ἀγάλματα τέσσαρά εἰσιν ἀριθμόν,
ὑπὸ φυλῆς ἐν ἑκάστης ἱδρυμένον. ὀνόματα δὲ
αἱ φυλαὶ παρέχονται Κλαρεῶτις Ἱπποθοῖτις
Ἀπολλωνιᾶτις Ἀθανεᾶτις· καλοῦνται δὲ ἀπὸ τοῦ
κλήρου ὃν τοῖς παισὶν Ἀρκὰς ἐποίησεν ὑπὲρ τῆς
χώρας καὶ ἀπὸ Ἱππόθου τοῦ Κερκυόνος.

7 Ἔστι δὲ καὶ Δήμητρος ἐν Τεγέᾳ καὶ Κόρης
ναός, ἃς ἐπονομάζουσι Καρποφόρους, πλησίον δὲ
Ἀφροδίτης καλουμένης Παφίας· ἱδρύσατο αὐτὴν
Λαοδίκη, γεγονυῖα μέν, ὡς καὶ πρότερον ἐδήλωσα,
ἀπὸ Ἀγαπήνορος ὃς ἐς Τροίαν ἡγήσατο Ἀρκάσιν,
οἰκοῦσα δὲ ἐν Πάφῳ. τούτου δέ ἐστιν οὐ πόρρω
Διονύσου τε ἱερὰ δύο καὶ Κόρης βωμὸς καὶ
8 Ἀπόλλωνος ναὸς καὶ ἄγαλμα ἐπίχρυσον· Χειρί-
σοφος δὲ ἐποίησε, Κρὴς μὲν γένος, ἡλικίαν δὲ
αὐτοῦ καὶ τὸν διδάξαντα οὐκ ἴσμεν· ἡ δὲ δίαιτα
ἡ ἐν Κνωσσῷ Δαιδάλῳ παρὰ Μίνῳ συμβᾶσα
ἐπὶ μακρότερον δόξαν τοῖς Κρησὶ καὶ ἐπὶ ξοάνων
ποιήσει παρεσκεύασε. παρὰ δὲ τῷ Ἀπόλλωνι
ὁ Χειρίσοφος ἕστηκε λίθου πεποιημένος.

9 Καλοῦσι δὲ οἱ Τεγεᾶται καὶ ἑστίαν Ἀρκάδων
κοινήν· ἐνταῦθά ἐστιν ἄγαλμα Ἡρακλέους,
πεποίηται δέ οἱ ἐπὶ τοῦ μηροῦ τραῦμα ἀπὸ τῆς
μάχης ἣν πρώτην Ἱπποκόωντος τοῖς παισὶν
ἐμαχέσατο. τὸ δὲ χωρίον τὸ ὑψηλόν, ἐφ' οὗ καὶ
οἱ βωμοὶ Τεγεάταις εἰσὶν οἱ πολλοί, καλεῖται
μὲν Διὸς Κλαρίου, δῆλα δὲ ὡς ἐγένετο ἡ ἐπίκλησις
τῷ θεῷ τοῦ κλήρου τῶν παίδων ἕνεκα τῶν
10 Ἀρκάδος. ἄγουσι δὲ ἑορτὴν αὐτόθι Τεγεᾶται
κατὰ ἔτος· καὶ σφίσιν ἐπιστρατεῦσαι Λακεδαι-

Greece generally have different forms, and this is particularly true of genealogy. At Tegea the images of the Lord of Streets are four in number, one set up by each of the tribes. The names given to the tribes are Clareotis, Hippothoetis, Apolloniatis, and Athaneatis; they are called after the lots cast by Arcas to divide the land among his sons, and after Hippothoüs, the son of Cercyon.

There is also at Tegea a temple of Demeter and the Maid, whom they surname the Fruit-bringers, and hard by is one of Aphrodite called Paphian. The latter was built by Laodice, who was descended, as I have already said,[1] from Agapenor, who led the Arcadians to Troy, and it was in Paphos that she dwelt. Not far from it are two sanctuaries of Dionysus, an altar of the Maid, and a temple of Apollo with a gilded image. The artist was Cheirisophus; he was a Cretan by race, but his date and teacher we do not know. The residence of Daedalus with Minos at Cnossus secured for the Cretans a reputation for the making of wooden images also, which lasted for a long period. By the Apollo stands Cheirisophus in stone.

The Tegeans also have what they call a Common Hearth of the Arcadians. Here there is an image of Heracles, and on his thigh is represented a wound received in the first fight with the sons of Hippocoön. The lofty place, on which are most of the altars of the Tegeans, is called the place of Zeus Clarius (*Of Lots*), and it is plain that the god got his surname from the lots cast for the sons of Arcas. Here the Tegeans celebrate a feast every year. It is said that once at the time of the feast they were invaded

---

[1] See chapter v, § 3 of this book.

μονίους ποτὲ ὑπὸ τὸν καιρὸν τῆς ἑορτῆς λέγουσι,
καὶ—νείφειν γὰρ τὸν θεόν—τοὺς μὲν ῥιγοῦν καὶ
ὄντας ἐν τοῖς ὅπλοις κάμνειν, αὐτοὶ δὲ ἐκείνων
κρύφα πῦρ καῦσαι, καὶ ὡς οὐκ ἠνωχλοῦντο ὑπὸ
τοῦ κρυμοῦ, τὰ ὅπλα ἐνδύντες ἐξελθεῖν τε ἐπὶ τοὺς
Λακεδαιμονίους καὶ σχεῖν ἐν τῷ ἔργῳ τὸ πλέον
φασίν. ἐθεασάμην δὲ καὶ ἄλλα ἐν Τεγέᾳ τοσάδε,
Ἀλέου οἰκίαν καὶ Ἐχέμου μνῆμα καὶ ἐπειργασ-
μένην ἐς στήλην τὴν Ἐχέμου πρὸς Ὕλλον
μάχην.

11 Ἐκ Τεγέας δὲ ἰόντι ἐς τὴν Λακωνικὴν ἔστι
μὲν βωμὸς ἐν ἀριστερᾷ τῆς ὁδοῦ Πανός, ἔστι δὲ
καὶ Λυκαίου Διός. λείπεται δὲ καὶ θεμέλια ἱερῶν.
οὗτοι μὲν δή εἰσιν οἱ βωμοὶ σταδίοις δύο ἀπω-
τέρω τοῦ τείχους, προελθόντι δὲ ἀπ' αὐτῶν
μάλιστά που σταδίους ἑπτὰ ἱερὸν Ἀρτέμιδος
ἐπίκλησιν Λιμνάτιδος καὶ ἄγαλμά ἐστιν ἐβένου
ξύλου· τρόπος δὲ τῆς ἐργασίας ὁ Αἰγιναῖος καλού-
μενος ὑπὸ Ἑλλήνων. τούτου δὲ ὅσον δέκα ἀπω-
τέρω σταδίοις Ἀρτέμιδος Κνακεάτιδός ἐστι ναοῦ
τὰ ἐρείπια.

LIV. Λακεδαιμονίοις δὲ καὶ Τεγεάταις ὅροι
τῆς γῆς ὁ ποταμός ἐστιν ὁ Ἀλφειός· τούτου τὸ
ὕδωρ ἄρχεται μὲν ἐν Φυλάκῃ, κάτεισι δὲ οὐ
πόρρω τῆς πηγῆς καὶ ἄλλο ὕδωρ ἐς αὐτὸν ἀπὸ
πηγῶν μεγέθει μὲν οὐ μεγάλων, πλεόνων δὲ
ἀριθμόν. καὶ διὰ τοῦτο τῷ χωρίῳ Σύμβολα
2 γέγονεν ὄνομα. φαίνεται δὲ ὁ Ἀλφειὸς παρὰ
τοὺς ἄλλους ποταμοὺς φύσιν τινὰ ἰδίαν παρεχό-
μενος τοιάνδε· ἀφανίζεσθαί τε γὰρ κατὰ γῆς
ἐθέλει πολλάκις καὶ αὖθις ἀναφαίνεσθαι. προ-
ελθὼν μέν γε ἐκ Φυλάκης καὶ τῶν καλουμένων

by the Lacedaemonians. As it was snowing, these were chilled, and thus distressed by their armour, but the Tegeans, without their enemies knowing it, lighted a fire. So untroubled by the cold they donned, they say, their armour, went out against the Lacedaemonians, and had the better of the engagement. I also saw in Tegea:—the house of Aleüs, the tomb of Echemus, and the fight between Echemus and Hyllus carved in relief upon a slab.

On the left of the road as you go from Tegea to Laconia there is an altar of Pan, and likewise one of Lycaean Zeus. The foundations, too, of sanctuaries are still there. These altars are two stades from the wall; and about seven stades farther on is a sanctuary of Artemis, surnamed Lady of the Lake, with an image of ebony. The fashion of the workmanship is what the Greeks call Aeginetan. Some ten stades farther on are the ruins of a temple of Artemis Cnaceatis.

LIV. The boundary between the territories of Lacedaemon and Tegea is the river Alpheius. Its water begins in Phylace, and not far from its source there flows down into it another water from springs that are not large, but many in number, whence the place has received the name Symbola (*Meetings*). It is known that the Alpheius differs from other rivers in exhibiting this natural peculiarity; it often disappears beneath the earth to reappear again. So flowing on from Phylace and the place called Symbola

Συμβόλων ἐς τὸ πεδίον κατέδυ τὸ Τεγεατικὸν
ἀνατείλας δὲ ἐν Ἀσέᾳ καὶ τὸ ῥεῦμα ἀναμίξας τῷ
Εὐρώτα τὸ δεύτερον ἤδη κάτεισιν ἐς τὴν γῆν·
3 ἀνασχὼν δὲ ἔνθα Πηγὰς ὀνομάζουσιν οἱ Ἀρκάδες
καὶ παρὰ γῆν τε τὴν Πισαίαν καὶ παρὰ Ὀλυμ-
πίαν ἐξελθών, ἐκδίδωσιν ὑπὲρ Κυλλήνης ἐπινείου
τοῦ Ἠλείων ἐς τὴν θάλασσαν. ἔμελλε δὲ ἄρα
μηδὲ Ἀδρίας ἐπισχήσειν αὐτὸν τοῦ πρόσω·
διανηξάμενος δὲ καὶ τοῦτον, μέγα οὕτω καὶ
βίαιον πέλαγος, ἐν Ὀρτυγίᾳ τῇ πρὸ Συρακουσῶν
ἐπιδείκνυσιν Ἀλφειός τε ὢν καὶ πρὸς Ἀρέθουσαν
τὸ ὕδωρ ἀνακοινούμενος.

4 Ἡ δὲ εὐθεῖα[1] ἐπὶ Θυρέαν τε καὶ κώμας τὰς
ἐν τῇ Θυρεάτιδι ἐκ Τεγέας παρείχετο ἐς συγ-
γραφὴν Ὀρέστου τοῦ Ἀγαμέμνονος μνῆμα, καὶ
ὑφελέσθαι Σπαρτιάτην τὰ ὀστᾶ αὐτόθεν οἱ
Τεγεᾶται λέγουσι· καθ' ἡμᾶς δὲ οὐκέτι πυλῶν
ἐντὸς ἐγίνετο ὁ τάφος. ῥεῖ δὲ καὶ Γαράτης
ποταμὸς κατὰ τὴν ὁδόν· διαβάντι δὲ τὸν Γαράτην
καὶ προελθόντι σταδίους δέκα Πανός ἐστιν ἱερὸν
καὶ πρὸς αὐτῷ δρῦς, ἱερὰ καὶ αὕτη τοῦ Πανός.

5 Ἡ δὲ ἐς Ἄργος ἐκ Τεγέας ὀχήματι ἐπιτηδειο-
τάτη καὶ τὰ μάλιστά ἐστι λεωφόρος. ἔστι δὲ
ἐπὶ τῆς ὁδοῦ πρῶτα μὲν ναὸς καὶ ἄγαλμα
Ἀσκληπιοῦ· μετὰ δὲ ἐκτραπεῖσιν ἐς ἀριστερὰ
ὅσον στάδιον Ἀπόλλωνος ἐπίκλησιν Πυθίου
καταλελυμένον ἐστὶν ἱερὸν καὶ ἐρείπια ἐς ἅπαν.
κατὰ δὲ τὴν εὐθεῖαν αἵ τε δρῦς εἰσι πολλαὶ καὶ
Δήμητρος ἐν τῷ ἄλσει τῶν δρυῶν ναὸς ἐν Κορυ-
θεῦσι καλουμένης· πλησίον δὲ ἄλλο ἐστὶν ἱερὸν
6 Διονύσου Μύστου. τὸ ἀπὸ τούτου δὲ ἄρχεται

---

[1] Here Spiro would add ἡ.

it sinks into the Tegean plain; rising at Asea, and mingling its stream with the Eurotas, it sinks again into the earth. Coming up at the place called by the Arcadians Pegae (*Springs*), and flowing past the land of Pisa and past Olympia, it falls into the sea above Cyllene, the port of Elis. Not even the Adriatic could check its flowing onwards, but passing through it, so large and stormy a sea, it shows in Ortygia, before Syracuse, that it is the Alpheius, and unites its water with Arethusa.

The straight road from Tegea to Thyrea and to the villages its territory contains can show a notable sight in the tomb of Orestes, the son of Agamemnon; from here, say the Tegeans, a Spartan stole his bones. In our time the grave is no longer within the gates. By the road flows also the river Garates. Crossing the Garates and advancing ten stades you come to a sanctuary of Pan, by which is an oak, like the sanctuary sacred to Pan.

The road from Tegea to Argos is very well suited for carriages, in fact a first-rate highway. On the road come first a temple and image of Asclepius. Next, turning aside to the left for about a stade, you see a dilapidated sanctuary of Apollo surnamed Pythian which is utterly in ruins. Along the straight road there are many oaks, and in the grove of oaks is a temple of Demeter called " in Corythenses." Hard by is another sanctuary, that of Mystic Dionysus. At

τὸ ὄρος τὸ Παρθένιον· ἐν δὲ αὐτῷ τέμενος
δείκνυται Τηλέφου, καὶ ἐνταῦθα παῖδα ἐκκεί-
μενόν φασιν αὐτὸν ὑπὸ ἐλάφου τραφῆναι. ἀπω-
τέρω δὲ ὀλίγον Πανός ἐστιν ἱερόν, ἔνθα Φιλιπ-
πίδη φανῆναι τὸν Πᾶνα καὶ εἰπεῖν ἃ πρὸς αὐτὸν
Ἀθηναῖοί τε καὶ κατὰ ταὐτὰ Τεγεᾶται λέγουσι·
7 παρέχεται δὲ τὸ Παρθένιον καὶ ἐς λύρας ποίησιν
χελώνας ἐπιτηδειοτάτας, ἃς οἱ περὶ τὸ ὄρος
ἄνθρωποι καὶ αὐτοὶ λαμβάνειν δεδοίκασιν ἀεὶ
καὶ ξένους οὐ περιορῶσιν αἱροῦντας· ἱερὰς γὰρ
σφᾶς εἶναι τοῦ Πανὸς ἥγηνται. ὑπερβαλόντι δὲ
τὴν κορυφὴν τοῦ ὄρους ἔστιν ἐν τοῖς ἤδη γεωργου-
μένοις Τεγεατῶν ὄρος καὶ Ἀργείων κατὰ Ὑσιὰς
τὰς ἐν τῇ Ἀργολίδι.

Αἵδε μὲν Πελοποννήσου μοῖραι καὶ πόλεις τε
ἐν ταῖς μοίραις καὶ ἐν ἑκάστῃ πόλει τὰ ἀξιολογώ-
τατά ἐστιν ἐς μνήμην.

this point begins Mount Parthenius. On it is shown a sacred enclosure of Telephus, where it is said that he was exposed when a child and was suckled by a deer. A little farther on is a sanctuary of Pan, where Athenians and Tegeans agree that he appeared to Philippides and conversed with him. Mount Parthenius rears also tortoises most suitable for the making of harps; but the men on the mountain are always afraid to capture them, and will not allow strangers to do so either, thinking them to be sacred to Pan. Crossing the peak of the mountain you are within the cultivated area, and reach the boundary between Tegea and Argos; it is near Hysiae in Argolis.

These are the divisions of the Peloponnesus, the cities in the divisions, and the most noteworthy things in each city.

# BOOK IX

Θ'

# ΒΟΙΩΤΙΚΑ

I. Ἀθηναίοις δὲ ἡ Βοιωτία καὶ κατὰ ἄλλα
τῆς Ἀττικῆς ἐστιν ὅμορος, πρὸς δὲ Ἐλευθερῶν
οἱ Πλαταιεῖς. Βοιωτοὶ δὲ τὸ μὲν πᾶν ἔθνος ἀπὸ
Βοιωτοῦ τὸ ὄνομα ἔσχηκεν, ὃν Ἰτώνου παῖδα
καὶ νύμφης δὴ Μελανίππης, Ἴτωνον δὲ Ἀμφικ-
τύονος εἶναι λέγουσι· καλοῦνται δὲ κατὰ πόλεις
ἀπό τε ἀνδρῶν καὶ τὰ πλείω γυναικῶν. οἱ δὲ
Πλαταιεῖς τὸ ἐξ ἀρχῆς ἐμοὶ δοκεῖν εἰσιν αὐτό-
χθονες· ὄνομα δέ σφισιν ἀπὸ Πλαταίας, ἣν
θυγατέρα εἶναι Ἀσωποῦ[1] τοῦ ποταμοῦ νομίζου-
2 σιν. ὅτι μὲν δὴ καὶ οὗτοι τὸ ἀρχαῖον ἐβασι-
λεύοντο, δῆλά ἐστι· βασιλείαι γὰρ πανταχοῦ
τῆς Ἑλλάδος καὶ οὐ δημοκρατίαι πάλαι καθεσ-
τήκεσαν. τῶν δὲ βασιλέων ἄλλον μὲν οὐδένα
οἱ Πλαταιεῖς ἴσασι, μόνον δὲ Ἀσωπὸν καὶ ἔτι
πρότερον Κιθαιρῶνα· καὶ τὸν μὲν ἀφ' αὑτοῦ
θέσθαι τῷ ὄρει τὸ ὄνομα, τὸν δὲ τῷ ποταμῷ
λέγουσι. δοκῶ δὲ καὶ τὴν Πλάταιαν, ἀφ' ἧς
κέκληται ἡ πόλις, βασιλέως Ἀσωποῦ καὶ οὐ τοῦ
ποταμοῦ παῖδα εἶναι.
3 Πλαταιεῦσι δὲ πρὸ μὲν τῆς μάχης, ἣν Ἀθηναῖοι
Μαραθῶνι ἐμαχέσαντο, οὐδὲν ὑπῆρχεν ἐς δόξαν·
μετασχόντες δὲ τοῦ Μαραθῶνι ἀγῶνος ὕστερον

---

[1] Ἀσωποῦ is not in the MSS. It was added by Clavier.

PAUSANIAS: DESCRIPTION OF GREECE

# BOOK IX

## BOEOTIA

I. Boeotia borders on Attica at several places, one of which is where Plataea touches Eleutherae. The Boeotians as a race got their name from Boeotus, who, legend says, was the son of Itonus and the nymph Melanippe, and Itonus was the son of Amphictyon. The cities are called in some cases after men, but in most after women. The Plataeans were originally, in my opinion, sprung from the soil; their name comes from Plataea, whom they consider to be a daughter of the river Asopus. It is clear that the Plataeans too were of old ruled by kings; for everywhere in Greece in ancient times, kingship and not democracy was the established form of government. But the Plataeans know of no king except Asopus and Cithaeron before him, holding that the latter gave his name to the mountain, the former to the river. I think that Plataea also, after whom the city is named, was a daughter of King Asopus, and not of the river.

Before the battle that the Athenians fought at Marathon, the Plataeans had no claim to renown. But they were present at the battle of Marathon,

καταβεβηκότος ἤδη Ξέρξου καὶ ἐς τὰς ναῦς
ἐτόλμησαν μετ' Ἀθηναίων ἐσβῆναι, Μαρδόνιον
δὲ τὸν Γωβρύου Ξέρξῃ στρατηγοῦντα ἠμύναντο
ἐν τῇ σφετέρᾳ. δὶς δὲ σφᾶς κατέλαβε γενέσθαι
τε ἀναστάτους καὶ αὖθις ἐς Βοιωτίαν καταχ-
4 θῆναι. ἐπὶ μὲν γὰρ τοῦ πολέμου τοῦ Πελο-
ποννησίοις πρὸς Ἀθηναίους γενομένου Λακεδαι-
μόνιοι πολιορκίᾳ Πλάταιαν ἐξεῖλον· ἀνοικισ-
θείσης δὲ ἐπὶ τῆς εἰρήνης, ἣν πρὸς βασιλέα τῶν
Περσῶν γενέσθαι τοῖς Ἕλλησιν ἔπραξεν Ἀνταλ-
κίδας ἀνὴρ Σπαρτιάτης, καὶ τῶν Πλαταιέων
κατελθόντων ἐξ Ἀθηνῶν, τοὺς δὲ αὖθις ἔμελλεν
ἐπιλήψεσθαι κακὸν δεύτερον. ἐκ μέν γε τοῦ
ἐμφανοῦς πόλεμος πρὸς τοὺς Θηβαίους οὐκ ἦν
συνεστηκώς, ἀλλὰ οἱ Πλαταιεῖς μένειν τὴν
εἰρήνην σφίσιν ἔφασαν, ὅτι τὴν Καδμείαν Λακε-
δαιμονίοις κατασχοῦσιν οὔτε βουλεύματος οὔτε
5 ἔργου μετεσχήκεσαν· Θηβαῖοι δὲ ἀπέφαινον τήν
τε εἰρήνην Λακεδαιμονίους εἶναι τοὺς πράξαντας
καὶ ὕστερον παραβάντων ἐκείνων λελύσθαι καὶ
ἅπασιν ἠξίουν τὰς σπονδάς. οὐκ ἀνύποπτα οὖν
ἡγούμενοι οἱ Πλαταιεῖς τὰ ἐκ τῶν Θηβαίων διὰ
φυλακῆς εἶχον ἰσχυρᾶς τὴν πόλιν· καὶ ἐς τοὺς
ἀγρούς, ὁπόσοι ἀπωτέρω τοῦ ἄστεως ἦσαν, οὐδὲ
ἐς τούτους ἀνὰ πᾶσαν ἤρχοντο τὴν ἡμέραν, ἀλλὰ
—ἠπίσταντο γὰρ τοὺς Θηβαίους ὡς [1] πανδημεὶ
καὶ ἅμα ἐπὶ πλεῖστον εἰώθεσαν βουλεύεσθαι—
παρεφύλασσον τὰς ἐκκλησίας αὐτῶν, καὶ ἐν τῷ
τοσούτῳ καθ' ἡσυχίαν ἐφεώρων τὰ ἑαυτῶν καὶ
6 οἱ ἔσχατοι γεωργοῦντες. Νεοκλῆς δὲ ὃς τότε
βοιωταρχῶν ἔτυχεν ἐν Θήβαις—οὐ γὰρ αὐτὸν
οἱ Πλαταιεῖς ἐλελήθεσαν ἐπὶ τῇ τέχνῃ—προεῖπε
174

and later, when Xerxes came down to the sea, they bravely manned the fleet with the Athenians, and defended themselves in their own country against the general of Xerxes, Mardonius, the son of Gobryas. Twice it was their fate to be driven from their homes and to be taken back to Boeotia. For in the war between the Peloponnesians and Athens, the Lacedaemonians reduced Plataea by siege, but it was restored during the peace made by the Spartan 387 B.C. Antalcidas between the Persians and the Greeks, and the Plataeans returned from Athens. But a second disaster was destined to befall them. There was no open war between Plataea and Thebes; in fact the Plataeans declared that the peace with them still held, because when the Lacedaemonians seized the Cadmeia they had no part either in the plan or in the performance. But the Thebans maintained that as the Lacedaemonians had themselves made the peace and then broken it, all alike, in their view, were freed from its terms. The Plataeans, therefore, looked upon the attitude of the Thebans with suspicion, and maintained strict watch over their city. They did not go either daily to the fields at some distance from the city, but, knowing that the Thebans were wont to conduct their assemblies with every voter present, and at the same time to prolong their discussions, they waited for their assemblies to be called, and then, even those whose farms lay farthest away, looked after their lands at their leisure. But Neocles, who was at the time Boeotarch at Thebes, not being unaware of the Plataean trick, proclaimed that every

---

[1] ὡς was added by Porson.

τῶν Θηβαίων ἕκαστόν τέ τινα ἰέναι πρὸς τὴν
ἐκκλησίαν ὁμοῦ τοῖς ὅπλοις καὶ σφᾶς αὐτίκα
οὐ τὴν εὐθεῖαν ἀπὸ τῶν Θηβῶν τὴν πεδιάδα, τὴν
δὲ ἐπὶ Ὑσιῶν ἦγε πρὸς Ἐλευθερῶν τε καὶ τῆς
Ἀττικῆς, ᾗ μηδὲ σκοπὸς ἐτέτακτο ὑπὸ τῶν
Πλαταιέων· γενήσεσθαι δὲ περὶ τὰ τείχη περὶ
7 μεσοῦσαν μάλιστα ἔμελλε τὴν ἡμέραν. Πλα-
ταιεῖς δὲ ἄγειν Θηβαίους ἐκκλησίαν νομίζοντες ἐς
τοὺς ἀγροὺς ἀποκεκλειμένοι τῶν πυλῶν ἦσαν·
πρὸς δὲ τοὺς ἐγκαταληφθέντας ἐποιήσαντο οἱ
Θηβαῖοι σπονδάς, ἀπελθεῖν σφᾶς πρὸ ἡλίου
δύντος ἄνδρας μὲν σὺν ἑνί, γυναῖκας δὲ δύο
ἱμάτια ἑκάστην ἔχουσαν. συνέβη τε ἐναντία
τοῖς Πλαταιεῦσιν ἐν τῷ τότε ἡ τύχη ἢ ὡς ὑπὸ
Ἀρχιδάμου καὶ Λακεδαιμονίων τὸ πρότερον
ἥλωσαν· Λακεδαιμόνιοι μέν γε αὐτοὺς ἐξεπολι-
όρκησαν ἀπείργοντες διπλῷ τείχει μὴ ἐξελθεῖν
τοῦ ἄστεως, Θηβαῖοι δὲ ἐν τῷ τότε ἀφελόμενοι
8 μὴ ἐσελθεῖν σφᾶς ἐς τὸ τεῖχος. ἐγένετο δὲ ἡ
ἅλωσις Πλαταίας ἡ δευτέρα μάχης μὲν τρίτῳ
τῆς ἐν Λεύκτροις ἔτει πρότερον, Ἀστείου δὲ
Ἀθήνησιν ἄρχοντος. καὶ ἡ μὲν πόλις ὑπὸ τῶν
Θηβαίων καθῃρέθη πλὴν τὰ ἱερά, τοῖς δὲ
Πλαταιεῦσιν ὁ τρόπος τῆς ἁλώσεως σωτηρίαν
παρέσχεν ἐν ἴσῳ πᾶσιν· ἐκπεσόντας δὲ σφᾶς
ἐδέξαντο αὖθις οἱ Ἀθηναῖοι. Φιλίππου δέ, ὡς
ἐκράτησεν ἐν Χαιρωνείᾳ, φρουράν τε ἐσαγαγόντος
ἐς Θήβας καὶ ἄλλα ἐπὶ καταλύσει τῶν Θηβαίων
πράσσοντος, οὕτω καὶ οἱ Πλαταιεῖς ὑπ' αὐτοῦ
κατήχθησαν.

II. Γῆς δὲ τῆς Πλαταιίδος ἐν τῷ Κιθαιρῶνι ὀλί-
γον τῆς εὐθείας ἐκτραπεῖσιν ἐς δεξιὰ Ὑσιῶν καὶ

Theban should attend the assembly armed, and at once proceeded to lead them, not by the direct way from Thebes across the plain, but along the road to Hysiae in the direction of Eleutherae and Attica, where not even a scout had been placed by the Plataeans, being due to reach the walls about noon. The Plataeans, thinking that the Thebans were holding an assembly, were afield and cut off from their gates. With those caught within the city the Thebans came to terms, allowing them to depart before sundown, the men with one garment each, the women with two. What happened to the Plataeans on this occasion was the reverse of what happened to them formerly when they were taken by the Lacedaemonians under Archidamus. For the Lacedaemonians reduced them by preventing them from getting out of the city, building a double line of circumvallation; the Thebans on this occasion by preventing them from getting within their walls. The second capture of Plataea occurred two years before the battle of 373 B.C. Leuctra, when Asteius was Archon at Athens. The Thebans destroyed all the city except the sanctuaries, but the method of its capture saved the lives of all the Plataeans alike, and on their expulsion they were again received by the Athenians. When Philip after his victory at Chaeroneia introduced a garrison into Thebes, one of the means he employed to bring the Thebans low was to restore the Plataeans to their homes.

II. On Mount Cithaeron, within the territory of Plataea, if you turn off to the right for a little way

177

Ἐρυθρῶν ἐρείπιά ἐστι. πόλεις δέ ποτε τῶν
Βοιωτῶν ἦσαν, καὶ νῦν ἔτι ἐν τοῖς ἐρειπίοις τῶν
Ὑσιῶν ναός ἐστιν Ἀπόλλωνος ἡμίεργος καὶ
φρέαρ ἱερόν· πάλαι δὲ ἐκ τοῦ φρέατος κατὰ τὸν
Βοιωτῶν λόγον ἐμαντεύοντο πίνοντες. ἐπανελ-
2 θοῦσι δὲ ἐς τὴν λεωφόρον ἐστὶν αὖθις ἐν δεξιᾷ
Μαρδονίου λεγόμενον μνῆμα εἶναι. καὶ ὅτι μὲν
εὐθὺς ἦν μετὰ τὴν μάχην ἀφανὴς ὁ Μαρδονίου
νεκρός, ἔστιν ὡμολογημένον· τὸν δὲ θάψαντα οὐ
κατὰ ταὐτά, ὅστις ἦν, λέγουσι· φαίνεται δὲ
Ἀρτόντης ὁ Μαρδονίου πλεῖστα μὲν δοὺς Διονυ-
σοφάνει δῶρα ἀνδρὶ Ἐφεσίῳ, δοὺς μέντοι καὶ
ἄλλοις Ἰώνων ὡς οὐδὲ ἐκείνοις ἀμελὲς γενόμενον
ταφῆναι Μαρδόνιον.

3 Αὕτη μὲν ἀπ' Ἐλευθερῶν ἐς Πλάταιαν ἄγει,
τοῖς δὲ Μεγάρων ἰοῦσι πηγή τέ ἐστιν ἐν δεξιᾷ
καὶ προελθοῦσιν ὀλίγον πέτρα· καλοῦσι δὲ τὴν
μὲν Ἀκταίωνος κοίτην,[1] ἐπὶ ταύτῃ καθεύδειν
φάμενοι[2] τῇ πέτρᾳ τὸν Ἀκταίωνα ὁπότε κάμοι
θηρεύων, ἐς δὲ τὴν πηγὴν ἐνιδεῖν λέγουσιν αὐτὸν
λουμένης Ἀρτέμιδος ἐν τῇ πηγῇ. Στησίχορος
δὲ ὁ Ἱμεραῖος ἔγραψεν ἐλάφου περιβαλεῖν δέρμα
Ἀκταίωνι τὴν θεόν, παρασκευάζουσάν οἱ τὸν
ἐκ τῶν κυνῶν θάνατον, ἵνα δὴ μὴ γυναῖκα
4 Σεμέλην λάβοι. ἐγὼ δὲ ἄνευ θεοῦ πείθομαι
νόσον λύσσαν τοῦ Ἀκταίωνος ἐπιλαβεῖν τοὺς
κύνας· μανέντες δὲ καὶ οὐ διαγινώσκοντες δια-
φορήσειν ἔμελλον πάντα τινὰ ὅτῳ περιτύχοιεν.
καθότι δὲ τοῦ Κιθαιρῶνος Πενθεῖ τῷ Ἐχίονος
ἐγένετο ἡ συμφορὰ ἢ Οἰδίποδα ὅπῃ τεχθέντα

---

[1] κοίτην Bekker : καὶ τὴν most MSS.
[2] φάμενοι Bekker : φασὶν οἱ MSS.

from the straight road, you reach the ruins of Hysiae and Erythrae. Once they were cities of Boeotia, and even at the present day among the ruins of Hysiae are a half-finished temple of Apollo and a sacred well. According to the Boeotian story oracles were obtained of old from the well by drinking of it. Returning to the highway you again see on the right a tomb, said to be that of Mardonius. It is agreed that the body of Mardonius was not seen again after the battle, but there is not a similar agreement as to the person who gave it burial. It is admitted that Artontes, son of Mardonius, gave many gifts to Dionysophanes the Ephesian, but also that he gave them to others of the Ionians, in recognition that they too had spent some pains on the burial of Mardonius.

This road leads to Plataea from Eleutherae. On the road from Megara there is a spring on the right, and a little farther on a rock. It is called the bed of Actaeon, for it is said that he slept thereon when weary with hunting, and that into this spring he looked while Artemis was bathing in it. Stesichorus of Himera says that the goddess cast a deer-skin round Actaeon to make sure that his hounds would kill him, so as to prevent his taking Semele to wife. My own view is that without divine interference the hounds of Actaeon were smitten with madness, and so they were sure to tear to pieces without distinction everybody they chanced to meet. Whereabouts on Cithaeron the disaster befell Pentheus, the son of Echion, or where Oedipus was exposed at birth,

ἐξέθεσαν, οἶδεν οὐδείς, καθάπερ γε ἴσμεν τὴν
Σχιστὴν ὁδὸν τὴν ἐπὶ Φωκέων, ἐφ' ᾗ τὸν πατέρα
Οἰδίπους ἀπέκτεινεν, (ὁ δὲ Κιθαιρὼν τὸ ὄρος
Διὸς ἱερὸν Κιθαιρωνίου ἐστίν)¹ ἃ δὴ καὶ ἐς
πλέον ἐπέξειμι, ἐπειδὰν ἐς αὐτὰ ὁ λόγος καθήκῃ
μοι.

5 Κατὰ δὲ τὴν ἔσοδον μάλιστα τὴν ἐς Πλάταιαν
τάφοι τῶν πρὸς Μήδους μαχεσαμένων εἰσί. τοῖς
μὲν οὖν λοιποῖς ἐστιν Ἕλλησι μνῆμα κοινόν·
Λακεδαιμονίων δὲ καὶ Ἀθηναίων τοῖς πεσοῦσιν
ἰδίᾳ τέ εἰσιν οἱ τάφοι καὶ ἐλεγεῖά ἐστι Σιμωνίδου
γεγραμμένα ἐπ' αὐτοῖς. οὐ πόρρω δὲ ἀπὸ τοῦ
κοινοῦ τῶν Ἑλλήνων Διός ἐστιν Ἐλευθερίου
βωμὸς * * τοῦτον μὲν δὴ χαλκοῦ, τοῦ Διὸς
δὲ τόν τε βωμὸν καὶ τὸ ἄγαλμα ἐποίησεν λευκοῦ
6 λίθου. ἄγουσι δὲ καὶ νῦν ἔτι ἀγῶνα διὰ ἔτους
πέμπτου τὰ Ἐλευθέρια, ἐν ᾧ μέγιστα γέρα
πρόκειται δρόμου· θέουσι δὲ ὡπλισμένοι πρὸ
τοῦ βωμοῦ. τρόπαιον δέ, ὃ τῆς μάχης τῆς
Πλαταιᾶσιν ἀνέθεσαν οἱ Ἕλληνες, πεντεκαί-
δεκα σταδίοις μάλιστα ἕστηκεν ἀπωτέρω τῆς
πόλεως.

7 Ἐν αὐτῇ δὲ τῇ πόλει προϊοῦσιν ἀπὸ τοῦ
βωμοῦ καὶ τοῦ ἀγάλματος ἃ τῷ Διὶ πεποίηται
τῷ Ἐλευθερίῳ, Πλαταίας ἐστὶν ἡρῷον· καί μοι
τὰ ἐς αὐτὴν ἤδη, τὰ λεγόμενα καὶ ὁποῖα αὐτὸς
εἴκαζον, ἔστιν εἰρημένα. Πλαταιεῦσι δὲ ναός
ἐστιν Ἥρας, θέας ἄξιος μεγέθει τε καὶ ἐς τῶν
ἀγαλμάτων τὸν κόσμον. ἐσελθοῦσι μὲν Ῥέα τὸν
πέτρον κατειλημένον σπαργάνοις, οἷα δὴ τὸν
παῖδα ὃν ἔτεκε, Κρόνῳ κομίζουσά ἐστι· τὴν δὲ
Ἥραν Τελείαν καλοῦσι, πεποίηται δὲ ὀρθὸν

nobody knows with the assurance with which we know the Cleft Road to Phocis, where Oedipus killed his father (Mount Cithaeron is sacred to Cithaeronian Zeus), as I shall tell of[1] at greater length when this place in my story has been reached.

Roughly at the entrance into Plataea are the graves of those who fought against the Persians. Of the Greeks generally there is a common tomb, but the Lacedaemonians and Athenians who fell have separate graves, on which are written elegiac verses by Simonides. Not far from the common tomb of the Greeks is an altar of Zeus, God of Freedom. . . . This then is of bronze, but the altar and the image he made of white marble. Even at the present day they hold every four years games called Eleutheria (*Of Freedom*), in which great prizes are offered for running. The competitors run in armour before the altar. The trophy which the Greeks set up for the battle at Plataea stands about fifteen stades from the city.

Advancing in the city itself from the altar and the image which have been made to Zeus of Freedom, you come to a hero-shrine of Plataea. The legends about her, and my own conjectures, I have already[2] stated. There is at Plataea a temple of Hera, worth seeing for its size and for the beauty of its images. On entering you see Rhea carrying to Cronus the stone wrapt in swaddling clothes, as though it were the babe to which she had given birth. The Hera they call Full-grown; it is an upright image of huge size.

---

[1] See Book X. v. 3.     [2] See Chapter I of this book.

---

[1] The sentence ὁ . . . ἐστίν seems to be either a gloss or misplaced.

μεγέθει ἄγαλμα μέγα· λίθου δὲ ἀμφότερα τοῦ
Πεντελησίου, Πραξιτέλους δέ ἐστιν ἔργα.

Ἐνταῦθα καὶ ἄλλο Ἥρας ἄγαλμα καθήμενον
Καλλίμαχος ἐποίησε· Νυμφευομένην δὲ τὴν
θεὸν ἐπὶ λόγῳ τοιῷδε ὀνομάζουσιν. III. Ἥραν
ἐφ' ὅτῳ δὴ πρὸς τὸν Δία ὠργισμένην ἐς Εὔβοιάν
φασιν ἀναχωρῆσαι, Δία δέ, ὡς οὐκ ἔπειθεν αὐτήν,
παρὰ Κιθαιρῶνα λέγουσιν ἐλθεῖν δυναστεύοντα
ἐν Πλαταιαῖς τότε· εἶναι γὰρ τὸν Κιθαιρῶνα
οὐδενὸς σοφίαν ὕστερον. οὗτος οὖν κελεύει τὸν
Δία ἄγαλμα ξύλου ποιησάμενον ἄγειν ἐπὶ βοῶν
ζεύγους ἐγκεκαλυμμένον, λέγειν δὲ ὡς ἄγοιτο
2 γυναῖκα Πλάταιαν τὴν Ἀσωποῦ. καὶ ὁ μὲν
ἔπρασσε κατὰ τὴν παραίνεσιν τοῦ Κιθαιρῶνος·
Ἥρα δὲ ἐπέπυστό τε αὐτίκα καὶ αὐτίκα ἀφίκετο.
ὡς δὲ ἐπλησίαζε τῇ ἁμάξῃ καὶ τοῦ ἀγάλματος
τὴν ἐσθῆτα περιέρρηξεν, ἥσθη τε τῇ ἀπάτῃ
ξόανον εὑροῦσα ἀντὶ νύμφης γυναικὸς καὶ διαλ-
λαγὰς ποιεῖται πρὸς τὸν Δία. ἐπὶ ταύταις ταῖς
διαλλαγαῖς Δαίδαλα ἑορτὴν ἄγουσιν, ὅτι οἱ
πάλαι τὰ ξόανα ἐκάλουν δαίδαλα· ἐκάλουν δὲ
ἐμοὶ δοκεῖν πρότερον ἔτι ἢ Δαίδαλος ὁ Παλα-
μάονος ἐγένετο Ἀθήνησι, τούτῳ δὲ ὕστερον ἀπὸ
τῶν δαιδάλων ἐπίκλησιν γενέσθαι δοκῶ καὶ οὐκ
3 ἐκ γενετῆς τεθῆναι τὸ ὄνομα. Δαίδαλα οὖν
ἄγουσιν οἱ Πλαταιεῖς ἑορτὴν δι' ἔτους ἑβδόμου
μέν, ὡς ἔφασκεν ὁ τῶν ἐπιχωρίων ἐξηγητής,
ἀληθεῖ μέντοι λόγῳ δι' ἐλάσσονος καὶ οὐ τοσού-
του χρόνου· ἐθελήσαντες δὲ ἀπὸ Δαιδάλων ἐς
Δαίδαλα ἕτερα ἀναριθμῆσαι τὸν μεταξὺ χρόνον
ἐς τὸ ἀκριβέστατον οὐκ ἐγενόμεθα οἷοί τε.
4 ἄγουσι δὲ οὕτω τὴν ἑορτήν. δρυμός ἐστιν

Both figures are of Pentelic marble, and the artist was Praxiteles.

Here too is another image of Hera; it is seated, and was made by Callimachus. The goddess they call the Bride for the following reason. III. Hera, they say, was for some reason or other angry with Zeus, and had retreated to Euboea. Zeus, failing to make her change her mind, visited Cithaeron, at that time despot in Plataea, who surpassed all men for his cleverness. So he ordered Zeus to make an image of wood, and to carry it, wrapped up, in a bullock wagon, and to say that he was celebrating his marriage with Plataea, the daughter of Asopus. So Zeus followed the advice of Cithaeron. Hera heard the news at once, and at once appeared on the scene. But when she came near the wagon and tore away the dress from the image, she was pleased at the deceit, on finding it a wooden image and not a bride, and was reconciled to Zeus. To commemorate this reconciliation they celebrate a festival called Daedala, because the men of old time gave the name of *daedala* to wooden images. My own view is that this name was given to wooden images before Daedalus, the son of Palamaon, was born at Athens, and that he did not receive this name at birth, but that it was a surname afterwards given him from the *daedala*. So the Plataeans hold the festival of the Daedala every six years, according to the local guide, but really at a shorter interval. I wanted very much to calculate exactly the interval between one Daedala and the next, but I was unable to do so. In this way they celebrate the feast. Not far from

Ἀλαλκομενῶν οὐ πόρρω· μέγιστα τῶν ἐν Βοιωτίᾳ
στελέχη δρυῶν ἐστιν ἐνταῦθα. ἐς τοῦτον οἱ
Πλαταιεῖς ἀφικόμενοι τὸν δρυμὸν προτίθενται
μοίρας κρεῶν ἐφθῶν. ὄρνιθες δὲ οἱ μὲν ἄλλοι
σφίσιν ἥκιστά εἰσι δι' ὄχλου, τῶν κοράκων δὲ
—οὗτοι γάρ σφισιν ἐπιφοιτῶσιν—ἔχουσιν ἀκριβῆ
τὴν φρουράν. τὸν δὲ αὐτῶν ἁρπάσαντα κρέας,
ἐφ' ὅτῳ τῶν δένδρων καθεδεῖται, φυλάσσουσιν.
ἐφ' οὗ δ' ἂν καθεσθῇ, τεμόντες ποιοῦσιν ἀπὸ
τούτου τὸ δαίδαλον· δαίδαλον γὰρ δὴ καὶ τὸ
5 ξόανον αὐτὸ ὀνομάζουσι. ταύτην μὲν ἰδίᾳ οἱ
Πλαταιεῖς ἑορτὴν ἄγουσι, Δαίδαλα μικρὰ ὀνο-
μάζοντες· Δαιδάλων δὲ ἑορτὴν τῶν μεγάλων καὶ
Βοιωτοί σφισι συνεορτάζουσι, δι' ἑξηκοστοῦ δὲ
ἄγουσιν ἔτους· ἐκλιπεῖν γὰρ τοσοῦτον χρόνον
τὴν ἑορτὴν φασιν, ἡνίκα οἱ Πλαταιεῖς ἔφευγον.
ξόανα δὲ τεσσαρεσκαίδεκα ἕτοιμά σφισίν ἐστι
κατ' ἐνιαυτὸν ἕκαστον παρασκευασθέντα ἐν
6 Δαιδάλοις τοῖς μικροῖς. ταῦτα ἀναιροῦνται
κλήρῳ Πλαταιεῖς Κορωναῖοι Θεσπιεῖς Τανα-
γραῖοι Χαιρωνεῖς Ὀρχομένιοι Λεβαδεῖς Θηβαῖοι·
διαλλαγῆναι γὰρ καὶ οὗτοι Πλαταιεῦσιν ἠξίωσαν
καὶ συλλόγου μετασχεῖν κοινοῦ καὶ ἐς Δαίδαλα
θυσίαν ἀποστέλλειν, ὅτε Κάσσανδρος ὁ Ἀντι-
πάτρου τὰς Θήβας ἀνῴκισε. τῶν δὲ πολισμάτων
ὁπόσα ἐστὶν ἐλάσσονος λόγου, συντέλειαν αἱροῦν-
7 ται.¹ τὸ δὲ ἄγαλμα κομίσαντες² παρὰ τὸν
Ἀσωπὸν καὶ ἀναθέντες ἐπὶ ἄμαξαν, γυναῖκα
ἐφιστᾶσι νυμφεύτριαν· οἱ δὲ αὖθις κληροῦνται
καθ' ἥντινα τάξιν τὴν πομπὴν ἀνάξουσι· τὸ δὲ
ἐντεῦθεν τὰς ἁμάξας ἀπὸ τοῦ ποταμοῦ πρὸς
ἄκρον τὸν Κιθαιρῶνα ἐλαύνουσιν. εὐτρέπισται
184

Alalcomenae is a grove of oaks. Here the trunks of
the oaks are the largest in Boeotia. To this grove
come the Plataeans, and lay out portions of boiled
flesh. They keep a strict watch on the crows which
flock to them, but they are not troubled at all about
the other birds. They mark carefully the tree on which
a crow settles with the meat he has seized. They
cut down the trunk of the tree on which the crow has
settled, and make of it the *daedalum*; for this is the
name that they give to the wooden image also. This
feast the Plataeans celebrate by themselves, calling
it the Little Daedala, but the Great Daedala, which
is shared with them by the Boeotians, is a festival
held at intervals of fifty-nine years, for that is the
period during which, they say, the festival could not
be held, as the Plataeans were in exile. There are
fourteen wooden images ready, having been provided
each year at the Little Daedala. Lots are cast
for them by the Plataeans, Coronaeans, Thespians,
Tanagraeans, Chaeroneans, Orchomenians, Leba-
deans, and Thebans; for at the time when Cassander,
the son of Antipater, rebuilt Thebes, the Thebans
wished to be reconciled with the Plataeans, to share
in the common assembly, and to send a sacrifice to
the Daedala. The towns of less account pool their
funds for images. Bringing the image to the Asopus,
and setting it upon a wagon, they place a bridesmaid
also on the wagon. They again cast lots for the
position they are to hold in the procession. After this
they drive the wagons from the river to the summit of
Cithaeron. On the peak of the mountain an altar has

---

[1] Some would read συντελῆ, ἀναιροῦνται.
[2] The MSS. have κοσμήσαντες, "having decked."

δέ σφισιν ἐπὶ τῇ κορυφῇ τοῦ ὄρους βωμός,
ποιοῦσι δὲ τρόπῳ τοιῷδε τὸν βωμόν· ξύλα τετρά-
γωνα ἁρμόζοντες πρὸς ἄλληλα συντιθέασι κατὰ
ταὐτὰ καὶ εἰ λίθων ἐποιοῦντο οἰκοδομίαν, ἐξά-
8 ραντες δὲ ἐς ὕψος φρύγανα ἐπιφέρουσιν. αἱ μὲν
δὴ πόλεις καὶ τὰ τέλη θήλειαν θύσαντες τῇ Ἥρᾳ
βοῦν ἕκαστοι καὶ ταῦρον τῷ Διὶ τὰ ἱερεῖα οἴνου
καὶ θυμιαμάτων πλήρη καὶ τὰ δαίδαλα ὁμοῦ
καθαγίζουσιν ἐπὶ τοῦ βωμοῦ, ἰδιῶται δὲ ὁπόσα
δὴ θύουσιν οἱ πλούσιοι· τοῖς δὲ οὐχ ὁμοίως
δυναμένοις τὰ λεπτότερα τῶν προβάτων θύειν
καθέστηκε, καθαγίζειν δὲ τὰ ἱερεῖα ὁμοίως πάντα.
σὺν δέ σφισι καὶ αὐτὸν τὸν βωμὸν ἐπιλαβὸν
τὸ πῦρ ἐξανήλωσε· μεγίστην δὲ ταύτην φλόγα
καὶ ἐκ μακροτάτου σύνοπτον οἶδα ἀρθεῖσαν.
9 ὑπὸ δὲ τῆς κορυφῆς, ἐφ᾽ ᾗ τὸν βωμὸν ποιοῦνται,
πέντε που μάλιστα καὶ δέκα ὑποκαταβάντι
σταδίους νυμφῶν ἐστιν ἄντρον Κιθαιρωνίδων,
Σφραγίδιον μὲν ὀνομαζόμενον, μαντεύεσθαι δὲ
τὰς νύμφας τὸ ἀρχαῖον αὐτόθι ἔχει λόγος.

IV. Πλαταιεῦσι δὲ Ἀθηνᾶς ἐπίκλησιν Ἀρείας
ἐστὶν ἱερόν· ᾠκοδομήθη δὲ ἀπὸ λαφύρων ἃ τῆς
μάχης σφίσιν Ἀθηναῖοι τῆς Μαραθῶνι ἀπένει-
μαν. τὸ μὲν δὴ ἄγαλμα ξόανόν ἐστιν ἐπίχρυσον,
πρόσωπον δέ οἱ καὶ χεῖρες ἄκραι καὶ πόδες
λίθου τοῦ Πεντελησίου εἰσί· μέγεθος μὲν οὐ
πολὺ δή τι ἀποδεῖ τῆς ἐν ἀκροπόλει χαλκῆς, ἣν
καὶ αὐτὴν Ἀθηναῖοι τοῦ Μαραθῶνι ἀπαρχὴν
ἀγῶνος ἀνέθηκαν, Φειδίας δὲ καὶ Πλαταιεῦσιν
2 ἦν ὁ τῆς Ἀθηνᾶς τὸ ἄγαλμα ποιήσας. γραφαὶ
δέ εἰσιν ἐν τῷ ναῷ, Πολυγνώτου μὲν Ὀδυσσεὺς
τοὺς μνηστῆρας ἤδη κατειργασμένος, Ὀνασία δὲ

been prepared, which they make after the following way. They fit together quadrangular pieces of wood, putting them together just as if they were making a stone building, and having raised it to a height they place brushwood upon the altar. The cities with their magistrates sacrifice severally a cow to Hera and a bull to Zeus, burning on the altar the victims, full of wine and incense, along with the *daedala*. Rich people, as individuals, sacrifice what they wish; but the less wealthy sacrifice the smaller cattle; all the victims alike are burned. The fire seizes the altar and the victims as well, and consumes them all together. I know of no blaze that is so high, or seen so far as this. About fifteen stades below the peak, on which they make the altar, is a cave of the Cithaeronian nymphs. It is named Sphragidium, and the story is of old the nymphs gave oracles in this place.

IV. The Plataeans have also a sanctuary of Athena surnamed Warlike; it was built from the spoils given them by the Athenians as their share from the battle of Marathon. It is a wooden image gilded, but the face, hands and feet are of Pentelic marble. In size it is but little smaller than the bronze Athena on the Acropolis, the one which the Athenians also erected as first-fruits of the battle at Marathon; the Plataeans too had Pheidias for the maker of their image of Athena. In the temple are paintings: one of them, by Polygnotus, represents Odysseus after he has killed the wooers; the other, painted by

Ἀδράστου καὶ [1] Ἀργείων ἐπὶ Θήβας ἡ προτέρα
στρατεία. αὗται μὲν δή εἰσιν ἐπὶ τοῦ προνάου
τῶν τοίχων αἱ γραφαί, κεῖται δὲ τοῦ ἀγάλματος
πρὸς τοῖς ποσὶν εἰκὼν Ἀριμνήστου· ὁ δὲ
Ἀρίμνηστος ἔν τε τῇ πρὸς Μαρδόνιον μάχῃ
καὶ ἔτι πρότερον ἐς Μαραθῶνα Πλαταιεῦσιν
ἡγήσατο.

3 Ἔστι δὲ καὶ Δήμητρος ἐπίκλησιν Ἐλευσινίας
ἱερὸν ἐν Πλαταιαῖς καὶ Λήτου μνῆμα· τῶν δὲ
ἡγεμόνων, οἳ Βοιωτοὺς ἐς Τροίαν ἤγαγον, μόνος
ἀνέστρεψεν οἴκαδε οὗτος ὁ Λήιτος. τὴν δὲ
κρήνην τὴν Γαργαφίαν Μαρδόνιος καὶ ἡ ἵππος
συνέχεεν ἡ Περσῶν, ὅτι τὸ Ἑλλήνων στράτευμα
τὸ ἀντικαθήμενόν σφισιν ἀπ᾿ αὐτῆς ἔπινεν·
ὕστερον μέντοι τὸ ὕδωρ ἀνεσώσαντο οἱ Πλα-
ταιεῖς.

4 Ἐκ Πλαταίας δὲ ἰοῦσιν ἐς Θήβας ποταμός
ἐστιν Ὠερόη· θυγατέρα δὲ εἶναι τὴν Ὠερόην τοῦ
Ἀσωποῦ λέγουσι. πρὶν δὲ ἢ διαβῆναι τὸν
Ἀσωπόν, παρ᾿ αὐτὸ τὸ ῥεῦμα ἀποτραπεῖσιν ἐς
τὰ κάτω καὶ προελθοῦσιν ὅσον τεσσαράκοντα
στάδια ἔστιν ἐρείπια Σκώλου· Δήμητρος δὲ καὶ
Κόρης ἐν τοῖς ἐρειπίοις οὐκ ἐξειργασμένος ὁ ναός,
ἡμίεργα δὲ καὶ ταῖς θεαῖς ἐστι τὰ ἀγάλματα.
ἀποκρίνει δὲ καὶ νῦν ἔτι ἀπὸ τῆς Θηβαίων τὴν
Πλαταιίδα ὁ Ἀσωπός.

V. Γῆν δὲ τὴν Θηβαΐδα οἰκῆσαι πρῶτον
λέγουσιν Ἔκτηνας, βασιλέα δὲ εἶναι τῶν
Ἐκτήνων ἄνδρα αὐτόχθονα Ὤγυγον· καὶ ἀπὸ
τούτου τοῖς πολλοῖς τῶν ποιητῶν ἐπίκλησις ἐς
τὰς Θήβας ἐστὶν Ὠγύγιαι. καὶ τούτους μὲν
ἀπολέσθαι λοιμώδει νόσῳ φασίν, ἐσοικίσασθαι

Onasias, is the former expedition of the Argives, under Adrastus, against Thebes. These paintings are on the walls of the fore-temple, while at the feet of the image is a portrait of Arimnestus, who commanded the Plataeans at the battle against Mardonius, and yet before that at Marathon.

There is also at Plataea a sanctuary of Demeter, surnamed Eleusinian, and a tomb of Leïtus, who was the only one to return home of the chiefs who led Boeotians to Troy. The spring Gargaphia was filled in by the Persian cavalry under Mardonius, because the Greek army encamped against them got therefrom their drinking-water. Afterwards, however, the Plataeans recovered the water.

On the road from Plataea to Thebes is the river Oëroë, said to have been a daughter of the Asopus. Before crossing the Asopus, if you turn aside to lower ground in a direction parallel to the river, after about forty stades you come to the ruins of Scolus. The temple of Demeter and the Maid among the ruins is not finished, and only half-finished are the images of the goddesses. Even to-day the Asopus is the boundary between Thebes and Plataea.

V. The first to occupy the land of Thebes are said to have been the Ectenes, whose king was Ogygus, an aboriginal. From his name is derived Ogygian, which is an epithet of Thebes used by most of the poets. The Ectenes perished, they say, by pestilence,

---

[1] Ἀδράστου καὶ Dindorf : ἄργους τοῦ καὶ or ἄργους τοῦ MSS.

δὲ μετὰ τοὺς Ἕκτηνας ἐς τὴν χώραν Ὕαντας καὶ Ἄονας, Βοιώτια ἐμοὶ δοκεῖν γένη καὶ οὐκ ἐπηλύδων ἀνθρώπων. Κάδμου δὲ καὶ τῆς Φοινίκων στρατιᾶς ἐπελθούσης μάχῃ νικηθέντες οἱ μὲν Ὕαντες ἐς τὴν νύκτα τὴν ἐπερχομένην ἐκδιδράσκουσι, τοὺς δὲ Ἄονας ὁ Κάδμος γενομένους ἱκέτας καταμεῖναι καὶ ἀναμιχθῆναι τοῖς Φοίνιξιν εἴασε.

2 τοῖς μὲν οὖν Ἄοσι κατὰ κώμας ἔτι ἦσαν[1] αἱ οἰκήσεις· Κάδμος δὲ τὴν πόλιν τὴν καλουμένην ἔτι καὶ ἐς ἡμᾶς Καδμείαν ᾤκισεν. αὐξηθείσης δὲ ὕστερον τῆς πόλεως, οὕτω τὴν Καδμείαν ἀκρόπολιν συνέβη τῶν κάτω γενέσθαι Θηβῶν. Κάδμῳ δὲ γάμος τε ἐπιφανὴς ὑπῆρξεν, εἰ δὴ θυγατέρα Ἀφροδίτης καὶ Ἄρεως κατὰ λόγον τὸν Ἑλλήνων ἔσχε, καὶ αἱ θυγατέρες εἰλήφασιν αὐτῷ φήμην, Σεμέλη μὲν τεκεῖν ἐκ Διός, Ἰνὼ δὲ θεῶν εἶναι

3 τῶν θαλασσίων. ἐπὶ μὲν δὴ Κάδμου μέγιστον μετά γε αὐτὸν Κάδμον ἠδύναντο οἱ Σπαρτοί, Χθόνιος καὶ Ὑπερήνωρ καὶ Πέλωρος καὶ Οὐδαῖος· Ἐχίονα δὲ ὡς προέχοντα κατ᾽ ἀνδραγαθίαν γαμβρὸν ἠξίωσεν ὁ Κάδμος ποιήσασθαι. τοὺς δὲ ἄνδρας τούτους—οὐ γάρ τι ἠδυνάμην ἐς αὐτοὺς παρευρεῖν—ἕπομαι τῷ μύθῳ Σπαρτοὺς διὰ τὸν τρόπον ὅντινα ἐγένοντο ὀνομασθῆναι. Κάδμου δὲ ἐς Ἰλλυριοὺς καὶ Ἰλλυριῶν ἐς τοὺς καλουμένους Ἐγχελέας μετοικήσαντος Πολύδωρος ὁ

4 Κάδμου τὴν ἀρχὴν ἔσχε. Πενθεὺς δὲ ὁ Ἐχίονος ἴσχυε μὲν καὶ αὐτὸς κατὰ γένους ἀξίωμα καὶ φιλίᾳ τοῦ βασιλέως· ὢν δὲ ἐς τὰ λοιπὰ ὑβριστὴς καὶ ἀσεβὴς Διονύσου, δίκην ἔσχεν ἐκ τοῦ θεοῦ. Πολυδώρου δὲ ἦν Λάβδακος· ἔμελλε δὲ ἄρα αὐτόν, ὥς οἱ παρίστατο ἡ τελευτή, παῖδα ἔτι

and after them there settled in the land the Hyantes and the Aones, who I think were Boeotian tribes and not foreigners. When the Phoenician army under Cadmus invaded the land these tribes were defeated; the Hyantes fled from the land when night came, but the Aones begged for mercy, and were allowed by Cadmus to remain and unite with the Phoenicians. The Aones still lived in village communities, but Cadmus built the city which even at the present day is called Cadmeia. Afterwards the city grew, and so the Cadmeia became the citadel of the lower city of Thebes. Cadmus made a brilliant marriage, if, as the Greek legend says, he indeed took to wife a daughter of Aphrodite and Ares. His daughters too have made him a name; Semele was famed for having a child by Zeus, Ino for being a divinity of the sea. In the time of Cadmus, the greatest power, next after his, was in the hands of the Sparti, namely, Chthonius, Hyperenor, Pelorus and Udaeüs; but it was Echion who, for his great valour, was preferred by Cadmus to be his son-in-law. As I was unable to discover anything new about these men, I adopt the story that makes their name result from the way in which they came into being. When Cadmus migrated to the Illyrian tribe of the Encheleans, Polydorus his son got the kingdom. Now Pentheus the son of Echion was also powerful by reason of his noble birth and friendship with the king. Being a man of insolent character who had shown impiety to Dionysus, he was punished by the god. Polydorus had a son, Labdacus. When Polydorus was about to die, Labdacus was still a

---

ἀπολείψειν, καὶ ἐπιτρέπει τόν τε υἱὸν καὶ τὴν
5 ἀρχὴν Νυκτεῖ. τὰ δὲ ἐφεξῆς μοι τοῦ λόγου
προεδήλωσεν ἡ Σικυωνία συγγραφή, τοῦ τε
Νυκτέως τὸν θάνατον, ὅντινα γένοιτο τρόπον,
καὶ ὡς ἐς Λύκον ἀδελφὸν Νυκτέως ἥ τε ἐπιμέλεια
τοῦ παιδὸς περιῆλθε καὶ ἡ Θηβαίων δυναστεία.
Λύκος δὲ παρέδωκε μὲν αὐξηθέντι Λαβδάκῳ τὴν
ἀρχήν· γενομένης δὲ οὐ μετὰ πολὺ καὶ τούτῳ
τῆς τελευτῆς, ὁ δὲ ἐπετρόπευσεν αὖθις Λάιον
Λαβδάκου παῖδα.

6 Λύκου δὲ ἐπιτροπεύοντος δεύτερον κατίασιν
Ἀμφίων καὶ Ζῆθος δύναμιν ἀγείραντες. καὶ
Λάιον μὲν ὑπεκκλέπτουσιν οἷς ἦν ἐπιμελὲς μὴ
γενέσθαι τὸ Κάδμου γένος ἐς τοὺς ἔπειτα ἀνώνυ-
μον, Λύκου δὲ οἱ τῆς Ἀντιόπης παῖδες τῇ
μάχῃ κρατοῦσιν· ὡς δὲ ἐβασίλευσαν, τὴν πόλιν
τὴν κάτω προσῴκισαν τῇ Καδμείᾳ καὶ Θήβας
ὄνομα ἔθεντο κατὰ συγγένειαν τὴν Θήβης.
7 μαρτυρεῖ δέ μοι τῷ λόγῳ καὶ Ὅμηρος ἐν τῇ
Ὀδυσσείᾳ·

οἳ πρῶτοι Θήβης ἕδος ἔκτισαν ἑπταπύλοιο
πύργωσάν τ', ἐπεὶ οὐ μὲν ἀπύργωτόν γ'
ἐδύναντο
ναιέμεν εὐρύχορον Θήβην, κρατερώ περ ἐόντε.

ὅτι δὲ Ἀμφίων ᾖδε καὶ τὸ τεῖχος ἐξειργάζετο
πρὸς τὴν λύραν, οὐδένα ἐποιήσατο λόγον ἐν τοῖς
ἔπεσι· δόξαν δὲ ἔσχεν Ἀμφίων ἐπὶ μουσικῇ, τήν
τε ἁρμονίαν τὴν Λυδῶν κατὰ κῆδος τὸ Ταντάλου
παρ' αὐτῶν μαθὼν καὶ χορδὰς ἐπὶ τέσσαρσι ταῖς
8 πρότερον τρεῖς ἀνευρών. ὁ δὲ ἔπη τὰ ἐς Εὐρώπην

child, and so he was entrusted, along with the government, to the care of Nycteus. The sequel of this story, how Nycteus died, and how the care of the boy with the sovereignty of Thebes devolved on Lycus, the brother of Nycteus, I have already set forth in my account of Sicyon.[1] When Labdacus grew up, Lycus handed over to him the reins of government; but Labdacus too died shortly afterwards, and Lycus again became guardian, this time to Laïus, the son of Labdacus.

While Lycus was regent for the second time, Amphion and Zethus gathered a force and came back to Thebes. Laïus was secretly removed by such as were anxious that the race of Cadmus should not be forgotten by posterity, and Lycus was overcome in the fighting by the sons of Antiope. When they succeeded to the throne they added the lower city to the Cadmeia, giving it, because of their kinship to Thebe, the name of Thebes. What I have said is confirmed by what Homer says [2] in the *Odyssey*:—

> Who first laid the foundation of seven-gated Thebe,
> And built towers about it, for without towers they
>     could not
> Dwell in wide-wayed Thebe, in spite of their
>     strength.

Homer, however, makes no mention in his poetry of Amphion's singing, and how he built the wall to the music of his harp. Amphion won fame for his music, learning from the Lydians themselves the Lydian mode, because of his relationship to Tantalus, and adding three strings to the four old ones. The

---

[1] See Book II. vi. § 1.    [2] Homer, *Odyssey* xi. 263.

ποιήσας φησὶν 'Αμφίονα χρήσασθαι λύρα πρῶ-
τον Ἑρμοῦ διδάξαντος· πεποίηκε δὲ καὶ περὶ[1]
λίθων καὶ θηρίων, ὅτι καὶ ταῦτα ᾄδων ἦγε.
Μυρὼ δὲ Βυζαντία, ποιήσασα ἔπη καὶ ἐλεγεῖα,
Ἑρμῇ βωμὸν φησιν ἱδρύσασθαι πρῶτον 'Αμφίονα
καὶ ἐπὶ τούτῳ λύραν παρ' αὐτοῦ λαβεῖν. λέγεται
δὲ καὶ ὡς ἐν Ἅιδου δίκην δίδωσιν ὁ 'Αμφίων ὧν
ἐς Λητὼ καὶ τοὺς παῖδας καὶ αὐτὸς ἀπέρριψε·
9 κατὰ δὲ τὴν τιμωρίαν τοῦ 'Αμφίονος ἔστιν ἔπη[2]
ποιήσεως Μιννάδος, ἔχει δὲ ἐς 'Αμφίονα κοινῶς
καὶ ἐς τὸν Θρᾷκα Θάμυριν. ὡς δὲ τὸν οἶκον τὸν
'Αμφίονος καὶ Ζήθου τὸν μὲν ἡ νόσος ἡ λοιμώδης
ἠρήμωσε, Ζήθῳ δὲ τὸν παῖδα ἀπέκτεινεν ἡ
τεκοῦσα κατὰ δή τινα ἁμαρτίαν, ἐτεθνήκει δὲ
ὑπὸ λύπης καὶ αὐτὸς ὁ Ζῆθος, οὕτω Λάιον ἐπὶ
βασιλείᾳ κατάγουσιν οἱ Θηβαῖοι.

10 Λαΐῳ δὲ βασιλεύοντι καὶ γυναῖκα ἔχοντι
'Ιοκάστην μάντευμα ἦλθεν ἐκ Δελφῶν ἐκ τοῦ
παιδός οἱ τὴν τελευτήν, εἰ τέκοι τινὰ 'Ιοκάστη,
γενήσεσθαι. καὶ ὁ μὲν ἐπὶ τούτῳ τὸν Οἰδίποδα
ἐκτίθησιν· ὁ δὲ καὶ τὸν πατέρα ἀποκτενεῖν
ἔμελλεν, ὡς ηὐξήθη, καὶ τὴν μητέρα ἔγημε.
παῖδας δὲ ἐξ αὐτῆς οὐ δοκῶ οἱ γενέσθαι, μάρτυρι
Ὁμήρῳ χρώμενος, ὃς ἐποίησεν ἐν 'Οδυσσείᾳ

11 μητέρα τ' Οἰδιπόδαο ἴδον, καλὴν 'Επικάστην,
ἣ μέγα ἔργον ἔρεξεν ἀιδρείῃσι νόοιο
γημαμένη ᾧ υἱεῖ. ὁ δ' ὃν πατέρ' ἐξεναρίξας
γῆμεν· ἄφαρ δ' ἀνάπυστα θεοὶ θέσαν ἀνθρώ-
ποισιν.

---

[1] περὶ is not in the MSS.
[2] ἔπη is not in the MSS.

writer of the poem on Europa says that Amphion
was the first harpist, and that Hermes was his
teacher. He also says that Amphion's songs drew
even stones and beasts after him. Myro of Byzan-
tium, a poetess who wrote epic and elegiac poetry,
states that Amphion was the first to set up an altar
to Hermes, and for this reason was presented by him
with a harp. It is also said that Amphion is punished
in Hades for being among those who made a mock of
Leto and her children. The punishment of Amphion
is dealt with in the epic poem *Minyad*, which treats
both of Amphion and also of Thamyris of Thrace.
The houses of both Amphion and Zethus were visited
by bereavement; Amphion's was left desolate by
plague, and the son of Zethus was killed through some
mistake or other of his mother. Zethus himself
died of a broken heart, and so Laïus was restored by
the Thebans to the kingdom.

When Laïus was king and married to Iocasta, an
oracle came from Delphi that, if Iocasta bore a child,
Laïus would meet his death at his son's hands.
Whereupon Oedipus was exposed, who was fated
when he grew up to kill his father; he also married
his mother. But I do not think that he had children
by her; my witness is Homer,[1] who says in the
*Odyssey* :—

And I saw the mother of Oedipodes, fair Epicaste,
Who wrought a dreadful deed unwittingly,
Marrying her son, who slew his father and
Wedded her. But forthwith the gods made it
    known among men.

[1] Homer, *Odyssey* xi. 271.

πῶς οὖν ἐποίησαν ἀνάπυστα ἄφαρ, εἰ δὴ τέσσαρες
ἐκ τῆς Ἐπικάστης ἐγένοντο παῖδες τῷ Οἰδίποδι;
ἐξ Εὐρυγανείας δὲ τῆς Ὑπέρφαντος ἐγεγόνεσαν.
δηλοῖ δὲ καὶ ὁ τὰ ἔπη ποιήσας ἃ Οἰδιπόδια
ὀνομάζουσι· καὶ Ὀνασίας Πλαταιᾶσιν ἔγραψε
κατηφῆ τὴν Εὐρυγάνειαν ἐπὶ τῇ μάχῃ τῶν
12 παίδων. Πολυνείκης δὲ περιόντος μὲν καὶ
ἄρχοντος Οἰδίποδος ὑπεξῆλθεν ἐκ Θηβῶν δέει
μὴ τελεσθεῖεν ἐπὶ σφίσιν αἱ κατάραι τοῦ πατρός·
ἀφικόμενος δὲ ἐς Ἄργος καὶ θυγατέρα Ἀδράστου
λαβὼν κατῆλθεν ἐς Θήβας μετάπεμπτος ὑπὸ
Ἐτεοκλέους μετὰ τὴν τελευτὴν Οἰδίποδος.
κατελθὼν δὲ ἐς διαφορὰν προήχθη τῷ Ἐτεοκλεῖ,
καὶ οὕτω τὸ δεύτερον ἔφυγε· δεηθεὶς δὲ Ἀδράστου
δοῦναί οἱ δύναμιν τὴν κατάξουσαν, τήν τε στρα-
τιὰν ἀπόλλυσι καὶ πρὸς τὸν Ἐτεοκλέα αὐτὸς
13 μονομαχεῖ κατὰ πρόκλησιν. καὶ οἱ μὲν μονο-
μαχοῦντες ἀποθνήσκουσιν, ἐς δὲ Λαοδάμαντα τὸν
Ἐτεοκλέους καθηκούσης τῆς βασιλείας Κρέων ὁ
Μενοικέως ἐδυνάστευεν ἐπιτροπεύων τὸν παῖδα.
ἤδη δὲ Λαοδάμαντος ηὐξημένου καὶ ἔχοντος τὴν
ἀρχήν, δεύτερον τότε ἄγουσιν Ἀργεῖοι τὴν
στρατιὰν ἐπὶ τὰς Θήβας· ἀντεστρατοπεδευμένων
δὲ καὶ τῶν Θηβαίων περὶ Γλίσαντα, ὡς ἐς χεῖρας
συνῆλθον, Αἰγιαλέα μὲν τὸν Ἀδράστου Λαοδάμας
ἀποκτίννυσι, κρατησάντων δὲ τῇ μάχῃ τῶν
Ἀργείων Λαοδάμας σὺν τοῖς ἐθέλουσιν ἕπεσθαι
Θηβαίων ὑπὸ τὴν ἐπιοῦσαν νύκτα ἀπεχώρησεν
14 ἐς Ἰλλυριούς. τὰς δὲ Θήβας ἑλόντες οἱ Ἀργεῖοι
παραδιδόασι Θερσάνδρῳ Πολυνείκους παιδί. ὡς
δὲ τοῖς σὺν Ἀγαμέμνονι ἐς Τροίαν στρατεύουσιν
ἡ διαμαρτία τοῦ πλοῦ γίνεται καὶ ἡ πληγὴ περὶ

How could they have " made it known forthwith,"
if Epicaste had borne four children to Oedipus?
But the mother of these children was Euryganeia,
daughter of Hyperphas. Among the proofs of
this are the words of the author of the poem called
the *Oedipodia*; and moreover, Onasias painted a
picture at Plataea of Euryganeia bowed with grief
because of the fight between her children. Polyneices
retired from Thebes while Oedipus was still alive
and reigning, in fear lest the curses of the father
should be brought to pass upon the sons. He went
to Argos and married a daughter of Adrastus, but
returned to Thebes, being fetched by Eteocles after
the death of Oedipus. On his return he quarrelled
with Eteocles, and so went into exile a second time.
He begged Adrastus to give him a force to effect his
return, but lost his army and fought a duel with
Eteocles as the result of a challenge. Both fell in
the duel, and the kingdom devolved on Laodamas,
son of Eteocles; Creon, the son of Menoeceus,
was in power as regent and guardian of Lao-
damas. When the latter had grown up and held
the kingship, the Argives led their army for the
second time against Thebes. The Thebans en-
camped over against them at Glisas. When they
joined in battle, Aegialeus, the son of Adrastus, was
killed by Laodamas; but the Argives were victorious
in the fight, and Laodamas, with any Theban willing
to accompany him, withdrew when night came to
Illyria. The Argives captured Thebes and handed
it over to Thersander, son of Polyneices. When
the expedition under Agamemnon against Troy
mistook its course and the reverse in Mysia occurred,

Μυσίαν, ἐνταῦθα καὶ τὸν Θέρσανδρον κατέλαβεν
ἀποθανεῖν[1] ὑπὸ Τηλέφου, μάλιστα Ἑλλήνων
ἀγαθὸν γενόμενον ἐν τῇ μάχῃ· καὶ οἱ τὸ μνῆμα
Καΐκου πεδίον ἐλαύνοντί ἐστιν ἐν Ἐλαίᾳ πόλει,
λίθος ὁ ἐν τῷ ὑπαίθρῳ τῆς ἀγορᾶς· καὶ ἐναγίζειν
15 οἱ ἐπιχώριοί φασιν αὐτῷ. τελευτήσαντος δὲ
Θερσάνδρου καὶ δεύτερα ἐπί τε Ἀλέξανδρον καὶ
ἐς Ἴλιον ἀθροιζομένου στόλου Πηνέλεων ἄρχοντα
εἴλοντο, ὅτι οὐκ ἐν ἡλικίᾳ πω Τισαμενὸς ἦν ὁ
Θερσάνδρου· Πηνέλεω δὲ ἀποθανόντος ὑπὸ
Εὐρυπύλου τοῦ Τηλέφου Τισαμενὸν βασιλέα
αἱροῦνται, Θερσάνδρου τε ὄντα καὶ Δημωνάσσης
τῆς Ἀμφιαράου. τῶν δὲ Ἐρινύων τῶν Λαΐου
καὶ Οἰδίποδος Τισαμενῷ μὲν οὐκ ἐγένετο μήνιμα,
Αὐτεσίωνι δὲ τῷ Τισαμενοῦ, ὥστε καὶ παρὰ τοὺς
16 Δωριέας μετῴκησε τοῦ θεοῦ χρήσαντος. Αὐτε-
σίωνος δὲ ἀπελθόντος, οὕτω βασιλέα εἵλοντο
Δαμασίχθονα Ὀφέλτου τοῦ Πηνέλεω. τούτου
δὲ ἦν τοῦ Δαμασίχθονος Πτολεμαῖος, τοῦ δὲ
Ξάνθος, ὃν Ἀνδρόπομπος μονομαχήσαντά οἱ
δόλῳ καὶ οὐ σὺν τῷ δικαίῳ κτείνει. τὸ δὲ
ἐντεῦθεν διὰ πλειόνων πολιτεύεσθαι μηδὲ ἀπ᾽
ἀνδρὸς ἑνὸς ἠρτῆσθαι τὰ πάντα ἄμεινον ἐφαίνετο
τοῖς Θηβαίοις.

VI. Τῶν δέ σφισιν ἐν ἀγῶσι πολέμου γενο-
μένων εὐτυχημάτων, καὶ ὡς ἑτέρως, τοσάδε
φανερώτατα ὄντα εὕρισκον. ἐκρατήθησαν ὑπὸ
Ἀθηναίων μάχῃ Πλαταιεῦσιν ἀμυνάντων, ὅτε
σφᾶς ἐπέλαβεν ὑπὲρ τῶν ὅρων πολεμῆσαι τῆς
χώρας· προσέπταισαν δὲ καὶ δεύτερον Ἀθηναίοις
ἀντιταξάμενοι περὶ Πλάταιαν, ἡνίκα δοκοῦσιν

---

[1] ἀποθανεῖν is not in the MSS.

Thersander too met his death at the hands of Telephus. He had shown himself the bravest Greek at the battle; his tomb, the stone in the open part of the market-place, is in the city Elaea on the way to the plain of the Caïcus, and the natives say that they sacrifice to him as to a hero. On the death of Thersander, when a second expedition was being mustered to fight Alexander at Troy, Peneleos was chosen to command it, because Tisamenus, the son of Thersander, was not yet old enough. When Peneleos was killed by Eurypylus, the son of Telephus, Tisamenus was chosen king, who was the son of Thersander and of Demonassa, the daughter of Amphiaraüs. The Furies of Laïus and Oedipus did not vent their wrath on Tisamenus, but they did on his son Autesion, so that, at the bidding of the oracle, he migrated to the Dorians. On the departure of Autesion, Damasichthon was chosen to be king, who was a son of Opheltes, the son of Peneleos. This Damasichthon had a son Ptolemy, who was the father of Xanthus. Xanthus fought a duel with Andropompus, who killed him by craft and not in fair fight. Hereafter the Thebans thought it better to entrust the government to several people, rather than to let everything depend on one man.

VI. Of the successes and failures of the Thebans in battle I found the most famous to be the following. They were overcome in battle by the Athenians, who had come to the aid of the Plataeans, when a war had arisen about the boundaries of their territory. They met with a second disaster when arrayed against the Athenians at Plataea, at the time when 479 B.C.

Χάνθεν ὡς γε καλός φων ὑμῶν ἃς τὰς Τροίαν ἀθροίζω,
Φιλήμων δὲ ἀπεφήναντο καὶ ἐκ Ἀμφιάραος

ἐλέσθαι τὰ βασιλέως Ξέρξου πρὸ τῶν Ἑλληνι-
2 κῶν. τῆς δὲ αἰτίας ταύτης δημοσίᾳ σφίσιν οὐ
μέτεστιν, ὅτι ἐν ταῖς Θήβαις ὀλιγαρχία καὶ
οὐχὶ ἡ πάτριος πολιτεία τηνικαῦτα ἴσχυεν· εἰ
γοῦν Πεισιστράτου τυραννοῦντος ἔτι ἢ τῶν
παίδων Ἀθήνησιν ἀφίκετο ἐπὶ τὴν Ἑλλάδα
ὁ βάρβαρος, οὐκ ἔστιν ὅπως οὐ καὶ Ἀθηναίους
3 κατέλαβεν ἂν ἔγκλημα μηδισμοῦ. ὕστερον
μέντοι καὶ Θηβαίοις νίκη κατ' Ἀθηναίων ἐπὶ
Δηλίῳ Ταναγραίων ἐγένετο, καὶ Ἱπποκράτης τε
ὁ Ἀρίφρονος, ὃς στρατηγὸς ἦν Ἀθηναίοις, καὶ
τῆς ἄλλης στρατιᾶς τὸ πολὺ ἔπεσε. Λακεδαι-
μονίοις δὲ παραυτίκα μὲν ἀπελθόντος τοῦ Μήδου
καὶ ἄχρι τοῦ Πελοποννησίων πρὸς Ἀθηναίους
πολέμου τὰ ἐκ Θηβῶν εἶχεν ἐπιτηδείως· δια-
πολεμηθέντος δὲ τοῦ πολέμου καὶ Ἀθηναίοις
καταλυθέντος τοῦ ναυτικοῦ, μετ' οὐ πολὺ
Θηβαῖοι μετὰ Κορινθίων ἐς τὸν πρὸς Λακεδαι-
4 μονίους πόλεμον προήχθησαν. κρατηθέντες δὲ
μάχῃ περὶ Κόρινθόν τε καὶ ἐν Κορωνείᾳ, νικῶσιν
αὖθις ἐν Λεύκτροις ἐπιφανεστάτην νίκην ὁπόσας
γενομένας Ἕλλησιν ἴσμεν κατὰ Ἑλλήνων· καὶ
δεκαδαρχίας τε, ἃς Λακεδαιμόνιοι κατέστησαν
ἐν ταῖς πόλεσιν, ἔπαυσαν καὶ ἁρμοστὰς τοὺς
Σπαρτιάτας ἐκβάλλουσιν. ὕστερον δὲ καὶ τὸν
Φωκικὸν πόλεμον, ὀνομαζόμενον δὲ ὑπὸ Ἑλλήνων
5 ἱερόν, συνεχῶς δέκα ἔτεσιν ἐπολέμησαν. εἴρηται
δέ μοι καὶ ἐν τῇ Ἀτθίδι συγγραφῇ τὸ ἐν
Χαιρωνείᾳ σφάλμα συμφορὰν γενέσθαι τοῖς
πᾶσιν Ἕλλησι· Θηβαίους δὲ καὶ ἐς πλέον κατέ-
λαβεν, οἷς γε καὶ ἐσήχθη ἐς τὴν πόλιν φρουρά.
Φιλίππου δὲ ἀποθανόντος καὶ ἐς Ἀλέξανδρον

they are considered to have chosen the cause of King
Xerxes rather than that of Greece. The Theban
people are in no way responsible for this choice, as
at that time an oligarchy was in power at Thebes
and not their ancestral form of government. In the
same way, if it had been while Peisistratus or his sons
still held Athens under a despotism that the foreigner
had invaded Greece, the Athenians too would
certainly have been accused of favouring Persia.
Afterwards, however, the Thebans won a victory
over the Athenians at Delium in the territory of 424 B.C
Tanagra, where the Athenian general Hippocrates,
son of Ariphron, perished with the greater part of
the army. During the period that began with the
departure of the Persians and ended with the war
between Athens and the Peloponnesus, the relations
between Thebes and the Lacedaemonians were
friendly. But when the war was fought out and the
Athenian navy destroyed, after a brief interval
Thebes along with Corinth was involved in the war
with Lacedaemon. Overcome in battle at Corinth 394 B.C.
and Coroneia, they won on the other hand at Leuctra
the most famous victory we know of gained by Greeks
over Greeks. They put down the boards of ten,
which the Lacedaemonians had set up in the cities, and
drove out the Spartan governors. Afterwards they
also waged for ten years consecutively the Phocian
war, called by the Greeks the Sacred war. I have
already said in my history of Attica [1] that the defeat
at Chaeroneia was a disaster for all the Greeks; but it
was even more so for the Thebans, as a garrison was
brought into their city. When Philip died, and the

---

[1] See Book I. xxv. 3.

ἠκούσης τῆς Μακεδόνων ἀρχῆς, Θηβαίοις ἐπῆλθεν
ἐξελεῖν τὴν φρουράν· ποιήσασι δὲ ταῦτα προεσή-
μαινεν αὐτίκα ὁ θεὸς τὸν ἐπιόντα ὄλεθρον, καί
σφισιν ἐν Δήμητρος ἱερῷ Θεσμοφόρου σημεῖα
ἐγένετο ἐναντία ἢ πρὸ τοῦ ἔργου τοῦ ἐν Λεύκτροις·
6 τότε μὲν γὰρ τοῦ ἱεροῦ τὰς θύρας ὑφάσματι
ἀράχναι λευκῷ, κατὰ δὲ τὴν Ἀλεξάνδρου καὶ
Μακεδόνων ἔφοδον μέλανι ἐξύφηναν. λέγεται δὲ
καὶ Ἀθηναίοις ὗσαι τέφραν ὁ θεὸς ἐνιαυτῷ
πρότερον πρὶν ἢ τὸν πόλεμον τὸν ἐπαχθέντα
ὑπὸ Σύλλα τὰ μεγάλα σφίσιν ἐνεγκεῖν παθή-
ματα.

VII. Τότε δὲ τοὺς Θηβαίους γενομένους ἀνασ-
τάτους ὑπὸ Ἀλεξάνδρου καὶ διαπεσόντας ἐς
Ἀθήνας ὕστερον Κάσσανδρος ὁ Ἀντιπάτρου
κατήγαγεν. ἐς δὲ τῶν Θηβῶν τὸν οἰκισμὸν
προθυμότατοι μὲν ἐγένοντο Ἀθηναῖοι, συνεπ-
ελάβοντο δὲ καὶ Μεσσήνιοι καὶ Ἀρκάδων οἱ
2 Μεγάλην πόλιν ἔχοντες. δοκεῖ δέ μοι τὰς
Θήβας οἰκίσαι ὁ Κάσσανδρος κατὰ ἔχθος
Ἀλεξάνδρου μάλιστα· ἐπεξῆλθε δὲ καὶ τὸν
πάντα οἶκον Ἀλεξάνδρου φθείρων, ὃς Ὀλυμ-
πιάδα γε παρέβαλε καταλεῦσαι τοῖς ἐπ᾽ αὐτὴν
Μακεδόνων παρωξυσμένοις καὶ τοὺς παῖδας
Ἀλεξάνδρου τόν τε ἐκ Βαρσίνης Ἡρακλέα καὶ
Ἀλέξανδρον τὸν ἐκ Ῥωξάνης ἀπέκτεινεν ὑπὸ
φαρμάκων. οὐ μὴν οὐδὲ αὐτὸς χαίρων τὸν βίον
κατέστρεψεν· ἐπλήσθη γὰρ ὑδέρῳ, καὶ ἀπ᾽
3 αὐτοῦ ζῶντι ἐγένοντο εὐλαί. τῶν δέ οἱ παίδων
Φίλιππον μὲν τὸν πρεσβύτατον, ὡς μετ᾽ οὐ πολὺ
παρέλαβε τὴν ἀρχήν, ἀπήγαγεν ὑπολαβοῦσα
νόσος φθινώδης, Ἀντίπατρος δὲ ὁ μετ᾽ ἐκεῖνον

kingship of Macedonia devolved on Alexander, the Thebans succeeded in destroying the garrison. But as soon as they had done so, heaven warned them of the destruction that was coming on them, and the signs that occurred in the sanctuary of Demeter Lawgiver were the opposite of those that occurred before the action at Leuctra. For then spiders spun a white web over the door of the sanctuary, but on the approach of Alexander with his Macedonians the web was black. It is also said that there was a shower of ashes at Athens the year before the war waged against them by Sulla, which brought on them such great sufferings.

VII. On this occasion the Thebans were removed from their homes by Alexander, and straggled to Athens; afterwards they were restored by Cassander, son of Antipater. Heartiest in their support of the restoration of Thebes were the Athenians, and they were helped by Messenians and the Arcadians of Megalopolis. My own view is that in building Thebes Cassander was mainly influenced by hatred of Alexander. He destroyed the whole house of Alexander to the bitter end. Olympias he threw to the exasperated Macedonians to be stoned to death; and the sons of Alexander, Heracles by Barsina and Alexander by Roxana, he killed by poison. But he himself was not to come to a good end. He was filled with dropsy, and from the dropsy came worms while he was yet alive. Philip, the eldest of his sons, shortly after coming to the throne was seized by a wasting disease which proved fatal. Antipater, the next son, murdered his mother

Θεσσαλονίκην τὴν μητέρα ἀποκτίννυσι, Φιλίπ-
που τε οὖσαν τοῦ Ἀμύντου καὶ Νικασιπόλιδος·
ἀπέκτεινε δὲ Ἀλεξάνδρῳ νέμειν πλέον εὐνοίας
αἰτιασάμενος. ὁ δὲ Ἀλέξανδρος ἦν νεώτατος
τῶν Κασσάνδρου παίδων· ἐπαγαγόμενος δὲ
Δημήτριον τὸν Ἀντιγόνου καθεῖλε μὲν δι᾽ ἐκείνου
καὶ ἐτιμωρήσατο τὸν ἀδελφὸν Ἀντίπατρον,
ἀνεφάνη μέντοι φονέα ἐξευρηκὼς ἑαυτῷ καὶ οὐ
4 σύμμαχον. Κασσάνδρῳ μὲν ὅστις δὴ θεῶν τὴν
δίκην ἔμελλεν ἀποδώσειν· Θηβαίοις δὲ ἐπὶ μὲν
Κασσάνδρου πᾶς ὁ ἀρχαῖος περίβολος ἀνῳκίσθη,
ἔδει δὲ ἄρα καὶ ὕστερον κακῶν σφᾶς μεγάλων
γεύσασθαι. Μιθριδάτῃ γὰρ καταστάντι ἐς τὸν
πρὸς Ῥωμαίους πόλεμον προσεχώρησαν Θηβαῖοι
κατ᾽ ἄλλο ἐμοὶ δοκεῖν οὐδέν, τοῦ δὲ Ἀθηναίων
δήμου φιλίᾳ. Σύλλα δὲ ἐσβαλόντος ἐς τὴν
Βοιωτίαν δεῖμα ἔσχε τοὺς Θηβαίους, καὶ ἐγνωσι-
μάχησάν τε αὐτίκα καὶ ἐτράποντο αὖθις ἐς τὴν
5 Ῥωμαίων φιλίαν. Σύλλας δὲ ἐς αὐτοὺς ἐχρῆτο
ὅμως τῷ θυμῷ, καὶ ἄλλα τε ἐξεῦρεν ἐπὶ λύμῃ
τῶν Θηβαίων καὶ τὴν ἡμίσειαν ἀπετέμετο αὐτῶν
τῆς χώρας κατὰ πρόφασιν τοιαύτην. ἡνίκα
ἤρχετο τοῦ πρὸς Μιθριδάτην πολέμου, χρημάτων
ἐσπάνιζε· συνέλεξεν οὖν ἔκ τε Ὀλυμπίας ἀνα-
θήματα καὶ τὰ ἐξ Ἐπιδαύρου καὶ τὰ ἐκ Δελφῶν,
6 ὁπόσα ὑπελίποντο οἱ Φωκεῖς· ταῦτα μὲν δὴ
διένειμε τῇ στρατιᾷ, τοῖς θεοῖς δὲ ἀντέδωκεν ἀντὶ
τῶν χρημάτων γῆς τὴν ἡμίσειαν τῆς Θηβαΐδος.
τὴν μὲν δὴ ἀφαίρετον χώραν ὕστερον Ῥωμαίων
χάριτι ἀνεσώσαντο οἱ Θηβαῖοι, τὰ δὲ ἄλλα ἐς
τὸ ἀσθενέστατον ἀπ᾽ ἐκείνου προήχθησαν· καὶ
σφισιν ἡ μὲν κάτω πόλις πᾶσα ἔρημος ἦν ἐπ᾽

Thessalonice, the daughter of Philip, son of Amyntas, and of Nicasipolis, charging her with being too fond of Alexander, who was the youngest of Cassander's sons. Getting the support of Demetrius, the son of Antigonus, he deposed with his help and punished his brother Antipater. However, it appeared that in Demetrius he found a murderer and not an ally. So some god was to exact from Cassander a just requital. In the time of Cassander all the ancient circuit of the Theban walls was rebuilt, but fate after all willed that afterwards the Thebans were again to taste the cup of great misfortune. For when Mithridates had begun the war with the Romans, he was joined by the Thebans, for no other reason, in my opinion, except their friendship for the Athenian people. But when Sulla invaded Boeotia, terror seized the Thebans; they at once changed sides, and sought the friendship of the Romans. Sulla nevertheless was angry with them, and among his plans to humble them was to cut away one half of their territory. His pretext was as follows. When he began the war against Mithridates, he was short of funds. So he collected offerings from Olympia, those at Epidaurus, and all those at Delphi that had been left by the Phocians. These he divided among his soldiery, and repaid the gods with half of the Theban territory. Although by favour of the Romans the Thebans afterwards recovered the land of which they had been deprived, yet from this point they sank into the greatest depths of weakness. The lower city of Thebes is all deserted to-day, except

ἐμοῦ πλὴν τὰ ἱερά, τὴν δὲ ἀκρόπολιν οἰκοῦσι
Θῆβας καὶ οὐ Καδμείαν καλουμένην.

VIII. Διαβεβηκότι δὲ ἤδη τὸν Ἀσωπὸν καὶ
τῆς πόλεως δέκα μάλιστα ἀφεστηκότι σταδίους
Ποτνιῶν ἐστιν ἐρείπια καὶ ἐν αὐτοῖς ἄλσος
Δήμητρος καὶ Κόρης. τὰ δὲ ἀγάλματα ἐπὶ[1] τῷ
ποταμῷ τῷ παρὰ τὰς Ποτνιὰς . . .[2] τὰς θεὰς
ὀνομάζουσιν. ἐν χρόνῳ δὲ εἰρημένῳ δρῶσι καὶ
ἄλλα ὁπόσα καθέστηκέ σφισι καὶ ἐς τὰ μέγαρα
καλούμενα ἀφιᾶσιν ὗς τῶν νεογνῶν· τοὺς δὲ ὗς
τούτους ἐς τὴν ἐπιοῦσαν τοῦ ἔτους ὥραν ἐν
Δωδώνῃ φασὶν ἐπὶ . . .[3] λόγῳ τῷδε ἄλλος πού
2 τις πεισθήσεται. ἐνταῦθα καὶ Διονύσου ναός
ἐστιν Αἰγοβόλου. θύοντες γὰρ τῷ θεῷ προήχ-
θησάν ποτε ὑπὸ μέθης ἐς ὕβριν, ὥστε καὶ τοῦ
Διονύσου τὸν ἱερέα ἀποκτείνουσιν· ἀποκτείναντας
δὲ αὐτίκα ἐπέλαβε νόσος λοιμώδης, καί σφισιν
ἀφίκετο ἴαμα ἐκ Δελφῶν τῷ Διονύσῳ θύειν
παῖδα ὡραῖον· ἔτεσι δὲ οὐ πολλοῖς ὕστερον τὸν
θεόν φασιν αἶγα ἱερεῖον ὑπαλλάξαι σφίσιν ἀντὶ
τοῦ παιδός. δείκνυται δὲ ἐν Ποτνιαῖς καὶ
φρέαρ· τὰς δὲ ἵππους τὰς ἐπιχωρίους τοῦ ὕδατος
πιούσας τούτου μανῆναι λέγουσιν.

3 Ἐκ δὲ τῶν Ποτνιῶν ἰοῦσιν ἐς Θήβας ἔστιν ἐν
δεξιᾷ τῆς ὁδοῦ περίβολός τε οὐ μέγας καὶ κίονες
ἐν αὐτῷ· διαστῆναι δὲ Ἀμφιαράῳ τὴν γῆν ταύτῃ
νομίζουσιν, ἐπιλέγοντες καὶ τάδε ἔτι, μήτε
ὄρνιθας ἐπὶ τῶν κιόνων καθέζεσθαι τούτων μήτε
πόαν τὴν ἐνταῦθα μήτε ἥμερον ζῷον μήτε τῶν
ἀγρίων νέμεσθαι.

4 Θηβαίοις δὲ ἐν τῷ περιβόλῳ τοῦ ἀρχαίου
τείχους ἑπτὰ ἀριθμὸν ἦσαν πύλαι, μένουσι δὲ καὶ

the sanctuaries, and the people live on the citadel, which they call Thebes and not Cadmeia.

VIII. Across the Asopus, about ten stades distant from the city, are the ruins of Potniae, in which is a grove of Demeter and the Maid. The images at the river that flows past Potniae . . . they name the goddesses. At an appointed time they perform their accustomed ritual, one part of which is to let loose young pigs into what are called " the halls." At the same time next year these pigs appear, they say, in Dodona. This story others can believe if they wish. Here there is also a temple of Dionysus Goat-shooter. For once, when they were sacrificing to the god, they grew so violent with wine that they actually killed the priest of Dionysus. Immediately after the murder they were visited by a pestilence, and the Delphic oracle said that to cure it they must sacrifice a boy in the bloom of youth. A few years afterwards, so they say, the god substituted a goat as a victim in place of their boy. In Potniae is also shown a well. The mares of the country are said on drinking this water to become mad.

On the way from Potniae to Thebes there is on the right of the road a small enclosure with pillars in it. Here they think the earth opened to receive Amphiaraüs, and they add further that neither do birds sit upon these pillars, nor will a beast, tame or wild, graze on the grass that grows here.

In the circuit of the ancient wall of Thebes were gates seven in number, and these remain

---

[1] The MSS. have ἐν.
[2] Perhaps we should add Ποτνιάδας here.
[3] Perhaps ἐπιφαίνεσθαι. καὶ τῷ.

ἐς ἡμᾶς ἔτι. τεθῆναι δὲ τὰ ὀνόματα ἐπυνθανόμην
σφίσιν ἀπό τε Ἠλέκτρας ἀδελφῆς Κάδμου καὶ
Προιτίσιν ἀπὸ ἀνδρὸς τῶν ἐπιχωρίων· ἡλικίαν
δὲ Προίτου καὶ τὸ ἀνωτέρω γένος χαλεπὰ ἦν
εὑρεῖν. τὰς δὲ Νηίστας ὀνομασθῆναί φασιν ἐπὶ
τῷδε. ἐν ταῖς χορδαῖς νήτην καλοῦσι τὴν
ἐσχάτην.[1] ταύτην οὖν τὴν χορδὴν Ἀμφίονα ἐπὶ
ταῖς πύλαις ταύταις ἀνευρεῖν λέγουσιν. ἤδη δὲ
ἤκουσα καὶ ὡς Ζήθου τοῦ ἀδελφοῦ τοῦ Ἀμφίονος
τῷ παιδὶ ὄνομα Νῆις γένοιτο, ἀπὸ τούτου δὲ τοῦ
5 Νήιδος τὰς πύλας κληθῆναι ταύτας. πύλας δὲ
Κρηναίας, τὰς δὲ Ὑψίστας ἐπὶ λόγῳ τοιῷδε
ὀνομάζουσι· . . . πρὸς δὲ ταῖς Ὑψίσταις Διὸς
ἱερὸν ἐπίκλησίν ἐστιν Ὑψίστου. τὰς δὲ ἐπὶ
ταύταις πύλας ὀνομάζουσιν Ὠγυγίας, τελευταῖαι
δέ εἰσιν Ὁμολωίδες· ἐφαίνετο δὲ εἶναί μοι καὶ
τὸ ὄνομα νεώτατον ταῖς πύλαις ταύταις, αἱ δὲ
6 Ὠγύγιαι τὸ ἀρχαιότατον. τὰς δὲ Ὁμολωίδας
κληθῆναί φασιν ἐπὶ τοιῷδε. ἡνίκα ὑπὸ Ἀργείων
μάχῃ πρὸς Γλίσαντι ἐκρατήθησαν, τότε ὁμοῦ
Λαοδάμαντι τῷ Ἐτεοκλέους ὑπεξίασιν οἱ πολλοί.
τούτων οὖν μοῖρα τὴν μὲν ἐς τοὺς Ἰλλυριοὺς
πορείαν ἀπώκνησε, τραπόμενοι δὲ ἐς Θεσσαλοὺς
καταλαμβάνουσιν Ὁμόλην, ὁρῶν τῶν Θεσσαλι-
κῶν καὶ εὔγεων μάλιστα καὶ ὕδασιν ἐπιρρεο-
7 μένην. Θερσάνδρου δὲ τοῦ Πολυνείκους ἀνα-
καλεσαμένου σφᾶς ἐπὶ τὰ οἰκεῖα, τὰς πύλας διὰ
ὧν τὴν κάθοδον ἐποιοῦντο ἀπὸ τῆς Ὁμόλης
ὀνομάζουσιν Ὁμολωίδας. ἐρχομένῳ δὲ ἐκ Πλα-

---

[1] The MSS. have καλοῦσιν ἐξ αὐτῶν. The emendation in
the text is Valckenaer's. τὴν ὀξυτάτην has also been
suggested.

to-day. One got its name, I learned, from Electra, the sister of Cadmus, and another, the Proetidian, from a native of Thebes. He was Proetus, but I found it difficult to discover his date and lineage. The Neïstan gate, they say, got its name for the following reason. The last of the harp's strings they call *nete*, and Amphion invented it, they say, at this gate. I have also heard that the son of Zethus, the brother of Amphion, was named Neïs, and that after him was this gate called. The Crenaean gate and the Hypsistan they so name for the following reason . . . and by the Hypsistan is a sanctuary of Zeus surnamed Hypsistus (*Most High*). Next after these gates is the one called Ogygian, and lastly the Homoloïd gate. It appeared to me too that the name of the last was the most recent, and that of the Ogygian the most ancient. The name Homoloïd is derived, they say, from the following circumstance. When the Thebans were beaten in battle by the Argives near Glisas, most of them withdrew along with Laodamas, the son of Eteocles. A portion of them shrank from the journey to Illyria, and turning aside to Thessaly they seized Homole, the most fertile and best-watered of the Thessalian mountains. When they were recalled to their homes by Thersander, the son of Polyneices, they called the gate, through which they passed on their return, the Homoloïd gate after Homole. The entry into Thebes from

ταίας ἔσοδος ἐς τὰς Θήβας κατὰ πύλας ἐστὶν
Ἠλέκτρας, καὶ ταύτῃ Καπανέα τὸν Ἱππόνου
βιαιοτέρας ποιούμενον πρὸς τὸ τεῖχος τὰς προσ-
βολὰς βληθῆναι κεραυνῷ λέγουσι.

IX. Τὸν δὲ πόλεμον τοῦτον, ὃν ἐπολέμησαν
Ἀργεῖοι, νομίζω πάντων, ὅσοι πρὸς Ἕλληνας
ἐπὶ τῶν καλουμένων ἡρώων ἐπολεμήθησαν ὑπὸ
Ἑλλήνων, γενέσθαι λόγου μάλιστα ἄξιον. ὁ
μέν γε Ἐλευσινίων πρὸς Ἀθηναίους τοὺς ἄλλους,
ὡσαύτως δὲ καὶ Θηβαίων πρὸς Μινύας, τήν τε
ἔφοδον δι' ὀλίγου τῶν ἐπιστρατευσαμένων καὶ ἐν
μάχῃ παρέσχοντο μιᾷ τὴν κρίσιν, ἐς ὁμολογίας
2 τε αὐτίκα ἐτράποντο καὶ σπονδάς· ὁ δὲ
Ἀργείων στρατὸς ἐς Βοιωτίαν τε μέσην ἀφίκετο
ἐκ μέσης Πελοποννήσου καὶ ὁ Ἄδραστος
ἐξ Ἀρκαδίας καὶ παρὰ Μεσσηνίων συμμαχικὰ
ἤθροισεν, ὡσαύτως δὲ καὶ τοῖς Θηβαίοις μισθο-
φορικὰ ἦλθε παρὰ Φωκέων καὶ ἐκ τῆς Μινυάδος
χώρας οἱ Φλεγύαι. γενομένης δὲ πρὸς τῷ
Ἰσμηνίῳ μάχης ἐκρατήθησαν οἱ Θηβαῖοι τῇ
συμβολῇ, καὶ ὡς ἐτράποντο, καταφεύγουσιν ἐς
3 τὸ τεῖχος· ἅτε δὲ οὐκ ἐπισταμένων τῶν Πελο-
ποννησίων μάχεσθαι πρὸς τὸ τεῖχος, ποιουμένων
δὲ θυμῷ μᾶλλον ἢ σὺν ἐπιστήμῃ τὰς προσβολάς,
πολλοὺς μὲν ἀπὸ τοῦ τείχους βάλλοντες φονεύου-
σιν αὐτῶν οἱ Θηβαῖοι, κρατοῦσι δὲ ὕστερον καὶ
τοὺς ἄλλους ἐπεξελθόντες τεταραγμένοις, ὡς τὸ
σύμπαν στράτευμα πλὴν Ἀδράστου φθαρῆναι.
ἐγένετο δὲ καὶ αὐτοῖς τὸ ἔργον οὐκ ἄνευ κακῶν
μεγάλων, καὶ ἀπ' ἐκείνου τὴν σὺν ὀλέθρῳ τῶν
4 κρατησάντων Καδμείαν ὀνομάζουσι νίκην. ἔτεσι
δὲ οὐ πολλοῖς ὕστερον ὁμοῦ Θερσάνδρῳ στρα-

Plataea is by the Electran gate. At this, so they say, Capaneus, the son of Hipponoüs, was struck by lightning as he was making a more furious attack upon the fortifications.

IX. This war between Argos and Thebes was, in my opinion, the most memorable of all those waged by Greeks against Greeks in what is called the heroic age. In the case of the war between the Eleusinians and the rest of the Athenians, and likewise in that between the Thebans and the Minyans, the attackers had but a short distance through which to pass to the fight, and one battle decided the war, immediately after which hostilities ceased and peace was made. But the Argive army marched from mid-Peloponnesus to mid-Boeotia, while Adrastus collected his allied forces out of Arcadia and from the Messenians, and likewise mercenaries came to the help of the Thebans from Phocis, and the Phlegyans from the Minyan country. When the battle took place at the Ismenian sanctuary, the Thebans were worsted in the encounter, and after the rout took refuge within their fortifications. As the Peloponnesians did not know how to assail the walls, and attacked with greater spirit than knowledge, many of them were killed by missiles hurled from the walls by the Thebans, who afterwards sallied forth and overcame the rest while they were in disorder, so that the whole army was destroyed with the exception of Adrastus. But the action was attended by severe losses to the Thebans, and from that time they term a " Cadmean victory " one that brings destruction to the victors. A few years afterwards Thebes was attacked by Thersander and those

τεύουσιν ἐπὶ τὰς Θήβας οὓς Ἐπιγόνους καλοῦσιν
Ἕλληνες· δῆλοι δέ εἰσι καὶ τούτοις οὐ τὸ Ἀργο-
λικὸν μόνον οὐδὲ οἱ Μεσσήνιοι καὶ Ἀρκάδες
ἠκολουθηκότες, ἀλλὰ καὶ ἔτι ἐκ Κορίνθου καὶ
Μεγαρέων ἐπικληθέντες ἐς τὴν συμμαχίαν·
ἤμυναν δὲ καὶ Θηβαίοις οἱ πρόσοικοι, καὶ μάχη
πρὸς Γλίσαντι ἀπὸ ἀμφοτέρων ἐγένετο ἰσχυρά.
5 τῶν δὲ Θηβαίων οἱ μὲν αὐτίκα ὡς ἡττήθησαν
ὁμοῦ Λαοδάμαντι ἐκδιδράσκουσιν, οἱ δὲ ὑπο-
λειφθέντες πολιορκίᾳ παρέστησαν. ἐποιήθη
δὲ ἐς τὸν πόλεμον τοῦτον καὶ ἔπη Θηβαΐς· τὰ
δὲ ἔπη ταῦτα Καλλῖνος ἀφικόμενος αὐτῶν ἐς
μνήμην ἔφησεν Ὅμηρον τὸν ποιήσαντα εἶναι,
Καλλίνῳ δὲ πολλοί τε καὶ ἄξιοι λόγου κατὰ
ταὐτὰ ἔγνωσαν· ἐγὼ δὲ τὴν ποίησιν ταύτην μετά
γε Ἰλιάδα καὶ τὰ ἔπη τὰ ἐς Ὀδυσσέα ἐπαινῶ
μάλιστα.

Πολέμου μὲν δή, ὃν Ἀργεῖοι καὶ Θηβαῖοι τῶν
Οἰδίποδος παίδων ἕνεκα ἐπολέμησαν, ἐς τοσόνδε
ἔστω μνήμη· Χ. Πολυάνδριον δὲ οὐ μακρὰν
ἀπὸ τῶν πυλῶν ἐστι· κεῖνται δὲ ὁπόσους κατέ-
λαβεν ἀποθανεῖν Ἀλεξάνδρῳ καὶ Μακεδόσιν
ἀντιτεταγμένους. οὐ πόρρω δὲ ἀποφαίνουσι
χωρίον ἔνθα Κάδμον λέγουσιν—ὅτῳ πιστά—τοῦ
δράκοντος, ὃν ἀπέκτεινεν ἐπὶ τῇ κρήνῃ, τοὺς
ὀδόντας σπείραντα, ἄνδρας δὲ [1] ἀπὸ τῶν ὀδόντων
ἀνεῖναι τὴν γῆν.

2 Ἔστι δὲ λόφος ἐν δεξιᾷ τῶν πυλῶν ἱερὸς
Ἀπόλλωνος· καλεῖται δὲ ὅ τε λόφος καὶ ὁ θεὸς
Ἰσμήνιος, παραρρέοντος τοῦ ποταμοῦ ταύτῃ
τοῦ Ἰσμηνοῦ. πρῶτα μὲν δὴ λίθου κατὰ
τὴν ἔσοδόν ἐστιν Ἀθηνᾶ καὶ Ἑρμῆς, ὀνομαζό-

whom the Greeks call Epigoni (*Born later*).   It is clear that they too were accompanied not only by the Argives, Messenians and Arcadians, but also by allies from Corinth and Megara invited to help them. Thebes too was defended by their neighbours, and a battle at Glisas was fiercely contested on both sides. Some of the Thebans escaped with Laodamas immediately after their defeat; those who remained behind were besieged and taken.   About this war an epic poem also was written called the *Thebaïd*.   This poem is mentioned by Callinus, who says that the author was Homer, and many good authorities agree with his judgment.   With the exception of the *Iliad* and *Odyssey* I rate the *Thebaïd* more highly than any other poem.

So much for the war waged by the Argives against the Thebans on account of the sons of Oedipus. X. Not far from the gate is a common tomb, where lie all those who met their death when fighting against Alexander and the Macedonians.   Hard by they show a place where, it is said, Cadmus (he may believe the story who likes) sowed the teeth of the dragon, which he slew at the fountain, from which teeth men came up out of the earth.

On the right of the gate is a hill sacred to Apollo. Both the hill and the god are called Ismenian, as the river Ismenus flows by the place.   First at the entrance are Athena and Hermes, stone figures and

---

[1] Perhaps we should read δή.

μενοι Πρόναοι· ποιῆσαι δὲ αὐτὸν Φειδίας, τὴν
δὲ Ἀθηνᾶν λέγεται Σκόπας· μετὰ δὲ ὁ ναὸς
ᾠκοδόμηται. τὸ δὲ ἄγαλμα μεγέθει τε ἴσον τῷ
ἐν Βραγχίδαις ἐστὶ καὶ τὸ εἶδος οὐδὲν διαφόρως
ἔχον· ὅστις δὲ τῶν ἀγαλμάτων τούτων τὸ ἕτερον
εἶδε καὶ τὸν εἰργασμένον ἐπύθετο, οὐ μεγάλη οἱ
σοφία καὶ τὸ ἕτερον θεασαμένῳ Κανάχου ποίημα
ὃν ἐπίστασθαι. διαφέρουσι δὲ τοσόνδε· ὁ μὲν
γὰρ ἐν Βραγχίδαις χαλκοῦ, ὁ δὲ Ἰσμήνιός ἐστι
3 κέδρου. ἔστι δ᾽ ἐνταῦθα λίθος ἐφ᾽ ᾧ Μαντὼ φασι
τὴν Τειρεσίου καθέζεσθαι. οὗτος μὲν πρὸ τῆς
ἐσόδου κεῖται, καί οἱ τὸ ὄνομά ἐστι καὶ ἐς ἡμᾶς
ἔτι Μαντοῦς δίφρος· ἐν δεξιᾷ δὲ τοῦ ναοῦ λίθου
πεποιημένας εἰκόνας Ἡνιόχης εἶναι, τὴν δὲ
Πύρρας λέγουσι, θυγατέρας δὲ αὐτὰς εἶναι Κρέ-
οντος, ὃς ἐδυνάστευεν ἐπιτροπεύων Λαοδάμαντα
4 τὸν Ἐτεοκλέους. τόδε γε καὶ ἐς ἐμὲ ἔτι γινό-
μενον οἶδα ἐν Θήβαις· τῷ Ἀπόλλωνι τῷ Ἰσμηνίῳ
παῖδα οἴκου τε δοκίμου καὶ αὐτὸν εὖ μὲν εἴδους,
εὖ δὲ ἔχοντα καὶ ῥώμης, ἱερέα ἐνιαύσιον ποιοῦσιν·
ἐπίκλησις δέ ἐστιν οἱ δαφναφόρος, στεφάνους
γὰρ φύλλων δάφνης φοροῦσιν οἱ παῖδες. εἰ μὲν
οὖν πᾶσιν ὁμοίως καθέστηκεν ἀναθεῖναι δαφνη-
φορήσαντας χαλκοῦν τῷ θεῷ τρίποδα, οὐκ ἔχω
δηλῶσαι, δοκῶ δὲ οὐ πᾶσιν εἶναι νόμον· οὐ γὰρ
δὴ πολλοὺς ἑώρων αὐτόθι ἀνακειμένους· οἱ δ᾽ οὖν
εὐδαιμονέστεροι τῶν παίδων ἀνατιθέασιν. ἐπι-
φανὴς δὲ μάλιστα ἐπί τε ἀρχαιότητι καὶ τοῦ
ἀναθέντος τῇ δόξῃ τρίπους ἐστὶν Ἀμφιτρύωνος
ἀνάθημα ἐπὶ Ἡρακλεῖ δαφνηφορήσαντι.
5    Ἀνωτέρω δὲ τοῦ Ἰσμηνίου τὴν κρήνην ἴδοις
ἄν, ἥντινα Ἄρεώς φασιν ἱερὰν εἶναι καὶ δρά-

named Pronaï (*Of the fore-temple*). The Hermes is said to have been made by Pheidias, the Athena by Scopas. The temple is built behind. The image is in size equal to that at Branchidae; and does not differ from it at all in shape. Whoever has seen one of these two images, and learnt who was the artist, does not need much skill to discern, when he looks at the other, that it is a work of Canachus. The only difference is that the image at Branchidae is of bronze, while the Ismenian is of cedar-wood. Here there is a stone, on which, they say, used to sit Manto, the daughter of Teiresias. This stone lies before the entrance, and they still call it Manto's chair. On the right of the temple are statues of women made of stone, said to be portraits of Henioche and Pyrrha, daughters of Creon, who reigned as guardian of Laodamas, the son of Eteocles. The following custom is, to my knowledge, still carried out in Thebes. A boy of noble family, who is himself both handsome and strong, is chosen priest of Ismenian Apollo for a year. He is called Laurel-bearer, for the boys wear wreaths of laurel leaves. I cannot say for certain whether all alike who have worn the laurel dedicate by custom a bronze tripod to the god; but I do not think that it is the rule for all, because I did not see many votive tripods there. But the wealthier of the boys do certainly dedicate them. Most remarkable both for its age and for the fame of him who dedicated it is a tripod dedicated by Amphitryon for Heracles after he had worn the laurel.

Higher up than the Ismenian sanctuary you may see the fountain which they say is sacred to Ares,

κοντα ὑπὸ τοῦ Ἄρεως ἐπιτετάχθαι φύλακα τῇ
πηγῇ. πρὸς ταύτῃ τῇ κρήνῃ τάφος ἐστὶ Καάν-
θου· Μελίας δὲ ἀδελφὸν καὶ Ὠκεανοῦ παῖδα
εἶναι Κάανθον λέγουσι, σταλῆναι δὲ ὑπὸ τοῦ
πατρὸς ζητήσοντα ἡρπασμένην τὴν ἀδελφήν.
ὡς δὲ Ἀπόλλωνα εὑρὼν ἔχοντα τὴν Μελίαν οὐκ
ἐδύνατο ἀφελέσθαι, πῦρ ἐτόλμησεν ἐς τὸ τέμενος
ἐνεῖναι τοῦ Ἀπόλλωνος τοῦτο ὃ νῦν καλοῦσιν
Ἰσμήνιον· καὶ αὐτὸν ὁ θεός, καθά φασιν οἱ
6 Θηβαῖοι, τοξεύει. Καάνθου μὲν ἐνταῦθά ἐστι
μνῆμα, Ἀπόλλωνι δὲ παῖδας ἐκ Μελίας γενέσθαι
λέγουσι Τήνερον καὶ Ἰσμηνόν· Τηνέρῳ μὲν
Ἀπόλλων μαντικὴν δίδωσι, τοῦ δὲ Ἰσμηνοῦ τὸ
ὄνομα ἔσχεν ὁ ποταμός. οὐ μὴν οὐδὲ τὰ πρότερα
ἦν ἀνώνυμος, εἰ δὴ καὶ Λάδων ἐκαλεῖτο πρὶν
Ἰσμηνὸν γενέσθαι τὸν Ἀπόλλωνος.

XI. Ἐν ἀριστερᾷ δὲ τῶν πυλῶν ἃς ὀνομάζουσιν
Ἠλέκτρας, οἰκίας ἐστὶν ἐρείπια ἔνθα οἰκῆσαί
φασιν Ἀμφιτρύωνα διὰ τὸν Ἠλεκτρύωνος θάνα-
τον φεύγοντα ἐκ Τίρυνθος· καὶ τῆς Ἀλκμήνης
ἐστὶν ἔτι ὁ θάλαμος ἐν τοῖς ἐρειπίοις δῆλος.
οἰκοδομῆσαι δὲ αὐτὸν τῷ Ἀμφιτρύωνι Τροφώνιόν
φασι καὶ Ἀγαμήδην, καὶ ἐπίγραμμα ἐπ' αὐτῷ
ἐπιγραφῆναι τόδε·

Ἀμφιτρύων ὅτ' ἔμελλ' ἀγαγέσθαι δεῦρο γυναῖκα
Ἀλκμήνην θάλαμόν οἱ ἐλέξατο[1] τοῦτον ἑαυτῷ·
Ἀγχάσιος[2] δ' ἐποίησε Τροφώνιος ἠδ' Ἀγα-
μήδης.

2 τοῦτο μὲν ἐνταῦθα οἱ Θηβαῖοι γραφῆναι λέγου-
σιν· ἐπιδεικνύουσι δὲ Ἡρακλέους τῶν παίδων
τῶν ἐκ Μεγάρας μνῆμα, οὐδέν τι ἀλλοίως τὰ
216

and they add that a dragon was posted by Ares as a sentry over the spring. By this fountain is the grave of Caänthus. They say that he was brother to Melia and son to Ocean, and that he was commissioned by his father to seek his sister, who had been carried away. Finding that Apollo had Melia, and being unable to get her from him, he dared to set fire to the precinct of Apollo that is now called the Ismenian sanctuary. The god, according to the Thebans, shot him. Here then is the tomb of Caänthus. They say that Apollo had sons by Melia, to wit, Tenerus and Ismenus. To Tenerus Apollo gave the art of divination, and from Ismenus the river got its name. Not that the river was nameless before, if indeed it was called Ladon before Ismenus was born to Apollo.

XI. On the left of the gate named Electran are the ruins of a house where they say Amphitryon came to live when exiled from Tiryns because of the death of Electryon; and the chamber of Alcmena is still plainly to be seen among the ruins. They say that it was built for Amphitryon by Trophonius and Agamedes, and that on it was written the following inscription :—

When Amphitryon was about to bring hither his
    bride
Alcmena, he chose this as a chamber for himself.
Anchasian Trophonius and Agamedes made it.

Such was the inscription that the Thebans say was written here. They show also the tomb of the children of Heracles by Megara. Their account of the death

---

[1] The MSS. reading is γ' εἰλίξατο. Another emendation is μὲν ἐλέξατο.

[2] It has been proposed to read ἀγχίθεος (Kayser).

ἐς τὸν θάνατον λέγοντες ἢ Στησίχορος ὁ Ἱμεραῖος
καὶ Πανύασσις ἐν τοῖς ἔπεσιν ἐποίησαν. Θηβαῖοι
δὲ καὶ τάδε ἐπιλέγουσιν, ὡς Ἡρακλῆς ὑπὸ τῆς
μανίας καὶ Ἀμφιτρύωνα ἔμελλεν ἀποκτιννύναι,
πρότερον δὲ ἄρα ὕπνος ἐπέλαβεν αὐτὸν ὑπὸ τοῦ
λίθου τῆς πληγῆς· Ἀθηνᾶν δὲ εἶναι τὴν ἐπαφεῖσάν
οἱ τὸν λίθον τοῦτον ὅντινα Σωφρονιστῆρα ὀνο-
3 μάζουσιν. ἐνταῦθά εἰσιν ἐπὶ τύπου γυναικῶν
εἰκόνες· ἀμυδρότερα ἤδη τὰ ἀγάλματα· ταύτας
καλοῦσιν οἱ Θηβαῖοι Φαρμακίδας, πεμφθῆναι
δὲ ὑπὸ τῆς Ἥρας φασὶν ἐμπόδια εἶναι ταῖς
ὠδῖσιν Ἀλκμήνης. αἱ μὲν δὴ ἐπεῖχον Ἀλκμήνην
μὴ τεκεῖν· Τειρεσίου δὲ θυγατρὶ Ἱστορίδι
σόφισμα ἔπεισιν ἐς τὰς Φαρμακίδας, ἐς[1] ἐπή-
κοον αὐτῶν ὀλολύξαι, τετοκέναι γὰρ τὴν Ἀλκ-
μήνην· οὕτω τὰς μὲν ἀπατηθείσας ἀπελθεῖν,
τὴν δὲ Ἀλκμήνην τεκεῖν φασιν.
4 Ἐνταῦθα Ἡρακλεῖόν ἐστιν, ἄγαλμα δὲ τὸ μὲν
λίθου λευκοῦ Πρόμαχος καλούμενον, ἔργον δὲ
Ξενοκρίτου καὶ Εὐβίου Θηβαίων· τὸ δὲ ξόανον
τὸ ἀρχαῖον Θηβαῖοί τε εἶναι Δαιδάλου νενομίκασι
καὶ αὐτῷ μοι παρίστατο ἔχειν οὕτω. τοῦτον
ἀνέθηκεν αὐτός, ὡς λέγεται, Δαίδαλος ἐκτίνων
εὐεργεσίας χάριν. ἡνίκα γὰρ ἔφευγεν ἐκ Κρήτης
πλοῖα οὐ μεγάλα αὑτῷ καὶ τῷ παιδὶ Ἰκάρῳ
ποιησάμενος, πρὸς δὲ καὶ ταῖς ναυσίν, ὃ μή πω
τοῖς τότε ἐξεύρητο, ἱστία ἐπιτεχνησάμενος, ὡς
τοῦ Μίνω ναυτικοῦ τὴν εἰρεσίαν φθάνοιεν ἐπι-
φόρῳ τῷ ἀνέμῳ χρώμενοι, τότε αὐτὸς μὲν σῴζεται
5 Δαίδαλος, Ἰκάρῳ δὲ κυβερνῶντι ἀμαθέστερον
ἀνατραπῆναι τὴν ναῦν λέγουσιν· ἀποπνιγέντα

[1] The word ἐς is not in the MSS.

of these is in no way different from that in the poems of Panyassis and of Stesichorus of Himera. But the Thebans add that Heracles in his madness was about to kill Amphitryon as well, but before he could do so he was rendered unconscious by the blow of the stone. Athena, they say, threw at him this stone, which they name Chastiser. Here are portraits of women in relief, but the figures are by this time rather indistinct. The Thebans call them Witches,[1] adding that they were sent by Hera to hinder the birth-pangs of Alcmena. So these kept Alcmena from bringing forth her child. But Historis, the daughter of Teiresias, thought of a trick to deceive the Witches, and she uttered a loud cry of joy in their hearing, that Alcmena had been delivered. So the story goes that the Witches were deceived and went away, and Alcmena brought forth her child.

Here is a sanctuary of Heracles. The image, of white marble, is called Champion, and the Thebans Xenocritus and Eubius were the artists. But the ancient wooden image is thought by the Thebans to be by Daedalus, and the same opinion occurred to me. It was dedicated, they say, by Daedalus himself, as a thank-offering for a benefit. For when he was fleeing from Crete in small vessels which he had made for himself and his son Icarus, he devised for the ships sails, an invention as yet unknown to the men of those times, so as to take advantage of a favourable wind and outsail the oared fleet of Minos. Daedalus himself was saved, but the ship of Icarus is said to have overturned, as he was a clumsy helmsman. The

---

[1] The Greek word suggests that the Witches' power lay in their knowledge of drugs.

δὲ ἐξήνεγκεν ὁ κλύδων ἐς τὴν ὑπὲρ Σάμου νῆσον
ἔτι οὖσαν ἀνώνυμον. ἐπιτυχὼν δὲ Ἡρακλῆς
γνωρίζει τὸν νεκρόν, καὶ ἔθαψεν ἔνθα καὶ νῦν ἔτι
αὐτῷ χῶμα οὐ μέγα ἐπὶ ἄκρας ἐστὶν ἀνεχούσης
ἐς τὸ Αἰγαῖον. ἀπὸ δὲ τοῦ Ἰκάρου τούτου ὄνομα
ἥ τε νῆσος καὶ ἡ περὶ αὐτὴν θάλασσα ἔσχηκε.

6 Θηβαίοις δὲ τὰ ἐν τοῖς ἀετοῖς Πραξιτέλης ἐποίησε
τὰ πολλὰ τῶν δώδεκα καλουμένων ἄθλων· καὶ
σφισι τὰ ἐς τὰς ὄρνιθας ἐνδεῖ τὰς ἐπὶ Στυμφάλῳ
καὶ ὡς ἐκάθηρεν Ἡρακλῆς τὴν Ἠλείαν χώραν,
ἀντὶ τούτων δὲ ἡ πρὸς Ἀνταῖον πάλη πεποίηται.
Θρασύβουλος δὲ ὁ Λύκου καὶ Ἀθηναίων οἱ σὺν
αὐτῷ τυραννίδα τὴν τῶν τριάκοντα καταλύσαντες
—ὁρμηθεῖσι γάρ σφισιν ἐκ Θηβῶν ἐγένετο ἡ
κάθοδος—Ἀθηνᾶν καὶ Ἡρακλέα κολοσσοὺς[1] ἐπὶ
λίθου τύπου τοῦ Πεντελῆσιν, ἔργα δὲ Ἀλκα-
μένους, ἀνέθηκαν ἐς τὸ Ἡράκλειον.

7 Τοῦ δὲ Ἡρακλείου γυμνάσιον ἔχεται καὶ στά-
διον, ἀμφότερα ἐπώνυμα τοῦ θεοῦ. ὑπὲρ δὲ τὸν
Σωφρονιστῆρα λίθον βωμός ἐστιν Ἀπόλλωνος
ἐπίκλησιν Σποδίου, πεποίηται δὲ ἀπὸ τῆς τέφρας
τῶν ἱερείων. μαντικὴ δὲ καθέστηκεν αὐτόθι ἀπὸ
κληδόνων, ᾗ δὴ καὶ Σμυρναίους μάλιστα Ἑλλή-
νων χρωμένους οἶδα· ἔστι γὰρ καὶ Σμυρναίοις
ὑπὲρ τὴν πόλιν κατὰ τὸ ἐκτὸς τοῦ τείχους Κλη-
δόνων ἱερόν.

XII. Τῷ δὲ Ἀπόλλωνι Θηβαῖοι τῷ Σποδίῳ
ταύρους ἔθυον τὸ ἀρχαῖον· καί ποτε παρούσης
σφίσι τῆς ἑορτῆς ἥ τε ὥρα κατήπειγε τῆς θυσίας
καὶ οἱ πεμφθέντες ἐπὶ τὸν ταῦρον οὐχ ἧκον·
οὕτω δὴ παρατυχούσης ἁμάξης τὸν ἕτερον τῶν

---

[1] The MSS. have κολοσσοῦ.

drowned man was carried ashore by the current to the island, then without a name, that lies off Samos. Heracles came across the body and recognised it, giving it burial where even to-day a small mound still stands to Icarus on a promontory jutting out into the Aegean. After this Icarus are named both the island and the sea around it. The carvings on the gables at Thebes are by Praxiteles, and include most of what are called the twelve labours. The slaughter of the Stymphalian birds and the cleansing of the land of Elis by Heracles are omitted; in their place is represented the wrestling with Antaeüs. Thrasybulus, son of Lycus, and the Athenians who with him put down the tyranny of the Thirty, 403 B.C. set out from Thebes when they returned to Athens, and therefore they dedicated in the sanctuary of Heracles colossal figures of Athena and Heracles, carved by Alcamenes in relief out of Pentelic marble.

Adjoining the sanctuary of Heracles are a gymnasium and a race-course, both being named after the god. Beyond the Chastiser stone is an altar of Apollo surnamed God of Ashes; it is made out of the ashes of the victims. The customary mode of divination here is from voices, which is used by the Smyrnaeans, to my knowledge, more than by any other Greeks. For at Smyrna also there is a sanctuary of Voices outside the wall and beyond the city.

XII. The Thebans in ancient days used to sacrifice bulls to Apollo of the Ashes. Once when the festival was being held, the hour of the sacrifice was near but those sent to fetch the bull had not arrived. And so, as a wagon happened to be near by, they sacrificed

βοῶν τῷ θεῷ θύουσι καὶ ἀπ' ἐκείνου ἐργάτας
βοῦς θύειν νομίζουσι. λέγεται δὲ καὶ ὅδε ὑπ'
αὐτῶν λόγος, ὡς[1] ἀπιόντι ἐκ Δελφῶν Κάδμῳ
τὴν ἐπὶ Φωκέων βοῦς γένοιτο ἡγεμὼν τῆς πορείας,
τὴν δὲ βοῦν ταύτην παρὰ βουκόλων εἶναι τῶν
Πελάγοντος ὠνητήν· ἐπὶ δὲ ἑκατέρᾳ τῆς βοὸς
πλευρᾷ σημεῖον ἐπεῖναι λευκὸν εἰκασμένον κύκλῳ
2 τῆς σελήνης, ὁπότε εἴη πλήρης. ἔδει δὲ ἄρα
Κάδμον καὶ τὸν σὺν αὐτῷ στρατὸν ἐνταῦθα
οἰκῆσαι κατὰ τοῦ θεοῦ τὴν μαντείαν, ἔνθα ἡ βοῦς
ἔμελλε καμοῦσα ὀκλάσειν· ἀποφαίνουσιν οὖν καὶ
τοῦτο τὸ χωρίον. ἐνταῦθα ἔστι μὲν ἐν ὑπαίθρῳ
βωμὸς καὶ ἄγαλμα Ἀθηνᾶς·[2] ἀναθεῖναι δὲ αὐτὸ
Κάδμον λέγουσι. τοῖς οὖν νομίζουσιν ἐς γῆν
ἀφικέσθαι Κάδμον τὴν Θηβαΐδα Αἰγύπτιον καὶ
οὐ Φοίνικα ὄντα, ἔστιν ἐναντίον τῷ λόγῳ τῆς
Ἀθηνᾶς ταύτης τὸ ὄνομα, ὅτι Ὄγγα κατὰ γλῶσ-
σαν τὴν Φοινίκων καλεῖται καὶ οὐ Σάις κατὰ τὴν
3 Αἰγυπτίων φωνήν. φασὶ δὲ οἱ Θηβαῖοι, καθότι
τῆς ἀκροπόλεως ἀγορά σφισιν ἐφ' ἡμῶν πεποίη-
ται, Κάδμου τὸ ἀρχαῖον οἰκίαν εἶναι· θαλάμων
δὲ ἀποφαίνουσι τοῦ μὲν Ἁρμονίας ἐρείπια καὶ
ὃν Σεμέλης φασὶν εἶναι, τοῦτον δὲ καὶ ἐς ἡμᾶς
ἔτι ἄβατον φυλάσσουσιν ἀνθρώποις. Ἑλλήνων
δὲ τοῖς ἀποδεχομένοις ᾆσαι Μούσας ἐς τὸν
Ἁρμονίας γάμον τὸ χωρίον ἐστὶν ἐπὶ τῆς ἀγορᾶς,
4 ἔνθα δή φασι τὰς θεὰς ᾆσαι. λέγεται δὲ καὶ
τόδε, ὡς ὁμοῦ τῷ κεραυνῷ βληθέντι ἐς τὸν
Σεμέλης θάλαμον πέσοι ξύλον ἐξ οὐρανοῦ· Πολύ-
δωρον δὲ τὸ ξύλον τοῦτο χαλκῷ λέγουσιν ἐπι-

---

[1] ὡς is not in the MSS.
[2] Ἀθηνᾶς is not in the MSS.

to the god one of the oxen, and ever since it has been the custom to sacrifice working oxen. The following story also is current among the Thebans. As Cadmus was leaving Delphi by the road to Phocis, a cow, it is said, guided him on his way. This cow was one bought from the herdsmen of Pelagon, and on each of her sides was a white mark like the orb of a full moon. Now the oracle of the god had said that Cadmus and the host with him were to make their dwelling where the cow was going to sink down in weariness. So this is one of the places that they point out. Here there is in the open an altar and an image of Athena, said to have been dedicated by Cadmus. Those who think that the Cadmus who came to the Theban land was an Egyptian, and not a Phoenician, have their opinion contradicted by the name of this Athena, because she is called by the Phoenician name of Onga, and not by the Egyptian name of Saïs. The Thebans assert that on the part of their citadel, where to-day stands their market-place, was in ancient times the house of Cadmus. They point out the ruins of the bridal-chamber of Harmonia, and of one which they say was Semele's; into the latter they allow no man to step even now. Those Greeks who allow that the Muses sang at the wedding of Harmonia, can point to the spot in the market-place where it is said that the goddesses sang. There is also a story that along with the thunderbolt hurled at the bridal-chamber of Semele there fell a log from heaven. They say that Polydorus adorned this log with bronze

κοσμήσαντα Διόνυσον καλέσαι Κάδμον. πλησίον δὲ Διονύσου ἄγαλμα, καὶ τοῦτο Ὀνασιμήδης ἐποίησε δι᾽ ὅλου πλῆρες ὑπὸ τοῦ χαλκοῦ· τὸν βωμὸν δὲ οἱ παῖδες εἰργάσαντο οἱ Πραξιτέλους.

5 Ἀνδριάς τέ ἐστι Προνόμου ἀνδρὸς αὐλήσαντος ἐπαγωγότατα ἐς τοὺς πολλούς. τέως μέν γε ἰδέας αὐλῶν τρεῖς ἐκτῶντο οἱ αὐληταὶ καὶ τοῖς μὲν αὔλημα ηὔλουν τὸ Δώριον, διάφοροι δὲ αὐτοῖς ἐς ἁρμονίαν τὴν Φρύγιον ἐπεποίηντο οἱ αὐλοί, τὸ δὲ καλούμενον Λύδιον ἐν αὐλοῖς ηὐλεῖτο ἀλλοίοις· Πρόνομος δὲ ἦν ὃς πρῶτος ἐπενόησεν αὐλοὺς ἐς ἅπαν ἁρμονίας εἶδος ἔχοντας ἐπιτηδείως, πρῶτος δὲ διάφορα ἐς τοσοῦτο μέλη ἐπ᾽ 6 αὐλοῖς ηὔλησε τοῖς αὐτοῖς. λέγεται δὲ ὡς καὶ τοῦ προσώπου τῷ σχήματι καὶ τῇ τοῦ παντὸς κινήσει σώματος περισσῶς δή τι ἔτερπε τὰ θέατρα· καὶ οἱ καὶ ᾆσμα πεποιημένον ἐστὶ προσόδιον ἐς Δῆλον τοῖς ἐπ᾽ Εὐρίπῳ Χαλκιδεῦσι. τοῦτόν τε οὖν ἐνταῦθα οἱ Θηβαῖοι καὶ Ἐπαμινώνδαν τὸν Πολύμνιδος ἀνέθεσαν.

XIII. Τῷ δ᾽ Ἐπαμινώνδᾳ τὰ μὲν τῶν προγόνων ὑπῆρχεν ἐς γένους δόξαν, ὁ δέ οἱ πατὴρ χρημάτων ἕνεκα μέσου ἀνδρὸς ἀπέδει Θηβαῖον· διδάγματα δὲ αὐτοῖς τά τε ἐπιχώρια ἔμαθεν ἐς τὸ ἀκριβέστατον καὶ ὡς ἤδη μειράκιον ἦν ἐφοίτησεν ὡς Λῦσιν, ἄνδρα γένος μὲν Ταραντῖνον, ἐπιστάμενον δὲ τοὺς Πυθαγόρου τοῦ Σαμίου λόγους. λέγεται δὲ ὁ Ἐπαμινώνδας, ἡνίκα ἐπολέμουν Λακεδαιμόνιοι Μαντινεῦσι, πεμφθῆναι σὺν ἄλλοις ἀνδράσιν ἐκ Θηβῶν Λακεδαιμονίοις ἐπαμύνειν· ἔχοντα δὲ τραύματα ἐν τῇ μάχῃ Πελοπίδαν 2 ἐξέσωσεν ἐς ἅπαν ἀφικόμενος κινδύνου. χρόνῳ

and called it Dionysus Cadmus. Near is an image of
Dionysus; Onasimedes made it of solid bronze. The
altar was built by the sons of Praxiteles.

There is a statue of Pronomus, a very great
favourite with the people for his playing on the flute.
For a time flute-players had three forms of the flute.
On one they played Dorian music; for Phrygian
melodies flutes of a different pattern were made;
what is called the Lydian mode was played on flutes
of a third kind. It was Pronomus who first devised
a flute equally suited for every kind of melody, and
was the first to play on the same instrument music so
vastly different in form. It is also said that he gave
his audience untold delight by the expression of his
face and by the movement of his whole body. He
also composed for the Chalcidians on the Euripus a
processional tune for their use in Delos. So the
Thebans set up here a statue of this man, and like-
wise one of Epaminondas, son of Polymnis.

XIII. Epaminondas had famous ancestors, but
his father had less wealth than a Theban of ordinary
means. He was most thoroughly taught all the
subjects of the national education, and when a young
man went to receive instruction from Lysis, a Taren-
tine by descent, learned in the philosophy of Pytha-
goras the Samian. When Lacedaemon was at war with
Mantineia, Epaminondas is said to have been sent
with certain others from Thebes to help the Lacedae-
monians. In the battle Pelopidas received wounds,
but his life was saved by Epaminondas at the greatest

δὲ ὕστερον κατὰ πρεσβείαν ἐς Σπάρτην ἥκοντα
Ἐπαμινώνδαν, ὅτε Λακεδαιμόνιοι συντίθεσθαι
τοῖς Ἕλλησιν ἔφασαν εἰρήνην τὴν ἐπὶ Ἀνταλκί-
δου καλουμένη, τηνικαῦτα Ἐπαμινώνδαν ἤρετο
Ἀγησίλαος, εἰ κατὰ πόλιν ὀμνύναι Βοιωτοὺς
ἐάσουσιν ὑπὲρ τῆς εἰρήνης· "οὐ πρότερόν γε"
εἶπεν "ὦ Σπαρτιᾶται, πρὶν ἢ καὶ τοὺς περιοίκους
ὀμνύοντας κατὰ πόλιν ἴδωμεν τοὺς ὑμετέρους."

3 ὡς δὲ ὁ Λακεδαιμονίων καὶ Θηβαίων ἐξῆρτο ἤδη
πόλεμος καὶ οἱ Λακεδαιμόνιοι δυνάμει καὶ αὐτῶν
καὶ τῶν συμμάχων ἐπὶ τοὺς Θηβαίους ᾖσαν,
Ἐπαμινώνδας μὲν ἔχων τοῦ στρατοῦ μοῖραν
ἀντεκάθητο ὑπὲρ τῆς Κηφισίδος λίμνης ὡς
ποιησομένων ταύτῃ Πελοποννησίων τὴν ἐσβολήν,
Κλεόμβροτος δὲ ὁ Λακεδαιμονίων βασιλεὺς ἐπὶ
Ἀμβρόσσου τρέπεται τῆς Φωκέων· ἀποκτείνας
δὲ Χαιρέαν, ὃς φυλάσσειν διετέτακτο τὰς παρό-
δους, καὶ ἄλλους τοὺς σὺν αὐτῷ Θηβαίους,
ὑπερέβη καὶ ἐς Λεῦκτρα ἀφικνεῖται τὰ Βοιώτια.

4 ἐνταῦθα καὶ αὐτῷ Κλεομβρότῳ καὶ Λακεδαι-
μονίων τῷ κοινῷ σημεῖα ἐγένετο ἐκ τοῦ θεοῦ.
τοῖς βασιλεῦσιν αὐτῶν ἐς τὰς ἐξόδους πρόβατα
εἵπετο θεοῖς τε εἶναι θυσίας καὶ πρὸ τῶν ἀγώνων
καλλιερεῖν· ταῖς δὲ ποίμναις ἡγεμόνες τῆς πορείας
ἦσαν αἶγες, κατοιάδας οἱ ποιμένες ὀνομάζουσιν
αὐτάς. τότε οὖν ὁρμήσαντες ἐς τὴν ποίμνην
λύκοι τοῖς μὲν προβάτοις ἐγίνοντο οὐδὲν βλάβος,

5 οἱ δὲ τὰς αἶγας τὰς κατοιάδας ἔκτεινον. ἐλέγετο
δὲ καὶ μήνιμα ἐς τοὺς Λακεδαιμονίους ἐκ τῶν
θυγατέρων εἶναι τῶν Σκεδάσου. Σκεδάσῳ γὰρ
περὶ Λεῦκτρα οἰκοῦντι θυγατέρες Μολπία γίνεται
καὶ Ἱππώ· ταύτας ἐς ὥραν ἤδη προηκούσας

226

risk to his own. Later on, when Epaminondas had come to Sparta as an envoy, what time the Lacedaemonians said they were concluding with the Greeks the peace called the Peace of Antalcidas, Agesilaüs 378 B.C. asked him whether they would allow each Boeotian city to swear to the peace separately. He replied: "No, Spartans, not before we see your vassals [1] taking the oath city by city." When the war between Lacedaemon and Thebes had already broken out, and the Lacedaemonians were advancing to attack the Thebans with a force of their own men and of their allies, Epaminondas with a part of the army occupied to meet them a position above the Cephisian lake, under the impression that at this point the Peloponnesians would make their invasion. But Cleombrotus, the king of the Lacedaemonians, turned towards Ambrossus in Phocis. He massacred a Theban force under Chaereas, who was under orders to guard the passes, crossed the high ground and reached Leuctra in Boeotia. Here heaven sent signs to the Lacedaemonian people and to Cleombrotus 371 B.C. personally. The Lacedaemonian kings were accompanied on their expeditions by sheep, to serve as sacrifices to the gods and to give fair omens before battles. The flocks were led on the march by she-goats, called *katoiades* by the herdsmen. On this occasion, then, the wolves dashed on the flock, did no harm at all to the sheep, but killed the goats called *katoiades*. It was also said that the wrath of the daughters of Scedasus fell upon the Lacedaemonians. Scedasus, who lived near Leuctra, had two daughters, Molpia and Hippo. These in the bloom

---

[1] " Neighbours," Perioeci, Sparta's free neighbours with no political rights.

Λακεδαιμονίων ἄνδρες βιάζονται παρὰ θέμιδα
Φρουραρχίδας καὶ Παρθένιος. καὶ αἵ τε παρθέ-
νοι παραυτίκα—οὐ γάρ σφισιν ἀνεκτὰ ἐφαίνετο
εἶναι τὰ τῆς ὕβρεως—ἀπάγχουσιν αὑτάς· καὶ ὁ
Σκέδασος, ὡς ἐς Λακεδαίμονα ἐλθόντι οὐδεμία
ἐγένετο αὐτῷ δίκη, οὕτως ἐς τὰ Λεῦκτρα ἐπανή-
6 κων αὑτὸν διεργάζεται. τότε δὲ ὁ Ἐπαμινώνδας
Σκεδάσῳ καὶ ταῖς παισὶν ἐνήγιζέ τε καὶ εὔχετο,
ὡς οὐ μᾶλλον ὑπὲρ σωτηρίας Θηβαίων ἢ καὶ
τιμωρίας ἐκείνων τὸν ἀγῶνα ἐσόμενον. τῶν δὲ
βοιωταρχούντων οὐ κατὰ ταὐτὰ ἐγίνοντο αἱ
γνῶμαι, διεστηκυῖαι δὲ πολὺ ἀπ᾽ ἀλλήλων·
Ἐπαμινώνδᾳ μὲν γὰρ ἤρεσκε καὶ Μάλγιδι καὶ
Ξενοκράτει κατὰ τάχος πρὸς τοὺς Λακεδαιμονίους
ποιεῖσθαι μάχην, Δαμοκλείδας δὲ καὶ Δαμόφιλος
καὶ Σιμάγγελος συμβάλλειν μὲν οὐκ εἴων, ἐκέ-
λευον δὲ ὑπεκθεμένους ἐς τὴν Ἀττικὴν γυναῖκας
καὶ παῖδας ὡς πολιορκησομένους αὐτοὺς παρα-
7 σκευάζεσθαι. τῶν μὲν δὴ ἐξ ἐς τοσοῦτον ἦν
κεχωρισμένα τὰ βουλεύματα· προσγενομένης δὲ
ψήφου τοῖς περὶ τὸν Ἐπαμινώνδαν τοῦ ἑβδόμου
τῶν Βοιωταρχῶν, ὃς ἐφρούρει μὲν τὴν κατὰ τὸν
Κιθαιρῶνα ἐσβολήν, ὄνομα δὲ ἦν οἱ Βραχυλλίδης,
τούτου τοῦ ἀνδρός, ὡς ἐπανῆλθεν ἐς τὸ στρατό-
πεδον, προσθεμένου τοῖς περὶ τὸν Ἐπαμινώνδαν,
8 τότε καὶ πᾶσιν ἐδέδοκτο ἀγῶνι διακρίνεσθαι. τῷ
δὲ Ἐπαμινώνδᾳ καὶ ἐς ἄλλους Βοιωτῶν ὕποπτα
ἦν, ἐς δὲ τοὺς Θεσπιεῖς καὶ περισσότερον· δείσας
οὖν μὴ σφᾶς παρὰ τὸ ἔργον προδῶσιν, ἀποχώ-
ρησιν παρεῖχεν ἀπὸ στρατοπέδου τοῖς ἐθέλουσιν
οἴκαδε· καὶ οἱ Θεσπιεῖς τε ἀπαλλάσσονται πανδη-
μεὶ καὶ εἴ τισιν ἄλλοις Βοιωτῶν ὑπῆν δύσνοια
228

of their youth were wickedly outraged by two Lace-
daemonians, Phrurarchidas and Parthenius. The
maidens, unable to bear the shame of their violation,
immediately hanged themselves. Scedasus repaired
to Lacedaemon, but meeting with no justice returned
to Leuctra and committed suicide. Well, on this 6
occasion Epaminondas sacrificed with prayers to
Scedasus and his girls, implying that the battle would
be to avenge them no less than to secure the salvation
of Thebes. The Boeotarchs were not agreed, but
differed widely in their opinions. For Epaminondas,
Malgis and Xenocrates were minded to do battle
with the Lacedaemonians at once, but Damocleidas,
Damophilus and Simangelus were against joining in
battle, and urged that they should put wives and
children safely out of the way in Attica, and prepare
to undergo a siege themselves. So divergent were the
views of the six. The seventh Boeotarch, whose name 7
was Brachyllides, was guarding the pass by Cithaeron,
and on his return to the army added his vote to the
side of Epaminondas, and then there was a unanimous
decision to try the ordeal of battle. But Epami- 8
nondas had his suspicions of some of the Boeotians
especially of the Thespians. Fearing, therefore, lest
they should desert during the engagement, he per-
mitted all who would to leave the camp and go home.
The Thespians left with all their forces, as did any
other Boeotians who felt annoyed with the Thebans.

9 ἐς τοὺς Θηβαίους. ὡς δὲ ἐς χεῖρας συνῄεσαν,
ἐνταῦθα οἱ σύμμαχοι τῶν Λακεδαιμονίων ἅτε
αὑτοῖς καὶ τὸν πρὸ τοῦ χρόνου οὐκ ἀρεσκόμενοι
τὸ ἔχθος μάλιστα ἐπεδείκνυντο, οὔτε κατὰ χώραν
μένειν ἐθέλοντες, ἐνδιδόντες δὲ ὅπῃ σφίσιν οἱ
πολέμιοι προσφέροιντο. αὐτοὺς δὲ Λακεδαι-
μονίους καὶ Θηβαίους ἐξ ἴσου καθίστη, τοὺς μὲν
ἐμπειρίᾳ τε ἡ προϋπάρχουσα καὶ ἅμα αἰδου-
μένους μὴ καταλῦσαι τῆς Σπάρτης τὸ ἀξίωμα,
Θηβαῖοι δὲ ὑπὲρ τῆς πατρίδος καὶ πρὸ γυναικῶν
10 καὶ παίδων τὸν κίνδυνον ἐφεστηκότα ἑώρων. ὡς
δὲ ἄλλοι τε Λακεδαιμονίων τῶν ἐν τέλει καὶ ὁ
βασιλεὺς ἐτεθνήκει Κλεόμβροτος, ἐνταῦθα τοὺς
Σπαρτιάτας καὶ ταλαιπωρουμένους ἐπελάμβανεν
ἀνάγκη μὴ ἐνδιδόναι· παρὰ γὰρ τοῖς Λακεδαι-
μονίοις αἴσχιστον ἐδέδοκτο εἶναι βασιλέως νεκρὸν
ἐπὶ ἀνδράσι πολεμίοις γενόμενον περιοφθῆναι.

11 Θηβαίοις μὲν ἡ νίκη κατείργαστο ἐπιφανέ-
στατα πασῶν ὁπόσας κατὰ Ἑλλήνων ἀνείλοντο
Ἕλληνες· Λακεδαιμόνιοι δὲ ἐς τὴν ὑστεραίαν
τοὺς τεθνεῶτας διενοοῦντο ὡς θάψοντες καὶ ἀπο-
στέλλουσι κήρυκα ἐς τοὺς Θηβαίους. Ἐπαμι-
νώνδας δέ, ἐπιστάμενος ὡς ἐπικρύπτεσθαι τὰς
συμφορὰς ἀεί ποτε οἱ Λακεδαιμόνιοι πεφύκασιν,
ἔφασκεν ἀναίρεσιν τῶν νεκρῶν προτέροις αὐτῶν
διδόναι τοῖς συμμάχοις, ἐπὶ δὲ ἐκείνοις ἀνελο-
μένοις οὕτω καὶ τοὺς Λακεδαιμονίους ἠξίου
12 θάπτειν τοὺς αὑτῶν. ὡς δὲ τῶν συμμάχων οἱ
μὲν οὐδὲ ἀρχὴν ἀνῃροῦντο ἅτε οὐ τεθνεῶτός
σφισιν οὐδενός, τῶν δὲ ὀλίγον ἐφαίνετο εἶναι τὸ
διεφθαρμένον, οὕτω Λακεδαιμόνιοί τε ἔθαπτον
τοὺς αὑτῶν καὶ ἤδη Σπαρτιάτας ἐξελήλεγκτο
230

When the battle joined, the allies of the Lacedaemonians, who had hitherto been not the best of friends, now showed most clearly their hostility, by their reluctance to stand their ground, and by giving way wherever the enemy attacked them. The Lacedaemonians themselves and the Thebans were not badly matched adversaries. The former had their previous experience, and their shame of lessening the reputation of Sparta; the Thebans realised that what was at stake was their country, their wives and their children. But when king Cleombrotus with several Lacedaemonian magistrates had fallen, the Spartans were bound by necessity not to give way, in spite of their distress. For among the Lacedaemonians it was considered the greatest disgrace to allow the body of a king to come into the hands of enemies.

The victory of Thebes was the most famous ever won by Greeks over Greeks. The Lacedaemonians on the following day were minded to bury their dead, and sent a herald to the Thebans. But Epaminondas, knowing that the Lacedaemonians were always inclined to cover up their disasters, said that he permitted their allies first to take up their dead, and only when these had done so did he approve of the Lacedaemonians' burying their own dead. Some of the allies took up no dead at all, as not a man of them had fallen; others had but slight loss to report. So when the Lacedaemonians proceeded to bury their own, it was at once proved that the fallen were

εἶναι τοὺς κειμένους. ἀπέθανον δὲ Θηβαίων τε καὶ
ὅσοι παρέμειναν Βοιωτῶν ἑπτὰ καὶ τεσσαράκοντα
ἄνδρες, Λακεδαιμονίων δὲ αὐτῶν πλείους ἢ χίλιοι.

XIV. Τὸ μὲν δὴ παραυτίκα ὁ Ἐπαμινώνδας
μετὰ τὴν μάχην Πελοποννησίων τοῖς λοιποῖς
ἀπιέναι προειπὼν ἐπὶ τὰ οἰκεῖα Λακεδαιμονίους
ἐν τοῖς Λεύκτροις εἶχεν ἀπειλημμένους· ὡς δὲ
ἤκουε τοὺς ἐκ τῆς πόλεως Σπαρτιάτας βοηθή-
σοντας τοῖς σφετέροις ἐς Λεῦκτρα ἰέναι πανδημεί,
δίδωσιν οὕτω τοῖς ἀνδράσιν ἀπελθεῖν ὑποσπόνδους
ἔφη τε ἄμεινον ἔσεσθαι τὸν πόλεμόν σφισιν ἐκ
2 Βοιωτῶν ἐς τὴν Λακεδαίμονα ἀπώσασθαι. Θεσ-
πιεῦσι δέ, ὑφορωμένοις τήν τε ἐξ ἀρχῆς ἐκ τῶν
Θηβαίων δυσμένειαν καὶ τὴν ἐν τῷ παρόντι
αὐτῶν τύχην, τὴν μὲν πόλιν ἔδοξεν ἐκλιπεῖν,
ἀναφεύγειν δὲ ἐς Κερησσόν. ἔστι δὲ ἐχυρὸν
χωρίον ὁ Κερησσὸς ἐν τῇ Θεσπιέων, ἐς ὃ καὶ
πάλαι ποτὲ ἀνεσκευάσαντο κατὰ τὴν ἐπιστρα-
τείαν τὴν Θεσσαλῶν· οἱ Θεσσαλοὶ δὲ τότε, ὡς
ἑλεῖν τὸν Κερησσόν σφισι πειρωμένοις ἐφαίνετο
ἐλπίδος κρεῖσσον, ἀφίκοντο ἐς Δελφοὺς παρὰ τὸν
3 θεόν, καὶ αὐτοῖς γίνεται μάντευμα τοιόνδε·

> Λεῦκτρά τέ μοι σκιόεντα μέλει καὶ Ἀλήσιον
> οὖδας,
> καί μοι τὼ Σκεδάσου μέλετον δυσπενθέε κούρα.
> ἔνθα μάχη πολύδακρυς ἐπέρχεται· οὐδέ τις
> αὐτὴν
> φράσσεται ἀνθρώπων, πρὶν κούριον ἀγλαὸν
> ἥβην
> Δωριέες ὀλέσωσ᾽, ὅταν αἴσιμον ἦμαρ ἐπέλθῃ.
> τουτάκι δ᾽ ἔστι Κερησσὸς ἁλώσιμος, ἄλλοτε
> δ᾽ οὐχί.

Spartans. The loss of the Thebans and of such Boeotians as remained loyal amounted to forty-seven, but of the Lacedaemonians themselves there fell more than a thousand men.

XIV. After the battle Epaminondas for a while, having proclaimed that the other Peloponnesians should depart home, kept the Lacedaemonians cooped up in Leuctra. But when reports came that the Spartans in the city were marching to a man to the help of their countrymen at Leuctra, Epaminondas allowed his enemy to depart under a truce, saying that it would be better for the Boeotians to shift the war from Boeotia to Lacedaemon. The Thespians, apprehensive because of the ancient hostility of Thebes and its present good fortune, resolved to abandon their city and to seek a refuge in Ceressus. It is a stronghold in the land of the Thespians, in which once in days of old they had established themselves to meet the invasion of the Thessalians. On that occasion the Thessalians tried to take Ceressus, but success seemed hopeless. So they consulted the god at Delphi, and received the following response :—

A care to me is shady Leuctra, and so is the
    Alesian soil;
A care to me are the two sorrowful girls of Scedasus.
There a tearful battle is nigh, and no one will
    foretell it,
Until the Dorians have lost their glorious youth,
When the day of fate has come.
Then may Ceressus be captured, but at no other time.

4 τότε δὲ ὁ Ἐπαμινώνδας ὡς τοὺς Θεσπιεῖς κατα-
φεύγοντας ἐς τὸν Κερησσὸν ἐξεῖλε, πρὸς τὰ ἐν
Πελοποννήσῳ παραυτίκα ἔσπευδεν ἅτε καὶ τῶν
Ἀρκάδων προθύμως μεταπεμπομένων. ἐλθὼν
δὲ Ἀργείους μὲν προσελάβετο ἑκουσίους συμ-
μάχους, Μαντινέας δὲ κατὰ κώμας ὑπὸ Ἀγησι-
πόλιδος διῳκισμένους ἐς τὴν ἀρχαίαν συνήγαγεν
αὖθις πόλιν· τὰ δὲ πολίσματα τὰ Ἀρκάδων
ὁπόσα εἶχεν ἀσθενῶς καταλῦσαι πείσας τοὺς
Ἀρκάδας, πατρίδα ἐν κοινῷ σφισιν ᾤκισεν, ἣ
5 Μεγάλη καὶ ἐς ἡμᾶς ἔτι καλεῖται πόλις. ὁ μὲν
δὴ χρόνος βοιωταρχοῦντι Ἐπαμινώνδᾳ διήνυστο,
τεθνάναι δὲ ἐτέτακτο ἐπιλαβόντα ἄνδρα τῆς
ἀρχῆς· ὁ οὖν Ἐπαμινώνδας ὑπεριδὼν ὡς οὐκ
ὄντα ἐν καιρῷ τὸν νόμον ἐβοιωτάρχει καὶ ἀφικό-
μενος τῷ στρατῷ πρὸς τὴν Σπάρτην, ὡς οὐκ
ἀντεπῆγεν Ἀγησίλαος μαχούμενος, οὕτω πρὸς
τὸν οἰκισμὸν τρέπεται Μεσσήνης. καὶ οἰκιστὴς
Μεσσηνίοις τοῖς νῦν ἐστιν Ἐπαμινώνδας· καί μοι
τὰ ἐς τὸν οἰκισμὸν ἐδήλωσε τὰ ἐς αὐτοὺς ἔχοντα
6 Μεσσηνίους. ἐν τούτῳ δὲ οἱ τῶν Θηβαίων
σύμμαχοι κατέτρεχον διασκεδασθέντες χώραν τὴν
Λακωνικὴν καὶ ἥρπαζον τὰ ἐξ αὐτῆς· τοῦτο
Ἐπαμινώνδᾳ παρέστησεν ὀπίσω Θηβαίους ἐς
Βοιωτίαν ἀπαγαγεῖν. καὶ ὡς προϊὼν τῷ στρατῷ
κατὰ Λέχαιον ἐγίνετο καὶ διεξιέναι τῆς ὁδοῦ τὰ
στενὰ καὶ δύσβατα ἔμελλεν, Ἰφικράτης ὁ
Τιμοθέου πελταστὰς καὶ ἄλλην Ἀθηναίων ἔχων
7 δύναμιν ἐπεχειρεῖ τοῖς Θηβαίοις. Ἐπαμινώνδας
δὲ τοὺς ἐπιθεμένους τρέπεται καὶ πρὸς αὐτὸ
ἀφικόμενος Ἀθηναίων τὸ ἄστυ, ὡς ἐπεξιέναι
μαχουμένους τοὺς Ἀθηναίους ἐκώλυεν Ἰφικράτης,

On the latter occasion Epaminondas captured the Thespians who had taken refuge in Ceressus, and immediately afterwards devoted his attention to the situation in the Peloponnesus, to which also the Arcadians were eagerly inviting him. On his arrival he won the willing support of Argos, while he collected again into their ancient city the Mantineans, who had been scattered into village communities by Agesipolis. He persuaded the Arcadians to destroy all their weak towns, and built them a home where they could live together, which even at the present day is called Megalopolis (*Great City*). The period of his office as Boeotarch had now expired, and death was the penalty fixed if a man exceeded it. So Epaminondas, disregarding the law as out of date, remained in office, marched to Sparta with his army, and when Agesilaüs did not come out to meet him, turned to the founding of Messene. Epaminondas was the founder of the modern Messene, and the history of its foundation I have included in my account of the Messenians themselves. Meanwhile the allies of Thebes scattered and overran the Laconian territory, pillaging what it contained. This persuaded Epaminondas to lead the Thebans back to Boeotia. In his advance with the army he came over against Lechaeüm, and was about to cross the narrow and difficult parts of the road, when Iphicrates, the son of Timotheüs, attacked the Thebans with a force of targeteers and other Athenians. Epaminondas put his assailants to flight and came right up to the very city of Athens, but as Iphicrates dissuaded the Athenians from coming out to fight, he proceeded to march back to

ὁ δὲ αὖθις ἐς τὰς Θήβας ἀπήλαυνε. καὶ δίκην
μὲν ἔφυγεν ὑπὲρ θανάτου, διότι ἐβοιωτάρχησεν
ἐξήκοντος ἤδη τοῦ χρόνου· λέγονται δὲ οἱ δι-
κάζειν λαχόντες οὐδὲ ἀρχὴν περὶ αὐτοῦ θέσθαι
τὴν ψῆφον.

XV. Μετὰ δὲ ταῦτα ἐν Θεσσαλίᾳ δυναστεύων
Ἀλέξανδρος Πελοπίδαν ἐλθόντα—ἀφίκετο δὲ ὡς
παρὰ ἄνδρα ἰδίᾳ τε εὔνουν αὐτῷ καὶ Θηβαίων
φίλον τῷ κοινῷ—παραγενόμενον δὴ τὸν Πελο-
πίδαν ὁ Ἀλέξανδρος δήσας εἶχεν ὑπὸ ἀπιστίας
τε καὶ ὕβρεως· Θηβαῖοι δὲ ἐπεξιέναι παραυτίκα
ἐπὶ τὸν Ἀλέξανδρον ὥρμηντο. ἡγεμόνας μὲν
οὖν τῆς ἐξόδου Κλεομένην καὶ Ὕπατον ἐποιή-
σαντο βοιωταρχοῦντας ἐν τῷ τότε· Ἐπαμινώνδᾳ
δὲ συνέβαινεν ἐν τοῖς στρατευομένοις τετάχθαι.

2 γεγονυίας δὲ ἐκτὸς Πυλῶν οἱ τῆς δυνάμεως ἐπιτί-
θεταί σφισιν ἐν δυσχωρίαις λοχήσας ὁ Ἀλέξαν-
δρος· ὡς δὲ ἐφαίνετο ἄπορα εἶναι τὰ τῆς
σωτηρίας, οὕτω δὴ ὅ τε λοιπὸς στρατὸς ἡγεμόνα
ποιοῦνται τὸν Ἐπαμινώνδαν καὶ οἱ Βοιωτάρχαι
παραχωροῦσιν ἑκουσίως τῆς ἀρχῆς· Ἀλέξανδρος
δὲ οὔτε ἔτι ἐθάρρει τὸν πόλεμον στρατηγοῦντα
ὁρῶν τοῖς ἐναντίοις Ἐπαμινώνδαν καὶ ἑκὼν

3 Πελοπίδαν ἀφίησιν. ἐν ὅσῳ δὲ ἀπῆν ὁ Ἐπα-
μινώνδας, Ὀρχομενίους Θηβαῖοι ποιοῦσιν ἀνασ-
τάτους ἐκ τῆς χώρας· συμφορὰν δὲ τὴν ἀνάσ-
τασιν τὴν Ὀρχομενίων ἐνόμιζεν ὁ Ἐπαμινώνδας
καὶ οὔ ποτ' ἂν ἐξεργασθῆναι τόλμημα τοιοῦτον

4 αὐτοῦ γε παρόντος ἔφασκεν ὑπὸ Θηβαίων. ὡς
δὲ βοιωταρχεῖν αὖθις ᾕρητο καὶ στρατῷ Βοιωτῶν
ἀφίκετο αὖθις ἐς Πελοπόννησον, ἐκράτησε μὲν
περὶ Λέχαιον Λακεδαιμονίους μάχῃ, σὺν δέ

Thebes. Epaminondas stood his trial on a capital charge for holding the office of Boeotarch when his tenure had already expired. It is said that the jury appointed to try him did not even record their votes on the charge.

XV. After these things when Alexander held sway in Thessaly, Pelopidas came to him, under the impression that he was well-disposed to him personally as well as a friend to the Theban commonwealth, but on his arrival was treacherously and insolently thrown into prison and kept there by Alexander. The Thebans at once set out to attack Alexander, and made leaders of the expedition Cleomenes and Hypatus, who were Boeotarchs at that time; Epaminondas was serving in the ranks. When the force had reached the other side of Thermopylae, Alexander surprised and attacked it on difficult ground. As there appeared to be no means of safety, the rest of the army chose Epaminondas to be leader, and the Boeotarchs of their own accord resigned the command. Alexander lost confidence in winning the war when he saw Epaminondas at the head of his opponents, and of his own accord set free Pelopidas. In the absence of Epaminondas the Thebans removed the Orchomenians from their land. Epaminondas regarded their removal as a disaster, and declared that had he been present never would the Thebans have been guilty of such an outrage. Elected again to be Boeotarch, and again invading the Peloponnesus with an army of Boeotians, he overcame the Lacedaemonians in a battle at Lechaeum,

237

σφισιν Ἀχαιῶν Πελληνέας καὶ Ἀθηναίων οὓς
Χαβρίας ἦγεν ἐξ Ἀθηνῶν. Θηβαίοις δὲ ἦν
καθεστηκὸς τοὺς μὲν ἄλλους, ὁπόσους αἰχμαλώ-
τους ἕλοιεν, ἀφιέναι χρημάτων, τοὺς δὲ ἐκ
Βοιωτῶν φεύγοντας ζημιοῦν θανάτῳ· πόλισμα
οὖν ἑλὼν Σικυωνίων Φοιβίαν, ἔνθα ἦσαν τὸ πολὺ
οἱ Βοιώτιοι φυγάδες συνηγμένοι, ἀφίησι τοὺς
ἐγκαταληφθέντας, ἄλλην σφίσιν ἣν ἔτυχε πατ-
5 ρίδα ἐπονομάζων ἑκάστῳ. ὡς δὲ ἀφίκετο πρὸς
Μαντίνειαν τῇ στρατιᾷ, νικῶν καὶ τότε ὑπὸ
ἀνδρὸς ἀπέθανεν Ἀθηναίου· καὶ Ἀθήνησιν ἐν
ἱππέων μάχῃ τὸν Ἐπαμινώνδαν ὁ ἀνὴρ οὗτος
γέγραπται φονεύων Γρύλος ὁ Ξενοφῶντος
δὴ τοῦ Κύρῳ ὁδοῦ μετασχόντος ἐπὶ βασιλέα
Ἀρταξέρξην καὶ ὀπίσω τοῖς Ἕλλησιν ἐπὶ
θάλασσαν ἡγησαμένου.

6    Τῷ δὲ ἀνδριάντι τοῦ Ἐπαμινώνδου καὶ ἐλεγεῖα
ἔπεστιν ἄλλα τε ἐς αὐτὸν λέγοντα καὶ ὅτι
Μεσσήνης γένοιτο οἰκιστὴς καὶ τοῖς Ἕλλησιν
ὑπάρξειεν ἐλευθερία δι' αὐτοῦ. καὶ οὕτως ἔχει
τὰ ἐλεγεῖα·

ἡμετέραις βουλαῖς Σπάρτη μὲν ἐκείρατο δόξαν,
Μεσσήνη δ' ἱερὴ τέκνα χρόνῳ δέχεται·
Θήβης δ' ὅπλοισιν Μεγάλη πόλις ἐστεφάνωται,
αὐτόνομος δ' Ἑλλὰς πᾶσ' ἐν ἐλευθερίῃ.

XVI. Τούτῳ μὲν τοσαῦτα ἦν ἐς δόξαν· οὐ
πόρρω δέ ἐστι ναὸς Ἄμμωνος, καὶ τὸ ἄγαλμα
ἀνέθηκε μὲν Πίνδαρος, Καλάμιδος δέ ἐστιν ἔργον.
ἀπέπεμψε δὲ ὁ Πίνδαρος καὶ Λιβύης ἐς Ἀμ-
μωνίους τῷ Ἄμμωνι ὕμνον[1] οὗτος καὶ ἐς ἐμὲ
ἦν ὁ ὕμνος ἐν τριγώνῳ στήλῃ παρὰ τὸν βωμόν,
238

and with them Achaeans of Pellene and Athenians led from Athens by Chabrias. The Thebans had a rule that they should set free for a ransom all their prisoners except such as were Boeotian fugitives; these they punished with death. So when he captured the Sicyonian town of Phoebia, in which were gathered most of the Boeotian fugitives, he assigned to each of those whom he captured in it a new nationality, any that occurred to him, and set them free. On reaching Mantineia with his army, he was killed in the hour of victory by an Athenian. 362 B.C. In the painting at Athens of the battle of the cavalry the man who is killing Epaminondas is Grylus, the son of the Xenophon who took part in the expedition of Cyrus against king Artaxerxes and led the Greeks back to the sea.

On the statue of Epaminondas is an inscription in elegiac verse relating among other things that he founded Messene, and that through him the Greeks won freedom. The elegiac verses are these :—

By my counsels was Sparta shorn of her glory,
  And holy Messene received at last her children.
By the arms of Thebe was Megalopolis encircled
    with walls,
  And all Greece won independence and freedom.

XVI. Such were the claims to fame of Epaminondas. Not far away is a temple of Ammon; the image, a work of Calamis, was dedicated by Pindar, who also sent to the Ammonians of Libya a hymn to Ammon. This hymn[1] I found still carved on a triangular slab by the side of the altar dedicated to

---

[1] The MSS. have ὕμνους.

ὃν Πτολεμαῖος ὁ Λάγου τῷ Ἄμμωνι ἀνέθηκε.
Θηβαίοις δὲ μετὰ τοῦ Ἄμμωνος τὸ ἱερὸν οἰωνο-
σκοπεῖόν τε Τειρεσίου καλούμενον καὶ πλησίον
Τύχης ἐστὶν ἱερόν· φέρει μὲν δὴ Πλοῦτον παῖδα·
2 ὡς δὲ Θηβαῖοι λέγουσι, χεῖρας μὲν τοῦ ἀγάλ-
ματος καὶ πρόσωπον Ξενοφῶν εἰργάσατο Ἀθη-
ναῖος, Καλλιστόνικος δὲ τὰ λοιπὰ ἐπιχώριος.
σοφὸν μὲν δὴ καὶ τούτοις τὸ βούλευμα, ἐσθεῖναι
Πλοῦτον ἐς τὰς χεῖρας ἅτε μητρὶ ἢ τροφῷ τῇ
Τύχῃ, σοφὸν δὲ οὐχ ἧσσον τὸ Κηφισοδότου· καὶ
γὰρ οὗτος τῆς Εἰρήνης τὸ ἄγαλμα Ἀθηναίοις
Πλοῦτον ἔχουσαν πεποίηκεν.

3 Ἀφροδίτης δὲ Θηβαίοις ξόανά ἐστιν οὕτω
δὴ ἀρχαῖα ὥστε καὶ ἀναθήματα Ἁρμονίας
εἶναί φασιν, ἐργασθῆναι δὲ αὐτὰ ἀπὸ τῶν
ἀκροστολίων, ἃ ταῖς Κάδμου ναυσὶν ἦν ξύλου
πεποιημένα. καλοῦσι δὲ Οὐρανίαν, τὴν δὲ αὐτῶν
Πάνδημον καὶ Ἀποστροφίαν τὴν τρίτην· ἔθετο
δὲ τῇ Ἀφροδίτῃ τὰς ἐπωνυμίας ἡ Ἁρμονία, τὴν
4 μὲν Οὐρανίαν ἐπὶ ἔρωτι καθαρῷ καὶ ἀπηλλαγ-
μένῳ πόθου σωμάτων, Πάνδημον δὲ ἐπὶ ταῖς
μίξεσι, τρίτα δὲ Ἀποστροφίαν, ἵνα ἐπιθυμίας
τε ἀνόμου καὶ ἔργων ἀνοσίων ἀποστρέφῃ τὸ
γένος τῶν ἀνθρώπων· πολλὰ γὰρ τὰ μὲν
ἐν βαρβάροις ἠπίστατο ἡ Ἁρμονία, τὰ δὲ
καὶ παρ᾽ Ἕλλησιν ἤδη τετολμημένα, ὁποῖα
καὶ ὕστερον ἐπὶ τῇ Ἀδώνιδος μητρὶ καὶ ἐς
Φαίδραν τε τὴν Μίνω καὶ ἐς τὸν Θρᾷκα Τηρέα
ᾄδεται.

5 Τὸ δὲ τῆς Δήμητρος ἱερὸν τῆς Θεσμοφόρου
Κάδμου καὶ τῶν ἀπογόνων οἰκίαν ποτὲ εἶναι
λέγουσι· Δήμητρος δὲ ἄγαλμα ὅσον ἐς στέρνα

Ammon by Ptolemy the son of Lagus. After the sanctuary of Ammon at Thebes comes what is called the bird-observatory of Teiresias, and near it is a sanctuary of Fortune, who carries the child Wealth. According to the Thebans, the hands and face of the image were made by Xenophon the Athenian, the rest of it by Callistonicus, a native. It was a clever idea of these artists to place Wealth in the arms of Fortune, and so to suggest that she is his mother or nurse. Equally clever was the conception of Cephisodotus, who made the image of Peace for the Athenians with Wealth in her arms.

At Thebes are three wooden images of Aphrodite, so very ancient that they are actually said to be votive offerings of Harmonia, and the story is that they were made out of the wooden figure-heads on the ships of Cadmus. They call the first Heavenly, the second Common, and the third Rejecter. Harmonia gave to Aphrodite the surname of Heavenly to signify a love pure and free from bodily lust; that of Common, to denote sexual intercourse; the third, that of Rejecter, that mankind might reject unlawful passion and sinful acts. For Harmonia knew of many crimes already perpetrated not only among foreigners but even by Greeks, similar to those attributed later by legend to the mother of Adonis, to Phaedra, the daughter of Minos, and to the Thracian Tereus.

The sanctuary of Demeter Lawgiver is said to have been at one time the house of Cadmus and his descendants. The image of Demeter is visible

241

ἐστὶν ἐν τῷ φανερῷ. καὶ ἀσπίδες ἐνταῦθα
ἀνάκεινται χαλκαῖ· Λακεδαιμονίων δέ, ὁπόσοι τῶν
ἐν τέλει περὶ Λεῦκτρα ἐτελεύτησαν, φασὶν εἶναι.

6 Πρὸς δὲ ταῖς καλουμέναις πύλαις Προιτίσι
θέατρον ᾠκοδόμηται, καὶ ἐγγυτάτω τοῦ θεάτρου
Διονύσου ναός ἐστιν ἐπίκλησιν Λυσίου· Θηβαίων
γὰρ αἰχμαλώτους ἄνδρας ἐχομένους ὑπὸ Θρακῶν,
ὡς ἀγόμενοι κατὰ τὴν Ἁλιαρτίαν ἐγίνοντο,
ἔλυσεν ὁ θεὸς καὶ ἀποκτεῖναί σφισι τοὺς Θρᾷκας
παρέδωκεν ὑπνωμένους. ἐνταῦθα οἱ Θηβαῖοι τὸ
ἕτερον τῶν ἀγαλμάτων φασὶν εἶναι Σεμέλης·
ἐνιαυτοῦ δὲ ἅπαξ ἑκάστου τὸ ἱερὸν ἀνοιγνύναι
7 φασὶν ἐν ἡμέραις τακταῖς. καὶ οἰκίας τῆς Λύκου
ἐρείπια καὶ Σεμέλης μνῆμά ἐστιν, Ἀλκμήνης δὲ
οὐ μνῆμα· γενέσθαι δὲ αὐτὴν ὡς ἀπέθανε λίθον
φασὶν ἐξ ἀνθρώπου, καὶ Μεγαρεῦσι τὰ ἐς αὐτὴν
οὐχ ὁμολογοῦσι· διάφορα δὲ καὶ τὰ λοιπὰ ὡς τὸ
πολὺ ἀλλήλοις λέγουσιν Ἕλληνες. Θηβαίοις δὲ
ἐνταῦθα καὶ τὰ μνήματα πεποίηται τῶν Ἀμφί-
ονος παίδων, χωρὶς μὲν τῶν ἀρσένων, ἰδίᾳ δὲ ταῖς
παρθένοις.

XVII. Πλησίον δὲ Ἀρτέμιδος ναός ἐστιν
Εὐκλείας· Σκόπα δὲ τὸ ἄγαλμα ἔργον. ταφῆναι
δὲ ἐντὸς τοῦ ἱεροῦ θυγατέρας Ἀντιποίνου λέγουσιν
Ἀνδρόκλειάν τε καὶ Ἀλκίδα. μελλούσης γὰρ
πρὸς Ὀρχομενίους γίνεσθαι μάχης Θηβαίοις καὶ
Ἡρακλεῖ, λόγιόν σφισιν ἦλθεν ἔσεσθαι τοῦ
πολέμου κράτος ἀποθανεῖν αὐτοχειρίᾳ θελή-
σαντος, ὃς ἂν τῶν ἀστῶν ἐπιφανέστατος κατὰ
γένους ἀξίωμα ᾖ. Ἀντιποίνῳ μὲν οὖν—τούτῳ
γὰρ τὰ ἐς τοὺς προγόνους μάλιστα ὑπῆρχεν
ἔνδοξα—οὐχ ἡδὺ ἦν ἀποθνήσκειν πρὸ τοῦ δήμου,

down to the chest. Here have been dedicated bronze shields, said to be those of Lacedaemonian officers who fell at Leuctra.

Near the Proetidian gate is built a theatre, and quite close to the theatre is a temple of Dionysus surnamed Deliverer. For when some Theban prisoners in the hands of Thracians had reached Haliartia on their march, they were delivered by the god, who gave up the sleeping Thracians to be put to death. One of the two images here the Thebans say is Semele. Once in each year, they say, they open the sanctuary on stated days. There are also ruins of the house of Lycus, and the tomb of Semele, but Alcmena has no tomb. It is said that on her death she was turned from human form to a stone, but the Theban account does not agree with the Megarian. The Greek legends generally have for the most part different versions. Here too at Thebes are the tombs of the children of Amphion. The boys lie apart; the girls are buried by themselves.

XVII. Near is the temple of Artemis of Fair Fame. The image was made by Scopas. They say that within the sanctuary were buried Androcleia and Alcis, daughters of Antipoenus. For when Heracles and the Thebans were about to engage in battle with the Orchomenians, an oracle was delivered to them that success in the war would be theirs if their citizen of the most noble descent would consent to die by his own hand. Now Antipoenus, who had the most famous ancestors, was loath to die

ταῖς δὲ Ἀντιποίνου θυγατράσιν ἤρεσκε· διεργα-
2 σάμεναι δὲ αὐτὰς τιμὰς ἀντὶ τούτων ἔχουσι. τοῦ
ναοῦ δὲ τῆς Εὐκλείας Ἀρτέμιδος λέων ἐστὶν
ἔμπροσθε λίθου πεποιημένος· ἀναθεῖναι δὲ ἐλέγετο
Ἡρακλῆς Ὀρχομενίους καὶ τὸν βασιλέα αὐτῶν
Ἐργῖνον τὸν Κλυμένου νικήσας τῇ μάχῃ.
πλησίον δὲ Ἀπόλλων τέ ἐστιν ἐπίκλησιν Βοη-
δρόμιος καὶ Ἀγοραῖος Ἑρμῆς καλούμενος, Πιν-
δάρου καὶ τοῦτο ἀνάθημα. ἀπέχει δὲ ἡ πυρὰ
Ἀμφίονος παίδων ἥμισυ σταδίου μάλιστα ἀπὸ
τῶν τάφων· μένει δὲ ἡ τέφρα καὶ ἐς τόδε ἔτι ἀπὸ
3 τῆς πυρᾶς. πλησίον δὲ Ἀμφιτρύωνος ἀνάθημα [1]
δύο ἀγάλματα λίθινα λέγουσιν Ἀθηνᾶς ἐπί-
κλησιν Ζωστηρίας· λαβεῖν γὰρ τὰ ὅπλα αὐτὸν
ἐνταῦθα, ἡνίκα Εὐβοεῦσι καὶ Χαλκώδοντι
ἔμελλεν ἀντιτάξεσθαι. τὸ δὲ ἐνδῦναι τὰ ὅπλα
ἐκάλουν ἄρα οἱ παλαιοὶ ζώσασθαι· καὶ δὴ
Ὅμηρον, Ἄρει τὸν Ἀγαμέμνονα ποιήσαντα
ἐοικέναι τὴν ζώνην, τῶν ὅπλων τὴν σκευήν φασιν
εἰκάζειν.
4   Ζήθῳ δὲ μνῆμα καὶ Ἀμφίονι ἐν κοινῷ γῆς
χῶμά ἐστιν οὐ μέγα. ὑφαιρεῖσθαι δὲ ἐθέλουσιν
ἀπ᾽ αὐτοῦ τῆς γῆς οἱ Τιθορέαν ἐν τῇ Φωκίδι
ἔχοντες, ἐθέλουσι δέ, ἐπειδὰν τὸν ἐν τῷ οὐρανῷ
ταῦρον ὁ ἥλιος διεξίῃ· τηνικαῦτα γὰρ ἢν ἀπ᾽
αὐτοῦ λαβόντες γῆν τῷ Ἀντιόπης μνήματι
περιάψωσι,[2] Τιθορεεῦσιν οἴσει καρπὸν ἡ χώρα,

---

[1] The word ἀνάθημα was added by Spiro. Another suggestion is to read ἀναθέντος here and εἶναι after λέγουσιν.

[2] This word is found in one MS. only, and does not seem a suitable expression in its context. Frazer suggests περιτιθῶσιν.

for the people, but his daughters were quite ready to do so. So they took their own lives and are honoured therefor. Before the temple of Artemis of Fair Fame is a lion made of stone, said to have been dedicated by Heracles after he had conquered in the battle the Orchomenians and their king, Erginus son of Clymenus. Near it is Apollo surnamed Rescuer, and Hermes called of the Market-place, another of the votive offerings of Pindar. The pyre of the children of Amphion is about half a stade from the graves. The ashes from the pyre are still there. Near this are two stone images of Athena, surnamed Girder, said to have been dedicated by Amphitryon.[1] For here, they say, he put on his armour when he was about to give battle to Chalcodon and the Euboeans. It seems that the ancients used the verb "to gird oneself" in the sense of "to put on one's armour," and so they say that when Homer compares Agamemnon to Ares "in respect of his girdle," he is really saying that they were alike in the fashion of their armour.

The tomb shared by Zethus and Amphion is a small mound of earth. The inhabitants of Tithorea in Phocis like to steal earth from it when the sun is passing through the constellation Taurus. For if at that time they take earth from the mound and set it on Antiope's tomb, the land of Tithorea will

[1] The second reading mentioned in the critical note would give the translation :—"two images, dedicated by Amphitryon, . . . said to be of Athena, etc."

Θηβαίοις δὲ οὐχ ὁμοίως. καὶ ἐπὶ τούτῳ φρουρὰν
5 οἱ Θηβαῖοι τότε ἔχουσι τοῦ μνήματος. ταῦτα
δὲ αἱ πόλεις αὗται πεπιστεύκασιν ἐκ χρησμῶν
τῶν Βάκιδος, ἔστι γὰρ τάδε ἐν τοῖς χρησμοῖς·

ἀλλ᾽ ὁπόταν Τιθορεὺς Ἀμφίονί τε Ζήθῳ τε
χύτλα καὶ εὐχωλὰς μειλίγματ᾽ ἐνὶ χθονὶ χεύῃ
θελγομένου ταύροιο κλυτοῦ μένει ἠελίοιο,
καὶ τότε δὴ πεφύλαξο πόλει κακὸν οὐκ
  ἀλαπαδνόν
ἐρχόμενον· καρποὶ γὰρ ἀποφθινύθουσιν ἐν αὐτῇ
γαίης δασσαμένων, Φώκου δ᾽ ἐπὶ σῆμα
φερόντων.

6 Φώκου δὲ μνῆμα ὁ Βάκις εὔρηκεν ἐπὶ αἰτίᾳ
τοιᾷδε. ἡ γυνὴ τοῦ Λύκου Διόνυσον θεῶν
μάλιστα ἦγεν ἐν τιμῇ· παθούσης δὲ αὐτῆς τὰ
λεγόμενα Διόνυσος νεμεσᾷ τῇ Ἀντιόπῃ. ἐπί-
φθονοι δὲ ἀεί πως παρὰ θεῶν αἱ ὑπερβολαὶ τῶν
τιμωριῶν εἰσι· λέγουσιν Ἀντιόπην μανῆναι καὶ
ἐκστᾶσαν τῶν φρενῶν κατὰ πᾶσαν πλανᾶσθαι
τὴν Ἑλλάδα, Φῶκον δὲ τὸν Ὀρνυτίωνος τοῦ
Σισύφου περιτυχεῖν αὐτῇ καὶ ἔχειν γυναῖκα
ἰασάμενον· καὶ δὴ ὁ τάφος ἐν κοινῷ τῇ Ἀντιόπῃ
7 καὶ Φώκῳ πεποίηται. τοὺς δὲ παρὰ τὸ Ἀμ-
φίονος μνῆμα λίθους, οἳ κάτωθεν ὑποβέβληνται
μηδὲ[1] ἄλλως εἰργασμένοι πρὸς τὸ ἀκριβέστατον,
ἐκείνας εἶναί φασι τὰς πέτρας αἳ τῇ ᾠδῇ τοῦ
Ἀμφίονος ἠκολούθησαν· τοιαῦτα δὲ ἕτερα λέγεται
καὶ περὶ Ὀρφέως, ὡς κιθαρῳδοῦντι ἕποιτο αὐτῷ
τὰ θηρία.

XVIII. Ἐκ Θηβῶν δὲ ὁδὸς ἐς Χαλκίδα κατὰ

---

[1] So Spiro for the μήτε of the MSS.

yield a harvest, but that of Thebes be less fertile. For this reason the Thebans at that time keep watch over the tomb. Both these cities hold this belief, and they do so because of the oracles of Bacis, in which are the lines :—

> But when a man of Tithorea to Amphion and to
> Zethus
> Pours on the earth peace-offerings of libation and
> prayer,
> When Taurus is warmed by the might of the glorious
> sun,
> Beware then of no slight disaster threatening the
> city ;
> For the harvest wastes away in it,
> When they take of the earth, and bring it to the
> tomb of Phocus.

Bacis calls it the tomb of Phocus for the following reason. The wife of Lycus worshipped Dionysus more than any other deity. When she had suffered what the story says she suffered, Dionysus was angry with Antiope. For some reason extravagant punishments always arouse the resentment of the gods. They say that Antiope went mad, and when out of her wits roamed all over Greece; but Phocus, son of Ornytion, son of Sisyphus, chanced to meet her, cured her madness, and then married her. So Antiope and Phocus share the same grave. The roughly quarried stones, laid along the tomb of Amphion at its base, are said to be the very rocks that followed the singing of Amphion. A similar story is told of Orpheus, how wild creatures followed him as he played the harp.

XVIII. The road from Thebes to Chalcis is by

πύλας ταύτας ἐστὶ τὰς Προιτίδας. τάφος δὲ
ἐπὶ τῇ λεωφόρῳ δείκνυται Μελανίππου, Θηβαίων
ἐν τοῖς μάλιστα ἀγαθοῦ τὰ πολεμικά· καὶ
ἡνίκα ἐπεστράτευσαν οἱ Ἀργεῖοι, Τυδέα ὁ
Μελάνιππος οὗτος καὶ ἀδελφῶν τῶν Ἀδράστου
Μηκιστέα ἀπέκτεινε, καί οἱ καὶ αὐτῷ τὴν τελευ-
2 τὴν ὑπὸ Ἀμφιαράου γενέσθαι λέγουσι. τούτου
δὲ ἐγγύτατα τρεῖς εἰσιν ἀργοὶ λίθοι· Θηβαίων
δὲ οἱ τὰ ἀρχαῖα μνημονεύοντες Τυδέα φασὶν
εἶναι τὸν ἐνταῦθα κείμενον, ταφῆναι δὲ αὐτὸν
ὑπὸ Μαίονος, καὶ ἐς μαρτυρίαν τοῦ λόγου
παρέσχον τῶν ἐν Ἰλιάδι ἔπος

Τυδέος, ὃν Θήβῃσι χυτὴ κατὰ γαῖα κα-
λύπτει.

3 Ἑξῆς δέ ἐστι τῶν Οἰδίποδος παίδων μνήματα·
καὶ τὰ ἐπ' αὐτοῖς δρώμενα οὐ θεασάμενος πιστὰ
ὅμως ὑπείληφα εἶναι. φασὶ γὰρ καὶ ἄλλοις οἱ
Θηβαῖοι τῶν καλουμένων ἡρώων καὶ τοῖς παισὶν
ἐναγίζειν τοῖς Οἰδίποδος· τούτοις δὲ ἐναγιζόντων
αὐτῶν τὴν φλόγα, ὡσαύτως δὲ καὶ τὸν ἀπ' αὐτῆς
καπνὸν διχῇ διίστασθαι. ἐμὲ δὲ ἐπηγάγοντο ὧν
4 λέγουσιν ἐς πίστιν ἰδόντα ἄλλο τοιόνδε. ἐν
Μυσίᾳ τῇ ὑπὲρ Καΐκου πόλισμά ἐστι Πιονίαι,
τὸν δὲ οἰκιστὴν οἱ ἐνταῦθα Πίονιν τῶν τινα
ἀπογόνων τῶν Ἡρακλέους φασὶν εἶναι· μελλόν-
των δὲ ἐναγίζειν αὐτῷ καπνὸς αὐτόματος ἄνεισιν
ἐκ τοῦ τάφου. ταῦτα μὲν οὖν συμβαίνοντα
εἶδον, Θηβαῖοι δὲ καὶ Τειρεσίου μνῆμα ἀποφαί-
νουσι, πέντε μάλιστα καὶ δέκα ἀπωτέρω σταδίοις
ἢ Οἰδίποδος τοῖς παισίν ἐστιν ὁ τάφος· ὁμολο-
γοῦντες δὲ καὶ οὗτοι συμβῆναι Τειρεσίᾳ τὴν

this Proetidian gate. On the highway is pointed out the grave of Melanippus, one of the very best of the soldiers of Thebes. When the Argive invasion occurred this Melanippus killed Tydeus, as well as Mecisteus, one of the brothers of Adrastus, while he himself, they say, met his death at the hands of Amphiaraüs. Quite close to it are three unwrought stones. The Theban antiquaries assert that the man lying here is Tydeus, and that his burial was carried out by Maeon. As proof of their assertion they quoted a line of the *Iliad* [1] :—

Of Tydeus, who at Thebes is covered by a heap of earth.

Adjoining are the tombs of the children of Oedipus. The ritual observed at them I have never seen, but I regard it as credible. For the Thebans say that among those called heroes to whom they offer sacrifice are the children of Oedipus. As the sacrifice is being offered, the flame, so they say, and the smoke from it divide themselves into two. I was led to believe their story by the fact that I have seen a similar wonder. It was this. In Mysia beyond the Caïcus is a town called Pioniae, the founder of which according to the inhabitants was Pionis, one of the descendants of Heracles. When they are going to sacrifice to him as to a hero, smoke of itself rises out of the grave. This occurrence, then, I have seen happening. The Thebans show also the tomb of Teiresias, about fifteen stades from the grave of the children of Oedipus. The Thebans themselves agree that

---

[1] *Iliad* xiv. 114.

τελευτὴν ἐν τῇ Ἁλιαρτίᾳ, τὸ παρὰ σφίσιν
ἐθέλουσιν εἶναι κενὸν μνῆμα.

5 Ἔστι δὲ καὶ Ἕκτορος Θηβαίοις τάφος τοῦ
Πριάμου πρὸς Οἰδιποδίᾳ καλουμένῃ κρήνῃ,
κομίσαι δὲ αὐτοῦ τὰ ὀστᾶ ἐξ Ἰλίου φασὶν ἐπὶ
τοιῷδε μαντεύματι·

Θηβαῖοι Κάδμοιο πόλιν καταναιετάοντες,
αἴ κ' ἐθέλητε πάτραν οἰκεῖν σὺν ἀμύμονι
    πλούτῳ,
Ἕκτορος ὀστέα Πριαμίδου κομίσαντες ἐς
    οἴκους
ἐξ Ἀσίης Διὸς ἐννεσίῃσ' ἥρωα σέβεσθαι.

6 τῇ δὲ Οἰδιποδίᾳ κρήνῃ τὸ ὄνομα ἐγένετο ὅτι ἐς
αὐτὴν τὸ αἷμα ἐνίψατο Οἰδίπους τοῦ πατρῴου
φόνου. πρὸς δὲ τῇ πηγῇ τάφος ἐστὶν Ἀσφο-
δίκου· καὶ ὁ Ἀσφόδικος οὗτος ἀπέκτεινεν ἐν τῇ
μάχῃ τῇ πρὸς Ἀργείους Παρθενοπαῖον τὸν
Ταλαοῦ, καθὰ οἱ Θηβαῖοι λέγουσιν, ἐπεὶ τά γε
ἐν Θηβαΐδι ἔπη τὰ ἐς τὴν Παρθενοπαίου τελευ-
τὴν Περικλύμενον τὸν ἀνελόντα φησὶν εἶναι.

XIX. Ἐπὶ ταύτῃ τῇ λεωφόρῳ χωρίον ἐστὶ
Τευμησσός· Εὐρώπην δὲ ὑπὸ Διὸς κρυφθῆναί
φασιν ἐνταῦθα. ἕτερος δὲ ἐς ἀλώπεκα ἐπίκλησιν
Τευμησσίαν λόγος ἐστίν, ὡς ἐκ μηνίματος
Διονύσου τὸ θηρίον ἐπ' ὀλέθρῳ τραφείη Θηβαίων,
καὶ ὡς ὑπὸ τοῦ κυνός, ὃν Προκρίδι τῇ Ἐρεχθέως
ἔδωκεν Ἄρτεμις, ἁλίσκεσθαι μέλλουσα αὐτή τε
λίθος ἐγένετο ἡ ἀλώπηξ καὶ ὁ κύων οὗτος. καὶ
Ἀθηνᾶς ἐν Τευμησσῷ Τελχινίας ἐστὶν ἱερὸν
ἄγαλμα οὐκ ἔχον· ἐς δὲ τὴν ἐπίκλησιν αὐτῆς

Teiresias met his end in Haliartia, and admit that the monument at Thebes is a cenotaph.

There is also at Thebes the grave of Hector, the son of Priam. It is near the spring called the Fountain of Oedipus, and the Thebans say that they brought Hector's bones from Troy because of the following oracle :—

> Ye Thebans who dwell in the city of Cadmus,
> If you wish blameless wealth for the country in
>      which you live,
> Bring to your homes the bones of Hector, Priam's
>      son,
> From Asia, and reverence him as a hero, according
>      to the bidding of Zeus.

The Fountain of Oedipus was so named because Oedipus washed off into it the blood of his murdered father. Hard by the spring is the grave of Asphodicus. He it was who in the fighting with the Argives killed Parthenopaeüs, the son of Talaüs. This is the Theban account, but according to the passage in the *Thebaid* which tells of the death of Parthenopaeüs it was Periclymenus who killed him.

XIX. On this highway is a place called Teumessus, where it is said that Europa was hidden by Zeus. There is also another legend, which tells of a fox called the Teumessian fox, how owing to the wrath of Dionysus the beast was reared to destroy the Thebans, and how, when about to be caught by the hound given by Artemis to Procris the daughter of Erechtheus, the fox was turned into a stone, as was likewise this hound. In Teumessus there is also a sanctuary of Telchinian Athena, which contains no image. As to her surname, we may hazard the

ἔστιν εἰκάζειν ὡς ἐν Κύπρῳ ποτὲ οἰκησάντων
Τελχίνων ἀφικομένη μοῖρα ἐς Βοιωτοὺς ἱερὸν
ἱδρύσατο Ἀθηνᾶς Τελχινίας.

2 Τευμησσοῦ δὲ ἐν ἀριστερᾷ σταδίους προελ-
θόντι ἑπτὰ Γλίσαντός ἐστιν ἐρείπια, πρὸ δὲ
αὐτῶν ἐν δεξιᾷ τῆς ὁδοῦ χῶμα οὐ μέγα ὕλῃ τε
ἀγρίᾳ σύσκιον καὶ ἡμέροις δένδροις. ἐτάφησαν
δὲ αὐτόθι οἱ μετὰ Αἰγιαλέως ποιησάμενοι τοῦ
Ἀδράστου τὴν ἐς Θήβας στρατείαν, ἄλλοι τε
Ἀργείων τῶν ἐν τέλει καὶ Πρόμαχος ὁ Παρθενο-
παίου· τῷ δὲ Αἰγιαλεῖ γενέσθαι τὸ μνῆμα ἐν
Παγαῖς πρότερον ἔτι ἐν τῇ συγγραφῇ τῇ Μεγα-
3 ρίδι ἐδήλωσα. κατὰ δὲ τὴν ἐς Γλίσαντα εὐθεῖαν
ἐκ Θηβῶν λίθοις χωρίον περιεχόμενον λογάσιν
Ὄφεως καλοῦσιν οἱ Θηβαῖοι κεφαλήν, τὸν ὄφιν
τοῦτον—ὅστις δὴ ἦν—ἀνασχεῖν ἐνταῦθα ἐκ τοῦ
φωλεοῦ λέγοντες τὴν κεφαλήν, Τειρεσίαν δὲ
ἐπιτυχόντα ἀποκόψαι μαχαίρᾳ. τὸ μὲν δὴ
χωρίον τοῦτο ἐπὶ λόγῳ καλεῖται τοιῷδε· ὑπὲρ δὲ
Γλίσαντός ἐστιν ὄρος Ὕπατος καλούμενον, ἐπὶ δὲ
αὐτῷ Διὸς Ὑπάτου ναὸς καὶ ἄγαλμα· τὸν δὲ
ποταμὸν τὸν χείμαρρον Θερμώδοντα ὀνομάζουσιν.
ἀναστρέψαντι δὲ ἐπί τε Τευμησσὸν καὶ ὁδὸν
τὴν ἐς Χαλκίδα Χαλκώδοντος μνῆμά ἐστιν, ὃς
ἀπέθανεν ὑπὸ Ἀμφιτρύωνος μάχης πρὸς Θηβαίους
Εὐβοεῦσι γενομένης.

4 Ἑξῆς δὲ πόλεων ἐρείπιά ἐστιν Ἅρματος καὶ
Μυκαλησσοῦ· καὶ τῇ μὲν τὸ ὄνομα ἐγένετο
ἀφανισθέντος, ὡς οἱ Ταναγραῖοί φασιν, ἐνταῦθα
Ἀμφιαράῳ τοῦ ἅρματος καὶ οὐχ ὅπου λέγουσιν
οἱ Θηβαῖοι· Μυκαλησσὸν δὲ ὁμολογοῦσιν ὀνο-
μασθῆναι, διότι ἡ βοῦς ἐνταῦθα ἐμυκήσατο ἡ

conjecture that a division of the Telchinians who once dwelt in Cyprus came to Boeotia and established a sanctuary of Telchinian Athena.

Seven stades from Teumessus on the left are the ruins of Glisas, and before them on the right of the way a small mound shaded by cultivated trees and a wood of wild ones. Here were buried Promachus, the son of Parthenopaeüs, and other Argive officers, who joined with Aegialeus, the son of Adrastus, in the expedition against Thebes. That the tomb of Aegialeus is at Pegae I have already stated in an earlier part of my history [1] that deals with Megara. On the straight road from Thebes to Glisas is a place surrounded by unhewn stones, called by the Thebans the Snake's Head. This snake, whatever it was, popped its head, they say, out of its hole here, and Teiresias, chancing to meet it, cut off the head with his sword. This then is how the place got its name. Above Glisas is a mountain called Supreme, and on it a temple and image of Supreme Zeus. The river, a torrent, they call the Thermodon. Returning to Teumessus and the road to Chalcis, you come to the tomb of Chalcodon, who was killed by Amphitryon in a fight between the Thebans and the Euboeans.

Adjoining are the ruins of the cities Harma (*Chariot*) and Mycalessus. The former got its name, according to the people of Tanagra, because the chariot of Amphiaraüs disappeared here, and not where the Thebans say it did. Both peoples agree that Mykalessus was so named because the cow lowed (*emykesato*)

---

[1] See Book I. xliv. 4.

Κάδμον καὶ τὸν σὺν αὐτῷ στρατὸν ἄγουσα ἐς
Θήβας. ὅντινα δὲ τρόπον ἐγένετο ἡ Μυκαλησσὸς
ἀνάστατος, τὰ ἐς Ἀθηναίους ἔχοντα ἐδήλωσέ μοι
5 τοῦ λόγου. πρὸς θάλασσαν δὲ τῆς Μυκαλησσοῦ
Δήμητρος Μυκαλησσίας ἐστὶν ἱερόν· κλείεσθαι
δὲ αὐτὸ ἐπὶ νυκτὶ ἑκάστῃ καὶ αὖθις ἀνοίγεσθαί
φασιν ὑπὸ Ἡρακλέους, τὸν δὲ Ἡρακλέα εἶναι
τῶν Ἰδαίων καλουμένων Δακτύλων. δείκνυται
δὲ αὐτόθι καὶ θαῦμα τοιόνδε· πρὸ τοῦ ἀγάλ-
ματος τῶν ποδῶν τιθέασιν ὅσα ἐν ὀπώρᾳ πέφυκε
γίνεσθαι, ταῦτα δὲ διὰ παντὸς μένει τεθηλότα τοῦ
ἔτους.

6 Τοῦ δὲ Εὐρίπου τὴν Εὔβοιαν κατὰ τοῦτο ἀπὸ
τῆς Βοιωτῶν διείργοντος τῆς τε Δήμητρος ἐν
δεξιᾷ τὸ ἱερὸν τῆς Μυκαλησσίας καὶ ὀλίγον ἀπ᾽
αὐτοῦ προελθόντι ἐστὶν Αὐλίς· ὀνομασθῆναι δὲ
ἀπὸ τῆς Ὠγύγου θυγατρός φασιν αὐτήν. ναὸς
δὲ Ἀρτέμιδός ἐστιν ἐνταῦθα καὶ ἀγάλματα λίθου
λευκοῦ, τὸ μὲν δᾷδας φέρον, τὸ δὲ ἔοικε τοξευούσῃ.
φασὶ δὲ ἐπὶ τοῦ βωμοῦ μελλόντων ἐκ μαντείας
τῆς Κάλχαντος Ἰφιγένειαν τῶν Ἑλλήνων θύειν,
τὴν θεὸν ἀντ᾽ αὐτῆς ἔλαφον τὸ ἱερεῖον ποιῆσαι.
7 πλατάνου δέ, ἧς καὶ Ὅμηρος ἐν Ἰλιάδι ἐποιήσατο
μνήμην, τὸ ἔτι τοῦ ξύλου περιὸν φυλάσσουσιν
ἐν τῷ ναῷ. λέγεται δὲ ὡς ἐν Αὐλίδι πνεῦμα
τοῖς Ἕλλησιν οὐκ ἐγίνετο ἐπίφορον, φανέντος δὲ
ἐξαίφνης ἀνέμου σφίσιν οὐρίου θύειν τῇ Ἀρτέμιδι
ὅ τι ἕκαστος εἶχε, θήλεά τε ἱερεῖα καὶ ἄρσενα
ὁμοίως· καὶ ἀπ᾽ ἐκείνου διαμεμένηκεν ἐν Αὐλίδι
πάντα τὰ ἱερεῖα εἶναι δόκιμα. δείκνυται δὲ καὶ
ἡ πηγή, παρ᾽ ἣν ἡ πλάτανος ἐπεφύκει, καὶ ἐπὶ
λόφου πλησίον τῆς Ἀγαμέμνονος σκηνῆς οὐδὸς

here that was guiding Cadmus and his host to Thebes.
How Mycalessus was laid waste I have related in
that part of my history that deals with the Athenians.[1]
On the way to the coast of Mycalessus is a sanctuary
of Mycalessian Demeter. They say that each night
it is shut up and opened again by Heracles, and
that Heracles is one of what are called the Idaean
Dactyls. Here is shown the following marvel.
Before the feet of the image they place all the fruits
of autumn, and these remain fresh throughout all the
year.

At this place the Euripus separates Euboea from
Boeotia. On the right is the sanctuary of Mycales-
sian Demeter, and a little farther on is Aulis, said to
have been named after the daughter of Ogygus.
Here there is a temple of Artemis with two images
of white marble; one carries torches, and the other
is like to one shooting an arrow. The story is that
when, in obedience to the soothsaying of Calchas,
the Greeks were about to sacrifice Iphigeneia on
the altar, the goddess substituted a deer to be the
victim instead of her. They preserve in the temple
what still survives of the plane-tree mentioned by
Homer in the *Iliad*.[2] The story is that the Greeks
were kept at Aulis by contrary winds, and when
suddenly a favouring breeze sprang up, each sacrificed
to Artemis the victim he had to hand, female and
male alike. From that time the rule has held good
at Aulis that all victims are permissible. There is
also shown the spring, by which the plane-tree
grew, and on a hill near by the bronze threshold of

[1] See Book I. xxiii. 3.
[2] Book ii. 307.

8 χαλκοῦς· φοίνικες δὲ πρὸ τοῦ ἱεροῦ πεφύκασιν,
οὐκ ἐς ἅπαν ἐδώδιμον παρεχόμενοι καρπὸν ὥσπερ
ἐν τῇ Παλαιστίνῃ, τοῦ δὲ ἐν Ἰωνίᾳ τῶν φοινίκων
καρποῦ πεπανώτερον. ἄνθρωποι δὲ ἐν τῇ Αὐλίδι
οἰκοῦσιν οὐ πολλοί, γῆς δέ εἰσιν οὗτοι κεραμεῖς·
νέμονται δὲ Ταναγραῖοι ταύτην τε τὴν χώραν καὶ
ὅση περὶ Μυκαλησσόν ἐστι καὶ Ἅρμα.

XX. Ἔστι δὲ τῆς Ταναγραίας ἐπὶ θαλάσσῃ
καλούμενον Δήλιον· ἐν δὲ αὐτῷ καὶ Ἀρτέμιδος
καὶ Λητοῦς ἐστιν ἀγάλματα. Ταναγραῖοι δὲ
οἰκιστήν σφισι Ποίμανδρον γενέσθαι λέγουσι
Χαιρησίλεω παῖδα τοῦ Ἰασίου τοῦ Ἐλευθῆρος,
τὸν δ᾽ Ἀπόλλωνός τε καὶ Αἰθούσης εἶναι τῆς
Ποσειδῶνος. Ποίμανδρον δὲ γυναῖκά φασιν ἀγα-
γέσθαι Τάναγραν θυγατέρα Αἰόλου· Κορίννῃ δέ
ἐστιν ἐς αὐτὴν πεποιημένα Ἀσωποῦ παῖδα εἶναι.
2 ταύτης τοῦ βίου προελθούσης ἐπὶ μακρότατον
τοὺς περιοίκους φασὶν ἀφελόντας τὸ ὄνομα τήν
τε γυναῖκα αὐτὴν καλεῖν Γραῖαν καὶ ἀνὰ χρόνον
τὴν πόλιν· διαμεῖναί τε τὸ ὄνομα ἐς τοσοῦτον ὡς
καὶ Ὅμηρον ἐν καταλόγῳ ποιῆσαι

> Θέσπειαν Γραῖάν τε καὶ εὐρύχορον Μυκα-
> λησσόν.

χρόνῳ δὲ ὕστερον τὸ ὄνομα τὸ ἀρχαῖον ἀνεσώ-
σαντο.
3 Ἔστι δ᾽ Ὠρίωνος μνῆμα ἐν Τανάγρᾳ καὶ ὄρος
Κηρύκιον, ἔνθα Ἑρμῆν τεχθῆναι λέγουσι, Πόλος
τε ὀνομαζόμενον χωρίον· ἐνταῦθα Ἄτλαντα κα-
θήμενον πολυπραγμονεῖν τά τε ὑπὸ γῆς φασὶ
καὶ τὰ οὐράνια, πεποιῆσθαι· ʼʼ καὶ Ὁμήρῳ περὶ
τούτου,

Agamemnon's tent. In front of the sanctuary grow palm-trees, the fruit of which, though not wholly edible like the dates of Palestine, yet are riper than those of Ionia. There are but few inhabitants of Aulis, and these are potters. This land, and that about Mycalessus and Harma, is tilled by the people of Tanagra.

XX. Within the territory of Tanagra is what is called Delium on Sea. In it are images of Artemis and Leto. The people of Tanagra say that their founder was Poemander, the son of Chaeresilaüs, the son of Iasius, the son of Eleuther, who, they say, was the son of Apollo by Aethusa, the daughter of Poseidon. It is said that Poemander married Tanagra, a daughter of Aeolus. But in a poem of Corinna she is said to be a daughter of Asopus. There is a story that, as she reached extreme old age, her neighbours ceased to call her by this name, and gave the name of Graea (*old woman*), first to the woman herself, and in course of time to the city. The name, they say, persisted so long that even Homer says in the Catalogue [1] :—

Thespeia, Graea, and wide Mycalessus.

Later, however, it recovered its old name.

There is in Tanagra the tomb of Orion, and Mount Cerycius, the reputed birthplace of Hermes, and also a place called Polus. Here they say that Atlas sat and meditated deeply upon hell and heaven, as Homer [2] says of him :—

---

[1] Homer, *Iliad* ii. 498.
[2] Homer, *Odyssey* i. 52.

Ἄτλαντος θυγάτηρ ὀλοόφρονος, ὅστε θα-
λάσσης
πάσης βένθεα οἶδεν, ἔχει δέ τε κίονας αὐτός
μακράς, αἳ γαῖάν τε καὶ οὐρανὸν ἀμφὶς ἔχουσιν.

4 Ἐν δὲ τοῦ Διονύσου τῷ ναῷ θέας μὲν καὶ τὸ
ἄγαλμα ἄξιον λίθου τε ὂν Παρίου καὶ ἔργον
Καλάμιδος, θαῦμα δὲ παρέχεται μεῖζον ἔτι ὁ
Τρίτων. ὁ μὲν δὴ σεμνότερος ἐς αὐτὸν λόγος τὰς
γυναῖκάς φησι τὰς Ταναγραίων πρὸ τῶν Διονύσου
ὀργίων ἐπὶ θάλασσαν καταβῆναι καθαρσίων
ἕνεκα, νηχομέναις δὲ ἐπιχειρῆσαι τὸν Τρίτωνα καὶ
τὰς γυναῖκας εὔξασθαι Διόνυσόν σφισιν ἀφικέσ-
θαι βοηθόν, ὑπακοῦσαί τε δὴ τὸν θεὸν καὶ τοῦ
Τρίτωνος κρατῆσαι τῇ μάχῃ· ὁ δὲ ἕτερος λόγος
ἀξιώματι μὲν ἀποδεῖ τοῦ προτέρου, πιθανώτερος
δέ ἐστι. φησὶ γὰρ δὴ οὗτος, ὁπόσα ἐλαύνοιτο
ἐπὶ θάλασσαν βοσκήματα, ὡς ἐλόχα τε ὁ Τρίτων
καὶ ἥρπαζεν· ἐπιχειρεῖν δὲ αὐτὸν καὶ τῶν πλοίων
τοῖς λεπτοῖς, ἐς ὃ οἱ Ταναγραῖοι κρατῆρα οἴνου
προτιθέασιν αὐτῷ. καὶ τὸν αὐτίκα ἔρχεσθαι
λέγουσιν ὑπὸ τῆς ὀσμῆς, πιόντα δὲ ἐρρίφθαι
κατὰ τῆς ἠόνος ὑπνωμένον, Ταναγραῖον δὲ ἄνδρα
πελέκει παίσαντα ἀποκόψαι τὸν αὐχένα αὐτοῦ·
καὶ διὰ τοῦτο οὐκ ἔπεστιν αὐτῷ κεφαλή. ὅτι δὲ
μεθυσθέντα εἷλον, ἐπὶ τούτῳ ὑπὸ Διονύσου νομί-
ζουσιν ἀποθανεῖν αὐτόν.

XXI. Εἶδον δὲ καὶ ἄλλον Τρίτωνα ἐν τοῖ
Ῥωμαίων θαύμασι, μεγέθει τοῦ παρὰ Ταναγραίοι
ἀποδέοντα. παρέχονται δὲ ἰδέαν[1] οἱ Τρίτωνες
ἔχουσιν ἐπὶ τῇ κεφαλῇ κόμην οἷα τὰ βατράχι
τὰ ἐν ταῖς λίμναις χρόαν τε καὶ ὅτι τῶν τριχῶ

Daughter of baneful Atlas, who knows the depths
Of every sea, while he himself holds up the tall
    pillars,
Which keep apart earth and heaven.

In the temple of Dionysus the image too is
worth seeing, being of Parian marble and a work of
Calamis. But a greater marvel still is the Triton.
The grander of the two versions of the Triton legend
relates that the women of Tanagra before the orgies
of Dionysus went down to the sea to be purified,
were attacked by the Triton as they were swimming, and
prayed that Dionysus would come to their aid. The
god, it is said, heard their cry and overcame the Triton
in the fight. The other version is less grand but
more credible. It says that the Triton would waylay
and lift all the cattle that were driven to the sea. He
used even to attack small vessels, until the people of
Tanagra set out for him a bowl of wine. They say
that, attracted by the smell, he came at once, drank
the wine, flung himself on the shore and slept, and
that a man of Tanagra struck him on the neck with
an axe and chopped off his head. For this reason the
image has no head. And because they caught him
drunk, it is supposed that it was Dionysus who killed
him.

XXI. I saw another Triton among the curiosities
at Rome, less in size than the one at Tanagra. The
Tritons have the following appearance. On their
heads they grow hair like that of marsh frogs not
only in colour, but also in the impossibility of separat-

---

¹ Perhaps τοιάνδε has fallen out here.

οὐκ ἂν ἀποκρίναις μίαν ἀπὸ τῶν ἄλλων, τὸ δὲ
λοιπὸν σῶμα φολίδι λεπτῇ πέφρικέ σφισι κατὰ
ἰχθὺν ῥίνην. βράγχια δὲ ὑπὸ τοῖς ὠσὶν ἔχουσι
καὶ ῥῖνα ἀνθρώπου, στόμα δὲ εὐρύτερον καὶ
ὀδόντας θηρίου· τὰ δὲ ὄμματα ἐμοὶ δοκεῖν γλαυκὰ
καὶ χεῖρές εἰσιν αὐτοῖς καὶ δάκτυλοι καὶ ὄνυχες
τοῖς ἐπιθέμασιν ἐμφερεῖς τῶν κόχλων· ὑπὸ δὲ τὸ
στέρνον καὶ τὴν γαστέρα οὐρά σφισιν ἀντὶ ποδῶν
2 οἷά περ τοῖς δελφῖσίν ἐστιν. εἶδον δὲ καὶ ταύ-
ρους τούς τε Αἰθιοπικούς, οὓς ἐπὶ τῷ συμβε-
βηκότι ὀνομάζουσι ῥινόκερως, ὅτι σφίσιν ἐπ᾽
ἄκρα τῇ ῥινὶ ἐν ἑκάστῳ[1] κέρας καὶ ἄλλο ὑπὲρ
αὐτὸ οὐ μέγα, ἐπὶ δὲ τῆς κεφαλῆς οὐδὲ ἀρχὴν
κέρατά ἐστι, καὶ τοὺς ἐκ Παιόνων—οὗτοι δὲ οἱ
ἐκ Παιόνων ἔς τε τὸ ἄλλο σῶμα δασεῖς καὶ ἀμφὶ
τὸ στέρνον μάλιστά εἰσι καὶ τὴν γένυν—καμή-
λους τε Ἰνδικὰς χρῶμα εἰκασμένας παρδάλεσιν.
3 ἔστι δὲ ἄλκη καλούμενον θηρίον, εἶδος μὲν
ἐλάφου καὶ καμήλου μεταξύ, γίνεται δὲ ἐν τῇ
Κελτῶν γῇ. θηρίων δὲ ὧν ἴσμεν μόνην ἀνιχνεῦ-
σαι καὶ προϊδεῖν οὐκ ἔστιν ἀνθρώπῳ, σταλεῖσι
δὲ ἐς ἄγραν ἄλλων καὶ τήνδε ἐς χεῖρά ποτε
δαίμων ἄγει· ὀσφρᾶται μὲν γὰρ ἀνθρώπου καὶ
πολὺ ἔτι ἀπέχουσα, ὥς φασι, καταδύεται δὲ ἐς
φάραγγας καὶ σπήλαια τὰ βαθύτατα. οἱ θη-
ρεύοντες οὖν, ὁπότε ἐπὶ βραχύτατον, σταδίων
τὴν πεδιάδα χιλίων ἢ καὶ ὄρος περιλαβόντες, τὸν
κύκλον μὲν οὐκ ἔστιν ὅπως διαλύσουσιν, ἐπισυν-
ιόντες δὲ ἀεὶ τὰ ἐντὸς γινόμενα τοῦ κύκλου
πάντα αἱροῦσι τά τε ἄλλα καὶ τὰς ἄλκας· εἰ
δὲ μὴ τύχοι ταύτῃ φωλεύουσα, ἑτέρα γε ἄλκην
4 ἑλεῖν ἐστιν οὐδεμία μηχανή. θηρίον δὲ τὸ ἐν τῷ

ing one hair from another. The rest of their body is rough with fine scales just as is the shark. Under their ears they have gills and a man's nose; but the mouth is broader and the teeth are those of a beast. Their eyes seem to me blue, and they have hands, fingers, and nails like the shells of the murex. Under the breast and belly is a tail like a dolphin's instead of feet. I saw also the Ethiopian bulls, called rhinoceroses owing to the fact that each has one horn (*ceras*) at the end of the nose (*rhis*), over which is another but smaller one, but there is no trace of horns on their heads. I saw too the Paeonian bulls, which are shaggy all over, but especially about the chest and lower jaw. I saw also Indian camels with the colour of leopards. There is also a beast called the elk, in form between a deer and a camel, which breeds in the land of the Celts. Of all the beasts we know it alone cannot be tracked or seen at a distance by man; sometimes, however, when men are out hunting other game they fall in with an elk by luck. Now they say that it smells man even at a great distance, and dashes down into ravines or the deepest caverns. So the hunters surround the plain or mountain in a circuit of at least a thousand stades, and, taking care not to break the circle, they keep on narrowing the area enclosed, and so catch all the beasts inside, the elks included. But if there chance to be no lair within, there is no other way of catching the elk. The beast described by Ctesias in his

---

[1] Hitzig would read ἐνέστηκε for ἐν ἑκάστῳ—a clever emendation.

Κτησίου λόγῳ τῷ ἐς Ἰνδοὺς—μαρτιχόρα ὑπὸ τῶν
Ἰνδῶν, ὑπὸ δὲ Ἑλλήνων φησὶν ἀνδροφάγον λε-
λέχθαι—εἶναι πείθομαι τὸν τίγριν· ὀδόντας δὲ
αὐτὸ τριστοίχους καθ' ἑκατέραν τὴν γένυν καὶ
κέντρα ἐπὶ ἄκρας ἔχειν τῆς οὐρᾶς, τούτοις δὲ τοῖς
κέντροις ἐγγύθεν ἀμύνεσθαι καὶ ἀποπέμπειν ἐς
τοὺς πορρωτέρω τοξότου ἀνδρὸς οἰστῷ ἴσον,
ταύτην οὐκ ἀληθῆ τὴν φήμην οἱ Ἰνδοὶ δέξασθαι
δοκοῦσί μοι παρ' ἀλλήλων ὑπὸ τοῦ ἄγαν ἐς τὸ
5 θηρίον δείματος. ἠπατήθησαν δὲ καὶ ἐς τὴν
χρόαν αὐτοῦ, καὶ ὁπότε κατὰ τοῦ ἡλίου φανείη
σφίσιν ὁ τίγρις τὴν αὐγήν, ἐρυθρός τ' ἐδόκει καὶ
ὁμόχρους ἢ ὑπὸ τῆς ὠκύτητος ἢ—εἰ μὴ θέοι—
διὰ τὸ ἐν ταῖς ἐπιστροφαῖς συνεχές, ἄλλως τε
καὶ οὐκ ἐγγύθεν γινομένης τῆς θέας. δοκῶ δέ,
εἰ καὶ Λιβύης τις ἢ τῆς Ἰνδῶν ἢ Ἀράβων γῆς
ἐπέρχοιτο τὰ ἔσχατα ἐθέλων θηρία ὁπόσα παρ'
Ἕλλησιν ἐξευρεῖν, τὰ μὲν οὐδὲ ἀρχὴν αὐτὸν
εὑρήσειν, τὰ δὲ οὐ κατὰ ταὐτὰ ἔχειν φανεῖσθαι
6 οἱ· οὐ γὰρ δὴ ἄνθρωπος μόνον ὁμοῦ τῷ ἀέρι καὶ
τῇ γῇ διαφόροις οὖσι διάφορον κτᾶται καὶ τὸ
εἶδος, ἀλλὰ καὶ τὰ λοιπὰ τὸ αὐτὸ ἂν πάσχοι
τοῦτο, ἐπεὶ καὶ τὰ θηρία αἱ ἀσπίδες τοῦτο μὲν
ἔχουσιν αἱ Λίβυσσαι παρὰ τὰς Αἰγυπτίας τὴν
χρόαν, τοῦτο δὲ ἐν Αἰθιοπίᾳ μελαίνας τὰς ἀσπί-
δας οὐ μεῖον ἢ καὶ τοὺς ἀνθρώπους ἡ γῆ τρέφει.
οὕτω χρὴ πάντα τινὰ μήτε ἐπίδρομον τὴν γνώμην
μήτε ἀπίστως ἔχειν ἐς τὰ σπανιώτερα. ἐπεί τοι
καὶ ἐγὼ πτερωτοὺς ὄφεις οὐ θεασάμενος πείθομαι·
πείθομαι [1] δὲ ὅτι ἀνὴρ Φρὺξ ἤγαγεν ἐς Ἰωνίαν
σκορπίον ταῖς ἀκρίσιν ὁμοιότατα πτερὰ ἔχοντα.

XXII. Ἐν Τανάγρᾳ δὲ παρὰ τὸ ἱερὸν τοῦ

Indian history, which he says is called martichoras by the Indians and man-eater by the Greeks, I am inclined to think is the tiger. But that it has three rows of teeth along each jaw and spikes at the tip of its tail with which it defends itself at close quarters, while it hurls them like an archer's arrows at more distant enemies; all this is, I think, a false story that the Indians pass on from one to another owing to their excessive dread of the beast. They were also deceived about its colour, and whenever the tiger showed itself in the light of the sun it appeared to be a homogeneous red, either because of its speed, or, if it were not running, because of its continual twists and turns, especially when it was not seen at close quarters. And I think that if one were to traverse the most remote parts of Libya, India or Arabia, in search of such beasts as are found in Greece, some he would not discover at all, and others would have a different appearance. For man is not the only creature that has a different appearance in different climates and in different countries; the others too obey the same rule. For instance, the Libyan asps have a different colour as compared with the Egyptian, while in Ethiopia are bred asps quite as black as the men. So everyone should be neither over-hasty in one's judgments, nor incredulous when considering rarities. For instance, though I have never seen winged snakes I believe that they exist, as I believe that a Phrygian brought to Ionia a scorpion with wings exactly like those of locusts.

XXII. Beside the sanctuary of Dionysus at

---

[1] The second πείθομαι is not in the MSS., but was added by Schubart.

# PAUSANIAS: DESCRIPTION OF GREECE

Διονύσου Θέμιδός ἐστιν, ὁ δὲ Ἀφροδίτης, καὶ ὁ
τρίτος τῶν ναῶν Ἀπόλλωνος, ὁμοῦ δὲ αὐτῷ
Ἄρτεμίς τε καὶ Λητώ. ἐς δὲ τοῦ Ἑρμοῦ τὰ
ἱερὰ τοῦ τε Κριοφόρου καὶ ὃν Πρόμαχον καλοῦσι,
τοῦ μὲν ἐς τὴν ἐπίκλησιν λέγουσιν ὡς ὁ Ἑρμῆς
σφισιν ἀποτρέψαι νόσον λοιμώδη περὶ τὸ τεῖχος
κριὸν περιενεγκών, καὶ ἐπὶ τούτῳ Κάλαμις
ἐποίησεν ἄγαλμα Ἑρμοῦ φέροντα κριὸν ἐπὶ τῶν
ὤμων· ὃς δ᾽ ἂν εἶναι τῶν ἐφήβων προκριθῇ τὸ
εἶδος κάλλιστος, οὗτος ἐν τοῦ Ἑρμοῦ τῇ ἑορτῇ
περίεισιν ἐν κύκλῳ τὸ τεῖχος ἔχων ἄρνα ἐπὶ
2 τῶν ὤμων· τὸν δὲ Ἑρμῆν λέγουσι τὸν Πρόμαχον
Ἐρετριέων ναυσὶν ἐξ Εὐβοίας ἐς τὴν Ταναγραίαν
σχόντων τούς τε ἐφήβους ἐξαγαγεῖν ἐπὶ τὴν
μάχην καὶ αὐτὸν ἅτε ἔφηβον στλεγγίδι ἀμυνό-
μενον μάλιστα ἐργάσασθαι τῶν Εὐβοέων τροπήν.
κεῖται δὲ ἐν τοῦ Προμάχου τῷ ἱερῷ τῆς ἀν-
δράχνου τὸ ὑπόλοιπον· τραφῆναι δὲ ὑπὸ τῷ
δένδρῳ τὸν Ἑρμῆν τούτῳ νομίζουσιν. οὐ πόρρω
δὲ θέατρόν τε καὶ πρὸς αὐτῷ στοὰ πεποίηται.
εὖ δέ μοι Ταναγραῖοι νομίσαι τὰ ἐς τοὺς θεοὺς
μάλιστα δοκοῦσιν Ἑλλήνων· χωρὶς μὲν γὰρ αἱ
οἰκίαι σφίσι, χωρὶς δὲ τὰ ἱερὰ ὑπὲρ αὐτὰς ἐν
3 καθαρῷ τέ ἐστι καὶ ἐκτὸς ἀνθρώπων. Κορίννης
δέ, ἣ μόνη δὴ ἐν Ταναγρᾳ ᾄσματα ἐποίησε,
ταύτης ἔστι μὲν μνῆμα ἐν περιφανεῖ τῆς πόλεως,
ἔστι δὲ ἐν τῷ γυμνασίῳ γραφή, ταινίᾳ τὴν
κεφαλὴν ἡ Κόριννα ἀναδουμένη τῆς νίκης ἕνεκα
ἣν Πίνδαρον ᾄσματι ἐνίκησεν ἐν Θήβαις. φαί-
νεται δέ μοι νικῆσαι τῆς διαλέκτου τε ἕνεκα,
ὅτι ᾖδεν οὐ τῇ φωνῇ τῇ Δωρίδι ὥσπερ ὁ Πίνδαρος
ἀλλὰ ὁποίᾳ συνήσειν ἔμελλον Αἰολεῖς, καὶ ὅτι
264

Tanagra are three temples, one of Themis, another of Aphrodite, and the third of Apollo; with Apollo are joined Artemis and Leto. There are sanctuaries of Hermes Ram-bearer and of Hermes called Champion. They account for the former surname by a story that Hermes averted a pestilence from the city by carrying a ram round the walls; to commemorate this Calamis made an image of Hermes carrying a ram upon his shoulders. Whichever of the youths is judged to be the most handsome goes round the walls at the feast of Hermes, carrying a lamb on his shoulders. Hermes Champion is said, on the occasion when an Eretrian fleet put into Tanagra from Euboea, to have led out the youths to the battle; he himself, armed with a scraper like a youth, was chiefly responsible for the rout of the Euboeans. In the sanctuary of the Champion is kept all that is left of the wild strawberry-tree under which they believe that Hermes was nourished. Near by is a theatre and by it a portico. I consider that the people of Tanagra have better arrangements for the worship of the gods than any other Greeks. For their houses are in one place, while the sanctuaries are apart beyond the houses in a clear space where no men live. Corinna, the only lyric poetess of Tanagra, has her tomb in a conspicuous part of the city, and in the gymnasium is a painting of Corinna binding her head with a fillet for the victory she won over Pindar at Thebes with a lyric poem. I believe that her victory was partly due to the dialect she used, for she composed, not in Doric speech like Pindar, but in one Aeolians would understand, and partly to her

ἦν γυναικῶν τότε δὴ καλλίστη τὸ εἶδος, εἴ τι
4 τῇ εἰκόνι δεῖ τεκμαίρεσθαι. ἔστι δὲ καὶ γένη
δύο ἐνταῦθα ἀλεκτρυόνων, οἵ τε μάχιμοι καὶ οἱ
κόσσυφοι καλούμενοι. τούτων τῶν κοσσύφων
μέγεθος μὲν κατὰ τοὺς Λυδούς ἐστιν ὄρνιθας,
χρόα δὲ ἐμφερὴς κόρακι, κάλλαια δὲ καὶ ὁ λόφος
κατὰ ἀνεμώνην μάλιστα· λευκὰ δὲ σημεῖα οὐ
μεγάλα ἐπί τε ἄκρῳ τῷ ῥάμφει καὶ ἐπὶ ἄκρας
ἔχουσι τῆς οὐρᾶς.
5 Οὗτοι μὲν τοιοῦτο παρέχονται τὸ εἶδος, τῆς
δὲ Βοιωτίας τὰ ἐν ἀριστερᾷ τοῦ Εὐρίπου Μεσ-
σάπιον ὄρος καλούμενον καὶ ὑπ᾽ αὐτῷ Βοιωτῶν
ἐπὶ θαλάσσης πόλις ἐστὶν Ἀνθηδών· γενέσθαι
δὲ τῇ πόλει τὸ ὄνομα οἱ μὲν ἀπὸ Ἀνθηδόνος
νύμφης, οἱ δὲ Ἄνθαν δυναστεῦσαι λέγουσιν
ἐνταῦθα, Ποσειδῶνός τε παῖδα καὶ Ἀλκυόνης
τῆς Ἄτλαντος. Ἀνθηδονίοις δὲ μάλιστά που
κατὰ μέσον τῆς πόλεως Καβείρων ἱερὸν καὶ
ἄλσος περὶ αὐτό ἐστι, πλησίον δὲ [1] Δήμητρος
καὶ τῆς παιδὸς ναὸς καὶ ἀγάλματα λίθου λευκοῦ.
6 Διονύσου τε ἱερὸν πεποίηται καὶ ἄγαλμα πρὸ
τῆς πόλεως κατὰ τὸ ἐς τὴν ἤπειρον. ἐνταῦθά
εἰσι μὲν τάφοι τῶν Ἰφιμεδείας καὶ Ἀλωέως
παίδων· γενέσθαι δέ σφισι τοῦ βίου τὴν τελευ-
τὴν ὑπὸ Ἀπόλλωνος κατὰ τὰ αὐτὰ Ὅμηρος
πεποιήκασι καὶ Πίνδαρος, προστίθησι δὲ Πίνδα-
ρος,[2] ὡς ἐπιλάβοι τὸ χρεὼν αὐτοὺς ἐν Νάξῳ
τῇ ὑπὲρ Πάρου κειμένῃ. τούτων τε δή ἐστι τῇ
Ἀνθηδόνι μνήματα καὶ ἐπὶ τῇ θαλάσσῃ καλού-
7 μενον Γλαύκου πήδημα· εἶναι δὲ αὐτὸν ἁλιέα,
καὶ ἐπεὶ τῆς πόας ἔφαγε, δαίμονα ἐν θαλάσσῃ
γενέσθαι καὶ ἀνθρώποις τὰ ἐσόμενα ἐς τόδε

being, if one may judge from the likeness, the most beautiful woman of her time. Here there are two breeds of cocks, the fighters and the blackbirds, as they are called. The size of these blackbirds is the same as that of the Lydian birds, but in colour they are like crows, while wattles and comb are very like the anemone. They have small, white markings on the end of the beak and at the end of the tail.

Such is the appearance of the blackbirds. Within Boeotia to the left of the Euripus is Mount Messapius, at the foot of which on the coast is the Boeotian city of Anthedon. Some say that the city received its name from a nymph called Anthedon, while others say that one Anthas was despot here, a son of Poseidon by Alcyone, the daughter of Atlas. Just about the centre of Anthedon is a sanctuary of the Cabeiri, with a grove around it, near which is a temple of Demeter and her daughter, with images of white marble. There are a sanctuary and an image of Dionysus in front of the city on the side towards the mainland. Here are the graves of the children of Iphimedeia and Aloeus. They met their end at the hands of Apollo according to both Homer [1] and Pindar,[2] the latter adding that their doom overtook them in Naxos, which lies off Paros. Their tombs then are in Anthedon, and by the sea is what is called the Leap of Glaucus. That Glaucus was a fisherman, who, on eating of the grass, turned into a deity of the sea and ever since has foretold to men the future,

[1] *Odyssey* xi. 305.
[2] Pindar, *Pythians* iv. 156 (88).

---

[1] δὲ is not in the MSS.
[2] προστίθησι δὲ Πίνδαρος is not in the MSS.

προλέγειν οἵ τε ἄλλοι πιστὰ ἥγηνται καὶ οἱ τὴν
θάλασσαν πλέοντες πλεῖστα ἀνθρώπων ἐς τὴν
Γλαύκου μαντικὴν κατὰ ἔτος ἕκαστον λέγουσι.
Πινδάρῳ δὲ καὶ Αἰσχύλῳ πυνθανομένοις παρὰ
Ἀνθηδονίων, τῷ μὲν οὐκ ἐπὶ πολὺ ἐπῆλθεν ᾆσαι
τὰ ἐς Γλαῦκον, Αἰσχύλῳ δὲ καὶ ἐς ποίησιν
δράματος ἐξήρκεσε.

XXIII. Θηβαίοις δὲ πρὸ τῶν πυλῶν ἐστι τῶν
Προιτίδων καὶ τὸ Ἰολάου καλούμενον γυμνάσιον
καὶ στάδιον κατὰ ταὐτὰ τῷ τε ἐν Ὀλυμπίᾳ καὶ
τῷ Ἐπιδαυρίων γῆς χῶμα· ἐνταῦθα δείκνυται
καὶ ἡρῷον Ἰολάου. τελευτῆσαι δὲ ἐν Σαρδοῖ
τόν τε Ἰόλαον αὐτὸν καὶ Ἀθηναίων καὶ Θεσπιέων
τοὺς συνδιαβάντας ὁμολογοῦσι καὶ οἱ Θηβαῖοι.
2 ὑπερβάντι δὲ τοῦ σταδίου τὰ ἐν δεξιᾷ δρόμος
ἵππων καὶ ἐν αὐτῷ Πινδάρου μνῆμά ἐστι.
Πίνδαρον δὲ ἡλικίαν ὄντα νεανίσκον καὶ ἰόντα
ἐς Θεσπιὰς[1] ὥρᾳ καύματος περὶ μεσοῦσαν μά-
λιστα ἡμέραν κόπος καὶ ὕπνος ἀπ᾽ αὐτοῦ κατε-
λάμβανεν· ὁ μὲν δὴ ὡς εἶχε κατακλίνεται βραχὺ
ὑπὲρ τῆς ὁδοῦ, μέλισσαι δὲ αὐτῷ καθεύδοντι
προσεπέτοντό τε καὶ ἔπλασσον πρὸς τὰ χείλη
3 τοῦ κηροῦ.  ἀρχὴ μὲν Πινδάρῳ ποιεῖν ᾄσματα
ἐγένετο τοιαύτη· εὐδοκιμοῦντα δὲ αὐτὸν ἤδη ἀνὰ
πᾶσαν τὴν Ἑλλάδα ἐς πλέον δόξης ἦρεν ἡ
Πυθία ἀνειποῦσα Δελφοῖς, ὁπόσων ἀπήρχοντο
τῷ Ἀπόλλωνι, μοῖραν καὶ Πινδάρῳ τὴν ἴσην
ἁπάντων νέμειν. λέγεται δὲ καὶ ὀνείρατος ὄψιν
αὐτῷ γενέσθαι προήκοντι ἐς γῆρας· ἐπιστᾶσα ἡ
Περσεφόνη οἱ καθεύδοντι οὐκ ἔφασκεν ὑμνη-
θῆναι μόνη θεῶν ὑπὸ Πινδάρου, ποιήσειν μέντοι

[1] After Θεσπιὰς some MSS. have θέρους.

is a belief generally accepted; in particular, sea-faring men tell every year many a tale about the soothsaying of Glaucus. Pindar and Aeschylus got a story about Glaucus from the people of Anthedon. Pindar has not thought fit to say much about him in his odes, but the story actually supplied Aeschylus with material for a play.

XXIII. In front of the Proetidian gate at Thebes is the gymnasium called the Gymnasium of Iolaüs and also a race-course, a bank of earth like those at Olympia and Epidaurus. Here there is also shown a hero-shrine of Iolaüs. That Iolaüs himself died at Sardis along with the Athenians and Thespians who made the crossing with him is admitted even by the Thebans themselves. Crossing over the right side of the course you come to a race-course for horses, in which is the tomb of Pindar. When Pindar was a young man he was once on his way to Thespiae in the hot season. At about noon he was seized with fatigue and the drowsiness that follows it, so just as he was, he lay down a little way above the road. As he slept bees alighted on him and plastered his lips with their wax. Such was the beginning of Pindar's career as a lyric poet. When his reputation had already spread throughout Greece he was raised to a greater height of fame by an order of the Pythian priestess, who bade the Delphians give to Pindar one half of all the first-fruits they offered to Apollo. It is also said that on reaching old age a vision came to him in a dream. As he slept Persephone stood by him and declared that she alone of the deities had not been honoured by Pindar with a

269

καὶ ἐς αὐτὴν ᾆσμα Πίνδαρον ἐλθόντα ὡς αὐτήν.
4 τὸν μὲν αὐτίκα τὸ χρεὼν ἐπιλαμβάνει πρὶν
ἐξήκειν ἡμέραν δεκάτην ἀπὸ τοῦ ὀνείρατος, ἦν
δὲ ἐν Θήβαις γυνὴ πρεσβῦτις γένους ἕνεκα προσή-
κουσα Πινδάρῳ καὶ τὰ πολλὰ μεμελετηκυῖα
ᾄδειν τῶν ᾀσμάτων· ταύτῃ Πίνδαρος ἐνύπνιον
τῇ πρεσβύτιδι ἐπιστὰς ὕμνον ᾖσεν ἐς Περσεφό-
νην, ἡ δὲ αὐτίκα ὡς ἀπέλιπεν αὐτὴν ὁ ὕπνος,
ἔγραψε ταῦτα ὁπόσα τοῦ ὀνείρατος ἤκουσεν
ᾄδοντος. ἐν τούτῳ τῷ ᾄσματι ἄλλαι τε ἐς τὸν
Ἅιδην εἰσὶν ἐπικλήσεις καὶ ὁ χρυσήνιος, δῆλα
ὡς ἐπὶ τῆς Κόρης τῇ ἁρπαγῇ.
5 Ἐντεῦθεν ἐς Ἀκραίφνιόν ἐστιν ὁδὸς τὰ πλείω
πεδιάς. εἶναι δὲ ἐξ ἀρχῆς τε μοῖραν τῆς Θηβαΐ-
δος τὴν πόλιν φασὶ καὶ ὕστερον διαπεσόντας
Θηβαίων ἐς αὐτὴν ἄνδρας εὕρισκον, ἡνίκα
Ἀλέξανδρος ἐποίει τὰς Θήβας ἀναστάτους· ὑπὸ
δὲ ἀσθενείας καὶ γήρως οὐδὲ ἐς τὴν Ἀττικὴν
ἀποσωθῆναι δυνηθέντες ἐνταῦθα ᾤκησαν. κεῖται
μὲν τὸ πόλισμα ἐν ὄρει τῷ Πτώῳ, θέας δὲ
ἄξια ἐνταῦθα Διονύσου ναός ἐστι καὶ ἄγαλμα.
6 προελθόντι δὲ ἀπὸ τῆς πόλεως ἐν δεξιᾷ πέντε
που καὶ δέκα σταδίους τοῦ Ἀπόλλωνός ἐστι τοῦ
Πτώου τὸ ἱερόν. εἶναι δὲ Ἀθάμαντος καὶ
Θεμιστοῦς παῖδα τὸν Πτῶον, ἀφ' οὗ τῷ τε
Ἀπόλλωνι ἐπίκλησις καὶ τῷ ὄρει τὸ ὄνομα
ἐγένετο, Ἄσιος ἐν τοῖς ἔπεσιν εἴρηκε. πρὸ δὲ
τῆς Ἀλεξάνδρου καὶ Μακεδόνων ἐπιστρατείας
καὶ ὀλέθρου τοῦ Θηβαίων μαντεῖον ἦν αὐτόθι
ἀψευδές· καί ποτε ἄνδρα Εὐρωπέα—ὄνομα δέ οἱ
εἶναι Μῦν—τοῦτον ἀποσταλέντα ὑπὸ Μαρδονίου
τὸν Μῦν ἐπερέσθαι τε φωνῇ τῇ σφετέρᾳ καί οἱ
270

hymn, but that Pindar would compose an ode to her also when he had come to her. Pindar died at once, before ten days had passed since the dream. But there was in Thebes an old woman related by birth to Pindar who had practised singing most of his odes. By her side in a dream stood Pindar, and sang a hymn to Persephone. Immediately on waking out of her sleep she wrote down all she had heard him singing in her dream. In this song, among the epithets he applies to Hades is " golden-reined "— a clear reference to the rape of Persephone.

From this point to Acraephnium is mainly flat. They say that originally the city formed part of the territory belonging to Thebes, and I learned that in later times men of Thebes escaped to it, at the time when Alexander destroyed Thebes. Weak and old, they could not even get safely away to Attica, but made their homes here. The town lies on Mount Ptoüs, and there are here a temple and image of Dionysus that are worth seeing. About fifteen stades away from the city on the right is the sanctuary of Ptoan Apollo. We are told by Asius in his epic that Ptoüs, who gave a surname to Apollo and the name to the mountain, was a son of Athamas by Themisto. Before the expedition of the Macedonians under Alexander, in which Thebes was destroyed, there was here an oracle that never lied. Once too a man of Europus, of the name of Mys, who was sent by Mardonius, inquired

χρῆσαι τὸν θεόν, οὐχ ἑλληνίσαντα οὐδὲ αὐτόν, διαλέκτῳ τῇ Καρικῇ.

7 Ὑπερβαλόντων δὲ τὸ ὄρος τὸ Πτῶον ἔστιν ἐπὶ θαλάσσης Βοιωτῶν πόλις Λάρυμνα, γενέσθαι δὲ αὐτῇ τὸ ὄνομά φασιν ἀπὸ Λαρύμνης τῆς Κύνου· τοὺς δὲ ἀνωτέρω προγόνους δηλώσει μοι τὰ ἔχοντα ἐς Λοκροὺς τοῦ λόγου. καὶ συνετέλει δὲ ἐς Ὀποῦντα ἡ Λάρυμνα τὸ ἀρχαῖον· Θηβαίων δὲ ἐπὶ μέγα ἰσχύος προελθόντων, τηνικαῦτα ἑκουσίως μετετάξαντο ἐς Βοιωτούς. Διονύσου δὲ ἐνταῦθα ναὸς καὶ ἄγαλμα ὀρθὸν πεποίηται. λιμὴν δέ σφισίν ἐστιν ἀγχιβαθής, καὶ τὰ ὄρη τὰ ὑπὲρ τὴν πόλιν ὑῶν παρέχεται θήραν ἀγρίων.

XXIV. Ἐξ Ἀκραιφνίου δὲ ἰόντι εὐθεῖαν ἐπὶ λίμνην τὴν Κηφισίδα—οἱ δὲ Κωπαΐδα ὀνομάζουσι τὴν αὐτήν—πεδίον καλούμενόν ἐστιν Ἀθαμάντιον· οἰκῆσαι δὲ Ἀθάμαντα ἐν αὐτῷ φασιν. ἐς δὲ τὴν λίμνην ὅ τε ποταμὸς ὁ Κηφισὸς ἐκδίδωσιν ἀρχόμενος ἐκ Λιλαίας τῆς Φωκέων, καὶ διαπλεύσαντί εἰσι Κῶπαι. κεῖνται δὲ αἱ Κῶπαι πόλισμα ἐπὶ τῇ λίμνῃ, τούτου δὲ καὶ Ὅμηρος ἐποιήσατο ἐν καταλόγῳ μνήμην· ἐνταῦθα Δήμητρος καὶ Διονύ-

2 σου καὶ Σαράπιδός ἐστιν ἱερά. λέγουσι δὲ οἱ Βοιωτοὶ καὶ πολίσματα ἄλλα πρὸς τῇ λίμνῃ ποτὲ Ἀθήνας καὶ Ἐλευσῖνα οἰκεῖσθαι, καὶ ὡς ὥρᾳ χειμῶνος ἐπικλύσασα ἠφάνισεν αὐτὰ ἡ λίμνη. οἱ μὲν δὴ ἰχθῦς οἱ ἐν τῇ Κηφισίδι οὐδέν τι διάφορον ἐς ἄλλους ἰχθῦς τοὺς λιμναίους ἔχουσιν· αἱ δὲ ἐγχέλεις αὐτόθι καὶ μεγέθει μέγισται καὶ ἐσθίειν εἰσὶν ἥδισται.

3 Κωπῶν δὲ ἐν ἀριστερᾷ σταδίους προελθόντι

of the god in his own language, and the god too gave a response, not in Greek but in the Carian speech.

On crossing Mount Ptoüs you come to Larymna, a Boeotian city on the coast, said to have been named after Larymna, the daughter of Cynus. Her earlier ancestors I shall give in my account of Locris.[1] Of old Larymna belonged to Opus, but when Thebes rose to great power the citizens of their own accord joined the Boeotians. Here there is a temple of Dionysus with a standing image. The town has a harbour with deep water near the shore, and on the mountains commanding the city wild boars can be hunted.

XXIV. On the straight road from Acraephnium to the Cephisian, or as it is also called, the Copaïc Lake, is what is styled the Athamantian Plain, on which, they say, Athamas made his home. Into the lake flows the river Cephisus, which rises at Lilaea in Phocis, and on sailing across it you come to Copae, a town lying on the shore of the lake. Homer [2] mentions it in the Catalogue. Here is a sanctuary of Demeter, one of Dionysus and a third of Serapis. According to the Boeotians there were once other inhabited towns near the lake, Athens and Eleusis, but there occurred a flood one winter which destroyed them. The fish of the Cephisian Lake are in general no different from those of other lakes, but the eels there are of great size and very pleasant to the palate.

On the left of Copae about twelve stades from it

---

[1] See X. xxxviii. 1.    [2] Homer, *Iliad* ii. 502.

ὡς δώδεκά εἰσιν Ὄλμωνες, Ὀλμωνέων δὲ ἑπτά
που στάδια Ὕηττος ἀφέστηκε, κῶμαι νῦν τε
οὖσαι καὶ εὐθὺς ἐξ ἀρχῆς· μοίρας δὲ ἐμοὶ δοκεῖν
τῆς Ὀρχομενίας εἰσὶ καὶ αὗται καὶ πεδίον τὸ
Ἀθαμάντιον. καὶ ὅσα μὲν ἐς Ὕηττον ἄνδρα
Ἀργεῖον καὶ Ὄλμον τὸν Σισύφου λεγόμενα
ἤκουον, προσέσται καὶ αὐτὰ τῇ Ὀρχομενίᾳ
συγγραφῇ· θέας δὲ ἄξιον ἐν μὲν Ὄλμωσιν οὐδ᾽
ἐπὶ βραχύτατον παρείχον οὐδέν, ἐν Ὑήττῳ δὲ
ναός ἐστιν Ἡρακλέους καὶ ἰάματα εὕρασθαι
παρὰ τούτου τοῖς κάμνουσιν ἔστιν, ὄντος οὐχὶ
ἀγάλματος σὺν τέχνῃ, λίθου δὲ ἀργοῦ κατὰ τὸ
ἀρχαῖον.

4    Ὑήττου δὲ στάδια ὡς εἴκοσιν ἀπέχουσι Κύρ-
τωνες· τὸ δὲ ἀρχαῖον ὄνομα τῷ πολίσματί φασιν
εἶναι Κυρτώνην. ᾤκισται δὲ ἐπὶ ὄρους ὑψηλοῦ,
καὶ Ἀπόλλωνός ἐστιν ἐνταῦθα ναός τε καὶ ἄλσος·
ἀγάλματα δὲ ὀρθὰ Ἀπόλλωνος καὶ Ἀρτέμιδός
ἐστιν. ἔστι δὲ αὐτόθι καὶ ὕδωρ ψυχρὸν ἐκ
πέτρας ἀνερχόμενον· νυμφῶν δὲ ἱερὸν ἐπὶ τῇ
πηγῇ καὶ ἄλσος οὐ μέγα ἐστίν, ἥμερα δὲ ὁμοίως
πάντα ἐν τῷ [1] ἄλσει δένδρα.

5    Ἐκ δὲ Κυρτώνων ὑπερβάλλοντι [2] τὸ ὄρος
πόλισμά ἐστι Κορσεία, ὑπὸ δὲ αὐτῷ δένδρων
ἄλσος οὐχ ἡμέρων· πρῖνοι τὸ πολύ εἰσιν.
Ἑρμοῦ δὲ ἄγαλμα οὐ μέγα ἐν ὑπαίθρῳ τοῦ
ἄλσους ἔστηκε. τοῦτο ἀπέχει Κορσείας ὅσον τε
ἥμισυ σταδίου. καταβάντων δὲ ἐς τὸ χθαμαλὸν
ποταμὸς Πλατάνιος καλούμενος ἐκδίδωσιν ἐς
θάλασσαν· ἐν δεξιᾷ δὲ τοῦ ποταμοῦ Βοιωτῶν
ἔσχατοι ταύτῃ πόλισμα οἰκοῦσιν Ἁλὰς ἐπὶ

is Olmones, and some seven stades distant from
Olmones is Hyettus; both right from their founda-
tion to the present day have been villages. In
my view Hyettus, as well as the Athamantian plain,
belongs to the district of Orchomenus. All the
stories I heard about Hyettus the Argive and Olmus,
the son of Sisyphus, I shall include in my history of
Orchomenus.[1] In Olmones they did not show me
anything that was in the least worth seeing, but in
Hyettus is a temple of Heracles, from whom the sick
may get cures. There is an image not carefully
carved, but of unwrought stone after the ancient
fashion.

About twenty stades away from Hyettus is
Cyrtones. The ancient name of the town was, they
say, Cyrtone. It is built on a high mountain, and
here are a temple and grove of Apollo. There are also
standing images of Apollo and Artemis. There is here
too a cool stream of water rising from a rock. By
the spring is a sanctuary of the nymphs, and a small
grove, in which all the trees alike are cultivated.

Going out of Cyrtones, as you cross the mountain
you come to Corseia, under which is a grove of trees
that are not cultivated, being mostly evergreen oaks.
A small image of Hermes stands in the open part of
the grove. This is distant from Corseia about half a
stade. On descending to the level you reach a
river called the Platanius, which flows into the sea.
On the right of the river the last of the Boeotians in

---

[1] See IX. xxxiv. 10 and xxxvi. 6.

---

[1] Frazer would read τὰ ἐν for ἐν τῷ.
[2] There is another reading ὑπερβαλόντι.

θαλάσσῃ, ἢ τὴν Λοκρίδα ἤπειρον ἀπὸ τῆς Εὐβοίας
διείργει.

XXV. Θηβαίοις δὲ τῶν πυλῶν ἐστιν ἐγγύτατα
τῶν Νηιστῶν Μενοικέως μνῆμα τοῦ Κρέοντος·
ἀπέκτεινε δὲ ἑκουσίως αὑτὸν κατὰ τὸ μάντευμα
τὸ ἐκ Δελφῶν, ἡνίκα Πολυνείκης καὶ ὁ σὺν αὐτῷ
στρατὸς ἀφίκοντο ἐξ Ἄργους. τοῦ δὲ Μενοικέως
ἐπιπέφυκε ῥοιὰ τῷ μνήματι· τοῦ καρποῦ δὲ
ὄντος πεπείρου διαρρήξαντί σοι τὸ ἐκτὸς λοιπόν
ἐστιν εὑρεῖν τὸ ἔνδον αἵματι ἐμφερές. αὕτη μὲν
δὴ τεθηλὸς δένδρον ἐστὶν ἡ ῥοιά· ἄμπελον δὲ
φῦναι μὲν οἱ Θηβαῖοι παρὰ σφίσι πρώτοις φασὶν
ἀνθρώπων, ἀποφῆναι δὲ οὐδὲν ἔτι ἐς αὐτὴν
2 ὑπόμνημα εἶχον. τοῦ δὲ Μενοικέως οὐ πόρρω
τάφου τοὺς παῖδας λέγουσιν Οἰδίποδος μονο-
μαχήσαντας ἀποθανεῖν ὑπὸ ἀλλήλων· σημεῖον δὲ
τῆς μάχης αὐτῶν κίων, καὶ ἀσπὶς ἔπεστιν ἐπ'
αὐτῷ λίθου. δείκνυται δέ τι χωρίον ἔνθα Ἥραν
Θηβαῖοί φασιν Ἡρακλεῖ παιδὶ ἔτι ἐπισχεῖν γάλα
κατὰ δή τινα ἀπάτην ἐκ Διός· καλεῖται δὲ ὁ
σύμπας οὗτος τόπος[1] Σύρμα Ἀντιγόνης· ὡς γὰρ
τὸν τοῦ Πολυνείκους ἄρασθαί οἱ προθυμουμένῃ
νεκρὸν οὐδεμία ἐφαίνετο ῥαστώνη, δεύτερα ἐπε-
νόησεν ἕλκειν αὐτόν, ἐς ὃ εἵλκυσέ τε καὶ ἐπέβαλεν
ἐπὶ τοῦ Ἐτεοκλέους ἐξημμένην τὴν πυράν.

3    Διαβάντων δὲ ποταμὸν καλούμενον ἀπὸ γυ-
ναικὸς τῆς Λύκου Δίρκην—ὑπὸ ταύτης δὲ ἔχει
λόγος Ἀντιόπην κακοῦσθαι καὶ δι' αὐτὸ ὑπὸ τῶν
Ἀντιόπης παίδων συμβῆναι τῇ Δίρκῃ τὴν τε-
λευτήν—διαβᾶσιν οὖν τὴν Δίρκην οἰκίας τε
ἐρείπια τῆς Πινδάρου καὶ μητρὸς Δινδυμήνης
ἱερόν, Πινδάρου μὲν ἀνάθημα, τέχνη δὲ τὸ

this part dwell in Halae-on-Sea, which separates the Locrian mainland from Euboea.

XXV. Very near to the Neïstan gate at Thebes is the tomb of Menoeceus, the son of Creon. He committed suicide in obedience to the oracle from Delphi, at the time when Polyneices and the host with him arrived from Argos. On the tomb of Menoeceus grows a pomegranate-tree. If you break through the outer part of the ripe fruit, you will then find the inside like blood. This pomegranate-tree is still flourishing. The Thebans assert that they were the first men among whom the vine grew, but they have now no memorial of it to show. Not far from the grave of Menoeceus is the place where they say the sons of Oedipus killed each other in a duel. The scene of their fight is marked by a pillar, upon which is a stone shield. There is shown a place where according to the Thebans Hera was deceived by Zeus into giving the breast to Heracles when he was a baby. The whole of this place is called the Dragging of Antigone. For when she found that she had not the strength to lift the body of Polyneices, in spite of her eager efforts, a second plan occurred to her, to drag him. So she dragged him right up to the burning pyre of Eteocles and threw him on it.

There is a river called Dirce after the wife of Lycus. The story goes that Antiope was ill-treated by this Dirce, and therefore the children of Antiope put Dirce to death. Crossing the river you reach the ruins of the house of Pindar, and a sanctuary of the Mother Dindymene. Pindar dedicated the

---

[1] τόπος is not in the MSS. It was added by Barth.

ἄγαλμα Ἀριστομήδους τε καὶ Σωκράτους Θη-
βαίων. μιᾷ δὲ ἐφ' ἑκάστων ἐτῶν ἡμέρᾳ καὶ οὐ
πέρα τὸ ἱερὸν ἀνοίγειν νομίζουσιν· ἐμοὶ δὲ ἀφι-
κέσθαι τε ἐξεγεγόνει τὴν ἡμέραν ταύτην καὶ τὸ
ἄγαλμα εἶδον λίθου τοῦ Πεντελῆσι καὶ αὐτὸ καὶ
τὸν θρόνον.

4 Κατὰ δὲ τὴν ὁδὸν τὴν [1] ἀπὸ τῶν πυλῶν τῶν
Νηιστῶν τὸ μὲν Θέμιδός ἐστιν ἱερὸν καὶ ἄγαλμα
λευκοῦ λίθου, τὸ δὲ ἐφεξῆς Μοιρῶν, τὸ δὲ
Ἀγοραίου Διός· οὗτος μὲν δὴ λίθου πεποίηται,
ταῖς Μοίραις δὲ οὐκ ἔστιν ἀγάλματα. καὶ ἀπω-
τέρω μικρὸν Ἡρακλῆς ἔστηκεν ἐν ὑπαίθρῳ Ῥινο-
κολούστης ἐπωνυμίαν ἔχων, ὅτι τῶν κηρύκων, ὡς
οἱ Θηβαῖοι λέγουσιν, ἀπέτεμεν ἐπὶ λώβῃ τὰς
ῥῖνας, οἳ παρὰ Ὀρχομενίων ἀφίκοντο ἐπὶ τοῦ
δασμοῦ τὴν ἀπαίτησιν.

5 Σταδίους δὲ αὐτόθεν πέντε προελθόντι καὶ
εἴκοσι Δήμητρος Καβειραίας καὶ Κόρης ἐστὶν
ἄλσος· ἐσελθεῖν δὲ τοῖς τελεσθεῖσιν ἔστι. τού-
του δὲ τοῦ ἄλσους ἑπτά που σταδίους τῶν
Καβείρων τὸ ἱερὸν ἀφέστηκεν. οἵτινες δέ εἰσιν
οἱ Κάβειροι καὶ ὁποῖά ἐστιν αὐτοῖς καὶ τῇ Μητρὶ
τὰ δρώμενα, σιωπὴν ἄγοντι ὑπὲρ αὐτῶν συγ-
6 γνώμη παρὰ ἀνδρῶν φιληκόων ἔστω μοι. το-
σοῦτο δὲ δηλῶσαί με καὶ ἐς ἅπαντας ἐκώλυσεν
οὐδέν, ἥντινα λέγουσιν ἀρχὴν οἱ Θηβαῖοι γενέσ-
θαι τοῖς δρωμένοις. πόλιν γάρ ποτε ἐν τούτῳ
φασὶν εἶναι τῷ χωρίῳ καὶ ἄνδρας ὀνομαζομένους
Καβείρους, Προμηθεῖ δὲ ἑνὶ τῶν Καβείρων καὶ
Αἰτναίῳ τῷ Προμηθέως ἀφικομένην Δήμητρα ἐς
γνῶσιν παρακαταθέσθαι σφίσιν· ἥτις μὲν δὴ ἦν
ἡ παρακαταθήκη καὶ τὰ ἐς αὐτὴν γινόμενα, οὐκ

278

image, and Aristomedes and Socrates, sculptors of Thebes, made it. Their custom is to open the sanctuary on one day in each year, and no more. It was my fortune to arrive on that day, and I saw the image, which, like the throne, is of Pentelic marble.

Along the road from the Neïstan gate are three sanctuaries. There is a sanctuary of Themis, with an image of white marble; adjoining it is a sanctuary of the Fates, while the third is of Zeus of the Market. Zeus is made of stone; the Fates have no images. A little farther off in the open stands Heracles, surnamed Nose-docker; the reason for the name is, as the Thebans say, that Heracles cut off the noses, as an insult, of the heralds who came from Orchomenus to demand the tribute.

Advancing from here twenty-five stades you come to a grove of Cabeirean Demeter and the Maid. The initiated are permitted to enter it. The sanctuary of the Cabeiri is some seven stades distant from this grove. I must ask the curious to forgive me if I keep silence as to who the Cabeiri are, and what is the nature of the ritual performed in honour of them and of the Mother. But there is nothing to prevent my declaring to all what the Thebans say was the origin of the ritual. They say that once there was in this place a city, with inhabitants called Cabeiri; and that Demeter came to know Prometheus, one of the Cabeiri, and Aetnaeüs his son, and entrusted something to their keeping. What was entrusted to them, and what happened to it, seemed

---

[1] τὴν is not in the MSS., but was added by Hitzig.

ἐφαίνετο ὅσιόν μοι γράφειν, Δήμητρος δ' οὖν
7 Καβειραίοις δῶρόν ἐστιν ἡ τελετή. κατὰ δὲ τὴν
Ἐπιγόνων στρατείαν καὶ ἅλωσιν τῶν Θηβῶν
ἀνέστησαν μὲν ὑπὸ τῶν Ἀργείων οἱ Καβειραῖοι,
ἐξελείφθη δὲ ἐπὶ χρόνον τινὰ καὶ ἡ τελετή.
Πελαργὴν δὲ ὕστερον τὴν Ποτνιέως καὶ Ἰσθμιά-
δην Πελαργῇ συνοικοῦντα καταστήσασθαι μὲν
τὰ ὄργια αὐτοῦ¹ λέγουσιν ἐξ ἀρχῆς, μετενεγκεῖν
8 δὲ αὐτὰ ἐπὶ τὸν Ἀλεξιάρουν καλούμενον· ὅτι δὲ
τῶν ὅρων ἐκτὸς ἐμύησεν ἡ Πελαργὴ τῶν ἀρχαίων,
Τηλώνδης καὶ ὅσοι γένους τοῦ Καβειριτῶν ἐλεί-
ποντο κατῆλθον αὖθις ἐς τὴν Καβειραίαν. Πε-
λαργῇ μὲν δὴ κατὰ μάντευμα ἐκ Δωδώνης καὶ
ἄλλα ἔμελλεν ἐς τιμὴν καταστήσασθαι καὶ ἡ
θυσία, φέρον ἐν τῇ γαστρὶ ἱερεῖον· τὸ δὲ μήνιμα
τὸ ἐκ τῶν Καβείρων ἀπαραίτητόν ἐστιν ἀνθρώ-
9 ποις, ὡς ἐπέδειξε δὴ πολλαχῇ. τὰ γὰρ δὴ δρώ-
μενα ἐν Θήβαις ἐτόλμησαν ἐν Ναυπάκτῳ κατὰ
ταὐτὰ ἰδιῶται δρᾶσαι, καὶ σφᾶς οὐ μετὰ πολὺ
ἐπέλαβεν ἡ δίκη. ὅσοι δὲ ὁμοῦ Μαρδονίῳ τῆς
στρατιᾶς τῆς Ξέρξου περὶ Βοιωτίαν ἐλείφθησαν,
τοῖς παρελθοῦσιν αὐτῶν ἐς τὸ ἱερὸν τῶν Καβείρων
τάχα μέν που καὶ χρημάτων μεγάλων ἐλπίδι, τὸ
πλέον δὲ ἐμοὶ δοκεῖν τῇ ἐς τὸ θεῖον ὀλιγωρίᾳ,
τούτοις παραφρονῆσαί τε συνέπεσεν αὐτίκα καὶ
ἀπώλοντο ἐς θάλασσάν τε καὶ ἀπὸ τῶν κρημνῶν
10 ἑαυτοὺς ῥίπτοντες. Ἀλεξάνδρου δέ, ὡς ἐνίκησε
τῇ μάχῃ, Θήβας τε αὐτὰς καὶ σύμπασαν τὴν
Θηβαΐδα διδόντος πυρί, ἄνδρες τῶν ἐκ Μακε-
δονίας ἐλθόντες ἐς τῶν Καβείρων τὸ ἱερὸν ἅτε ἐν
γῇ τῇ πολεμίᾳ κεραυνοῖς τε ἐξ οὐρανοῦ καὶ
ἀστραπαῖς ἐφθάρησαν.

to me a sin to put into writing, but at any rate the rites are a gift of Demeter to the Cabeiri. At the time of the invasion of the Epigoni and the taking of Thebes, the Cabeiri were expelled from their homes by the Argives and the rites for a while ceased to be performed. But they go on to say that afterwards Pelarge, the daughter of Potnieus, and Isthmiades her husband established the mysteries here to begin with, but transferred them to the place called Alexiarus. But because Pelarge conducted the initiation outside the ancient borders, Telondes and those who were left of the clan of the Cabeiri returned again to Cabeiraea. Various honours were to be established for Pelarge by Telondes in accordance with an oracle from Dodona, one being the sacrifice of a pregnant victim. The wrath of the Cabeiri no man may placate, as has been proved on many occasions. For certain private people dared to perform in Naupactus the ritual just as it was done in Thebes, and soon afterwards justice overtook them. Then, again, certain men of the army of Xerxes left behind with Mardonius in Boeotia entered the sanctuary of the Cabeiri, perhaps in the hope of great wealth, but rather, I suspect, to show their contempt of its gods; all these immediately were struck with madness, and flung themselves to their deaths into the sea or from the tops of precipices. Again, when Alexander after his victory wasted with fire all the Thebaïd, including Thebes itself, some men from Macedonia entered the sanctuary of the Cabeiri, as it was in enemy territory, and were destroyed by thunder and lightning from heaven.

---

[1] For αὐτοῦ Sylburg would read αὐτῶν, with which reading ἐξ ἀρχῆς will mean "completely afresh."

XXVI. Οὕτω μὲν τὸ ἱερὸν τοῦτό ἐστιν ἐξ
ἀρχῆς ἅγιον· τοῦ Καβειρίου δὲ ἐν δεξιᾷ πεδίον
ἐστὶν ἐπώνυμον Τηνέρου μάντεως, ὃν Ἀπόλλωνος
παῖδα εἶναι καὶ Μελίας νομίζουσι, καὶ Ἡρακλέους
ἱερὸν μέγα ἐπίκλησιν Ἱπποδέτου· τούς τε γὰρ
Ὀρχομενίους φασὶν ἐς τοῦτο ἀφῖχθαι στρατιᾷ
καὶ τὸν Ἡρακλέα νύκτωρ τοὺς ἵππους λαβόντα
2 συνδῆσαί σφισι τοὺς ὑπὸ τοῖς ἅρμασι. προ-
ελθόντων δὲ τὸ ὄρος ἐστὶν ὅθεν τὴν Σφίγγα
λέγουσιν ὁρμᾶσθαι ἐπ᾽ ὀλέθρῳ τῶν ἁρπαζομένων
αἴνιγμα ᾄδουσαν· οἱ δὲ κατὰ λῃστείαν σὺν
δυνάμει ναυτικῇ πλανωμένην φασὶν αὐτὴν ἐς
τὴν πρὸς Ἀνθηδόνι σχεῖν θάλασσαν, κατα-
βοῦσαν δὲ τὸ ὄρος τοῦτο ἁρπαγαῖς χρῆσθαι, πρὶν
ἐξεῖλεν Οἰδίπους αὐτὴν ὑπερβαλόμενος πλήθει
3 στρατιᾶς ἣν ἀφίκετο ἔχων ἐκ Κορίνθου. λέγεται
δὲ καὶ ὡς νόθη Λαΐου θυγάτηρ εἴη, καὶ ὡς τὸν
χρησμὸν τὸν Κάδμῳ δοθέντα ἐκ Δελφῶν διδά-
ξειεν αὐτὴν κατὰ εὔνοιαν ὁ Λάιος· ἐπίστασθαι
δὲ πλὴν τοὺς βασιλέας οὐδένα ἄλλον τὸ μάν-
τευμα. ὁπότε οὖν τῇ Σφιγγὶ ἀμφισβητήσων τις
ἀφίκοιτο τῆς ἀρχῆς—γενέσθαι γὰρ τῷ Λαΐῳ ἐκ
παλλακῶν υἱοὺς καὶ τὰ χρησθέντα ἐκ Δελφῶν
ἐς Ἐπικάστην μόνην καὶ τοὺς ἐξ ἐκείνης ἔχειν
παῖδας—τὴν οὖν Σφίγγα χρῆσθαι σοφίσμασιν
ἐς τοὺς ἀδελφούς, ὡς τὸν Κάδμῳ γενόμενον
4 χρησμὸν εἰδεῖεν ἂν Λαΐου γε ὄντες· οὐκ ἔχοντας
δὲ αὐτοὺς ἀποκρίνασθαι θανάτῳ ζημιοῦν, ἅτε οὐ
προσηκόντως ἀμφισβητοῦντας γένους τε καὶ
ἀρχῆς. Οἰδίπους δὲ ἄρα ἀφίκετο ὑπὸ ὀνείρατος
δεδιδαγμένος τὸν χρησμόν.
5 Ἀπὸ δὲ τοῦ ὄρους τούτου πέντε ἀπέχει καὶ

XXVI. So sacred this sanctuary has been from the beginning. On the right of the sanctuary is a plain named after Tenerus the seer, whom they hold to be a son of Apollo by Melia; there is also a large sanctuary of Heracles surnamed Hippodetus (*Binder of Horses*). For they say that the Orchomenians came to this place with an army, and that Heracles by night took their chariot-horses and bound them tight. Farther on we come to the mountain from which they say the Sphinx, chanting a riddle, sallied to bring death upon those she caught. Others say that roving with a force of ships on a piratical expedition she put in at Anthedon, seized the mountain I mentioned, and used it for plundering raids until Oedipus overwhelmed her by the superior numbers of the army he had with him on his arrival from Corinth. There is another version of the story which makes her the natural daughter of Laïus, who, because he was fond of her, told her the oracle delivered to Cadmus from Delphi. No one, they say, except the kings knew the oracle. Now Laïus (the story goes on to say) had sons by concubines, and the oracle delivered from Delphi applied only to Epicaste and her sons. So when any of her brothers came in order to claim the throne from the Sphinx, she resorted to trickery in dealing with them, saying that if they were sons of Laïus they should know the oracle that came to Cadmus. When they could not answer she would punish them with death, on the ground that they had no valid claim to the kingdom or to relationship. But Oedipus came because it appears he had been told the oracle in a dream.

Distant from this mountain fifteen stades are the

δέκα σταδίους πόλεως ἐρείπια Ὀγχηστοῦ· φασὶ
δὲ ἐνταῦθα οἰκῆσαι Ποσειδῶνος παῖδα Ὀγχησ-
τόν. ἐπ᾽ ἐμοῦ δὲ ναός τε καὶ ἄγαλμα Ποσει-
δῶνος ἐλείπετο Ὀγχηστίου καὶ τὸ ἄλσος, ὃ δὴ
6 καὶ Ὅμηρος ἐπήνεσε. τραπομένῳ δὲ ἀπὸ τοῦ
Καβειρίου τὴν ἐν ἀριστερᾷ καὶ προελθόντι ὡς
πεντήκοντα σταδίους Θέσπια ὑπὸ τὸ ὄρος τὸν
Ἑλικῶνα ᾤκισται. θυγατέρα δὲ εἶναι Θέσπιαν
λέγουσιν Ἀσωποῦ καὶ ἀπὸ ταύτης κληθῆναι τὴν
πόλιν, οἱ δὲ Θέσπιόν φασιν ἐξ Ἀθηνῶν ἐλθόντα
τὸ ὄνομα τῇ πόλει δοῦναι· γεγονέναι δὲ ἀπὸ
7 Ἐρεχθέως αὐτόν. Θεσπιεῦσι δὲ ἐν τῇ πόλει
Σαώτου Διός ἐστι χαλκοῦν ἄγαλμα· ἐπιλέγουσι
δὲ ὡς λυμαινομένου τὴν πόλιν ποτὲ αὐτοῖς
δράκοντος προστάξειεν ὁ θεὸς τὸν κλήρῳ τῶν
ἐφήβων κατὰ ἔτος ἕκαστον λαχόντα δίδοσθαι
τῷ θηρίῳ. τῶν μὲν δὴ διαφθαρέντων μνημονεύειν
τὰ ὀνόματα οὔ φασιν· ἐπὶ δὲ Κλεοστράτῳ
λαχόντι τὸν ἐραστὴν αὐτοῦ Μενέστρατον λέγου-
8 σιν ἐπιτεχνήσασθαι. χαλκοῦν θώρακα ἐποιή-
σατο ἔχοντα ἐπὶ ἑκάστῃ τῶν φολίδων ἄγκιστρον
ἐς τὸ ἄνω νεῦον· τοῦτον τὸν θώρακα ἐνδὺς παρέ-
δωκε τῷ δράκοντι ἑκουσίως αὐτόν, παραδοὺς δὲ
ἀπολεῖσθαί τε καὶ αὐτὸς ἀπολεῖν ἔμελλε τὸ
θηρίον. ἀντὶ τούτου μὲν τῷ Διὶ γέγονεν ἐπί-
κλησις Σαώτης· τὸ δὲ ἄγαλμα τὸ Διονύσου καὶ
αὖθις Τύχης, ἑτέρωθι δὲ Ὑγείας . . ., τὴν δὲ
Ἀθηνᾶν τὴν Ἐργάνην καὶ αὐτὴν καὶ Πλοῦτόν
οἱ παρεστηκότα ἐποίησε . . .

XXVII. Θεῶν δὲ οἱ Θεσπιεῖς τιμῶσιν Ἔρωτα
μάλιστα ἐξ ἀρχῆς, καί σφισιν ἄγαλμα παλαιό-
τατόν ἐστιν ἀργὸς λίθος. ὅστις δὲ ὁ καταστησά-

ruins of the city Onchestus. They say that here dwelt Onchestus, a son of Poseidon. In my day there remained a temple and image of Onchestian Poseidon, and the grove which Homer too praised.[1] Taking a turn left from the Cabeirian sanctuary, and advancing about fifty stades, you come to Thespiae, built at the foot of Mount Helicon. They say that Thespia was a daughter of Asopus, who gave her name to the city, while others say that Thespius, who was descended from Erechtheus, came from Athens and was the man after whom the city was called. In Thespiae is a bronze image of Zeus Saviour. They say about it that when a dragon once was devastating their city, the god commanded that every year one of their youths, upon whom the lot fell, should be offered to the monster. Now the names of those who perished they say that they do not remember. But when the lot fell on Cleostratus, his lover Menestratus, they say, devised a trick. He had made a bronze breastplate, with a fish-hook, the point turned outwards, upon each of its plates. Clad in this breastplate he gave himself up, of his own free will, to the dragon, convinced that having done so he would, though destroyed himself, prove the destroyer of the monster. This is why the Zeus has been surnamed Saviour. The image of Dionysus, and also that of Fortune, and in another place that of Health . . . But the Athena Worker, as well as Wealth, who stands beside her, was made by. . . .

XXVII. Of the gods the Thespians have from the beginning honoured Love most, and they have a very ancient image of him, an unwrought stone. Who established among the Thespians the

---

[1] Homer, *Iliad* ii. 506; *Hymns* ii. 186.

μενος Θεσπιεῦσιν Ἔρωτα θεῶν σέβεσθαι μάλιστα,
οὐκ οἶδα. σέβονται δὲ οὐδέν τι ἧσσον καὶ Ἑλλησ-
ποντίων Παριανοί, τὸ μὲν ἀνέκαθεν ἐξ Ἰωνίας
καὶ Ἐρυθρῶν ἀπῳκισμένοι, τὰ δὲ ἐφ' ἡμῶν
2 τελοῦντες ἐς Ῥωμαίους. Ἔρωτα δὲ ἄνθρωποι
μὲν οἱ πολλοὶ νεώτατον θεῶν εἶναι καὶ Ἀφρο-
δίτης παῖδα ἥγηνται· Λύκιος δὲ Ὠλήν, ὃς καὶ
τοὺς ὕμνους τοὺς ἀρχαιοτάτους ἐποίησεν Ἕλλη-
σιν, οὗτος ὁ Ὠλὴν ἐν Εἰλειθυίας ὕμνῳ μητέρα
Ἔρωτος τὴν Εἰλείθυιάν φησιν εἶναι. Ὠλῆνος δὲ
ὕστερον Πάμφως τε ἔπη καὶ Ὀρφεὺς ἐποίησαν·
καί σφισιν ἀμφοτέροις πεποιημένα ἐστὶν ἐς
Ἔρωτα, ἵνα ἐπὶ τοῖς δρωμένοις Λυκομίδαι καὶ
ταῦτα ᾄδωσιν· ἐγὼ δὲ ἐπελεξάμην ἀνδρὶ ἐς
λόγους ἐλθὼν[1] δᾳδουχοῦντι. καὶ τῶν μὲν οὐ
πρόσω ποιήσομαι μνήμην· Ἡσίοδον δὲ ἢ τὸν
Ἡσιόδῳ Θεογονίαν ἐσποιήσαντα οἶδα γράψαντα
ὡς Χάος πρῶτον, ἐπὶ δὲ αὐτῷ Γῆ τε καὶ Τάρταρος
3 καὶ Ἔρως γένοιτο· Σαπφὼ δὲ ἡ Λεσβία πολλά τε
καὶ οὐχ ὁμολογοῦντα ἀλλήλοις ἐς Ἔρωτα ᾖσε.
Θεσπιεῦσι δὲ ὕστερον χαλκοῦν εἰργάσατο Ἔρωτα
Λύσιππος, καὶ ἔτι πρότερον τούτου Πραξιτέλης
λίθου τοῦ Πεντελῆσι. καὶ ὅσα μὲν εἶχεν ἐς
Φρύνην καὶ τὸ ἐπὶ Πραξιτέλει τῆς γυναικὸς
σόφισμα, ἑτέρωθι ἤδη μοι δεδήλωται· πρῶτον δὲ
τὸ ἄγαλμα κινῆσαι τοῦ Ἔρωτος λέγουσι Γάιον
δυναστεύσαντα ἐν Ῥώμῃ, Κλαυδίου δὲ ὀπίσω
Θεσπιεῦσιν ἀποπέμψαντος Νέρωνα αὖθις δεύτερα
4 ἀνάσπαστον ποιῆσαι. καὶ τὸν μὲν φλὸξ αὐτόθι
διέφθειρε· τῶν δὲ ἀσεβησάντων ἐς τὸν θεὸν ὁ μὲν
ἀνθρώπῳ στρατιώτῃ διδοὺς ἀεὶ τὸ αὐτὸ σύνθημα
μετὰ ὑπούλου χλευασίας ἐς τοσοῦτο προήγαγε

custom of worshipping Love more than any other
god I do not know. He is worshipped equally by the
people of Parium on the Hellespont, who were
originally colonists from Erythrae in Ionia, but to-day
are subject to the Romans. Most men consider
Love to be the youngest of the gods and the son of
Aphrodite. But Olen the Lycian, who composed
the oldest Greek hymns, says in a hymn to Eileithyia
that she was the mother of Love. Later than Olen,
both Pamphos and Orpheus wrote hexameter verse,
and composed poems on Love, in order that they
might be among those sung by the Lycomidae to
accompany the ritual. I read them after conversa-
tion with a Torchbearer. Of these things I will
make no further mention. Hesiod,[1] or he who
wrote the Theogony fathered on Hesiod, writes,
I know, that Chaos was born first, and after Chaos,
Earth, Tartarus and Love. Sappho of Lesbos wrote
many poems about Love, but they are not consistent.
Later on Lysippus made a bronze Love for the Thes-
pians, and previously Praxiteles one of Pentelic
marble. The story of Phryne and the trick she played
on Praxiteles I have related in another place.[2] The
first to remove the image of Love, it is said, was
Gaius the Roman Emperor; Claudius, they say, sent
it back to Thespiae, but Nero carried it away a
second time. At Rome the image perished by fire.
Of the pair who sinned against the god, Gaius was
killed by a private soldier, just as he was giving
the password; he had made the soldier very angry

---

[1] Hesiod, *Theogony* 116 foll.    [2] See Book I. xx. 1.

---

[1] The word ἐλθὼν is not in the MSS., but was added by
Sylburg.

θυμοῦ τὸν ἄνθρωπον ὥστε σύνθημα διδόντα
αὐτὸν διεργάζεται, Νέρωνι δὲ παρὲξ ἢ τὰ ἐς τὴν
μητέρα ἐστὶ καὶ ἐς γυναῖκας γαμετὰς ἐναγῆ τε
καὶ ἀνέραστα τολμήματα. τὸν δὲ ἐφ᾿ ἡμῶν
Ἔρωτα ἐν Θεσπιαῖς ἐποίησεν Ἀθηναῖος Μηνό-
δωρος, τὸ ἔργον τὸ Πραξιτέλους μιμούμενος.

5 ἐνταῦθα καὶ αὐτοῦ Πραξιτέλους Ἀφροδίτη καὶ
Φρύνης ἐστὶν εἰκών, λίθου καὶ ἡ Φρύνη καὶ ἡ θεός.
ἔστι δὲ καὶ ἑτέρωθι Ἀφροδίτης Μελαινίδος ἱερὸν
καὶ θέατρόν τε καὶ ἀγορὰ θέας ἄξια· ἐνταῦθα
Ἡσίοδος ἀνάκειται χαλκοῦς. τῆς ἀγορᾶς οὐ
πόρρω Νίκη τε χαλκοῦ καὶ ναὸς Μουσῶν ἐστιν
οὐ μέγας· ἀγάλματα δὲ ἐν αὐτῷ μικρὰ λίθου
πεποιημένα.

6 Καὶ Ἡρακλέους Θεσπιεῦσίν ἐστιν ἱερόν·
ἱερᾶται δὲ αὐτοῦ παρθένος, ἔστ᾿ ἂν ἐπιλάβῃ τὸ
χρεὼν αὐτήν. αἴτιον δὲ τούτου φασὶν εἶναι
τοιόνδε, Ἡρακλέα ταῖς θυγατράσι πεντήκοντα
οὔσαις ταῖς Θεστίου συγγενέσθαι πάσαις πλὴν
μιᾶς ἐν τῇ αὐτῇ νυκτί· ταύτην δὲ οὐκ ἐθελῆσαί οἱ
τὴν μίαν μιχθῆναι· τὸν δὲ ὑβρισθῆναι[1] νομίζοντα
δικάσαι μένειν παρθένον πάντα αὐτὴν τὸν βίον
7 ἱερωμένην αὐτῷ. ἐγὼ δὲ ἤκουσα μὲν καὶ ἄλλον
λόγον, ὡς διὰ πασῶν ὁ Ἡρακλῆς τῶν Θεστίου
παρθένων διεξέλθοι τῇ αὐτῇ νυκτὶ καὶ ὡς ἄρσενας
παῖδας αὐτῷ πᾶσαι τέκοιεν, διδύμους δὲ ἥ τε
νεωτάτη καὶ ἡ πρεσβυτάτη· ἐκεῖνο δὲ οὐκ ἔστιν
ὅπως ἡγήσομαι πιστόν, Ἡρακλέα ἐπὶ τοσοῦτο
ὀργῆς ἀνδρὸς φίλου θυγατρὶ ἀφικέσθαι· πρὸς δὲ
καὶ ἡνίκα ἔτι ἦν μετ᾿ ἀνθρώπων, τιμωρούμενός τε
ἄλλους ὑβρίζοντας καὶ μάλιστα ὅσοι θεῶν
ἀσεβεῖς ἦσαν, οὐκ ἂν αὐτός γε κατεστήσατο

by always giving the same password with a covert sneer. The other, Nero, in addition to his violence to his mother, committed accursed and hateful crimes against his wedded wives. The modern Love at Thespiae was made by the Athenian Menodorus, who copied the work of Praxiteles. Here too are statues made by Praxiteles himself, one of Aphrodite and one of Phryne, both Phryne and the goddess being of stone. Elsewhere too is a sanctuary of Black Aphrodite, with a theatre and a market-place, well worth seeing. Here is set up Hesiod in bronze. Not far from the market-place is a Victory of bronze and a small temple of the Muses. In it are small images made of stone.

At Thespiae is also a sanctuary of Heracles. The priestess there is a virgin, who acts as such until she dies. The reason of this is said to be as follows. Heracles, they say, had intercourse with the fifty daughters of Thestius, except one, in a single night. She was the only one who refused to have connection with him. Heracles, thinking that he had been insulted,[1] condemned her to remain a virgin all her life, serving him as his priest. I have heard another story, how Heracles had connection with all the virgin daughters of Thestius in one and the same night, and how they all bore him sons, the youngest and the eldest bearing twins. But I cannot think it credible that Heracles would rise to such a pitch of wrath against a daughter of a friend. Moreover, while he was still among men, punishing them for insolence, and especially such as were impious towards the gods, he would not himself have set up a temple and appointed a

---

[1] τὸν δὲ ὑβρισθῆναι is not in the MSS., but was added by Schubart.

8 αὐτῷ ναόν τε καὶ ἱέρειαν ὥσπερ δὴ θεός. ἀλλὰ
γὰρ ἐφαίνετό μοι τὸ ἱερὸν τοῦτο ἀρχαιότερον ἢ
κατὰ Ἡρακλέα εἶναι τὸν Ἀμφιτρύωνος, καὶ
Ἡρακλέους τοῦ καλουμένου τῶν Ἰδαίων Δακτύ-
λων, οὗ δὴ καὶ Ἐρυθραίους τοὺς ἐν Ἰωνία καὶ
Τυρίους ἱερὰ ἔχοντας εὕρισκον. οὐ μὴν οὐδὲ οἱ
Βοιωτοὶ τοῦ Ἡρακλέους ἠγνόουν τοῦτο τὸ ὄνομα,
ὅπου γε αὐτοὶ τῆς Μυκαλησσίας Δήμητρος
Ἡρακλεῖ τῷ Ἰδαίῳ τὸ ἱερὸν ἐπιτετράφθαι
λέγουσιν.

XXVIII. Ὁ δὲ Ἑλικὼν ὀρῶν τῶν ἐν τῇ Ἑλλάδι
ἐν τοῖς μάλιστά ἐστιν εὔγεως καὶ δένδρων ἡμέρων
ἀνάπλεως· καὶ οἱ τῆς ἀνδράχνου θάμνοι παρ-
έχονται τῶν πανταχοῦ καρπὸν αἴξιν ἥδιστον.
λέγουσι δὲ οἱ περὶ τὸν Ἑλικῶνα οἰκοῦντες καὶ
ἁπάσας ἐν τῷ ὄρει τὰς πόας καὶ τὰς ῥίζας ἥκιστα
ἐπὶ ἀνθρώπου θανάτῳ φύεσθαι. καὶ δὴ καὶ τοῖς
ὄφεσι τὸν ἰὸν ποιοῦσιν ἐνταῦθα ἀσθενέστερον
αἱ νομαί, ὥστε καὶ διαφεύγουσι τὰ πολλὰ οἱ
δηχθέντες, ἢν ἀνδρὶ Λίβυι γένους τοῦ Ψύλλων ἢ
καὶ ἄλλως προσφόροις ἐπιτύχωσι τοῖς φαρμάκοις.
2 ἔστι μὲν δὴ ὁ ἰὸς τοῖς ἀγριωτάτοις τῶν ὄφεων καὶ
ἄλλως ὀλέθριος ἔς τε ἀνθρώπους καὶ ζῷα ὁμοίως
τὰ πάντα, συντελοῦσι δὲ οὐχ ἥκιστα ἐς ἰσχύν
σφισι τοῦ ἰοῦ καὶ αἱ νομαί, ἐπεί τοι καὶ ἀνδρὸς
ἀκούσας οἶδα Φοίνικος ὡς ἐν τῇ ὀρεινῇ τῇ Φοινίκης
ἀγριωτέρους τοὺς ἔχεις ποιοῦσιν αἱ ῥίζαι. ἔφη
δὲ ἄνθρωπον ἰδεῖν αὐτὸς ἀποφεύγοντα ὁρμὴν
ἔχεως, καὶ τὸν μὲν ἐπί τι ἀναδραμεῖν δένδρον,
τὸν δὲ ἔχιν, ὡς ἦλθεν ὕστερος, ἀποπνεῦσαι
πρὸς τὸ δένδρον τοῦ ἰοῦ καὶ οὐ ζῆν ἔτι τὸν
3 ἄνθρωπον. τούτου μὲν τοιαῦτα ἤκουσα· ἐν δὲ τῇ

priestess to himself, just as though he were a god. As a matter of fact this sanctuary seemed to me too old to be of the time of Heracles the son of Amphitryon, and to belong to Heracles called one of the Idaean Dactyls, to whom I found the people of Erythrae in Ionia and of Tyre possessed sanctuaries. Nevertheless, the Boeotians were not unacquainted with this name of Heracles, seeing that they themselves say that the sanctuary of Demeter of Mycalessus has been entrusted to Idaean Heracles.

XXVIII. Helicon is one of the mountains of Greece with the most fertile soil and the greatest number of cultivated trees. The wild-strawberry bushes supply to the goats sweeter fruit than that growing anywhere else. The dwellers around Helicon say that all the grasses too and roots growing on the mountain are not at all poisonous to men. Moreover, the food makes the poison of the snakes too less deadly, so that most of those bitten escape with their lives, should they fall in with a Libyan of the race of the Psyllians, or with any suitable remedies. Now the poison of the most venomous snakes is of itself deadly to men and all animals alike, but what they feed on contributes very much to the strength of their poison ; for instance, I learnt from a Phoenician that the roots they eat make more venomous the vipers in the highland of Phoenicia. He said that he had himself seen a man trying to escape from the rush of a viper ; the man, he said, ran up a tree, but the viper, coming up too late, puffed some of its poison towards the tree, and the man died instantaneously. Such was

χώρᾳ τῇ Ἀράβων ὅσοι τῶν ἐχεων περὶ τὰ
δένδρα τὰ πάλσαμα οἰκοῦσι, τοιάδε ἄλλα ἐς
αὐτοὺς συμβαίνοντα οἶδα. μέγεθος μὲν κατὰ
μυρσίνης θάμνον τὰ πάλσαμά ἐστι, φύλλα δὲ
αὐτοῖς κατὰ τὴν πόαν τὸ σάμψυχον· ἔχεων δὲ
τῶν ἐν τῇ Ἀραβίᾳ κατὰ ποσοὺς καὶ πλείονες καὶ
ἐλάσσονες ὑπὸ ἕκαστον αὐλίζονται δένδρον·
τροφὴ γὰρ αὐτοῖς ὁ τῶν παλσάμων ἐστὶν ὀπὸς
ἡδίστη, καὶ ἔτι καὶ ἄλλως τῇ σκιᾷ τῶν φυτῶν
4 χαίρουσιν. ἐπὰν οὖν συλλέγειν τοῦ παλσάμου
τὸν ὀπὸν ἀφίκηται τοῖς Ἄραψιν ὥρα, ξύλων δύο
ἕκαστος σκυτάλας ἐπὶ τοὺς ἔχεις ἐσφέρει, κρο-
τοῦντες δὲ τὰ ξύλα ἀπελαύνουσι τοὺς ἔχεις·
ἀποκτείνειν δὲ αὐτοὺς οὐκ ἐθέλουσιν ἱεροὺς τῶν
παλσάμων νομίζοντες. ἢν δὲ καὶ ὑπὸ ἔχεων
δηχθῆναί τῳ συμβῇ, τὸ μὲν τραῦμά ἐστιν ὁποῖον
καὶ ὑπὸ σιδήρου, δεῖμα δὲ ἄπεστι τὸ ἀπὸ τοῦ
ἰοῦ· ἅτε γὰρ σιτουμένοις τοῖς ἔχεσι μύρων τὸ
εὐοσμότατον, μετακεράννυταί σφισιν ἐκ τοῦ
θανατώδους ἐς τὸ ἠπιώτερον ὁ ἰός.

XXIX. Ταῦτα μὲν δὴ ἔχοντά ἐστιν οὕτω,
θῦσαι δὲ ἐν Ἑλικῶνι Μούσαις πρώτους καὶ ἐπ-
ονομάσαι τὸ ὄρος ἱερὸν εἶναι Μουσῶν Ἐφιάλτην
καὶ Ὦτον λέγουσιν, οἰκίσαι δὲ αὐτοὺς καὶ
Ἄσκρην· καὶ δὴ καὶ Ἡγησίνους ἐπὶ τῷδε ἐν τῇ
Ἀτθίδι ἐποίησεν,

Ἄσκρῃ δ' αὖ παρέλεκτο Ποσειδάων ἐνοσίχθων
ἣ δή οἱ τέκε παῖδα περιπλομένων ἐνιαυτῶν
Οἴοκλον, ὃς πρῶτος μετ' Ἀλωέος ἔκτισε
παίδων
Ἄσκρην, ἥ θ' Ἑλικῶνος ἔχει πόδα πιδακόεντα.

the story I heard from him. Those vipers in Arabia that nest around the balsam trees have, I know, the following peculiarities. The balsams are about as big as a myrtle bush, and their leaves are like those of the herb marjoram. The vipers of Arabia lodge in certain numbers, larger or smaller, under each tree. For the balsam-juice is the food they like most, and moreover they are fond of the shade of the bushes. So when the time has come for the Arabians to collect the juice of the balsam, each man takes two sticks to the vipers, and by striking them together they drive the vipers away. Kill them they will not, considering them sacred to the balsam. And even if a man should have the misfortune to be bitten by the vipers, though the wound is like the cut of a knife, nevertheless there is no fear from the poison. For as the vipers feed on the most fragrant of perfumes, their poison is mitigated and less deadly.

XXIX. Such is the truth about these things. The first to sacrifice on Helicon to the Muses and to call the mountain sacred to the Muses were, they say, Ephialtes and Otus, who also founded Ascra. To this also Hegesinus alludes in his poem *Atthis* :—

And again with Ascra lay Poseidon Earth-shaker,
Who when the year revolved bore him a son
Oeoclus, who first with the children of Aloeus founded
Ascra, which lies at the foot of Helicon, rich in springs.

2 ταύτην τοῦ Ἡγησίνου τὴν ποίησιν οὐκ ἐπελεξά-
μην, ἀλλὰ πρότερον ἄρα ἐκλελοιπυῖα ἦν πρὶν ἢ
ἐμὲ γενέσθαι· Κάλλιππος δὲ Κορίνθιος ἐν τῇ ἐς
Ὀρχομενίους συγγραφῇ μαρτύρια ποιεῖται τῷ
λόγῳ τὰ Ἡγησίνου ἔπη, ὡσαύτως δὲ καὶ ἡμεῖς
πεποιήμεθα παρ' αὐτοῦ Καλλίππου διδαχθέντες.
Ἄσκρης μὲν δὴ πύργος εἷς ἐπ' ἐμοῦ καὶ ἄλλο
οὐδὲν ἐλείπετο ἐς μνήμην, οἱ δὲ τοῦ Ἀλωέως
παῖδες ἀριθμόν τε Μούσας ἐνόμισαν εἶναι τρεῖς
καὶ ὀνόματα αὐταῖς ἔθεντο Μελέτην καὶ Μνήμην
3 καὶ Ἀοιδήν. χρόνῳ δὲ ὕστερόν φασι Πίερον
Μακεδόνα, ἀφ' οὗ καὶ Μακεδόσιν ὠνόμασται τὸ
ὄρος, τοῦτον ἐλθόντα ἐς Θεσπιὰς ἐννέα τε Μούσας
καταστήσασθαι καὶ τὰ ὀνόματα τὰ νῦν μετα-
θέσθαι σφίσι. ταῦτα δὲ ἐνόμιζεν οὕτως ὁ Πίερος
ἢ σοφώτερά οἱ εἶναι φανέντα ἢ κατά τι μάντευμα
ἢ παρά του διδαχθεὶς τῶν Θρακῶν· δεξιώτερον
γὰρ τά τε ἄλλα ἐδόκει τοῦ Μακεδονικοῦ τὸ ἔθνος
εἶναι πάλαι τὸ Θρᾴκιον καὶ οὐχ ὁμοίως ἐς τὰ
4 θεῖα ὀλίγωρον. εἰσὶ δ' οἳ καὶ αὐτῷ θυγατέρας
ἐννέα Πιέρῳ γενέσθαι λέγουσι καὶ τὰ ὀνόματα
ἅπερ ταῖς θεαῖς τεθῆναι καὶ ταύταις, καὶ ὅσοι
Μουσῶν παῖδες ἐκλήθησαν ὑπὸ Ἑλλήνων, θυγα-
τριδοῦς εἶναι σφᾶς Πιέρου· Μίμνερμος δέ, ἐλεγεῖα
ἐς τὴν μάχην ποιήσας τὴν Σμυρναίων πρὸς
Γύγην τε καὶ Λυδούς, φησὶν ἐν τῷ προοιμίῳ
θυγατέρας Οὐρανοῦ τὰς ἀρχαιοτέρας Μούσας,
τούτων δὲ ἄλλας νεωτέρας εἶναι Διὸς παῖδας.
5 ἐν Ἑλικῶνι δὲ πρὸς τὸ ἄλσος ἰόντι τῶν Μουσῶν
ἐν ἀριστερᾷ μὲν ἡ Ἀγανίππη πηγή—θυγατέρα δὲ
εἶναι τὴν Ἀγανίππην τοῦ Τερμησσοῦ λέγουσι,
ῥεῖ δὲ καὶ οὗτος ὁ Τερμησσὸς περὶ τὸν Ἑλικῶνα
294

This poem of Hegesinus I have not read, for it was no longer extant when I was born. But Callippus of Corinth in his history of Orchomenus uses the verses of Hegesinus as evidence in support of his own views, and I too have done likewise, using the quotation of Callippus himself. Of Ascra in my day nothing memorable was left except one tower. The sons of Aloeus held that the Muses were three in number, and gave them the names of Melete (*Practice*), Mneme (*Memory*) and Aoede (*Song*). But they say that afterwards Pierus, a Macedonian, after whom the mountain in Macedonia was named, came to Thespiae and established nine Muses, changing their names to the present ones. Pierus was of this opinion either because it seemed to him wiser, or because an oracle so ordered, or having so learned from one of the Thracians. For the Thracians had the reputation of old of being more clever than the Macedonians, and in particular of being not so careless in religious matters. There are some who say that Pierus himself had nine daughters, that their names were the same as those of the goddesses, and that those whom the Greeks called the children of the Muses were sons of the daughters of Pierus. Mimnermus, who composed elegiac verses about the battle between the Smyrnaeans and the Lydians under Gyges, says in the preface that the elder Muses are daughters of Uranus, and that there are other and younger Muses, children of Zeus. On Helicon, on the left as you go to the grove of the Muses, is the spring Aganippe; they say that Aganippe was a daughter of the Termessus, which flows round Helicon. As

—τὴν δὲ εὐθεῖαν ἐρχομένῳ πρὸς τὸ ἄλσος ἔστιν εἰκὼν Εὐφήμης ἐπειργασμένη λίθῳ· τροφὸν δὲ
6 εἶαι τὴν Εὐφήμην λέγουσι τῶν Μουσῶν. ταύτης τε οὖν εἰκὼν καὶ μετ' αὐτὴν Λίνος ἐστὶν ἐν πέτρᾳ μικρᾷ σπηλαίου τρόπον εἰργασμένη· τούτῳ κατὰ ἔτος ἕκαστον πρὸ τῆς θυσίας τῶν Μουσῶν ἐναγίζουσι. λέγεται δὲ ὡς ὁ Λίνος οὗτος παῖς μὲν Οὐρανίας εἴη καὶ Ἀμφιμάρου τοῦ Ποσειδῶνος, μεγίστην δὲ τῶν τε ἐφ' αὑτοῦ καὶ ὅσοι πρότερον ἐγένοντο λάβοι δόξαν ἐπὶ μουσικῇ, καὶ ὡς Ἀπόλλων ἀποκτείνειεν αὐτὸν ἐξισούμενον κατὰ
7 τὴν ᾠδήν. ἀποθανόντος δὲ τοῦ Λίνου τὸ ἐπ' αὐτῷ πένθος διῆλθεν ἄρα καὶ ἄχρι τῆς βαρβάρου πάσης, ὡς καὶ Αἰγυπτίοις ᾆσμα γενέσθαι Λίνον· καλοῦσι δὲ τὸ ᾆσμα Αἰγύπτιοι τῇ ἐπιχωρίῳ φωνῇ Μανέρων. οἱ δὲ Ἕλλησιν ἔπη ποιήσαντες, Ὅμηρος μέν, ἅτε ᾆσμα Ἕλλησιν ὂν ἐπιστάμενος τοῦ Λίνου τὰ παθήματα, ἐπὶ τοῦ Ἀχιλλέως ἔφη τῇ ἀσπίδι ἄλλα τε ἐργάσασθαι τὸν Ἥφαιστον καὶ κιθαρῳδὸν παῖδα ᾄδοντα τὰ ἐς Λίνον·

τοῖσι δ' ἐνὶ μέσσοισι πάϊς φόρμιγγι λιγείῃ ἱμερόεν κιθάριζε, Λίνον δ' ὑπὸ καλὸν ἄειδεν·

8 Πάμφως δέ, ὃς Ἀθηναίοις τῶν ὕμνων ἐποίησε τοὺς ἀρχαιοτάτους, οὗτος ἀκμάζοντος ἐπὶ τῷ Λίνῳ τοῦ πένθους Οἰτόλινον ἐκάλεσεν αὐτόν. Σαπφὼ δὲ ἡ Λεσβία τοῦ Οἰτολίνου τὸ ὄνομα ἐκ τῶν ἐπῶν τῶν Πάμφω μαθοῦσα Ἄδωνιν ὁμοῦ καὶ Οἰτόλινον ᾖσεν. Θηβαῖοι δὲ λέγουσι παρὰ σφίσι ταφῆναι τὸν Λίνον, καὶ ὡς μετὰ τὸ πταῖσμα τὸ ἐν Χαιρωνείᾳ τὸ Ἑλληνικὸν Φίλιππος ὁ Ἀμύντου κατὰ δή τινα ὄψιν ὀνείρατος τὰ ὀστᾶ ἀνελό-

you go along the straight road to the grove is a
portrait of Eupheme carved in relief on a stone. She
was, they say, the nurse of the Muses. So her portrait
is here, and after it is Linus on a small rock worked
into the shape of a cave. To Linus every year they
sacrifice as to a hero before they sacrifice to the Muses.
It is said that this Linus was a son of Urania and
Amphimarus, a son of Poseidon, that he won a
reputation for music greater than that of any con-
temporary or predecessor, and that Apollo killed
him for being his rival in singing. On the death of
Linus, mourning for him spread, it seems, to all the
foreign world, so that even among the Egyptians there
came to be a Linus song, in the Egyptian language
called Maneros. Of the Greek poets, Homer [1]
shows that he knew that the sufferings of Linus were
the theme of a Greek song when he says that He-
phaestus, among the other scenes he worked upon the
shield of Achilles, represented a boy harpist singing
the Linus song :—

> In the midst of them a boy on a clear-toned lyre
> Played with great charm, and to his playing sang
>         of beautiful Linus.

Pamphos, who composed the oldest Athenian hymns,
called him Oetolinus (*Linus doomed*) at the time
when the mourning for Linus was at its height.
Sappho of Lesbos, who learnt the name of Oetolinus
from the epic poetry of Pamphos, sang of both
Adonis and Oetolinus together. The Thebans
assert that Linus was buried among them, and that
after the Greek defeat at Chaeroneia, Philip the son
of Amyntas, in obedience to a vision in a dream, took

---

[1] See Homer, *Iliad* xviii. 569.

9 μενος τοῦ Λίνου κομίσειεν ἐς Μακεδονίαν· ἐκεῖνον
μὲν δὴ αὖθις ἐξ ἐνυπνίων ἄλλων ὀπίσω τοῦ
Λίνου τὰ ὀστᾶ ἐς Θήβας ἀποστεῖλαι, τὰ δὲ
ἐπιθήματα τοῦ τάφου, καὶ ὅσα σημεῖα ἄλλα ἦν,
ἀνὰ χρόνον φασὶν ἀφανισθῆναι. λέγεται δὲ καὶ
ἄλλα τοιάδε ὑπὸ Θηβαίων, ὡς τοῦ Λίνου τούτου
γένοιτο ὕστερον ἕτερος Λίνος καλούμενος Ἰσμηνίου
καὶ ὡς Ἡρακλῆς ἔτι παῖς ὢν ἀποκτείνειεν αὐτὸν
διδάσκαλον μουσικῆς ὄντα. ἔπη δὲ οὔτε ὁ
Ἀμφιμάρου Λίνος οὔτε ὁ τούτου γενόμενος
ὕστερον ἐποίησαν· ἢ καὶ ποιηθέντα ἐς τοὺς
ἔπειτα οὐκ ἦλθεν.

XXX. Ταῖς Μούσαις δὲ ἀγάλματα τὰ[1] μὲν
πρῶτά ἐστι Κηφισοδότου τέχνη πάσαις, προελ-
θόντι δὲ οὐ πολὺ τρεῖς μέν εἰσιν αὖθις Κηφισο-
δότου, Στρογγυλίωνος δὲ ἕτερα τοσαῦτα, ἀνδρὸς
βοῦς καὶ ἵππους ἄριστα εἰργασμένου· τὰς δὲ
ὑπολοίπους τρεῖς ἐποίησεν Ὀλυμπιοσθένης. καὶ
Ἀπόλλων χαλκοῦς ἐστιν ἐν Ἑλικῶνι καὶ Ἑρμῆς
μαχόμενοι περὶ τῆς λύρας, καὶ Διόνυσος ὁ μὲν
Λυσίππου, τὸ δὲ ἄγαλμα ἀνέθηκε Σύλλας τοῦ
Διονύσου τὸ ὀρθόν, ἔργον τῶν Μύρωνος θέας
μάλιστα ἄξιον μετά γε τὸν Ἀθήνησιν Ἐρεχθέα·
ἀνέθηκε δὲ οὐκ οἴκοθεν, Ὀρχομενίους δὲ ἀφελό-
μενος τοὺς Μινύας. τοῦτό ἐστι τὸ ὑπὸ Ἑλλήνων
λεγόμενον θυμιάμασιν ἀλλοτρίοις τὸ θεῖον
σέβεσθαι.

2   Ποιητὰς δὲ ἢ καὶ ἄλλως ἐπιφανεῖς ἐπὶ μουσικῇ,
τοσῶνδε εἰκόνας ἀνέθεσαν· Θάμυριν μὲν αὐτόν τε
ἤδη τυφλὸν καὶ λύρας κατεαγυίας ἐφαπτόμενον,

----

[1] The word τὰ was added to the MSS. reading by
Schubart.

up the bones of Linus and conveyed them to Macedonia; other visions induced him to send the bones of Linus back to Thebes. But all that was over the grave, and whatever marks were on it, vanished, they say, with the lapse of time. Other tales are told by the Thebans, how that later than this Linus there was born another, called the son of Ismenius, a teacher of music, and how Heracles, while still a child, killed him. But hexameter poetry was written neither by Linus the son of Amphimarus nor by the later Linus; or if it was, it has not survived for posterity.

XXX. The first images of the Muses are of them all, from the hand of Cephisodotus, while a little farther on are three, also from the hand of Cephisodotus, and three more by Strongylion, an excellent artist of oxen and horses. The remaining three were made by Olympiosthenes. There is also on Helicon a bronze Apollo fighting with Hermes for the lyre. There is also a Dionysus by Lysippus; the standing image, however, of Dionysus, that Sulla dedicated, is the most noteworthy of the works of Myron after the Erechtheus at Athens. What he dedicated was not his own; he took it away from the Minyae of Orchomenus. This is an illustration of the Greek proverb, " to worship the gods with other people's incense."

Of poets or famous musicians they have set up likenesses of the following. There is Thamyris himself, when already blind, with a broken lyre in

Ἀρίων δὲ ὁ Μηθυμναῖός ἐστιν ἐπὶ δελφῖνος. ὁ
δὲ Σακάδα τοῦ Ἀργείου τὸν ἀνδριάντα πλάσας,
οὐ συνεὶς Πινδάρου τὸ ἐς αὐτὸν προοίμιον, ἐποίη-
σεν οὐδὲν ἐς τὸ μῆκος τοῦ σώματος εἶναι τῶν
3 αὐλῶν μείζονα τὸν αὐλητήν. κάθηται δὲ καὶ
Ἡσίοδος κιθάραν ἐπὶ τοῖς γόνασιν ἔχων, οὐδέν
τι οἰκεῖον Ἡσιόδῳ φόρημα· δῆλα γὰρ δὴ
καὶ ἐξ αὐτῶν τῶν ἐπῶν ὅτι ἐπὶ ῥάβδου δάφνης
ᾖδε. περὶ δὲ Ἡσιόδου τε ἡλικίας καὶ Ὁμήρου
πολυπραγμονήσαντι ἐς τὸ ἀκριβέστατον οὔ
μοι γράφειν ἡδὺ ἦν, ἐπισταμένῳ τὸ φιλαίτιον
ἄλλων τε καὶ οὐχ ἥκιστα ὅσοι κατ' ἐμὲ ἐπὶ
4 ποιήσει τῶν ἐπῶν καθεστήκεσαν. Ὀρφεῖ δὲ
τῷ Θρᾳκὶ πεποίηται μὲν παρεστῶσα αὐτῷ
Τελετή, πεποίηται δὲ περὶ αὐτὸν λίθου τε καὶ
χαλκοῦ θηρία ἀκούοντα ᾄδοντος. πολλὰ μὲν δὴ
καὶ ἄλλα πιστεύουσιν οὐκ ὄντα Ἕλληνες καὶ δὴ
καὶ Ὀρφέα Καλλιόπης τε εἶναι Μούσης καὶ οὐ
τῆς Πιέρου καί οἱ τὰ θηρία ἰέναι πρὸς τὸ μέλος
ψυχαγωγούμενα, ἐλθεῖν δὲ καὶ ἐς τὸν Ἅιδην
ζῶντα αὐτὸν παρὰ τῶν κάτω θεῶν τὴν γυναῖκα
αἰτοῦντα. ὁ δὲ Ὀρφεὺς ἐμοὶ δοκεῖν ὑπερεβάλετο
ἐπῶν κόσμῳ τοὺς πρὸ αὐτοῦ καὶ ἐπὶ μέγα ἦλθεν
ἰσχύος οἷα πιστευόμενος εὑρηκέναι τελετὰς θεῶν
καὶ ἔργων ἀνοσίων καθαρμοὺς νόσων τε ἰάματα
5 καὶ τροπὰς μηνιμάτων θείων. τὰς δὲ γυναῖκάς
φασι τῶν Θρᾳκῶν ἐπιβουλεύειν μὲν αὐτῷ θάνα-
τον, ὅτι σφῶν τοὺς ἄνδρας ἀκολουθεῖν ἔπεισεν
αὐτῷ πλανωμένῳ, φόβῳ δὲ τῶν ἀνδρῶν οὐ
τολμᾶν· ὡς δὲ ἐνεφορήσαντο οἴνου, ἐξεργάζονται
τὸ τόλμημα, καὶ τοῖς ἀνδράσιν ἀπὸ τούτου
κατέστη μεθυσκομένους ἐς τὰς μάχας χωρεῖν.

his hand, and Arion of Methymna upon a dolphin. The sculptor who made the statue of Sacadas of Argos, not understanding the prelude of Pindar about him, has made the flute-player with a body no bigger than his flute. Hesiod too sits holding a harp upon his knees, a thing not at all appropriate for Hesiod to carry, for his own verses [1] make it clear that he sang holding a laurel wand. As to the age of Hesiod and Homer, I have conducted very careful researches into this matter, but I do not like to write on the subject, as I know the quarrelsome nature of those especially who constitute the modern school of epic criticism. By the side of Orpheus the Thracian stands a statue of Telete, and around him are beasts of stone and bronze listening to his singing. There are many untruths believed by the Greeks, one of which is that Orpheus was a son of the Muse Calliope, and not of the daughter of Pierus, that the beasts followed him fascinated by his songs, and that he went down alive to Hades to ask for his wife from the gods below. In my opinion Orpheus excelled his predecessors in the beauty of his verse, and reached a high degree of power because he was believed to have discovered mysteries, purification from sins, cures of diseases and means of averting divine wrath. But they say that the women of the Thracians plotted his death, because he had persuaded their husbands to accompany him in his wanderings, but dared not carry out their intention through fear of their husbands. Flushed with wine, however, they dared the deed, and hereafter the custom of their men has been to march to battle

---

[1] See Hesiod, *Theogony* 30.

εἰσὶ δὲ οἳ φασι κεραυνωθέντι ὑπὸ τοῦ θεοῦ
συμβῆναι τὴν τελευτὴν Ὀρφεῖ· κεραυνωθῆναι δὲ
αὐτὸν τῶν λόγων ἕνεκα ὧν ἐδίδασκεν ἐν τοῖς
μυστηρίοις οὐ πρότερον ἀκηκοότας ἀνθρώπους.
6 ἄλλοις δὲ εἰρημένον ἐστὶν ὡς προαποθανούσης οἱ
τῆς γυναικὸς ἐπὶ τὸ Ἄορνον δι' αὐτὴν τὸ ἐν τῇ
Θεσπρωτίδι ἀφίκετο· εἶναι γὰρ πάλαι νεκυο-
μαντεῖον αὐτόθι· νομίζοντα δέ οἱ ἕπεσθαι τῆς
Εὐρυδίκης τὴν ψυχὴν καὶ ἁμαρτόντα ὡς ἐπε-
στράφη, αὐτόχειρα αὐτὸν ὑπὸ λύπης αὐτοῦ
γενέσθαι. λέγουσι δὲ οἱ Θρᾷκες, ὅσαι τῶν
ἀηδόνων ἔχουσι νεοσσιὰς ἐπὶ τῷ τάφῳ τοῦ
Ὀρφέως, ταύτας ἥδιον καὶ μεῖζόν τι ᾄδειν.
7 Μακεδόνων δὲ οἱ χώραν τὴν ὑπὸ τὸ ὄρος τὴν
Πιερίαν ἔχοντες καὶ πόλιν Δῖον, φασὶν ὑπὸ τῶν
γυναικῶν γενέσθαι τὴν τελευτὴν ἐνταῦθα τῷ
Ὀρφεῖ· ἰόντι δὲ ἐκ Δίου τὴν ἐπὶ τὸ ὄρος καὶ
στάδια προεληλυθότι εἴκοσι κίων τέ ἐστιν ἐν
δεξιᾷ καὶ ἐπίθεμα ἐπὶ τῷ κίονι ὑδρία λίθου, ἔχει
δὲ τὰ ὀστᾶ τοῦ Ὀρφέως ἡ ὑδρία, καθὰ οἱ ἐπι-
8 χώριοι λέγουσι. ῥεῖ δὲ καὶ ποταμὸς Ἑλικών·
ἄχρι σταδίων ἑβδομήκοντα πέντε προελθόντι τὸ
ῥεῦμα ἀφανίζεται τὸ ἀπὸ τούτου κατὰ τῆς γῆς·
διαλιπὸν δὲ μάλιστα δύο καὶ εἴκοσι στάδια
ἄνεισι τὸ ὕδωρ αὖθις, καὶ ὄνομα Βαφύρας ἀντὶ
Ἑλικῶνος λαβὼν κάτεισιν ἐς θάλασσαν ναυσί-
πορος. τοῦτον οἱ Διασταὶ τὸν ποταμὸν ἐπιρρεῖν
διὰ παντὸς τῇ γῇ τὰ ἐξ ἀρχῆς φασι· τὰς γυναῖκας
δὲ αἳ τὸν Ὀρφέα ἀπέκτειναν ἐναπονίψασθαί οἱ
θελῆσαι τὸ αἷμα, καταδῦναί τε ἐπὶ τούτῳ τὸν
ποταμὸν ἐς τὴν γῆν, ἵνα δὴ μὴ τοῦ φόνου
9 καθάρσια τὸ ὕδωρ παράσχηται. ἤκουσα δὲ καὶ

drunk. Some say that Orpheus came to his end by being struck by a thunderbolt, hurled at him by the god because he revealed sayings in the mysteries to men who had not heard them before. Others have said that his wife died before him, and that for her sake he came to Aornum in Thesprotis, where of old was an oracle of the dead. He thought, they say, that the soul of Eurydice followed him, but turning round he lost her, and committed suicide for grief. The Thracians say that such nightingales as nest on the grave of Orpheus sing more sweetly and louder than others. The Macedonians who dwell in the district below Mount Pieria and the city of Dium say that it was here that Orpheus met his end at the hands of the women. Going from Dium along the road to the mountain, and advancing twenty stades, you come to a pillar on the right surmounted by a stone urn, which according to the natives contains the bones of Orpheus. There is also a river called Helicon. After a course of seventy-five stades the stream hereupon disappears under the earth. After a gap of about twenty-two stades the water rises again, and under the name of Baphyra instead of Helicon flows into the sea as a navigable river. The people of Dium say that at first this river flowed on land throughout its course. But, they go on to say, the women who killed Orpheus wished to wash off in it the blood-stains, and thereat the river sank underground, so as not to lend its waters to cleanse manslaughter. In Larisa I heard another story, how that

303

ἄλλον ἐν Λαρίσῃ λόγον, ὡς ἐν τῷ Ὀλύμπῳ
πόλις οἰκοῖτο Λίβηθρα, ᾗ ἐπὶ Μακεδονίας
τέτραπται τὸ ὄρος, καὶ εἶναι οὐ πόρρω τῆς
πόλεως τὸ τοῦ Ὀρφέως μνῆμα· ἀφικέσθαι δὲ
τοῖς Λιβηθρίοις παρὰ τοῦ Διονύσου μάντευμα
ἐκ Θρᾴκης, ἐπειδὰν ἴδῃ τὰ ὀστᾶ τοῦ Ὀρφέως
ἥλιος, τηνικαῦτα ὑπὸ συὸς ἀπολεῖσθαι Λιβηθρίοις
τὴν πόλιν. οἱ μὲν δι᾽ οὐ πολλῆς φροντίδος
ἐποιοῦντο τὸν χρησμόν, οὐδὲ ἄλλο τι θηρίον
οὕτω μέγα καὶ ἄλκιμον ἔσεσθαι νομίζοντες ὡς
ἑλεῖν σφισι τὴν πόλιν, συὶ[1] δὲ θρασύτητος
10 μετεῖναι μᾶλλον ἢ ἰσχύος. ἐπεὶ δὲ ἐδόκει τῷ
θεῷ, συνέβαινέ σφισι τοιάδε. ποιμὴν περὶ
μεσοῦσαν μάλιστα τὴν ἡμέραν ἐπικλίνων αὑτὸν
πρὸς τοῦ Ὀρφέως τὸν τάφον, ὁ μὲν ἐκάθευδεν
ὁ ποιμήν, ἐπῄει δέ οἱ καὶ καθεύδοντι ἔπη τε
ᾄδειν τῶν Ὀρφέως καὶ μέγα καὶ ἡδὺ φωνεῖν. οἱ
οὖν ἐγγύτατα νέμοντες ἢ καὶ ἀροῦντες ἕκαστοι τὰ
ἔργα ἀπολείποντες ἠθροίζοντο ἐπὶ τοῦ ποιμένος
τὴν ἐν τῷ ὕπνῳ ᾠδήν· καί ποτε ὠθοῦντες ἀλλή-
λους καὶ ἐρίζοντες ὅστις ἐγγύτατα ἔσται τῷ
ποιμένι ἀνατρέπουσι τὸν κίονα, καὶ κατεάγη τε
ἀπ᾽ αὐτοῦ πεσοῦσα ἡ θήκη καὶ εἶδεν ἥλιος ὅ τι
11 ἦν[2] τῶν ὀστῶν τοῦ Ὀρφέως λοιπόν. αὐτίκα δὲ
ἐν τῇ ἐπερχομένῃ νυκτὶ ὅ τε θεὸς κατέχει πολὺ
ἐκ τοῦ οὐρανοῦ τὸ ὕδωρ καὶ ὁ ποταμὸς ὁ Σῦς—
τῶν δὲ περὶ τὸν Ὄλυμπον χειμάρρων καὶ ὁ Σῦς
ἐστι—τότε οὖν οὗτος ὁ ποταμὸς κατέβαλε μὲν
τὰ τείχη Λιβηθρίοις, θεῶν δὲ[3] ἱερὰ καὶ οἴκους
ἀνέτρεψεν ἀνθρώπων, ἀπέπνιξε δὲ τούς τε
ἀνθρώπους καὶ τὰ ἐν τῇ πόλει ζῷα ὁμοίως τὰ
πάντα. ἀπολλυμένων δὲ ἤδη Λιβηθρίων, οὕτως

on Olympus is a city Libethra, where the mountain faces, Macedonia, not far from which city is the tomb of Orpheus. The Libethrians, it is said, received out of Thrace an oracle from Dionysus, stating that when the sun should see the bones of Orpheus, then the city of Libethra would be destroyed by a boar. The citizens paid little regard to the oracle, thinking that no other beast was big or mighty enough to take their city, while a boar was bold rather than powerful. But when it seemed good to the god the following events befell the citizens. About midday a shepherd was asleep leaning against the grave of Orpheus, and even as he slept he began to sing poetry of Orpheus in a loud and sweet voice. Those who were pasturing or tilling nearest to him left their several tasks and gathered together to hear the shepherd sing in his sleep. And jostling one another and striving who could get nearest the shepherd they overturned the pillar, the urn fell from it and broke, and the sun saw whatever was left of the bones of Orpheus. Immediately when night came the god sent heavy rain, and the river Sys (*Boar*), one of the torrents about Olympus, on this occasion threw down the walls of Libethra, overturning sanctuaries of gods and houses of men, and drowning the inhabitants and all the animals in the city. When Libethra was now a city of ruin,

---

1 συὶ Kuhn : οὐ MSS.
2 ὅ τι ἦν Porson : εἰς τὴν MSS.
3 δὲ is not in the MSS., but was added by Musurus.

οἱ ἐν Δίῳ Μακεδόνες κατά γε τὸν λόγον τοῦ
Λαρισαίου ξένου ἐς τὴν ἑαυτῶν τὰ ὀστᾶ κομί-
12 ζουσι τοῦ Ὀρφέως. ὅστις δὲ περὶ ποιήσεως ἐπο-
λυπραγμόνησεν ἤδη, τοὺς Ὀρφέως ὕμνους οἶδεν
ὄντας ἕκαστόν τε αὐτῶν ἐπὶ βραχύτατον καὶ τὸ
σύμπαν οὐκ ἐς ἀριθμὸν πολὺν πεποιημένους·
Λυκομίδαι δὲ ἴσασί τε καὶ ἐπᾴδουσι τοῖς δρω-
μένοις. κόσμῳ μὲν δὴ τῶν ἐπῶν δευτερεῖα
φέροιντο ἂν μετά γε Ὁμήρου τοὺς ὕμνους, τιμῆς
δὲ ἐκ τοῦ θείου καὶ ἐς πλέον ἐκείνων ἥκουσι.

XXXI. Καὶ Ἀρσινόης ἐστὶν ἐν Ἑλικῶνι εἰκών,
ἣν Πτολεμαῖος ἔγημεν ἀδελφὸς ὤν. τὴν δὲ
Ἀρσινόην στρουθὸς φέρει χαλκῆ τῶν ἀπτήνων·
πτερὰ μέν γε καὶ αὗται κατὰ ταῦτα ταῖς ἄλλαις
φύουσιν, ὑπὸ δὲ βάρους καὶ διὰ μέγεθος οὐχ οἷά
τέ ἐστιν ἀνέχειν σφᾶς ἐς τὸν ἀέρα τὰ πτερά.

2 Ἐνταῦθα καὶ Τηλέφῳ τῷ Ἡρακλέους γάλα
ἐστὶν ἔλαφος παιδὶ μικρῷ διδοῦσα καὶ βοῦς τε
παρ' αὐτὸν καὶ ἄγαλμα Πριάπου θέας ἄξιον.
τούτῳ τιμαὶ τῷ θεῷ δέδονται μὲν καὶ ἄλλως,
ἔνθα εἰσὶν αἰγῶν νομαὶ καὶ προβάτων ἢ καὶ
ἐσμοὶ μελισσῶν· Λαμψακηνοὶ δὲ ἐς πλέον ἢ
θεοὺς τοὺς ἄλλους νομίζουσι, Διονύσου τε αὐτὸν
παῖδα εἶναι καὶ Ἀφροδίτης λέγοντες.

3 Ἐν δὲ τῷ Ἑλικῶνι καὶ ἄλλοι τρίποδες κεῖνται
καὶ ἀρχαιότατος, ὃν ἐν Χαλκίδι λαβεῖν τῇ ἐπ'
Εὐρίπῳ λέγουσιν Ἡσίοδον νικήσαντα ᾠδῇ.
περιοικοῦσι δὲ καὶ ἄνδρες τὸ ἄλσος, καὶ ἑορτήν
τε ἐνταῦθα οἱ Θεσπιεῖς καὶ ἀγῶνα ἄγουσι
Μουσεῖα· ἄγουσι δὲ καὶ τῷ Ἔρωτι, ἆθλα οὐ
μουσικῆς μόνον ἀλλὰ καὶ ἀθληταῖς τιθέντες.
ἐπαναβάντι δὲ στάδια ἀπὸ τοῦ ἄλσους τούτου

the Macedonians in Dium, according to my friend of Larisa, carried the bones of Orpheus to their own country. Whoever has devoted himself to the study of poetry knows that the hymns of Orpheus are all very short, and that the total number of them is not great. The Lycomidae know them and chant them over the ritual of the mysteries. For poetic beauty they may be said to come next to the hymns of Homer, while they have been even more honoured by the gods.

XXXI. On Helicon there is also a statue of Arsinoë, who married Ptolemy her brother. She is being carried by a bronze ostrich. Ostriches grow wings just like other birds, but their bodies are so heavy and large that the wings cannot lift them into the air.

Here too is Telephus, the son of Heracles, represented as a baby being suckled by a deer. By his side is an ox, and an image of Priapus worth seeing. This god is worshipped where goats and sheep pasture or there are swarms of bees; but by the people of Lampsacus he is more revered than any other god, being called by them a son of Dionysus and Aphrodite.

On Helicon tripods have been dedicated, of which the oldest is the one which it is said Hesiod received for winning the prize for song at Chalcis on the Euripus. Men too live round about the grove, and here the Thespians celebrate a festival, and also games called the Museia. They celebrate other games in honour of Love, offering prizes not only for music but also for athletic events. Ascending about twenty stades from this grove is what is called the

ὡς εἴκοσιν ἔστιν ἡ τοῦ Ἵππου καλουμένη κρήνη·
ταύτην τὸν Βελλεροφόντου ποιῆσαί φασιν ἵππον
4 ἐπιψαύσαντα ὁπλῇ τῆς γῆς.   Βοιωτῶν δὲ οἱ περὶ
τὸν Ἑλικῶνα οἰκοῦντες παρειλημμένα δόξῃ λέ-
γουσιν ὡς ἄλλο Ἡσίοδος ποιήσειεν οὐδὲν ἢ τὰ
Ἔργα· καὶ τούτων δὲ τὸ ἐς τὰς Μούσας ἀφαι-
ροῦσι προοίμιον, ἀρχὴν τῆς ποιήσεως εἶναι τὸ
ἐς τὰς Ἔριδας λέγοντες· καί μοι μόλυβδον ἐδεί-
κνυσαν, ἔνθα ἡ πηγή, τὰ πολλὰ ὑπὸ τοῦ χρόνου
λελυμασμένον· ἐγγέγραπται δὲ αὐτῷ τὰ Ἔργα.
5 ἔστι δὲ καὶ ἑτέρα κεχωρισμένη τῆς προτέρας, ὡς
πολύν τινα ἐπῶν ὁ Ἡσίοδος ἀριθμὸν ποιήσειεν,
ἐς γυναῖκάς τε ᾀδόμενα καὶ ἃς μεγάλας ἐπονομά-
ζουσιν Ἠοίας, καὶ Θεογονίαν τε καὶ ἐς τὸν μάντιν
Μελάμποδα, καὶ ὡς Θησεὺς ἐς τὸν Ἅιδην ὁμοῦ
Πειρίθῳ καταβαίη παραινέσεις τε Χίρωνος ἐπὶ
διδασκαλίᾳ δὴ τῇ Ἀχιλλέως, καὶ ὅσα ἐπὶ Ἔργοις
τε καὶ Ἡμέραις.   οἱ δὲ αὐτοὶ οὗτοι λέγουσι καὶ
ὡς μαντικὴν Ἡσίοδος διδαχθείη παρὰ Ἀκαρ-
νάνων· καὶ ἔστιν ἔπη Μαντικά, ὁπόσα τε ἐπελε-
ξάμεθα καὶ ἡμεῖς, καὶ ἐξηγήσεις ἐπὶ τέρασιν.
6 ἐναντία δὲ καὶ ἐς τοῦ Ἡσιόδου τὴν τελευτήν
ἐστιν εἰρημένα. ὅτι μὲν γὰρ οἱ παῖδες τοῦ
Γανύκτορος Κτίμενος καὶ Ἄντιφος ἔφυγον ἐς
Μολυκρίαν ἐκ Ναυπάκτου διὰ τοῦ Ἡσιόδου τὸν
φόνον καὶ αὐτόθι ἀσεβήσασιν ἐς Ποσειδῶνα
ἐγένετο ἐν τῇ Μολυκρίᾳ[1] σφίσιν ἡ δίκη, τάδε
μὲν καὶ οἱ πάντες κατὰ ταὐτὰ εἰρήκασι· τὴν δὲ
ἀδελφὴν τῶν νεανίσκων οἱ μὲν ἄλλου τοῦ φασιν
αἰσχύναντος Ἡσίοδον λαβεῖν οὐκ ἀληθῆ τὴν τοῦ
ἀδικήματος δόξαν, οἱ δὲ ἐκείνου γενέσθαι τὸ
ἔργον.

Horse's Fountain (*Hippocrene*). It was made, they say, by the horse of Bellerophon striking the ground with his hoof. The Boeotians dwelling around Helicon hold the tradition that Hesiod wrote nothing but the *Works*, and even of this they reject the prelude to the Muses, saying that the poem begins with the account of the Strifes.[1] They showed me also a tablet of lead where the spring is, mostly defaced by time, on which is engraved the *Works*. There is another tradition, very different from the first, that Hesiod wrote a great number of poems; the one on women, the one called the *Great Eoeae*, the *Theogony*, the poem on the seer Melampus, the one on the descent to Hades of Theseus and Peirithoüs, the *Precepts of Chiron*, professing to be for the instruction of Achilles, and other poems besides the *Works and Days*. These same Boeotians say that Hesiod learnt seercraft from the Acarnanians, and there are extant a poem called *Mantica* (Seercraft), which I myself have read, and interpretations of portents. Opposite stories are also told of Hesiod's death. All agree that Ctimenus and Antiphus, the sons of Ganyctor, fled from Naupactus to Molycria because of the murder of Hesiod, that here they sinned against Poseidon, and that in Molycria their punishment was inflicted. The sister of the young men had been ravished; some say the deed was Hesiod's, and others that Hesiod was wrongly thought guilty of another's crime.

[1] See Hesiod, *Works and Days*, 11 foll.

---

[1] The MSS. have τῇ Μολυκρίδι. Some would omit.

Τὰ μὲν δὴ ἐς Ἡσίοδον καὶ αὐτὸν καὶ ἐς τὰ ἔπη
7 διάφορα ἐπὶ τοσοῦτο εἴρηται· ἐπὶ δὲ ἄκρᾳ τῇ
κορυφῇ τοῦ Ἑλικῶνος ποταμὸς οὐ μέγας ἐστὶν ὁ
Λάμος.[1] Θεσπιέων δὲ ἐν τῇ γῇ[2] Δονακῶν ἐστιν
ὀνομαζόμενος· ἐνταῦθά ἐστι Ναρκίσσου πηγή,
καὶ τὸν Νάρκισσον ἰδεῖν ἐς τοῦτο τὸ ὕδωρ φασίν,
οὐ συνέντα δὲ ὅτι ἑώρα σκιὰν τὴν ἑαυτοῦ λαθεῖν
τε αὐτὸν ἐρασθέντα αὑτοῦ καὶ ὑπὸ τοῦ ἔρωτος
ἐπὶ τῇ πηγῇ οἱ συμβῆναι τὴν τελευτήν. τοῦτο
μὲν δὴ παντάπασιν εὔηθες, ἡλικίας ἤδη τινὰ
ἐς τοσοῦτο ἥκοντα ὡς ὑπὸ ἔρωτος ἁλίσκεσθαι
μηδὲ ὁποῖόν τι ἄνθρωπος καὶ ὁποῖόν τι ἀνθρώπου
8 σκιὰ διαγνῶναι· ἔχει δὲ καὶ ἕτερος ἐς αὐτὸν
λόγος, ἧσσον μὲν τοῦ προτέρου γνώριμος, λεγό-
μενος δὲ καὶ οὗτος, ἀδελφὴν γενέσθαι Ναρκίσσῳ
δίδυμον, τά τε ἄλλα ἐς ἅπαν ὅμοιον τὸ εἶδος καὶ
ἀμφοτέροις ὡσαύτως κόμην εἶναι καὶ ἐσθῆτα
ἐοικυῖαν αὐτοὺς ἐνδύεσθαι καὶ δὴ καὶ ἐπὶ θήραν
ἰέναι μετὰ ἀλλήλων· Νάρκισσον δὲ ἐρασθῆναι
τῆς ἀδελφῆς, καὶ ὡς ἀπέθανεν ἡ παῖς, φοιτῶντα
ἐπὶ τὴν πηγὴν συνιέναι μὲν ὅτι τὴν ἑαυτοῦ σκιὰν
ἑώρα, εἶναι δέ οἱ καὶ συνιέντι ῥαστώνην τοῦ
ἔρωτος ἅτε οὐχ ἑαυτοῦ σκιὰν δοξάζοντι ἀλλὰ
9 εἰκόνα ὁρᾶν τῆς ἀδελφῆς. νάρκισσον δὲ ἄνθος
ἡ γῆ καὶ πρότερον ἔφυεν ἐμοὶ δοκεῖν, εἰ τοῖς
Πάμφω τεκμαίρεσθαι χρή τι ἡμᾶς ἔπεσι· γεγονὼς
γὰρ πολλοῖς πρότερον ἔτεσιν ἢ Νάρκισσος ὁ
Θεσπιεὺς Κόρην τὴν Δήμητρός φησιν ἁρπασ-
θῆναι παίζουσαν καὶ ἄνθη συλλέγουσαν, ἁρπασ-
θῆναι δὲ οὐκ ἴοις ἀπατηθεῖσαν ἀλλὰ ναρκίσσοις.

---

[1] Some would read Ὀλμιός, comparing Hesiod *Theogony* 6.

So widely different are the traditions of Hesiod himself and his poems. On the summit of Helicon is a small river called the Lamus.[1] In the territory of the Thespians is a place called Donacon (*Reed-bed*). Here is the spring of Narcissus. They say that Narcissus looked into this water, and not understanding that he saw his own reflection, unconsciously fell in love with himself, and died of love at the spring. But it is utter stupidity to imagine that a man old enough to fall in love was incapable of distinguishing a man from a man's reflection. There is another story about Narcissus, less popular indeed than the other, but not without some support. It is said that Narcissus had a twin sister; they were exactly alike in appearance, their hair was the same, they wore similar clothes, and went hunting together. The story goes on that Narcissus fell in love with his sister, and when the girl died, would go to the spring, knowing that it was his reflection that he saw, but in spite of this knowledge finding some relief for his love in imagining that he saw, not his own reflection, but the likeness of his sister. The flower narcissus grew, in my opinion, before this, if we are to judge by the verses of Pamphos. This poet was born many years before Narcissus the Thespian, and he says that the Maid, the daughter of Demeter, was carried off when she was playing and gathering flowers, and that the flowers by which she was deceived into being carried off were not violets, but the narcissus.

---

[1] According to some interpreters we should read " Olmius."

---

[2] After γῆ the MSS. have ἡ.

XXXII. Τοῖς δὲ ἐν Κρεύσιδι, ἐπινείῳ τῷ Θεσπιέων, οἰκοῦσιν ἐν κοινῷ μέν ἐστιν οὐδέν, ἐν ἰδιώτου δὲ ἀνδρὸς ἄγαλμα ἦν Διονύσου γύψου πεποιημένον καὶ ἐπικεκοσμημένον γραφῇ. πλοῦς δὲ ἐς Κρεύσίν ἐστιν ἐκ Πελοποννήσου σκολιός τε καὶ ἄλλως οὐκ εὔδιος· ἄκραι τε γὰρ ἀνέχουσιν ὡς μὴ κατ᾽ εὐθὺ τῆς θαλάσσης περαιοῦσθαι καὶ ἅμα ἐκ τῶν ὁρῶν καταπνέουσιν ἄνεμοι βίαιοι.

2 Πλέοντι δὲ ἐκ Κρεύσιδος οὐκ ἄνω, παρὰ δὲ αὐτὴν Βοιωτίαν, πόλις ἐστὶν ἐν δεξιᾷ Θίσβη. πρῶτα μὲν ὄρος ἐστὶ πρὸς θαλάσσῃ, τοῦτο δὲ ὑπερβαλόντα πεδίον σε ἐκδέξεται καὶ μετὰ τοῦτο ἄλλο ὄρος· ἐν δὲ ταῖς ὑπωρείαις ἐστὶν ἡ πόλις. Ἡρακλέους δὲ ἱερὸν καὶ ἄγαλμα ὀρθὸν ἐνταῦθά 3 ἐστι λίθου, καὶ Ἡράκλεια ἑορτὴν ἄγουσι. τὸ δὲ πεδίον τὸ μεταξὺ τῶν ὀρῶν ἐκώλυεν οὐδὲν ἂν [1] λίμνην ὑπὸ πλήθους εἶναι τοῦ ὕδατος, εἰ μὴ διὰ μέσου χῶμά σφισιν ἐπεποίητο ἰσχυρόν· καὶ οὕτω παρὰ ἔτος ἐς μὲν τὰ ἐπέκεινα τοῦ χώματος ἐκτρέπουσι τὸ ὕδωρ, τὸ δὲ ἐπὶ τὰ ἕτερα αὐτοῦ γεωργοῦσι. Θίσβην δὲ λέγουσιν ἐπιχώριον εἶναι νύμφην, ἀφ᾽ ἧς ἡ πόλις τὸ ὄνομα ἔσχηκεν.

4 Παραπλέοντι δὲ αὐτόθεν πόλισμά ἐστιν οὐ μέγα ἐπὶ θαλάσσῃ Τίφα· Ἡρακλεῖόν τε Τιφαιεῦσίν ἐστι καὶ ἑορτὴν ἄγουσιν ἐπέτειον. οὗτοι Βοιωτῶν μάλιστα ἐκ παλαιοῦ τὰ θαλάσσια ἐθέλουσιν εἶναι σοφοί, Τῖφυν ἄνδρα μνημονεύοντες ἐπιχώριον ὡς προκριθείη γενέσθαι τῆς Ἀργοῦς κυβερνήτης· ἀποφαίνουσι δὲ καὶ πρὸ τῆς πόλεως ἔνθα ἐκ Κόλχων ὀπίσω κομιζομένην ὁρμίσασθαι τὴν Ἀργὼ λέγουσιν.

5 Ἀπὸ δὲ Θεσπίας ἰόντι ἄνω πρὸς ἤπειρον ἔστιν

XXXII. Creusis, the harbour of Thespiae, has nothing to show publicly, but at the home of a private person I found an image of Dionysus made of gypsum and adorned with painting. The voyage from the Peloponnesus to Creusis is winding and, besides, not a calm one. For capes jut out so that a straight sea-crossing is impossible, and at the same time violent gales blow down from the mountains.

Sailing from Creusis, not out to sea, but along Boeotia, you reach on the right a city called Thisbe. First there is a mountain by the sea; on crossing it you will come to a plain, and after that to another mountain, at the foot of which is the city. Here there is a sanctuary of Heracles with a standing image of stone, and they hold a festival called the Heracleia. Nothing would prevent the plain between the mountains becoming a lake owing to the volume of the water, had they not made a strong dyke right through it. So every other year they divert the water to the farther side of the dyke, and farm the other side. Thisbe, they say, was a nymph of the country, from whom the city has received its name.

Sailing from here you come to Tipha, a small town by the sea. The townsfolk have a sanctuary of Heracles and hold an annual festival. They claim to have been from of old the best sailors in Boeotia, and remind you that Tiphys, who was chosen to steer the *Argo*, was a fellow-townsman. They point out also the place before the city where they say *Argo* anchored on her return from Colchis.

As you go inland from Thespiae you come to Haliar-

---

[1] The word ἄν is not in the MSS. It could easily fall out after οὐδὲν (added by Schubart-Walz).

Ἁλίαρτος. ὅστις δὲ Ἁλιάρτου γέγονε καὶ
Κορωνείας οἰκιστής, οὔ με ἀπὸ τῶν ἐς Ὀρχο-
μενίους ἐχόντων εἰκὸς ἦν χωρίζειν· κατὰ δὲ τὴν
ἐπιστρατείαν τοῦ Μήδου φρονήσασιν Ἁλιαρτίοις
τὰ Ἑλλήνων μοῖρα τῆς Ξέρξου στρατιᾶς γῆν τέ
σφισιν ὁμοῦ καὶ τὴν πόλιν ἐπεξῆλθε καίουσα.
ἐν Ἁλιάρτῳ δέ ἐστι Λυσάνδρου τοῦ Λακεδαι-
μονίου μνῆμα· προσβαλὼν γὰρ τῷ Ἁλιάρτῳ
πρὸς τὸ τεῖχος στρατιᾶς ἔκ τε Θηβῶν ἐνούσης
ἔνδον καὶ ἐξ Ἀθηνῶν καὶ ἐπεξελθόντων τῶν
6 πολεμίων ἔπεσεν ἐν τῇ μάχῃ. Λύσανδρον δὲ τὰ
μὲν ἐς τὰ μάλιστα ἐπαινέσαι, τὰ δὲ καὶ πικρῶς
ἔστι μέμψασθαι. σοφίαν μέν γε τοιαύτην ἐπε-
δείξατο· ἡγούμενος Πελοποννησίων ταῖς τριήρεσιν
Ἀντίοχον κυβερνήτην ὄντα Ἀλκιβιάδου, φυλάξας
Ἀλκιβιάδην ἀπόντα τοῦ ναυτικοῦ, τηνικαῦτα τὸν
Ἀντίοχον ἐπηγάγετο ἐς ἐλπίδα ὡς ὄντα ἀξιό-
μαχον ναυμαχῆσαι Λακεδαιμονίοις, καὶ ἀναγα-
γόμενον ὑπὸ θράσους τε καὶ ἀλαζονίας ἐνίκησεν
7 αὐτὸν οὐ πόρρω τοῦ Κολοφωνίων ἄστεως. ὡς δὲ
καὶ δεύτερα ὁ Λύσανδρος ἐπὶ τὰς τριήρεις ἀφίκετο
ἐκ Σπάρτης, ἡμερώσατο μὲν οὕτω Κῦρον ὡς
χρήματα, ὁπότε ἐς τὸ ναυτικὸν αἰτοίη, παρεῖναί
οἱ κατὰ καιρόν τε καὶ ἄφθονα· ὁρμούντων δὲ
ναυσὶν ἑκατὸν ἐν Αἰγὸς ποταμοῖς Ἀθηναίων,
εἷλεν αὐτῶν τὰ πλοῖα, ἐσκεδασμένους ἐπί τε
ὕδωρ τοὺς ναύτας καὶ ἐπὶ ἀγορὰν φυλάξας.
παρέσχετο δὲ καὶ ἔργον τοιόνδε ἐς δικαιοσύνην.
8 Αὐτολύκῳ τῷ παγκρατιάσαντι, οὗ δὴ καὶ εἰκόνα
ἰδὼν οἶδα ἐν πρυτανείῳ τῷ Ἀθηναίων, τούτῳ τῷ
ἀνδρὶ ἐς ἀμφισβήτησιν ὅτου δὴ κτήματος Ἐτεό-
νικος ἦλθεν ὁ Σπαρτιάτης· ὡς δὲ ἄρα λέγων
314

tus. The question who became founder of Haliartus and Coroneia I cannot separate from my account of Orchomenus.[1] At the Persian invasion the people of Haliartus sided with the Greeks, and so a division of the army of Xerxes overran and burnt both their territory and their city. In Haliartus is the tomb of Lysander the Lacedaemonian. For having attacked the walls of Haliartus, in which were troops from Thebes and Athens, he fell in the fighting that followed a sortie of the enemy. Lysander in some ways is worthy of the greatest praise, in others of the sharpest blame. He certainly showed cleverness in the following ways. When in command of the Peloponnesian triremes he waited till Alcibiades was away from the fleet, and then led on Antiochus, the pilot of Alcibiades, to believe that he was a match for the Lacedaemonians at sea, and when in the rashness of vainglory he put out to sea, Lysander overcame him not far from the city of Colophon. And when for the second time he arrived from Sparta to take charge of the triremes, he so tamed Cyrus that, whenever he asked for money to pay the fleet, he received it in good time and without stint. When the Athenian fleet of one hundred ships anchored at Aegospotami, waiting until the sailors were scattered to get water and provisions, he thus captured their vessels. He showed the following example of justice. Autolycus the pancratiast, whose statue I saw in the Prytaneium of the Athenians, had a dispute about some piece of property with Eteonicus of Sparta.

[1] See IX. xxxiv. 6, 7.

ἡλίσκετο οὐ δίκαια—ἦν γὰρ δὴ τηνικαῦτα Ἀθη-
ναίοις τῶν τριάκοντα ἡ ἀρχὴ καὶ παρῆν ἔτι ὁ
Λύσανδρος—τούτων ἕνεκα Ἐτεόνικος πληγῶν
τε ἄρχειν ἐπήρθη καὶ ἀμυνάμενον τὸν Αὐτόλυκον
ἦγεν ἐπὶ Λύσανδρον, παντάπασιν ἐκεῖνον ἐς χάριν
τὴν ἑαυτοῦ δικάσειν ἐλπίζων· Λύσανδρος δὲ
ἀδικεῖν Ἐτεόνικον κατέγνω καὶ ἀπέπεμψεν ἀτι-
9 μάσας τῷ λόγῳ. τάδε μὲν Λυσάνδρῳ τὰ ἐς
δόξαν ὑπάρχοντα ἦν, ἄλλα δὲ τοσάδε ὀνείδη.
Φιλοκλέα γὰρ Ἀθηναῖον ἐν Αἰγὸς ποταμοῖς καὶ
αὐτὸν στρατηγοῦντα καὶ Ἀθηναίων τῶν ἄλλων
ὅσον τετρακισχιλίους αἰχμαλώτους ὄντας ἀπέ-
κτεινεν ὁ Λύσανδρος καί σφισιν οὐδὲ ἀποθα-
νοῦσιν ἐπήνεγκε γῆν, ὃ καὶ Μήδων τοῖς ἀποβᾶσιν
ἐς Μαραθῶνα ὑπῆρξε παρὰ Ἀθηναίων καὶ αὐτῶν
Λακεδαιμονίων τοῖς πεσοῦσιν ἐν Θερμοπύλαις ἐκ
βασιλέως Ξέρξου. μείζονα δὲ ἔτι Λακεδαιμονίοις
ὀνείδη γενέσθαι παρεσκεύασεν ὁ Λύσανδρος ἐπί
τε δεκαδαρχίαις ἃς κατέστησε ταῖς πόλεσι καὶ
10 ἐπὶ τοῖς Λάκωσιν ἁρμοσταῖς. Λακεδαιμονίων δὲ
χρήματα οὐ νομιζόντων κτᾶσθαι κατὰ δή τι
μάντευμα, ὡς ἡ φιλοχρηματία μόνη γένοιτο ἂν
ἀπώλεια τῇ Σπάρτῃ, ὁ δὲ καὶ χρημάτων πόθον
σφίσιν ἐνεποίησεν ἰσχυρόν. ἐγὼ μὲν δὴ Πέρσαις
τε ἑπόμενος καὶ δικάζων νόμῳ γε τῷ ἐκείνων
βλάβος κρίνω Λακεδαιμονίοις μᾶλλον ἢ ὠφέλειαν
γενέσθαι Λύσανδρον· XXXIII. Ἐν Ἁλιάρτῳ δὲ
τοῦ τε Λυσάνδρου μνῆμα καὶ Κέκροπος τοῦ
Πανδίοιός ἐστιν ἡρῷον.

Τὸ δὲ ὄρος τὸ Τιλφούσιον καὶ ἡ Τιλφοῦσα
καλουμένη πηγὴ σταδίους μάλιστα Ἁλιάρτου
πεντήκοντα ἀπέχουσι. λέγεται δὲ ὑπὸ Ἑλλήνων

When Eteonicus was convicted of making unjust statements, as the rule of the Thirty was then supreme at Athens, and Lysander had not yet departed, Eteonicus was encouraged to make an unprovoked assault, and when Autolycus resisted, summoned him before Lysander, confidently expecting that judgment would be given in his favour. But Lysander gave judgment against Eteonicus and dismissed him with a reprimand. All this redounds to the credit of Lysander, but the following incidents are a reproach. Philocles, the Athenian commander-in-chief at Aegospotami, along with four thousand other Athenian prisoners, were put to death by Lysander, who even refused them burial afterwards, a thing which even the Persians who landed at Marathon received from the Athenians, and the Lacedaemonians themselves who fell at Thermopylae received from King Xerxes. Lysander brought a yet deeper disgrace upon the Lacedaemonians by the Commissions of Ten he set over the cities and by the Laconian governors. Again, an oracle had warned the Lacedaemonians that only love of money could destroy Sparta, and so they were not used to acquiring wealth, yet Lysander aroused in the Spartans a strong desire for riches. I for my part follow the Persians, and judge by the Persian law, and decide that Lysander brought on the Lacedaemonians more harm than benefit. XXXIII. In Haliartus too there is the tomb of Lysander and a hero-shrine of Cecrops the son of Pandion.

Mount Tilphusius and the spring called Tilphusa are about fifty stades away from Haliartus. The Greeks declare that the Argives, along with the sons

Ἀργείους μετὰ τῶν Πολυνείκους παίδων ἑλόντας
Θήβας ἐς Δελφοὺς τῷ θεῷ καὶ ἄλλα τῶν λαφύ-
ρων καὶ Τειρεσίαν ἄγειν, καὶ—εἴχετο γὰρ δίψῃ—
καθ' ὁδὸν φασὶν αὐτὸν πιόντα ἀπὸ τῆς Τιλφούσης
ἀφεῖναι τὴν ψυχήν· καὶ ἔστι τάφος αὐτῷ πρὸς
2 τῇ πηγῇ. τὴν δὲ θυγατέρα τοῦ Τειρεσίου δοθῆναι
μέν φασι τῷ Ἀπόλλωνι ὑπὸ τῶν Ἀργείων,
προστάξαντος δὲ τοῦ θεοῦ ναυσὶν ἐς τὴν νῦν
Ἰωνίαν καὶ Ἰωνίας ἐς τὴν Κολοφωνίαν περαιω-
θῆναι. καὶ ἡ μὲν αὐτόθι συνῴκησεν ἡ Μαντὼ
Ῥακίῳ Κρητί· τὰ δὲ ἄλλα ἐς Τειρεσίαν, ἐτῶν τε
ἀριθμὸν ὧν γεγράφασιν αὐτὸν βιῶναι καὶ ὡς ἐκ
γυναικὸς ἐς ἄνδρα ἠλλάγη καὶ ὅτι Ὅμηρος ἐποίη-
σεν ἐν Ὀδυσσείᾳ συνετὸν εἶναι γνώμην Τειρεσίαν
τῶν ἐν Ἅιδου μόνον, ταῦτα μὲν καὶ οἱ πάντες
3 ἴσασιν ἀκοῇ. Ἁλιαρτίοις δέ ἐστιν ἐν ὑπαίθρῳ
θεῶν ἱερὸν ἃς Πραξιδίκας καλοῦσιν· ἐνταῦθα
ὀμνύουσι μέν, ποιοῦνται δὲ οὐκ ἐπίδρομον τὸν
ὅρκον. ταύταις μέν ἐστι πρὸς τῷ ὄρει τῷ Τιλ-
φουσίῳ τὸ ἱερόν· ἐν Ἁλιάρτῳ δέ εἰσι ναοί, καὶ
σφισιν οὐκ ἀγάλματα ἔνεστιν, οὐκ ὄροφος ἔπ-
εστιν· οὐ μὴν οὐδὲ οἷς τισιν ἐποιήθησαν, οὐδὲ
τοῦτο ἠδυνάμην πυθέσθαι.
4 Ἔστι δὲ ἐν τῇ Ἁλιαρτίᾳ ποταμὸς Λόφις.
λέγεται δὲ τῆς χώρας αὐχμηρᾶς οὔσης τὸ ἐξ
ἀρχῆς καὶ ὕδατος οὐκ ὄντος ἐν αὐτῇ ἄνδρα τῶν
δυναστευόντων ἐλθόντα ἐς Δελφοὺς ἐπερέσθαι
τρόπον ὅντινα ὕδωρ εὑρήσουσιν ἐν τῇ γῇ· τὴν δὲ
Πυθίαν προστάσσειν, ὃς ἂν ἐπανήκοντι ἐς
Ἁλίαρτον ἐντύχῃ οἱ πρὸ τῶν ἄλλων, τούτου
δεῖν φονέα γενέσθαι αὐτόν. ἐντυχεῖν τε δὴ αὐτῷ
παραγενομένῳ τὸν υἱὸν Λόφιν καὶ τὸν οὐ μελλή-

of Polyneices, after capturing Thebes, were bringing Teiresias and some other of the spoil to the god at Delphi, when Teiresias, being thirsty, drank by the wayside of the Tilphusa, and forthwith gave up the ghost; his grave is by the spring. They say that the daughter of Teiresias was given to Apollo by the Argives, and at the command of the god crossed with ships to the Colophonian land in what is now called Ionia. Manto there married Rhacius, a Cretan. The rest of the history of Teiresias is known to all as a tradition : the number of years it is recorded that he lived, how he changed from a woman to a man, and that Homer in the *Odyssey* [1] represents Teiresias as the only one in Hades endowed with intelligence. At Haliartus there is in the open a sanctuary of the goddesses they call Praxidicae (*those who exact punishments*). Here they swear, but they do not make the oath rashly. The sanctuary of the goddesses is near Mount Tilphusius. In Haliartus are temples, with no images inside, and without roofs. I could not discover either to whom these temples were built.

In the land of Haliartus there is a river Lophis. It is said that the land was originally arid and without water, so that one of the rulers came to Delphi and asked in what way they would find water in the land. The Pythian priestess, they say, commanded him to kill the man who should first meet him on his return to Haliartus. On his arrival he was met by his son Lophis, and at once smote the youth

[1] See *Odyssey* x. 493 foll.

319

σαντα τῷ ξίφει τὸν νεανίσκον παῖσαι· καὶ τὸν
μὲν ἔτι ἔμπνουν περιθεῖν, ὅπου δὲ ῥυῆναι τὸ
αἷμα, ὕδωρ ἐντεῦθεν ἀνεῖναι τὴν γῆν. ἐπὶ τούτῳ
5 μὲν ὁ ποταμὸς καλεῖται Λόφις· Ἀλαλκομεναὶ δὲ
κώμη μέν ἐστιν οὐ μεγάλη, κεῖται δὲ ὄρους οὐκ
ἄγαν ὑψηλοῦ πρὸς τοῖς ποσὶν ἐσχάτοις. γε-
νέσθαι δὲ αὐτῇ τὸ ὄνομα οἱ[1] μὲν ἀπὸ Ἀλαλκο-
μενέως ἀνδρὸς αὐτόχθονος, ὑπὸ τούτου δὲ Ἀθηνᾶν
τραφῆναι λέγουσιν· οἱ δὲ εἶναι καὶ τὴν Ἀλαλκο-
μενίαν τῶν Ὠγύγου θυγατέρων φασίν. ἀπωτέρω
δὲ τῆς κώμης ἐπεποίητο ἐν τῷ χθαμαλῷ τῆς
Ἀθηνᾶς ναὸς καὶ ἄγαλμα ἀρχαῖον ἐλέφαντος.
6 Σύλλα δὲ ἔστι μὲν καὶ τὰ ἐς Ἀθηναίους ἀνήμερα
καὶ ἤθους ἀλλότρια τοῦ Ῥωμαίων, ἐοικότα δὲ
τούτοις καὶ τὰ ἐς Θηβαίους τε καὶ Ὀρχομενίους·
προσεξειργάσατο δὲ καὶ ἐν ταῖς Ἀλαλκομεναῖς,
τῆς Ἀθηνᾶς τὸ ἄγαλμα αὐτὸ συλήσας. τοῦτον
μὲν τοιαῦτα ἔς τε Ἑλληνίδας πόλεις καὶ θεοὺς
τοὺς Ἑλλήνων ἐκμανέντα ἐπέλαβεν ἀχαριστο-
τάτη νόσος πασῶν· φθειρῶν γὰρ ἤνθησεν, ἥ τε
πρότερον εὐτυχία δοκοῦσα ἐς τοιοῦτο περιῆλθεν
αὐτῷ τέλος. τὸ δὲ ἱερὸν τὸ[2] ἐν ταῖς Ἀλαλκο-
μεναῖς ἠμελήθη τὸ ἀπὸ τοῦδε ἅτε ἠρημωμένον
7 τῆς θεοῦ. ἐγένετο δὲ καὶ ἄλλο ἐπ' ἐμοῦ τοιόνδε
ἐς κατάλυσιν τοῦ ναοῦ· κισσός οἱ προσπεφυκὼς
μέγας καὶ ἰσχυρὸς διέλυσεν ἐκ τῶν ἁρμονιῶν καὶ
διέσπα τοὺς λίθους ἀπ' ἀλλήλων. ῥεῖ δὲ καὶ
ποταμὸς ἐνταῦθα οὐ μέγας χείμαρρος· ὀνομάζουσι
δὲ Τρίτωνα αὐτόν, ὅτι τὴν Ἀθηνᾶν τραφῆναι
παρὰ ποταμῷ Τρίτωνι ἔχει λόγος, ὡς δὴ τοῦτον
τὸν Τρίτωνα ὄντα καὶ οὐχὶ τὸν Λιβύων, ὃς ἐς τὴν

---

[1] οἱ was added by Bekker.

320

with his sword. Still living, the lad ran about, and
where the blood ran water rose up from the earth.
Wherefore the river is called Lophis. Alalcomenae
is a small village, and it lies at the very foot of a
mountain of no great height. Its name, some say,
is derived from Alalcomeneus, an aboriginal, by
whom Athena was brought up; others declare that
Alalcomenia was one of the daughters of Ogygus.
At some distance from the village on the level ground
has been made a temple of Athena with an ancient
image of ivory. Sulla's treatment of the Athenians
was savage and foreign to the Roman character, but
quite consistent with his treatment of Thebes and
Orchomenus. But in Alalcomenae he added yet
another to his crimes by stealing the image of
Athena itself. After these mad outrages against
the Greek cities and the gods of the Greeks he was
attacked by the most foul of diseases. He broke
out into lice, and what was formerly accounted
his good fortune came to such an end. The
sanctuary at Alalcomenae, deprived of the goddess,
was hereafter neglected. In my time yet another
incident added to the ruin of the temple. A large
and strong ivy-tree grew over it, loosening the
stones from their joints and tearing them apart.
Here too there flows a river, a small torrent. They
call it Triton, because the story is that beside a
river Triton Athena was reared, the implication
being that the Triton was this and not the river in

---

[2] τὸ was added by Hitzig.

πρὸς Λιβύῃ θάλασσαν ἐκδίδωσιν ἐκ τῆς Τριτωνίδος λίμνης.

XXXIV. Πρὶν δὲ ἐς Κορώνειαν ἐξ Ἀλαλκομενῶν ἀφικέσθαι, τῆς Ἰτωνίας Ἀθηνᾶς ἐστι τὸ ἱερόν· καλεῖται δὲ ἀπὸ Ἰτωνίου τοῦ Ἀμφικτύονος, καὶ ἐς τὸν κοινὸν συνίασιν ἐνταῦθα οἱ Βοιωτοὶ σύλλογον. ἐν δὲ τῷ ναῷ χαλκοῦ πεποιημένα Ἀθηνᾶς Ἰτωνίας καὶ Διός ἐστιν ἀγάλματα· τέχνη δὲ Ἀγορακρίτου, μαθητοῦ τε καὶ ἐρωμένου Φειδίου. ἀνέθεσαν δὲ καὶ Χαρίτων ἀγάλ
2 ματα ἐπ' ἐμοῦ. λέγεται δὲ καὶ τοιόνδε, Ἰοδάμαν ἱερωμένην τῇ θεῷ νύκτωρ ἐς τὸ τέμενος ἐσελθεῖν καὶ αὐτῇ τὴν Ἀθηνᾶν φανῆναι, τῷ χιτῶνι δὲ τῆς θεοῦ τὴν Μεδούσης ἐπεῖναι τῆς Γοργόνος κεφαλήν· Ἰοδάμαν δέ, ὡς εἶδε, γενέσθαι λίθον. καὶ διὰ τοῦτο ἐπιτιθεῖσα γυνὴ πῦρ ἀνὰ πᾶσαν ἡμέραν ἐπὶ τῆς Ἰοδάμας τὸν βωμὸν ἐς τρὶς ἐπιλέγει τῇ Βοιωτῶν φωνῇ Ἰοδάμαν ζῆν καὶ αἰτεῖν πῦρ.

3 Κορώνεια δὲ παρείχετο μὲν ἐς μνήμην ἐπὶ τῆς ἀγορᾶς Ἑρμοῦ βωμὸν Ἐπιμηλίου, τὸν δὲ ἀνέμων. κατωτέρω δὲ ὀλίγον Ἥρας ἐστὶν ἱερὸν καὶ ἄγαλμα ἀρχαῖον, Πυθοδώρου τέχνη Θηβαίου, φέρει δὲ ἐπὶ τῇ χειρὶ Σειρῆνας· τὰς γὰρ δὴ Ἀχελῴου θυγατέρας ἀναπεισθείσας φασὶν ὑπὸ Ἥρας καταστῆναι πρὸς τὰς Μούσας ἐς ᾠδῆς ἔργον·[1] αἱ δὲ ὡς ἐνίκησαν, ἀποτίλασαι τῶν Σειρήνων τὰ πτερὰ ποιήσασθαι στεφάνους ἀπ'
4 αὐτῶν λέγονται. Κορωνείας δὲ σταδίους ὡς τεσσαράκοντα ὄρος ἀπέχει τὸ Λιβήθριον, ἀγάλματα δὲ ἐν αὐτῷ Μουσῶν τε καὶ νυμφῶν ἐπίκλησίν ἐστι Λιβηθρίων· καὶ πηγαὶ—τὴν μὲν

Libya, which flows into the Libyan sea out of lake Tritonis.

XXXIV. Before reaching Coroneia from Alalcomenae we come to the sanctuary of Itonian Athena. It is named after Itonius the son of Amphictyon, and here the Boeotians gather for their general assembly. In the temple are bronze images of Itonian Athena and Zeus; the artist was Agoracritus, pupil and loved one of Pheidias. In my time they dedicated too images of the Graces. The following tale, too, is told. Iodama, who served the goddess as priestess, entered the precinct by night, where there appeared to her Athena, upon whose tunic was worked the head of Medusa the Gorgon. When Iodama saw it, she was turned to stone. For this reason a woman puts fire every day on the altar of Iodama, and as she does this she thrice repeats in the Boeotian dialect that Iodama is living and asking for fire.

On the market-place of Coroneia I found two remarkable things, an altar of Hermes Epimelius (*Keeper of flocks*) and an altar of the winds. A little lower down is a sanctuary of Hera with an ancient image, the work of Pythodorus of Thebes; in her hand she carries Sirens. For the story goes that the daughters of Acheloüs were persuaded by Hera to compete with the Muses in singing. The Muses won, plucked out the Sirens' feathers (so they say) and made crowns for themselves out of them. Some forty stades from Coroneia is Mount Libethrius, on which are images of the Muses and Nymphs surnamed Libethrian. There are springs too, one

---

[1] ἀγῶνα Kayser and Herwerden.

Λιβηθριάδα ὀνομάζουσιν, ἡ δὲ ἑτέρα Πέτρα[1]—
γυναικὸς μαστοῖς εἰσιν εἰκασμέναι, καὶ ὅμοιον
γάλακτι ὕδωρ ἀπ' αὐτῶν ἄνεισιν.

5 Ἐς δὲ τὸ ὄρος τὸ Λαφύστιον καὶ ἐς τοῦ Διὸς
τοῦ Λαφυστίου τὸ τέμενός εἰσιν ἐκ Κορωνείας
στάδιοι μάλιστα εἴκοσι. λίθου μὲν τὸ ἄγαλμά
ἐστιν· Ἀθάμαντος δὲ θύειν Φρίξον καὶ Ἕλλην
ἐνταῦθα μέλλοντος πεμφθῆναι κριὸν τοῖς παισί
φασιν ὑπὸ Διὸς ἔχοντα τὸ ἔριον χρυσοῦν, καὶ
ἀποδρᾶναι σφᾶς ἐπὶ τοῦ κριοῦ τούτου. ἀνωτέρω
δέ ἐστιν Ἡρακλῆς Χάροψ ἐπίκλησιν· ἐνταῦθα
δὲ οἱ Βοιωτοὶ λέγουσιν ἀναβῆναι τὸν Ἡρακλέα
ἄγοντα τοῦ Ἅιδου τὸν κύνα. ἐκ δὲ Λαφυστίου
κατιόντι ἐς τῆς Ἰτωνίας Ἀθηνᾶς τὸ ἱερὸν
ποταμός ἐστι Φάλαρος ἐς τὴν Κηφισίδα ἐκδιδοὺς
λίμνην.

6 Τοῦ δὲ ὄρους τοῦ Λαφυστίου πέραν ἐστὶν
Ὀρχομενός, εἴ τις Ἕλλησιν ἄλλη πόλις ἐπιφανὴς
καὶ αὕτη ἐς δόξαν. εὐδαιμονίας δέ ποτε ἐπὶ
μέγιστον προαχθεῖσαν ἔμελλεν ἄρα ὑποδέξεσθαι
τέλος καὶ ταύτην οὐ πολύ τι ἀποδέον ἢ Μυκήνας
τε καὶ Δῆλον. περὶ δὲ τῶν ἀρχαίων τοιαῦτ' ἦν
ὁπόσα καὶ μνημονεύουσιν. Ἀνδρέα πρῶτον
ἐνταῦθα Πηνειοῦ παῖδα τοῦ ποταμοῦ λέγουσιν
ἐποικῆσαι καὶ ἀπὸ τούτου τὴν γῆν Ἀνδρηίδα
7 ὀνομασθῆναι· παραγενομένου δὲ ὡς αὐτὸν Ἀθά-
μαντος, ἀπένειμε τῆς αὐτοῦ τῷ Ἀθάμαντι τήν τε
περὶ τὸ Λαφύστιον χώραν καὶ τὴν νῦν Κορώ-
νειαν καὶ Ἁλιαρτίαν. Ἀθάμας δὲ ἅτε οὐδένα οἱ
παίδων τῶν ἀρσένων λελεῖφθαι νομίζων—τὰ μὲν
γὰρ ἐς Λέαρχόν τε καὶ Μελικέρτην ἐτόλμησεν
αὐτός, Λεύκωνι δὲ ὑπὸ νόσου τελευτῆσαι συνέβη,

324

named Libethrias and the other Rock (Petra), which are shaped like a woman's breasts, and from them rises water like milk.

The distance from Coroneia to Mount Laphystius and the precinct of Laphystian Zeus is about twenty stades. The image is of stone. They say that when Athamas was about to sacrifice here Phrixus and Helle, a ram with his fleece of gold was sent by Zeus to the children, and that on the back of this ram they made good their escape. Higher up is a Heracles surnamed Charops (*With bright eyes*). Here, say the Boeotians, Heracles ascended with the hound of Hades. On the way down from Mount Laphystius to the sanctuary of Itonian Athena is the river Phalarus, which runs into the Cephisian lake.

Over against Mount Laphystius is Orchomenus, as famous a city as any in Greece. Once raised to the greatest heights of prosperity, it too was fated to fall almost as low as Mycenae and Delos. Its ancient history is confined to the following traditions. They say that Andreus, son of the river Peneius, was the first to settle here, and after him the land Andreïs was named. When Athamas joined him, he assigned to him, of his own land, the territory round Mount Laphystius with what are now the territories of Coroneia and Haliartus. Athamas, thinking that none of his male children were left, adopted Haliartus and Coronus, the sons of Thersander, the son of Sisyphus, his brother. For he himself had put to death Learchus and Melicertes; Leucon had fallen

---

[1] Πιέρα Buttman.

Φρίξον δὲ ἄρα οὐκ ἠπίστατο ἢ αὐτὸν περιόντα ἢ γένος ὑπολειπόμενον Φρίξου—τούτων ἕνεκα ἐποιήσατο Ἁλίαρτον καὶ Κόρωνον τοὺς Θερσάνδρου τοῦ Σισύφου· Σισύφου γὰρ ἀδελφὸς ἦν ὁ 8 Ἀθάμας. ὕστερον δὲ ἀναστρέψαντος ἐκ Κόλχων οἱ μὲν αὐτοῦ Φρίξου φασίν, οἱ δὲ Πρέσβωνος— γεγονέναι δὲ Φρίξῳ τὸν Πρέσβωνα ἐκ τῆς Αἰήτου θυγατρός—οὕτω συγχωροῦσιν οἱ Θερσάνδρου παῖδες οἶκον μὲν τὸν Ἀθάμαντος Ἀθάμαντι καὶ τοῖς ἀπὸ ἐκείνου προσήκειν· αὐτοὶ δὲ—μοῖραν γὰρ δίδωσί σφισιν Ἀθάμας τῆς γῆς—Ἁλιάρτου 9 καὶ Κορωνείας ἐγένοντο οἰκισταί. πρότερον δὲ ἔτι τούτων Ἀνδρεὺς Εὐίππην θυγατέρα Λεύκωνος λαμβάνει παρὰ Ἀθάμαντος γυναῖκα, καὶ υἱὸς Ἐτεοκλῆς αὐτῷ γίνεται, Κηφισοῦ δὲ τοῦ ποταμοῦ κατὰ τῶν πολιτῶν τὴν φήμην, ὥστε καὶ τῶν ποιησάντων τινὲς Κηφισιάδην τὸν Ἐτεοκλέα 10 ἐκάλεσαν ἐν τοῖς ἔπεσιν. οὗτος ὡς ἐβασίλευσεν ὁ Ἐτεοκλῆς, τὴν μὲν χώραν ἀπὸ Ἀνδρέως ἔχειν τὸ ὄνομα εἴασε, φυλὰς δὲ Κηφισιάδα, τὴν δὲ ἑτέραν ἐπώνυμον αὐτῷ κατεστήσατο. ἀφικομένῳ δὲ πρὸς αὐτὸν Ἄλμῳ τῷ Σισύφου δίδωσιν οἰκῆσαι τῆς χώρας οὐ πολλήν, καὶ κώμη τότε ἐκλήθη[1] Ἄλμωνες ἀπὸ τοῦ Ἄλμου τούτου· χρόνῳ δὲ ἐξενίκησεν ὕστερον ὄνομα[2] εἶναι τῇ κώμῃ Ὀλμῶνας.

XXXV. Τὸν δὲ Ἐτεοκλέα λέγουσιν οἱ Βοιωτοὶ Χάρισιν ἀνθρώπων θῦσαι πρῶτον. καὶ ὅτι μὲν τρεῖς εἶναι Χάριτας κατεστήσατο ἴσασιν, ὀνόματα δὲ οἷα ἔθετο αὐταῖς οὐ μνημονεύουσιν· ἐπεὶ Λακεδαιμόνιοί γε εἶναι Χάριτας δύο καὶ Λακεδαίμονα ἱδρύσασθαι τὸν Ταϋγέτης φασὶν αὐτὰς

sick and died; while as for Phrixus, Athamas did not know if he survived or had descendants surviving. When later Phrixus himself, according to some, or Presbon, according to others, returned from Colchis— Presbon was a son of Phrixus by the daughter of Aeëtes—the sons of Thersander agreed that the house of Athamas belonged to Athamas and his descendants, while they themselves became founders of Haliartus and Coroneia, for Athamas gave them a part of his land. Even before this Andreus took to wife from Athamas Euippe, daughter of Leucon, and had a son, Eteocles. According to the report of the citizens, Eteocles was the son of the river Cephisus, wherefore some of the poets in their verses called him Cephisiades. When this Eteocles became king, he let the country be still called after Andreus, but he established two tribes, naming one Cephisias, and the other after himself. When Almus, the son of Sisyphus, came to him, he gave him to dwell in a little of the land, and a village was then called Almones after this Almus. Afterwards the name of the village that was generally adopted was Olmones.

XXXV. The Boeotians say that Eteocles was the first man to sacrifice to the Graces. Moreover, they are aware that he established three as the number of the Graces, but they have no tradition of the names he gave them. The Lacedaemonians, however, say that the Graces are two, and that they were instituted by Lacedaemon, son of Taÿgete, who gave them the

---

[1] The MSS. have ἐκλήθησαν.
[2] ὄνομα is not in the MSS.

καὶ ὀνόματα θέσθαι Κλήταν καὶ Φαένναν.
2 ἐοικότα μὲν δὴ Χάρισιν ὀνόματα καὶ ταῦτα,
ἐοικότα δὲ καὶ παρ' ᾿Αθηναίοις· τιμῶσι γὰρ ἐκ
παλαιοῦ καὶ ᾿Αθηναῖοι Χάριτας Αὐξὼ καὶ
Ἡγεμόνην. τὸ γὰρ τῆς Καρποῦς ἐστιν οὐ
Χάριτος ἀλλὰ ῟Ωρας ὄνομα· τῇ δὲ ἑτέρα τῶν
῟Ωρῶν νέμουσιν ὁμοῦ τῇ Πανδρόσῳ τιμὰς οἱ
3 ᾿Αθηναῖοι, Θαλλὼ τὴν θεὸν ὀνομάζοντες. παρὰ
δὲ ᾿Ετεοκλέους τοῦ ᾿Ορχομενίου μαθόντες τρισὶν
ἤδη νομίζομεν Χάρισιν εὔχεσθαι· καὶ ᾿Αγγελίων
τε καὶ Τεκταῖος † οἵ γε Διονύσου[1] † τὸν ᾿Απόλ-
λωνα ἐργασάμενοι Δηλίοις τρεῖς ἐποίησαν ἐπὶ τῇ
χειρὶ αὐτοῦ Χάριτας· καὶ ᾿Αθήνησι πρὸ τῆς ἐς
τὴν ἀκρόπολιν ἐσόδου Χάριτές εἰσι καὶ αὗται
τρεῖς, παρὰ δὲ αὐταῖς τελετὴν ἄγουσιν ἐς τοὺς
4 πολλοὺς ἀπόρρητον. Πάμφως μὲν δὴ πρῶτος
ὧν ἴσμεν ᾖσεν ἐς Χάριτας, πέρα δὲ οὔτε ἀριθμοῦ
πέρι οὔτε ἐς τὰ ὀνόματά ἐστιν οὐδὲν αὐτῷ πεποιη-
μένον· ῟Ομηρος δὲ—ἐμνημόνευσε γὰρ Χαρίτων
καὶ οὗτος —τὴν μὲν Ἡφαίστου γυναῖκα εἶναι
λέγει καὶ ὄνομα αὐτῇ τίθεται Χάριν, Πασιθέας
δὲ εἶναί φησιν ἐραστὴν ῟Υπνον,[2] ἐν δὲ ῟Υπνου
τοῖς λόγοις τὸ ἔπος ἐποίησεν

ἦ μέν μοι δώσειν Χαρίτων μίαν ὁπλοτεράων.

τούτου δὲ ἕνεκα ὑπόνοια δὴ παρέστη τισὶν ὡς
Χάριτας ἄρα καὶ πρεσβυτέρας οἶδεν ἄλλας
5 ῟Ομηρος. Ἡσίοδος δὲ ἐν Θεογονίᾳ—προσιέσθω
δὲ ὅτῳ φίλον τὴν Θεογονίαν—ἐν δ' οὖν τῇ ποιήσει

---

[1] Corrupt; σύνδυο for Διονύσου and οἱ τὸν Διονυσόδοτον have
been suggested.
[2] ῟Υπνον is not in the MSS.

names of Cleta and Phaënna. These are appropriate names for Graces, as are those given by the Athenians, who from of old have worshipped two Graces, Auxo and Hegemone. Carpo is the name, not of a Grace, but of a Season. The other Season is worshipped together with Pandrosus by the Athenians, who call the goddess Thallo. It was from Eteocles of Orchomenus that we learned the custom of praying to three Graces. And Angelion and Tectaeüs, ⟨sons of Dionysus,⟩ [1] who made the image of Apollo for the Delians, set three Graces in his hand. Again, at Athens, before the entrance to the Acropolis, the Graces are three in number; by their side are celebrated mysteries which must not be divulged to the many. Pamphos was the first we know of to sing about the Graces, but his poetry contains no information either as to their number or about their names. Homer [2] (he too refers to the Graces) makes one the wife of Hephaestus, giving her the name of Grace. He also says that Sleep was a lover of Pasithea, and in the speech of Sleep [3] there is this verse :—

Verily that he would give me one of the younger Graces.

Hence some have suspected that Homer knew of older Graces as well. Hesiod in the *Theogony* [4] (though the authorship is doubtful, this poem is good evidence) says that the Graces are

---

[1] The text here is corrupt. The two emendations mentioned in the critical notes would give either (a) "the pair who made . . ." or (b) "who made the statue of Dionysodotus for the Delians . . ."

[2] *Iliad* xviii. 382 foll.

[3] *Iliad* xiv. 270-276.

[4] *Theogony* 907.

ταύτῃ τὰς Χάριτάς φησιν εἶναι Διός τε καὶ
Εὐρυνόμης καί σφισιν ὀνόματα Εὐφροσύνην τε
καὶ Ἀγλαΐαν εἶναι καὶ Θαλίαν. κατὰ ταὐτὰ δὲ
ἐν ἔπεσίν ἐστι τοῖς Ὀνομακρίτου. Ἀντίμαχος
δὲ οὔτε ἀριθμὸν Χαρίτων οὔτε ὀνόματα εἰπὼν
Αἴγλης εἶναι θυγατέρας καὶ Ἡλίου φησὶν αὐτάς.
Ἑρμησιάνακτι δὲ τῷ τὰ ἐλεγεῖα γράψαντι
τοσόνδε οὐ κατὰ τὴν τῶν πρότερον δόξαν ἐστὶν
αὐτῷ πεποιημένον, ὡς ἡ Πειθὼ Χαρίτων εἴη
6 καὶ αὐτὴ μία. ὅστις δὲ ἦν ἀνθρώπων ὁ γυμνὰς
πρῶτος Χάριτας ἤτοι πλάσας ἢ γραφῇ μιμησά-
μενος, οὐχ οἷόν τε ἐγένετο πυθέσθαι με, ἐπεὶ τά
γε ἀρχαιότερα ἐχούσας ἐσθῆτα οἵ τε πλάσται
καὶ κατὰ ταὐτὰ ἐποίουν οἱ ζωγράφοι· καὶ Σμυρ-
ναίοις τοῦτο μὲν ἐν τῷ ἱερῷ τῶν Νεμέσεων ὑπὲρ
τῶν ἀγαλμάτων χρυσοῦ Χάριτες ἀνάκεινται,
τέχνῃ Βουπάλου, τοῦτο δέ σφισιν ἐν τῷ Ὠιδείῳ
Χάριτός ἐστιν εἰκών, Ἀπελλοῦ γραφή, Περγα-
μηνοῖς δὲ ὡσαύτως ἐν τῷ Ἀττάλου θαλάμῳ
7 Βουπάλου καὶ αὐταί· καὶ πρὸς τῷ ὀνομαζομένῳ
Πυθίῳ Χάριτες καὶ ἐνταῦθά εἰσι Πυθαγόρου
γράψαντος Παρίου· Σωκράτης τε ὁ Σωφρονίσκου
πρὸ τῆς ἐς τὴν ἀκρόπολιν ἐσόδου Χαρίτων εἰργά-
σατο ἀγάλματα Ἀθηναίοις. καὶ ταῦτα μέν ἐστιν
ὁμοίως ἅπαντα ἐν ἐσθῆτι, οἱ δὲ ὕστερον—οὐκ
οἶδα ἐφ᾽ ὅτῳ—μεταβεβλήκασι τὸ σχῆμα αὐταῖς·
Χάριτας γοῦν οἱ κατ᾽ ἐμὲ ἔπλασσόν τε καὶ
ἔγραφον γυμνάς.

XXXVI. Γενομένης δὲ Ἐτεοκλεῖ τῆς τελευτῆς
ἡ βασιλεία περιῆλθεν ἐς τὸ Ἄλμου γένος.
Ἄλμῳ δὲ αὐτῷ μὲν θυγατέρες Χρυσογένεια
ἐγένετο καὶ Χρύση· Χρύσης δὲ τῆς Ἄλμου καὶ

daughters of Zeus and Eurynome, giving them the names of Euphrosyne, Aglaïa and Thalia. The poem of Onomacritus agrees with this account. Antimachus, while giving neither the number of the Graces nor their names, says that they are daughters of Aegle and the Sun. The elegiac poet Hermesianax disagrees with his predecessors in that he makes Persuasion also one of the Graces. Who it was who first represented the Graces naked, whether in sculpture or in painting, I could not discover. During the earlier period, certainly, sculptors and painters alike represented them draped. At Smyrna, for instance, in the sanctuary of the Nemeses, above the images have been dedicated Graces of gold, the work of Bupalus; and in the Music Hall in the same city there is a portrait of a Grace, painted by Apelles. At Pergamus likewise, in the chamber of Attalus, are other images of Graces made by Bupalus; and near what is called the Pythium there is a portrait of Graces, painted by Pythagoras the Parian. Socrates too, son of Sophroniscus, made images of Graces for the Athenians, which are before the entrance to the Acropolis. All these are alike draped; but later artists, I do not know the reason, have changed the way of portraying them. Certainly to-day sculptors and painters represent Graces naked.

XXXVI. When Etcocles died the kingdom devolved on the family of Almus. Almus himself had daughters born to him, Chrysogeneia and Chryse. Tradition has it that Chryse, daughter of

Ἄρεως ἔχει φήμη γενέσθαι Φλεγύαν, καὶ τὴν
ἀρχὴν Ἐτεοκλέους ἀποθανόντος ἄπαιδος ὁ
Φλεγύας ἔσχεν οὗτος. τῇ μὲν δὴ χώρᾳ τῇ
πάσῃ Φλεγυαντίδα ὄνομα εἶναι μετέθεντο ἀντὶ
2 Ἀνδρηίδος, πόλις δὲ ἐγένετο ἥ τε ἐξ ἀρχῆς
οἰκισθεῖσα ἡ Ἀνδρηὶς καὶ προσέκτισεν ὁ Φλεγύας
ὁμώνυμον αὑτῷ, τοὺς τὰ πολεμικὰ ἀρίστους
Ἑλλήνων συλλέξας ἐς αὐτήν. καὶ ἀπέστησάν
τε ἀνὰ χρόνον ἀπὸ τῶν ἄλλων Ὀρχομενίων ὑπὸ
ἀνοίας καὶ τόλμης οἱ Φλεγύαι καὶ ἦγον καὶ
ἔφερον τοὺς προσοίκους· τέλος δὲ καὶ ἐπὶ τὸ
ἱερὸν συλήσοντες στρατεύουσι τὸ ἐν Δελφοῖς,
ὅτε καὶ Φιλάμμων λογάσιν Ἀργείων ἐπ᾽ αὐτοὺς
βοηθήσας αὐτός τε ἀπέθανεν ἐν τῇ μάχῃ καὶ οἱ
3 τῶν Ἀργείων λογάδες. τοὺς δὲ Φλεγύας πολέμῳ
μάλιστα Ἑλλήνων χαίρειν μαρτυρεῖ μοι καὶ ἔπη
τῶν ἐν Ἰλιάδι περὶ Ἄρεως καὶ Φόβου τοῦ Ἄρεως
πεποιημένα,

τὼ μὲν ἄρ᾽ εἰς Ἐφύρους πόλεμον μέτα θωρήσ-
σεσθον
ἠὲ μετὰ Φλεγύας μεγαλήτορας·

Ἐφύρους δὲ ἐνταῦθα ἐμοὶ δοκεῖν τοὺς ἐν τῇ
Θεσπρωτίδι ἠπείρῳ λέγει. τὸ μὲν δὴ Φλεγυῶν
γένος ἀνέτρεψεν ἐκ βάθρων ὁ θεὸς κεραυνοῖς
συνεχέσι καὶ ἰσχυροῖς σεισμοῖς· τοὺς δὲ ὑπο-
λειπομένους νόσος ἐπιπεσοῦσα ἔφθειρε λοιμώδης,
ὀλίγοι δὲ καὶ ἐς τὴν Φωκίδα διαφεύγουσιν ἐξ
αὐτῶν.

4 Φλεγύᾳ δὲ οὐ γενομένων παίδων ἐκδέχεται
Χρύσης τὴν ἀρχήν, Χρυσογενείας τε ὢν τῆς
Ἄλμου καὶ Ποσειδῶνος. τούτῳ δὲ υἱὸς γίνεται

Almus, had by Ares a son Phlegyas, who, as
Eteocles died childless, got the throne. To the
whole country they gave the name of Phlegyantis
instead of Andreïs, and besides the originally
founded city of Andreïs, Phlegyas founded another,
which he named after himself, collecting into it
the best soldiers in Greece. In course of time
the foolhardy and reckless Phlegyans seceded from
Orchomenus and began to ravage their neighbours.
At last they even marched against the sanctuary at
Delphi to raid it, when Philammon with picked
men of Argos went out to meet them, but he
and his picked men perished in the engagement.
That the Phlegyans took more pleasure in war than
any other Greeks is also shown by the lines of the
*Iliad*[1] dealing with Ares and his son Panic :—

They twain were arming themselves for war to go
    to the Ephyrians,
Or to the great-hearted Phlegyans.

By Ephyrians in this passage Homer means, I think,
those in Thesprotis. The Phlegyan race was com-
pletely overthrown by the god with continual
thunderbolts and violent earthquakes. The remnant
were wasted by an epidemic of plague, but a few of
them escaped to Phocis.

Phlegyas had no sons, and Chryses succeeded to
the throne, a son of Poseidon by Chrysogeneia,
daughter of Almus. This Chryses had a son called

---

[1] Homer, *Iliad*, xiii. 301–2.

τῷ Χρύσῃ Μινύας, καὶ ἀπ' αὐτοῦ Μινύαι καὶ
νῦν ἔτι ὧν ἦρχεν ὀνομάζονται. πρόσοδοι δὲ
ἐγίνοντο τῷ Μινύᾳ τηλικαῦται μέγεθος ὡς ὑπερ-
βαλέσθαι τοὺς πρὸ αὐτοῦ πλούτῳ· θησαυρόν
τε ἀνθρώπων ὧν ἴσμεν Μινύας πρῶτος ἐς
5 ὑποδοχὴν χρημάτων ᾠκοδομήσατο. Ἕλληνες
δὲ ἄρα εἰσὶ δεινοὶ τὰ ὑπερόρια ἐν θαύματι τίθεσθαι
μείζονι ἢ τὰ οἰκεῖα, ὁπότε γε ἀνδράσιν ἐπιφανέσιν
ἐς συγγραφὴν πυραμίδας μὲν τὰς παρὰ Αἰγυπτίοις
ἐπῆλθεν ἐξηγήσασθαι πρὸς τὸ[1] ἀκριβέστατον,
θησαυρὸν δὲ τὸν Μινύου καὶ τὰ τείχη τὰ ἐν
Τίρυνθι οὐδὲ ἐπὶ βραχὺ ἤγαγον μνήμης, οὐδὲν
ὄντα ἐλάττονος θαύματος.

6 Μινύου δὲ ἦν Ὀρχομενός, καὶ ἐπὶ τούτου
βασιλεύοντος ἥ τε πόλις Ὀρχομενὸς καὶ οἱ
ἄνδρες ἐκλήθησαν Ὀρχομένιοι· διέμεινε δὲ οὐδὲν
ἧσσον καὶ Μινύας ἐπονομάζεσθαι σφᾶς ἐς
διάκρισιν ἀπὸ Ὀρχομενίων τῶν ἐν Ἀρκαδίᾳ.
παρὰ τοῦτον τὸν Ὀρχομενὸν βασιλεύοντα
Ὕηττος ἀφίκετο ἐξ Ἄργους, φεύγων ἐπὶ τῷ
Μολούρου φόνῳ τοῦ Ἀρίσβαντος, ὅντινα ἀπέ-
κτεινεν ἐπὶ γυναικὶ ἑλὼν γαμετῇ· καὶ αὐτῷ τῆς
χώρας ἀπένειμεν Ὀρχομενὸς ὅση νῦν περί τε
Ὕηττόν ἐστι τὴν κώμην καὶ ἡ[2] ταύτῃ προσεχής.
7 Ὑήττου δὲ ἐποιήσατο μνήμην καὶ ὁ τὰ ἔπη
συνθεὶς ἃς μεγάλας Ἠοίας καλοῦσιν Ἕλληνες·

Ὕηττος δὲ Μόλουρον Ἀρίσβαντος φίλον υἱὸν
κτείνας ἐν μεγάροις εὐνῆς ἕνεχ' ἧς ἀλόχοιο,
οἶκον ἀποπρολιπὼν φεῦγ' Ἄργεος ἱπποβότοιο,
ἷξεν δ' Ὀρχομενὸν Μινυήιον· καί μιν ὅ γ' ἥρως
δέξατο καὶ κτεάνων μοῖραν πόρεν ὡς ἐπιεικές.

Minyas, and after him the people over whom he ruled are still called Minyans. The revenues that Minyas received were so great that he surpassed his predecessors in wealth, and he was the first man we know of to build a treasury to receive his riches. The Greeks appear apt to regard with greater wonder foreign sights than sights at home. For whereas distinguished historians have described the Egyptian pyramids with the minutest detail, they have not made even the briefest mention of the treasury of Minyas and the walls of Tiryns, though these are no less marvellous.

Minyas had a son Orchomenus, in whose reign the city was called Orchomenus and the men Orchomenians. Nevertheless, they continued to bear the additional name of Minyans, to distinguish them from the Orchomenians in Arcadia. To this Orchomenus during his kingship came Hyettus from Argos, who was an exile because of the slaying of Molurus, son of Arisbas, whom he caught with his wedded wife and killed. Orchomenus assigned to him such of the land as is now around the village Hyettus, and the land adjacent to this. Hyettus is also mentioned by the poet who composed the poem called by the Greeks the *Great Eoeae*:—

And Hyettus killed Molurus, the dear son of Arisbas,
In the halls, because of his wife's bed;
Leaving his home he fled from horse-breeding Argos,
And reached Minyan Orchomenus, and the hero
Welcomed him, and bestowed on him a portion of
his possessions, as was fitting.

---

¹ τὸ is not in the MSS.
² Spiro would delete ἡ.

335

8 πρῶτος δὲ οὗτος ὁ Ὗηττος δίκην μοιχείας λαβὼν
δῆλός ἐστι· καὶ χρόνῳ ὕστερον Δράκοντος
Ἀθηναίοις θεσμοθετήσαντος ἐκ τῶν ἐκείνου
κατέστη νόμων, οὓς ἔγραφεν ἐπὶ τῆς ἀρχῆς,
ἄλλων τε ὁπόσων ἄδειαν εἶναι χρὴ καὶ δὴ καὶ
τιμωρίας μοιχοῦ. τὸ δὲ ἀξίωμα τῶν Μινυῶν ἐπὶ
τοσοῦτο ἤδη προῆκτο, ὥστε καὶ Νηλεὺς Κρηθέως
βασιλεύων Πύλου γυναῖκα ἔσχεν ἐξ Ὀρχομενοῦ
Χλῶριν Ἀμφίονος τοῦ Ἰασίου.

XXXVII. Ἔδει δὲ ἄρα παυσθῆναι καὶ τὸ
Ἄλμου γένος· οὐχ ὑπολείπεται γὰρ παῖδα
Ὀρχομενός, καὶ οὕτως ἐς Κλύμενον τὸν Πρέσ-
βωνος τοῦ Φρίξου περιῆλθεν ἡ ἀρχή. Κλυμένου
δὲ γίνονται παῖδες, πρεσβύτατος μὲν Ἐργῖνος,
ἐπὶ δὲ αὐτῷ Στράτιος καὶ Ἄρρων καὶ Πύλεος,
νεώτατος δὲ Ἀζεύς. Κλύμενον μὲν ἐν τῇ ἑορτῇ
τοῦ Ὀγχηστίου Ποσειδῶνος Θηβαίων φονεύουσιν
ἄνδρες ἐξ ἀφορμῆς μικρᾶς ἐς ἅπαν θυμοῦ προαχ-
θέντες· Ἐργῖνος δὲ ὁ πρεσβύτατος τῶν Κλυμένου
2 παίδων τὴν βασιλείαν παραλαμβάνει. δύναμιν
δὲ αὐτίκα αὐτός τε καὶ οἱ ἀδελφοὶ συλλέξαντες
ἦλθον ἐπὶ τὰς Θήβας· καὶ μάχῃ μὲν ἐκράτησαν,
τὸ δὲ ἀπὸ τούτου χωροῦσιν ἐς ὁμολογίαν
Θηβαίους κατὰ ἔτος ἕκαστον τελεῖν δασμὸν τοῦ
Κλυμένου φόνου. Ἡρακλέους δὲ ἐπιτραφέντος
ἐν Θήβαις, οὕτω τοῦ δασμοῦ τε ἠλευθερώθησαν
οἱ Θηβαῖοι καὶ οἱ Μινύαι μεγάλως τῷ πολέμῳ
3 προσέπταισαν· Ἐργῖνος δὲ ἅτε κεκακωμένων ἐς
τὸ ἔσχατον τῶν πολιτῶν πρὸς μὲν τὸν Ἡρακλέα
ἐποιήσατο εἰρήνην, πλοῦτον δὲ τὸν πρότερον καὶ
εὐδαιμονίαν ἐκείνην ἀνασώσασθαι ζητῶν ἠμέλη-
σεν ἁπάντων ὁμοίως τῶν ἄλλων, ὥστε καὶ ἔλαθεν

This Hyettus was the first man known to have exacted punishment from an adulterer. Later on, when Dracon was legislator for the Athenians, it was enacted in the laws which he drew up for the Athenians that the punishment of an adulterer should be one of the acts condoned by the State. So high did the reputation of the Minyans stand, that even Neleus, son of Cretheus, who was king of Pylus, took a wife from Orchomenus, namely Chloris, daughter of Amphion, son of Iasius.

XXXVII. But it was destined for the race of Almus too to come to an end. For Orchomenus left no child, and so the kingdom devolved on Clymenus, son of Presbon, son of Phrixus. Sons were born to Clymenus; the eldest was Erginus, the next after him were Stratius, Arrhon and Pyleüs, while the youngest was Azeus. Clymenus was murdered at the feast of Onchestian Poseidon by men of Thebes, whom a trivial cause had thrown into a violent passion. So Erginus, the eldest of the sons of Clymenus, received the kingdom. Immediately he and his brothers gathered a force and attacked Thebes. Victorious in the battle, they then came to an agreement that the Thebans should pay tribute each year for the murder of Clymenus. But when Heracles had grown to manhood in Thebes, the Thebans were thus relieved of the tribute, and the Minyans suffered a grievous defeat in the war. Erginus, as his citizens had been utterly crushed, made peace with Heracles, but in his efforts to restore his former wealth and prosperity neglected everything else, so that un-

ἄγαμος καὶ ἄπαις ἀφικόμενος ἐς γῆρας. ὡς δὲ
αὐτῷ χρήματα συνείλεκτο, ἐνταῦθα ἐπεθύμησέν
4 οἱ γενέσθαι παῖδας· ἐλθόντι δὲ ἐς Δελφοὺς καὶ
ἐρομένῳ περὶ παίδων χρᾷ τάδε ἡ Πυθία·

Ἐργῖνε Κλυμένοιο πάι Πρεσβωνιάδαο,
ὄψ' ἦλθες γενεὴν διζήμενος, ἀλλ' ἔτι καὶ νῦν
ἱστοβοῆι γέροντι νέην ποτίβαλλε κορώνην.

λαβόντι δὲ αὐτῷ νέαν γυναῖκα κατὰ τὸ μάντευμα
5 Τροφώνιος γίνεται καὶ Ἀγαμήδης. λέγεται δὲ ὁ
Τροφώνιος Ἀπόλλωνος εἶναι καὶ οὐκ Ἐργίνου·
καὶ ἐγώ τε πείθομαι καὶ ὅστις παρὰ Τροφώνιον
ἦλθε δὴ μαντευσόμενος. τούτους φασίν, ὡς
ηὐξήθησαν, γενέσθαι δεινοὺς θεοῖς τε ἱερὰ κατα-
σκευάσασθαι καὶ βασίλεια ἀνθρώποις· καὶ γὰρ
τῷ Ἀπόλλωνι τὸν ναὸν ᾠκοδόμησαν τὸν ἐν
Δελφοῖς καὶ Ὑριεῖ τὸν θησαυρόν. ἐποίησαν δὲ
ἐνταῦθα τῶν λίθων ἕνα εἶναί σφισιν ἀφαιρεῖν
κατὰ τὸ ἐκτός· καὶ οἱ μὲν ἀεί τι ἀπὸ τῶν τιθε-
μένων ἐλάμβανον· Ὑριεὺς δὲ εὔχετο ἀφασίᾳ,
κλεῖς μὲν καὶ σημεῖα τὰ ἄλλα ὁρῶν ἀκίνητα, τὸν
6 δὲ ἀριθμὸν ἀεὶ τῶν χρημάτων ἐλάττονα. ἵστησιν
οὖν ὑπὲρ τῶν ἀγγείων, ἐν οἷς ὅ τε ἄργυρος ἐνῆν
καὶ ὁ χρυσός οἱ, πάγας ἤ τι καὶ ἄλλο ὃ τὸν
ἐσελθόντα καὶ ἁπτόμενον τῶν χρημάτων καθέξειν
ἔμελλεν. ἐσελθόντος δὲ τοῦ Ἀγαμήδους τὸν μὲν
ὁ δεσμὸς κατεῖχε, Τροφώνιος δὲ ἀπέτεμεν αὐτοῦ
τὴν κεφαλήν, ὅπως μὴ ἡμέρας ἐπισχούσης
ἐκεῖνος γένοιτο ἐν αἰκίαις καὶ αὐτὸς μηνυθείη
7 μετέχων τοῦ τολμήματος. καὶ Τροφώνιον μὲν
ἐνταῦθα ἐδέξατο ἡ γῆ διαστᾶσα, ἔνθα ἐστὶν ἐν
τῷ ἄλσει τῷ ἐν Λεβαδείᾳ βόθρος τε Ἀγαμήδους

consciously he came to a wifeless and childless old age. But when he had gathered riches, the desire seized him to have children. So going to Delphi he inquired of the oracle about children, and the Pythian priestess gave this reply :—

> Erginus, son of Clymenus Presboniades,
> Late thou camest seeking offspring, but even now
> To the old plough-tree put a new tip.

Obeying the oracle he took to himself a young wife, and had children, Trophonius and Agamedes. Trophonius is said to have been a son of Apollo, not of Erginus. This I am inclined to believe, as does everyone who has gone to Trophonius to inquire of his oracle. They say that these, when they grew up, proved clever at building sanctuaries for the gods and palaces for men. For they built the temple for Apollo at Delphi and the treasury for Hyrieus. One of the stones in it they made so that they could take it away from the outside. So they kept on removing something from the store. Hyrieus was dumbfounded when he saw keys and seals untampered with, while the treasure kept on getting less. So he set over the vessels, in which were his silver and gold, snares or other contrivance, to arrest any who should enter and lay hands on the treasure. Agamedes entered and was kept fast in the trap, but Trophonius cut off his head, lest when day came his brother should be tortured, and he himself be informed of as being concerned in the crime. The earth opened and swallowed up Trophonius at the point in the grove at Lebadeia where is what is

καλούμενος καὶ πρὸς αὐτῷ στήλη· τὴν δὲ ἀρχὴν
τῶν Ὀρχομενίων ἔσχεν Ἀσκάλαφος καὶ Ἰάλ-
μενος Ἄρεως εἶναι λεγόμενοι, μητρὸς δὲ Ἀστυόχης
ἦσαν τῆς Ἄκτορος τοῦ Ἀζέως τοῦ Κλυμένου·
καὶ ὑπὸ τούτοις ἡγεμόσι Μινύαι στρατεύουσιν
8 ἐς Τροίαν. μετέσχον Ὀρχομένιοι καὶ τοῖς Κόδρου
παισὶν ἐς Ἰωνίαν τοῦ στόλου. γενομένους δὲ
ἀναστάτους ὑπὸ Θηβαίων κατήγαγεν αὖθις ἐς
Ὀρχομενὸν Φίλιππος ὁ Ἀμύντου· τὰ δὲ ἀπὸ
τοῦ δαιμονίου σφίσιν ἐς τὸ ἀσθενέστερον ἔμελλεν
ἀεὶ ῥέψειν.

XXXVIII. Ὀρχομενίοις δὲ πεποίηται καὶ
Διονύσου, τὸ δὲ ἀρχαιότατον Χαρίτων ἐστὶν
ἱερόν. τὰς μὲν δὴ πέτρας σέβουσί τε μάλιστα
καὶ τῷ Ἐτεοκλεῖ αὐτὰς πεσεῖν ἐκ τοῦ οὐρανοῦ
φασιν· τὰ δὲ ἀγάλματα τὰ σὺν κόσμῳ πεποιη-
μένα ἀνετέθη μὲν ἐπ' ἐμοῦ, λίθου δέ ἐστι καὶ
2 ταῦτα. ἔστι δέ σφισι καὶ κρήνη θέας ἀξία·
καταβαίνουσι δὲ ἐς αὐτὴν ὕδωρ οἴσοντες.
θησαυρὸς δὲ ὁ Μινύου, θαῦμα ὂν τῶν ἐν Ἑλλάδι
αὐτῇ καὶ τῶν ἑτέρωθι οὐδενὸς ὕστερον, πεποίηται
τρόπον τοιόνδε· λίθου μὲν εἴργασται, σχῆμα δὲ
περιφερές ἐστιν αὐτῷ, κορυφὴ δὲ οὐκ ἐς ἄγαν
ὀξὺ ἀνηγμένη· τὸν δὲ ἀνωτάτω τῶν λίθων φασὶν
3 ἁρμονίαν παντὶ εἶναι τῷ οἰκοδομήματι. τάφοι
δὲ Μινύου τε καὶ Ἡσιόδου· καταδέξασθαι δέ
φασιν οὕτω τοῦ Ἡσιόδου τὰ ὀστᾶ. νόσου κατα-
λαμβανούσης λοιμώδους καὶ ἀνθρώπους καὶ τὰ
βοσκήματα ἀποστέλλουσι θεωροὺς παρὰ τὸν
θεόν· τούτοις δὲ ἀποκρίνασθαι λέγουσι τὴν
Πυθίαν, Ἡσιόδου τὰ ὀστᾶ ἐκ τῆς Ναυπακτίας
ἀγαγοῦσιν ἐς τὴν Ὀρχομενίαν, ἄλλο δὲ εἶναί

called the pit of Agamedes, with a slab beside it. The kingdom of Orchomenus was taken by Ascalaphus and Ialmenus, said to be sons of Ares, while their mother was Astyoche, daughter of Actor, son of Azeus, son of Clymenus. Under the leadership of these the Minyans marched against Troy. Orchomenians also joined with the sons of Codrus in the expedition to Ionia. When expelled from their city by the Thebans they were restored again to Orchomenus by Philip the son of Amyntas. But Providence was to drag them ever lower and lower into decay.

XXXVIII. At Orchomenus is a sanctuary of Dionysus, but the oldest is one of the Graces. They worship the stones most, and say that they fell for Eteocles out of heaven. The artistic images were dedicated in my time, and they too are of stone. They have also a fountain worth seeing, and go down to it to fetch water. The treasury of Minyas, a wonder second to none either in Greece itself or elsewhere, has been built in the following way. It is made of stone; its shape is round, rising to a rather blunt apex; they say that the highest stone is the keystone of the whole building. There are graves of Minyas and Hesiod. They say that they thus recovered the bones of Hesiod. A pestilence fell on men and beasts, so that they sent envoys to the god. To these, it is said, the Pythian priestess made answer that to bring the bones of Hesiod from the land of Naupactus to the land of Orchomenus was their one and only

σφισιν οὐδὲν ἴαμα. τότε δὲ ἐπερέσθαι δεύτερα,
ὅπου τῆς Ναυπακτίας αὐτὰ ἐξευρήσουσι· καὶ
αὖθις τὴν Πυθίαν εἰπεῖν ὡς μηνύσοι κορώνη
4 σφίσιν. οὕτω τοῖς θεοπρόποις ἀποβᾶσιν ἐς τὴν
γῆν πέτραν τε οὐ πόρρω τῆς ὁδοῦ καὶ τὴν ὄρνιθα
ἐπὶ τῇ πέτρᾳ φασὶν ὀφθῆναι· καὶ τοῦ Ἡσιόδου
δὲ τὰ ὀστᾶ εὗρον ἐν χηραμῷ τῆς πέτρας. καὶ
ἐλεγεῖα ἐπὶ τῷ μνήματι ἐπεγέγραπτο·

Ἄσκρη μὲν πατρὶς πολυλήιος, ἀλλὰ θα-
νόντος
ὀστέα πληξίππων γῆ Μινυῶν κατέχει
Ἡσιόδου, τοῦ πλεῖστον ἐν Ἑλλάδι κῦδος
ὀρεῖται
ἀνδρῶν κρινομένων ἐν βασάνῳ σοφίης.

5 Περὶ δὲ Ἀκταίωνος λεγόμενα ἦν Ὀρχομενίοις
λυμαίνεσθαι τὴν γῆν πέτραν ἔχον[1] εἴδωλον· ὡς
δὲ ἐχρῶντο ἐν Δελφοῖς, κελεύει σφίσιν ὁ θεὸς
ἀνευρόντας εἴ τι ἦν Ἀκταίωνος λοιπὸν κρύψαι
γῇ, κελεύει δὲ καὶ τοῦ εἰδώλου χαλκῆν ποιησα-
μένους εἰκόνα πρὸς πέτρᾳ σιδήρῳ δῆσαι. τοῦτο
καὶ αὐτὸς δεδεμένον τὸ ἄγαλμα εἶδον· καὶ τῷ
Ἀκταίωνι ἐναγίζουσιν ἀνὰ πᾶν ἔτος.

6 Σταδίους δὲ ἀφέστηκεν ἑπτὰ Ὀρχομενοῦ ναός
τε Ἡρακλέους καὶ ἄγαλμα οὐ μέγα. ἐνταῦθα
τοῦ ποταμοῦ τοῦ Μέλανός εἰσιν αἱ πηγαί, καὶ
ὁ Μέλας ἐς λίμνην καὶ οὗτος τὴν Κηφισίδα
ἐκδίδωσιν. ἐπέχει μὲν δὴ καὶ ἄλλως τῆς Ὀρχο-
μενίας τὸ πολὺ ἡ λίμνη, χειμῶνος δὲ ὥρᾳ νότου

1 It has been proposed to read περιτρέχον for πέτραν
ἔχον.

remedy. Whereupon the envoys asked a further question, where in the land of Naupactus they would find the bones; to which the Pythian priestess answered again that a crow would indicate to them the place. So when the envoys landed, they saw, it is said, a rock not far from the road, with the bird upon the rock; the bones of Hesiod they found in a cleft of the rock. Elegiac verses are inscribed on the tomb :—

> Ascra rich in corn was his native land, but when
> Hesiod died,
> The land of the horse-striking Minyans holds his
> bones,
> Whose fame will rise very high in Greece
> When men are judged by the touchstone of
> artistry.

About Actaeon the Orchomenians had the following story. A ghost, they say, carrying a rock [1] was ravaging the land. When they inquired at Delphi, the god bade them discover the remains of Actaeon and bury them in the earth. He also bade them make a bronze likeness of the ghost and fasten it to a rock with iron. I have myself seen this image thus fastened. They also sacrifice every year to Actaeon as to a hero.

Seven stades from Orchomenus is a temple of Heracles with a small image. Here is the source of the river Melas (*black*), one of the streams running into the Cephisian Lake. The lake at all times covers the greater part of the Orchomenian territory, but in the winter season, after the south-west wind

---

[1] With the proposed emendation : " was running about and ravaging."

τὰ πλείω πνεύσαντος ἔπεισιν ἐπὶ πλέον τῆς
7 χώρας τὸ ὕδωρ. Θηβαῖοι δὲ τὸν ποταμὸν τὸν
Κηφισόν φασιν ὑπὸ Ἡρακλέους ἐς τὸ πεδίον
ἀποστραφῆναι τὸ Ὀρχομένιον· τέως δὲ αὐτὸν
ὑπὸ τὸ ὄρος ἐς θάλασσαν ἐξιέναι, πρὶν ἢ τὸν
Ἡρακλέα τὸ χάσμα ἐμφράξαι τὸ διὰ τοῦ ὄρους.
ἐπίσταται μὲν οὖν καὶ Ὅμηρος λίμνην ἄλλως τὴν
Κηφισίδα οὖσαν καὶ οὐχ ὑπὸ Ἡρακλέους πε-
ποιημένην, καὶ ἐπὶ τῷδε εἴρηκε

λίμνῃ κεκλιμένος Κηφισίδι·

8 ἔχει δὲ οὐδὲ εἰκότα λόγον τοὺς Ὀρχομενίους
μὴ καὶ τὸ χάσμα ἐξευρεῖν καὶ τοῦ Ἡρακλέους
ἀναρρήξαντας τὸ ἔργον ἀποδοῦναι τὴν διέξοδον
τῷ Κηφισῷ τὴν ἀρχαίαν, ἐπεὶ μηδὲ ἄχρι τῶν
Τρωικῶν χρήμασιν ἀδυνάτως εἶχον. μαρτυρεῖ
δέ μοι καὶ Ὅμηρος ἐν Ἀχιλλέως ἀποκρίσει
πρὸς τοὺς παρὰ Ἀγαμέμνονος πρέσβεις·

οὐδ' ὅσ' ἐς Ὀρχομενὸν ποτινίσσεται,

δῆλα δήπουθεν ὡς καὶ τότε προσιόντων τοῖς
Ὀρχομενίοις χρημάτων πολλῶν.
9 Ἀσπληδόνα δὲ ἐκλιπεῖν τοὺς οἰκήτοράς φασιν
ὕδατος σπανίζοντος· γενέσθαι δὲ τὸ ὄνομα ἀπὸ
Ἀσπληδόνος τῇ πόλει, τοῦτον δὲ εἶναι νύμφης τε
Μιδείας καὶ Ποσειδῶνος. ὁμολογεῖ δὲ καὶ ἔπη
σφίσιν ἃ ἐποίησε Χερσίας, ἀνὴρ Ὀρχομένιος·

ἐκ δὲ Ποσειδάωνος ἀγακλειτῆς τε Μιδείης
Ἀσπληδὼν γένεθ' υἱὸς ἀν' εὐρύχορον πτολίε-
θρον.

10 τοῦδε τοῦ Χερσίου τῶν ἐπῶν οὐδεμία ἦν ἔτι κατ'
ἐμὲ μνήμη, ἀλλὰ καὶ τάδε ἐπηγάγετο ὁ Κάλ-

has generally prevailed, the water spreads over a yet greater extent of the territory. The Thebans declare that the river Cephisus was diverted into the Orchomenian plain by Heracles, and that for a time it passed under the mountain and entered the sea, until Heracles blocked up the chasm through the mountain. Now Homer too knows that the Cephisian Lake was a lake of itself, and not made by Heracles. Wherefore Homer [1] says :—

> Sloping towards the Cephisian Lake.

It is not likely either that the Orchomenians would not have discovered the chasm, and, breaking down the work put up by Heracles, have given back to the Cephisus its ancient passage, since right down to the Trojan war they were a wealthy people. There is evidence in my favour in the passage of Homer [2] where Achilles replies to the envoys from Agamemnon :—

> Not even the wealth that comes to Orchomenus,

a line that clearly shows that even then the revenues coming to Orchomenus were large.

They say that Aspledon was left by the inhabitants because of a shortage of water. They say also that the city got its name from Aspledon, who was a son of the nymph Mideia and Poseidon. Their view is confirmed by some verses composed by Chersias, a man of Orchomenus :—

> To Poseidon and glorious Mideia
> Was born Aspledon in the spacious city.

The poem of Chersias was no longer extant in my day, but these verses are quoted by Callippus in the same

---

[1] Homer, *Iliad* v. 709.    [2] *Iliad* ix. 381.

λιππος ἐς τὸν αὐτὸν λόγον τὸν ἔχοντα ἐς
Ὀρχομενίους· τούτου δὲ τοῦ Χερσίου καὶ ἐπί-
γραμμα οἱ Ὀρχομένιοι τὸ ἐπὶ τῷ Ἡσιόδου τάφῳ
μνημονεύουσιν.

XXXIX. Τὰ μὲν δὴ πρὸς τῶν ὀρῶν Φωκεῖς
ὑπεροικοῦσιν Ὀρχομενίων, ἐν δὲ τῷ πεδίῳ
Λεβάδειά ἐστιν αὐτοῖς ὅμορος. αὕτη τὸ μὲν ἐξ
ἀρχῆς ᾠκεῖτο ἐπὶ μετεώρου καὶ ὠνομάζετο
Μίδεια ἀπὸ τῆς Ἀσπληδόνος μητρός· Λεβάδου
δὲ ἐξ Ἀθηνῶν ἐς αὐτὴν ἀφικομένου κατέβησάν
τε ἐς τὸ χθαμαλὸν οἱ ἄνθρωποι καὶ ἐκλήθη
Λεβάδεια ἡ πόλις ἀπ' αὐτοῦ. πατέρα δὲ τοῦ
Λεβάδου, καὶ καθ' ἥντινα αἰτίαν ἦλθεν, οὐκ
ἴσασιν ἄλλο ἢ γυναῖκα εἶναι Λεβάδου Λαονίκην.
2 κεκόσμηται μὲν δὴ τὰ ἄλλα σφίσιν ἡ πόλις
ὁμοίως τοῖς Ἑλλήνων μάλιστα εὐδαίμοσι, διείργει
δὲ ἀπ' αὐτῆς τὸ ἄλσος τοῦ Τροφωνίου ποταμὸς
Ἕρκυνα.[1] φασὶ δ' ἐνταῦθα Ἕρκυναν ὁμοῦ Κόρῃ
τῇ Δήμητρος παίζουσαν καὶ ἔχουσαν χῆνα
ἀφεῖναι τοῦτον ἄκουσαν· ἐς δὲ ἄντρον κοῖλον
ἐσπτάντος καὶ ὑπὸ λίθον ἀποκρύψαντος αὐτὸν
ἐσελθοῦσα ἡ Κόρη λαμβάνει τὸν ὄρνιθα ὑπὸ
τῷ λίθῳ κατακείμενον· ῥυῆναί τε δὴ τὸ ὕδωρ
ὅθεν ἀνείλετο ἡ Κόρη τὸν λίθον καὶ ὀνομασθῆναι
3 τὸν ποταμὸν ἐπὶ τούτῳ λέγουσιν Ἕρκυναν. καὶ
ἔστι μὲν πρὸς τῇ ὄχθῃ τοῦ ποταμοῦ ναὸς
Ἑρκύνης, ἐν δὲ αὐτῷ παρθένος χῆνα ἔχουσα
ἐν ταῖς χερσίν· εἰσὶ δὲ ἐν τῷ σπηλαίῳ τοῦ
ποταμοῦ τε αἱ πηγαὶ καὶ ἀγάλματα ὀρθά,
περιειλιγμένοι δέ εἰσιν αὐτῶν τοῖς σκήπτροις
δράκοντες. ταῦτα εἰκάσαι μὲν ἄν τις Ἀσκλη-
πιοῦ τε εἶναι καὶ Ὑγείας, εἶεν δ' ἂν Τροφώνιος

history of Orchomenus. The Orchomenians have a
tradition that this Chersias wrote also the inscription
on the grave of Hesiod.

XXXIX. On the side towards the mountains the
boundary of Orchomenus is Phocis, but on the plain
it is Lebadeia. Originally this city stood on high
ground, and was called Mideia after the mother of
Aspledon. But when Lebadus came to it from Athens,
the inhabitants went down to the low ground, and the
city was named Lebadeia after him. Who was the
father of Lebadus, and why he came, they do not
know; they know only that the wife of Lebadus was
Laonice. The city is no less adorned than the most
prosperous of the Greek cities, and it is separated
from the grove of Trophonius by the river Hercyna.
They say that here Hercyna, when playing with the
Maid, the daughter of Demeter, held a goose which
against her will she let loose. The bird flew into a
hollow cave and hid under a stone; the Maid entered
and took the bird as it lay under the stone. The
water flowed, they say, from the place where the
Maid took up the stone, and hence the river received
the name of Hercyna. On the bank of the river
there is a temple of Hercyna, in which is a maiden
holding a goose in her arms. In the cave are the
sources of the river and images standing, and serpents
are coiled around their sceptres. One might con-
jecture the images to be of Asclepius and Health,
but they might be Trophonius and Hercyna, because

---

[1] The words ποταμὸς Ἕρκυνα are not in the MSS. and
were added by Goldhagen.

καὶ Ἔρκυνα, ἐπεὶ μηδὲ τοὺς δράκοντας Ἀσκλη-
πιοῦ μᾶλλον ἢ καὶ Τροφωνίου νομίζουσιν ἱεροὺς
εἶναι. ἐπὶ δὲ τῷ ποταμῷ μνῆμά ἐστιν Ἀρκεσι-
λάου· Λήϊτον δὲ ἀνακομίσαι φασὶ[1] τοῦ Ἀρκε-
4 σιλάου τὰ ὀστᾶ ἐκ Τροίας. τὰ δὲ ἐπιφανέστατα
ἐν τῷ ἄλσει Τροφωνίου ναὸς καὶ ἄγαλμά ἐστιν,
Ἀσκληπιῷ καὶ τοῦτο εἰκασμένον· Πραξιτέλης
δὲ ἐποίησε τὸ ἄγαλμα. ἔστι δὲ καὶ Δήμητρος
ἱερὸν ἐπίκλησιν Εὐρώπης καὶ Ζεὺς Ὑέτιος ἐν
ὑπαίθρῳ. ἀναβᾶσι δὲ ἐπὶ τὸ μαντεῖον καὶ
αὐτόθεν ἰοῦσιν ἐς τὸ πρόσω τοῦ ὄρους, Κόρης
ἐστὶ καλουμένη θήρα[2] καὶ Διὸς Βασιλέως ναός.
τοῦτον μὲν δὴ διὰ τὸ μέγεθος ἢ καὶ τῶν πολέμων
τὸ ἀλλεπάλληλον ἀφείκασιν ἡμίεργον· ἐν δὲ
ἑτέρῳ ναῷ Κρόνου καὶ Ἥρας καὶ Διός ἐστιν
ἀγάλματα. ἔστι δὲ καὶ Ἀπόλλωνος ἱερόν.

5 Κατὰ δὲ τὸ μαντεῖον τοιάδε γίνεται. ἐπειδὰν
ἀνδρὶ ἐς τοῦ Τροφωνίου κατιέναι δόξῃ, πρῶτα
μὲν τεταγμένων ἡμερῶν δίαιταν ἐν οἰκήματι ἔχει,
τὸ δὲ οἴκημα Δαίμονός τε ἀγαθοῦ καὶ Τύχης
ἱερόν ἐστιν ἀγαθῆς· διαιτώμενος δὲ ἐνταῦθα τά
τε ἄλλα καθαρεύει καὶ λουτρῶν εἴργεται θερμῶν,
τὸ δὲ λουτρὸν ὁ ποταμός ἐστιν ἡ Ἔρκυνα· καί
οἱ καὶ κρέα ἄφθονά ἐστιν ἀπὸ τῶν θυσιῶν, θύει
γὰρ δὴ ὁ κατιὼν αὐτῷ τε τῷ Τροφωνίῳ καὶ τοῦ
Τροφωνίου τοῖς παισί, πρὸς δὲ Ἀπόλλωνί τε
καὶ Κρόνῳ καὶ Διὶ ἐπίκλησιν Βασιλεῖ καὶ Ἥρα
τε Ἡνιόχῃ καὶ Δήμητρι ἣν ἐπονομάζοντες Εὐρώ-
6 πην τοῦ Τροφωνίου φασὶν εἶναι τροφόν. καθ'
ἑκάστην δὲ τῶν θυσιῶν ἀνὴρ μάντις παρὼν ἐς
τοῦ ἱερείου τὰ σπλάγχνα ἐνορᾷ, ἐνιδὼν δὲ προ-
θεσπίζει τῷ κατιόντι εἰ δὴ αὐτὸν εὐμενὴς ὁ
348

they think that serpents are just as much sacred to Trophonius as to Asclepius. By the side of the river is the tomb of Arcesilaüs, whose bones, they say, were carried back from Troy by Leïtus. The most famous things in the grove are a temple and image of Trophonius; the image, made by Praxiteles, is after the likeness of Asclepius. There is also a sanctuary of Demeter surnamed Europa, and a Zeus Rain-god in the open. If you go up to the oracle, and thence onwards up the mountain, you come to what is called the Maid's Hunting and a temple of King Zeus. This temple they have left half finished, either because of its size or because of the long succession of the wars. In a second temple are images of Cronus, Hera and Zeus. There is also a sanctuary of Apollo.

What happens at the oracle is as follows. When a man has made up his mind to descend to the oracle of Trophonius, he first lodges in a certain building for an appointed number of days, this being sacred to the good Spirit and to good Fortune. While he lodges there, among other regulations for purity he abstains from hot baths, bathing only in the river Hercyna. Meat he has in plenty from the sacrifices, for he who descends sacrifices to Trophonius himself and to the children of Trophonius, to Apollo also and Cronus, to Zeus surnamed King, to Hera Charioteer, and to Demeter whom they surname Europa and say was the nurse of Trophonius. At each sacrifice a diviner is present, who looks into the entrails of the victim, and after an inspection prophesies to the

---

1 φασὶ added by Herwerden.
2 καλουμένης ῾Ηρας Ulrichs.

Τροφώνιος καὶ ἵλεως δέξεται. τῶν μὲν δὴ ἄλλων
ἱερείων τὰ σπλάγχνα οὐχ ὁμοίως δηλοῖ τοῦ
Τροφωνίου τὴν γνώμην· ἐν δὲ νυκτὶ ᾗ κάτεισιν
ἕκαστος, ἐν ταύτῃ κριὸν θύουσιν ἐς βόθρον,
ἐπικαλούμενοι τὸν Ἀγαμήδην. θυμάτων δὲ τῶν
πρότερον πεφηνότων αἰσίων λόγος ἐστὶν οὐδείς,
εἰ μὴ καὶ τοῦδε τοῦ κριοῦ τὰ σπλάγχνα τὸ
αὐτὸ θέλοι λέγειν· ὁμολογούντων δὲ καὶ τούτων,
τότε ἕκαστος ἤδη κάτεισιν εὔελπις, κάτεισι δὲ
7 οὕτω. πρῶτα μὲν ἐν τῇ νυκτὶ αὐτὸν ἄγουσιν
ἐπὶ τὸν ποταμὸν τὴν Ἕρκυναν, ἀγαγόντες δὲ
ἐλαίῳ χρίουσι καὶ λούουσι δύο παῖδες τῶν
ἀστῶν ἔτη τρία που καὶ δέκα γεγονότες, οὓς
Ἑρμᾶς ἐπονομάζουσιν· οὗτοι τὸν καταβαίνοντά
εἰσιν οἱ λούοντες καὶ ὁπόσα χρὴ διακονούμενοι
ἅτε παῖδες. τὸ ἐντεῦθεν ὑπὸ τῶν ἱερέων οὐκ
αὐτίκα ἐπὶ τὸ μαντεῖον, ἐπὶ δὲ ὕδατος πηγὰς
8 ἄγεται· αἱ δὲ ἐγγύτατά εἰσιν ἀλλήλων. ἐνταῦθα
δὴ χρὴ πιεῖν αὐτὸν Λήθης τε ὕδωρ καλούμενον,
ἵνα λήθη γένηταί οἱ πάντων ἃ τέως ἐφρόντιζε,
καὶ ἐπὶ τῷδε ἄλλο αὖθις ὕδωρ πίνειν Μνημοσύνης·
ἀπὸ τούτου τε μνημονεύει τὰ ὀφθέντα οἱ κατα-
βάντι. θεασάμενος δὲ ἄγαλμα ὃ ποιῆσαι Δαί-
δαλόν φασιν—ὑπὸ δὲ τῶν ἱερέων οὐκ ἐπιδείκνυται
πλὴν ὅσοι παρὰ τὸν Τροφώνιον μέλλουσιν
ἔρχεσθαι—τοῦτο τὸ ἄγαλμα ἰδὼν καὶ θεραπεύσας
τε καὶ εὐξάμενος ἔρχεται πρὸς τὸ μαντεῖον,
χιτῶνα ἐνδεδυκὼς λινοῦν καὶ ταινίαις τὸν χιτῶνα
ἐπιζωσθεὶς καὶ ὑποδησάμενος ἐπιχωρίας κρη-
9 πῖδας. ἔστι δὲ τὸ μαντεῖον ὑπὲρ τὸ ἄλσος ἐπὶ
τοῦ ὄρους. κρηπὶς μὲν ἐν κύκλῳ περιβέβληται
λίθου λευκοῦ, περίοδος δὲ τῆς κρηπῖδος κατὰ

person descending whether Trophonius will give him a kind and gracious reception. The entrails of the other victims do not declare the mind of Trophonius so much as a ram, which each inquirer sacrifices over a pit on the night he descends, calling upon Agamedes. Even though the previous sacrifices have appeared propitious, no account is taken of them unless the entrails of this ram indicate the same; but if they agree, then the inquirer descends in good hope. The procedure of the descent is this. First, during the night he is taken to the river Hercyna by two boys of the citizens about thirteen years old, named Hermae, who after taking him there anoint him with oil and wash him. It is these who wash the descender, and do all the other necessary services as his attendant boys. After this he is taken by the priests, not at once to the oracle, but to fountains of water very near to each other. Here he must drink water called the water of Forgetfulness, that he may forget all that he has been thinking of hitherto, and afterwards he drinks of another water, the water of Memory, which causes him to remember what he sees after his descent. After looking at the image which they say was made by Daedalus (it is not shown by the priests save to such as are going to visit Trophonius), having seen it, worshipped it and prayed, he proceeds to the oracle, dressed in a linen tunic, with ribbons girding it, and wearing the boots of the country. The oracle is on the mountain, beyond the grove. Round it is a circular basement of white marble, the circumference of which is about

ἄλων τὴν ἐλαχίστην ἐστίν, ὕψος δὲ ἀποδέουσα [1]
δύο εἶναι πήχεις· ἐφεστήκασι δὲ ἐπὶ τῇ κρηπῖδι
ὀβελοὶ καὶ αὐτοὶ χαλκοῖ καὶ αἱ συνέχουσαι
σφᾶς ζῶναι, διὰ δὲ αὐτῶν θύραι πεποίηνται.
τοῦ περιβόλου δὲ ἐντὸς χάσμα γῆς ἐστιν οὐκ
αὐτόματον ἀλλὰ σὺν τέχνῃ καὶ ἁρμονίᾳ πρὸς τὸ
10 ἀκριβέστατον ᾠκοδομημένον. τοῦ δὲ οἰκοδομή-
ματος τούτου τὸ σχῆμα εἴκασται κριβάνῳ· τὸ
δὲ εὖρος ἡ διάμετρος αὐτοῦ τέσσαρας παρέχοιτο
ἂν ὡς εἰκάσαι πήχεις· βάθος δὲ τοῦ οἰκοδομή-
ματος, οὐκ ἂν οὐδὲ τοῦτο εἰκάζοι τις ἐς πλέον
ὀκτὼ καθήκειν πηχῶν. κατάβασις δὲ οὐκ ἔστι
πεποιημένη σφίσιν ἐς τὸ ἔδαφος· ἐπειδὰν δὲ
ἀνὴρ ἔρχηται παρὰ τὸν Τροφώνιον, κλίμακα
αὐτῷ κομίζουσι στενὴν καὶ ἐλαφράν. καταβάντι
δέ ἐστιν ὀπὴ μεταξὺ τοῦ τε ἐδάφους καὶ τοῦ
οἰκοδομήματος· σπιθαμῶν τὸ εὖρος δύο, τὸ δὲ
11 ὕψος ἐφαίνετο εἶναι σπιθαμῆς. ὁ οὖν κατιὼν
κατακλίνας ἑαυτὸν ἐς τὸ ἔδαφος ἔχων μάζας
μεμαγμένας μέλιτι προεμβάλλει τε ἐς τὴν ὀπὴν
τοὺς πόδας καὶ αὐτὸς ἐπιχωρεῖ, τὰ γόνατά οἱ
τῆς ὀπῆς ἐντὸς γενέσθαι προθυμούμενος· τὸ δὲ
λοιπὸν σῶμα αὐτίκα ἐφειλκύσθη τε καὶ τοῖς
γόνασιν ἐπέδραμεν, ὥσπερ ποταμῶν ὁ μέγιστος
καὶ ὠκύτατος συνδεθέντα ὑπὸ δίνης ἀποκρύ-
ψειεν ἂν [2] ἄνθρωπον. τὸ δὲ ἐντεῦθεν τοῖς ἐντὸς
τοῦ ἀδύτου γενομένοις οὐχ εἷς οὐδὲ ὁ αὐτὸς
τρόπος ἐστὶν ὅτῳ διδάσκονται τὰ μέλλοντα, ἀλλά
πού τις καὶ εἶδε καὶ ἄλλος ἤκουσεν. ἀναστρέ-
ψαι δὲ ὀπίσω τοῖς καταβᾶσι διὰ στομίου τε
ἔστι τοῦ αὐτοῦ καὶ προεκθεόντων σφίσι τῶν
12 ποδῶν. ἀποθανεῖν δὲ οὐδένα τῶν καταβάντων

that of the smallest threshing-floor, while its height
is just short of two cubits. On the basement stand
spikes, which, like the cross-bars holding them to-
gether, are of bronze, while through them has been
made a double door. Within the enclosure is a chasm
in the earth, not natural, but artificially constructed
after the most accurate masonry. The shape of this
structure is like that of a bread-oven. Its breadth
across the middle one might conjecture to be about
four cubits, and its depth also could not be estimated
to extend to more than eight cubits. They have made
no way of descent to the bottom, but when a man
comes to Trophonius, they bring him a narrow, light
ladder. After going down he finds a hole between
the floor and the structure. Its breadth appeared
to be two spans, and its height one span. The
descender lies with his back on the ground, holding
barley-cakes kneaded with honey, thrusts his feet
into the hole and himself follows, trying hard to get
his knees into the hole. After his knees the rest of
his body is at once swiftly drawn in, just as the
largest and most rapid river will catch a man in
its eddy and carry him under. After this those who
have entered the shrine learn the future, not in one
and the same way in all cases, but by sight sometimes
and at other times by hearing. The return upwards
is by the same mouth, the feet darting out first. They
say that no one who has made the descent has been

---

[1] The MSS. have ἀποδέουσι.
[2] ἂν added by Dindorf.

λέγουσιν ὅτι μὴ μόνον τῶν Δημητρίου τινὰ
δορυφόρων· τοῦτον δὲ οὔτε ποιῆσαι περὶ τὸ
ἱερόν φασιν οὐδὲν τῶν νενομισμένων οὔτε χρησό-
μενον τῷ θεῷ καταβῆναι, χρυσὸν δὲ καὶ ἄργυ-
ρον ἐκκομιεῖν ἐλπίσαντα ἐκ τοῦ ἀδύτου. λέγεται
δὲ καὶ τούτου τὸν νεκρὸν ἑτέρωθι ἀναφανῆναι
καὶ οὐ κατὰ στόμα ἐκβληθῆναι τὸ ἱερόν. ἐς μὲν
δὴ τὸν ἄνθρωπον λεγομένων καὶ ἄλλων εἴρηταί
13 μοι τὰ ἀξιολογώτατα· τὸν δὲ ἀναβάντα παρὰ
τοῦ Τροφωνίου παραλαβόντες αὖθις οἱ ἱερεῖς
καθίζουσιν ἐπὶ θρόνον Μνημοσύνης μὲν καλού-
μενον, κεῖται δὲ οὐ πόρρω τοῦ ἀδύτου, καθεσ-
θέντα δὲ ἐνταῦθα ἀνερωτῶσιν ὁπόσα εἶδέ τε καὶ
ἐπύθετο· μαθόντες δὲ ἐπιτρέπουσιν αὐτὸν ἤδη
τοῖς προσήκουσιν. οἱ δὲ ἐς τὸ οἴκημα, ἔνθα καὶ
πρότερον διῃτᾶτο παρά τε Τύχῃ καὶ Δαίμονι
ἀγαθοῖς, ἐς τοῦτο ἀράμενοι κομίζουσι κάτοχόν
τε ἔτι τῷ δείματι καὶ ἀγνῶτα ὁμοίως αὐτοῦ τε
καὶ τῶν πέλας. ὕστερον μέντοι τά τε ἄλλα
οὐδέν τι φρονήσει μεῖον ἢ πρότερον καὶ γέλως
14 ἐπάνεισίν οἱ. γράφω δὲ οὐκ ἀκοὴν ἀλλὰ ἑτέρους
τε ἰδὼν καὶ αὐτὸς τῷ Τροφωνίῳ χρησάμενος.
τοὺς δὲ ἐς τοῦ Τροφωνίου κατελθόντας, ἀνάγκη
σφᾶς, ὁπόσα ἤκουσεν ἕκαστος ἢ εἶδεν, ἀναθεῖναι
γεγραμμένα ἐν πίνακι. λείπεται δ' ἔτι καὶ τοῦ
Ἀριστομένους ἐνταῦθα ἡ ἀσπίς· τὰ δὲ ἐς αὐτὴν
ὁποῖα ἐγένετο, ἐδήλωσα ἐν τοῖς προτέροις τοῦ
λόγου.

XL. Τὸ δὲ μαντεῖον οἱ Βοιωτοὶ τοῦτο οὐ
πεπυσμένοι πρότερον ἐπ' αἰτίᾳ τοιᾷδε ἔγνωσαν.
θεωροὺς ἀφ' ἑκάστης πόλεως ἄνδρας ἀποστέλ-
λουσιν ἐς Δελφούς· οὐ γὰρ δή σφισιν ἔτος

killed, save only one of the bodyguard of Demetrius. But they declare that he performed none of the usual rites in the sanctuary, and that he descended, not to consult the god but in the hope of stealing gold and silver from the shrine. It is said that the body of this man appeared in a different place, and was not cast out at the sacred mouth. Other tales are told about the fellow, but I have given the one most worthy of consideration. After his ascent from Trophonius the inquirer is again taken in hand by the priests, who set him upon a chair called the chair of Memory, which stands not far from the shrine, and they ask of him, when seated there, all he has seen or learned. After gaining this information they then entrust him to his relatives. These lift him, paralysed with terror and unconscious both of himself and of his surroundings, and carry him to the building where he lodged before with Good Fortune and the Good Spirit. Afterwards, however, he will recover all his faculties, and the power to laugh will return to him. What I write is not hearsay; I have myself inquired of Trophonius and seen other inquirers. Those who have descended into the shrine of Trophonius are obliged to dedicate a tablet on which is written all that each has heard or seen. The shield also of Aristomenes is still preserved here. Its story I have already given in a former part of my work.[1]

XL. This oracle was once unknown to the Boeotians, but they learned of it in the following way. As there had been no rain for a year and more, they sent to Delphi envoys from each city. These asked for a

---

[1] See IV. xvi. 7 to xxxii. 6.

δεύτερον ὗεν ὁ θεός. τούτοις αἰτοῦσιν ἐπανόρ-
θωμα τοῦ αὐχμοῦ προσέταξεν ἡ Πυθία παρὰ
Τροφώνιον ἐς Λεβάδειαν ἐλθοῦσιν εὕρασθαι παρὰ
2 ἐκείνου τὸ ἴαμα. ὡς δὲ ἐς τὴν Λεβάδειαν
ἐλθόντες οὐκ ἐδύναντο εὑρεῖν τὸ μαντεῖον, ἐνταῦθα
τῶν ἐξ Ἀκραιφνίου πόλεως Σάων—οὗτος δὲ ἦν
καὶ ἡλικίᾳ τῶν θεωρῶν πρεσβύτατος—εἶδεν
ἑσμὸν μελισσῶν, καὶ παρέστη οἱ,[1] ὅποι ποτ᾽ ἂν
ἀποτράπωνται, καὶ αὐτὸς ἕπεσθαι. αὐτίκα δὴ
τὰς μελίσσας ἐς τοῦτο ἐσπετομένας ὁρᾷ τῆς γῆς,
καὶ συνεσῆλθέ σφισιν ἐς τὸ μαντεῖον. τοῦτον
τὸν Σάωνα καὶ τὴν ἱερουργίαν τὴν καθεστηκυῖαν,
καὶ ὁπόσα περὶ τὸ χρηστήριον δρῶσιν ἄλλα,
διδαχθῆναι παρὰ τοῦ Τροφωνίου φασίν.

3 Δαιδάλου δὲ τῶν ἔργων δύο μὲν ταῦτά ἐστιν
ἐν Βοιωτοῖς, Ἡρακλῆς τε ἐν Θήβαις καὶ παρὰ
Λεβαδεῦσιν ὁ Τροφώνιος, τοσαῦτα δὲ ἕτερα ξόανα
ἐν Κρήτῃ, Βριτόμαρτις ἐν Ὀλοῦντι καὶ Ἀθηνᾶ
παρὰ Κνωσσίοις· παρὰ τούτοις δὲ καὶ ὁ τῆς
Ἀριάδνης χορός, οὗ καὶ Ὅμηρος ἐν Ἰλιάδι
μνήμην ἐποιήσατο, ἐπειργασμένος ἐστὶν ἐπὶ
λευκοῦ λίθου. καὶ Δηλίοις Ἀφροδίτης ἐστὶν οὐ
μέγα ξόανον, λελυμασμένον τὴν δεξιὰν χεῖρα
ὑπὸ τοῦ χρόνου· κάτεισι δὲ ἀντὶ ποδῶν ἐς τετρά-
4 γωνον σχῆμα. πείθομαι τοῦτο Ἀριάδνην λαβεῖν
παρὰ Δαιδάλου, καὶ ἡνίκα ἠκολούθησε τῷ Θησεῖ,
τὸ ἄγαλμα ἐπεκομίζετο οἴκοθεν· ἀφαιρεθέντα δὲ
αὐτῆς τὸν Θησέα οὕτω φασὶν οἱ Δήλιοι τὸ ξόανον
τῆς θεοῦ ἀναθεῖναι τῷ Ἀπόλλωνι τῷ Δηλίῳ, ἵνα
μὴ οἴκαδε ἐπαγόμενος ἐς ἀνάμνησίν τε Ἀριάδνης
ἐφέλκηται καὶ ἀεὶ νέας ἐπὶ τῷ ἔρωτι εὑρίσκηται
τὰς συμφοράς. πέρα δὲ οὐκ οἶδα ὑπόλοιπα ὄντα
356

cure for the drought, and were bidden by the Pythian priestess to go to Trophonius at Lebadeia and to discover the remedy from him. Coming to Lebadeia they could not find the oracle. Thereupon Saon, one of the envoys from the city Acraephnium and the oldest of all the envoys, saw a swarm of bees. It occurred to him to follow himself wheresoever the bees turned. At once he saw the bees flying into the ground here, and he went with them into the oracle. It is said that Trophonius taught this Saon the customary ritual, and all the observances kept at the oracle.

Of the works of Daedalus there are these two in Boeotia, a Heracles in Thebes and the Trophonius at Lebadeia. There are also two wooden images in Crete, a Britomartis at Olus and an Athena at Cnossus, at which latter place is also Ariadne's Dance, mentioned by Homer in the *Iliad*,[1] carved in relief on white marble. At Delos, too, there is a small wooden image of Aphrodite, its right hand defaced by time, and with a square base instead of feet. I am of opinion that Ariadne got this image from Daedalus, and when she followed Theseus, took it with her from home. Bereft of Ariadne, say the Delians, Theseus dedicated the wooden image of the goddess to the Delian Apollo, lest by taking it home he should be dragged into remembering Ariadne, and so find the grief for his love ever renewed. I know of no other

[1] See Homer, *Iliad* xviii. 590 foll.

---

[1] The words καὶ παρέστη οἱ were added by Buttmann.

τῶν Δαιδάλου· τοῖς γὰρ ἀνατεθεῖσιν ὑπὸ Ἀρ-
γείων ἐς τὸ Ἡραῖον καὶ ἐς Γέλαν τὴν ἐν Σικελίᾳ
κομισθεῖσιν ἐξ Ὀμφάκης, ἀφανισθῆναί σφισιν ὁ
χρόνος καθέστηκεν αἴτιος.

5 Λεβαδέων δὲ ἔχονται Χαιρωνεῖς. ἐκαλεῖτο δὲ
ἡ πόλις καὶ τούτοις Ἄρνη τὸ ἀρχαῖον· θυγατέρα
δὲ εἶναι λέγουσιν Αἰόλου τὴν Ἄρνην, ἀπὸ δὲ
ταύτης κληθῆναι καὶ ἑτέραν ἐν Θεσσαλίᾳ πόλιν·
τὸ δὲ νῦν τοῖς Χαιρωνεῦσιν ὄνομα γεγονέναι ἀπὸ
Χαίρωνος, ὃν Ἀπόλλωνός φασιν εἶναι, μητέρα δὲ
αὐτοῦ Θηρὼ τὴν Φύλαντος εἶναι. μαρτυρεῖ δὲ
καὶ ὁ τὰ ἔπη τὰς μεγάλας Ἠοίας ποιήσας·

6 Φύλας δ᾽ ὤπυιεν κούρην κλειτοῦ Ἰολάου
Λειπεφιλήνην εἶδος Ὀλυμπιάδεσσιν ὅμοιον,
Ἱππότην δέ οἱ υἱὸν ἐνὶ μεγάροισιν ἔτικτεν
Θηρώ τ᾽ εὐειδῆ, ἱκέλην φαέεσσι σελήνης.
Θηρὼ δ᾽ Ἀπόλλωνος ἐς ἀγκοίνῃσι πεσοῦσα
γείνατο Χαίρωνος κρατερὸν μένος ἱπποδάμοιο.

Ὅμηρος δὲ ἐπιστάμενος ἐμοὶ δοκεῖν Χαιρώνειάν
τε ἤδη καὶ Λεβάδειαν καλουμένας, ὅμως τοῖς
ἀρχαίοις ἐχρήσατο ὀνόμασιν ἐς αὐτάς, καθότι καὶ
Αἴγυπτον τὸν ποταμὸν εἶπεν, οὐ Νεῖλον.

7 Χαιρωνεῦσι δὲ δύο ἐστὶν ἐν τῇ χώρᾳ τρόπαια,
ἃ Ῥωμαῖοι καὶ Σύλλας ἔστησαν Ταξίλον καὶ
στρατιὰν τὴν Μιθριδάτου κρατήσαντες. Φίλιππος
δὲ οὐκ ἀνέθηκεν ὁ Ἀμύντου τρόπαιον οὔτε ἐνταῦθα
οὔτε ὁπόσας μάχας ἄλλας βαρβάρους ἢ καὶ
Ἕλληνας ἐνίκησεν· οὐ γάρ τι Μακεδόσιν ἱστάναι
8 τρόπαια ἦν νενομισμένον. λέγεται δὲ ὑπὸ Μακε-
δόνων Καρανὸν βασιλεύοντα ἐν Μακεδονίᾳ κρα-
τῆσαι μάχῃ Κισσέως, ὃς ἐδυνάστευεν ἐν χώρᾳ τῇ

works of Daedalus still in existence. For the images
dedicated by the Argives in the Heraeum and those
brought from Omphace to Gela in Sicily have dis-
appeared in course of time.

Next to Lebadeia comes Chaeroneia. Its name
of old was Arne, said to have been a daughter of
Aeolus, who gave her name also to a city in Thessaly.
The present name of Chaeroneia, they say, is derived
from Chaeron, reputed to be a son of Apollo by Thero,
a daughter of Phylas. This is confirmed also by the
writer of the epic poem, the *Great Eoeae*:—

> Phylas wedded a daughter of famous Iolaüs,
> Leipephilene, like in form to the Olympian
> goddesses;
> She bore him in the halls a son Hippotes,
> And lovely Thero, like to the moonbeams.
> Thero, falling into the embrace of Apollo,
> Bore mighty Chaeron, tamer of horses.

Homer, I think, though he knew that Chaeroneia
and Lebadeia were already so called, yet uses their
ancient names, just as he speaks of the river Aegyptus,
not the Nile.[1]

In the territory of Chaeroneia are two trophies,
which the Romans under Sulla set up to commemorate
their victory over the army of Mithridates under
Taxilus. But Philip, son of Amyntas, set up no
trophy, neither here nor for any other success, whether
won over Greeks or non-Greeks, as the Macedonians
were not accustomed to raise trophies. The Mace-
donians say that Caranus, king of Macedonia, over-
came in battle Cisseus, a chieftain in a bordering

---

[1] See *Iliad* ii. 507 and *Odyssey* iv. 477 and 581, xiv. 258.

ὁμόρῳ· καὶ ὁ μὲν τρόπαιον ὁ Καρανὸς κατὰ
νόμους τοὺς Ἀργείων ἔστησεν ἐπὶ τῇ νίκῃ· ἐπελ-
θόντα δέ φασιν ἐκ τοῦ Ὀλύμπου λέοντα ἀνα-
9 τρέψαι τε τὸ τρόπαιον καὶ ἀφανισθῆναι, συνεῖναί
τε γνώμῃ Καρανὸν οὐκ εὖ βουλεύσασθαι βαρ-
βάροις τοῖς περιοικοῦσιν ἐς ἔχθραν ἐλθόντα ἀδιάλ-
λακτον, καταστῆναί τε χρῆναι μήτε ὑπὸ αὐτοῦ
Καρανοῦ μήτε ὑπὸ τῶν ὕστερον βασιλευσόντων
Μακεδονίας τρόπαια ἵστασθαι, εἰ ἐς εὔνοιάν ποτε
τοὺς προσχώρους ὑπάξονται. μαρτυρεῖ δὲ τῷ
λόγῳ καὶ Ἀλέξανδρος, οὐκ ἀναστήσας οὔτε ἐπὶ
Δαρείῳ τρόπαια οὔτε ἐπὶ ταῖς Ἰνδικαῖς νίκαις.
10 Προσιόντων δὲ τῇ πόλει πολυάνδριον Θηβαίων
ἐστὶν ἐν τῷ πρὸς Φίλιππον ἀγῶνι ἀποθανόντων.
ἐπιγέγραπται μὲν δὴ ἐπίγραμμα οὐδέν, ἐπίθημα
δ' ἔπεστιν αὐτῷ λέων· φέροι δ' ἂν ἐς τῶν ἀνδρῶν
μάλιστα τὸν θυμόν· ἐπίγραμμα δὲ ἄπεστιν ἐμοὶ
δοκεῖν ὅτι οὐδὲ ἐοικότα τῇ τόλμῃ σφίσι τὰ ἐκ τοῦ
11 δαίμονος ἠκολούθησε. θεῶν δὲ μάλιστα Χαιρω-
νεῖς τιμῶσι τὸ σκῆπτρον ὃ ποιῆσαι Διί φησιν
Ὅμηρος Ἥφαιστον, παρὰ δὲ Διὸς λαβόντα
Ἑρμῆν δοῦναι Πέλοπι, Πέλοπα δὲ Ἀτρεῖ κατα-
λιπεῖν, τὸν δὲ Ἀτρέα Θυέστῃ, παρὰ Θυέστου
δὲ ἔχειν Ἀγαμέμνονα· τοῦτο οὖν τὸ σκῆπτρον
σέβουσι, Δόρυ ὀνομάζοντες· καὶ εἶναι μέν τι
θειότερον οὐχ ἥκιστα δηλοῖ τὸ ἐς τοὺς ἀνθρώπους
12 ἐπιφανὲς ἐξ αὐτοῦ· φασὶ δ' ἐπὶ τοῖς ὅροις αὐτῶν
καὶ Πανοπέων τῶν ἐν τῇ Φωκίδι εὑρεθῆναι, σὺν
δὲ αὐτῷ καὶ χρυσὸν εὕρασθαι τοὺς Φωκεῖς, σφίσι
δὲ ἀσμένοις ἀντὶ χρυσοῦ γενέσθαι τὸ σκῆπτρον.
κομισθῆναι δὲ αὐτὸ ἐς τὴν Φωκίδα ὑπὸ Ἠλέκτρας
τῆς Ἀγαμέμνονος πείθομαι. ναὸς δὲ οὐκ ἔστιν

country. For his victory Caranus set up a trophy after the Argive fashion, but it is said to have been upset by a lion from Olympus, which then vanished. Caranus, they assert, realised that it was a mistaken policy to incur the undying hatred of the non-Greeks dwelling around, and so, they say, the rule was adopted that no king of Macedonia, neither Caranus himself nor any of his successors, should set up trophies, if they were ever to gain the good-will of their neighbours. This story is confirmed by the fact that Alexander set up no trophies, neither for his victory over Dareius nor for those he won in India.

As you approach the city you see a common grave of the Thebans who were killed in the struggle against Philip. It has no inscription, but is surmounted by a lion, probably a reference to the spirit of the men. That there is no inscription is, in my opinion, because their courage was not favoured by appropriate good fortune. Of the gods, the people of Chaeroneia honour most the sceptre which Homer says [1] Hephaestus made for Zeus, Hermes received from Zeus and gave to Pelops, Pelops left to Atreus, Atreus to Thyestes, and Agamemnon had from Thyestes. This sceptre, then, they worship, calling it Spear. That there is something peculiarly divine about this sceptre is most clearly shown by the fame it brings to the Chaeroneans. They say that it was discovered on the border of their own country and of Panopeus in Phocis, that with it the Phocians discovered gold, and that they were glad themselves to get the sceptre instead of the gold. I am of opinion that it was brought to Phocis by Agamemnon's daughter Electra.

[1] *Iliad* ii. 101 foll.

αὐτῷ δημοσίᾳ πεποιημένος, ἀλλὰ κατὰ ἔτος
ἕκαστον ὁ ἱερώμενος ἐν οἰκήματι ἔχει τὸ σκῆπ-
τρον· καί οἱ θυσίαι ἀνὰ πᾶσαν ἡμέραν θύονται,
καὶ τράπεζα παράκειται παντοδαπῶν κρεῶν καὶ
πεμμάτων πλήρης.

XLI. Ὁπόσα δὲ εἶναι τῶν Ἡφαίστου ποιηταί
τε ᾄδουσι καὶ τῶν ἀνθρώπων ἠκολούθηκεν ἡ
φήμη, τούτων, ὅτι μὴ τὸ Ἀγαμέμνονος σκῆπτρον,
ἄλλο γε οὐδὲν ἀξιόχρεών ἐστιν ἐς πίστιν. Λύκιοι
μέν γε ἐν Πατάροις ἐν τῷ ναῷ τοῦ Ἀπόλλωνος
χαλκοῦν ἐπιδεικνύουσι κρατῆρα, ἀνάθημα εἶναι
φάμενοι Τηλέφου καὶ ἔργον Ἡφαίστου· καὶ
σφᾶς, ὥς γε εἰκός, λέληθε Θεόδωρον καὶ Ῥοῖκον
Σαμίους εἶναι τοὺς διαχέαντας χαλκὸν πρώτους.

2 Πατρεῖς δὲ οἱ Ἀχαιοὶ λόγῳ μὲν λέγουσιν ὅτι
Ἡφαίστου ποίημά ἐστιν ἡ λάρναξ ἣν Εὐρύπυλος
ἤνεγκεν ἐξ Ἰλίου, ἔργῳ δὲ οὐ παρέχουσιν αὐτὴν
θεάσασθαι. ἔστι δὲ Ἀμαθοῦς ἐν Κύπρῳ πόλις,
Ἀδώνιδος ἐν αὐτῇ καὶ Ἀφροδίτης ἱερόν ἐστιν
ἀρχαῖον· ἀνακεῖσθαι δὲ ἐνταῦθα λέγουσιν ὅρμον
Ἁρμονίᾳ μὲν δοθέντα ἐξ ἀρχῆς, καλούμενον δὲ
Ἐριφύλης, ὅτι αὐτὴ δῶρον ἔλαβεν ἐπὶ τῷ ἀνδρί·
ὃν ἀνέθεσαν μὲν οἱ παῖδες ἐς Δελφοὺς οἱ Φηγέως
—τρόπον δὲ ὅντινα ἐκτήσαντο αὐτόν, ἐδήλωσεν
ἤδη μοι τὰ ἐς Ἀρκάδας ἔχοντα— ἐσυλήθη δὲ ὑπὸ
3 τυράννων τῶν ἐν Φωκεῦσιν. οὐ μὴν παρὰ
Ἀμαθουσίοις γε ἐν τῷ ἱερῷ τοῦ Ἀδώνιδος ἐμοὶ
δοκεῖν ἐστίν· ἐν Ἀμαθοῦντι μὲν γάρ ἐστι λίθοι
χλωροὶ συνδέοντος χρυσοῦ σφᾶς ὁ ὅρμος, τὸν δὲ
τῇ Ἐριφύλῃ δοθέντα Ὅμηρός φησιν ἐν Ὀδυσσείᾳ
πεποιῆσθαι χρυσοῦ, καὶ οὕτως ἔχει·

ἣ χρυσὸν φίλου ἀνδρὸς ἐδέξατο τιμήεντα.

It has no public temple made for it, but its priest keeps the sceptre for one year in a house. Sacrifices are offered to it every day, and by its side stands a table full of meats and cakes of all sorts.

XLI. Poets have sung, and the tradition of men has followed them, that Hephaestus made many works of art, but none is authentic except only the sceptre of Agamemnon. However, the Lycians in Patara show a bronze bowl in their temple of Apollo, saying that Telephus dedicated it and Hephaestus made it, apparently in ignorance of the fact that the first to melt bronze were the Samians Theodorus and Rhoecus. The Achaeans of Patrae assert indeed that Hephaestus made the chest brought by Eurypylus from Troy, but they do not actually exhibit it to view. In Cyprus is a city Amathus, in which is an old sanctuary of Adonis and Aphrodite. Here they say is dedicated a necklace given originally to Harmonia, but called the necklace of Eriphyle, because it was the bribe she took to betray her husband. It was dedicated at Delphi by the sons of Phegeus (how they got it I have already related in my history of Arcadia),[1] but it was carried off by the tyrants of Phocis. However, I do not think that it is in the sanctuary of Adonis at Amathus. For the necklace at Amathus is composed of green stones held together by gold, but the necklace given to Eriphyle was made entirely of gold, according to Homer, who says in the *Odyssey*[2] :—

Who received precious gold, the price of her own husband.

----

[1] See Book VIII. xxiv. 10.
[2] *Odyssey* xi. 327.

οὐ μὴν οὐδὲ ἠγνόει τοὺς ὅρμους τοὺς ποικίλους·
4 ἐν μέν γε τοῖς Εὐμαίου λόγοις πρὸς Ὀδυσσέα,
πρὶν ἢ ἐκ Πύλου Τηλέμαχον ἀφικέσθαι σφίσιν
ἐπὶ τὴν αὐλήν, ἐν τούτοις λόγοις ἐστὶν

ἤλυθ᾽ ἀνὴρ πολύιδρις ἐμοῦ πρὸς δώματα
πατρός
χρύσεον ὅρμον ἔχων, μετὰ δ᾽ ἠλέκτροισιν
ἔερτο,

5 καὶ ἐν Πηνελόπης δώροις—ἄλλους τε γὰρ τῶν
μνηστήρων δῶρα καὶ Εὐρύμαχον διδόντα Πηνε-
λόπῃ πεποίηκεν—

ὅρμον δ᾽ Εὐρύμαχος πολυδαίδαλον αὐτίκ᾽
ἔνεικε
χρύσεον, ἠλέκτροισιν ἐερμένον, ἠέλιον ὥς·

Ἐριφύλην δὲ οὐ χρυσῷ καὶ λίθοις ποικίλον
δέξασθαί φησιν ὅρμον. οὕτω τὸ εἰκὸς τῷ
σκήπτρῳ πρόσεστιν εἶναι μόνον ποίημα Ἡφαί-
στου.

6 Ἔστι δὲ ὑπὲρ τὴν πόλιν κρημνὸς Πετραχὸς
καλούμενος· Κρόνον δὲ ἐθέλουσιν ἐνταῦθα ἀπα-
τηθῆναι δεξάμενον ἀντὶ Διὸς πέτρον παρὰ τῆς
Ῥέας, καὶ ἄγαλμα Διὸς οὐ μέγα ἐστὶν ἐπὶ
7 κορυφῇ τοῦ ὄρους. ἐνταῦθα ἐν τῇ Χαιρωνείᾳ
μύρα ἀπὸ ἀνθῶν ἕψουσι κρίνου καὶ ῥόδου καὶ
ναρκίσσου καὶ ἴρεως· ταῦτα ἀλγηδόνων ἰάματα
ἀνθρώποις γίνεται. τὸ δὲ ἐκ τῶν ῥόδων ποιού-
μενον, εἰ καὶ ἀγάλματα εἰργασμένα ξύλου χρίοις,
ῥύεται καὶ ταῦτα σηπεδόνος. ἡ δὲ ἶρις φύεται
μὲν ἐν ἕλεσι, μέγεθος δ᾽ ἐστὶν ἴση κρίνῳ, χρόαν
δὲ οὐ λευκή, καὶ ὀσμὴν ἀποδεῖ κρίνου.

Not that Homer was unaware of necklaces made of various materials. For example, in the speech of Eumaeus to Odysseus [1] before Telemachus reaches the court from Pylus, he says :—

> There came a cunning man to the home of my father,
> With a necklace of gold strung with amber in between.

Again, in the passage called the gifts of Penelope, for he represents the wooers, Eurymachus among them, offering her gifts, he says [2] :—

> And Eurymachus straightway brought a necklace of varied materials,
> Of gold strung with pieces of amber, like the sun.

But Homer does not say that the necklace given to Eriphyle was of gold varied with stones. So probably the sceptre is the only work of Hephaestus.

There is beyond the city a crag called Petrachus. Here they hold that Cronus was deceived, and received from Rhea a stone instead of Zeus, and there is a small image of Zeus on the summit of the mountain. Here in Chaeroneia they distil unguents from flowers, namely, the lily, the rose, the narcissus and the iris. These prove to be cures for the pains of men. The unguent from the rose, if it be smeared on wooden images, prevents their decaying The iris grows in marshes, is in size as large as a lily, but is not white in colour, and smells less sweet.

[1] *Odyssey* xv. 459.    [2] *Odyssey* xviii. 295.

# BOOK X—PHOCIS, OZOLIAN LOCRI

Ι΄

## ΦΩΚΙΚΑ, ΛΟΚΡΩΝ ΟΖΟΛΩΝ

I. Γῆς δὲ τῆς Φωκίδος, ὅσον μὲν περὶ Τιθορέαν
καὶ Δελφούς ἐστιν αὐτῆς, ἐκ παλαιοτάτου
φανερὰ τὸ ὄνομα τοῦτο εἰληφυῖά ἐστιν ἀπὸ
ἀνδρὸς Κορινθίου Φώκου τοῦ Ὀρνυτίωνος· ἔτεσι
δ᾽ ὕστερον οὐ πολλοῖς ἐξενίκησε καὶ ἁπάσῃ
γενέσθαι τῇ ἐφ᾽ ἡμῶν καλουμένῃ Φωκίδι, Αἰγι-
νητῶν ναυσὶν ἐς τὴν χώραν διαβάντων ὁμοῦ
2 Φώκῳ τῷ Αἰακοῦ. τὰ μὲν δὴ ἀπαντικρὺ Πελο-
ποννήσου καὶ τὰ ἐπὶ Βοιωτίας καθήκουσιν ἐπὶ
θάλασσαν οἱ Φωκεῖς, τῇ μὲν ἐς Κίρραν τὸ
ἐπίνειον Δελφῶν, τῇ δ᾽ ἐπὶ Ἀντίκυραν πόλιν·
τὰ δὲ πρὸς τοῦ Λαμιακοῦ κόλπου Λοκροὶ σφᾶς
παραθαλασσίους οἱ Ὑποκνημίδιοι κωλύουσιν
εἶναι· οὗτοι γὰρ δή εἰσιν οἱ ταύτῃ τὴν Φωκίδα
ὑπεροικοῦντες, Σκαρφεῖς μὲν τὰ ἐπέκεινα Ἐλα-
τείας, ὑπὲρ δὲ Τάμπολιν καὶ Ἄβας οἱ πόλιν
τε Ὀποῦντα καὶ Ὀπουντίων ἐπίνειον νεμόμενοι
Κῦνον.
3   Τὰ δὲ ἐπιφανέστατα Φωκεῦσίν ἐστιν ἐν κοινῷ·
πολέμου γὰρ τοῦ πρὸς Ἰλίῳ μετεσχήκασι, καὶ
Θεσσαλῶν ἐναντία ἐπολέμησαν πρότερον ἔτι ἢ
ἐλάσαι τὸν Μῆδον ἐπὶ Ἕλληνας, ὅτε δὴ καὶ
ἐπεδείξαντο οἱ Φωκεῖς ἔργα ἐς μνήμην. κατὰ
γὰρ τὴν Τάμπολιν, ᾗ τοὺς Θεσσαλοὺς προσε-

# BOOK X

## PHOCIS, OZOLIAN LOCRI

I. It is plain that such part of Phocis as is around Tithorea and Delphi was so named in very ancient days after a Corinthian, Phocus, a son of Ornytion. Not many years afterwards, the name established itself as the received title of what is to-day called Phocis, when the Aeginetans had disembarked on the land with Phocus the son of Aeacus. Opposite the Peloponnesus, and in the direction of Boeotia, Phocis stretches to the sea, and touches it on one side at Cirrha, the port of Delphi, and on the other at the city of Anticyra. In the direction of the Lamian Gulf there are between Phocis and the sea only the Hypocnemidian Locrians. By these is Phocis bounded in this direction, by Scarpheia on the other side of Elateia, and by Opus and its port Cynus beyond Hyampolis and Abae.

The most renowned exploits of the Phocian people were undertaken by the whole nation. They took part in the Trojan war, and fought against the Thessalians before the Persian invasion of Greece, when they accomplished some noteworthy deeds. Expecting that the Thessalians would invade their land at

δέχοντο ἐμβαλεῖν σφισιν ἐς τὴν χώραν, ὑδρίας
κεράμου πεποιημένας κατορύξαντες καὶ ἐπ᾽ αὐτὰς
γῆν ἐπιφορήσαντες ὑπέμενον τὴν ἵππον τῶν
Θεσσαλῶν· οἱ δέ, ἅτε οὐ προπεπυσμένοι τῶν
Φωκέων τὴν τέχνην, ἐπελάσαντες τοὺς ἵππους
λανθάνουσιν ἐπὶ τὰς ὑδρίας. ἐνταῦθα ἀπεχω-
λοῦντο μὲν οἱ ἵπποι τῶν ποδῶν ἐσπιπτόντων
σφίσιν ἐς τὰς ὑδρίας, ἐκτείνοντο δὲ καὶ ἀπέπιπτον
4 οἱ ἄνδρες ἀπὸ τῶν ἵππων. ὡς δὲ οἱ Θεσσαλοὶ
μείζονι ἢ τὰ πρότερα ἐς τοὺς Φωκέας χρώμενοι
τῇ ὀργῇ συνελέχθησαν ἀπὸ τῶν πόλεων πασῶν
καὶ ἐς τὴν Φωκίδα ἐστρατεύοντο, ἐνταῦθα οἱ
Φωκεῖς ἐν οὐ μικρῷ ποιούμενοι δείματι τήν
τε ἄλλην τῶν Θεσσαλῶν ἐς τὸν πόλεμον παρα-
σκευὴν καὶ οὐχ ἥκιστα τῆς ἵππου τὸ πλῆθος
καὶ ὁμοῦ τῷ ἀριθμῷ τὴν ἐς τοὺς ἀγῶνας τῶν
τε ἵππων καὶ αὐτῶν μελέτην τῶν ἱππέων, ἀπο-
στέλλουσιν ἐς Δελφοὺς αἰτοῦντες τὸν θεὸν ἐκφυ-
γεῖν τὸν ἐπιόντα κίνδυνον· καὶ αὐτοῖς ἀφίκετο
μάντευμα·

συμβαλέω θνητόν τε καὶ ἀθάνατον μαχέ-
σασθαι,
νίκην δ᾽ ἀμφοτέροις δώσω, θνητῷ δέ νυ
μᾶλλον.

5 ταῦτα ὡς ἐπύθοντο οἱ Φωκεῖς, λογάδας τρια-
κοσίους καὶ Γέλωνα ἐπ᾽ αὐτοῖς ἄρχοντα ἀπο-
στέλλουσιν ἐς τοὺς πολεμίους ἄρτι ἀρχομένης
νυκτός, προστάξαντές σφισι κατοπτεῦσαί τε τὰ
τῶν Θεσσαλῶν ὅντινα ἀφανέστατον δύναιντο
τρόπον καὶ αὖθις ἐς τὸ στράτευμα ἐπανήκειν
κατὰ τῶν ὁδῶν τὴν μάλιστα ἄγνωστον, μηδὲ

Hyampolis, they buried there earthen water-pots, covered these with earth, and so waited for the Thessalian cavalry. Ignorant of the Phocian stratagem, the Thessalians without knowing it drove their horses on to the water-pots, where stumbling into them the horses were lamed, and threw or killed their riders. The Thessalians, more enraged than ever against the Phocians, gathered levies from all their cities and marched out against them. Whereupon the Phocians, greatly terrified at the army of the Thessalians, especially at the number of their cavalry and the practised discipline of both mounts and riders, despatched a mission to Delphi, praying the god that they might escape the danger that threatened them. The oracle given them was this :—

I will match in fight mortal and immortal,
And to both will I give victory, but more to the mortal.

On receiving this oracle, the Phocians sent three hundred picked men with Gelon in command to make an attack on the enemy. The night was just falling, and the orders given were to reconnoitre without being observed, to return to the main body by the least known route, and to remain strictly on the

371

ἑκόντας μάχης ἄρχειν. οὗτοι ὑπὸ τῶν Θεσσαλῶν
οἱ λογάδες ἀπώλοντο ἀθρόοι καὶ αὐτοὶ καὶ ὁ
ἡγούμενός σφισι Γέλων, συμπατούμενοί τε ὑπὸ
τῶν ἵππων καὶ ὑπὸ τῶν ἀνδρῶν φονευόμενοι.
6 καὶ ἡ συμφορὰ σφῶν κατάπληξιν τοῖς ἐπὶ τοῦ
στρατοπέδου τῶν Φωκέων τηλικαύτην ἐνεποίη-
σεν, ὥστε καὶ τὰς γυναῖκας καὶ παῖδας καὶ ὅσα
τῶν κτημάτων ἄγειν ἦν σφίσιν ἢ φέρειν, ἔτι δὲ
καὶ ἐσθῆτα καὶ χρυσόν τε καὶ ἄργυρον καὶ τὰ
ἀγάλματα τῶν θεῶν ἐς ταὐτὸ συλλέξαντες πυρὰν
ὡς μεγίστην ἐποίησαν, καὶ ἐπ' αὐτοῖς ἀριθμὸν
7 τριάκοντα ἄνδρας ἀπολείπουσι· προσετέτακτο δὲ
τοῖς ἀνδράσιν, εἰ ἡττᾶσθαι τοὺς Φωκέας συμβαί-
νοι τῇ μάχῃ, τότε δὴ προαποσφάξαι μὲν τὰς
γυναῖκάς τε καὶ παῖδας καὶ ὡς ἱερεῖα ἀναθέντας
ταῦτά τε καὶ τὰ χρήματα ἐπὶ τὴν πυρὰν καὶ
ἐνέντας πῦρ οὕτως ἤδη διαφθαρῆναι καὶ αὐτοὺς
ἤτοι ὑπ' ἀλλήλων ἢ ἐς τὴν ἵππον τῶν Θεσσαλῶν
ἐσπίπτοντας. ἀντὶ τούτου μὲν ἅπαντα τὰ
ἀνάλγητα βουλεύματα ἀπόνοια ὑπὸ Ἑλλήνων
ὀνομάζεται Φωκική, τότε δὲ οἱ Φωκεῖς ἐποιοῦντο
8 αὐτίκα ἐπὶ τοὺς Θεσσαλοὺς ἔξοδον· στρατηγοὶ
δὲ ἦσάν σφισι Ῥοῖός τε Ἀμβροσσεὺς καὶ
Ὑαμπολίτης Δαϊφάντης, οὗτος μὲν δὴ ἐπὶ τῇ
ἵππῳ, δυνάμεως δὲ τῆς πεζῆς ὁ Ἀμβροσσεύς.
ὁ δὲ χώραν ἐν¹ τοῖς ἄρχουσιν ἔχων τὴν μεγίστην
μάντις ἦν Τελλίας² ὁ Ἠλεῖος, καὶ ἐς τὸν Τελλίαν
τοῖς Φωκεῦσι τῆς σωτηρίας ἀπέκειντο αἱ ἐλπίδες.
9 ὡς δὲ ἐς χεῖρας συνῇεσαν, ἐνταῦθα τοῖς Φωκεῦσιν
ἐγίνετο ἐν ὀφθαλμοῖς τὰ ἐς τὰς γυναῖκας καὶ ἐς
τὰ τέκνα δόξαντα, τήν τε σωτηρίαν οὐκ ἐν
βεβαίῳ σφίσιν ἑώρων σαλεύουσαν καὶ τούτων

defensive. These picked men along with their
leader Gelon, trampled on by horses and butchered
by their enemies, perished to a man at the hands
of the Thessalians. Their disaster created such
panic among the Phocians in the camp that they
actually gathered together in one spot their women,
children, movable property, and also their clothes,
gold, silver and images of the gods, and making a
vast pyre they left in charge a force of thirty
men. These were under orders that, should the
Phocians chance to be worsted in the battle, they
were first to put to death the women and the children,
then to lay them like victims with the valuables on
the pyre, and finally to set it alight and perish them-
selves, either by each other's hands or by charging
the cavalry of the Thessalians. Hence all forlorn
hopes are called by the Greeks " Phocian despair."
On this occasion the Phocians forthwith proceeded to
attack the Thessalians. The commander of their
cavalry was Daïphantes of Hyampolis, of their
infantry Rhoeüs of Ambrossus. But the office of
commander-in-chief was held by Tellias, a seer of
Elis, upon whom rested all the Phocians' hopes of
salvation. When the battle joined, the Phocians
had before their eyes what they had resolved to
do to their women and children, and seeing that their
own salvation trembled in the balance, they dared

---

[1] ἐν is not in the MSS.
[2] Τελλίας is not in the MSS.

ἕνεκα ἐς παντοῖα ἀφικνοῦντο τολμήματα· προσ-
γενομένου δὲ καὶ τοῦ ἐκ θεῶν εὐμενοῦς νίκην
10 τῶν τότε ἀνείλοντο ἐπιφανεστάτην. τό τε λόγιον
τὸ γεγενημένον τοῖς Φωκεῦσι παρὰ τοῦ Ἀπόλ-
λωνος καὶ τοῖς πᾶσιν Ἕλλησιν ἐγνώσθη· τὸ γὰρ
σύνθημα κατὰ τὰ αὐτὰ ὑπὸ τῶν στρατηγούντων
ἐδίδοτο ἐν ταῖς μάχαις Θεσσαλοῖς μὲν Ἀθηνᾶς
Ἰτωνίας, τοῖς δὲ ὁ ἐπώνυμος Φῶκος. ἀπὸ τούτου
δὲ τοῦ ἔργου καὶ ἀναθήματα οἱ Φωκεῖς ἀπέ-
στειλαν ἐς Δελφοὺς Ἀπόλλωνα[1] καὶ Τελλίαν
τότε τὸν μάντιν καὶ ὅσοι μαχομένοις ἄλλοι
σφίσιν ἐστρατήγησαν, σὺν δὲ αὐτοῖς καὶ ἥρωας
τῶν ἐπιχωρίων· ἔργα δὲ αἱ εἰκόνες Ἀριστομέ-
δοντός εἰσιν Ἀργείου.

11 Εὑρέθη δὲ καὶ ὕστερον[2] τοῖς Φωκεῦσιν οὐκ
ἀποδέον σοφίᾳ τῶν προτέρων. ὡς γὰρ δὴ τὰ
στρατόπεδα ἀντεκάθητο περὶ τὴν ἐς τὴν Φωκίδα
ἐσβολήν, λογάδες Φωκέων πεντακόσιοι φυλάσ-
σοντες πλήρη τὸν κύκλον τῆς σελήνης ἐπιχει-
ροῦσιν ἐν τῇ νυκτὶ τοῖς Θεσσαλοῖς, αὐτοί τε
ἀληλιμμένοι γύψῳ καὶ ἐνδεδυκότες ὅπλα λευκὰ
ἐπὶ τῇ γύψῳ. ἐνταῦθα ἐξεργασθῆναι φόνον τῶν
Θεσσαλῶν λέγεται πλεῖστον, θειότερόν τι ἡγου-
μένων ἢ κατὰ ἔφοδον πολεμίων τὸ ἐν τῇ νυκτὶ
συμβαῖνον. ὁ δὲ Ἠλεῖος ἦν Τελλίας ὃς καὶ
ταῦτα τοῖς Φωκεῦσιν ἐμηχανήσατο ἐς τοὺς
Θεσσαλούς.

II. Ἐπεὶ δὲ ἐς τὴν Εὐρώπην ὁ Περσῶν στρα-
τὸς διέβη, λέγεται τοὺς Φωκέας φρονῆσαι μὲν
ὑπὸ ἀνάγκης τὰ βασιλέως, αὐτομολῆσαι δὲ ἐκ
τῶν Μήδων καὶ ἐς τὸ Ἑλληνικὸν παρὰ τὸ ἔργον
τὸ Πλαταιᾶσι παρατάξασθαι. χρόνῳ δὲ ὕστε-

the most desperate deeds, and, with the favour of
heaven, achieved the most famous victory of that
time. Then did all Greece understand the oracle
given to the Phocians by Apollo. For the watch-
word given in battle on every occasion by the Thes-
salian generals was Itonian Athena, and by the
Phocian generals Phocus, from whom the Phocians
were named. Because of this engagement the
Phocians sent as offerings to Delphi statues of Apollo,
of Tellias the seer, and of all their other generals
in the battle, together with images of their local
heroes. The figures were the work of the Argive
Aristomedon.

Afterwards the Phocians discovered a stratagem
quite as clever as their former ones. For when the
armies were lying opposite each other at the pass into
Phocis, five hundred picked men of Phocis, waiting
until the moon was full, attacked the Thessalians on
that night, first smearing themselves with chalk and,
in addition to the chalk, putting on white armour. It
is said that there then occurred a wholesale slaughter
of the Thessalians, who thought this apparition of the
night to be too unearthly to be an attack of their
enemies. It was Tellias of Elis who devised this
stratagem also for the Phocians to use against the
Thessalians.

II. When the Persian army crossed into Europe, it
is said that the Phocians were forced to join the
Great King, but deserted the Persian cause and
ranged themselves with the Greeks at the battle of
Plataea. Subsequently it happened that a fine was

---

[1] Some critics would read Ἀπόλλωνι.

[2] ὕστερόν τι suggested by Spiro and present editor
independently.

ρον κατέλαβεν αὐτοὺς ζημιωθῆναι χρήμασιν ὑπὸ
Ἀμφικτυόνων· οὐδὲ ἔχω τοῦ λόγου τὸ ἀληθὲς
ἐξευρεῖν εἴτε ἀδικήσασιν ἐπεβλήθη σφίσιν εἴτε
Θεσσαλοὶ κατὰ τὸ ἐκ παλαιοῦ μῖσος γενέσθαι
τὴν ζημίαν τοῖς Φωκεῦσιν ἦσαν οἱ πράξαντες.
2 ἐχόντων δὲ ἀθύμως αὐτῶν πρὸς τῆς ζημίας τὸ
μέγεθος, Φιλόμηλος σφᾶς ὑπολαβὼν ὁ Θεοτίμου,
Φωκέων οὐδενὸς ἀξιώματι ὕστερος—πατρὶς δὲ
αὐτῷ Λέδων τῶν ἐν Φωκεῦσιν ἦν πόλεων—οὗτος
οὖν ὁ Φιλόμηλος τήν τε ἔκτισιν αὐτοῖς ἀδύνατον
ἀπέφηνε τῶν χρημάτων καὶ ἀνέπειθε τὸ ἱερὸν
καταλαβεῖν τὸ ἐν Δελφοῖς, λέγων καὶ ἄλλα
ἐπαγωγὰ καὶ ὡς τὰ Ἀθηναίων καὶ ἐκ Λακε-
δαίμονος ἐπιτήδεια ἐξ ἀρχῆς ἐστιν αὐτοῖς,
Θηβαίων δὲ καὶ εἴ τις ἄλλος κατασταίη σφίσιν
ἐς πόλεμον, περιέσεσθαι καὶ ἀρετῇ σφᾶς καὶ
3 δαπάνῃ χρημάτων. ταῦτα τοῦ Φιλομήλου λέ-
γοντος οὐκ ἐγίνετο ἀκούσια τῷ πλήθει τῶν
Φωκέων, εἴτε τὴν γνώμην σφίσι τοῦ θεοῦ βλάπ-
τοντος εἴτε καὶ αὐτοῖς πεφυκόσιν ἐπίπροσθεν
εὐσεβείας τὰ κέρδη ποιεῖσθαι. τὴν δὲ τῶν
Δελφῶν κατάληψιν ἐποιήσαντο οἱ Φωκεῖς Ἡρα-
κλείδου μὲν πρυτανεύοντος ἐν Δελφοῖς καὶ Ἀγα-
θοκλέους Ἀθήνησιν ἄρχοντος, τετάρτῳ δὲ ἔτει
πέμπτης ὀλυμπιάδος ἐπὶ ταῖς ἑκατόν, ἣν Πρῶρος
ἐνίκα Κυρηναῖος στάδιον.
4 Καταλαβοῦσι δὲ αὐτοῖς τὸ ἱερὸν ξενικά τε
αὐτίκα τὰ ἰσχυρότατα τῶν ἐν Ἕλλησιν ἠθροίσθη
καὶ οἱ Θηβαῖοί σφισιν ἐς πόλεμον ἐκ τοῦ φανε-
ροῦ καθεστήκεσαν, διάφοροι καὶ τὰ πρότερα
ὄντες. χρόνος μὲν δὴ ἐγένετο ὃν ἐπολέμησαν
δέκα ἔτη συνεχῶς, καὶ ἐν τοσούτῳ πολέμου

inflicted on them by the Amphictyons. I cannot find out the truth of the story, whether the fine was inflicted because of the misdeeds of the Phocians, or whether the Thessalians exacted the fine from the Phocians because of their ancient hatred. As they were disheartened at the greatness of the fine, Philomelus, son of Theotimus, than whom no Phocian stood higher in rank, his country being Ledon, a city of Phocis, took charge and tried to persuade them to seize the sanctuary at Delphi, pointing out that the amount of the sum to be paid was beyond their resources. He stated, among other plausible arguments, that Athens and Sparta had always been favourable to them, and that if Thebes or any other state made war against them, they would have the better owing to their courage and resources. When Philomelus put all this before them, the Phocians were nothing loath, either because their judgment was blinded by heaven, or because their nature was to put gain before religion. The seizure of Delphi by the Phocians occurred when Heracleides was president at Delphi and Agathocles archon at Athens, in the fourth year of the hundred and fifth Olympiad, when 357 B.C. Prorus of Cyrene was victorious in the foot-race.

When they had seized the sanctuary, the best mercenaries in Greece at once mustered to join them, while the Thebans, at variance before, declared open war against them. The war lasted ten successive years, and during this long time victory often fell

377

μήκει πολλάκις μὲν οἱ Φωκεῖς καὶ τὰ παρ'
αὐτοῖς ξενικὰ ἐνίκησε, πολλάκις δὲ ἦν τὰ τῶν
Θηβαίων ἐπικρατέστερα· γενομένης δὲ κατὰ
Νεῶνα πόλιν συμβολῆς ἐτράποντο οἱ Φωκεῖς, καὶ
ὁ Φιλόμηλος ῥίπτει τε αὑτὸν ἐν τῇ φυγῇ κατὰ
ὑψηλοῦ καὶ ἀποτόμου κρημνοῦ καὶ ἀφίησιν οὕτω
τὴν ψυχήν· ἐτέτακτο δὲ καὶ ἄλλως τοῖς Ἀμ-
φικτύοσιν ἐς τοὺς συλῶντας[1] αὕτη ἡ[2] δίκη.
5 μετὰ δὲ Φιλόμηλον τελευτήσαντα Ὀνομάρχῳ
μὲν τὴν ἡγεμονίαν διδόασιν οἱ Φωκεῖς, ἐς δὲ
τῶν Θηβαίων τὴν συμμαχίαν προσεχώρησε
Φίλιππος ὁ Ἀμύντου· καὶ—ἐκράτησε γὰρ Φίλιπ-
πος τῆς συμβολῆς—φεύγων ὁ Ὀνόμαρχος καὶ
ἐπὶ θάλασσαν ἀφικόμενος ἐνταῦθα ὑπὸ τῶν
στρατιωτῶν κατηκοντίσθη τῶν οἰκείων, ὡς τὴν
ἧσσάν σφισιν ὑπὸ ἀτολμίας συμβᾶσαν τῆς
6 ἐκείνου καὶ ἐς τὸ στρατηγεῖν ἀπειρίας. Ὀνο-
μάρχῳ μὲν τέλος τοῦ βίου τοιοῦτον ἐπήγαγεν
ὁ δαίμων, στρατηγὸν δὲ αὐτοκράτορα εἵλοντο
ἀδελφὸν τοῦ Ὀνομάρχου Φάυλον. λέγουσι δὲ
τοῦτον τὸν Φάυλον[3] παρεληλυθέναι τε δὴ ἄρτι
ἐπὶ τῶν Φωκέων τὴν ἀρχὴν καὶ ὄψιν ὀνείρατος
ἰδεῖν τοιάνδε. ἐν τοῖς ἀναθήμασι τοῦ Ἀπόλ-
λωνος μίμημα ἦν χαλκοῦν ἀνδρὸς[4] χρονιωτέρου,
κατερρυηκότος τε ἤδη τὰς σάρκας καὶ τὰ ὀστᾶ
ὑπολειπομένου μόνα· ἀνάθημα δὲ ὑπὸ Δελφῶν
Ἱπποκράτους ἐλέγετο εἶναι τοῦ ἰατροῦ. τούτῳ
δὴ ἑαυτὸν ἐοικέναι τῷ ἀναθήματι ἔδοξεν ὁ
Φάυλος· αὐτίκα δὲ ὑπολαβοῦσα αὐτὸν φθινώδης
7 νόσος ἐπετέλει τοῦ ἐνυπνίου τὴν μαντείαν. Φαύ-
λου δὲ ἀποθανόντος ἐς Φάλαικον τὸν παῖδα
αὐτοῦ περιεχώρησεν ἡ ἐν[5] Φωκεῦσι δυναστεία·
378

to the Phocians and their mercenaries, and often the
Thebans proved the better. An engagement took
place at the town of Neon, in which the Phocians
were worsted, and in the rout Philomelus threw
himself down a high precipice, and so lost his life.
This was the very punishment fixed by the Amphic-
tyons for spoilers of the sanctuary. After the
death of Philomelus the Phocians gave the command
to Onomarchus, while Philip, son of Amyntas, made
an alliance with the Thebans. Philip had the better
of the encounter, and Onomarchus fleeing to the
coast was there shot down by his own troops, who
considered their defeat due to his lack of enterprise
and inexperience as a general. Such was the end
which fate brought upon Onomarchus, and his brother
Phaÿlus was chosen as commander-in-chief. It is
said that no sooner had this Phaÿlus come to rule
over the Phocians when he saw the following vision
in a dream. Among the votive offerings to Apollo
was a representation in bronze of a man's body in an
advanced stage of decay, with the flesh already fallen
off, and nothing left but the bones. The Delphians
said that it was an offering of Hippocrates the
physician. Now the thought came to Phaÿlus that
he resembled this offering. Forthwith he was
attacked by a wasting disease, which so fulfilled the
omen of the dream. On the death of Phaÿlus the
sovereignty of the Phocians devolved on Phalaecus

---

1 The MSS. have συνόντας.
2 ἡ is not in the MSS.
3 λέγουσι . . . Φάυλον is not in the MSS.
4 ἀνδρὸς is not in the MSS.
5 ἐν is not in the MSS.

καὶ ἐπεὶ ἔσχεν ὁ Φάλαικος αἰτίαν[1] ἰδίᾳ περι-
ποιεῖσθαι τῶν ἱερῶν χρημάτων, ἐπαύθη τῆς
ἀρχῆς. διαβὰς δὲ ναυσὶν ἐς Κρήτην ὁμοῦ Φω-
κέων τοῖς ᾑρημένοις τὰ ἐκείνου καὶ μοῖρα τοῦ
ξενικοῦ, Κυδωνίᾳ προσκαθήμενος—οὐ γάρ οἱ
διδόναι χρήματα ἐβούλοντο αἰτοῦντι—τῆς στρα-
τιᾶς τὸ πολὺ ἀπόλλυσι καὶ αὐτὸς ἀπώλετο.

III. Δεκάτῳ δὲ ὕστερον ἔτει μετὰ τὴν τοῦ
ἱεροῦ κατάληψιν ἐπέθηκεν ὁ Φίλιππος πέρας τῷ
πολέμῳ, Φωκικῷ τε καὶ ἱερῷ κληθέντι τῷ αὐτῷ,
Θεοφίλου μὲν Ἀθήνῃσιν ἄρχοντος, ὀγδόης δὲ
ὀλυμπιάδος καὶ ἑκατοστῆς ἔτει πρώτῳ, ἣν Πο-
λυκλῆς ἐνίκα στάδιον Κυρηναῖος. καὶ ἐς ἔδαφος
ἁλοῦσαι κατεβλήθησαν τῶν Φωκέων αἱ πόλεις·
ἀριθμὸς δὲ ἦν αὐτῶν Λίλαια καὶ Ὑάμπολις καὶ
Ἀντίκυρα καὶ Παραποτάμιοι καὶ Πανοπεύς τε
καὶ Δαυλίς. τούτων μὲν δὴ ὄνομα ἦν ἐκ παλαιοῦ,
2 καὶ οὐχ ἥκιστα ἐπῶν ἕνεκα τῶν Ὁμήρου· τὰς
δὲ αὐτῶν ἡ στρατιὰ καταπρήσασα ἡ μετὰ Ξέρξου
γνωριμωτέρας ἐς τὸ Ἑλληνικὸν ἐποίησεν, Ἐρωχὸν
καὶ Χαράδραν καὶ Ἀμφίκλειαν καὶ Νέωνας καὶ
Τιθρώνιον καὶ Δρυμαίαν. αἱ δὲ ἄλλαι πλήν γε
δὴ Ἐλατείας τὰ πρότερα οὐκ ἐπιφανεῖς ἦσαν,
Τραχίς τε ἡ Φωκικὴ καὶ Μεδεὼν ὁ Φωκικὸς
καὶ Ἐχεδάμεια καὶ Ἄμβροσσος καὶ Λέδων καὶ
Φλυγόνιον ἔτι καὶ Στῖρις. τότε δὲ κατεσκάφησάν
τε αἱ κατειλεγμέναι καὶ ἐς κώμας πλὴν Ἄβας
ᾠκίσθησαν αἱ ἄλλαι· Ἀβαίοις δὲ ἐκτὸς ἀσεβείας
ὑπῆρχε καθεστηκέναι, καὶ οὔτε τοῦ ἱεροῦ τῆς
καταλήψεως οὔτε τοῦ πολέμου μετεσχήκεσαν.
3 ἀφῃρέθησαν δὲ οἱ Φωκεῖς καὶ μετεῖναί σφισιν

[1] αἰτίαν is not in the MSS.

his son. Phalaecus, accused of appropriating to his own use the sacred treasures, was deposed, and crossing with a fleet to Crete, accompanied by such Phocians as sided with him and by a part of his mercenaries, he sat down to besiege Cydonia, which refused to accede to his demand for money, and perished along with the greater part of his army.

III. In the tenth year after the seizure of the sanctuary, Philip put an end to the war, which was called both the Phocian War and the Sacred War, in the year when Theophilus was archon at Athens, which was the first of the hundred and eighth 348 B.C. Olympiad at which Polycles of Cyrene was victorious in the foot-race. The cities of Phocis were captured and razed to the ground. The tale of them was Lilaea, Hyampolis, Anticyra, Parapotamii, Panopeus and Daulis. These cities were distinguished in days of old, especially because of the poetry of Homer.[1] The army of Xerxes, burning down certain of these, made them better known in Greece, namely Erochus, Charadra, Amphicleia, Neon, Tithronium and Drymaea. The rest of the Phocian cities, except Elateia, were not famous in former times, I mean Phocian Trachis, Phocian Medeon, Echedameia, Ambrossus, Ledon, Phlygonium and Stiris. On the occasion to which I have referred all the cities enumerated were razed to the ground and their people scattered in villages. The one exception to this treatment was Abae, whose citizens were free from impiety, and had had no share in the seizure of the sanctuary or in the war. The Phocians were

---

[1] See Homer, *Iliad* ii. 520.

ἱεροῦ τοῦ ἐν Δελφοῖς καὶ συνόδου τῆς ἐς τὸ
Ἑλληνικόν, καὶ τὰς ψήφους αὐτῶν Μακεδόσιν
ἔδοσαν οἱ Ἀμφικτύονες. ἀνὰ χρόνον μέντοι τοῖς
Φωκεῦσιν αἱ πόλεις ἀνῳκίσθησαν καὶ ἐς τὰς
πατρίδας κατήχθησαν ἐκ τῶν κωμῶν, πλὴν εἰ
μὴ ἀνοικισθῆναί τινας ἐκώλυσεν ἀσθένειά τε ἡ
ἐξ ἀρχῆς καὶ ἡ τῶν χρημάτων ἐν τῷ τότε
ἔνδεια· Ἀθηναῖοι δὲ καὶ Θηβαῖοι σφᾶς ἦσαν οἱ
κατάγοντες, πρὶν ἢ τὸ ἐν Χαιρωνείᾳ συμβῆναι
4 πταῖσμα Ἕλλησι. καὶ ἀγῶνος τοῦ ἐν Χαιρωνείᾳ
μετέσχον οἱ Φωκεῖς, καὶ ὕστερον περὶ Λάμιαν
καὶ ἐν Κραννῶνι ἐναντία Ἀντιπάτρου καὶ
Μακεδόνων ἐμαχέσαντο· Γαλάτας δὲ καὶ τὴν
Κελτικὴν στρατιὰν προθυμότατα ἠμύνοντο Ἑλ-
λήνων, θεῷ τε τιμωροῦντες τῷ ἐν Δελφοῖς καὶ
ἐς ἀπολογίαν ἅμα ἐμοὶ δοκεῖν τῶν ἀρχαίων
ἐγκλημάτων.

IV. Τούτοις μὲν δὴ τοιαῦτα ὑπῆρχεν ἐς μνή-
μην· στάδια δὲ ἐκ Χαιρωνείας εἴκοσιν ἐς Πανο-
πέας ἐστὶ πόλιν Φωκέων, εἴγε ὀνομάσαι τις
πόλιν καὶ τούτους οἷς γε οὐκ ἀρχεῖα οὐ γυμνά-
σιόν ἐστιν, οὐ θέατρον οὐκ ἀγορὰν ἔχουσιν, οὐχ
ὕδωρ κατερχόμενον ἐς κρήνην, ἀλλὰ ἐν στέγαις
κοίλαις κατὰ τὰς καλύβας μάλιστα τὰς ἐν τοῖς
ὄρεσιν, ἐνταῦθα οἰκοῦσιν ἐπὶ χαράδρᾳ. ὅμως δὲ
ὅροι γε τῆς χώρας εἰσὶν αὐτοῖς ἐς τοὺς ὁμόρους,
καὶ ἐς τὸν σύλλογον συνέδρους καὶ οὗτοι
πέμπουσι τὸν Φωκικόν. καὶ γενέσθαι μὲν τῇ
πόλει τὸ ὄνομα λέγουσιν ἀπὸ τοῦ Ἐπειοῦ πατρός,
αὐτοὶ δὲ οὐ Φωκεῖς, Φλεγύαι δὲ εἶναι τὸ ἐξ
ἀρχῆς καὶ ἐς τὴν γῆν διαφυγεῖν φασι τὴν Φωκίδα
2 ἐκ τῆς Ὀρχομενίας. Πανοπέων δὲ τὸν ἀρχαῖον

deprived of their share in the Delphic sanctuary and in the Greek assembly, and their votes were given by the Amphictyons to the Macedonians. Subsequently, however, the Phocian cities were rebuilt, and their inhabitants restored from the villages to their native cities, save such as were prevented from being rebuilt by their original weakness and by their want of funds at the period of restoration. It was the Athenians and Thebans who brought back the inhabitants before the disaster of Chaeroneia befell the Greeks. The Phocians took part in the battle of Chaeroneia, and afterwards fought at Lamia and Crannon against the Macedonians under Antipater. No Greeks were keener defenders against the Gauls and the Celtic invaders than were the Phocians, who considered that they were helping the god of Delphi, and at the same time, I take it, that they were making amends for the old crimes they had committed.

IV. Such were the memorable exploits of the Phocians. From Chaeroneia it is twenty stades to Panopeus, a city of the Phocians, if one can give the name of city to those who possess no government offices, no gymnasium, no theatre, no market-place, no water descending to a fountain, but live in bare shelters just like mountain cabins, right on a ravine. Nevertheless, they have boundaries with their neighbours, and even send delegates to the Phocian assembly. The name of the city is derived, they say, from the father of Epeius, and they maintain that they are not Phocians, but were originally Phlegyans who fled to Phocis from the land of Orchomenus. A survey of

θεώμενοι περίβολον ἑπτὰ εἶναι σταδίων μάλιστα
εἰκάζομεν· ὑπῄει τε ἐπῶν ἡμᾶς τῶν Ὁμήρου
μνήμη ὧν ἐποίησεν ἐς Τιτυόν, καλλίχορον τῶν
Πανοπέων ὀνομάσας τὴν πόλιν, καὶ ὡς ἐν τῇ
μάχῃ τῇ ἐπὶ τῷ Πατρόκλου νεκρῷ καὶ
Σχεδίον τὸν Ἰφίτου βασιλεύοντα Φωκέων καὶ
ἀποθανόντα ὑφ᾽ Ἕκτορος κατοικεῖν εἶπεν ἐν τῷ
Πανοπεῖ. τοῦτο μὲν δὴ ἐφαίνετο ἡμῖν ἔχειν
αἰτίαν, φόβῳ τῶν Βοιωτῶν—κατὰ γὰρ τοῦτό
ἐστιν ἐκ τῆς Βοιωτίας ἡ ἐς τὴν Φωκίδα ἐσβολὴ
ῥᾴστη—ἐνταῦθα οἰκεῖν τὸν βασιλέα ἅτε φρουρίῳ
3 τῷ Πανοπεῖ χρώμενον· τὸ ἕτερον δὲ οὐκ ἐδυνήθην
συμβαλέσθαι πρότερον, ἐφ᾽ ὅτῳ καλλίχορον τὸν
Πανοπέα εἴρηκε, πρὶν ἢ ἐδιδάχθην ὑπὸ τῶν παρ᾽
Ἀθηναίοις καλουμένων Θυιάδων. αἱ δὲ Θυιάδες
γυναῖκες μέν εἰσιν Ἀττικαί, φοιτῶσαι δὲ ἐς τὸν
Παρνασσὸν παρὰ ἔτος αὐταί τε καὶ αἱ γυναῖκες
Δελφῶν ἄγουσιν ὄργια Διονύσῳ. ταύταις ταῖς
Θυιάσι κατὰ τὴν ἐξ Ἀθηνῶν ὁδὸν καὶ ἀλλαχοῦ
χοροὺς ἱστάναι καὶ παρὰ τοῖς Πανοπεῦσι καθέ-
στηκε· καὶ ἡ ἐπίκλησις ἡ ἐς τὸν Πανοπέα
Ὁμήρου ὑποσημαίνειν τῶν Θυιάδων δοκεῖ τὸν
χορόν.
4    Πανοπεῦσι δέ ἐστιν ἐπὶ τῇ ὁδῷ πλίνθου τε
ὠμῆς οἴκημα οὐ μέγα καὶ ἐν αὐτῷ λίθου τοῦ
Πεντελῆσιν ἄγαλμα, ὃν Ἀσκληπιόν, οἱ δὲ Προ-
μηθέα εἶναί φασι. καὶ παρέχονταί γε τοῦ λόγου
μαρτύρια. λίθοι κεῖνταί σφισιν ἐπὶ τῇ χαράδρᾳ,
μέγεθος μὲν ἑκάτερος[1] ὡς φόρτον ἀποχρῶντα
ἁμάξης εἶναι, χρῶμα δέ ἐστι πηλοῦ σφισιν, οὐ
γεώδους ἀλλ᾽ οἷος ἂν χαράδρας γένοιτο ἢ χει-
μάρρου ψαμμώδους, παρέχονται δὲ καὶ ὀσμὴν

the ancient circuit of Panopeus led me to guess it to be about seven stades. I was reminded of Homer's verses about Tityos,[1] where he mentions the city of Panopeus with its beautiful dancing-floors, and how in the fight over the body of Patroclus he says that Schedius, son of Iphitus and king of the Phocians, who was killed by Hector, lived in Panopeus.[2] It seemed to me that the reason why the king lived here was fear of the Boeotians; at this point is the easiest pass from Boeotia into Phocis, so the king used Panopeus as a fortified post. The former passage, in which Homer speaks of the beautiful dancing-floors of Panopeus, I could not understand until I was taught by the women whom the Athenians call Thyiads. The Thyiads are Attic women, who with the Delphian women go to Parnassus every other year and celebrate orgies in honour of Dionysus. It is the custom for these Thyiads to hold dances at places, including Panopeus, along the road from Athens. The epithet Homer applies to Panopeus is thought to refer to the dance of the Thyiads.

At Panopeus there is by the roadside a small building of unburnt brick, in which is an image of Pentelic marble, said by some to be Asclepius, by others Prometheus. The latter produce evidence of their contention. At the ravine there lie two stones, each of which is big enough to fill a cart. They have the colour of clay, not earthy clay, but such as would be found in a ravine or sandy torrent, and they

---

[1] See Homer, *Odyssey* xi. 581.
[2] See Homer, *Iliad* xvii. 307 foll.

---

[1] Some MSS. have ἕκαστος, a reading which would suggest more stones than two.

ἐγγύτατα χρωτὶ ἀνθρώπου· ταῦτα ἔτι λείπεσθαι
τοῦ πηλοῦ λέγουσιν ἐξ οὗ καὶ ἅπαν ὑπὸ τοῦ
Προμηθέως τὸ γένος πλασθῆναι τῶν ἀνθρώπων.
5 ἐνταῦθα ἐπὶ τῇ χαράδρᾳ καὶ Τιτυοῦ μνῆμά ἐστι·
περίοδος μὲν τοῦ χώματος τρίτον μάλιστά που
σταδίου, τὸ δὲ ἔπος τὸ ἐν Ὀδυσσείᾳ

κείμενον ἐν δαπέδῳ· ὁ δ᾽ ἐπ᾽ ἐννέα κεῖτο
πέλεθρα

οὐκ ἐπὶ μεγέθει πεποιῆσθαι τοῦ Τιτυοῦ φασιν,
ἀλλ᾽ ἔνθα ὁ Τιτυὸς ἐτέθη, Πλέθρα ἐννέα ὄνομα[1]
6 εἶναι τῷ χωρίῳ. Κλέων δὲ ἀνὴρ Μάγνης, οἳ τῷ
Ἕρμῳ προσοικοῦσιν, ἔφασκεν ἐς τὰ παράδοξα
ἀπίστους εἶναι τῶν ἀνθρώπων οἷς ἂν μὴ παρὰ
τὸν αὑτῶν γένηται βίον θεάμασιν ἐπιτυχεῖν
λόγου μείζοσιν· αὐτὸς δὲ καὶ Τιτυὸν καὶ ἄλλους
ἔφη πείθεσθαι γεγονέναι κατὰ τὴν φήμην· τυχεῖν
γὰρ δὴ ὢν ἐν Γαδείροις, καὶ ἐκπλεῦσαι μὲν αὐτός
τε καὶ τὸν ἄλλον πάντα ὄχλον ἐκ τῆς νήσου κατὰ
τὸ Ἡρακλέους πρόσταγμα, ὡς δὲ αὖθις ἐπανήκειν
ἐς τὰ Γάδειρα, ἄνδρα εὑρεῖν θαλάσσιον ἐκπεπ-
τωκότα ἐς τὴν γῆν· τοῦτον πλέθρα μὲν πέντε
μάλιστα ἐπέχειν, κεραυνωθέντα δὲ ὑπὸ τοῦ θεοῦ
καίεσθαι.

7 Οὗτος μὲν δὴ ταῦτα ἔλεγεν, Πανοπέως δὲ ὅσον
στάδια εἴκοσι καὶ[2] ἑπτὰ ἀπέχει Δαυλίς. οἱ δὲ
ἐνταῦθα ἄνθρωποι πλῆθος μέν εἰσιν οὐ πολλοί,
μεγέθει δὲ καὶ ἀλκῇ καὶ ἐς ἐμὲ ἔτι δοκιμώτατοι
Φωκέων. τὸ δὲ ὄνομα τῇ πόλει τεθῆναι λέγουσιν
ἀπὸ Δαυλίδος νύμφης, θυγατέρα δὲ εἶναι τοῦ

---

[1] ὄνομα added by Schäfer.
[2] εἴκοσι καὶ added by Leake.

smell very like the skin of a man. They say that these are remains of the clay out of which the whole race of mankind was fashioned by Prometheus. Here at the ravine is the tomb of Tityos. The circumference of the mound is just about one-third of a stade, and they say that the verse in the *Odyssey* [1] :—

Lying on the ground, and he lay over nine roods,

refers, not to the size of Tityos, but to the place where he lay, the name of which was Nine Roods. Cleon of Magnesia on the Hermus used to say that those men were incredulous of wonders who in the course of their own lives had not met yet greater marvels. He declared that Tityos and other monsters had been as tradition says they were. He happened, he said, to be at Cadiz, and he, with the rest of the crowd, sailed forth from the island in accordance with the command of Heracles; [2] on their return to Cadiz they found cast ashore a man of the sea, who was about five roods in size, and burning away, because heaven had blasted him with a thunderbolt.

So said Cleon. About twenty-seven stades distant from Panopeus is Daulis. The men there are few in number, but for size and strength no Phocians are more renowned even to this day. They say that the name of the city is derived from Daulis, a nymph,

---

[1] Homer, *Odyssey* xi. 577.

[2] Probably referring to a custom that all foreigners should leave Cadiz at certain times, probably at the festival of Heracles. The monster may have been a wooden effigy burnt on these occasions (Frazer).

Κηφισοῦ τὴν Δαυλίδα. τοῖς δέ ἐστιν εἰρημένον
ὡς τὸ χωρίον, ἔνθα ἡ πόλις ᾠκίσθη, παρείχετο
συνεχῆ δένδρα, καλεῖσθαι δὲ τὰ δασέα ὑπὸ τῶν
πάλαι δαῦλα· ἐπὶ τούτῳ δὲ καὶ Αἰσχύλον τὰ
Γλαύκου τοῦ Ἀνθηδονίου γένεια ὑπήνην ὠνο-
8 μακέναι δαῦλον. ἐνταῦθα ἐν τῇ Δαυλίδι παρα-
θεῖναι τῷ Τηρεῖ τὸν παῖδα αἱ γυναῖκες λέγονται,
καὶ ἀνθρώποις τῶν ἐπὶ τραπέζῃ μιασμάτων
τοῦτο ἦρξεν. ὁ δὲ ἔποψ ἐς ὃν ἔχει λόγος τὸν
Τηρέα ἀλλαγῆναι, οὗτος ὁ ὄρνις μέγεθος μὲν
ὀλίγον ἐστὶν ὑπὲρ ὄρτυγα, ἐπὶ τῇ κεφαλῇ δέ οἱ
9 τὰ πτερὰ ἐς λόφου σχῆμα ἐξῆρται. θαυμάσαι δὲ
ἄξιον ὅτι ἐν τῇ γῇ ταύτῃ χελιδόνες οὔτε τίκτου-
σιν οὔτε ἐκλέπουσί γε τὰ ᾠά, οὐδ᾽ ἂν ἀρχὴν πρὸς
οἰκήματος ὀρόφῳ νεοσσιὰν χελιδὼν ποιήσαιτο·
λέγουσι δὲ οἱ Φωκεῖς ὡς τῇ Φιλομήλᾳ καὶ ὄρνιθι
οὔσῃ Τηρέως δεῖμα ἐφάνη καὶ οὕτω τῆς πατρίδος
ἀπέστη τῆς Τηρέως. Δαυλιεῦσι δὲ Ἀθηνᾶς
ἱερὸν καὶ ἄγαλμά ἐστιν ἀρχαῖον· τὸ δὲ ξόανον
τὸ ἔτι παλαιότερον λέγουσιν ἐπαγαγέσθαι
10 Πρόκνην ἐξ Ἀθηνῶν. ἔστι δὲ τῆς Δαυλίας
χώρα καλουμένη Τρωνίς· ἐνταῦθα ἡρῷον ἥρω
Ἀρχηγέτου πεποίηται· τὸν δὲ ἥρω τοῦτον
Ξάνθιππον οὐκ ἀφανῆ τὰ ἐς πόλεμον, οἱ δὲ
Φῶκον εἶναι τὸν Ὀρνυτίωνος τοῦ Σισύφου φασίν.
ἔχει δ᾽ οὖν ἐπὶ ἡμέρᾳ τε πάσῃ τιμὰς καὶ ἄγοντες
ἱερεῖα οἱ Φωκεῖς τὸ μὲν αἷμα δι᾽ ὀπῆς ἐσχέουσιν
ἐς τὸν τάφον, τὰ δὲ κρέα ταύτῃ σφίσιν ἀναλοῦν
καθέστηκεν.

V. Ἔστι δὲ καὶ ἄνοδος διὰ τῆς Δαυλίδος ἐς τὰ
ἄκρα τοῦ Παρνασσοῦ μακροτέρα τῆς ἐκ Δελφῶν,
οὐ μέντοι καὶ κατὰ ταὐτὰ χαλεπή. ἐς δὲ τὴν

the daughter of the Cephisus. Others say that the place, on which the city was built, was wooded, and that such shaggy places (*dasea*) were called *daula* by the ancients. For this reason, they say, Aeschylus called the beard of Glaucus of Anthedon *hypene daulos*. Here in Daulis the women are said to have served up to Tereus his own son, which act was the first pollution of the dining-table among men. The hoopoe, into which the legend says Tereus was changed, is a bird a little larger than the quail, while the feathers on its head rise into the shape of a crest. It is noteworthy that in Phocis swallows neither hatch nor lay eggs; in fact no swallow would even make a nest in the roof of a house. The Phocians say that even when Philomela was a bird she had a terror of Tereus, and so kept away from his country. At Daulis is a sanctuary of Athena with an ancient image. The wooden image, of an even earlier date, the Daulians say was brought from Athens by Procne. In the territory of Daulis is a place called Tronis. Here has been built a shrine of the Founder hero. This founder is said by some to have been Xanthippus, a distinguished soldier; others say that he was Phocus, son of Ornytion, son of Sisyphus. At any rate, he is worshipped every day, and the Phocians bring victims and pour the blood into the grave through a hole, but the flesh they are wont to consume on the spot.

V. There is also an ascent through Daulis to the summit of Parnassus, a longer one than that from Delphi, though not so difficult. Turning back from

ἐπὶ Δελφῶν εὐθεῖαν ἀναστρέψαντι ἐκ Δαυλίδος
καὶ ἰόντι ἐπὶ τὸ πρόσω, ἔστιν οἰκοδόμημα ἐν
ἀριστερᾷ τῆς ὁδοῦ καλούμενον Φωκικόν, ἐς ὃ ἀπὸ
2 ἑκάστης πόλεως συνίασιν οἱ Φωκεῖς. μεγέθει
μὲν μέγα τὸ οἴκημα, ἐντὸς δὲ αὐτοῦ κίονες κατὰ
μῆκός εἰσιν ἑστηκότες· ἀναβασμοὶ δὲ ἀπὸ τῶν
κιόνων ἀνήκουσιν ἐς ἑκάτερον τοῖχον, καὶ ἐπὶ
τῶν ἀναβασμῶν τούτων οἱ συνιόντες τῶν Φωκέων
καθέζονται. πρὸς δὲ τῷ πέρατι κίονες μὲν οὐκ
εἰσὶν οὐδὲ ἀναβασμοί, Διὸς δὲ ἄγαλμα καὶ
Ἀθηνᾶς καὶ Ἥρας, τὸ μὲν ἐν θρόνῳ τοῦ Διός,
ἑκατέρωθεν δὲ ἡ μὲν κατὰ δεξιά, ἡ δὲ κατὰ
ἀριστερὰ παρεστῶσα ἡ[1] Ἀθηνᾶ πεποίηται.

3 Προϊὼν δὲ αὐτόθεν ἐπὶ ὁδὸν ἀφίξῃ καλουμένην
Σχιστήν· ἐπ' αὐτῇ[2] τῇ ὁδῷ τὰ ἐς τὸν φόνον τοῦ
πατρὸς Οἰδίποδι εἰργάσθη. ἔδει δὲ ἄρα παθη-
μάτων τῶν Οἰδίποδος ἀνὰ πᾶσαν τὴν Ἑλλάδα
ὑπολειφθῆναι μνημόσυνα. τεχθέντος μέν γε
διαπείραντες διὰ τῶν σφυρῶν κέντρα ἐκτιθέασιν
αὐτὸν ἐς τὴν Πλαταιΐδα, ὄρος τὸν Κιθαιρῶνα·
Κόρινθος δὲ καὶ ἡ ἐπὶ τῷ ἰσθμῷ χώρα τροφὸς τῷ
Οἰδίποδι ἐγένετο· γῆ δὲ ἡ Φωκὶς καὶ ὁδὸς ἡ
Σχιστὴ τοῦ πατρῴου φόνου τὸ μίασμα ὑπε-
δέξατο· Θηβαίοις δὲ καὶ ἐς πλέον γάμων τέ
σφισι τῶν Οἰδίποδος καὶ ἀδικίας τῆς Ἐτεοκλέους
4 ἐστὶν ἡ φήμη. Οἰδίποδι μὲν ὁδὸς ἡ Σχιστὴ καὶ
τόλμημα τὸ ἐπ' αὐτῇ κακῶν ἦρχε, καὶ τὰ τοῦ
Λαΐου μνήματα καὶ οἰκέτου τοῦ ἑπομένου ταῦτα
ἔτι ἐν μεσαιτάτῳ τῆς τριόδου ἐστὶ καὶ ἐπ' αὐτῶν[3]
λίθοι λογάδες σεσωρευμένοι· Δαμασίστρατον δὲ

---

[1] ἡ is not in the MSS.

Daulis to the straight road to Delphi and going forwards, you see on the left of the road a building called the Phocian Building, where assemble the Phocian delegates from each city. The building is large, and within are pillars standing throughout its length. From the pillars rise steps to each wall, on which steps the Phocian delegates take their seats. At the end are neither pillars nor steps, but images of Zeus, Athena and Hera. That of Zeus is on a throne; on his right stands Hera, on his left Athena.

Going forward from here you will come to a road called the Cleft Road, the very road on which [1] Oedipus slew his father. Fate would have it that memorials of the sufferings of Oedipus should be left throughout the length and breadth of Greece. At his birth they pierced his ankles with goads and exposed him on Mount Cithaeron in Plataean territory. Corinth and the land at the Isthmus were the scene of his upbringing. Phocis and the Cleft Road received the pollution of his murdered father's blood. Thebes is even more notorious for the marriage of Oedipus and for the sin of Eteocles. The Cleft Road and the rash deed committed on it by Oedipus were the beginning of his troubles, and the tombs of Laïus and the servant who followed him are still just as they were in the very middle of the place where the three roads meet, and over them have been piled unhewn stones. According to the story, it was Damasistratus,

[1] With the proposed emendation : " on this road."

---

[2] Probably we should read ἐπὶ ταύτῃ τῇ ὅδῳ.
[3] The MSS. have αὐτῷ.

ἄνδρα ἐν Πλαταιαῖς βασιλεύοντα ἐπιτυχεῖν τε
κειμένοις τοῖς νεκροῖς καὶ θάψαι φασὶν αὐτούς.

5 Ἡ δὲ λεωφόρος αὐτόθεν ἡ ἐς Δελφοὺς καὶ
προσάντης γίνεται μᾶλλον καὶ ἀνδρὶ εὐζώνῳ
χαλεπωτέρα. λέγεται δὲ πολλὰ μὲν καὶ διάφορα
ἐς αὐτοὺς τοὺς Δελφούς, πλείω δὲ ἔτι ἐς τοῦ
Ἀπόλλωνος τὸ μαντεῖον. φασὶ γὰρ δὴ τὰ
ἀρχαιότατα Γῆς εἶναι τὸ χρηστήριον, καὶ
Δαφνίδα ἐπ' αὐτῷ τετάχθαι πρόμαντιν ὑπὸ τῆς
Γῆς· εἶναι δὲ αὐτὴν τῶν περὶ τὸ ὄρος νυμφῶν.
6 ἔστι δὲ ἐν Ἕλλησι ποίησις, ὄνομα μὲν τοῖς
ἔπεσίν ἐστιν Εὐμολπία, Μουσαίῳ δὲ τῷ Ἀντιο-
φήμου προσποιοῦσι τὰ ἔπη· πεποιημένον οὖν
ἐστιν ἐν τούτοις Ποσειδῶνος ἐν κοινῷ καὶ Γῆς
εἶναι τὸ μαντεῖον, καὶ τὴν μὲν χρᾶν αὐτήν,
Ποσειδῶνι δὲ ὑπηρέτην ἐς τὰ μαντεύματα εἶναι
Πύρκωνα. καὶ οὕτως ἔχει τὰ ἔπη·

αὐτίκα δὲ Χθονίης φωνὴ πινυτὸν φάτο μῦθον,
σὺν δέ τε Πύρκων ἀμφίπολος κλυτοῦ Ἐννο-
σιγαίου.

χρόνῳ δὲ ὕστερον, ὅσον τῇ Γῇ μετῆν, δοθῆναι
Θέμιδι ὑπ' αὐτῆς λέγουσιν, Ἀπόλλωνα δὲ παρὰ
Θέμιδος λαβεῖν δωρεάν· Ποσειδῶνι δὲ ἀντὶ τοῦ
μαντείου Καλαύρειαν ἀντιδοῦναί φασιν αὐτὸν
7 τὴν πρὸ Τροιζῆνος. ἤκουσα δὲ καὶ ὡς ἄνδρες
ποιμαίνοντες ἐπιτύχοιεν τῷ μαντείῳ, καὶ ἔνθεοί
τε ἐγένοντο ὑπὸ τοῦ ἀτμοῦ καὶ ἐμαντεύσαντο
ἐξ Ἀπόλλωνος. μεγίστη δὲ καὶ παρὰ πλείστων
ἐς Φημονόην δόξα ἐστίν, ὡς πρόμαντις γένοιτο ἡ
Φημονόη τοῦ θεοῦ πρώτη καὶ πρώτη τὸ ἑξά-
μετρον ᾖσεν. Βοιὼ δὲ ἐπιχωρία γυνὴ ποιήσασα

392

king of Plataea, who found the bodies lying and
buried them.

From here the high road to Delphi becomes both
steeper and more difficult for the walker. Many and
different are the stories told about Delphi, and even
more so about the oracle of Apollo. For they say
that in the earliest times the oracular seat belonged
to Earth, who appointed as prophetess at it Daphnis,
one of the nymphs of the mountain. There is extant
among the Greeks an hexameter poem, the name of
which is *Eumolpia*, and it is assigned to Musaeüs,
son of Antiophemus. In it the poet states that the
oracle belonged to Poseidon and Earth in common;
that Earth gave her oracles herself, but Poseidon
used Pyrcon as his mouthpiece in giving responses.
The verses are these :—

> Forthwith the voice of the Earth-goddess uttered
> a wise word,
> And with her Pyrcon, servant of the renowned
> Earth-shaker.

They say that afterwards Earth gave her share to
Themis, who gave it to Apollo as a gift. It is said
that he gave to Poseidon Calaureia, that lies off
Troezen, in exchange for his oracle. I have heard
too that shepherds feeding their flocks came upon the
oracle, were inspired by the vapour, and prophesied
as the mouthpiece of Apollo. The most prevalent
view, however, is that Phemonoë was the first
prophetess of the god, and first sang in hexameter
verse. Boeo, a native woman who composed a hymn

ὕμνον Δελφοῖς ἔφη κατασκευάσασθαι τὸ μαντεῖον
τῷ θεῷ τοὺς ἀφικομένους ἐξ Ὑπερβορέων τούς τε
ἄλλους καὶ Ὠλῆνα· τοῦτον δὲ καὶ μαντεύσασθαι
8 πρῶτον καὶ ᾆσαι πρῶτον τὸ ἐξάμετρον. πεποίηκε
δὲ ἡ Βοιὼ τοιάδε·

ἔνθα τοι εὔμνηστον χρηστήριον ἐκτελέσαντο
παῖδες Ὑπερβορέων Παγασὸς καὶ δῖος
Ἀγυιεύς.

ἐπαριθμοῦσα δὲ καὶ ἄλλους τῶν Ὑπερβορέων,
ἐπὶ τελευτῇ τοῦ ὕμνου τὸν Ὠλῆνα ὠνόμασεν·

Ὠλήν θ᾽ ὃς γένετο πρῶτος Φοίβοιο προφάτας,
πρῶτος δ᾽ ἀρχαίων ἐπέων τεκτάνατ᾽ ἀοιδάν.

οὐ μέντοι τά γε ἥκοντα ἐς μνήμην ἐς ἄλλον τινά,
9 ἐς δὲ γυναικῶν μαντείαν ἀνήκει μόνων. ποιη-
θῆναι δὲ τὸν ναὸν τῷ Ἀπόλλωνι τὸ ἀρχαιότατον
δάφνης φασί, κομισθῆναι δὲ τοὺς κλάδους ἀπὸ
τῆς δάφνης τῆς ἐν τοῖς Τέμπεσι· καλύβης δ᾽ ἂν
σχῆμα οὗτός γε ἂν εἴη παρεσχηματισμένος ὁ
ναός. δεύτερα δὲ λέγουσιν οἱ Δελφοὶ γενέσθαι
ὑπὸ μελισσῶν τὸν ναὸν ἀπό τε τοῦ κηροῦ τῶν
μελισσῶν καὶ ἐκ πτερῶν· πεμφθῆναι δὲ ἐς
Ὑπερβορέους φασὶν αὐτὸν ὑπὸ τοῦ Ἀπόλλωνος.
10 λέγεται δὲ καὶ ἕτερος λόγος, ὡς τὸν ναὸν κατε-
σκευάσατο ἀνὴρ Δελφός, ὄνομα δὲ αὐτῷ Πτερᾶν
εἶναι· κατὰ τοῦτο οὖν γενέσθαι καὶ τῷ ναῷ
τοὔνομα ἀπὸ τοῦ οἰκοδομήσαντος· ἀπὸ τούτου
δὲ τοῦ Πτερᾶ καὶ πόλιν Κρητικὴν προσθήκῃ
γράμματος Ἀπτερεούς φασιν ὀνομάζεσθαι. τὸν
γὰρ δὴ λόγον τὸν ἔχοντα ἐς τὴν ἐν τοῖς ὄρεσιν
αὐξομένην πτέριν, ὡς ἐκ τῆς πόας ταύτης χλωρᾶς
394

for the Delphians, said that the oracle was established for the god by comers from the Hyperboreans, Olen and others, and that he was the first to prophesy and the first to chant the hexameter oracles. The verses of Boeo are :—

Here in truth a mindful oracle was built
By the sons of the Hyperboreans, Pagasus and
    divine Agyieus.

After enumerating others also of the Hyperboreans, at the end of the hymn she names Olen :—

And Olen, who became the first prophet of Phoebus,
And first fashioned a song of ancient verses.

Tradition, however, reports no other man as prophet, but makes mention of prophetesses only. They say that the most ancient temple of Apollo was made of laurel, the branches of which were brought from the laurel in Tempe. This temple must have had the form of a hut. The Delphians say that the second temple was made by bees from bees-wax and feathers, and that it was sent to the Hyperboreans by Apollo. Another story is current, that the temple was set up by a Delphian, whose name was Pteras, and so the temple received its name from the builder. After this Pteras, so they say, the city in Crete was named, with the addition of a letter, Aptereï. The story that the temple was built of the fern (*pteris*) that grows on the mountains, by interweaving fresh stalks

395

ἔτι διεπλέξαντο ναόν, οὐδὲ ἀρχὴν προσίεμαι τὸν
11 λόγον τοῦτον. τὰ δὲ ἐς τὸν τρίτον τῶν ναῶν,
ὅτι ἐγένετο ἐκ χαλκοῦ, θαῦμα οὐδέν, εἴ γε
Ἀκρίσιος μὲν θάλαμον χαλκοῦν τῇ θυγατρὶ
ἐποιήσατο, Λακεδαιμονίοις δὲ Ἀθηνᾶς ἱερὸν
Χαλκιοίκου καὶ ἐς ἡμᾶς ἔτι λείπεται, Ῥωμαίοις
δὲ ἡ ἀγορὰ μεγέθους ἕνεκα καὶ κατασκευῆς τῆς
ἄλλης θαῦμα οὖσα παρέχεται τὸν ὄροφον χαλ-
κοῦν. οὕτω καὶ ναὸν τῷ Ἀπόλλωνι οὐκ ἂν ἀπό
12 γε τοῦ εἰκότος εἴη γενέσθαι χαλκοῦν. τὰ μέντοι
ἄλλα με οὐκ ἔπειθεν ὁ λόγος ἢ Ἡφαίστου τὸν
ναὸν τέχνην εἶναι ἢ τὰ ἐς τὰς ᾠδὰς τὰς χρυσᾶς,
ἃ δὴ Πίνδαρος ᾖσεν ἐπ' ἐκείνῳ τῷ ναῷ·

χρύσειαι δ' ἐξύπερθ' αἰετοῦ
ἄειδον Κηληδόνες.

οὗτος μὲν δὴ ταῦτα ἐς μίμησιν ἐμοὶ δοκεῖν τῶν
παρ' Ὁμήρῳ Σειρήνων ἐποίησεν· οὐ μὴν οὐδὲ
τρόπον ὄντινα ἀφανισθῆναι συνέπεσε τῷ ναῷ,
κατὰ ταὐτὰ εἰρημένα εὕρισκον· καὶ γὰρ ἐς χάσμα
γῆς ἐμπεσεῖν[1] αὐτὸν καὶ ὑπὸ πυρὸς τακῆναι
13 λέγουσιν. τέταρτος δὲ ὑπὸ Τροφωνίου μὲν
εἰργάσθη καὶ Ἀγαμήδους, λίθου δὲ αὐτὸν ποιη-
θῆναι μνημονεύουσι· κατεκαύθη δὲ Ἐρξικλείδου
μὲν Ἀθήνησιν ἄρχοντος, πρώτῳ δὲ τῆς ὀγδόης
ὀλυμπιάδος ἔτει καὶ πεντηκοστῆς, ἣν Κρο-
τωνιάτης ἐνίκα Διόγνητος. τὸν δ' ἐφ' ἡμῶν τῷ
θεῷ ναὸν ᾠκοδόμησαν μὲν ἀπὸ τῶν ἱερῶν οἱ
Ἀμφικτύονες χρημάτων, ἀρχιτέκτων δέ τις
Σπίνθαρος ἐγένετο αὐτοῦ Κορίνθιος.

VI. Πόλιν δὲ ἀρχαιοτάτην οἰκισθῆναί φασιν
ἐνταῦθα ὑπὸ Παρνασσοῦ, Κλεοδώρας δὲ εἶναι

of it, I do not accept at all. It is no wonder that
the third temple was made of bronze, seeing that
Acrisius made a bedchamber of bronze for his
daughter, the Lacedaemonians still possess a sanc-
tuary of Athena of the Bronze House, and the Roman
forum, a marvel for its size and style, possesses a
roof of bronze. So it would not be unlikely that a
temple of bronze was made for Apollo. The rest of
the story I cannot believe, either that the temple
was the work of Hephaestus, or the legend about the
golden singers, referred to by Pindar in his verses
about this bronze temple :—

> Above the pediment sang
> Golden Charmers.

These words, it seems to me, are but an imitation
of Homer's [1] account of the Seirens. Neither did I
find the accounts agree of the way this temple dis-
appeared. Some say that it fell into a chasm, in the
earth, others that it was melted by fire. The fourth
temple was made by Trophonius and Agamedes;
the tradition is that it was made of stone. It was
burnt down in the archonship of Erxicleides at 548 B.C.
Athens, in the first year of the fifty-eighth Olympiad,
when Diognetus of Crotona was victorious. The
modern temple was built for the god by the
Amphictyons from the sacred treasures, and the
architect was one Spintharus of Corinth.

VI. They say that the oldest city was founded here
by Parnassus, a son of Cleodora, a nymph. Like the

---

[1] See *Odyssey* xii. 44.

---

[1] The MSS. have ἐκπεσεῖν.

νύμφης παῖδα αὐτόν· καί οἱ πατέρας, καθάπερ
γε καὶ ἄλλοις τῶν καλουμένων ἡρώων, Ποσειδῶνά
τε θεὸν καὶ Κλεόπομπον ἄνδρα ἐπονομάζουσιν.
ἀπὸ τούτου δὲ τοῦ Παρνασσοῦ τῷ τε ὄρει τὸ
ὄνομα τεθῆναι λέγουσι καὶ[1] Παρνασσίαν ὀνο-
μασθῆναι νάπην· τῶν πετομένων τε ὀρνίθων . . .[2]
τὴν ἀπ᾿ αὐτῶν μαντείαν γενέσθαι Παρνασσοῦ
2 τὸ εὕρημα. ταύτην μὲν οὖν κατακλυσθῆναι τὴν
πόλιν ὑπὸ τῶν ὄμβρων τῶν κατὰ Δευκαλίωνα
συμβάντων· τῶν δὲ ἀνθρώπων ὅσοι διαφυγεῖν τὸν
χειμῶνα ἠδυνήθησαν, λύκων ὠρυγαῖς ἀπεσώθησαν
ἐς τοῦ Παρνασσοῦ τὰ ἄκρα ὑπὸ ἡγεμόσι τῆς
πορείας τοῖς θηρίοις, πόλιν δὲ ἣν ἔκτισαν ἐκάλεσαν
3 ἐπὶ τούτῳ Λυκώρειαν. λέγεται δὲ καὶ ἄλλος διά-
φορος λόγος τῷ προτέρῳ, Ἀπόλλωνι ἐκ νύμφης
Κωρυκίας γενέσθαι Λύκωρον, καὶ ἀπὸ μὲν
Λυκώρου πόλιν Λυκώρειαν, τὸ ἄντρον δὲ ὀνο-
μασθῆναι τὸ Κωρύκιον ἀπὸ τῆς νύμφης. λέγεται
δὲ καὶ τάδε, Κελαινὼ θυγατέρα Ὑάμῳ τῷ
Λυκώρου γενέσθαι, Δελφὸν δέ, ἀφ᾿ οὗ τῇ πόλει
τὸ ὄνομα τὸ ἐφ᾿ ἡμῶν ἐστι, Κελαινοῦς τε αὐτὸν
4 τῆς Ὑάμου καὶ Ἀπόλλωνος εἶναι. οἱ δὲ Κασ-
τάλιόν τε ἄνδρα αὐτόχθονα καὶ θυγατέρα
ἐθέλουσιν αὐτῷ γενέσθαι Θυίαν, καὶ ἱερᾶσθαί
τε τὴν Θυίαν Διονύσῳ πρῶτον καὶ ὄργια ἀγαγεῖν
τῷ θεῷ· ἀπὸ ταύτης δὲ καὶ ὕστερον ὅσαι τῷ
Διονύσῳ μαίνονται Θυιάδας καλεῖσθαι σφᾶς ὑπὸ
ἀνθρώπων· Ἀπόλλωνος δ᾿ οὖν παῖδα καὶ Θυίας
νομίζουσιν εἶναι Δελφόν. οἱ δὲ μητρὸς[3] Μελαίνης
5 φασὶν αὐτόν, θυγατρὸς Κηφισοῦ. χρόνῳ δὲ
ὕστερον καὶ Πυθὼ τὴν πόλιν, οὐ Δελφοὺς μόνον
ἐκάλεσαν οἱ περιοικοῦντες, καθὰ καὶ Ὁμήρῳ

other heroes, as they are called, he had two fathers; one they say was the god Poseidon, the human father being Cleopompus. After this Parnassus were named, they say, both the mountain and also the Parnassian glen. Augury from flying birds was, it is said, a discovery of Parnassus. Now this city, so the story goes on, was flooded by the rains that fell in the time of Deucalion. Such of the inhabitants as were able to escape the storm were led by the howls of wolves to safety on the top of Parnassus, being led on their way by these beasts, and on this account they called the city that they founded Lycoreia (*Mountain-wolf-city*). Another and different legend is current that Apollo had a son Lycorus by a nymph, Corycia, and that after Lycorus was named the city Lycoreia, and after the nymph the Corycian cave. It is also said that Celaeno was daughter to Hyamus, son of Lycorus, and that Delphus, from whom comes the present name of the city, was a son of Celaeno, daughter of Hyamus, by Apollo. Others maintain that Castalius, an aboriginal, had a daughter Thyia, who was the first to be priestess of Dionysus and celebrate orgies in honour of the god. It is said that later on men called after her Thyiads all women who rave in honour of Dionysus. At any rate they hold that Delphus was a son of Apollo and Thyia. Others say that his mother was Melaena, daughter of Cephisus. Afterwards the dwellers around called the city Pytho, as well as Delphi, just as Homer [1] so

[1] Homer, *Iliad* ii. 519.

---

[1] Here the MSS. have ἀπὸ τούτου.
[2] Here Dindorf marks a lacuna.
[3] Here the MSS. have μὲν.

πεποιημένα ἐν καταλόγῳ Φωκέων ἐστίν. οἱ μὲν
δὴ γενεαλογεῖν τὰ πάντα ἐθέλοντες παῖδα εἶναι
Δελφοῦ Πύθην καὶ ἀπὸ τούτου[1] βασιλεύσαντος
γενέσθαι τῇ πόλει τὸ ὄνομα ἥγηνται· λόγος δὲ
ὃς ἥκει τῶν ἀνθρώπων ἐς τοὺς πολλούς, τὸν ὑπὸ
τοῦ Ἀπόλλωνος τοξευθέντα σήπεσθαί φησιν
ἐνταῦθα, καὶ διὰ τοῦτο ὄνομα τῇ πόλει γενέσθαι
Πυθώ· πύθεσθαι γὰρ δὴ τὰ σηπόμενα οἱ τότε
ἔλεγον, καὶ τοῦδε ἕνεκα Ὅμηρος πεποίηκεν ὡς
ἡ τῶν Σειρήνων νῆσος ἀνάπλεως ὀστῶν εἴη, ὅτι
οἱ τῆς ᾠδῆς αὐτῶν ἀκούοντες ἐπύθοντο ἄνθρωποι.
6 τὸν δὲ ἀποθανόντα ὑπὸ τοῦ Ἀπόλλωνος ποιηταὶ
μὲν δράκοντα εἶναι καὶ ἐπὶ τῷ μαντείῳ φύλακα
ὑπὸ Γῆς τετάχθαι φασί· λέγεται δὲ καὶ ὡς
Κριοῦ δυναστεύοντος ἀνδρὸς περὶ Εὔβοιαν παῖς
γένοιτο ὑβριστής, καὶ ἐσύλησε μὲν τοῦ θεοῦ τὸ
ἱερόν, ἐσύλησε δὲ καὶ οἴκους ἀνδρῶν εὐδαιμόνων.
ὡς δὲ ἐπεστράτευε καὶ δεύτερον, ἐνταῦθα οἱ
Δελφοὶ τὸν Ἀπόλλωνα ἱκέτευον ἀμῦναί σφισι
7 τὸν ἐπιόντα κίνδυνον· καὶ ἡ Φημονόη πρόμαντις
τηνικαῦτα οὖσα ἐν ἑξαμέτρῳ σφίσιν ἔχρησεν·

ἀγχοῦ δὴ βαρὺν ἰὸν ἐπ' ἀνέρι Φοῖβος ἐφήσει
σίντῃ Παρνησσοῖο· φόνου δέ ἑ Κρήσιοι ἄνδρες
χεῖρας ἁγιστεύσουσι·[2] τὸ δὲ κλέος οὔ ποτ'
ὀλεῖται.

VII. Ἔοικε δὲ ἐξ ἀρχῆς τὸ ἱερὸν τὸ ἐν Δελφοῖς
ὑπὸ ἀνθρώπων ἐπιβεβουλεῦσθαι πλείστων ἤδη.
οὗτός τε ὁ Εὐβοεὺς λῃστὴς καὶ ἔτεσιν ὕστερον τὸ
ἔθνος τὸ Φλεγυῶν, ἔτι δὲ Πύρρος ὁ Ἀχιλλέως
ἐπεχείρησεν αὐτῷ, καὶ δυνάμεως μοῖρα τῆς

---

[1] The MSS. have τοῦ.

calls it in the list of the Phocians. Those who would find pedigrees for everything think that Pythes was a son of Delphus, and that because he was king the city was called Pytho. But the most widespread tradition has it that the victim of Apollo's arrows rotted here, and that this was the reason why the city received the name Pytho. For the men of those days used *pythesthai* for the verb " to rot," and hence Homer in his poem says that the island of the Seirens was full of bones, because the men who heard their singing rotted (*epythonto*). The poets say that the victim of Apollo was a dragon posted by Earth to be a guard for the oracle. It is also said that he was a violent son of Crius, a man with authority around Euboea. He pillaged the sanctuary of the god, and he also pillaged the houses of rich men. But when he was making a second expedition, the Delphians besought Apollo to keep from them the danger that threatened them. Phemonoë, the prophetess of that day, gave them an oracle in hexameter verse :—

> At close quarters a grievous arrow shall Apollo shoot
> At the spoiler of Parnassus; and of his blood-guilt
> The Cretans shall cleanse his hands; but the renown shall never die.

VII. It seems that from the beginning the sanctuary at Delphi has been plotted against by a vast number of men. Attacks were made against it by this Euboean pirate, and years afterwards by the Phlegyan nation; furthermore by Pyrrhus, son of Achilles, by a portion of the army of

---

² The MSS. have ἁγιστεύουσι.

Ξέρξου, καὶ οἱ χρόνον τε ἐπὶ πλεῖστον καὶ
μάλιστα τοῦ θεοῦ τοῖς χρήμασιν ἐπελθόντες οἱ
ἐν Φωκεῦσι δυνάσται, καὶ ἡ Γαλατῶν στρατιά.
ἔμελλε δὲ ἄρα οὐδὲ τῆς Νέρωνος ἐς πάντα ὀλι-
γωρίας ἀπειράτως ἕξειν, ὃς τὸν Ἀπόλλωνα
πεντακοσίας θεῶν τε ἀναμὶξ ἀφείλετο καὶ ἀνθρώ-
πων εἰκόνας χαλκᾶς.

2 Ἀρχαιότατον δὲ ἀγώνισμα γενέσθαι μνημο-
νεύουσι καὶ ἐφ' ᾧ πρῶτον ἆθλα ἔθεσαν, ᾆσαι
ὕμνον ἐς τὸν θεόν· καὶ ᾖσε καὶ ἐνίκησεν ᾄδων
Χρυσόθεμις ἐκ Κρήτης, οὗ δὴ ὁ πατὴρ λέγεται
Καρμάνωρ καθῆραι Ἀπόλλωνα. Χρυσοθέμιδος
δὲ ὕστερον Φιλάμμωνά τε ᾠδῇ μνημονεύουσι
νικῆσαι καὶ ἐπ' ἐκείνῳ Θάμυριν τὸν Φιλάμμωνος.
Ὀρφέα δὲ σεμνολογίᾳ τῇ ἐπὶ τελεταῖς καὶ ὑπὸ
φρονήματος τοῦ ἄλλου καὶ Μουσαῖον τῇ ἐς
πάντα μιμήσει τοῦ Ὀρφέως οὐκ ἐθελῆσαί φασιν
3 αὐτοὺς ἐπὶ ἀγῶνι μουσικῆς ἐξετάζεσθαι. φασὶ
δὲ καὶ Ἐλευθῆρα ἀνελέσθαι Πυθικὴν νίκην μέγα
καὶ ἡδὺ φωνοῦντα, ἐπεὶ ᾄδειν γε αὐτὸν οὐχ αὑτοῦ
τὴν ᾠδήν. λέγεται δὲ καὶ Ἡσίοδον ἀπελαθῆναι
τοῦ ἀγωνίσματος ἅτε οὐ κιθαρίζειν ὁμοῦ τῇ ᾠδῇ
δεδιδαγμένον. Ὅμηρος δὲ ἀφίκετο μὲν ἐς
Δελφοὺς ἐρησόμενος ὁπόσα καὶ ἐδεῖτο, ἔμελλε δὲ
αὐτῷ καὶ κιθαρίζειν διδαχθέντι ἀχρεῖον τὸ
μάθημα ὑπὸ τῶν ὀφθαλμῶν τῆς συμφορᾶς
4 γενήσεσθαι. τῆς δὲ τεσσαρακοστῆς ὀλυμπιάδος
καὶ ὀγδόης, ἣν Γλαυκίας ὁ Κροτωνιάτης ἐνίκησε,
ταύτης ἔτει τρίτῳ ἆθλα ἔθεσαν οἱ Ἀμφικτύονες
κιθαρῳδίας μὲν καθὰ καὶ ἐξ ἀρχῆς, προσέθεσαν δὲ
καὶ αὐλῳδίας ἀγώνισμα καὶ αὐλῶν· ἀνηγορεύ-
θησαν δὲ νικῶντες Κεφαλήν τε καὶ Μελάμπους

Xerxes, by the Phocian chieftains, whose attacks on the wealth of the god were the longest and fiercest, and by the Gallic invaders. It was fated too that Delphi was to suffer from the universal irreverence of Nero, who robbed Apollo of five hundred bronze statues, some of gods, some of men.

The oldest contest and the one for which they first offered prizes, was, according to tradition, the singing of a hymn to the god. The man who sang and won the prize was Chrysothemis of Crete, whose father Carmanor is said to have cleansed Apollo. After Chrysothemis, says tradition, Philammon won with a song, and after him his son Thamyris. But they say that Orpheus, a proud man and conceited about his mysteries, and Musaeus, who copied Orpheus in everything, refused, it is said, to submit to the competition in musical skill. They say too that Eleuther won a Pythian victory for his loud and sweet voice, for the song that he sang was not of his own composition. The story is that Hesiod too was debarred from competing because he had not learned to accompany his own singing on the harp. Homer too came to Delphi to inquire about his needs, but even though he had learned to play the harp, he would have found the skill useless owing to the loss of his eye-sight. In the third year of the forty-eighth Olympiad, at which Glaucias of Crotona was 586 B.C. victorious, the Amphictyons held contests for harping as from the beginning, but added competitions for flute-playing and for singing to the flute. The conquerors proclaimed were Melampus, a Cephallen-

κιθαρῳδίᾳ καὶ αὐλῳδὸς Ἀρκὰς Ἐχέμβροτος,
Σακάδας δὲ Ἀργεῖος ἐπὶ τοῖς αὐλοῖς· ἀνείλετο
δὲ ὁ Σακάδας οὗτος καὶ ἄλλας δύο τὰς ἐφεξῆς
5 ταύτης πυθιάδας. ἔθεσαν δὲ καὶ ἆθλα τότε
ἀθληταῖς πρῶτον, τά τε ἐν Ὀλυμπίᾳ πλὴν
τεθρίππου καὶ αὐτοὶ νομοθετήσαντες δολίχου καὶ
διαύλου παισὶν εἶναι δρόμου. δευτέρᾳ δὲ πυθιάδι
οὐκ ἐπὶ ἄθλοις ἐκάλεσαν ἔτι ἀγωνίζεσθαι, στε-
φανίτην δὲ τὸν ἀγῶνα ἀπὸ τούτου κατεστήσαντο·
καὶ αὐλῳδίαν τότε [1] κατέλυσαν, καταγνόντες οὐκ
εἶναι τὸ ἄκουσμα εὔφημον· ἡ γὰρ αὐλῳδία μέλη
τε ἦν αὐλῶν τὰ σκυθρωπότατα καὶ ἐλεγεῖα [2]
6 προσᾳδόμενα τοῖς αὐλοῖς. μαρτυρεῖ δέ μοι καὶ
τοῦ Ἐχεμβρότου τὸ ἀνάθημα, τρίπους χαλκοῦς
ἀνατεθεὶς τῷ Ἡρακλεῖ τῷ ἐν Θήβαις· ἐπίγραμμα
δὲ ὁ τρίπους εἶχεν·

Ἐχέμβροτος Ἀρκὰς θῆκε τῷ Ἡρακλεῖ
νικήσας τόδ' ἄγαλμ' Ἀμφικτυόνων ἐν ἀέθλοις,
Ἕλλησι δ' ἀείδων μέλεα καὶ ἐλέγους.

κατὰ τοῦτο μὲν τῆς αὐλῳδίας ἐπαύσθη τὸ ἀγώ-
νισμα· προσέθεσαν δὲ καὶ ἵππων δρόμον, ἀνη-
γορεύθη δὲ ἐπὶ τῷ ἅρματι Κλεισθένης ὁ Σικυῶνος
7 τυραννήσας. ὀγδόῃ δὲ πυθιάδι προσενομοθέτησαν
κιθαριστὰς τοὺς ἐπὶ τῶν κρουμάτων τῶν ἀφώνων·
καὶ Τεγεάτης ἐστεφανοῦτο Ἀγέλαος. τρίτῃ δὲ
πυθιάδι ἐπὶ ταῖς εἴκοσι προστιθέασιν ὁπλίτην
δρόμον· καὶ ἐπ' αὐτῷ Τιμαίνετος ἐκ Φλιοῦντος
ἀνείλετο τὴν δάφνην, ὀλυμπιάσιν ὕστερον πέντε
ἢ Δαμάρετος Ἡραιεὺς ἐνίκησεν. ὀγδόῃ δὲ ἐπὶ

---

[1] The MSS. have τε.
[2] Here the MSS. have θρῆνοι, an obvious gloss on ἐλεγεῖα.

ian, for harping, and Echembrotus, an Arcadian, for
singing to the flute, with Sacadas of Argos for flute-
playing. This same Sacadas won victories at the
next two Pythian festivals. On that occasion they also
offered for the first time prizes for athletes, the com-
petitions being the same as those at Olympia, except
the four-horse chariot, and the Delphians themselves
added to the contests running-races for boys, the
long course and the double course. At the second
Pythian Festival they no longer offered prizes for
events, and hereafter gave a crown for victory. On
this occasion they no longer included singing to the
flute, thinking that the music was ill-omened to listen
to. For the tunes of the flute were most dismal, and
the words sung to the tunes were lamentations. What
I say is confirmed by the votive offering of Echem-
brotus, a bronze tripod dedicated to the Heracles at
Thebes. The tripod has as its inscription :—

Echembrotus of Arcadia dedicated this pleasant
gift to Heracles
When he won a victory at the games of the
Amphictyons,
Singing for the Greeks tunes and lamentations.

In this way the competition in singing to the flute
was dropped. But they added a chariot-race, and
Cleisthenes, the tyrant of Sicyon, was proclaimed
victor in the chariot-race. At the eighth Pythian
Festival they added a contest for harpists playing with-
out singing; Agelaüs of Tegea was crowned. A'
the twenty-third Pythian Festival they added a race
in armour. For this Timaenetus of Phlius won the
laurel, five Olympiads after Damaretus of Heraea was

τεσσαράκοντα πυθιάδι καὶ συνωρίδος εἶναι κατε-
στήσαντο δρόμον· καὶ Ἐξηκεστίδου Φωκέως
ἐνίκησεν ἡ συνωρίς. πέμπτῃ δὲ πυθιάδι ἀπὸ
ταύτης πώλους ἔζευξαν ὑπὸ ἅρματι· καὶ παρέ-
8 δραμεν Ὀρφῶνδα Θηβαίου τέθριππον. παγ-
κράτιον δ᾽ ἐν παισὶ καὶ συνωρίδα τε πώλων καὶ
πώλων[1] κέλητα πολλοῖς ἔτεσιν ὕστερον κατε-
δέξαντο Ἠλείων, τὸ μὲν πρώτῃ πυθιάδι ἐπὶ ταῖς
ἑξήκοντα, καὶ Ἰολαΐδας ἐνίκα Θηβαῖος· δια-
λιπόντες δὲ ἀπὸ ταύτης μίαν κέλητι ἔθεσαν
δρόμον πώλῳ, ἐνάτῃ δὲ ἐπὶ ταῖς ἑξήκοντα
συνωρίδι πωλικῇ, καὶ ἐπὶ μὲν τῷ πώλῳ τῷ
κέλητι Λυκόρμας ἀνηγορεύθη Λαρισαῖος, Πτολε-
μαῖος δὲ ἐπὶ τῇ συνωρίδι Μακεδών· ἔχαιρον γὰρ
δὴ Μακεδόνες οἱ ἐν Αἰγύπτῳ καλούμενοι
βασιλεῖς, καθάπερ γε ἦσαν. δάφνης δὲ στέ-
φανος ἐπὶ τῶν Πυθίων τῇ νίκῃ κατ᾽ ἄλλο μὲν
ἐμοὶ δοκεῖν ἐστιν οὐδέν, ὅτι δὲ τῆς Λάδωνος
θυγατρὸς Ἀπόλλωνα ἐρασθῆναι κατέσχηκεν ἡ
φήμη.

VIII. Καταστήσασθαι δὲ συνέδριον ἐνταῦθα
Ἑλλήνων οἱ μὲν Ἀμφικτύονα τὸν Δευκαλίωνος
νομίζουσι καὶ ἀπὸ τούτου τοῖς συνελθοῦσιν ἐπίκλη-
σιν Ἀμφικτύονας γενέσθαι, Ἀνδροτίων δὲ ἐν τῇ
Ἀτθίδι ἔφη συγγραφῇ ὡς τὸ ἐξ ἀρχῆς ἀφίκοντο
ἐς Δελφοὺς παρὰ τῶν προσοικούντων συνεδρεύ-
οντες, καὶ ὀνομασθῆναι μὲν Ἀμφικτίονας τοὺς
συνελθόντας, ἐκνικῆσαι δὲ ἀνὰ χρόνον τὸ νῦν
2 σφισιν ὄνομα. ὑπὸ μὲν δὴ Ἀμφικτύονος αὐτοῦ
φασιν ἐς συνέδριον κοινὸν τοσάδε γένη τοῦ Ἑλλη-
νικοῦ συναχθῆναι, Ἴωνας Δόλοπας Θεσσαλοὺς
Αἰνιᾶνας Μάγνητας Μαλιέας Φθιώτας Δωριεῖς

victorious. At the forty-eighth Pythian Festival they established a race for two-horse chariots, and the chariot won of Execestides the Phocian. At the fifth Festival after this they yoked foals to a chariot, and the chariot of Orphondas of Thebes came in first. The pancratium for boys, a race for a chariot drawn by two foals, and a race for ridden foals, were many years afterwards introduced from Elis. The first was brought in at the sixty-first Pythian Festival, and Iolaïdas of Thebes was victorious. At the next Festival but one they held a race for a ridden foal, and at the sixty-ninth Festival a race for a chariot drawn by two foals; the victor proclaimed for the former was Lycormas of Larisa, for the latter Ptolemy the Macedonian. For the kings of Egypt liked to be called Macedonians, as in fact they were. The reason why a crown of laurel is the prize for a Pythian victory is in my opinion simply and solely because the prevailing tradition has it that Apollo fell in love with the daughter of Ladon. 310 B.C.

VIII. Some are of opinion that the assembly of the Greeks that meets at Delphi was established by Amphictyon, the son of Deucalion, and that the delegates were styled Amphictyons after him. But Androtion, in his history of Attica, says that originally the councillors came to Delphi from the neighbouring states, that the deputies were styled Amphictions (*neighbours*), but that as time went on their modern name prevailed. They say that Amphictyon himself summoned to the common assembly the following tribes of the Greek people :—Ionians, Dolopes, Thessalians, Aenianians, Magnesians, Malians,

---

¹ πῶλον is not in the MSS. It was added by Sylburg.

Φωκέας Λοκροὺς τῇ Φωκίδι ὁμόρους ὑπὸ τῷ ὄρει τῇ Κνήμιδι· καταλαβόντων δὲ Φωκέων τὸ ἱερὸν καὶ ὕστερον δεκάτῳ ἔτει λαβόντος πέρας τοῦ πολέμου, μεταβολὴν καὶ τὰ Ἀμφικτυόνων ἔσχε. Μακεδόνες μὲν γὰρ τελεῖν ἐς Ἀμφικτύονας εὕραντο, Φωκέων δὲ τὸ ἔθνος καὶ ἐκ τοῦ Δωρικοῦ Λακεδαιμόνιοι μετασχόντες ἐπαύσαντο Ἀμφικτυονίας, οἱ μὲν τοῦ τολμήματος ἕνεκα οἱ Φωκεῖς, οἱ δὲ συμμαχίας εὕραντο οἱ Λακεδαιμόνιοι τῆς 3 Φωκέων ζημίαν. Βρέννου δὲ τὸν Γαλατῶν στρατὸν ἀγαγόντος ἐς Δελφοὺς προθυμίαν ἐς τὸν πόλεμον οἱ Φωκεῖς πλείστην τοῦ Ἑλληνικοῦ παρέσχοντο, καὶ ἀπὸ τοῦ ἔργου τούτου μετασχεῖν Ἀμφικτυονίας αὖθις καὶ ἐς τὰ ἄλλα ἐγένετο ἀξίωμα αὐτοῖς ἀνασώσασθαι τὸ ἀρχαῖον. βασιλεὺς δὲ Αὔγουστος μετεῖναι καὶ Νικοπολίταις τοῖς πρὸς τῷ Ἀκτίῳ συνεδρίου τοῦ Ἀμφικτυόνων ἠθέλησε· Μάγνητας μὲν οὖν καὶ Μαλιεῖς καὶ Αἰνιᾶνας καὶ Φθιώτας Θεσσαλοῖς συντελεῖν, τὰς ψήφους δὲ ὅσαι τούτων τε καὶ Δολόπων—οὐ γὰρ ἔτι ἦν Δολόπων γένος—Νικοπολίτας φέρειν. 4 οἱ δὲ Ἀμφικτύονες οἱ ἐπ' ἐμοῦ τριάκοντα ἀριθμῷ ἦσαν· ἐκ Νικοπόλεως μὲν καὶ Μακεδονίας τε καὶ Θεσσαλῶν, ἀπὸ ἑκάστων ἀριθμῷ ἦσαν ἕξ,[1] ἐκ δὲ Βοιωτῶν—Θεσσαλίαν γὰρ καὶ οὗτοι τὰ ἀρχαιότερα ᾤκησαν καὶ Αἰολεῖς τηνικαῦτα ἐκαλοῦντο —καὶ ἐκ Φωκέων τε καὶ Δελφῶν, παρὰ τούτων δύο ἑκάστων· εἷς δ' ἐκ Δωρίδος τῆς ἀρχαίας. 5 πέμπουσι δὲ καὶ Λοκροὶ οἵ τε καλούμενοι Ὀζόλαι καὶ οἱ πέραν Εὐβοίας ἕνα ἑκάτεροι, καὶ Εὐβοεὺς ἔστιν εἷς· Πελοποννησίων δὲ ἐξ Ἄργους καὶ Σικυῶνος καὶ Κορίνθου σὺν Μεγαρεῦσίν ἐστιν

Phthiotians, Dorians, Phocians, Locrians who border on Phocis, living at the bottom of Mount Cnemis. But when the Phocians seized the sanctuary, and the war came to an end nine years afterwards, there came a change in the Amphictyonic League. For the Macedonians managed to enter it, while the Phocian nation and a section of the Dorians, namely the Lacedaemonians, lost their membership, the Phocians because of their rash crime, the Lacedaemonians as a penalty for allying themselves with the Phocians. When Brennus led the Gallic army against Delphi, no Greeks showed greater zeal for the war than the Phocians, and for this conduct of theirs recovered their membership of the League, as well as their old reputation. The emperor Augustus willed that the Nicopolitans, whose city is near Actium, should be members of the Amphictyonic League, that the Magnesians moreover and the Malians, together with the Aenianians and Phthiotians, should be numbered with the Thessalians, and that all their votes, together with those of the Dolopes, who were no longer a separate people, should be assigned to the Nicopolitans. The Amphictyons to-day number thirty. Nicopolis, Macedonia and Thessaly each send six deputies; the Boeotians, who in more ancient days inhabited Thessaly and were then called Aeolians, the Phocians and the Delphians, each send two; ancient Doris sends one. The Ozolian Locrians, and the Locrians opposite Euboea, send one each; there is also one from Euboea. Of the Peloponnesians, the Argives, Sicyonians, Corinthians and Megarians send one, as

---

[1] ἐξ is not in the MSS., but was added by Böckh.

εἶς καὶ εἶς Ἀθηναῖος. αἱ μὲν δὴ πόλεις Ἀθῆναι
καὶ Δελφοὶ καὶ ἡ Νικόπολις, αὗται μὲν ἀπο-
στέλλουσι συνεδρεύσοντας ἐς Ἀμφικτυονίαν πᾶ-
σαν· ἀπὸ δὲ ἐθνῶν τῶν κατειλεγμένων ἑκάστῃ
πόλει ἀνὰ μέρος ἐς Ἀμφικτύονας καὶ ἐν χρόνου
περιόδῳ συντελεῖν ἔστιν.

6 Ἐσελθόντι δὲ ἐς τὴν πόλιν εἰσὶν ἐφεξῆς ναοί·
καὶ ὁ μὲν πρῶτος αὐτῶν ἐρείπια ἦν, ὁ ἐπὶ τούτῳ
δὲ κενὸς καὶ ἀγαλμάτων καὶ ἀνδριάντων· ὁ δὲ
αὐτῶν τρίτος καὶ ὁ τέταρτος, ὁ μὲν τῶν ἐν Ῥώμῃ
βασιλευσάντων εἶχεν οὐ πολλῶν τινων εἰκόνας,
ὁ τέταρτος δὲ Ἀθηνᾶς καλεῖται Προνοίας.[1] τῶν
δὲ ἀγαλμάτων τὸ ἐν τῷ προνάῳ Μασσαλιωτῶν
ἀνάθημά ἐστι, μεγέθει τοῦ ἔνδον ἀγάλματος
μεῖζον. οἱ δὲ Μασσαλιῶται Φωκαέων εἰσὶν
ἄποικοι τῶν ἐν Ἰωνίᾳ, μοῖρα καὶ αὕτη τῶν ποτε
Ἅρπαγον τὸν Μῆδον φυγόντων ἐκ Φωκαίας·
γενόμενοι δὲ ναυσὶν ἐπικρατέστεροι Καρχηδονίων
τήν τε γῆν ἣν ἔχουσιν ἐκτήσαντο καὶ ἐπὶ μέγα
7 ἀφίκοντο εὐδαιμονίας. τῶν μὲν δὴ Μασσαλιω-
τῶν χαλκοῦν τὸ ἀνάθημά ἐστι· χρυσοῦ δὲ ἀσπίδα
ὑπὸ Κροίσου τοῦ Λυδοῦ τῇ Ἀθηνᾷ τῇ Προνοίᾳ
δοθεῖσαν, ἐλέγετο ὑπὸ τῶν Δελφῶν ὡς Φιλόμηλος
αὐτὴν ἐσύλησε. πρὸς δὲ τῷ ἱερῷ τῆς Προνοίας
Φυλάκου τέμενός ἐστιν ἥρωος· καὶ ὁ Φύλακος
οὗτος ὑπὸ Δελφῶν ἔχει φήμην κατὰ τὴν ἐπι-
8 στρατείαν σφίσιν ἀμῦναι τὴν Περσῶν. ἐν δὲ
τοῦ γυμνασίου τῷ ὑπαίθρῳ πεφυκέναι ποτὲ
ἀγρίαν φασὶν ὕλην, καὶ Ὀδυσσέα, ἡνίκα ὡς τὸν
Αὐτόλυκον ἀφικόμενος μετὰ τοῦ Αὐτολύκου τῶν
παίδων ἐθήρευε, τότε αὐτὸν τὸ τραῦμα τὸ ὑπὲρ
τοῦ γόνατος ἐνταῦθα σχεῖν ὑπὸ τοῦ συός. τρα-

do also the Athenians. The cities Athens, Delphi and Nicopolis send deputies to every meeting of the Amphictyonic League ; but each city of the nations mentioned has the privilege of sending members in turn after the lapse of periodic intervals.

When you enter the city you see temples in a row. The first of them was in ruins, and the one next to it had neither images nor statues. The third had statues of a few Roman emperors; the fourth is called the temple of Athena Forethought. Of its two images the one in the fore-temple is a votive offering of the Massiliots, and is larger than the one inside the temple. The Massiliots are a colony of Phocaea in Ionia, and their city was founded by some of those who ran away from Phocaea when attacked by Harpagus the Persian. They proved superior to the Carthaginians in a sea war, acquired the territory they now hold, and reached great prosperity. The votive offering of the Massiliots is of bronze. The gold shield given to Athena Forethought by Croesus the Lydian was said by the Delphians to have been stolen by Philomelus. Near the sanctuary of Forethought is a precinct of the hero Phylacus. This Phylacus is reported by the Delphians to have defended them at the time of the Persian invasion. They say that in the open part of the gymnasium there once grew a wild wood, and that Odysseus, when as the guest of Autolycus he was hunting with the sons of Autolycus, received here from the wild boar the wound above the knee. Turning to the left

---

[1] Sometimes called προναία (*Fore-temple*).

πομένῳ δὲ ἐς ἀριστερὰν ἀπὸ τοῦ γυμνασίου καὶ
ὑποκαταβάντι οὐ πλέον ἐμοὶ δοκεῖν ἢ τρία
στάδια, ποταμός ἐστιν ὀνομαζόμενος Πλεῖστος·
οὗτος ὁ Πλεῖστος ἐπὶ Κίρραν τὸ ἐπίνειον Δελφῶν
9 καὶ τὴν ταύτῃ κάτεισι θάλασσαν. ἐκ δὲ τοῦ
γυμνασίου τὴν ἐς τὸ ἱερὸν ἀνιόντι ἔστιν ἐν δεξιᾷ
τῆς ὁδοῦ τὸ ὕδωρ τῆς Κασταλίας, καὶ πιεῖν ἡδὺ
καὶ λοῦσθαι καλόν.[1] δοῦναι δὲ τὸ ὄνομα τῇ
πηγῇ γυναῖκα λέγουσιν ἐπιχωρίαν, οἱ δὲ ἄνδρα
Καστάλιον· Πανύασσις δὲ ὁ Πολυάρχου πεποιη-
κὼς ἐς Ἡρακλέα ἔπη θυγατέρα Ἀχελῴου τὴν
Κασταλίαν φησὶν εἶναι. λέγει γὰρ δὴ περὶ τοῦ
Ἡρακλέους·

> Παρνησσὸν νιφόεντα θοοῖς διὰ ποσσὶ περήσας
> ἵκετο Κασταλίης Ἀχελωΐδος ἄμβροτον ὕδωρ.

10 ἤκουσα δὲ καὶ ἄλλο τοιόνδε, τὸ ὕδωρ τῇ Κασ-
ταλίᾳ ποταμοῦ δῶρον εἶναι τοῦ Κηφισοῦ. τοῦτο
ἐποίησε καὶ Ἀλκαῖος ἐν προοιμίῳ τῷ ἐς Ἀπόλ-
λωνα· βεβαιοῦνται δὲ οὐχ ἥκιστα οἱ Λιλαιεῖς,
οἳ ἐς τοῦ Κηφισοῦ τὴν πηγὴν πέμματα ἐπιχώρια
καὶ ἄλλα ὁπόσα νομίζουσιν ἀφιᾶσιν ἔν τισιν
εἰρημέναις ἡμέραις, καὶ αὖθις ἐν τῇ Κασταλίᾳ
φασὶν αὐτὰ ἀναφαίνεσθαι.

IX. Δελφοῖς δὲ ἡ πόλις ἄναντες διὰ πάσης
παρέχεται σχῆμα, κατὰ τὰ αὐτὰ δὲ τῇ πόλει τῇ
ἄλλῃ καὶ ὁ ἱερὸς περίβολος τοῦ Ἀπόλλωνος.
οὗτος δὲ μεγέθει μέγας καὶ ἀνωτάτω τοῦ ἄστεώς
ἐστι· τέτμηνται δὲ καὶ ἔξοδοι δι' αὐτοῦ συνεχεῖς.
ὁπόσα δὲ τῶν ἀναθημάτων εἶναί μοι λόγου
μάλιστα ἄξια ἐφαίνετο, ποιησόμεθα αὐτῶν
2 μνήμην. ἀθλητὰς μὲν οὖν καὶ ὅσοι ἀγωνισταὶ

from the gymnasium and going down not more, I think, than three stades, you come to a river named Pleistus. This Pleistus descends to Cirrha, the port of Delphi, and flows into the sea there. Ascending from the gymnasium along the way to the sanctuary you reach, on the right of the way, the water of Castalia, which is sweet to drink and pleasant to bathe in. Some say that the spring was named after a native woman, others after a man called Castalius. But Panyassis, son of Polyarchus, who composed an epic poem on Heracles, says that Castalia was a daughter of Acheloüs. For about Heracles he says :—

Crossing with swift feet snowy Parnassus
He reached the immortal water of Castalia,
    daughter of Acheloüs.

I have heard another account, that the water was a gift to Castalia from the river Cephisus. So Alcaeüs has it in his prelude to Apollo. The strongest confirmation of this view is a custom of the Lilaeans, who on certain specified days throw into the spring of the Cephisus cakes of the district and other things ordained by use, and it is said that these reappear in Castalia.

IX. The city of Delphi, both the sacred enclosure of Apollo and the city generally, lies altogether on sloping ground. The enclosure is very large, and is on the highest part of the city. Passages run through it, close to one another. I will mention which of the votive offerings seemed to me most worthy of notice. The athletes and competitors in

---

[1] The words καὶ λοῦσθαι καλόν are not in the MSS., but were added by Buttmann.

μουσικῆς τῶν ἀνθρώπων τοῖς πλείοσιν ἐγίνοντο
μετὰ οὐδενὸς λογισμοῦ, οὐ πάνυ τι ἡγοῦμαι
σπουδῆς ἀξίους· ἀθλητὰς δὲ ὁπόσοι τι καὶ
ὑπελείποντο ἐς δόξαν, ἐν λόγῳ σφᾶς ἐδήλωσα
τῷ ἐς Ἠλείους. Φαύλῳ δὲ Κροτωνιάτῃ—Ὀλυμ-
πίασι μὲν οὐκ ἔστιν αὐτῷ νίκη, τὰς δὲ Πυθοῖ
πεντάθλου δύο ἀνείλετο καὶ σταδίου τὴν τρίτην·
ἐναυμάχησε δὲ καὶ ἐναντία τοῦ Μήδου ναῦν τε
παρασκευασάμενος οἰκείαν καὶ Κροτωνιατῶν
ὁπόσοι ἐπεδήμουν τῇ Ἑλλάδι ἀνεβίβασεν—τού-
3 του ἐστὶν ἀνδριὰς ἐν Δελφοῖς. τὰ μὲν δὴ ἐς
τὸν Κροτωνιάτην οὕτως εἶχεν, ἐσελθόντι δὲ ἐς
τὸ τέμενος χαλκοῦς ταῦρος τέχνη μὲν Θεοπρόπου
ἐστὶν Αἰγινήτου, Κορκυραίων δὲ ἀνάθημα. λέ-
γεται δὲ ὡς ταῦρος ἐν τῇ Κορκύρᾳ καταλιπὼν
τὰς ἄλλας βοῦς καὶ ἀπὸ τῆς νομῆς κατερχόμενος
ἐμυκᾶτο ἐπὶ θαλάσσῃ· γινομένου δὲ ἐπὶ ἡμέρα
πάσῃ τοῦ αὐτοῦ κάτεισιν ἐπὶ θάλασσαν ὁ βου-
κόλος, καὶ εἶδεν ἰχθύων τῶν θύννων ἀτέκμαρτόν
4 τι ἀριθμῷ πλῆθος. καὶ ὁ μὲν δῆλα τοῖς ἐν τῇ
πόλει Κορκυραίοις ἐποίησεν· οἱ δὲ—ἑλεῖν γὰρ
τοὺς θύννους προαιρούμενοι τὴν ἄλλως ταλαι-
πωρίαν εἶχον—θεωροὺς ἀποστέλλουσιν ἐς Δελ-
φούς· καὶ οὕτω Ποσειδῶνί τε ἐκεῖνον θύουσι τὸν
ταῦρον καὶ αὐτίκα μετὰ τὴν θυσίαν αἱροῦσι τοὺς
ἰχθῦς, καί σφισι τὸ ἀνάθημα ἐν Ὀλυμπίᾳ τε καὶ
5 ἐν Δελφοῖς ἐστιν ἡ δεκάτη τῆς ἄγρας. ἐφεξῆς
δὲ Τεγεατῶν ἀναθήματα ἀπὸ Λακεδαιμονίων
Ἀπόλλων ἐστὶ καὶ Νίκη καὶ οἱ ἐπιχώριοι τῶν
ἡρώων Καλλιστώ τε ἡ Λυκάονος καὶ Ἀρκὰς ὁ
ἐπώνυμος τῆς γῆς καὶ οἱ τοῦ Ἀρκάδος παῖδες
Ἔλατος καὶ Ἀφείδας καὶ Ἀζάν, ἐπὶ δὲ αὐτοῖς

music that the majority of mankind have neglected, are, I think, scarcely worthy of serious attention; and the athletes who have left a reputation behind them I have set forth in my account of Elis.[1]   There is a statue at Delphi of Phaÿlus of Crotona.   He won no victory at Olympia, but his victories at Pytho were two in the pentathlum and one in the foot-race. He also fought at sea against the Persian, in a ship of his own, equipped by himself and manned by citizens of Crotona who were staying in Greece.   Such is the story of the athlete of Crotona.   On entering the enclosure you come to a bronze bull, a votive offering of the Corcyraeans made by Theopropus of Aegina.   The story is that in Corcyra a bull, leaving the cows, would go down from the pasture and bellow on the shore.   As the same thing happened every day, the herdsman went down to the sea and saw a countless number of tunny-fish.   He reported the matter to the Corcyraeans, who, finding their labour lost in trying to catch the tunnies, sent envoys to Delphi.   So they sacrificed the bull to Poseidon, and straightway after the sacrifice they caught the fish, and dedicated their offerings at Olympia and at Delphi with a tithe of their catch.   Next to this are offerings of the Tegeans from spoils of the Lacedae-monians: an Apollo, a Victory, the heroes of the country, Callisto, daughter of Lycaon, Arcas, who gave Arcadia its name, Elatus, Apheidas, and Azan,

[1] Book VI, chapters i–xviii.

Τρίφυλος· τούτῳ δὲ ἦν οὐκ Ἐρατὼ τῷ Τριφύλῳ
μήτηρ, ἀλλὰ Λαοδάμεια ἡ Ἀμύκλα τοῦ ἐν
Λακεδαίμονι βασιλεύσαντος· ἀνάκειται δὲ καὶ
6 Ἔρασος Τριφύλου παῖς. οἱ δὲ εἰργασμένοι τὰ
ἀγάλματα Παυσανίας ἐστὶν Ἀπολλωνιάτης,
οὗτος μὲν τόν τε Ἀπόλλωνα καὶ Καλλιστώ, τὴν
δὲ Νίκην καὶ τοῦ Ἀρκάδος τὴν[1] εἰκόνα ὁ
Σικυώνιος Δαίδαλος· Ἀντιφάνης δὲ Ἀργεῖος καὶ
Σαμόλας Ἀρκάς, οὗτος μὲν τὸν Τρίφυλον καὶ
Ἀζᾶνα, Ἔλατον δὲ καὶ Ἀφείδαντά τε καὶ Ἔρασον
ὁ[2] Ἀργεῖος. ταῦτα μὲν δὴ οἱ Τεγεᾶται ἔπεμψαν
ἐς Δελφούς, Λακεδαιμονίους ὅτε ἐπὶ σφᾶς ἐστρα-
7 τεύσαντο αἰχμαλώτους ἑλόντες· Λακεδαιμονίων
δὲ ἀπαντικρὺ τούτων ἀναθήματά ἐστιν ἀπ᾽
Ἀθηναίων Διόσκουροι καὶ Ζεὺς καὶ Ἀπόλλων
τε καὶ Ἄρτεμις, ἐπὶ δὲ αὐτοῖς Ποσειδῶν τε καὶ
Λύσανδρος ὁ Ἀριστοκρίτου στεφανούμενος ὑπὸ
τοῦ Ποσειδῶνος, Ἀγίας τε ὃς τῷ Λυσάνδρῳ τότε
ἐμαντεύετο καὶ Ἕρμων ὁ τὴν ναῦν τοῦ Λυσάνδρου
8 τὴν στρατηγίδα κυβερνῶν. τοῦτον μὲν δὴ τὸν
Ἕρμωνα Θεόκοσμος ποιήσειν ἔμελλεν ὁ Μεγαρεὺς
ἅτε ὑπὸ τῶν Μεγαρέων ἐγγραφέντα ἐς τὴν πολι-
τείαν· οἱ δὲ Διόσκουροι Ἀντιφάνους εἰσὶν
Ἀργείου καὶ ὁ μάντις τέχνη Πίσωνος ἐκ Καλαυ-
ρείας τῆς Τροιζηνίων· Ἀθηνόδωρος δὲ καὶ Δαμέας,
ὁ μὲν τὴν Ἄρτεμίν τε καὶ Ποσειδῶνα εἰργάσατο,
ἔτι δὲ τὸν Λύσανδρον, Ἀθηνόδωρος δὲ τὸν Ἀπόλ-
λωνα ἐποίησε καὶ τὸν Δία· οὗτοι δὲ Ἀρκάδες
9 εἰσὶν ἐκ Κλείτορος. ἀνάκεινται δὲ καὶ ὄπισθεν
τῶν κατειλεγμένων ὅσοι συγκατειργάσαντο τῷ
Λυσάνδρῳ τὰ ἐν Αἰγὸς ποταμοῖς ἢ αὐτῶν Σπαρ-
τιατῶν ἢ ἀπὸ[3] τῶν συμμαχησάντων, εἰσὶ δὲ

the sons of Arcas, and also Triphylus. The mother
of this Triphylus was not Erato, but Laodameia, the
daughter of Amyclas, king of Lacedaemon. There
is also a statue dedicated of Erasus, son of Triphy-
lus. They who made the images are as follow:
The Apollo and Callisto were made by Pausanias of
Apollonia; the Victory and the likeness of Arcas by
Daedalus of Sicyon; Triphylus and Azan by Samolas
the Arcadian; Elatus, Apheidas and Erasus by
Antiphanes of Argos. These offerings were sent by 365 B.C.
the Tegeans to Delphi after they took prisoners the
Lacedaemonians that attacked their city.[1] Opposite
these are offerings of the Lacedaemonians from spoils
of the Athenians: the Dioscuri, Zeus, Apollo,
Artemis, and beside these Poseidon, Lysander, son
of Aristocritus, represented as being crowned by
Poseidon, Agias, soothsayer to Lysander on the
occasion of his victory, and Hermon, who steered his
flag-ship. This statue of Hermon was not unnaturally
made by Theocosmus of Megara, who had been
enrolled as a citizen of that city. The Dioscuri were
made by Antiphanes of Argos; the soothsayer by
Pison, from Calaureia, in the territory of Troezen;
the Artemis, Poseidon and also Lysander by Dameas;
the Apollo and Zeus by Athenodorus. The last two
artists were Arcadians from Cleitor. Behind the
offerings enumerated are statues of those who,
whether Spartans or Spartan allies, assisted Lysander 405 B.C.

---

[1] It is probable that these offerings were made by the
Arcadians, and not by the Tegeans. (See Frazer's note.)

---

[1] τὴν was added to the MSS. by Bekker.
[2] δ was added to the MSS. by Siebelis.
[3] Spiro would delete ἀπό.

οἵδε· Ἄρακος μὲν καὶ Ἐριάνθης, ὁ μὲν αὐτῶν ἐκ
Λακεδαίμονος, ὁ δὲ Ἐριάνθης Βοιώτιος . . . ὑπὲρ
τοῦ Μίμαντος, ἐντεῦθεν μὲν Ἀστυκράτης, Χῖοι
δὲ Κηφισοκλῆς καὶ Ἑρμόφαντός τε καὶ Ἰκέσιος,
Τίμαρχος δὲ καὶ Διαγόρας Ῥόδιοι, Κνίδιος δὲ
Θεόδαμος, ἐκ δὲ Ἐφέσου Κιμμέριος, καὶ Μιλήσιος
10 Αἰαντίδης. τούτους μὲν δὴ ἐποίησε Τίσανδρος,
τοὺς δὲ ἐφεξῆς Ἄλυπος Σικυώνιος, Θεόπομπον
Μύνδιον καὶ Κλεομήδην Σάμιον καὶ ἐξ Εὐβοίας
Ἀριστοκλέα τε Καρύστιον καὶ Αὐτόνομον
Ἐρετριέα καὶ Ἀριστόφαντον Κορίνθιον καὶ
Ἀπολλόδωρον Τροιζήνιον καὶ ἐξ Ἐπιδαύρου
Δίωνα τῆς ἐν τῇ Ἀργολίδι. ἐχόμενοι δὲ τούτων
Ἀξιόνικός ἐστιν Ἀχαιὸς ἐκ Πελλήνης, ἐκ δὲ
Ἑρμιόνος Θεάρης, καὶ Φωκεύς τε Πυρρίας καὶ
Κώμων Μεγαρεὺς καὶ Ἀγασιμένης Σικυώνιος,
ἐκ δὲ Ἀμβρακίας καὶ Κορίνθου τε καὶ Λευκάδος
Τηλυκράτης καὶ Πυθόδοτος Κορίνθιος καὶ Ἀμ-
βρακιώτης Εὐαντίδας· τελευτᾷ δὲ Ἐπικυδίδας
καὶ Ἐτεόνικος οἱ Λακεδαιμόνιοι· Πατροκλέους
11 δὲ καὶ Κανάχου φασὶν ἔργα. τὴν δὲ πληγὴν
Ἀθηναῖοι τὴν ἐν Αἰγὸς ποταμοῖς οὐ μετὰ τοῦ
δικαίου συμβῆναί σφισιν ὁμολογοῦσι· προδο-
θῆναι γὰρ ἐπὶ χρήμασιν ὑπὸ τῶν στρατηγησάντων,
Τυδέα δὲ εἶναι καὶ Ἀδείμαντον οἳ τὰ δῶρα
ἐδέξαντο παρὰ Λυσάνδρου. καὶ ἐς ἀπόδειξιν
τοῦ λόγου Σιβύλλης παρέχονται τὸν χρησμόν.

καὶ τότ᾽ Ἀθηναίοισι βαρύστονα κήδεα θήσει
Ζεὺς ὑψιβρεμέτης, οὗπερ κράτος ἐστὶ μέγιστον,
νηυσὶ φερεπτολέμοισι[1] μάχην καὶ δηιοτῆτα
ὀλλυμέναις δολεροῖσι τρόποις, κακότητι νο-
μήων.

at Aegospotami. They are these:—Aracus of
Lacedaemon, Erianthes a Boeotian . . . above
Mimas, whence came Astycrates, Cephisocles,
Hermophantus and Hicesius of Chios; Timarchus
and Diagoras of Rhodes; Theodamus of Cnidus;
Cimmerius of Ephesus and Aeantides of Miletus.
These were made by Tisander, but the next were
made by Alypus of Sicyon, namely:—Theopompus
the Myndian, Cleomedes of Samos, the two Euboeans
Aristocles of Carystus and Autonomus of Eretria,
Aristophantus of Corinth, Apollodorus of Troezen,
and Dion from Epidaurus in Argolis. Next to these
come the Achaean Axionicus from Pellene, Theares
of Hermion, Pyrrhias the Phocian, Comon of Megara,
Agasimenes of Sicyon, Telycrates the Leucadian,
Pythodotus of Corinth and Euantidas the Ambraciot;
last come the Lacedaemonians Epicydidas and
Eteonicus. These, they say, are works of Patrocles
and Canachus. The Athenians refuse to confess that
their defeat at Aegospotami was fairly inflicted,
maintaining that they were betrayed by Tydeus and
Adeimantus, their generals, who had been bribed,
they say, with money by Lysander. As a proof of
this assertion they quote the following oracle of the
Sibyl :—

And then on the Athenians will be laid grievous
troubles
By Zeus the high-thunderer, whose might is the
greatest,
On the war-ships battle and fighting,
As they are destroyed by treacherous tricks,
through the baseness of the captains.

---

[1] The MSS. have φέρει πολέμοισι, emended by Dindorf.

τὰ δὲ ἕτερα ἐκ Μουσαίου χρησμῶν μνημονεύουσι·

καὶ γὰρ Ἀθηναίοισιν ἐπέρχεται ἄγριος ὄμβρος
ἡγεμόνων κακότητι, παραιφασίη δέ τις ἔσται
ἥττης· οὐ λήσουσι[1] πόλιν, τίσουσι δὲ ποινήν.

12 ταῦτα μὲν δὴ ἐπὶ τοσοῦτον εἰρήσθω· τὸν δὲ ὑπὲρ
τῆς καλουμένης Θυρέας Λακεδαιμονίων ἀγῶνα
καὶ Ἀργείων, Σίβυλλα μὲν καὶ τοῦτον προεθέ-
σπισεν ὡς συμβήσοιτο ἐξ ἴσου ταῖς πόλεσιν,
Ἀργεῖοι δὲ ἀξιοῦντες ἐσχηκέναι πλέον ἐν τῷ
ἔργῳ χαλκοῦν ἵππον—τὸν δούρειον δῆθεν—ἀπέ-
στειλαν ἐς Δελφούς· τὸ δὲ ἔργον Ἀντιφάνους
ἐστὶν Ἀργείου.

X. Τῷ βάθρῳ δὲ τῷ ὑπὸ τὸν ἵππον τὸν δού-
ρειον ἐπίγραμμα μέν ἐστιν ἀπὸ δεκάτης τοῦ
Μαραθωνίου ἔργου τεθῆναι τὰς εἰκόνας· εἰσὶ δὲ
Ἀθηνᾶ τε καὶ Ἀπόλλων καὶ ἀνὴρ τῶν στρατηγη-
σάντων Μιλτιάδης· ἐκ δὲ τῶν ἡρώων καλουμένων
Ἐρεχθεύς τε καὶ Κέκροψ καὶ Πανδίων, καὶ Λεώς
τε καὶ Ἀντίοχος ὁ ἐκ Μήδας Ἡρακλεῖ γενόμενος
τῆς Φύλαντος, ἔτι δὲ Αἰγεύς τε καὶ παίδων
τῶν Θησέως Ἀκάμας· οὗτοι μὲν καὶ φυλαῖς
Ἀθήνησιν ὀνόματα κατὰ μάντευμα ἔδοσαν τὸ
ἐκ Δελφῶν· ὁ δὲ Μελάνθου Κόδρος καὶ Θησεὺς
καὶ Νηλεύς, οὗτοι δὲ οὐκέτι τῶν ἐπωνύμων εἰσί.

2 τοὺς μὲν δὴ κατειλεγμένους Φειδίας ἐποίησε καὶ
ἀληθεῖ λόγῳ δεκάτη καὶ οὗτοι τῆς μάχης εἰσίν·

---

[1] ἥτταλοις ἡμούσουσι MSS.

The other evidence that they quote is taken from the oracles of Musaeüs :—

For on the Athenians comes a wild rain
Through the baseness of their leaders, but some
    consolation will there be
For the defeat; they shall not escape the notice of
    the city, but shall pay the penalty.

So much for this belief. The struggle for the district 548 or 414 B.C. called Thyrea[1] between the Lacedaemonians and the Argives was also foretold by the Sibyl, who said that the battle would be drawn. But the Argives claimed that they had the better of the engagement, and sent to Delphi a bronze horse, supposed to be the wooden horse of Troy. It is the work of Antiphanes of Argos.

X. On the base below the wooden horse is an inscription which says that the statues were dedicated from a tithe of the spoils taken in the engagement at Marathon. They represent Athena, Apollo, and Miltiades, one of the generals. Of those called heroes there are Erechtheus, Cecrops, Pandion, Leos, Antiochus, son of Heracles by Meda, daughter of Phylas, as well as Aegeus and Acamas, one of the sons of Theseus. These heroes gave names, in obedience to a Delphic oracle, to tribes at Athens. Codrus, however, the son of Melanthus, Theseus, and Neleus, these are not givers of names to tribes. The statues enumerated were made by Pheidias, and really are a tithe of the spoils of the

---

[1] Pausanias seems to refer to a battle in 548 B.C., but the date of the artist Antiphanes makes it more probable that the horse was dedicated to commemorate a later battle fought in 414 B.C.

Ἀντίγονον δὲ καὶ τὸν παῖδα Δημήτριον καὶ
Πτολεμαῖον τὸν Αἰγύπτιον χρόνῳ ὕστερον ἀπέ-
στειλαν ἐς Δελφούς, τὸν μὲν Αἰγύπτιον καὶ
εὐνοίᾳ τινὶ ἐς αὐτόν, τοὺς δὲ Μακεδόνας τῷ ἐς
αὑτοὺς δέει.

3 Πλησίον δὲ τοῦ ἵππου καὶ ἄλλα ἀναθήματά
ἐστιν Ἀργείων, οἱ ἡγεμόνες τῶν ἐς Θήβας ὁμοῦ
Πολυνείκει στρατευσάντων, Ἄδραστός τε ὁ
Ταλαοῦ καὶ Τυδεὺς Οἰνέως καὶ οἱ ἀπόγονοι Προί-
του[1] Καπανεὺς Ἱππόνου καὶ Ἐτέοκλος ὁ Ἴφιος,
Πολυνείκης τε καὶ ὁ Ἱππομέδων ἀδελφῆς Ἀδράσ-
του παῖς· Ἀμφιαράου δὲ καὶ ἅρμα ἐγγὺς πεποίηται
καὶ ἐφεστηκὼς Βάτων ἐπὶ τῷ ἅρματι ἡνίοχός τε τῶν
ἵππων καὶ τῷ Ἀμφιαράῳ καὶ ἄλλως προσήκων
κατὰ οἰκειότητα· τελευταῖος δὲ Ἀλιθέρσης ἐστὶν
4 αὐτῶν. οὗτοι μὲν δὴ Ὑπατοδώρου καὶ Ἀρισ-
τογείτονός εἰσιν ἔργα, καὶ ἐποίησαν σφᾶς, ὡς
αὐτοὶ Ἀργεῖοι λέγουσιν, ἀπὸ τῆς νίκης ἥντινα ἐν
Οἰνόῃ τῇ Ἀργείᾳ αὐτοί τε καὶ Ἀθηναίων ἐπί-
κουροι Λακεδαιμονίους ἐνίκησαν. ἀπὸ δὲ τοῦ
αὐτοῦ ἐμοὶ δοκεῖν ἔργου καὶ τοὺς Ἐπιγόνους ὑπὸ
Ἑλλήνων[2] καλουμένους ἀνέθεσαν οἱ Ἀργεῖοι·
κεῖνται γὰρ δὴ εἰκόνες καὶ τούτων, Σθένελος καὶ
Ἀλκμαίων, κατὰ ἡλικίαν ἐμοὶ δοκεῖν πρὸ Ἀμ-
φιλόχου τετιμημένος, ἐπὶ δὲ αὐτοῖς Πρόμαχος
καὶ Θέρσανδρος καὶ Αἰγιαλεύς τε καὶ Διομήδης·
ἐν μέσῳ δὲ Διομήδους καὶ τοῦ Αἰγιαλέως ἐστὶν
5 Εὐρύαλος. ἀπαντικρὺ δὲ αὐτῶν ἀνδριάντες εἰσὶν
ἄλλοι· τούτους δὲ ἀνέθεσαν οἱ Ἀργεῖοι τοῦ οἰκισμοῦ
τοῦ Μεσσηνίων Θηβαίοις καὶ Ἐπαμινώνδα μετα-
σχόντες.[3] ἡρώων δέ εἰσιν αἱ εἰκόνες, Δαναὸς μὲν
βασιλέων ἰσχύσας τῶν ἐν Ἄργει μέγιστον,

battle. But the statues of Antigonus, of his son Demetrius, and of Ptolemy the Egyptian, were sent to Delphi by the Athenians afterwards. The statue of the Egyptian they sent out of good-will; those of the Macedonians were sent because of the dread that they inspired.

Near the horse are also other votive offerings of the Argives, likenesses of the captains of those who with Polyneices made war on Thebes: Adrastus, the son of Talaüs, Tydeus, son of Oeneus, the descendants of Proetus, namely, Capaneus, son of Hipponoüs, and Eteoclus, son of Iphis, Polyneices, and Hippomedon, son of the sister of Adrastus. Near is represented the chariot of Amphiaraüs, and in it stands Baton, a relative of Amphiaraüs who served as his charioteer. The last of them is Alitherses. These are works of Hypatodorus and Aristogeiton, who made them, as the Argives themselves say, from the spoils of the victory which they and their Athenian allies won over the Lacedaemonians at Oenoë in Argive territory. From spoils of the same action, it seems to me, the Argives set up statues of those whom the Greeks call the Epigoni. For there stand statues of these also, Sthenelus, Alcmaeon, who I think was honoured before Amphilochus on account of his age, Promachus also, Thersander, Aegialeus and Diomedes. Between Diomedes and Aegialeus is Euryalus. Opposite them are other statues, dedicated by the Argives who helped the Thebans under Epaminondas to found Messene. The statues are of heroes: Danaüs, the most powerful king of Argos, and

463-458
B.C.

---

[1] After Προίτου the MSS. have καί.
[2] ἀλλήλων MSS.
[3] παρασχόντες MSS.: emended by Sylburg.

Ὑπερμήστρα δὲ ἅτε καθαρὰ χεῖρας μόνη τῶν
ἀδελφῶν· παρὰ δὲ αὐτὴν καὶ ὁ Λυγκεὺς καὶ ἅπαν
τὸ ἐφεξῆς αὐτῶν γένος τὸ ἐς Ἡρακλέα τε καὶ ἔτι
πρότερον καθῆκον ἐς Περσέα.

6 Ταραντίνων δὲ οἱ ἵπποι οἱ χαλκοῖ καὶ αἰχμά-
λωτοι γυναῖκες ἀπὸ Μεσσαπίων εἰσίν, ὁμόρων
τῇ Ταραντίνων βαρβάρων, Ἀγελάδα δὲ ἔργα
τοῦ Ἀργείου. Τάραντα δὲ ἀπῴκισαν μὲν Λακε-
δαιμόνιοι, οἰκιστὴς δὲ ἐγένετο Σπαρτιάτης Φά-
λανθος. στελλομένῳ δὲ ἐς ἀποικίαν τῷ Φαλάνθῳ
λόγιον ἦλθεν ἐκ Δελφῶν· ὑετοῦ αὐτὸν αἰσθό-
μενον ὑπὸ αἴθρᾳ, τηνικαῦτα καὶ χώραν κτή-
7 σεσθαι[1] καὶ πόλιν. τὸ μὲν δὴ παραυτίκα οὔτε
ἰδίᾳ τὸ μάντευμα ἐπισκεψάμενος οὔτε πρὸς τῶν
ἐξηγητῶν τινα ἀνακοινώσας κατέσχε ταῖς ναυσὶν
ἐς Ἰταλίαν· ὡς δέ οἱ νικῶντι τοὺς βαρβάρους
οὐκ ἐγίνετο οὔτε τινὰ ἑλεῖν τῶν πόλεων οὔτε
ἐπικρατῆσαι χώρας, ἐς ἀνάμνησιν ἀφικνεῖτο τοῦ
χρησμοῦ, καὶ ἀδύνατα ἐνόμιζέν οἱ τὸν θεὸν
χρῆσαι· μὴ γὰρ ἄν ποτε ἐν καθαρῷ καὶ αἰθρίῳ
τῷ ἀέρι ὑσθῆναι. καὶ αὐτὸν ἡ γυνὴ ἀθύμως
ἔχοντα—ἠκολουθήκει γὰρ οἴκοθεν—τά τε ἄλλα
ἐφιλοφρονεῖτο καὶ ἐς τὰ γόνατα ἐσθεμένη τὰ
αὑτῆς τοῦ ἀνδρὸς τὴν κεφαλὴν ἐξέλεγε τοὺς
φθεῖρας· καί πως ὑπὸ εὐνοίας δακρῦσαι παρί-
σταται τῇ γυναικὶ ὁρώσῃ τοῦ ἀνδρὸς ἐς οὐδὲν
8 προχωροῦντα τὰ πράγματα. προέχει[2] δὲ ἀφει-
δέστερον τῶν δακρύων καὶ—ἔβρεχε γὰρ τοῦ
Φαλάνθου τὴν κεφαλήν—συνίησί τε τῆς μαντείας
—ὄνομα γὰρ δὴ ἦν Αἴθρα τῇ γυναικί—καὶ οὕτω
τῇ ἐπιούσῃ νυκτὶ Τάραντα τῶν βαρβάρων εἷλε

---

[1] κτήσασθαι MSS.: emended by Sylburg.

Hypermnestra, for she alone of her sisters kept her hands undefiled. By her side is Lynceus also, and the whole family of them to Heracles, and further back still to Perseus.

The bronze horses and captive women dedicated by the Tarentines were made from spoils taken from the Messapians, a non-Greek people bordering on the territory of Tarentum, and are works of Ageladas the Argive. Tarentum is a colony of the Lacedaemonians, and its founder was Phalanthus, a Spartan. On setting out to found a colony Phalanthus received an oracle from Delphi, declaring that when he should feel rain under a cloudless sky (*aethra*), he would then win both a territory and a city. At first he neither examined the oracle himself nor informed one of his interpreters, but came to Italy with his ships. But when, although he won victories over the barbarians, he succeeded neither in taking a city nor in making himself master of a territory, he called to mind the oracle, and thought that the god had foretold an impossibility. For never could rain fall from a clear and cloudless sky. When he was in despair, his wife, who had accompanied him from home, among other endearments placed her husband's head between her knees and began to pick out the lice. And it chanced that the wife, such was her affection, wept as she saw her husband's fortunes coming to nothing. As her tears fell in showers, and she wetted the head of Phalanthus, he realised the meaning of the oracle, for his wife's name was Aethra. And so on that night he took from the barbarians Tarentum,

---

² προσέχει MSS.: emended by Sylburg.

μεγίστην καὶ εὐδαιμονεστάτην τῶν ἐπὶ θαλάσσῃ
πόλεων. Τάραντα δὲ τὸν ἥρω Ποσειδῶνός φασι
καὶ ἐπιχωρίας νύμφης παῖδα εἶναι, ἀπὸ δὲ τοῦ
ἥρωος τεθῆναι τὰ ὀνόματα τῇ πόλει τε καὶ τῷ
ποταμῷ· καλεῖται γὰρ δὴ Τάρας κατὰ τὰ αὐτὰ
τῇ πόλει καὶ ὁ ποταμός.

XI. Πλησίον δὲ τοῦ ἀναθήματος τοῦ Ταραντί-
νων Σικυωνίων ἐστὶ θησαυρός· χρήματα δὲ οὔτε
ἐνταῦθα ἴδοις ἂν οὔτε ἐν ἄλλῳ τῶν θησαυρῶν.
Κνίδιοι δὲ ἐκόμισαν ἀγάλματα ἐς Δελφοὺς Τριό-
παν οἰκιστὴν τῆς Κνίδου παρεστῶτα ἵππῳ καὶ
Λητὼ καὶ Ἀπόλλωνά τε καὶ Ἄρτεμιν ἀφιέντας
τῶν βελῶν ἐπὶ Τιτυόν· ὁ δὲ καὶ τετρωμένος ἐστὶν
ἤδη τὸ σῶμα.

2 Ταῦτα ἕστηκε παρὰ τὸν Σικυωνίων θησαυρόν·
ἐποιήθη δὲ καὶ ὑπὸ Σιφνίων ἐπὶ αἰτίᾳ τοιᾷδε
θησαυρός. Σιφνίοις ἡ νῆσος χρυσοῦ μέταλλα
ἤνεγκε, καὶ αὐτοὺς τῶν προσιόντων ἐκέλευσεν ὁ
θεὸς ἀποφέρειν δεκάτην ἐς Δελφούς· οἱ δὲ τὸν
θησαυρὸν ᾠκοδομήσαντο καὶ ἀπέφερον τὴν δεκά-
την. ὡς δὲ ὑπὸ ἀπληστίας ἐξέλιπον τὴν φοράν,
ἐπικλύσασα ἡ θάλασσα ἀφανῆ τὰ μέταλλά
3 σφισιν ἐποίησεν. ἀνέθεσαν δὲ καὶ ἀνδριάντας
Λιπαραῖοι ναυμαχίᾳ κρατήσαντες Τυρρηνῶν. οἱ
δὲ Λιπαραῖοι οὗτοι Κνιδίων μὲν ἦσαν ἄποικοι,
τῆς δὲ ἀποικίας ἡγεμόνα γενέσθαι φασὶν ἄνδρα
Κνίδιον· ὄνομα δὲ εἶναί οἱ Πένταθλον Ἀντίοχος
ὁ Ξενοφάνους Συρακούσιος ἐν τῇ Σικελιώτιδι
συγγραφῇ φησι. λέγει δὲ καὶ ὡς ἐπὶ Παχύνῳ
τῇ ἄκρᾳ τῇ ἐν Σικελίᾳ κτίσαντες πόλιν αὐτοὶ
μὲν ἐκπίπτουσιν ὑπὸ Ἐλύμων καὶ Φοινίκων
πολέμῳ πιεσθέντες, τὰς νήσους δὲ ἔσχον ἐρήμους

the largest and most prosperous city on the coast. They say that Taras the hero was a son of Poseidon by a nymph of the country, and that after this hero were named both the city and the river. For the river, just like the city, is called Taras.

XI. Near the votive offering of the Tarentines is a treasury of the Sicyonians, but there is no treasure to be seen either here or in any other of the treasuries. The Cnidians brought the following images to Delphi: Triopas, founder of Cnidus, standing by a horse, Leto, and Apollo and Artemis shooting arrows at Tityos, who has already been wounded in the body.

These stand by the treasury of the Sicyonians. The Siphnians too made a treasury, the reason being as follows. Their island contained gold mines, and the god ordered them to pay a tithe of the revenues to Delphi. So they built the treasury, and continued to pay the tithe until greed made them omit the tribute, when the sea flooded their mines and hid them from sight. The people of Lipara too dedicated statues to commemorate a naval victory over the Etruscans. These people were colonists from Cnidus, and the leader of the colony is said to have been a Cnidian, whose name was Pentathlus according to a statement made by the Syracusan Antiochus, son of Xenophanes, in his history of Sicily. He says also that they built a city on Cape Pachynum in Sicily, but were hard pressed in a war with the Elymi and Phoenicians, and driven out, but occupied the islands, from which they expelled the inhabitants

ἔτι ἢ ἀναστήσαντες τοὺς ἐνοικοῦντας, ἃς[1] κατὰ
τὰ ἔπη τὰ Ὁμήρεια Αἰόλου καὶ ἐς ἡμᾶς ἔτι
4 ὀνομάζουσι. τούτων Λιπάραν μὲν κτίσαντες
πόλιν ἐνταῦθα οἰκοῦσιν, Ἱέραν δὲ καὶ Στρογ-
γύλην καὶ Διδύμας γεωργοῦσι διαβαίνοντες
ναυσὶν ἐς αὐτάς. ἐν δὲ τῇ Στρογγύλῃ καὶ πῦρ
δῆλόν ἐστιν ἀνιὸν ἐκ τῆς γῆς· καὶ ἐν Ἱέρᾳ δὲ
πῦρ τε αὐτόματον ἐπὶ ἄκρας ἀνακαίεται τῆς
νήσου καὶ ἐπὶ θαλάσσῃ λουτρά ἐστιν ἐπιτήδεια,
εἰ[2] δέξεταί σε ἠπίως τὸ ὕδωρ, ἐπεὶ ἄλλως γε
χαλεπὸν ὑπὸ ζεστότητός ἐστιν ἐμβαίνεσθαι.

5 Οἱ δὲ θησαυροὶ Θηβαίων ἀπὸ ἔργου τῶν ἐς
πόλεμον, καὶ Ἀθηναίων ἐστὶν ὡσαύτως· Κνιδίους
δὲ οὐκ οἶδα εἰ ἐπὶ νίκῃ τινὶ ἢ ἐς ἐπίδειξιν
εὐδαιμονίας ᾠκοδομήσαντο, ἐπεὶ Θηβαίοις γε ἀπὸ
ἔργου τοῦ ἐν Λεύκτροις καὶ Ἀθηναίοις ἀπὸ τῶν
ἐς Μαραθῶνα ἀποβάντων ὁμοῦ Δάτιδί εἰσιν οἱ
θησαυροί. Κλεωναῖοι δὲ ἐπιέσθησαν μὲν κατὰ
τὸ αὐτὸ Ἀθηναίοις ὑπὸ νόσου τῆς λοιμώδους,
κατὰ δὲ μάντευμα ἐκ Δελφῶν ἔθυσαν τράγον
ἀνίσχοντι ἔτι τῷ ἡλίῳ, καὶ—εὕραντο γὰρ λύσιν
τοῦ κακοῦ—τράγον χαλκοῦν ἀποπέμπουσι τῷ
Ἀπόλλωνι. Ποτιδαιατῶν δὲ τῶν ἐν Θρᾴκῃ καὶ
Συρακουσίων, τῶν μέν ἐστιν ὁ θησαυρὸς ἀπὸ
τοῦ Ἀττικοῦ τοῦ μεγάλου πταίσματος, Ποτιδαιᾶ-
ται δὲ εὐσεβείας τῆς ἐς τὸν θεὸν ἐποίησαν.

6 Ὠικοδόμησαν δὲ καὶ Ἀθηναῖοι στοὰν ἀπὸ
χρημάτων ἃ ἐν τῷ πολέμῳ σφίσιν ἐγένετο
ἀπό τε Πελοποννησίων καὶ ὅσοι Πελοποννησίοις
ἦσαν τοῦ Ἑλληνικοῦ σύμμαχοι. ἀνάκειται δὲ

---

[1] After ἃς the MSS. have καὶ.
[2] εἰ is not in the MSS., but was added by Siebelis.

if they were not still uninhabited, still called, as they are called by Homer,[1] the Islands of Aeolus. Of these islands they dwell in Lipara, on which they built a city, but Hiera, Strongyle and Didymae they cultivate, crossing to them in ships. On Strongyle fire is to be seen rising out of the ground, while in Hiera fire of its own accord bursts out on the summit of the island, and by the sea are baths, comfortable enough if the water receive you kindly,[2] but if not, painful to enter because of the heat.

The Thebans have a treasury built from the spoils of war, and so have the Athenians. Whether the Cnidians built to commemorate a victory or to display their prosperity I do not know, but the Theban treasury was made from the spoils taken at the battle of Leuctra, and the Athenian treasury from those taken from the army that landed with Datis at Marathon. The inhabitants of Cleonae were, like the Athenians, afflicted with the plague, and obeying an oracle from Delphi sacrificed a he-goat to the sun while it was still rising. This put an end to the trouble, and so they sent a bronze he-goat to Apollo. The Syracusans have a treasury built from the spoils taken in the great Athenian disaster, the Potidaeans in Thrace built one to show their piety to the god.

The Athenians also built a portico out of the spoils they took in their war against the Peloponnesians and their Greek allies. There are also dedicated

---

[1] See Homer, *Odyssey* x. i.
[2] " If you let yourself gently into the water " (Frazer).

καὶ πλοίων τὰ ἄκρα κοσμήματα καὶ ἀσπίδες
χαλκαῖ· τὸ δὲ ἐπίγραμμα τὸ ἐπ' αὐτοῖς ἀριθμεῖ
τὰς πόλεις ἀφ' ὧν οἱ Ἀθηναῖοι τὰ ἀκροθίνια
ἀπέστειλαν, τήν τε Ἠλείων καὶ Λακεδαιμονίων
Σικυωνά τε καὶ Μέγαρα καὶ Πελληνέας Ἀχαιῶν
Ἀμβρακίαν τε καὶ Λευκάδα καὶ αὐτὴν Κόρινθον·
γενέσθαι δὲ ἀπὸ τῶν ναυμαχιῶν τούτων καὶ
θυσίαν Θησεῖ καί τῷ Ποσειδῶνι ἐπὶ τῷ ὀνομαζο-
μένῳ Ῥίῳ. καὶ μοι φαίνεται τὸ ἐπίγραμμα ἐς
Φορμίωνα τὸν Ἀσωπίχου ἔχειν καὶ ἐς τοῦ
Φορμίωνος τὰ ἔργα.

XII. Πέτρα δέ ἐστιν ἀνίσχουσα ὑπὲρ τῆς γῆς·
ἐπὶ ταύτῃ Δελφοὶ στᾶσάν φασιν ᾆσαι τοὺς
χρησμοὺς γυναῖκα[1] ὄνομα Ἡροφίλην, Σίβυλλαν
δὲ ἐπίκλησιν. τὴν δὲ[1] πρότερον γενομένην,
ταύτην ταῖς μάλιστα ὁμοίως οὖσαν ἀρχαίαν
εὕρισκον, ἣν θυγατέρα Ἕλληνες Διὸς καὶ Λαμίας
τῆς Ποσειδῶνός φασιν εἶναι, καὶ χρησμούς τε
αὐτὴν γυναικῶν πρώτην ᾆσαι καὶ ὑπὸ τῶν
2 Λιβύων Σίβυλλαν λέγουσιν ὀνομασθῆναι. ἡ δὲ
Ἡροφίλη νεωτέρα μὲν ἐκείνης, φαίνεται δὲ ὅμως
πρὸ τοῦ πολέμου γεγονυῖα καὶ αὕτη τοῦ Τρωικοῦ,
καὶ Ἑλένην τε προεδήλωσεν ἐν τοῖς χρησμοῖς,
ὡς ἐπ' ὀλέθρῳ τῆς Ἀσίας καὶ Εὐρώπης τραφή-
σοιτο ἐν Σπάρτῃ, καὶ ὡς Ἴλιον ἁλώσεται δι'
αὐτὴν ὑπὸ Ἑλλήνων. Δήλιοι δὲ καὶ ὕμνον
μέμνηνται τῆς γυναικὸς ἐς Ἀπόλλωνα. καλεῖ
δὲ οὐχ Ἡροφίλην μόνον ἀλλὰ καὶ Ἄρτεμιν ἐν
τοῖς ἔπεσιν αὐτήν, καὶ Ἀπόλλωνος γυνὴ γα-
μετή, τοτὲ δὲ ἀδελφὴ καὶ αὖθις θυγάτηρ φησὶν
3 εἶναι. ταῦτα μὲν δὴ μαινομένη τε καὶ ἐκ τοῦ
θεοῦ κάτοχος πεποίηκεν· ἑτέρωθι δὲ εἶπε τῶν

the figure-heads of ships and bronze shields. The inscription on them enumerates the cities from which the Athenians sent the first-fruits: Elis, Lacedaemon, Sicyon, Megara, Pellene in Achaia, Ambracia, Leucas, and Corinth itself. It also says that from the spoils taken in these sea-battles a sacrifice was offered to Theseus and to Poseidon at the cape called Rhium. It seems to me that the inscription refers to Phormio, son of Asopichus, and to his achievements. 429 B.C.

XII. There is a rock rising up above the ground. On it, say the Delphians, there stood and chanted the oracles a woman, by name Herophile and surnamed Sibyl. The former Sibyl I find was as ancient as any; the Greeks say that she was a daughter of Zeus by Lamia, daughter of Poseidon, that she was the first woman to chant oracles, and that the name Sibyl was given her by the Libyans. Herophile was younger than she was, but nevertheless she too was clearly born before the Trojan war, as she foretold in her oracles that Helen would be brought up in Sparta to be the ruin of Asia and of Europe, and that for her sake the Greeks would capture Troy. The Delians remember also a hymn this woman composed to Apollo. In her poem she calls herself not only Herophile but also Artemis, and the wedded wife of Apollo, saying too sometimes that she is his sister, and sometimes that she is his daughter. These statements she made in her poetry when in a frenzy and possessed by the god. Elsewhere in

---

[1] The MSS. have neither γυναῖκα nor δὲ. Some would, instead of these additions, mark a lacuna after ἐπίκλησιν, to be filled up by κατὰ τὴν παρὰ Λίβυσι, or the like.

χρησμῶν ὡς μητρὸς μὲν ἀθανάτης εἴη μιᾶς τῶν
ἐν Ἴδῃ νυμφῶν, πατρὸς δὲ ἀνθρώπου, καὶ οὕτω
λέγει τὰ ἔπη·

εἰμὶ δ' ἐγὼ γεγαυῖα μέσον θνητοῦ τε θεᾶς τε,
νύμφης ἐκ ἀθανάτης, πατρὸς δ' ἐκ σιτοφάγοιο,[1]
μητρόθεν Ἰδογενής, πατρὶς δέ μοί ἐστιν ἐρυθρή
Μάρπησσος, μητρὸς ἱερή, ποταμός τ' Ἀιδω-
νεύς.

4 ἦν δὲ ἔτι καὶ νῦν ἐν τῇ Ἴδῃ τῇ Τρωικῇ πόλεως
Μαρπήσσου τὰ ἐρείπια καὶ ἐν αὐτοῖς οἰκήτορες
ὅσον ἑξήκοντα ἄνθρωποι· ὑπέρυθρος δὲ πᾶσα ἡ
περὶ τὴν Μάρπησσον γῆ καὶ δεινῶς ἐστιν
αὐχμώδης, ὥστε καὶ τῷ Ἀιδωνεῖ[2] ποταμῷ
καταδύεσθαί τε ἐς τὴν χώραν καὶ ἀνασχόντι
τὸ αὐτὸ αὖθις πάσχειν, τέλος δὲ καὶ ἀφανίζεσθαι
κατὰ τῆς γῆς, αἴτιον ἐμοὶ δοκεῖν ἐστιν ὅτι
λεπτή τε κατὰ τοῦτο καὶ σηραγγώδης ἐστὶν ἡ
Ἴδη. ἀπέχει δὲ Ἀλεξανδρείας τῆς ἐν τῇ
Τρῳάδι τεσσαράκοντα ἡ Μάρπησσος καὶ δια-
5 κόσια στάδια. τὴν δὲ Ἡροφίλην οἱ ἐν τῇ
Ἀλεξανδρείᾳ ταύτῃ νεωκόρον τε τοῦ Ἀπόλλωνος
γενέσθαι τοῦ Σμινθέως καὶ ἐπὶ τῷ ὀνείρατι τῷ
Ἑκάβης χρῆσαί φασιν αὐτὴν ἃ δὴ καὶ ἐπι-
τελεσθέντα ἴσμεν. αὕτη ἡ Σίβυλλα ᾤκησε μὲν
τὸ πολὺ τοῦ βίου ἐν Σάμῳ, ἀφίκετο δὲ καὶ ἐς
Κλάρον τὴν Κολοφωνίων καὶ ἐς Δῆλόν τε καὶ
ἐς Δελφούς· ὁπότε δὲ ἀφίκοιτο, ἐπὶ ταύτης
6 ἱσταμένη τῆς πέτρας ᾖδε. τὸ μέντοι χρεὼν
αὐτὴν ἐπέλαβεν ἐν τῇ Τρῳάδι, καί οἱ τὸ μνῆμα ἐν

---

[1] ἐκ σιτοφάγοιο Dindorf : αδ κητοφάγοιο MSS.
[2] λάδωνι MSS. : emended by Sylburg.

her oracles she states that her mother was an immortal, one of the nymphs of Ida, while her father was a human. These are the verses:—

> I am by birth half mortal, half divine;
> An immortal nymph was my mother, my father
>     an eater of corn;
> On my mother's side of Idaean birth, but my
>     fatherland was red
> Marpessus, sacred to the Mother, and the river
>     Aïdoneus.

Even to-day there remain on Trojan Ida the ruins of the city Marpessus, with some sixty inhabitants. All the land around Marpessus is reddish and terribly parched, so that the light and porous nature of Ida in this place is in my opinion the reason why the river Aïdoneus sinks into the ground, rises to sink once more, finally disappearing altogether beneath the earth. Marpessus is two hundred and forty stades distant from Alexandria in the Troad. The inhabitants of this Alexandria say that Herophile became the attendant of the temple of Apollo Smintheus, and that on the occasion of Hecuba's dream she uttered the prophecy which we know was actually fulfilled. This Sibyl passed the greater part of her life in Samos, but she also visited Clarus in the territory of Colophon, Delos and Delphi. Whenever she visited Delphi, she would stand on this rock and sing her chants. However, death came upon her in the Troad, and her tomb is in the

τῷ ἄλσει τοῦ Σμινθέως ἐστὶ καὶ ἐλεγεῖον ἐπὶ τῆς στήλης·

ἄδ᾽ ἐγὼ ἁ Φοίβοιο σαφηγορίς εἰμι Σίβυλλα
τῷδ᾽ ὑπὸ λαϊνέῳ σάματι κευθομένα,
παρθένος αὐδάεσσα τὸ πρίν, νῦν δ᾽ αἰὲν
ἄναυδος,
μοίρᾳ ὑπὸ στιβαρᾷ τάνδε λαχοῦσα πέδαν.
ἀλλὰ πέλας Νύμφαισι καὶ Ἑρμῇ τῷδ᾽ ὑπό-
κειμαι,
μοῖραν ἔχοισα κάτω ¹ τᾶς τότ᾽ ἀνακτορίας.

ὁ μὲν δὴ παρὰ τὸ μνῆμα ἔστηκεν Ἑρμῆς λίθου τετράγωνον σχῆμα· ἐξ ἀριστερᾶς δὲ ὕδωρ τε κατερχόμενον ἐς κρήνην καὶ τῶν Νυμφῶν ἐστι

7 τὰ ἀγάλματα. Ἐρυθραῖοι δὲ—ἀμφισβητοῦσι γὰρ τῆς Ἡροφίλης προθυμότατα Ἑλλήνων— Κώρυκόν τε καλούμενον ὄρος καὶ ἐν τῷ ὄρει σπήλαιον ἀποφαίνουσι, τεχθῆναι τὴν Ἡροφίλην ἐν αὐτῷ λέγοντες, Θεοδώρου δὲ ἐπιχωρίου ποι- μένος καὶ νύμφης παῖδα εἶναι· Ἰδαίαν δὲ ἐπί- κλησιν γενέσθαι τῇ νύμφῃ κατ᾽ ἄλλο μὲν οὐδέν, τῶν δὲ χωρίων τὰ δασέα ὑπὸ τῶν ἀνθρώπων ἴδας τότε ὀνομάζεσθαι. τὸ δὲ ἔπος τὸ ἐς τὴν Μάρπησσον καὶ τὸν ποταμὸν τὸν Ἀιδωνέα, τοῦτο οἱ Ἐρυθραῖοι τὸ ἔπος ἀφαιροῦσιν ἀπὸ τῶν χρησμῶν.

8 Τὴν δὲ ἐπὶ ταύτῃ χρησμοὺς κατὰ ταὐτὰ εἰποῦσαν ἐκ Κύμης τῆς ἐν Ὀπικοῖς εἶναι, κα- λεῖσθαι δὲ Δημὼ συνέγραψεν Ὑπέροχος ἀνὴρ Κυμαῖος. χρησμὸν δὲ οἱ Κυμαῖοι τῆς γυναικὸς ταύτης οὐδένα εἶχον ἐπιδείξασθαι, λίθου δὲ ὑδρίαν ἐν Ἀπόλλωνος ἱερῷ δεικνύουσιν οὐ με-

grove of the Sminthian with these elegiac verses inscribed upon the tomb-stone :—

> Here I am, the plain-speaking Sibyl of Phoebus,
>> Hidden beneath this stone tomb.
> A maiden once gifted with voice, but now for ever
>> voiceless,
>> By hard fate doomed to this fetter.
> But I am buried near the nymphs and this Hermes,
>> Enjoying in the world below a part of the king-
>> dom I had then.

The Hermes stands by the side of the tomb, a square-shaped figure of stone. On the left is water running down into a well, and the images of the nymphs. The Erythraeans, who are more eager than any other Greeks to lay claim to Herophile, adduce as evidence a mountain called Mount Corycus with a cave in it, saying that Herophile was born in it, and that she was a daughter of Theodorus, a shepherd of the district, and of a nymph. They add that the surname Idaean was given to the nymph simply because the men of those days called *idai* places that were thickly wooded. The verse about Marpessus and the river Aïdoneus is cut out of the oracles by the Erythraeans.

The next woman to give oracles in the same way, according to Hyperochus of Cumae, a historian, was called Demo, and came from Cumae in the territory of the Opici. The Cumaeans can point to no oracle given by this woman, but they show a small stone urn in a sanctuary of Apollo, in which they say are

---

¹ ἔχοισ᾽ ἑκαταίῳ MSS.

γάλην, τῆς Σιβύλλης ἐνταῦθα κεῖσθαι φάμενοι

9 τὰ ὀστᾶ. ἐπετράφη [1] δὲ καὶ ὕστερον τῆς Δημοῦς παρ' Ἑβραίοις τοῖς ὑπὲρ τῆς Παλαιστίνης γυνὴ χρησμολόγος, ὄνομα δὲ αὐτῇ Σάββη· Βηρόσου δὲ εἶναι πατρὸς καὶ Ἐρυμάνθης μητρός φασι Σάββην· οἱ δὲ αὐτὴν Βαβυλωνίαν, ἕτεροι δὲ Σίβυλλαν καλοῦσιν Αἰγυπτίαν.

10 Φαεννὶς δὲ θυγάτηρ βασιλεύσαντος ἀνδρὸς ἐν Χάοσι καὶ αἱ Πέλειαι παρὰ Δωδωναίοις ἐμαντεύσαντο μὲν ἐκ θεοῦ καὶ αὗται, Σίβυλλαι δὲ ὑπὸ ἀνθρώπων οὐκ ἐκλήθησαν. τῆς μὲν δὴ πυθέσθαι τὴν ἡλικίαν καὶ ἐπιλέξασθαι τοὺς χρησμοὺς . . . Ἀντιόχου γὰρ μετὰ τὸ ἁλῶναι Δημήτριον αὐτίκα ἐς τὴν ἀρχὴν καθισταμένου γέγονε Φαεννίς· τὰς Πελειάδας δὲ Φημονόης τε ἔτι προτέρας γενέσθαι λέγουσι καὶ ᾇσαι γυναικῶν πρώτας τάδε τὰ ἔπη·

Ζεὺς ἦν, Ζεὺς ἐστίν, Ζεὺς ἔσσεται· ὦ μεγάλε Ζεῦ.

Γᾶ καρποὺς ἀνίει, διὸ κλήζετε Ματέρα γαῖαν.

11 Χρησμολόγους δὲ ἄνδρας Κύπριόν τε Εὔκλουν καὶ Ἀθηναίους [2] Μουσαῖον τὸν Ἀντιοφήμου καὶ Λύκον τὸν Πανδίονος, τούτους τε γενέσθαι καὶ ἐκ Βοιωτίας Βάκιν φασὶ κατάσχετον ἄνδρα ἐκ νυμφῶν· τούτων πλὴν Λύκου τῶν ἄλλων ἐπελεξάμην τοὺς χρησμούς.

Τοσαῦται μὲν ἄχρι ἐμοῦ λέγονται γυναῖκες καὶ ἄνδρες ἐκ θεοῦ μαντεύσασθαι· ἐν δὲ τῷ χρόνῳ τῷ πολλῷ καὶ αὖθις γένοιτο ἂν ἕτερα τοιαῦτα.

XIII. Βίσωνος δὲ ταύρου τῶν Παιονικῶν

placed the bones of the Sibyl. Later than Demo there grew up among the Hebrews above Palestine a woman who gave oracles and was named Sabbe. They say that the father of Sabbe was Berosus, and her mother Erymanthe. But some call her a Babylonian Sibyl, others an Egyptian.

Phaënnis, daughter of a king of the Chaonians, and the Peleiae (Doves) at Dodona also gave oracles under the inspiration of a god, but they were not called by men Sibyls. To learn the date of Phaënnis and to read her oracles . . . for Phaënnis was born when Antiochus was establishing his kingship immediately after the capture of Demetrius. The Peleiades are said to have been born still earlier than Phemonoë, and to have been the first women to chant these verses:— 281-280 B.C.

Zeus was, Zeus is, Zeus shall be; O mighty Zeus.
Earth sends up the harvest, therefore sing the praise of earth as Mother.

It is said that the men who uttered oracles were Euclus of Cyprus, the Athenians Musaeüs, son of Antiophemus, and Lycus, son of Pandion, and also Bacis, a Boeotian who was possessed by nymphs. I have read the oracles of all these except those of Lycus.

These are the women and men who, down to the present day, are said to have been the mouthpiece by which a god prophesied. But time is long, and perhaps similar things may occur again.

XIII. A bronze head of the Paeonian bull called

---

¹ ἐπεγράφη MSS.
² ἀθηναῖον MSS. : emended by Bekker.

χαλκοῦ πεποιημένην κεφαλὴν Δρωπίων Λέοντος[1]
ἔπεμψεν ἐς Δελφοὺς βασιλεὺς Παιόνων. οὗτοι
οἱ βίσωνες χαλεπώτατοι θηρίων εἰσὶν ἁλίσκεσθαι
ζῶντες, καὶ δίκτυα οὐκ ἂν οὕτω γένοιτο ἰσχυρὰ
ὡς ἀντισχεῖν[2] τῇ ἐμβολῇ. θηρεύονται δὲ οὗτοι
τρόπον τοιόνδε. ἐπειδὰν χωρίον οἱ ἀγρεύοντες
πρανὲς εὕρωσι καθῆκον ἐς κοιλότητα, πρῶτα μὲν
φράγματι ἰσχυρῷ πέριξ ὠχυρώσαντο, δεύτερον
δὲ τὸ κάταντες καὶ τὸ περὶ τῷ πέρατι ὁμαλὸν
αὐτοῦ νεοδάρτοις βύρσαις κατεστόρεσαν· ἢν δὲ
τύχωσιν ἀποροῦντες βυρσῶν, τότε καὶ τὰ αὖα
τῶν δερμάτων ὑπὸ ἐλαίου σφίσιν ὀλισθηρὰ
2 ποιεῖται. τὸ δὲ ἐντεῦθεν οἱ μάλιστα ἱππεύειν
ἀγαθοὶ συνελαύνουσιν ἐς τὸ εἰρημένον χωρίον
τοὺς βίσωνας· οἱ δὲ εὐθὺς ἐν ταῖς πρώταις τῶν
βυρσῶν ὀλισθόντες κατὰ τοῦ πρανοῦς κυλίν-
δονται, ἕως κατενεχθῶσιν ἐς τὸ ὁμαλόν. ἐρριμ-
μένοι δὲ ἐνταῦθα ἠμέληνται κατ' ἀρχάς· τετάρτῃ
δὲ ἢ πέμπτῃ μάλιστα ἡμέρᾳ τῶν μὲν ἤδη τοῦ
θυμοῦ τὸ πολὺ ὁ λιμὸς ἀφαιρεῖ καὶ ἡ ταλαι-
3 πωρία, οἱ δέ σφισιν, οἷς τέχνη τιθασεύειν,
προσφέρουσιν ἔτι κειμένοις πίτυος τῆς ἡμέρου
καρπὸν προεκλέξαντες[3] ἐκ τῶν ἐλαχίστων[4]
ἐλύτρων· ἑτέρας δὲ οὐκ ἂν τροφῆς τό γε παραυ-
τίκα ἅψαιτο τὰ θηρία· τέλος δὲ διαλαβόντες
4 δεσμοῖς ἄγουσι. καὶ τοὺς μὲν τρόπον αἱροῦσι
τὸν εἰρημένον, τοῦ βίσωνος δὲ τῆς κεφαλῆς
καταντικρὺ τῆς χαλκῆς ἀνδριάς ἐστι θώρακά τε
ἐνδεδυκὼς καὶ χλαμύδα ἐπὶ τῷ θώρακι· Ἀνδρίων
δὲ ἀνάθημα οἱ Δελφοὶ λέγουσιν Ἀνδρέα εἶναι
τὸν οἰκιστήν. τό τε ἄγαλμα τοῦ Ἀπόλλωνος
καὶ Ἀθηνᾶς τε καὶ Ἀρτέμιδος Φωκέων ἀναθή-

the bison was sent to Delphi by the Paeonian king
Dropion, son of Leon. These bisons are the most
difficult beasts to capture alive, and no nets could be
made strong enough to hold out against their rush.
They are hunted in the following manner. When
the hunters have found a place sinking to a
hollow, they first strengthen it all round with a
stout fence, and then they cover the slope and the
level part at the end with fresh skins, or, if they
should chance to be without skins, they make dry
hides slippery with olive oil. Next their best riders
drive the bisons together into the place I have de-
scribed. These at once slip on the first skins and
roll down the slope until they reach the level ground,
where at the first they are left to lie. On about the
fourth or fifth day, when the beasts have lost most
of their spirit through hunger and distress, those
of the hunters who are professional tamers bring
to them as they lie fruit of the cultivated pine, first
peeling off the inner husk; for the moment the beasts
would touch no other food. Finally they tie ropes
round them and lead them off. This is the way
in which the bisons are caught. Opposite the bronze
head of the bison is a statue of a man wearing a
breastplate, on which is a cloak. The Delphians say
that it is an offering of the Andrians, and a portrait
of Andreus, their founder. The images of Apollo,
Athena, and Artemis were dedicated by the Phocians

---

[1] δὲ ὄντος MSS.: emended by Sylburg.
[2] The words ὡς ἀντισχεῖν were added to the text of the
MSS. by Porson.
[3] Perhaps προεκλέψαντες.
[4] Some would delete ἐλαχίστων.

ματά ἐστιν ἀπὸ Θεσσαλῶν ὁμόρων τε—πλὴν
ὅσον οἱ Λοκροὶ σφᾶς οἱ Ἐπικνημίδιοι διείργουσι
5 —καὶ ἀεὶ πολεμίων ὄντων. ἀνέθεσαν δὲ καὶ οἱ
ἐν Φαρσάλῳ Θεσσαλοὶ καὶ Μακεδόνων οἱ ὑπὸ
τῇ Πιερίᾳ πόλιν Δῖον οἰκοῦντες Κυρηναῖοί τε
τοῦ Ἑλληνικοῦ τοῦ ἐν Λιβύῃ, οὗτοι μὲν τὸ ἅρμα
καὶ ἐπὶ τῷ ἅρματι ἄγαλμα Ἄμμωνος, Μακε-
δόνες δὲ οἱ ἐν Δίῳ τὸν Ἀπόλλωνα ὃς εἰλημμένος
ἐστὶ τῆς ἐλάφου, Φαρσάλιοι δὲ Ἀχιλλέα τε ἐπὶ
ἵππῳ καὶ ὁ Πάτροκλος συμπαραθεῖ οἱ[1] τῷ ἵππῳ.
Κορίνθιοι δὲ οἱ Δωριεῖς ᾠκοδόμησαν θησαυρὸν καὶ
οὗτοι· καὶ ὁ χρυσὸς ὁ ἐκ Λυδῶν ἀνέκειτο ἐνταῦθα.
6 τὸ δὲ ἄγαλμα τοῦ Ἡρακλέους ἀνάθημά ἐστι
Θηβαίων, ὅτε Φωκεῦσιν ἐπολέμησαν τὸν ἱερὸν
καλούμενον πόλεμον. εἰσὶ καὶ εἰκόνες χαλκαῖ
Φωκέων ἀναθέντων, ἡνίκα δευτέρα συμβολῇ τὸ
ἱππικὸν ἐτρέψαντο τὸ ἐκ Θεσσαλίας. Φλιάσιοι
δὲ ἐκόμισαν ἐς Δελφοὺς Δία τε χαλκοῦν καὶ
ὁμοῦ τῷ Διὶ ἄγαλμα Αἰγίνης. ἐκ δὲ Μαντι-
νείας τῆς Ἀρκάδων Ἀπόλλων χαλκοῦς ἐστιν
ἀνάθημα· οὗτος οὐ πόρρω τοῦ Κορινθίων ἐστὶ
θησαυροῦ.

7 Ἡρακλῆς δὲ καὶ Ἀπόλλων ἔχονται τοῦ τρί-
ποδος καὶ ἐς μάχην περὶ αὐτοῦ καθίστανται·
Λητὼ μὲν δὴ καὶ Ἄρτεμις Ἀπόλλωνα, Ἀθηνᾶ
δὲ Ἡρακλέα ἐπέχουσι τοῦ θυμοῦ. Φωκέων καὶ
τοῦτό ἐστιν ἀνάθημα, ὅτε σφίσιν ἐπὶ τοὺς
Θεσσαλοὺς Τελλίας ἡγήσατο Ἠλεῖος. τὰ μὲν
δὴ ἄλλα ἀγάλματα Δίυλλός τε ἐν κοινῷ καὶ
Ἀμυκλαῖος, τὴν δὲ Ἀθηνᾶν καὶ Ἄρτεμιν Χίονίς
ἐστιν εἰργασμένος· Κορινθίους δὲ εἶναί φασιν
8 αὐτούς. λέγεται δὲ ὑπὸ Δελφῶν Ἡρακλεῖ τῷ

from the spoils taken from the Thessalians, their enemies always, who are their neighbours except where the Epicnemidian Locrians come between. The Thessalians too of Pharsalus dedicated an Achilles on horseback, with Patroclus running beside his horse: the Macedonians living in Dium, a city at the foot of Mount Pieria, the Apollo who has taken hold of the deer; the people of Cyrene, a Greek city in Libya, the chariot with an image of Ammon in it. The Dorians of Corinth too built a treasury, where used to be stored the gold from Lydia.[1] The image of Heracles is a votive offering of the Thebans, sent when they had fought what is called the Sacred War against the Phocians. There are also bronze statues, which the Phocians dedicated when they had put to flight the Thessalian cavalry in the second engagement.[2] The Phliasians brought to Delphi a bronze Zeus, and with the Zeus an image of Aegina. The Mantineans of Arcadia dedicated a bronze Apollo, which stands near the treasury of the Corinthians.

Heracles and Apollo are holding on to the tripod, and are preparing to fight about it. Leto and Artemis are calming Apollo, and Athena is calming Heracles. This too is an offering of the Phocians, dedicated when Tellias of Elis led them against the Thessalians. Athena and Artemis were made by Chionis, the other images are works shared by Diyllus and Amyclaeüs. They are said to be Corinthians. The Delphians say that when Heracles the son of

[1] Dedicated by Gyges and by Croesus, kings of Lydia.
[2] See Chapter i. 10 of this book.

---

[1] The MSS. have συμπαραθεῖν and καὶ after οἱ.

Ἀμφιτρύωνος ἐλθόντι ἐπὶ τὸ χρηστήριον τὴν
πρόμαντιν Ξενόκλειαν οὐκ ἐθελῆσαί οἱ χρᾶν διὰ
τοῦ Ἰφίτου τὸν φόνον· τὸν δὲ ἀράμενον τὸν
τρίποδα ἐκ τοῦ ναοῦ φέρειν ἔξω, εἰπεῖν τε δὴ τὴν
πρόμαντιν·

ἄλλος ἄρ' Ἡρακλέης Τιρύνθιος, οὐχὶ Κανω-
βεύς·

πρότερον γὰρ ἔτι ὁ Αἰγύπτιος Ἡρακλῆς ἀφίκετο
ἐς Δελφούς. τότε δὲ ὁ Ἀμφιτρύωνος τόν τε
τρίποδα ἀποδίδωσι τῷ Ἀπόλλωνι καὶ παρὰ τῆς
Ξενοκλείας ὁπόσα ἐδεῖτο ἐδιδάχθη. παραδεξά-
μενοι δὲ οἱ ποιηταὶ τὸν λόγον μάχην Ἡρακλέους
πρὸς Ἀπόλλωνα ὑπὲρ τρίποδος ᾄδουσιν.

9    Ἐν κοινῷ δὲ ἀνέθεσαν ἀπὸ ἔργου τοῦ Πλα-
ταιᾶσιν οἱ Ἕλληνες χρυσοῦν τρίποδα δράκοντι
ἐπικείμενον χαλκῷ. ὅσον μὲν δὴ χαλκὸς ἦν τοῦ
ἀναθήματος, σῶον καὶ ἐς ἐμὲ ἔτι ἦν· οὐ μέντοι
κατὰ τὰ αὐτὰ καὶ τὸν χρυσὸν οἱ Φωκέων ὑπελί-
10  ποντο ἡγεμόνες. Ταραντῖνοι δὲ καὶ ἄλλην δεκάτην
ἐς Δελφοὺς ἀπὸ βαρβάρων Πευκετίων ἀπέστειλαν·
τέχνη μὲν τὰ ἀναθήματα Ὀνάτα τοῦ Αἰγινήτου
καὶ Ἀγελάδα ἐστὶ τοῦ Ἀργείου.[1] εἰκόνες δὲ καὶ
πεζῶν καὶ ἱππέων, βασιλεὺς Ἰαπύγων Ὦπις
ἥκων τοῖς Πευκετίοις σύμμαχος. οὗτος μὲν δὴ
εἴκασται τεθνεῶτι ἐν τῇ μάχῃ, οἱ δὲ αὐτῷ
κειμένῳ ἐφεστηκότες ὁ ἥρως Τάρας ἐστὶ καὶ
Φάλανθος ὁ ἐκ Λακεδαίμονος, καὶ οὐ πόρρω τοῦ
Φαλάνθου δελφίς· πρὶν γὰρ δὴ ἐς Ἰταλίαν
ἀφικέσθαι,[2] ναυαγίᾳ τε ἐν τῷ πελάγει τῷ
Κρισαίῳ τὸν Φάλανθον χρήσασθαι καὶ ὑπὸ
δελφῖνος ἐκκομισθῆναί φασιν ἐς τὴν γῆν.

Amphitryon came to the oracle, the prophetess Xenocleia refused to give a response on the ground that he was guilty of the death of Iphitus. Whereupon Heracles took up the tripod and carried it out of the temple. Then the prophetess said:—

Then there was another Heracles, of Tiryns, not the Canopian.

For before this the Egyptian Heracles had visited Delphi. On the occasion to which I refer the son of Amphitryon restored the tripod to Apollo, and was told by Xenocleia all he wished to know. The poets adopted the story, and sing about a fight between Heracles and Apollo for a tripod.

The Greeks in common dedicated from the spoils taken at the battle of Plataea a gold tripod set on a bronze serpent. The bronze part of the offering is still preserved, but the Phocian leaders did not leave the gold as they did the bronze. The Tarentines sent yet another tithe to Delphi from spoils taken from the Peucetii, a non-Greek people. The offerings are the work of Onatas the Aeginetan, and Ageladas the Argive, and consist of statues of footmen and horsemen—Opis, king of the Iapygians, come to be an ally to the Peucetii. Opis is represented as killed in the fighting, and on his prostrate body stand the hero Taras and Phalanthus of Lacedaemon, near whom is a dolphin. For they say that before Phalanthus reached Italy, he suffered shipwreck in the Crisaean sea, and was brought ashore by a dolphin.

---

[1] καὶ καλύνθου τε ἐστικῶσι ἔργου MSS.
[2] Here the MSS. have καὶ, which Siebelis deleted.

XIV. Οἱ δὲ πελέκεις Περικλύτου τοῦ Εὐθυ-
μάχου Τενεδίου ἀνδρὸς ἐπὶ λόγῳ ἀνάθημά εἰσιν
ἀρχαίῳ. Κύκνον παῖδα εἶναι Ποσειδῶνος καὶ
βασιλεύειν φασὶν ἐν Κολώναις· αἱ δὲ ᾠκοῦντο
ἐν τῇ γῇ τῇ Τρωάδι αἱ Κολῶναι κατὰ νῆσον
2 κείμεναι Λεύκοφρυν. ἔχοντος δὲ θυγατέρα
ὄνομα Ἡμιθέαν τοῦ Κύκνου καὶ υἱὸν καλούμενον
Τέννην ἐκ Προκλείας—ἢ Κλυτίου μὲν ἦν θυγάτηρ,
ἀδελφὴ δὲ Καλήτορος, ὃν Ὅμηρος ἐν Ἰλιάδι
ἀποθανεῖν φησιν ὑπὸ Αἴαντος, ὅτε ὑπὸ τὴν
Πρωτεσιλάου ναῦν ἔφερεν ὁ Καλήτωρ τὸ πῦρ—
ταύτης οὖν προαποθανούσης ἡ ἐπεισελθοῦσα
Φιλονόμη ἡ Κραγάσου—διήμαρτε γὰρ ἐρασθεῖσα
τοῦ Τέννου—ψεύδεται πρὸς τὸν ἄνδρα ὡς αὐτὴ
μὲν οὐκ ἐθέλουσα, τὸν δὲ αὑτῇ Τέννην συγγενέ-
σθαι θελήσαντα· καὶ ὁ Κύκνος πείθεται τῇ
ἀπάτῃ, καὶ ἐς λάρνακα ἐνθέμενος ὁμοῦ τῇ ἀδελφῇ
3 Τέννην ἐς θάλασσαν σφᾶς ἀφίησι. σώζονταί
τε δὴ πρὸς τὴν νῆσον οἱ παῖδες τὴν Λεύκοφρυν
καὶ ὄνομα ἡ νῆσος τὸ νῦν ἔσχεν ἀπὸ τοῦ Τέννου.
Κύκνος δὲ—οὐ γὰρ τὸν πάντα ἔμελλε χρόνον
ἀγνοήσειν ἀπατώμενος—ἔπλει παρὰ τὸν υἱὸν
ἄγνοιάν τε ὁμολογήσων τὴν αὑτοῦ καὶ παραιτη-
σόμενος τὸ ἁμάρτημα· προσορμισαμένου δὲ τῇ
νήσῳ καὶ ἐξάψαντος ἀπὸ τῆς νεὼς πρός τινα ἢ
πέτραν ἢ δένδρον τοὺς κάλους, Τέννης πελέκει
4 σφᾶς ἀπέκοψεν ὑπὸ τοῦ θυμοῦ. ἐπὶ τούτῳ[1]
ἐς τοὺς ἀρνουμένους στερεῶς λέγεσθαι καθέ-
στηκεν ὡς ὁ δεῖνα ὅστις δὴ Τενεδίῳ πελέκει τόδε
τι ἀποκόψειεν. Τέννην μὲν ὑπὸ Ἀχιλλέως
ἀποθανεῖν ἀμύνοντα τῇ οἰκείᾳ φασὶν Ἕλληνες·
Τενέδιοι δὲ ἀνὰ χρόνον ὑπὸ ἀσθενείας προσε-

XIV. The axes were dedicated by Periclytus, son of Euthymachus, a man of Tenedos, and allude to an old story. Cycnus, they say, was a son of Poseidon, and ruled as king in Colonae, a city in the Troad situated opposite the island Leucophrys. He had a daughter, by name Hemithea, and a son, called Tennes, by Procleia, who was a daughter of Clytius and a sister of Caletor. Homer in the *Iliad*[1] says that this Caletor, as he was putting the fire under the ship of Protesilaüs, was killed by Ajax. Procleia died before Cycnus, and his second wife, Philonome, daughter of Cragasus, fell in love with Tennes. Rejected by him she falsely accused him before her husband, saying that he had made love to her, and she had rejected him. Cycnus was deceived by the trick, placed Tennes with his sister in a chest and launched it out to sea. The young people came safely to the island Leucophrys, and the island was given its present name from Tennes. Cycnus, however, was not to remain for ever ignorant of the trick, and sailed to his son to confess his ignorance and to ask for pardon for his mistake. He put in at the island and fastened the cables of his ship to something—a rock or a tree—but Tennes in a passion cut them adrift with an axe. For this reason a by-word has arisen, which is used of those who make a stern refusal: " So and so has cut whatever it may be with an axe of Tenedos." The Greeks say that while Tennes was defending his country he was killed by Achilles. In course of time weakness compelled the people of Tenedos to merge

[1] Homer, *Iliad* xv. 420.

---

[1] Here the MSS. have μὲν, which Spiro deleted.

χώρησαν τοῖς Ἀλεξάνδρειαν ἐν τῇ ἠπείρῳ τῇ
Τρῳάδι ἔχουσιν.

5 Ἕλληνες δὲ οἱ ἐναντία βασιλέως πολεμή-
σαντες ἀνέθεσαν μὲν Δία ἐς Ὀλυμπίαν χαλκοῦν,
ἀνέθεσαν δὲ καὶ ἐς Δελφοὺς Ἀπόλλωνα ἀπὸ
ἔργων τῶν ἐν ταῖς ναυσὶν ἐπί τε Ἀρτεμισίῳ καὶ
ἐν Σαλαμῖνι. λέγεται δὲ καὶ ὡς Θεμιστοκλῆς
ἀφίκοιτο ἐς Δελφοὺς λαφύρων τῶν Μηδικῶν
κομίζων τῷ Ἀπόλλωνι· ἐρωτήσαντα δὲ ὑπὲρ τῶν
ἀναθημάτων εἰ ἐντὸς ἀναθήσει τοῦ ναοῦ, ἐκέλευεν
αὐτὸν ἡ Πυθία τὸ παράπαν ἀποφέρειν ἐκ τοῦ
ἱεροῦ. καὶ ἔχει οὕτω τὰ ἐς τοῦτο τοῦ χρησμοῦ·

μή μοι Περσῆος σκύλων περικαλλέα κόσμον
νηῷ ἐγκαταθῇς· οἶκονδ᾽ ἀπόπεμπε τάχιστα.

6 θαῦμα οὖν ἐποιούμεθα εἰ ἀπηξίωσεν ἐκείνου
μόνου μὴ προσέσθαι τὰ ἀπὸ τῶν Μήδων. καὶ οἱ
μὲν ἀπώσασθαι ἂν τὸν θεὸν καὶ ἅπαντα ὁμοίως
ἡγοῦντο ὅσα ἀπὸ τοῦ Πέρσου, εἰ ὥσπερ ὁ Θεμι-
στοκλῆς καὶ οἱ ἄλλοι πρότερον ἢ ἀναθεῖναι σφᾶς
ἐπήροντο τὸν Ἀπόλλωνα· οἱ δὲ εἰδότα τὸν θεὸν
ὅτι ἱκέτης τοῦ Πέρσου γενήσοιτο ὁ Θεμιστοκλῆς,
ἐπὶ τούτῳ τὰ δῶρα ἔφασαν οὐκ ἐθελῆσαι λαβεῖν,
ἵνα μὴ ἀναθέντι τὸ ἔχθος ἄπαυστον ποιήσῃ τὸ[1] ἀπὸ
τοῦ Μήδου, στρατείαν δὲ τὴν ἐπὶ τὴν Ἑλλάδα[2]
τοῦ βαρβάρου ἔστιν εὑρεῖν προρρηθεῖσαν μὲν ἐν
τοῖς Βάκιδος χρησμοῖς, πρότερον δ᾽ ἔτι Εὐκλῷ τὰ
ἐς αὐτὴν πεποιημένα ἐστίν.

7 Δελφῶν δὲ ἀνάθημά ἐστιν αὐτῶν πλησίον τοῦ
βωμοῦ τοῦ μεγάλου λύκος χαλκοῦς. λέγουσι δὲ

---

[1] τὸ is not in the MSS., but was added by Dindorf.

themselves with the Alexandrians on the Troad mainland.

The Greeks who fought against the king, besides dedicating at Olympia a bronze Zeus, dedicated also an Apollo at Delphi, from spoils taken in the naval actions at Artemisium and Salamis. There is also a story that Themistocles came to Delphi bringing with him for Apollo some of the Persian spoils. He asked whether he should dedicate them within the temple, but the Pythian priestess bade him carry them from the sanctuary altogether. The part of the oracle referring to this runs as follows:—

The splendid beauty of the Persian's spoils
Set not within my temple. Despatch them home
    speedily.

Now I greatly marvelled that it was from Themistocles alone that the priestess refused to accept Persian spoils. Some thought that the god would have rejected alike all offerings from Persian spoils, if like Themistocles the others had inquired of Apollo before making their dedication. Others said that the god knew that Themistocles would become a suppliant of the Persian king, and refused to take the gifts so that Themistocles might not by a dedication render the Persian's enmity unappeasable. The expedition of the barbarian against Greece we find foretold in the oracles of Bacis, and Euclus wrote his verses about it at an even earlier date.

Near the great altar is a bronze wolf, an offering of the Delphians themselves. They say that a

---

² After Ἑλλάδα the MSS. have ἀπὸ, which was deleted by Siebelis.

τῶν τοῦ θεοῦ χρημάτων συλήσαντα ἄνθρωπον,
τὸν μὲν ὁμοῦ τῷ χρυσίῳ κατακρύψαντα ἔχειν
αὐτὸν ἔνθα τοῦ Παρνασσοῦ μάλιστα ἦν συνεχὲς
ὑπὸ ἀγρίων δείδρων, λύκον δὲ ἐπιθέσθαι οἱ καθεύ-
δοντι, καὶ ἀποθανεῖν τε ὑπὸ τοῦ λύκου τὸν
ἄνθρωπον καὶ ὡς ἐς τὴν πόλιν ὁσημέραι φοιτῶν
ὠρύετο ὁ λύκος· ἐπεὶ δὲ οὐκ ἄνευ θεοῦ παρα-
γίνεσθαί σφισιν ὑπελάμβανον, οὕτως ἐπακολου-
θοῦσι τῷ θηρίῳ, καὶ ἀνευρίσκουσί τε τὸ ἱερὸν
χρυσίον καὶ ἀνέθεσαν λύκον τῷ θεῷ χαλκοῦν.

XV. Φρύνης δὲ εἰκόνα ἐπίχρυσον Πραξιτέλης
μὲν εἰργάσατο ἐραστὴς καὶ οὗτος, ἀνάθημα δὲ
αὐτῆς Φρύνης ἐστὶν ἡ εἰκών. τὰ δὲ ἐφεξῆς
ταύτῃ, τὰ μὲν ἀγάλματα τοῦ Ἀπόλλωνος Ἐπι-
δαύριοι τὸ ἕτερον οἱ ἐν τῇ Ἀργολίδι ἀπὸ Μήδων,
τὸ δὲ αὐτῶν Μεγαρεῖς ἀνέθεσαν Ἀθηναίους μάχῃ
πρὸς Νισαίᾳ κρατήσαντες· Πλαταιέων δὲ βοῦς
ἐστιν, ἡνίκα ἐν τῇ σφετέρᾳ καὶ οὗτοι Μαρδόνιον τὸν
Γωβρύου μετὰ Ἑλλήνων ἠμύναντο ἄλλων. καὶ
αὖθις δύο Ἀπόλλωνος, τὸ μὲν Ἡρακλεωτῶν τῶν[1]
πρὸς τῷ Εὐξείνῳ, τὸ δὲ Ἀμφικτυόνων ἐστίν, ὅτε
Φωκεῦσιν ἐπεργαζομένοις τοῦ θεοῦ τὴν χώραν
2 ἐπέβαλον χρημάτων ζημίαν· ὁ δὲ Ἀπόλλων
οὗτος καλεῖται μὲν ὑπὸ Δελφῶν Σιτάλκας,
μέγεθος δὲ πέντε πηχῶν καὶ τριάκοντά ἐστι.
στρατηγοὶ δὲ οἱ πολλοὶ[2] καὶ Ἀρτέμιδος, τὸ δὲ
Ἀθηνᾶς, δύο τε Ἀπόλλωνος ἀγάλματα ἔστιν
Αἰτωλῶν, ἡνίκα σφίσιν ἐξειργάσθη τὰ ἐς Γαλάτας.
στρατιὰν δὲ τὴν Κελτῶν, ὡς ἐκ τῆς Εὐρώπης
διαβήσοιτο ἐς τὴν Ἀσίαν ἐπ᾽ ὀλέθρῳ τῶν πόλεων,

[1] τῶν is not in the MSS., but was added by Bekker.

fellow robbed the god of some treasure, and kept himself and the gold hidden at the place on Mount Parnassus where the forest is thickest. As he slept a wolf attacked and killed him, and every day went to the city and howled. When the people began to realise that the matter was not without the direction of heaven, they followed the beast and found the sacred gold. So to the god they dedicated a bronze wolf.

XV. A gilt statue of Phryne was made by Praxiteles, one of her lovers, but it was Phryne herself who dedicated the statue. The offerings next to Phryne include two images of Apollo, one dedicated from Persian spoils by the Epidaurians of Argolis, the other dedicated by the Megarians to commemorate a victory over the Athenians at Nisaea. The Plataeans have dedicated an ox, an offering made at the time when, in their own territory, they took part, along with the other Greeks, in the defence against Mardonius, the son of Gobryas. Then there are another two images of Apollo, one dedicated by the citizens of Heracleia on the Euxine, the other by the Amphictyons when they fined the Phocians for tilling the territory of the god. The second Apollo the Delphians call Sitalcas, and he is thirty-five cubits high. The Aetolians have statues of most of their generals, and images of Artemis, Athena and two of Apollo, dedicated after their conclusion of the war against the Gauls. That the Celtic army would cross from Europe to Asia to destroy the cities

---

[2] Αἰτωλοὶ Schubart-Walz.

Φαεννὶς προεδήλωσεν ἐν τοῖς χρησμοῖς γενεᾷ
πρότερον ἢ ἐπράχθη τὸ ἔργον·

ἢ τότ᾽ ἀμειψάμενος στεινὸν πόρον Ἑλλησ-
3    πόντου
αὐλήσει[1] Γαλατῶν ὀλοὸς στρατός, οἵ ῥ᾽ ἀθε-
μίστως
Ἀσίδα πορθήσουσι· θεὸς δ᾽ ἔτι κύντερα θήσει
πάγχυ μάλ᾽, οἳ ναίουσι παρ᾽ ἠϊόνεσσι θα-
λάσσης—
εἰς ὀλίγον· τάχα γάρ σφιν ἀοσσητῆρα
Κρονίων
ὁρμήσει, ταύροιο διοτρεφέος φίλον υἱόν,
ὃς πᾶσιν Γαλάτῃσιν ὀλέθριον ἦμαρ ἐφήσει.

παῖδα δὲ εἶπε ταύρου τὸν ἐν Περγάμῳ βασιλεύ-
σαντα Ἄτταλον· τὸν δὲ αὐτὸν τούτου καὶ ταυρό-
κερων προσεῖρηκε χρηστήριον.

4    Ἱππικοῦ δὲ ἡγεμόνας ἀναβεβηκότας ἐπὶ ἵππους
Φεραῖοι παρὰ τῷ Ἀπόλλωνι ἔστησαν τρεψά-
μενοι τὴν Ἀττικὴν ἵππον.

Τὸν δὲ φοίνικα ἀνέθεσαν Ἀθηναῖοι τὸν χαλ-
κοῦν, καὶ αὐτὸν καὶ Ἀθηνᾶς ἄγαλμα ἐπίχρυσον
ἐπὶ τῷ φοίνικι, ἀπὸ ἔργων ὧν ἐπ᾽ Εὐρυμέδοντι
ἐν ἡμέρᾳ τῇ αὐτῇ τὸ μὲν πεζῇ, τὸ δὲ ναυσὶν ἐν
τῷ ποταμῷ κατώρθωσαν. τούτου τοῦ ἀγάλματος
ἐνιαχοῦ τὸν ἐπ᾽ αὐτῷ χρυσὸν ἐθεώμην λελυμασ-
5    μένον. ἐγὼ μὲν δὴ τὸ ἔγκλημα ἐς κακούργους
τε ἦγον καὶ φῶρας ἀνθρώπους· Κλειτόδημος δέ,
ὁπόσοι τὰ Ἀθηναίων ἐπιχώρια ἔγραψαν ὁ
ἀρχαιότατος, οὗτος ἐν τῷ λόγῳ φησὶ τῷ Ἀττικῷ,

---

[1] αὐλήσει is perhaps the simplest emendation of the MSS.
reading αὐδήσει. Others read αὐχήσει or λυσσήσει.

there was prophesied by Phaënnis in her oracles a
generation before the invasion occurred :—

> Then verily, having crossed the narrow strait of
>     the Hellespont,
> The devastating host of the Gauls shall pipe; and
>     lawlessly
> They shall ravage Asia; and much worse shall God
>     do
> To those who dwell by the shores of the sea
> For a short while. For right soon the son of
>     Cronos
> Shall raise them a helper, the dear son of a bull
>     reared by Zeus,
> Who on all the Gauls shall bring a day of destruc-
>     tion.

By the son of a bull she meant Attalus, king of
Pergamus, who was also styled bull-horned by an
oracle.

Statues of cavalry leaders, mounted on horses,
were dedicated in Apollo's sanctuary by the Pheraeans
after routing the Attic cavalry.

The bronze palm-tree, as well as a gilt image of
Athena on it, was dedicated by the Athenians from
the spoils they took in their two successes on the same
day at the Eurymedon, one on land, and the other
with their fleet on the river. The gold on this image
was, I noticed, damaged in parts. I myself put the
blame on rogues and thieves. But Cleitodemus,
the oldest writer to describe the customs of the
Athenians, says in his account of Attica that when

ὅτε ᾿Αθηναῖοι παρεσκευάζοντο ἐπὶ Σικελίᾳ τὸν
στόλον, ὡς ἔθνος τι ἄπειρον κοράκων κατῆρε
τότε ἐς Δελφούς, καὶ περιέκοπτόν τε τοῦ ἀγάλ-
ματος τούτου καὶ ἀπέρρησσον τοῖς ῥάμφεσιν ἀπ'
αὑτοῦ τὸν χρυσόν· λέγει δὲ καὶ ὡς τὸ δόρυ καὶ
τὰς γλαῦκας καὶ ὅσος καρπὸς ἐπὶ τῷ φοίνικι
ἐπεποίητο ἐς μίμησιν τῆς ὀπώρας κατακλάσαιεν
6 καὶ ταῦτα οἱ κόρακες. ᾿Αθηναίοις μὲν δὴ καὶ
ἄλλα σημεῖα μὴ ἐκπλεῦσαι σφᾶς ἀπαγορεύοντα
ἐς Σικελίαν διηγήσατο ὁ Κλειτόδημος, Κυρηναῖοι
δὲ ἀνέθεσαν ἐν Δελφοῖς Βάττον ἐπὶ ἅρματι, ὃς
ἐς Λιβύην ἤγαγε σφᾶς ναυσὶν ἐκ Θήρας. ἡνίοχος
μὲν τοῦ ἅρματός ἐστι Κυρήνη, ἐπὶ δὲ τῷ ἅρματι
Βάττος τε καὶ Λιβύη στεφανοῦσά ἐστιν αὐτόν·
7 ἐποίησε δὲ ᾿Αμφίων ᾿Ακέστορος Κνώσσιος. ἐπεὶ
δὲ ᾤκισε Βάττος τὴν Κυρήνην, λέγεται καὶ τῆς
φωνῆς γενέσθαι οἱ τοιόνδε ἴαμα· ἐπιὼν τῶν
Κυρηναίων τὴν χώραν ἐν τοῖς ἐσχάτοις αὐτῆς
ἐρήμοις ἔτι οὖσι θεᾶται λέοντα, καὶ αὐτὸν τὸ
δεῖμα τὸ ἐκ τῆς θέας βοῆσαι σαφὲς καὶ μέγα
ἠνάγκασεν. οὐ πόρρω δὲ τοῦ Βάττου καὶ ἄλλον
ἔστησαν οἱ ᾿Αμφικτύονες ᾿Απόλλωνα ἀπὸ τοῦ
ἀδικήματος τοῦ ἐς τὸν θεὸν τῶν Φωκέων.

XVI. Τῶν δὲ ἀναθημάτων ἃ οἱ βασιλεῖς ἀπέ-
στειλαν οἱ Λυδῶν οὐδὲν ἔτι ἦν αὐτῶν εἰ μὴ
σιδηροῦν μόνον τὸ ὑπόθημα τοῦ ᾿Αλυάττου
κρατῆρος. τοῦτο Γλαύκου μέν ἐστιν ἔργον τοῦ
Χίου, σιδήρου κόλλησιν ἀνδρὸς εὑρόντος· ἔλασμα
δὲ ἕκαστον τοῦ ὑποθήματος ἐλάσματι ἄλλῳ
προσεχὲς οὐ περόναις ἐστὶν ἢ κέντροις, μόνη δὲ
ἡ κόλλα συνέχει τε καὶ ἔστιν αὕτη τῷ σιδήρῳ
2 δεσμός. σχῆμα δὲ τοῦ ὑποθήματος κατὰ πύργον

the Athenians were preparing the Sicilian expedition
a vast flock of crows swooped on Delphi, pecked this
image all over, and with their beaks tore away its
gold. He says that the crows also broke off the
spear, the owls, and the imitation fruit on the palm-
tree. Cleitodemus describes other omens that told
the Athenians to beware of sailing against Sicily.
The Cyrenaeans have dedicated at Delphi a figure
of Battus in a chariot; he it was who brought them
in ships from Thera to Libya. The reins are held
by Cyrene, and in the chariot is Battus, who is being
crowned by Libya. The artist was a Cnossian,
Amphion the son of Acestor. It is said that, after
Battus had founded Cyrene, he was cured of his
stammering [1] in the following way. As he was
passing through the territory of the Cyrenaeans, in
the extreme parts of it, as yet desert, he saw a
lion, and the terror of the sight compelled him to cry
out in a clear and loud voice. Not far from the
Battus the Amphictyons have set up yet another
Apollo from the fine they inflicted on the Phocians
for their sin against the god.

XVI. Of the offerings sent by the Lydian kings
I found nothing remaining except the iron stand of
the bowl of Alyattes. This is the work of Glaucus
the Chian, the man who discovered how to weld iron.
Each plate of the stand is fastened to another, not
by bolts or rivets, but by the welding, which is the
only thing that fastens and holds together the iron.
The shape of the stand is very like that of a tower,

---

[1] Βάττος means the Stammerer.

μάλιστα ἐς μύουρον ἀνιόντα ἀπὸ εὐρυτέρου τοῦ
κάτω· ἑκάστη δὲ πλευρὰ τοῦ ὑποθήματος οὐ διὰ
πάσης πέφρακται, ἀλλά εἰσιν αἱ πλάγιαι τοῦ
σιδήρου ζῶναι ὥσπερ ἐν κλίμακι οἱ ἀναβασμοί·
τὰ δὲ ἐλάσματα τοῦ σιδήρου τὰ ὀρθὰ ἀνέστραπται
κατὰ τὰ ἄκρα ἐς τὸ ἐκτός, καὶ ἕδρα τοῦτο ἦν τῷ
κρατῆρι.

3 Τὸν δὲ ὑπὸ Δελφῶν καλούμενον Ὀμφαλὸν
λίθου πεποιημένον λευκοῦ, τοῦτο εἶναι τὸ ἐν
μέσῳ γῆς πάσης αὐτοί τε λέγουσιν οἱ Δελφοὶ καὶ
ἐν ᾠδῇ τινι Πίνδαρος ὁμολογοῦντά σφισιν ἐποίη-
4 σεν. Λακεδαιμονίων δὲ ἀνάθημά ἐστιν ἐνταῦθα,
Καλάμιδος δὲ ἔργον, Ἑρμιόνη ἡ Μενελάου
θυγάτηρ, ἡ συνοικήσασα Ὀρέστῃ τῷ Ἀγαμέμ-
νονος καὶ ἔτι πρότερον Νεοπτολέμῳ τῷ Ἀχιλλέως.
Εὐρύδαμον δὲ στρατηγόν τε Αἰτωλῶν καὶ στρα-
τοῦ τοῦ Γαλατῶν ἐναντία ἡγησάμενον ἀνέθεσαν
οἱ Αἰτωλοί.

5 Ἔστι δὲ ἐν τοῖς Κρητικοῖς ὄρεσι καὶ κατ' ἐμὲ
ἔτι Ἔλυρος πόλις· οὗτοι οὖν αἶγα χαλκῆν ἀπέ-
στειλαν ἐς Δελφούς, δίδωσι δὲ νηπίοις ἡ αἲξ
Φυλακίδῃ καὶ Φιλάνδρῳ γάλα· παῖδας δὲ αὐτοὺς
οἱ Ἐλύριοι φασιν Ἀπόλλωνός τε εἶναι καὶ
Ἀκακαλλίδος νύμφης, συγγενέσθαι δὲ τῇ Ἀκα-
καλλίδι Ἀπόλλωνα ἐν πόλει Τάρρᾳ καὶ οἴκῳ
Καρμάνορος.

6 Καρύστιοι δὲ οἱ Εὐβοεῖς βοῦν καὶ οὗτοι
χαλκοῦν παρὰ τῷ Ἀπόλλωνι ἔστησαν ἀπὸ ἔργου
τοῦ Μηδικοῦ· βοῦς δὲ οἱ Καρύστιοι καὶ οἱ Πλα-
ταιεῖς τὰ ἀναθήματα ἐποιήσαντο, ὅτι ἐμοὶ δοκεῖν
ἀπωσάμενοι τὸν βάρβαρον τήν τε ἄλλην βεβαίως
ἐκτήσαντο εὐδαιμονίαν καὶ ἀροῦν ἐλευθέραν τὴν

wider at the bottom and rising to a narrow top. Each side of the stand is not solid throughout, but the iron cross-strips are placed like the rungs of a ladder. The upright iron plates are turned outwards at the top, so forming a seat for the bowl.

What is called the Omphalus (*Navel*) by the Delphians is made of white marble, and is said by the Delphians to be the centre of all the earth. Pindar [1] in one of his odes supports their view. There is here an offering of the Lacedaemonians, made by Calamis, depicting Hermione, daughter of Menelaüs, who married Orestes, son of Agamemnon, having previously been wedded to Neoptolemus, the son of Achilles. The Aetolians have dedicated a statue of Eurydamus, general of the Aetolians, who was their leader in the war against the army of the Gauls.

On the mountains of Crete there is still in my time a city called Elyrus. Now the citizens sent to Delphi a bronze goat, which is suckling the babies, Phylacides and Philander. The Elyrians say that these were children of Apollo by the nymph Acacallis, and that Apollo mated with Acacallis in the house of Carmanor in the city of Tarrha.

The Euboeans of Carystus too set up in the sanctuary of Apollo a bronze ox, from spoils taken in the Persian war. The Carystians and the Plataeans dedicated oxen, I believe, because, having repulsed the barbarian, they had won a secure prosperity, and

[1] Pindar, *Pythians* iv. 74.

γῆν. στρατηγῶν δὲ εἰκόνας καὶ Ἀπόλλωνά τε
καὶ Ἄρτεμιν τὸ ἔθνος τὸ Αἰτωλικὸν ἀπέστειλαν
καταστρεψάμενοι τοὺς ὁμόρους σφίσιν Ἀκαρ-
νᾶνας.

7 Παραλογώτατον δὲ ἐπυνθανόμην ὑπάρξαν
Λιπαραίοις ἐς Τυρσηνούς. τοὺς γὰρ δὴ Λιπα-
ραίους ἐναντία ναυμαχῆσαι τῶν Τυρσηνῶν ναυσὶν
ὡς ἐλαχίσταις ἐκέλευσεν ἡ Πυθία. πέντε οὖν
ἀνάγονται τριήρεσιν ἐπὶ τοὺς Τυρσηνούς· οἱ δὲ—
ἀπηξίουν γὰρ μὴ ἀποδεῖν Λιπαραίων τὰ ναυτικά
—ἀντανάγονταί σφισιν ἴσαις ναυσί. ταύτας τε
οὖν αἱροῦσιν οἱ Λιπαραῖοι καὶ ἄλλας πέντε
ὑστέρας σφίσιν ἀνταναχθείσας, καὶ τρίτην νεῶν
πεντάδα καὶ ὡσαύτως τετάρτην ἐχειρώσαντο.
ἀνέθεσαν οὖν ἐς Δελφοὺς ταῖς ἁλούσαις ναυσὶν
ἀριθμὸν ἴσα Ἀπόλλωνος ἀγάλματα.

8 Ἐχεκρατίδης δὲ ἀνὴρ Λαρισαῖος τὸν Ἀπόλ-
λωνα ἀνέθηκε τὸν μικρόν· καὶ ἁπάντων πρῶτον
τεθῆναι τῶν ἀναθημάτων τοῦτό φασιν οἱ Δελφοί.

XVII. Βαρβάρων δὲ τῶν πρὸς τῇ ἑσπέρα οἱ
ἔχοντες Σαρδώ, εἰκόνα οὗτοι χαλκῆν τοῦ ἐπωνύμου
σφίσιν ἀπέστειλαν. ἡ δὲ Σαρδὼ μέγεθος μὲν
καὶ εὐδαιμονίαν ἐστὶν ὁμοία ταῖς μάλιστα ἐπαι-
νουμέναις· ὄνομα δὲ αὐτῇ τὸ ἀρχαῖον ὅ τι μὲν
ὑπὸ τῶν ἐπιχωρίων ἐγένετο οὐκ οἶδα, Ἑλλήνων
δὲ οἱ κατ' ἐμπορίαν ἐσπλέοντες Ἰχνοῦσσαν ἐκά-
λεσαν, ὅτι τὸ σχῆμα τῇ νήσῳ κατ' ἴχνος μά-
λιστά ἐστιν ἀνθρώπου. μῆκος δὲ[1] αὐτῆς εἴκοσι
στάδιοι καὶ ἑκατόν εἰσι καὶ χίλιοι, εὖρος δὲ
2 ἐς εἴκοσί τε καὶ τετρακοσίους προήκει. πρῶτοι
δὲ διαβῆναι λέγονται ναυσὶν ἐς τὴν νῆσον Λίβυες·

---

[1] Here the MSS. have ἀπ' which was deleted by Sylburg.

especially a land free to plough. The Aetolian
nation, having subdued their neighbours the Acar-
nanians, sent statues of generals and images of
Apollo and Artemis.

I learnt a very strange thing that happened to
the Liparaeans in a war with the Etruscans. For the
Liparaeans were bidden by the Pythian priestess
to engage the Etruscans with the fewest possible
ships. So they put out against the Etruscans with
five triremes. Their enemies, refusing to admit that
their seamanship was unequal to that of the
Liparaeans, went out to meet them with an equal
number of ships. These the Liparaeans captured,
as they did a second five that came out against them,
overcoming too a third squadron of five, and likewise
a fourth. So they dedicated at Delphi images of
Apollo equal in number to the ships that they had
captured.

Echecratides of Larisa dedicated the small Apollo,
said by the Delphians to have been the very first
offering to be set up.

XVII. Of the non-Greeks in the west, the people
of Sardinia have sent a bronze statue of him after
whom they are called. In size and prosperity
Sardinia is the equal of the most celebrated islands.
What the ancient name was that the natives gave
it I do not know, but those of the Greeks who sailed
there to trade called it Ichnussa, because the shape
of the island is very like a man's footprint (*ichnos*).
Its length is one thousand one hundred and twenty
stades, and its breadth extends to four hundred and
twenty. The first sailors to cross to the island
are said to have been Libyans. Their leader was

457

ἡγεμὼν δὲ τοῖς Λίβυσιν ἦν Σάρδος ὁ Μακή-
ριδος, Ἡρακλέους δὲ ἐπονομασθέντος ὑπὸ Αἰγυπ-
τίων τε καὶ Λιβύων. Μακήριδι μὲν δὴ αὐτῷ
τὰ ἐπιφανέστατα ὁδὸς ἐγένετο ἡ ἐς Δελφούς·
Σάρδῳ δὲ ἡγεμονία τε ὑπῆρξε τῶν Λιβύων ἡ ἐς
τὴν Ἰχνοῦσσαν καὶ τὸ ὄνομα ἀπὸ τοῦ Σάρδου
τούτου μετέβαλεν ἡ νῆσος. οὐ μέντοι τούς γε
αὐτόχθονας ἐξέβαλεν ὁ τῶν Λιβύων στόλος,
σύνοικοι δὲ ὑπ᾽ αὐτῶν οἱ ἐπελθόντες ἀνάγκῃ
μᾶλλον ἢ ὑπὸ εὐνοίας ἐδέχθησαν. καὶ πόλεις
μὲν οὔτε οἱ Λίβυες οὔτε τὸ γένος τὸ ἐγχώριον
ἠπίσταντο ποιήσασθαι· σποράδες δὲ ἐν καλύβαις
τε καὶ σπηλαίοις, ὡς ἕκαστοι τύχοιεν, ᾤκησαν.
3 ἔτεσι δὲ ὕστερον μετὰ τοὺς Λίβυας ἀφίκοντο
ἐκ τῆς Ἑλλάδος ἐς τὴν νῆσον οἱ μετ᾽ Ἀρισταίου.
παῖδα δὲ λέγουσιν Ἀρισταῖον Ἀπόλλωνός τε
εἶναι καὶ Κυρήνης· ἐπὶ δὲ τοῦ Ἀκταίωνος πε-
ρισσῶς ἀλγήσαντα τῇ συμφορᾷ καὶ Βοιωτίᾳ τε
καὶ πάσῃ τῇ Ἑλλάδι κατὰ ταὐτὰ ἀχθόμενον,
οὕτως ἐς τὴν Σαρδὼ μετοικῆσαί φασιν αὐτόν.
4 οἱ δὲ καὶ Δαίδαλον ἀποδρᾶναι τηνικαῦτα ἐκ
Καμίκου[1] διὰ τὴν ἐπιστρατείαν τὴν Κρητῶν
καὶ ἀποικίας ἐς τὴν Σαρδὼ μετασχεῖν τῷ Ἀρι-
σταίῳ νομίζουσιν· ἔχοι δ᾽ ἂν λόγον οὐδένα
Αὐτονόῃ τῇ Κάδμου συνοικήσαντι τῷ Ἀρι-
σταίῳ Δαίδαλον ἢ ἀποικίας ἢ ἄλλου τινὸς
μετεσχηκέναι, ὃς ἡλικίαν κατὰ Οἰδίποδα ἦν
βασιλεύοντα ἐν Θήβαις. πόλιν δ᾽ οὖν οἰκίζουσιν
οὐδεμίαν οὐδ᾽ οὗτοι, ὅτι ἀριθμῷ τε καὶ ἰσχύι
ἐλάσσονες ἐμοὶ δοκεῖν ἢ κατὰ πόλεως ἦσαν
5 οἰκισμόν. μετὰ δὲ Ἀρισταῖον Ἴβηρες ἐς τὴν
Σαρδὼ διαβαίνουσιν ὑπὸ ἡγεμόνι τοῦ στόλου

Sardus, son of Maceris, the Maceris surnamed Heracles by the Egyptians and Libyans. Maceris himself was celebrated chiefly for his journey to Delphi, but Sardus it was who led the Libyans to Ichnussa, and after him the island was re-named. However, the Libyan army did not expel the aboriginals, who received the invaders as settlers through compulsion rather than in goodwill. Neither the Libyans nor the native population knew how to build cities. They dwelt in scattered groups, where chance found them a home in cabins or caves. Years after the Libyans, there came to the island from Greece Aristaeüs and his followers. Aristaeüs is said to have been a son of Apollo and Cyrene, and they say that, deeply grieved by the fate of Actaeon, and vexed alike with Boeotia and the whole of Greece, he migrated to Sardinia. Others think that Daedalus too ran away from Camicus on this occasion, because of the invasion of the Cretans, and took a part in the colony that Aristaeüs led to Sardinia. But it is nonsense to think that Daedalus, a con-temporary of Oedipus, king of Thebes, had a part in a colony or anything else along with Aristaeüs, who married Autonoë, the daughter of Cadmus. At any rate, these colonists too founded no city, the reason being, I think, that neither in numbers nor in strength were they capable of the task. After Aristaeüs the Iberians crossed to Sardinia, under

---

[1] καὶ οἴκου MSS. Other emendations are ἐκ Σικελίας and Ἰνύκου.

Νώρακι, καὶ ᾠκίσθη Νώρα πόλις ὑπὸ αὐτῶν·
ταύτην πρώτην γενέσθαι πόλιν μνημονεύουσιν ἐν
τῇ νήσῳ, παῖδα δὲ Ἐρυθείας τε τῆς Γηρυόνου
καὶ Ἑρμοῦ λέγουσιν εἶναι τὸν Νώρακα. τετάρτη
δὲ μοῖρα Ἰολάου Θεσπιέων τε καὶ ἐκ τῆς Ἀττι-
κῆς στρατιὰ κατῆρεν ἐς Σαρδώ, καὶ Ὀλβίαν μὲν
πόλιν οἰκίζουσιν, ἰδίᾳ δὲ Ὀγρύλην οἱ Ἀθηναῖοι
διασώζοντες τῶν δήμων τῶν οἴκοι τινὸς τὸ ὄνομα·
ἢ καὶ αὐτὸς τοῦ στόλου μετεῖχεν Ὀγρύλος.
ἔστι δ᾽ οὖν καὶ κατ᾽ ἐμὲ ἔτι χωρία τε Ἰολάια
ἐν τῇ Σαρδοῖ καὶ Ἰόλαος παρὰ τῶν οἰκητόρων
6 ἔχει τιμάς. Ἰλίου δὲ ἁλισκομένης ἄλλοι τε
ἐκφεύγουσι τῶν Τρώων καὶ οἱ ἀποσωθέντες μετὰ
Αἰνείου· τούτων μοῖρα ἀπενεχθεῖσα ὑπὸ ἀνέμων
ἐς Σαρδὼ ἀνεμίχθησαν τοῖς προενοικοῦσιν Ἕλ-
λησι. καταστῆναι δὲ ἐς μάχην τῷ Ἑλληνικῷ
καὶ τοῖς Τρωσὶν ἐκώλυσε τοὺς βαρβάρους· παρα-
σκευῇ τε γὰρ ἴσοι τῇ ἁπάσῃ τὰ ἐς πόλεμον ἦσαν
καὶ ὁ Θόρσος ποταμὸς διὰ μέσου σφίσι ῥέων τῆς
χώρας ἐπ᾽ ἴσης καὶ ἀμφοτέροις διαβαίνειν
7 παρεῖχε δέος. ὕστερον μέντοι πολλοῖς ἔτεσιν
οἱ Λίβυες ἐπεραιώθησάν τε αὖθις ἐς τὴν νῆσον
στόλῳ μείζονι καὶ ἦρξαν ἐς τὸ Ἑλληνικὸν πο-
λέμου. τὸ μὲν δὴ Ἑλληνικὸν ἐς ἅπαν ἐπέλαβε
φθαρῆναι, ἢ ὀλίγον ἐγένετο ἐξ αὐτοῦ τὸ ὑπο-
λειφθέν· οἱ δὲ Τρῶες ἐς τῆς νήσου τὰ ὑψηλὰ
ἀναφεύγουσι, καταλαβόντες δὲ ὄρη δύσβατα ὑπὸ
σκολόπων τε καὶ κρημνῶν, Ἰλιεῖς μὲν ὄνομα καὶ
ἐς ἐμὲ ἔτι ἔχουσι, Λίβυσι μέντοι τὰς μορφὰς καὶ
τῶν ὅπλων τὴν σκευὴν καὶ ἐς τὴν πᾶσαν δίαιταν
ἐοίκασιν.

8    Ἔστι δὲ νῆσος οὐ πολὺ ἀπέχουσα τῆς

Norax as leader of the expedition, and they founded the city of Nora. The tradition is that this was the first city in the island, and they say that Norax was a son of Erytheia, the daughter of Geryones, with Hermes for his father. A fourth component part of the population was the army of Iolaüs, consisting of Thespians and men from Attica, which put in at Sardinia and founded Olbia; by themselves the Athenians founded Ogryle, either in commemoration of one of their parishes in the home-land, or else because one Ogrylus himself took part in the expedition. Be this as it may, there are still to-day places in Sardinia called Iolaïa, and Iolaüs is worshipped by the inhabitants. When Troy was taken, among those Trojans who fled were those who escaped with Aeneas. A part of them, carried from their course by winds, reached Sardinia and intermarried with the Greeks already settled there. But the non-Greek element were prevented from coming to blows with the Greeks and Trojans, for the two enemies were evenly matched in all warlike equipment, while the river Thorsus, flowing between their territories, made both equally afraid to cross it. However, many years afterwards the Libyans crossed again to the island with a stronger army, and began a war against the Greeks. The Greeks were utterly destroyed, or only a few of them survived. The Trojans made their escape to the high parts of the island, and occupied mountains difficult to climb, being precipitous and protected by stakes. Even at the present day they are called Ilians, but in figure, in the fashion of their arms, and in their mode of living generally, they are like the Libyans.

Not far distant from Sardinia is an island, called

461

Σαρδοῦς, Κύρνος ὑπὸ Ἑλλήνων, ὑπὸ δὲ Λιβύων
τῶν ἐνοικούντων καλουμένη Κορσική. ἐκ ταύτης
μοῖρα οὐκ ἐλαχίστη στάσει πιεσθεῖσα ἀφίκετο
ἐς τὴν Σαρδώ, καὶ ᾤκησαν τῆς χώρας ἀποτεμό-
μενοι τῆς ἐν τοῖς ὄρεσιν· ὑπὸ μέντοι τῶν ἐν τῇ
Σαρδοῖ τῷ ὀνόματι ὀνομάζονται τῷ οἴκοθεν
9 Κορσοί. Καρχηδόνιοι δὲ ὅτε ναυτικῷ μάλιστα
ἴσχυσαν, κατεστρέψαντο μὲν καὶ ἅπαντας τοὺς
ἐν τῇ Σαρδοῖ πλὴν Ἰλιέων τε καὶ Κορσῶν—
τούτοις δὲ μὴ ἐς δουλείαν ὑπαχθῆναι τὸ ἐχυρὸν
ἤρκεσε τῶν ὀρῶν—ᾤκισαν δὲ ἐν τῇ νήσῳ καὶ
αὐτοὶ πόλεις [1] οἱ Καρχηδόνιοι Κάραλίν τε καὶ
Σύλκους. τοῦ δὲ ἐπικουρικοῦ τῶν Καρχηδονίων
Λίβυες ἢ Ἴβηρες ἐς ἀμφισβήτησιν λαφύρων
ἀφικόμενοι καὶ ὡς εἶχον ὀργῆς ἀποστάντες
ἐσῳκίσαντο ἐς τὰ ὑψηλὰ καὶ οὗτοι τῆς νήσου.
Βαλαροὶ τὸ ὄνομά ἐστιν αὐτοῖς κατὰ γλῶσσαν τὴν
Κυρνίων· Βαλαροὺς γὰρ τοὺς φυγάδας καλοῦσιν
οἱ Κύρνιοι.

10 Γένη μὲν τοσαῦτα τὴν Σαρδὼ καὶ ἐσῳκισμένα
οὕτω νέμεται, τῆς δὲ νήσου τὰ πρὸς τῆς ἄρκτου
καὶ ἠπείρου τῆς κατὰ Ἰταλίαν ἐστὶν ὄρη δύσβατα
τὰ πέρατα συνάπτοντα ἀλλήλοις· καὶ ἢν παρα-
πλέῃς, ναυσὶν οὔτε [2] ὅρμους παρέχεται κατὰ
τοῦτο ἡ νῆσος πνεύματά τε ἄτακτα καὶ ἰσχυρὰ
αἱ ἄκραι τῶν ὀρῶν καταπέμπουσιν ἐς τὴν θά-
11 λασσαν. ἔστι δὲ καὶ ἄλλα διὰ μέσης αὐτῆς
ὄρη χθαμαλώτερα. ὁ δὲ ἀὴρ ὁ ἐνταῦθα θολερός
τε ὡς ἐπίπαν ἐστὶ καὶ νοσώδης· αἴτιοι δὲ οἵ τε
ἅλες οἱ πηγνύμενοι καὶ ὁ νότος βαρὺς καὶ βίαιος
ἐγκείμενος, οἵ ἄνεμοί τε οἱ ἀπὸ τῆς ἄρκτου διὰ

[1] The MSS. have πόλιν.

Cyrnus by the Greeks, but Corsica by the Libyans who inhabit it. A large part of the population, oppressed by civil strife, left it and came to Sardinia; there they took up their abode, confining themselves to the highlands. The Sardinians, however, call them by the name of Corsicans, which they brought with them from home. When the Carthaginians were at the height of their sea power, they overcame all in Sardinia except the Ilians and Corsicans, who were kept from slavery by the strength of the mountains. These Carthaginians, like those who preceded them, founded cities in the island, namely, Caralis and Sulci. Some of the Carthaginian mercenaries, either Libyans or Iberians, quarrelled about the booty, mutinied in a passion, and added to the number of the highland settlers. Their name in the Cyrnian language is Balari, which is the Cyrnian word for fugitives.

These are the races that dwell in Sardinia, and such was the method of their settlement. The northern part of the island and that towards the mainland of Italy consist of an unbroken chain of impassable mountains. And if you sail along the coast you will find no anchorage on this side of the island, while violent but irregular gusts of wind sweep down to the sea from the tops of the mountains. Across the middle of the island runs another chain of mountains, but lower in height. The atmosphere here is on the whole heavy and unwholesome. The reason is partly the salt that crystallises here, partly the oppressive, violent, south wind, and partly the fact that, because of the height of the

---

[2] The MSS. have τε; οὔτε is an emendation of Valckenaer.

τὸ ὑψηλὸν τῶν ὀρῶν τῶν πρὸς τῆς Ἰταλίας
κωλύονται πνέοντες θέρους ὥρα τόν τε ἀέρα τὸν
ταύτῃ καὶ τὴν γῆν ἀναψύχειν. οἱ δὲ τὴν Κύρνον
σταδίους φασὶν οὐ πλέονας ἀπὸ τῆς Σαρδοῦς
ἢ ὀκτὼ τῇ θαλάσσῃ διείργεσθαι, ὀρεινήν τε
οὖσαν καὶ ἐς ὕψος διὰ πάσης ἀνήκουσαν· τὸν
Ζέφυρον οὖν καὶ Βορέαν ὑπὸ τῆς Κύρνου κω-
λύεσθαι νομίζουσι μὴ καὶ ἄχρι τῆς Σαρδοῦς
12 ἐξικνεῖσθαι. ὄφεις δὲ οὔτε ἐπὶ συμφορᾷ τῇ
ἀνθρώπων οὔτε ὅσον ἀνώλεθρον αὐτῶν, οὐδὲ οἱ
λύκοι τρέφεσθαι πεφύκασιν. οἱ δὲ τράγοι[1]
μέγεθος μὲν τοὺς ἑτέρωθι οὐχ ὑπερβάλλουσιν,
εἶδος δέ ἐστιν αὐτοῖς ὁποῖον ἐν πλαστικῇ τις ἂν
τῇ Αἰγιναίᾳ ποιήσειεν ἀγρίου κριοῦ· τὰ μέντοι
ἀμφὶ τὸ στῆθος δασύτερά ἐστιν αὐτοῖς ἢ ὡς
πρὸς Αἰγιναίαν τέχνην εἰκάσαι· κέρατα δὲ οὐ
διεστηκότα ἀπὸ τῆς κεφαλῆς, ἀλλὰ ἐς εὐθὺ
παρὰ τὰ ὦτα ἔχουσιν ἐληλιγμένα· ὠκύτητι δὲ
13 ἅπαντα τὰ θηρία ὑπερήρκασι. πλὴν δὲ ἢ
βοτάνης μιᾶς καθαρεύει καὶ ἀπὸ φαρμάκων ἡ
νῆσος ὅσα ἐργάζεται θάνατον· ἡ πόα δὲ ἡ ὀλέ-
θριος σελίνῳ μέν ἐστιν ἐμφερής, τοῖς φαγοῦσι
δὲ γελῶσιν ἐπιγίνεσθαι τὴν τελευτὴν λέγουσιν.
ἐπὶ τούτῳ δὲ Ὅμηρός τε καὶ οἱ ἔπειτα ἄνθρωποι
τὸν ἐπὶ οὐδενὶ ὑγιεῖ Σαρδάνιον γέλωτα ὀνομά-
ζουσι. φύεται δὲ μάλιστα ἡ πόα περὶ τὰς
πηγάς, οὐ μέντοι μεταδίδωσί γε καὶ τῷ ὕδατι
τοῦ ἰοῦ.

Τὸν μὲν δὴ περὶ τῆς Σαρδοῦς λόγον ἐπεισ-
ηγαγόμεθα ἐς τὴν Φωκίδα συγγραφήν, ὅτι οὐχ
ἥκιστα καὶ ἐς ταύτην οἱ Ἕλληνες τὴν νῆσον
ἀνηκόως εἶχον· XVIII. Τὸν δὲ ἵππον, ὃς ἐφεξῆς

mountains on the side towards Italy, the north winds are prevented, when they blow in summer, from cooling the atmosphere and the ground here. Others say that the cause is Cyrnus, which is separated from Sardinia by no more than eight stades of sea, and is hilly and high all over. So they think that Cyrnus prevents the west wind and the north wind from reaching as far as Sardinia. Neither poisonous nor harmless snakes can live in Sardinia, nor yet wolves. The he-goats are no bigger than those found elsewhere, but their shape is that of the wild ram which an artist would carve in Aeginetan style, except that their breasts are too shaggy to liken them to Aeginetan art. Their horns do not stand out away from the head, but curl straight beside the ears. In speed they are the swiftest of all beasts. Except for one plant the island is free from poisons. This deadly herb is like celery, and they say that those who eat it die laughing. Wherefore Homer,[1] and men after him, call unwholesome laughter sardonic. The herb grows mostly around springs, but does not impart any of its poison to the water.

I have introduced into my history of Phocis this account of Sardinia, because it is an island about which the Greeks are very ignorant.

XVIII. The horse next to the statue of Sardus

[1] Homer, *Odyssey* xx. 300 foll.

---

[1] Here the MSS. have ἄγριοι.

τῇ εἰκόνι ἐστὶ τοῦ Σάρδου, Ἀθηναῖος Καλλίας
Λυσιμαχίδου πατρὸς[1] ἀναθεῖναί φησιν ἰδίᾳ
περιποιησάμενος ἀπὸ τοῦ πρὸς Πέρσας πολέμου
χρήματα. Ἀχαιοὶ δὲ ἀνέθεσαν Ἀθηνᾶς ἄγαλμα
πόλιν τῶν ἐν Αἰτωλίᾳ παραστησάμενοι πο-
λιορκίᾳ· τῇ πόλει δὲ ἣν εἷλον Φάνα τοὔνομα ἦν.
γενέσθαι δὲ χρόνον φασὶν οὐκ ὀλίγον τῇ πο-
λιορκίᾳ· καὶ ὡς ἀδυνάτως εἶχον ἐλεῖν τὴν πόλιν,
θεωροὺς ἀποστέλλουσιν ἐς Δελφούς, καὶ αὐτοῖς
ἀφίκετο μάντευμα·

2      γῆς Πέλοπος ναέται καὶ Ἀχαιίδος, οἳ ποτὶ[2]
           Πυθώ
    ἤλθετε πευσόμενοι ὥς κε πτολίεθρον ἕλητε,
    ἀλλ' ἄγε δὴ φράζεσθε λάχος πόσον ἦμαρ
           ἕκαστον
    λαῶν πινόντων ῥύεται πόλιν, ἡ δὲ πέπωκεν·
    οὕτω γάρ κεν ἕλοιτε Φάναν πυργήρεα κώμην.

3  οὐ συνιέντες οὖν ὁποῖόν τι ἤθελεν ὁ χρησμὸς
λέγειν, οἱ μὲν οἴκαδε ἀποπλεῖν ἐβουλεύοντο
διαλύσαντες τὴν πολιορκίαν, οἱ δὲ ἐντὸς τοῦ
τείχους οἵ τε ἄλλοι οὐδενὶ λόγῳ σφᾶς ἐνεποιοῦντο
καὶ γυνὴ πρόεισιν ἐκ τοῦ τείχους ὕδωρ ἐκ τῆς
ὑπὸ τῷ τείχει λαβεῖν πίδακος. ἐπιδραμόντες δὲ
ἐκ τοῦ στρατεύματος αἰχμάλωτόν τε τὴν γυναῖκα
αἱροῦσι καὶ διδάσκονται παρ' αὐτῆς οἱ Ἀχαιοὶ
ὅτι τὸ ὀλίγον τὸ ἐκ τῆς πίδακος ὕδωρ, ὁπότε ἐφ'
ἑκάστης λάβοιεν τῆς νυκτός, διεμετροῦντο αὐτό,
καὶ ἄλλο ἦν τοῖς ἔνδον ἀλέξημα οὐδὲν ἐς δίψαν.
οὕτω δὴ συγχέαντες οἱ Ἀχαιοὶ τὴν πηγὴν τὸ
πόλισμα αἱροῦσιν.

4  Ῥόδιοι δὲ οἱ ἐν Λίνδῳ παρὰ ταύτην τὴν
466

was dedicated, says the Athenian Callias, son of Lysimachides, in the inscription, by Callias himself from spoils he had taken in the Persian war. The Achaeans dedicated an image of Athena after reducing by siege one of the cities of Aetolia, the name of which was Phana. They say that the siege was not a short one, and being unable to take the city, they sent envoys to Delphi, to whom was given the following response :—

Dwellers in the land of Pelops and in Achaia,
    who to Pytho
Have come to inquire how ye shall take a city,
Come, consider what daily ration,
Drunk by the folk, saves the city which has so
    drunk.
For so ye may take the towered village of Phana.

So not understanding what was the meaning of the oracle, they were minded to raise the siege and sail away, while the defenders paid no attention to them, one of their women coming from behind the walls to fetch water from the spring just under them. Some of the besiegers ran up and took the woman prisoner, who informed the Achaeans that the scanty water from the spring, that was fetched each night, was rationed among the besieged, who had nothing else to quench their thirst. So the Achaeans, by filling up the spring, captured the town.

By the side of this Athena the Rhodians of Lindus

---

[1] Herwerden would delete πατρὸs, probably rightly.
[2] The MSS. have ὁππότε, emended by Bekker.

Ἀθηνᾶν τὸ ἄγαλμα ἔστησαν τοῦ Ἀπόλλωνος.
ἀνέθεσαν δὲ καὶ Ἀμβρακιῶται χαλκοῦν ὄνον,
νυκτομαχίᾳ Μολοσσοὺς νικήσαντες. λόχον μέν
σφισιν ἐν νυκτὶ οἱ Μολοσσοὶ παρεσκεύασαν·
ὄνου δέ, ὃς ἐλαυνόμενος ἐκ τοῦ ἀγροῦ τότε
ἔτυχεν, ὄνον θήλειαν διώκοντος σὺν ὕβρει τε τῇ
ἄλλῃ καὶ τραχύτητι τοῦ φθέγματος, ὡσαύτως
δὲ καὶ τοῦ ἀνδρὸς ὃς τὸν ὄνον ἤλαυνε βοῶντος
ἀσαφῆ τε καὶ ἄκοσμα, οὕτως οἵ τε ἐκ τῆς ἐνέδρας
τῶν Μολοσσῶν ἐξανίστανται ταραχθέντες καὶ οἱ
Ἀμβρακιῶται φωράσαντες τὰ ἐπὶ σφίσι βεβου-
λευμένα ἐπιχειροῦσιν ἐν τῇ νυκτί, καὶ ἐκράτησαν
μάχῃ τῶν Μολοσσῶν.

5 Ὀρνεᾶται δὲ οἱ ἐν τῇ Ἀργολίδι πολέμῳ σφᾶς
Σικυωνίων πιεζόντων τῷ Ἀπόλλωνι εὔξαντο, εἰ
ἀπώσαιντο[1] ἐκ τῆς πατρίδος τῶν Σικυωνίων τὸν
στρατόν, πομπήν τε ἐν Δελφοῖς αὐτῷ στελεῖν
ὁσημέραι καὶ ἱερεῖα θύσειν οἷα δὴ καὶ ὅσα
ἀριθμόν. νικῶσί τε δὴ μάχῃ τοὺς Σικυωνίους,
καὶ ὡς σφισιν ἐφ᾽ ἡμέρας πάσης ἀποδιδοῦσι τὰ
κατὰ τὴν εὐχὴν δαπάνη τε ἦν μεγάλη καὶ μείζων
ἔτι τοῦ ἀναλώματος ἡ ταλαιπωρία, οὕτω δὴ
σόφισμα εὑρίσκουσιν ἀναθεῖναι τῷ θεῷ θυσίαν
τε καὶ πομπὴν χαλκᾶ ποιήματα.

6 Ἔστιν ἐνταῦθα καὶ ἄθλων τῶν Ἡρακλέους τὸ
ἐς τὴν ὕδραν, ἀνάθημά τε ὁμοῦ Τισαγόρου καὶ
τέχνη, σιδήρου καὶ ἡ ὕδρα καὶ ὁ Ἡρακλῆς.
σιδήρου δὲ ἐργασίαν τὴν ἐπὶ ἀγάλμασι χαλεπω-
τάτην καὶ πόνου συμβέβηκεν εἶναι πλείστου·
θαύματος μὲν δὴ καὶ τοῦ Τισαγόρου τὸ ἔργον,
ὅστις δὴ ὁ Τισαγόρας, θαύματος δὲ οὐκ ἐλαχίστου
καὶ ἐν Περγάμῳ λέοντός τε καὶ ὑὸς ἀγρίου

set up their image of Apollo. The Ambraciots
dedicated also a bronze ass, having conquered the
Molossians in a night battle. The Molossians had
prepared an ambush for them by night. It chanced
that an ass, being driven back from the fields, was
chasing a she-ass with harsh braying and wanton
gait, while the driver of the ass increased the din
by his horrible, inarticulate yells. So the men in
the Molossian ambush rushed out affrighted, and
the Ambraciots, detecting the trap prepared for
them, attacked in the night and overcame the
Molossians in battle.

The men of Orneae in Argolis, when hard pressed
in war by the Sicyonians, vowed to Apollo that, if
they should drive the host of the Sicyonians out of
their native land, they would organise a daily
procession in his honour at Delphi, and sacrifice
victims of a certain kind and of a certain number.
Well, they conquered the Sicyonians in battle.
But finding the daily fulfilment of their vow a great
expense and a still greater trouble, they devised
the trick of dedicating to the god bronze figures
representing a sacrifice and a procession.

There is here one of the labours of Heracles,
namely, his fight with the hydra. Tisagoras not
only dedicated the offering, but also made it. Both
the hydra and Heracles are of iron. To make
images of iron is a very difficult task, involving
great labour. So the work of Tisagoras, whoever
he was, is marvellous. Very marvellous too are the

---

[1] The MSS. have ἀπώσαιτο, emended by Bekker.

κεφαλαί, σιδήρου καὶ αὗται· Διονύσῳ δὲ ἀναθήματα σφᾶς ἐποιήσαντο.

7 Φωκέων δὲ οἱ ἔχοντες Ἐλάτειαν—ἀντέσχον γὰρ τῇ Κασσάνδρου πολιορκίᾳ Ὀλυμπιοδώρου σφίσιν ἐξ Ἀθηνῶν ἀμύνοντος—λέοντα τῷ Ἀπόλλωνι χαλκοῦν ἀποπέμπουσιν ἐς Δελφούς. ὁ δὲ Ἀπόλλων ὁ ἐγγυτάτω τοῦ λέοντος Μασσαλιωτῶν ἐστιν ἀπὸ τῆς πρὸς Καρχηδονίους ἀπαρχὴ ναυμαχίας.

Πεποίηται δὲ ὑπὸ Αἰτωλῶν τρόπαιόν τε καὶ γυναικὸς ἄγαλμα ὡπλισμένης, ἡ Αἰτωλία δῆθεν· ταῦτα ἀνέθεσαν ἐπιθέντες οἱ Αἰτωλοὶ Γαλάταις δίκην ὠμότητος τῆς [1] ἐς Καλλιέας. ἐπίχρυσος δὲ εἰκών, ἀνάθημα Γοργίου τοῦ ἐκ Λεοντίνων, αὐτὸς Γοργίας ἐστίν.[2]

XIX. Παρὰ δὲ τὸν Γοργίαν ἀνάθημά ἐστιν Ἀμφικτυόνων Σκιωναῖος Σκύλλις, ὃς καταδῦναι καὶ ἐς τὰ βαθύτατα θαλάσσης πάσης ἔχει φήμην· ἐδιδάξατο δὲ καὶ Ὕδναν τὴν θυγατέρα
2 δύεσθαι. οὗτοι περὶ τὸ ὄρος τὸ Πήλιον ἐπιπεσόντος ναυτικῷ τῷ Ξέρξου βιαίου χειμῶνος προσεξειργάσαντό σφισιν ἀπώλειαν, τάς τε ἀγκύρας καὶ εἰ δή τι ἄλλο ἔρυμα ταῖς τριήρεσιν ἦν ὑφέλκοντες. ἀντὶ τούτου μὲν οἱ Ἀμφικτύονες καὶ αὐτὸν Σκύλλιν καὶ τὴν παῖδα ἀνέθεσαν· ἐν δὲ τοῖς ἀνδριᾶσιν ὁπόσους Νέρων ἔλαβεν ἐκ Δελφῶν, ἐν τούτοις τὸν ἀριθμὸν καὶ τῆς Ὕδνης ἀπεπλήρωσεν ἡ εἰκών. καταδύονται δὲ ἐς θάλασσαν γένους τοῦ θήλεος αἱ καθαρῶς ἔτι παρθένοι.[3]
3 Τὸ ἀπὸ τούτου δὲ ἔρχομαι διηγησόμενος λόγον

---

[1] τῆς was added by Hitzig.
[2] Here the MSS. have εἰκών, deleted by Sylburg.

heads of a lion and wild boar at Pergamus, also of iron, which were made as offerings to Dionysus.

The Phocians who live at Elateia, who held their city, with the help of Olympiodorus from Athens, when besieged by Cassander, sent to Apollo at Delphi a bronze lion. The Apollo, very near to the lion, was dedicated by the Massiliots as firstfruits of their naval victory over the Carthaginians.

The Aetolians have made a trophy and the image of an armed woman, supposed to represent Aetolia. These were dedicated by the Aetolians when they had punished the Gauls for their cruelty to the Callians. A gilt statue, offered by Gorgias of Leontini, is a portrait of Gorgias himself.

XIX. Beside the Gorgias is a votive offering of the Amphictyons, representing Scyllis of Scione, who, tradition says, dived into the very deepest parts of every sea. He also taught his daughter Hydna to dive. When the fleet of Xerxes was attacked by a violent storm off Mount Pelion, father and daughter completed its destruction by dragging away under the sea the anchors and any other security the triremes had. In return for this deed the Amphictyons dedicated statues of Scyllis and his daughter. The statue of Hydna completed the number of the statues that Nero carried off from Delphi. Only those of the female sex who are pure virgins may dive into the sea.[1]

I am going on to tell a Lesbian story. Certain

[1] This sentence is probably a marginal note which has crept into the text.

---

[3] καταδύονται . . παρθένοι: some would delete this sentence.

Λέσβιον. ἁλιεῦσιν ἐν Μηθύμνῃ τὰ δίκτυα
ἀνείλκυσεν ἐκ θαλάσσης πρόσωπον ἐλαίας ξύλου
πεποιημένον· τοῦτο ἰδέαν παρείχετο φέρουσαν
μὲν ἐς τὸ θεῖον, ξένην δὲ καὶ ἐπὶ θεοῖς Ἑλληνικοῖς
οὐ καθεστῶσαν. εἴροντο οὖν οἱ Μηθυμναῖοι τὴν
Πυθίαν ὅτου θεῶν ἢ καὶ ἡρώων ἐστὶν ἡ εἰκών· ἡ
δὲ αὐτοὺς σέβεσθαι Διόνυσον Φαλλῆνα ἐκέλευσεν.
ἐπὶ τούτῳ οἱ Μηθυμναῖοι ξόανον μὲν τὸ ἐκ τῆς
θαλάσσης παρὰ σφίσιν ἔχοντες καὶ θυσίαις καὶ
εὐχαῖς τιμῶσι, χαλκοῦν δὲ ἀποπέμπουσιν ἐς
Δελφούς.

4  Τὰ δὲ ἐν τοῖς ἀετοῖς, ἔστιν Ἄρτεμις καὶ Λητὼ
καὶ Ἀπόλλων καὶ Μοῦσαι δύσις τε Ἡλίου καὶ
Διόνυσός τε καὶ αἱ γυναῖκες αἱ Θυιάδες. τὰ
μὲν δὴ πρῶτα αὐτῶν Ἀθηναῖος Πραξίας μαθητὴς
Καλάμιδός ἐστιν ὁ[1] ἐργασάμενος· χρόνου δὲ ὡς
ὁ ναὸς ἐποιεῖτο ἐγγινομένου Πραξίαν μὲν ἔμελλεν
ἀπάξειν τὸ χρεών, τὰ δὲ ὑπολειπόμενα τοῦ ἐν
τοῖς ἀετοῖς κόσμου ἐποίησεν Ἀνδροσθένης, γένος
μὲν καὶ οὗτος Ἀθηναῖος, μαθητὴς δὲ Εὐκάδμου.
ὅπλα δὲ ἐπὶ τῶν ἐπιστυλίων χρυσᾶ, Ἀθηναῖοι
μὲν τὰς ἀσπίδας ἀπὸ τοῦ ἔργου τοῦ Μαραθῶνι
ἀνέθεσαν, Αἰτωλοὶ δὲ τά τε ὄπισθεν καὶ τὰ ἐν
ἀριστερᾷ Γαλατῶν δὴ ὅπλα· σχῆμα δὲ αὐτῶν
ἐστιν ἐγγυτάτω τῶν Περσικῶν γέρρων.

5  Γαλατῶν δὲ τῆς ἐς τὴν Ἑλλάδα ἐπιστρατείας
ἔχει μέν τινα μνήμην καὶ ἡ ἐς τὸ βουλευτήριον
ἡμῖν τὸ Ἀττικὸν συγγραφή· προάγειν δὲ ἐς τὸ
σαφέστερον τὰ ἐς αὐτοὺς ἠθέλησα ἐν τῷ λόγῳ
τῷ ἐς Δελφούς, ὅτι ἔργων τῶν ἐπὶ τοὺς βαρ-
βάρους τὰ μέγιστα Ἕλλησιν ἐνταῦθα ἦν. ὑπερ-

---

[1] ὁ is not in the MSS., but was added by Siebelis.

fishermen of Methymna found that their nets dragged up to the surface of the sea a face made of olive-wood. Its appearance suggested a touch of divinity, but it was outlandish, and unlike the normal features of Greek gods. So the people of Methymna asked the Pythian priestess of what god or hero the figure was a likeness, and she bade them worship Dionysus Phallen. Whereupon the people of Methymna kept for themselves the wooden image out of the sea, worshipping it with sacrifices and prayers, but sent a bronze copy to Delphi.

The carvings in the pediments are: Artemis, Leto, Apollo, Muses, a setting Sun, and Dionysus together with the Thyiad women. The first of them are the work of Praxias, an Athenian and a pupil of Calamis, but the temple took some time to build, during which Praxias died. So the rest of the ornament in the pediments was carved by Androsthenes, like Praxias an Athenian by birth, but a pupil of Eucadmus. There are arms of gold on the architraves; the Athenians dedicated the shields from spoils taken at the battle of Marathon, and the Aetolians the arms, supposed to be Gallic, behind and on the left. Their shape is very like that of Persian wicker shields.

I have made some mention of the Gallic invasion of Greece in my description of the Athenian Council Chamber.[1] But I have resolved to give a more detailed account of the Gauls in my description of Delphi, because the greatest of the Greek exploits against the barbarians took place there. The Celts

---

[1] Book I, iii, iv.

ὅριον μὲν οἱ Κελτοὶ στρατείαν πρώτην ὑπὸ
ἡγεμόνι ἐποιήσαντο Καμβαύλῃ· προελθόντες
δὲ ἄχρι τῆς Θρᾴκης τὸ πρόσω τῆς πορείας οὐκ
ἀπεθάρσησαν, καταγνόντες αὑτῶν ὅτι ὀλίγοι τε
ἦσαν καὶ οὐκ ἀξιόμαχοι κατ' ἀριθμὸν Ἕλλησιν.
6 ἐπεὶ δὲ καὶ δεύτερον ἐπιφέρειν ἐδόκει ὅπλα ἐπὶ
τὴν ἄλλων—ἐνῆγον δὲ μάλιστα οἱ ὁμοῦ Καμ-
βαύλῃ ἐκστρατεύσαντες ἅτε λῃστειῶν τε ἤδη
γεγευμένοι καὶ ἁρπαγῆς καὶ κερδῶν ἐς ἔρωτα
ἥκοντες—πολὺς μὲν δὴ πεζός, οὐκ ἐλάχιστοι δὲ
ἠθροίσθησαν καὶ ἐς τὸ ἱππικόν· ἐς μοίρας οὖν
τρεῖς ἔνεμον οἱ ἡγεμόνες τὸν στρατόν, καὶ ἄλλος
7 ἐξ αὐτῶν ἐπὶ ἄλλην ἐτέτακτο ἰέναι χώραν. ἐπὶ
μὲν οὖν Θρᾷκας καὶ τὸ ἔθνος τὸ Τριβαλλῶν
ἔμελλε Κερέθριος ἡγήσεσθαι· τοῖς δὲ ἐς Παιονίαν
ἰοῦσι Βρέννος ἦσαν καὶ Ἀκιχώριος ἄρχοντες·
Βόλγιος δὲ ἐπὶ Μακεδόνας τε καὶ Ἰλλυριοὺς
ἤλασε, καὶ ἐς ἀγῶνα πρὸς Πτολεμαῖον κατέστη
τότε ἔχοντα τὴν Μακεδόνων βασιλείαν. Πτολε-
μαῖος δὲ ἦν οὗτος ὃς Σέλευκόν τε ἐδολοφόνησε
τὸν Ἀντιόχου, καταπεφευγὼς ὅμως ἱκέτης ὡς
αὐτόν, καὶ εἶχεν ἐπίκλησιν Κεραυνὸς διὰ τὸ ἄγαν
τολμηρόν. καὶ ὁ μὲν αὐτός τε ὁ Πτολεμαῖος
ἀπέθανεν ἐν τῇ μάχῃ καὶ τῶν Μακεδόνων ἐγένετο
οὐκ ἐλαχίστη φθορά· προελθεῖν δὲ ὡς ἐπὶ τὴν
Ἑλλάδα οὐδὲ τότε[1] ἐθάρσησαν οἱ Κελτοί, καὶ
ὁ δεύτερος οὕτω στόλος ἐπανῆλθεν ἐς τὴν οἰκείαν.
8 ἔνθα δὴ ὁ Βρέννος πολὺς μὲν ἐν συλλόγοις τοῖς
κοινοῖς, πολὺς δὲ καθ' ἕκαστον ἦν τῶν ἐν τέλει
Γαλατῶν ἐπὶ τὴν Ἑλλάδα ἐπαίρων στρατεύε-
σθαι, ἀσθένειάν τε Ἑλλήνων τὴν ἐν τῷ παρόντι
διηγούμενος καὶ ὡς χρήματα πολλὰ μὲν ἐν τῷ

conducted their first foreign expedition under the leadership of Cambaules. Advancing as far as Thrace they lost heart and broke off their march, realising that they were too few in number to be a match for the Greeks. But when they decided to invade foreign territory a second time, so great was the influence of Cambaules' veterans, who had tasted the joy of plunder and acquired a passion for robbery and plunder, that a large force of infantry and no small number of mounted men attended the muster. So the army was split up into three divisions by the chieftains, to each of whom was assigned a separate land to invade. Cerethrius was to be leader against the Thracians and the nation of the Triballi. The invaders of Paeonia were under the command of Brennus and Acichorius. Bolgius attacked the Macedonians and Illyrians, and engaged in a struggle with Ptolemy, king of the Macedonians at that time. It was this Ptolemy who, though he had taken refuge as a suppliant with Seleucus, the son of Antiochus, treacherously murdered him, and was surnamed Thunderbolt because of his recklessness. Ptolemy himself perished in the fighting, and the Macedonian losses were heavy. But once more the Celts lacked courage to advance against Greece, and so the second expedition returned home. It was then that Brennus, both in public meetings and also in personal talks with individual Gallic officers, strongly urged a campaign against Greece, enlarging on the weakness of Greece at the time, on the wealth of the Greek states, and on the even greater

---

[1] The MSS. have οὐδέποτε, emended by Sylburg.

κοινῷ, πλείονα δὲ ἐν ἱεροῖς τά τε ἀναθήματα καὶ
ἄργυρος καὶ χρυσός ἐστιν ἐπίσημος· ἀνέπεισέ τε
δὴ τοὺς Γαλάτας ἐλαύνειν ἐπὶ τὴν Ἑλλάδα, καὶ
αὑτῷ συνάρχοντας ἄλλους τε προσείλετο τῶν ἐν
9 τέλει καὶ τὸν Ἀκιχώριον. ὁ δὲ ἀθροισθεὶς
στρατὸς πεζοὶ μὲν μυριάδες ἐγένοντο πεντεκαί-
δεκα προσόντων σφίσι δισχιλίων, οἱ δὲ ἱππεύ-
οντες τετρακόσιοι καὶ δισμύριοι. τοσοῦτοι μὲν
ἦσαν τῶν ἱππέων τὸ ἀεὶ ἐνεργόν, ἀριθμὸς δὲ
αὐτῶν ὁ ἀληθὴς διακόσιοί τε καὶ χίλιοι καὶ ἐξ
μυριάδες· δύο γὰρ οἰκέται περὶ ἕκαστον τῶν
ἱππευόντων ἦσαν, ἀγαθοὶ καὶ αὐτοὶ τὰ ἱππικὰ
10 καὶ ἵππους ὁμοίως ἔχοντες. Γαλατῶν δὲ τοῖς
ἱππεύουσιν ἀγῶνος συνεστηκότος ὑπομένοντες
τῆς τάξεως ὄπισθεν οἱ οἰκέται τοσάδε σφίσιν
ἐγίνοντο χρήσιμοι· τῷ γὰρ ἱππεῖ συμβὰν ἢ τῷ
ἵππῳ πεσεῖν, τὸν μὲν ἵππον παρεῖχεν ἀναβῆναι
τῷ ἀνδρί, τελευτήσαντος δὲ τοῦ ἀνδρὸς ὁ δοῦλος
ἀντὶ τοῦ δεσπότου τὸν ἵππον ἀνέβαινεν· εἰ δὲ
ἀμφοτέρους ἐπιλάβοι τὸ χρεών, ἐνταῦθα ἕτοιμος
ἦν ἱππεύς. λαμβανόντων δὲ τραύματα αὐτῶν,
ὁ μὲν ὑπεξῆγε τῶν δούλων ἐς τὸ στρατόπεδον τὸν
τραυματίαν, ὁ δὲ καθίστατο ἐς τὴν τάξιν ἀντὶ
11 τοῦ ἀπελθόντος. ταῦτα ἐμοὶ δοκεῖν ἐνομίσθη
τοῖς Γαλάταις ἐς[1] μίμησιν τοῦ ἐν Πέρσαις
ἀριθμοῦ τῶν μυρίων, οἳ ἐκαλοῦντο Ἀθάνατοι.
διάφορα δὲ ἦν, ὅτι κατελέγοντο ἀντὶ τῶν ἀπο-
θνησκόντων ὑπὸ μὲν Περσῶν τῆς μάχης ὕστερον,
Γαλάταις δὲ ὑπ' αὐτὴν τοῦ ἔργου τὴν ἀκμὴν ὁ
ἀριθμὸς ἀπεπληροῦτο τῶν ἱππέων. τοῦτο ὠνό-
μαζον τὸ σύνταγμα τριμαρκισίαν τῇ ἐπιχωρίῳ

---

[1] ἐς is not in the MSS.

wealth in sanctuaries, including votive offerings and coined silver and gold. So he induced the Gauls to march against Greece. Among the officers he chose to be his colleagues was Acichorius. The muster of foot amounted to one hundred and fifty-two thousand, with twenty thousand four hundred horse. This was the number of horsemen in action at any one time, but the real number was sixty-one thousand two hundred. For to each horseman were attached two servants, who were themselves skilled riders and, like their masters, had a horse. When the Gallic horsemen were engaged, the servants remained behind the ranks and proved useful in the following way. Should a horseman or his horse fall, the slave brought him a horse to mount; if the rider was killed, the slave mounted the horse in his master's place; if both rider and horse were killed, there was a mounted man ready. When a rider was wounded, one slave brought back to camp the wounded man, while the other took his vacant place in the ranks. I believe that the Gauls in adopting these methods copied the Persian regiment of the Ten Thousand, who were called the Immortals. There was, however, this difference. The Persians used to wait until the battle was over before replacing casualties, while the Gauls kept reinforcing the horsemen to their full number during the height of the action. This organisation is called in their native speech *trimarcisia*, for I would have

φωνῇ· καὶ ἵππῳ τὸ ὄνομα ἴστω τις μάρκαν ὃν τὰ
ὑπὸ τῶν Κελτῶν.

12 Παρασκευὴ μὲν τοσαύτη καὶ μετὰ διανοίας
τοιαύτης ἐπὶ τὴν Ἑλλάδα ὁ Βρέννος ἤλαυνε·
τοῖς δέ γε Ἕλλησι κατεπεπτώκει μὲν ἐς ἅπαν τὰ
φρονήματα, τὸ δὲ ἰσχυρὸν τοῦ δείματος προῆγεν
ἐς ἀνάγκην τῇ Ἑλλάδι ἀμύνειν. ἑώρων δὲ τὸν
ἐν τῷ παρόντι ἀγῶνα οὐχ ὑπὲρ ἐλευθερίας
γενησόμενον, καθὰ ἐπὶ τοῦ Μήδου ποτέ, οὐδὲ
δοῦσιν ὕδωρ καὶ γῆν τὰ ἀπὸ τούτου σφίσιν
ἄδειαν φέροντα· ἀλλὰ τά τε ἐς Μακεδόνας καὶ
Θρᾷκας καὶ Παίονας τὰ ἐπὶ τῆς προτέρας κατα-
δρομῆς τῶν Γαλατῶν ἔτι σφίσιν ἔκειτο ἐν μνήμῃ,
καὶ τὰ ἐν τῷ παρόντι τὰ ἐς Θεσσαλοὺς παρανο-
μήματα ἀπηγγέλλετο. ὡς οὖν ἀπολωλέναι δέον[1]
ἢ ἐπικρατεστέρους εἶναι, κατ' ἄνδρα τε ἰδίᾳ καὶ
αἱ πόλεις διέκειντο ἐν κοινῷ.

XX. Πάρεστι δέ, ὅστις ἐθέλοι καὶ ἀνταριθμῆ-
σαι τούς τε ἐπὶ βασιλέα Ξέρξην ἐς Πύλας καὶ
τοὺς τότε ἐναντία Γαλατῶν ἀθροισθέντας. ἐπὶ
μέν γε τὸν Μῆδον ἀφίκοντο τοσοίδε Ἑλλήνων·
Λακεδαιμόνιοι οἱ μετὰ Λεωνίδου τριακοσίων οὐ
πλείονες, Τεγεᾶται πεντακόσιοι καὶ ἐκ Μαντι-
νείας ἴσοι, παρὰ δὲ Ὀρχομενίων Ἀρκάδων εἴκοσί
τε καὶ ἑκατόν, ἀπὸ δὲ τῶν ἄλλων χίλιοι τῶν ἐν
Ἀρκαδίᾳ πόλεων, ὀγδοήκοντα δὲ ἐκ Μυκηνῶν καὶ
ἐκ Φλιοῦντος διακόσιοι, διπλάσιοι δὲ τούτων
Κορίνθιοι· παρεγένοντο δὲ καὶ Βοιωτῶν ἑπ-
τακόσιοι ἐκ Θεσπείας καὶ ἐκ[2] Θηβῶν τετρα-
κόσιοι. χίλιοι δὲ Φωκέων ἐφύλασσον μὲν τὴν

---

[1] δέον is not in the MSS., which have δ' οὖν after ἤ. The
reading in the text is Porson's.

you know that *marca* is the Celtic name for a horse.

This was the size of the army, and such was the intention of Brennus, when he attacked Greece. The spirit of the Greeks was utterly broken, but the extremity of their terror forced them to defend Greece. They realised that the struggle that faced them would not be one for liberty, as it was when they fought the Persian, and that giving water and earth would not bring them safety. They still remembered the fate of Macedonia, Thrace and Paeonia during the former incursion of the Gauls, and reports were coming in of enormities committed at that very time on the Thessalians. So every man, as well as every state, was convinced that they must either conquer or perish.

XX. Any one who so wishes can compare the number of those who mustered to meet King Xerxes at Thermopylae with those who now mustered to oppose the Gauls. To meet the Persians there came Greek contingents of the following strength. Lacedaemonians with Leonidas not more than three hundred; Tegeans five hundred, and five hundred from Mantineia; from Orchomenus in Arcadia a hundred and twenty; from the other cities in Arcadia one thousand; from Mycenae eighty; from Phlius two hundred, and from Corinth twice this number; of the Boeotians there mustered seven hundred from Thespiae and four hundred from Thebes. A thousand Phocians guarded the path on

---

[2] ἐκ is not in the MSS.

ἀτραπὸν ἐν τῇ Οἴτῃ, προσέστω δὲ τῷ παντὶ
2 Ἑλληνικῷ καὶ ὁ ἀριθμὸς ὁ τούτων. Λοκροὺς
δὲ τοὺς ὑπὸ τῷ ὄρει τῇ Κνήμιδι Ἡρόδοτος μὲν
οὐχ ὑπήγαγεν ἐς ἀριθμόν, ἀλλ' ἀφικέσθαι σφᾶς
ἀπὸ πασῶν ἔφη τῶν πόλεων· τεκμήρασθαι δὲ
ἀριθμὸν καὶ τούτων ἔστιν ἐγγύτατα τοῦ ἀληθοῦς·
ἐς Μαραθῶνα γὰρ Ἀθηναῖοι σὺν ἡλικίᾳ τε τῇ
ἀχρείῳ καὶ δούλοις ἐνακισχιλίων ἀφίκοντο οὐ
πλείους, τὸ οὖν μάχιμον Λοκρῶν τὸ ἐς Θερμο-
πύλας ἐλθὸν οὐκ ἂν ὑπέρ γε ἑξακισχιλίους ἀριθ-
μοίη τις. οὕτω γένοιτο ἂν ὁ σύμπας στρατὸς
διακόσιοι καὶ χίλιοι καὶ μύριοι. φαίνονται δὲ
οὐδὲ οὗτοι τὸν χρόνον πάντα ἐπὶ τῇ φρουρᾷ τῶν
Πυλῶν καταμείναντες· πλὴν γὰρ Λακεδαιμονίων
τε αὐτῶν καὶ Θεσπιέων καὶ Μυκηναίων προ-
3 απέλιπον τὸ πέρας τῆς μάχης οἱ λοιποί. ἐπὶ
δὲ τοὺς ἀπὸ τοῦ Ὠκεανοῦ βαρβάρους τοσοίδε
ἐς Θερμοπύλας ἀφίκοντο Ἕλληνες· ὁπλῖται
μύριοι καὶ ἵππος πεντακοσία παρὰ Βοιωτῶν·
ἐβοιωτάρχουν δὲ Κηφισόδοτος καὶ Θεαρίδας καὶ
Διογένης καὶ Λύσανδρος. ἐκ δὲ Φωκέων ἱππεῖς
πεντακόσιοι καὶ ἐς τρισχιλίους ὁ ἀριθμὸς τῶν
πεζῶν· στρατηγοὶ δὲ Φωκέων Κριτόβουλός τε
4 ἦν καὶ Ἀντίοχος. Λοκροὺς δὲ τοὺς ἐπὶ Ἀτα-
λάντῃ τῇ νήσῳ Μειδίας ἦγεν· ἀριθμὸς δὲ αὐτῶν
ἑπτακόσιοι, καὶ ἱππικόν σφισιν οὐ προσῆν.
παρὰ δὲ Μεγαρέων ἀφίκοντο ὁπλῖται τετρα-
κόσιοι. τούτων ἡγεῖτο Ἱππόνικος[1] Μεγαρεύς.
Αἰτωλῶν δὲ πλείστη τε ἐγένετο στρατιὰ καὶ
ἐς πᾶσαν μάχης ἰδέαν, ἡ μὲν ἵππος οὐ λέγουσιν
ὁπόση, ψιλοὶ δὲ ἐνενήκοντα καὶ ἑπτακόσιοι,

---

[1] The MSS. have ἦγε τὸ ἱππικόν.

Mount Oeta, and the number of these should be
added to the Greek total. Herodotus [1] does not
give the number of the Locrians under Mount
Cnemis, but he does say that each of their cities
sent a contingent. It is possible, however, to
make an estimate of these also that comes very
near to the truth. For not more than nine thousand
Athenians marched to Marathon, even if we include
those who were too old for active service and slaves;
so the number of Locrian fighting men who marched
to Thermopylae cannot have exceeded six thousand.
So the whole army would amount to eleven thousand
two hundred. But it is well known that not even
these remained all the time guarding the pass; for
if we except the Lacedaemonians, Thespians and
Mycenaeans, the rest left the field before the con-
clusion of the fighting. To meet the barbarians
who came from the Ocean the following Greek
forces came to Thermopylae. Of the Boeotians ten
thousand hoplites and five hundred cavalry, the
Boeotarchs being Cephisodotus, Thearidas, Diogenes
and Lysander. From Phocis came five hundred
cavalry with footmen three thousand in number.
The generals of the Phocians were Critobulus and
Antichus. The Locrians over against the island of
Atalanta were under the command of Meidias; they
numbered seven hundred, and no cavalry was with
them. Of the Megarians came four hundred hoplites
commanded by Hipponicus of Megara. The Aetolians
sent a large contingent, including every class of
fighting men; the number of cavalry is not given,
but the light-armed were seven hundred and ninety,

---

[1] See Herodotus vii. 203.

πλέονες δὲ [1] ἑπτακισχιλίων ἀριθμὸν ἦσαν οἱ
ὁπλιτεύοντες· Αἰτωλοὺς δὲ ἦγον Πολύαρχος καὶ
5 Πολύφρων τε καὶ Λακράτης. Ἀθηναίων δὲ
στρατηγὸς μὲν Κάλλιππος ἦν ὁ Μοιροκλέους,
καθὰ ἐδήλωσα καὶ ἐν τοῖς προτέροις τοῦ λόγου,
δύναμις δὲ τριήρεις τε αἱ πλώιμοι πᾶσαι, πεντα-
κόσιοι δὲ ἐς τὸ ἱππικόν, χίλιοι δὲ ἐτάσσοντο ἐν
τοῖς πεζοῖς· καὶ ἡγεμονίαν οὗτοι κατ' ἀξίωμα
εἶχον τὸ ἀρχαῖον. βασιλέων δὲ ξενικὰ πεντα-
κόσιοί τε ἐκ Μακεδονίας καὶ ἐκ τῆς Ἀσίας ἴσοι
σφίσιν ἀφίκοντο ἀριθμόν· ἄρχοντες δὲ τῶν μὲν
παρ' Ἀντιγόνου πεμφθέντων Ἀριστόδημος ἦν
Μακεδών, τῶν δὲ παρὰ Ἀντιόχου τε καὶ ἐκ τῆς
Ἀσίας Τελέσαρχος τῶν ἐπὶ Ὀρόντῃ Σύρων.

6 Τοῖς δὲ ἐς Θερμοπύλας ἀθροισθεῖσιν Ἑλλήνων,
ὡς ἐπύθοντο περί τε Μαγνησίαν καὶ γῆν τὴν
Φθιῶτιν ὄντα ἤδη τῶν Γαλατῶν τὸν στρατόν,
ἔδοξεν ἤδη ψιλούς τε ἐς χιλίους καὶ τὴν ἵππον
ἀπολέξαντας ἀποστεῖλαι σφᾶς ἐπὶ τὸν Σπερ-
χειόν, ἵνα μηδὲ τὸν ποταμὸν διαβῆναι τοῖς
βαρβάροις ἄνευ ἀγῶνός τε καὶ κινδύνων ἐγγένη-
ται. οἱ δὲ ἐλθόντες τὰς γεφύρας τε καταλύουσι
καὶ αὐτοὶ παρὰ τὴν ὄχθην ἐστρατοπεδεύσαντο.
ἦν δὲ οὐδὲ ὁ Βρέννος οὔτε πάντα ἀσύνετος οὔτε
ἀπείρως εἶχεν ὡς ἄν τις βάρβαρος σοφίσματα
7 ἐς πολεμίους ἐξευρεῖν. εὐθὺς οὖν τῇ ἐπιούσῃ
νυκτί, οὐ καθότι ἦν τὰ ἀρχαῖα τῷ ποταμῷ ζεύγ-
ματα ἀλλὰ ἐς τὸ κάτω, ὡς μή τις τοῖς Ἕλλησι
διαβαινόντων γένοιτο αἴσθησις, καὶ ᾗ μάλιστα ὁ
Σπερχειὸς διεχεῖτο ἐς πλέον τοῦ πεδίου καὶ ἕλος
τε ἐποίει καὶ λίμνην ἀντὶ βιαίου καὶ στενοῦ

[1] ἑπτακόσιοι, πλέονες δὲ : added to the MSS. by Schubart.

and their hoplites numbered more than seven
thousand. Their leaders were Polyarchus, Poly-
phron and Lacrates. The Athenian general was
Callippus, the son of Moerocles, as I have said in an
earlier part of my work,[1] and their forces consisted
of all their seaworthy triremes, five hundred horse
and one thousand foot. Because of their ancient
reputation the Athenians held the chief command.
The king of Macedonia sent five hundred mercen-
aries, and the king of Asia a like number; the leader
of those sent by Antigonus was Aristodemus, a
Macedonian, and Telesarchus, one of the Syrians on
the Orontes, commanded the forces that Antiochus
sent from Asia.

When the Greeks assembled at Thermopylae 279 B.C.
learned that the army of the Gauls was already in
the neighbourhood of Magnesia and Phthiotis, they
resolved to detach the cavalry and a thousand light-
armed troops and to send them to the Spercheius,
so that even the crossing of the river could not be
effected by the barbarians without a struggle and
risks. On their arrival these forces broke down the
bridges and by themselves encamped along the bank.
But Brennus himself was not utterly stupid, nor inex-
perienced, for a barbarian, in devising tricks of strategy.
So on that very night he despatched some troops to
the Spercheius, not to the places where the old
bridges had stood, but lower down, where the
Greeks would not notice the crossing, and just
where the river spread over the plain and made a
marsh and lake instead of a narrow, violent stream.

---

[1] See Book I. iii. 4 and iv. 2.

ρεύματος, κατὰ τοῦτο ὁ Βρέννος ὅσον μυρίους
τῶν Γαλατῶν ἀπέστειλεν, ὁπόσοι τε νεῖν ἠπί-
σταντο ἐξ αὐτῶν καὶ ὅστις τῷ μήκει τοῦ σώματος
ἐτύγχανεν ὢν ὑπὲρ τοὺς πολλούς· εἰσὶ δὲ καὶ
ἄλλως οἱ Κελτοὶ μακρῷ πάντας ὑπερηρκότες
8 μήκει τοὺς ἀνθρώπους. οὗτοι οὖν διαβαίνουσιν
ἐν τῇ νυκτὶ διανηχόμενοι ὧδε τὸ λιμνῶδες τοῦ
ποταμοῦ· τὰ ὅπλα, τοὺς ἐπιχωρίους θυρεούς,
ἐποιεῖτο ἕκαστος ἀντὶ σχεδίας, οἱ δὲ αὐτῶν
μήκιστοι διελθεῖν ἐμβαδὸν τὸ ὕδωρ ἐδυνήθησαν.
οἱ δὲ Ἕλληνες οἱ ἐπὶ τῷ Σπερχειῷ—πυνθάνονται
γὰρ ὅτι κατὰ τὸ ἕλος διέβη μοῖρα τῶν βαρβάρων
—αὐτίκα ἐς τὸ στράτευμα ἀναχωροῦσι. Βρέννος
δὲ τοῖς περὶ τὸν Μαλιακὸν κόλπον οἰκοῦσι
ζευγνύναι τὸν Σπερχειὸν ἐπέτασσεν· οἱ δὲ ἤνυον
τὸ ἔργον σπουδῇ, τῷ τε ἐκείνου δέει καὶ ἀπελθεῖν
ἐκ τῆς χώρας σφίσιν ἐπιθυμοῦντες τοὺς βαρ-
9 βάρους μηδὲ ἐπὶ πλέον κακουργεῖν μένοντας. ὁ
δὲ ὡς κατὰ τὰς γεφύρας διεβίβασε τὴν στρατιάν,
ἐχώρει πρὸς τὴν Ἡράκλειαν· καὶ διήρπασαν μὲν
τὰ ἐκ τῆς χώρας οἱ Γαλάται καὶ ἀνθρώπους τοὺς
ἐπὶ τῶν ἀγρῶν ἐγκαταληφθέντας ἐφόνευσαν, τὴν
πόλιν δὲ οὐχ εἷλον. ἔτει γὰρ πρότερον τούτων
οἱ Αἰτωλοὶ συντελεῖν τοὺς Ἡρακλεώτας ἠνάγ-
κασαν ἐς τὸ Αἰτωλικόν· τότε οὖν ἠμύνοντο ὡς
περὶ πόλεως οὐδέν τι Ἡρακλεώταις μᾶλλον ἢ
καὶ αὐτοῖς προσηκούσης.

Ἦν δὲ καὶ τῷ Βρέννῳ τὰ μὲν Ἡρακλεωτῶν
ἐλάσσονος φροντίδος, ἀγώνισμα δὲ ἐποιεῖτο
ἐξελάσαι τε ἐκ τῶν στενῶν τοὺς ἀντικαθημένους
καὶ παρελθεῖν ἐς τὴν ἐντὸς Θερμοπυλῶν Ἑλλάδα.
XXI. Προελθὼν οὖν ἀπὸ τῆς Ἡρακλείας—ἐπυν-

Hither Brennus sent some ten thousand Gauls, picking out the swimmers and the tallest men; and the Celts as a race are far taller than any other people. So these crossed in the night, swimming over the river where it expands into a lake; each man used his shield, his national buckler, as a raft, and the tallest of them were able to cross the water by wading. The Greeks on the Spercheius, as soon as they learned that a detachment of the barbarians had crossed by the marsh, forthwith retreated to the main army. Brennus ordered the dwellers round the Malian gulf to build bridges across the Spercheius, and they proceeded to accomplish their task with a will, for they were frightened of Brennus, and anxious for the barbarians to go away out of their country instead of staying to devastate it further. Brennus brought his army across over the bridges and proceeded to Heracleia. The Gauls plundered the country, and massacred those whom they caught in the fields, but did not capture the city. For a year previous to this the Aetolians had forced Heracleia to join the Aetolian League; so now they defended a city which they considered to belong to them just as much as to the Heracleots.

Brennus did not trouble himself much about Heracleia, but directed his efforts to driving away those opposed to him at the pass, in order to invade Greece south of Thermopylae. XXI. Deserters kept Brennus informed about the forces from each

θάνετο γὰρ παρὰ αὐτομόλων τοὺς συνειλεγμένους
ἐς Πύλας ἀπὸ ἑκάστης πόλεως—ὑπερεφρόνει τε
τοῦ Ἑλληνικοῦ καὶ ἦρχεν ἐς τὴν ἐπιοῦσαν μάχης
ἅμα ἀνίσχοντι τῷ ἡλίῳ, οὔτε Ἕλληνα ἔχων
μάντιν οὔτε ἱεροῖς ἐπιχωρίοις χρώμενος, εἰ δὴ
ἔστι γε μαντεία Κελτική. ἐνταῦθα οἱ Ἕλληνες
ἐν σιγῇ τε ἐπῄεσαν καὶ ἐν κόσμῳ· καὶ ὡς ἀφί-
κοντο ἐς χεῖρας, οὔτε σφίσιν οἱ πεζοὶ τοσοῦτο
ἀπὸ τῆς τάξεως ἐξέθεον ὥστε τὴν φάλαγγα ἐπι-
ταράσσειν τὴν οἰκείαν καὶ οἱ ψιλοὶ μένοντες κατὰ
χώραν τά τε ἀκόντια ἔπεμπον καὶ ὅσα ἀπὸ τῶν
2 τόξων ἢ σφενδονῶν. τὰ δὲ ἱππικὰ ἀμφοτέροις
ἀχρεῖα ἐγένετο ἅτε οὐ στενοῦ μόνον χωρίου τοῦ
μετὰ τὰς Πύλας ὄντος ἀλλὰ καὶ ὑπὸ αὐτοφυοῦς
πέτρας λείου καὶ διὰ τῶν ρευμάτων τὸ συνεχὲς
τὰ πλείονα καὶ ὀλισθηροῦ. τοῖς δὲ Γαλάταις τὰ
μὲν τῆς σκευῆς ἀσθενέστερα ἦν—θυρεοὺς γὰρ
τοὺς ἐπιχωρίους εἶχον, καὶ ἄλλο σφίσιν οὐκ ἦν
ὅπλον σκέπη σώματος—πλέον δὲ ἔτι ἐμπειρίᾳ
3 τῇ ἐς τὰ πολεμικὰ ἀπέδεον. οἱ δὲ ἐν ὀργῇ τε
ἐπὶ τοὺς ἐναντίους καὶ θυμῷ μετὰ οὐδενὸς λογισ-
μοῦ καθάπερ τὰ θηρία ἐχώρουν· καὶ οὔτε
πελέκεσι διαιρουμένους ἢ ὑπὸ μαχαιρῶν ἢ
ἀπόνοια τοὺς ἔτι ἐμπνέοντας ἀπέλειπεν, οὔτε
ὅσοι βέλεσι καὶ ἀκοντίοις διεπείροντο, ὑφήρουν
τοῦ θυμοῦ, μέχρι οὗ παρέμενεν ἡ ψυχή· οἱ δὲ καὶ
ἐκ τῶν τραυμάτων τὰ δόρατα οἷς ἐβέβληντο
ἀνασπῶντες ἠφίεσάν τε ἐς τοὺς Ἕλληνας καὶ
4 ἐχρῶντο ἐκ χειρός. ἐν τούτῳ δὲ οἱ ἐπὶ τῶν
τριήρων Ἀθηναῖοι μόγις μὲν καὶ οὐκ ἄνευ
κινδύνου, παραπλεύσαντες δὲ ὅμως διὰ τῆς ἰλύος,
ἢ ἐπὶ πλεῖστον ἐπέχει τῆς θαλάσσης, καὶ τὰς

city mustered at Thermopylae. So despising the Greek army he advanced from Heracleia, and began the battle at sun-rise on the next day. He had no Greek soothsayer, and made no use of his own country's sacrifices, if indeed the Celts have any art of divination. Whereupon the Greeks attacked silently and in good order. When they came to close quarters, the infantry did not rush out of their line far enough to disturb their proper formation, while the light-armed troops remained in position, throwing javelins, shooting arrows or slinging bullets. The cavalry on both sides proved useless, as the ground at the Pass is not only narrow, but also smooth because of the natural rock, while most of it is slippery owing to its being covered with streams. The Gauls were worse armed than the Greeks, having no other defensive armour than their national shields, while they were still more inferior in war experience. On they marched against their enemies with the unreasoning fury and passion of brutes. Slashed with axe or sword they kept their desperation while they still breathed; pierced by arrow or javelin, they did not abate of their passion so long as life remained. Some drew out from their wounds the spears, by which they had been hit, and threw them at the Greeks or used them in close fighting. Meanwhile the Athenians on the triremes, with difficulty and with danger, nevertheless coasted along through the mud that

ναῦς ὅτι ἐγγύτατα τῶν βαρβάρων σχόντες
βέλεσί τε παντοίοις ἐς τὰ πλάγια καὶ τοξεύ-
μασιν ἐς αὐτοὺς ἐχρῶντο. καμνόντων δὲ λόγοι
μειζόνως τῶν Κελτῶν καὶ ἅτε ἐν στενοχωρίᾳ
μικρὰ μὲν δρώντων, διπλάσια δὲ καὶ τετρα-
πλάσια πασχόντων, ἀναχωρεῖν ἐς τὸ στρατόπεδοι
ἐσήμαινόν σφισιν οἱ ἡγεμόνες. οἱ δὲ ἀτάκτως
καὶ σὺν οὐδενὶ ἀναστρέφοντες κόσμῳ πολλοὶ
μὲν συνεπατήθησαν ὑπὸ ἀλλήλων, πολλοὶ δὲ ἐς
τὸ τέλμα ἐμπεσόντες ἠφανίσθησαν κατὰ τοῦ
πηλοῦ, καὶ ἀπώλεια οὐκ ἐλάσσων ἀναχωροῦσιν
αὐτοῖς ἢ ἐν τοῦ ἀγῶνος συνέβη τῇ ἀκμῇ.

5    Τοὺς μὲν δὴ Ἕλληνας τὸ Ἀττικὸν ὑπερεβά-
λετο ἀρετῇ τὴν ἡμέραν ταύτην· αὐτῶν δὲ
Ἀθηναίων Κυδίας μάλιστα ἐγένετο ἀγαθός, νέος
τε ἡλικίαν καὶ τότε ἐς ἀγῶνα ἐλθὼν πολέμου
πρῶτον. ἀποθανόντος δὲ ὑπὸ τῶν Γαλατῶν τὴν
ἀσπίδα οἱ προσήκοντες ἀνέθεσαν τῷ Ἐλευθερίῳ
Διί, καὶ ἦν τὸ ἐπίγραμμα·

ἄγκειμαι[1] ποθέουσα νέαν ἔτι Κυδίου ἥβην
ἀσπὶς ἀριζήλου φωτός, ἄγαλμα Διί,
ἃς διὰ δὴ πρώτας λαιὸν τότε πῆχυν ἔτεινεν,
εὖτ’ ἐπὶ τὸν Γαλάταν ἤκμασε θοῦρος Ἄρης.

6    Τοῦτο μὲν δὴ ἐπεγέγραπτο πρὶν ἢ τοὺς ὁμοῦ
Σύλλᾳ καὶ ἄλλα τῶν Ἀθήνησι καὶ τὰς ἐν τῇ
στοᾷ τοῦ Ἐλευθερίου Διὸς καθελεῖν ἀσπίδας·
τότε δὲ ἐν ταῖς Θερμοπύλαις οἱ μὲν Ἕλληνες
μετὰ τὴν μάχην τούς τε αὑτῶν ἔθαπτον καὶ
ἐσκύλευον τοὺς βαρβάρους, οἱ Γαλάται δὲ οὔτε ὑπὲρ
ἀναιρέσεως τῶν νεκρῶν ἐπεκηρυκεύοντο ἐποιοῦντό

---

[1] The MSS. have ημαρλα.

extends far out to sea, brought their ships as close
to the barbarians as possible, and raked them with
arrows and every other kind of missile. The Celts
were in unspeakable distress, and as in the confined
space they inflicted few losses but suffered twice or
four times as many, their captains gave the signal
to retire to their camp. Retreating in confusion
and without any order, many were crushed beneath
the feet of their friends, and many others fell into
the swamp and disappeared under the mud. Their
loss in the retreat was no less than the loss that
occurred while the battle raged.

On this day the Attic contingent surpassed the
other Greeks in courage. Of the Athenians them-
selves the bravest was Cydias, a young man who had
never before been in battle. He was killed by the
Gauls, but his relatives dedicated his shield to Zeus
God of Freedom, and the inscription ran :—

> Here hang I, yearning for the still youthful bloom
> of Cydias,
>> The shield of a glorious man, an offering to
>> Zeus.
> I was the very first through which at this battle
> he thrust his left arm,
>> When the battle raged furiously against the
>> Gaul.

This inscription remained until Sulla and his army
took away, among other Athenian treasures, the
shields in the porch of Zeus, God of Freedom. After
this battle at Thermopylae the Greeks buried their
own dead and spoiled the barbarians, but the Gauls
sent no herald to ask leave to take up the bodies,

τε ἐπ' ἴσης γῆς σφᾶς τυχεῖν ἢ θηρία τε αὐτῶν
ἐμφορηθῆναι καὶ ὅσον τεθνεῶσι πολέμιόν ἐστιν

7 ὀρνίθων. ὀλιγώρως δὲ αὐτοὺς ἐς τῶν ἀπογινο-
μένων ἔχειν τὰς ταφὰς δύο ἐμοὶ δοκεῖν τὰ
ἀναπείθοντα ἦν, πολεμίους τε ἄνδρας ἐκπλῆξαι
καὶ ὅτι ἔστι τεθνεώτων οὐ δι' ἔθους οἶκτος
αὐτοῖς. ἀπέθανον δὲ παρὰ τὴν μάχην τεσσαρά-
κοντα μὲν τοῦ Ἑλληνικοῦ, τοὺς δὲ τῶν βαρβά-
ρων οὐχ οἷόν τε ἦν ἀκριβῶς ἐξευρεῖν· πολὺ γὰρ
καὶ τὸ ἀφανισθὲν κατὰ τῆς ἰλύος ἐγένετο ἐξ αὐτῶν.

XXII. Ἑβδόμῃ δὲ ὕστερον μετὰ τὴν μάχην
λόχος τῶν Γαλατῶν ἀνελθεῖν ἐς τὴν Οἴτην
ἐπεχείρησε κατὰ Ἡράκλειαν· ἀτραπὸς δὲ στενὴ
καὶ ταύτῃ μετὰ τὰ ἐρείπια ἀνήκει τὰ Τραχῖνος·
ἦν δὲ καὶ ἱερὸν Ἀθηνᾶς τότε ὑπὲρ τῆς Τραχινίδος
καὶ ἀναθήματα ἐν αὐτῷ. ἔς τε οὖν τὴν Οἴτην
ἀναβήσεσθαι κατὰ τὴν ἀτραπὸν ἤλπιζον καὶ
ἅμα προσέσεσθαί σφισιν ἐν παρέργῳ τὰ ἐκ τοῦ
ἱεροῦ . . . τὴν φρουρὰν οἰομένου Τελεσάρχῳ.[1]
καὶ νικῶσι μὲν τοὺς βαρβάρους τῇ μάχῃ, αὐτὸς
δὲ ἔπεσεν ὁ Τελέσαρχος, ἀνὴρ εἴπερ τις καὶ ἄλλος
πρόθυμος ἐς τὰ Ἑλλήνων.

2 Οἱ μὲν δὴ ἡγεμόνες τῶν βαρβάρων οἱ ἄλλοι
κατεπεπλήγεσαν τὸ Ἑλληνικόν, καὶ ἠπόρουν
ἅμα ὑπὲρ τῶν μελλόντων, ἐς οὐδέν σφισι πλέον
προχωροῦντα ὁρῶντες τὰ ἐν χερσί· τῷ δὲ Βρέννῳ
λογισμὸς παρίστατο ὡς εἰ ἀναγκάσει τοὺς Αἰτω-
λοὺς οἴκαδε ἐς τὴν Αἰτωλίαν ἀναχωρῆσαι, ῥᾴων
ἤδη γενήσοιτο ὁ πόλεμος αὐτῷ πρὸς τὸ Ἑλλη-
νικόν. ἀπολέξας οὖν τῆς στρατιᾶς μυριάδας τοὺς

[1] Kayser suggests τῆς δὲ ἀτράπου οἱ Φωκεῖς εἶχον τὴν φρουρὰν
ἡγουμένου Τελεσάρχου.

and were indifferent whether the earth received them or whether they were devoured by wild beasts or carrion birds. There were in my opinion two reasons that made them careless about the burial of their dead: they wished to strike terror into their enemies, and through habit they have no tender feeling for those who have gone. In the battle there fell forty of the Greeks; the losses of the barbarians it was impossible to discover exactly. For the number of them that disappeared beneath the mud was great.

XXII. On the seventh day after the battle a regiment of Gauls attempted to go up to Oeta by way of Heracleia. Here too a narrow path rises just past the ruins of Trachis. There was also at that time a sanctuary of Athena above the Trachinian territory, and in it were votive offerings. So they hoped to ascend Oeta by this path and at the same time to get possession of the offerings in the temple in passing. ⟨This path was defended by the Phocians under Telesarchus.⟩ They overcame the barbarians in the engagement, but Telesarchus himself fell, a man devoted, if ever a man was, to the Greek cause.

All the leaders of the barbarians except Brennus were terrified of the Greeks, and at the same time were despondent of the future, seeing that their present condition showed no signs of improvement. But Brennus reasoned that if he could compel the Aetolians to return home to Aetolia, he would find the war against Greece prove easier hereafter. So he detached from his army forty thousand foot and

πεζοὺς τέσσαρας καὶ ὅσον ὀκτακοσίους ἱππέας,
Ὀρεστόριόν τε αὐτοῖς καὶ Κόμβουτιν ἐφίστησιν
3 ἄρχοντας, οἳ ὀπίσω κατὰ τοῦ Σπερχειοῦ τὰς
γεφύρας καὶ αὖθις διὰ Θεσσαλίας ὁδεύσαντες
ἐμβάλλουσιν ἐς τὴν Αἰτωλίαν· καὶ τὰ ἐς
Καλλιέας Κόμβουτις οἱ ἐργασάμενοι καὶ Ὀρε-
στόριος ἦσαν, ἀνοσιώτατά τε ὧν ἀκοῇ ἐπιστά-
μεθα καὶ οὐδὲν τοῖς ἀνθρώπων τολμήμασιν ὅμοια.
γένος μέν γε πᾶν ἐξέκοψαν τὸ ἄρσεν, καὶ ὁμοίως
γέροντές τε καὶ τὰ νήπια ἐπὶ τῶν μητέρων τοῖς
μαστοῖς ἐφονεύετο· τούτων δὲ καὶ τὰ ὑπὸ τοῦ
γάλακτος πιότερα ἀποκτείνοντες ἔπινόν τε οἱ
Γαλάται τοῦ αἵματος καὶ ἥπτοντο τῶν σαρκῶν.
4 γυναῖκες δὲ καὶ ὅσαι ἐν ὥρᾳ τῶν παρθένων, ὅσαι
μὲν φρονήματός τι αὐτῶν εἶχον, ἑαυτὰς ἔφθησαν
ὡς ἡλίσκετο ἡ πόλις διειργασμέναι· τὰς δὲ ἔτι
περιούσας ἐς ἰδέαν ὕβρεως πᾶσαν μετὰ ἀνάγκης
ἦγον ἰσχυρᾶς, ἅτε ἴσον μὲν ἐλέου, ἴσον δὲ τὰς
φύσεις καὶ ἔρωτος ἀπέχοντες. καὶ ὅσαι μὲν τῶν
γυναικῶν ταῖς μαχαίραις τῶν Γαλατῶν ἐπε-
τύγχανον, αὐτοχειρίᾳ τὰς ψυχὰς ἠφίεσαν· ταῖς
δὲ οὐ μετὰ πολὺ ὑπάρξειν[1] τὸ χρεὼν ἔμελλεν
ἥ τε ἀσιτία καὶ ἡ ἀυπνία, ἀστέγων βαρβάρων ἐκ
διαδοχῆς ἀλλήλοις ὑβριζόντων· οἱ δὲ καὶ ἀφιεί-
σαις τὰς ψυχάς, οἱ δὲ καὶ ἤδη νεκραῖς συνεγίνοντο
ὅμως.
5 Αἰτωλοὶ δὲ πεπυσμένοι τε παρὰ ἀγγέλων ἦσαν
ὁποῖαι σφᾶς κατειλήφεσαν συμφοραὶ καὶ αὐτίκα
ὡς τάχους εἶχον ἀναστήσαντες ἀπὸ τῶν Θερμο-
πυλῶν τὴν δύναμιν ἠπείγοντο ἐς τὴν Αἰτωλίαν,
τά τε παθήματα τῶν Καλλιέων ἐν ὀργῇ ποιού-
μενοι καὶ πλέον ἔτι τὰς οὐχ ἑαλωκυίας πω

about eight hundred horse. Over these he set in command Orestorius and Combutis, who, making their way back by way of the bridges over the Spercheius and across Thessaly again, invaded Aetolia. The fate of the Callians at the hands of Combutis and Orestorius is the most wicked ever heard of, and is without a parallel in the crimes of men. Every male they put to the sword, and there were butchered old men equally with children at their mothers' breasts. The more plump of these sucking babes the Gauls killed, drinking their blood and eating their flesh. Women and adult maidens, if they had any spirit at all in them, anticipated their end when the city was captured. Those who survived suffered under imperious violence every form of outrage at the hands of men equally void of pity or of love. Every woman who chanced to find a Gallic sword committed suicide. The others were soon to die of hunger and want of sleep, the incontinent [1] barbarians outraging them by turns, and sating their lust even on the dying and the dead.

The Aetolians had been informed by messengers what disasters had befallen them, and at once with all speed removed their forces from Thermopylae and hastened to Aetolia, being exasperated at the sufferings of the Callians, and still more fired with

[1] No parallel is quoted for this use of ἄστεγος. Spiro suggests ἄτε τῶν.

---

[1] Perhaps παρέξειν.

διασώσασθαι πόλεις προθυμούμενοι. ἐξεστρα-
τεύοντο δὲ καὶ οἴκοθεν ἀπὸ τῶν πόλεων πασῶν
οἱ ἐν ἡλικίᾳ, ἀναμεμιγμένοι δ' ἦσαν ὑπὸ ἀνάγκης
τε καὶ φρονήματος καὶ οἱ γεγηρακότες· συνε-
στρατεύοντο δέ σφισι καὶ αἱ γυναῖκες ἑκουσίως,
πλέον ἐς τοὺς Γαλάτας καὶ τῶν ἀνδρῶν τῷ θυμῷ
6 χρώμεναι. ὡς δὲ οἱ βάρβαροι συλήσαντες τούς
τε οἴκους καὶ τὰ ἱερὰ καὶ ἐνέντες πῦρ ἐς τὸ
Κάλλιον ἐκομίζοντο τὴν αὐτήν, ἐνταῦθα Πατρεῖς
μὲν ἐπικουροῦντες Αἰτωλοῖς Ἀχαιῶν μόνοι προσ-
έκειντο ἐξ ἐναντίας τοῖς βαρβάροις ἅτε ὁπλι-
τεύειν δεδιδαγμένοι, καὶ ὑπὸ πλήθους τε τῶν
Γαλατῶν καὶ τῆς ἐς τὰ ἔργα ἀπονοίας μάλιστα
ἐταλαιπώρησαν· οἱ δὲ Αἰτωλοὶ καὶ αἱ γυναῖκες
αἱ Αἰτωλαὶ παρὰ πᾶσαν τεταγμένοι τὴν ὁδὸν
ἐσηκόντιζόν τε ἐς τοὺς βαρβάρους, καὶ οὐδὲν
ἄλλο ὅτι μὴ τοὺς ἐπιχωρίους ἐχόντων θυρεοὺς
ὀλίγα αὐτῶν ἡμάρτανον, διώκοντάς τε ἀπέφευγον
οὐ χαλεπῶς καὶ ἀναστρέφουσιν ἀπὸ τῆς διώξεως
7 ἐπέκειντο αὖθις σπουδῇ. Καλλιεῦσι δὲ καίπερ
δεινὰ οὕτω παθοῦσιν ὡς μηδὲ τὰ ὑπὸ Ὁμήρου
πεποιημένα ἔς τε Λαιστρυγόνας καὶ ἐς Κύκλωπα
ἐκτὸς εἶναι δοκεῖν ἀληθείας, ὅμως κατὰ τὴν
ἀξίαν ἐγίνετο ἡ ὑπὲρ αὐτῶν δίκη· ἀπὸ γὰρ
τεσσάρων μυριάδων προσόντων σφίσιν ὀκτακο-
σίων ἐλάσσονες ἡμίσεων ἐς τὸ στρατόπεδον οἱ
βάρβαροι τὸ πρὸς Θερμοπύλαις ἀπεσώθησαν.
8    Περὶ δὲ τοὺς Ἕλληνας ἐν τῷ αὐτῷ χρόνῳ
τοὺς ἐν Θερμοπύλαις συνέβαινεν ἄλλα τοιαῦτα.
ἀτραπός ἐστι διὰ τοῦ ὄρους τῆς Οἴτης, μία μὲν
ἡ ὑπὲρ Τραχῖνος ἀπότομός τε τὰ πλείω καὶ ὄρθιος
δεινῶς, ἑτέρα δὲ ἡ διὰ τῆς Αἰνιάνων ὁδεῦσαι

determination to save the cities not yet captured.
From all the cities at home were mobilised the men
of military age; and even those too old for service,
their fighting spirit roused by the crisis, were in the
ranks, and their very women gladly served with
them, being even more enraged against the Gauls
than were the men. When the barbarians, having
pillaged houses and sanctuaries, and having fired
Callium, were returning by the same way, they
were met by the Patraeans, who alone of the
Achaeans were helping the Aetolians. Being trained
as hoplites they made a frontal attack on the bar-
barians, but suffered severely owing to the number
and desperation of the Gauls. But the Aetolians,
men and women, drawn up all along the road, kept
shooting at the barbarians, and few shots failed to
find a mark among enemies protected by nothing
but their national shields. Pursued by the Gauls
they easily escaped, renewing their attack with
vigour when their enemies returned from the pur-
suit. Although the Callians suffered so terribly that
even Homer's account of the Laestrygones and the
Cyclops [1] does not seem outside the truth, yet they
were duly and fully avenged. For out of their
number of forty thousand eight hundred, there
escaped of the barbarians to the camp at Thermo-
pylae less than one half.

Meantime the Greeks at Thermopylae were far-
ing as follows. There are two paths across Mount
Oeta: the one above Trachis is very steep, and for
the most part precipitous; the other, through the
territory of the Aenianians, is easier for an army to

---

[1] See Homer, *Odyssey* ix. 166-542.

στρατῷ ῥᾴων, δι' ἧς καὶ Ὑδάρνης ποτὲ Μῆδος
κατὰ νώτου τοῖς περὶ Λεωνίδην ἐπέθετο Ἕλλησι.
9 κατὰ ταύτην τὴν ὁδὸν ἐπηγγέλλοντο ἄξειν Βρέν-
νον οἱ Ἡρακλεῶται καὶ οἱ Αἰνιᾶνες, οὐ κακονοίᾳ
τῇ ἐς τὸ Ἑλληνικόν, τοὺς δὲ Κελτοὺς ἐκ τῆς
χώρας σφίσιν ἀπελθεῖν μηδὲ ἐγκαθημένους φθεί-
ρειν περὶ πολλοῦ ποιούμενοι. καί μοι φαίνεται
Πίνδαρος ἀληθῆ καὶ ἐν τῷδε εἰπεῖν, ὃς πάντα
τινὰ ὑπὸ κακῶν οἰκείων ἔφη πιέζεσθαι, ἐπὶ δὲ
10 ἀλλοτρίοις κήδεσιν ἀπήμαντον εἶναι. τότε δὲ ἡ
τῶν Αἰνιάνων καὶ τῶν Ἡρακλεωτῶν ὑπόσχεσις ἐπή-
γειρε τὸν Βρέννον· καὶ Ἀκιχώριον μὲν κατέλιπεν
ἐπὶ τῇ στρατιᾷ, προειπών, ἐπειδὰν περιλάβωσιν
αὐτοὶ τὸ Ἑλληνικόν, τηνικαῦτα καὶ ἐκείνοις
ἐφόδου καιρὸν εἶναι· ἀπολέξας δὲ αὐτὸς μυριάδας
τοῦ στρατοῦ τέσσαρας ἐποιεῖτο τὴν ὁδὸν διὰ τῆς
11 ἀτραποῦ. καί πως ἐπ' ἐκείνης συνέβαινε τῆς
ἡμέρας τήν τε ὀμίχλην κατὰ τοῦ ὄρους κατα-
χεῖσθαι πολλὴν καὶ ἀμαυρὸν ὑπ' αὐτῆς εἶναι
τὸν ἥλιον, ὥστε τῶν Φωκέων τοῖς ἔχουσιν ἐπὶ
τῇ ἀτραπῷ τὴν φρουρὰν οὐ πρότερον ἐπιόντες οἱ
βάρβαροι παρέσχοντο αἴσθησιν πρὶν ἢ πλησίον
ἐγεγόνεσαν. ἐνταῦθα δὲ οἱ μὲν μάχης ἦρχον, οἱ
δὲ ἠμύνοντο ἐρρωμένως, τέλος δὲ ἐβιάσθησαν καὶ
ἀναχωροῦσιν ἀπὸ τῆς ἀτραποῦ· καταδραμόντες
μέντοι παρὰ τοὺς συμμάχους καὶ ἀπαγγείλαντες
τὰ παρόντα ἔφθησαν πρὶν ἢ ἀκριβῆ καὶ παντα-
χόθεν τελέαν γενέσθαι τοῦ Ἑλληνικοῦ τὴν
12 κύκλωσιν. ἔνθα δὴ οἱ ἐπὶ τῶν τριήρων Ἀθηναῖοι
φθάνουσιν ὑπεξαγαγόντες ἐκ τῶν Θερμοπυλῶν
τὸ Ἑλληνικόν· καὶ οἱ μὲν κατὰ τὰς πατρίδας
ἕκαστοι τὰς αὑτῶν ἐσκεδάσθησαν, ὁ δὲ Βρέννος

cross. It was through this that on a former occasion Hydarnes the Persian passed to attack in the rear the Greeks under Leonidas.[1] By this road the Heracleots and the Aenianians promised to lead Brennus, not that they were ill-disposed to the Greek cause, but because they were anxious for the Celts to go away from their country, and not to establish themselves in it to its ruin. I think that Pindar [2] spoke the truth again when he said that every one is crushed by his own misfortunes but is untouched by the woes of others. Brennus was encouraged by the promise made by the Aenianians and Heracleots. Leaving Acichorius behind in charge of the main army, with instructions that it was to attack only when the enveloping movement was complete, Brennus himself, with a detachment of forty thousand, began his march along the pass. It so happened on that day that the mist rolled thick down the mountain, darkening the sun, so that the Phocians who were guarding the path found the barbarians upon them before they were aware of their approach. Thereupon the Gauls attacked. The Phocians resisted manfully, but at last were forced to retreat from the path. However, they succeeded in running down to their friends with a report of what was happening before the envelopment of the Greek army was quite complete on all sides. Whereupon the Athenians with the fleet succeeded in withdrawing in time the Greek forces from Thermopylae, which disbanded and returned to their several homes. Brennus,

---

[1] See Herodotus vii. 213-218.
[2] Pindar, *Nemeans* i. 53.

οὐδένα ἔτι ἐπισχὼν χρόνον, πρὶν ἢ τοὺς ἀπὸ τοῦ
στρατοπέδου τοῦ σὺν τῷ Ἀκιχωρίῳ παραγενέσθαι, τὴν ὁδὸν ἐποιεῖτο ἐπὶ τοὺς Δελφούς. οἱ
δὲ καταφεύγουσιν ὑπὸ δείματος ἐπὶ τὸ χρηστήριον· καὶ ὁ θεὸς σφᾶς οὐκ εἴα φοβεῖσθαι, φυλά-
13 ξειν δὲ αὐτὸς ἐπηγγέλλετο τὰ ἑαυτοῦ. οἱ δὲ
ἀφικόμενοι τιμωρεῖν τῷ θεῷ τοσοίδε ἐγένοντο
Ἑλλήνων· Φωκεῖς μὲν ἀπὸ τῶν πόλεων πασῶν,
ἐκ δὲ Ἀμφίσσης ὁπλῖται τετρακόσιοι, παρὰ δὲ
Αἰτωλῶν ὀλίγοι μέν τινες αὐτίκα, ὅτε ἐπύθοντο
ἐς τὸ πρόσω χωροῦντας τοὺς βαρβάρους, διακο-
σίους δὲ καὶ χιλίους Φιλόμηλος ἤγαγεν ὕστερον.
τὸ δὲ μάλιστα ἐν ἀκμῇ τῶν Αἰτωλῶν ἐτράπετο
ἐπὶ τὴν μετὰ τοῦ Ἀκιχωρίου στρατιάν, καὶ
μάχης μὲν οὐκ ἦρχον, ὁδευόντων δὲ ἐπέκειντο ἀεὶ
τοῖς ἐσχάτοις ἁρπάζοντές τε τὰ τῶν σκευαγω-
γούντων καὶ αὐτοὺς τοὺς ἄνδρας φονεύοντες· καὶ
ἡ πορεία κατὰ ταύτην μάλιστα ἐγίνετό σφισι
βραδεῖα τὴν αἰτίαν. κατέλιπε δὲ καὶ περὶ τὴν
Ἡράκλειαν ὁ Ἀκιχώριος μοῖραν, οἳ ἔμελλον
φρουρήσειν τὰ ἐπὶ τοῦ στρατοπέδου χρήματα.

XXIII. Βρέννῳ δὲ καὶ τῇ στρατιᾷ τῶν τε
Ἑλλήνων οἱ ἐς Δελφοὺς ἀθροισθέντες ἀντετά-
ξαντο, καὶ τοῖς βαρβάροις ἀντεσήμαινε τὰ ἐκ τοῦ
θεοῦ ταχύ τε καὶ ὧν ἴσμεν φανερώτατα. ἥ τε
γὰρ γῆ πᾶσα, ὅσην ἐπεῖχεν ἡ τῶν Γαλατῶν
στρατιά, βιαίως καὶ ἐπὶ πλεῖστον ἐσείετο τῆς
ἡμέρας, βρονταί τε καὶ κεραυνοὶ συνεχεῖς ἐγί-
2 νοντο· καὶ αἱ μὲν ἐξέπληττόν τε τοὺς Κελτοὺς
καὶ δέχεσθαι τοῖς ὠσὶ τὰ παραγγελλόμενα
ἐκώλυον, τὰ δὲ ἐκ τοῦ οὐρανοῦ οὐκ ἐς ὅντινα
κατασκῆψαι μόνον ἀλλὰ καὶ τοὺς πλησίον καὶ

without delaying any longer, began his march against Delphi without waiting for the army with Acichorius to join up. In terror the Delphians took refuge in the oracle. The god bade them not to be afraid, and promised that he would himself defend his own. The Greeks who came in defence of the god were as follow: the Phocians, who came from all their cities; from Amphissa four hundred hoplites; from the Aetolians a few came at once on hearing of the advance of the barbarians, and later on Philomelus brought one thousand two hundred. The flower of the Aetolians turned against the army of Acichorius, and without offering battle attacked continuously the rear of their line of march, plundering the baggage and putting the carriers to the sword. It was chiefly for this reason that their march proved slow. Furthermore, at Heracleia Acichorius had left a part of his army, who were to guard the baggage of the camp.

XXIII. Brennus and his army were now faced by the Greeks who had mustered at Delphi, and soon portents boding no good to the barbarians were sent by the god, the clearest recorded in history. For the whole ground occupied by the Gallic army was shaken violently most of the day, with continuous thunder and lightning. The thunder both terrified the Gauls and prevented them hearing their orders, while the bolts from heaven set on fire not only those whom they struck but also their neighbours,

αὐτοὺς ὁμοίως καὶ τὰ ὅπλα ἐξῆπτε. τά τε τῶν
ἡρώων τηνικαῦτά σφισιν ἐφάνη φάσματα, ὁ
Ὑπέροχος καὶ ὁ Λαόδοκός τε καὶ Πύρρος· οἱ δὲ
καὶ τέταρτον Φύλακον ἐπιχώριον Δελφοῖς ἐπα-
3 ριθμοῦσιν ἥρωα. ἀπέθανον δὲ καὶ αὐτῶν παρὰ
τὸ ἔργον τῶν Φωκέων ἄλλοι τε ἀριθμὸν πολλοὶ
καὶ Ἀλεξίμαχος, ὃς ἐν τῇ μάχῃ ταύτῃ μάλιστα
Ἑλλήνων ἡλικίας τε τῷ ἀκμάζοντι καὶ ἰσχύι
σώματος καὶ τῷ ἐρρωμένῳ τοῦ θυμοῦ κατεχρή-
σατο ἐς τῶν βαρβάρων τὸν φόνον· Φωκεῖς δὲ
εἰκόνα τοῦ Ἀλεξιμάχου ποιησάμενοι ἀπέστειλαν
τῷ Ἀπόλλωνι ἐς Δελφούς.

4 Τοιούτοις μὲν οἱ βάρβαροι παρὰ πᾶσαν τὴν
ἡμέραν παθήμασί τε καὶ ἐκπλήξει συνείχοντο·
τὰ δὲ ἐν ¹ τῇ νυκτὶ πολλῷ σφᾶς ἔμελλεν ἀλγει-
νότερα ἐπιλήψεσθαι. ῥῖγός τε γὰρ ἰσχυρὸν καὶ
νιφετὸς ἦν ὁμοῦ τῷ ῥίγει, πέτραι τε ἀπολισθά-
νουσαι τοῦ Παρνασσοῦ μεγάλαι καὶ κρημνοὶ
καταρρηγνύμενοι σκοπὸν τοὺς βαρβάρους εἶχον,
καὶ αὐτοῖς οὐ κατὰ ἕνα ἢ δύο ἀλλὰ κατὰ τριά-
κοντα καὶ ἔτι πλείοσιν, ὡς ἕκαστοι ἐν τῷ αὐτῷ
φρουροῦντες ἢ καὶ ἀναπαυόμενοι τύχοιεν, ἀθρόοις
ἡ ἀπώλεια ἐγένετο ὑπὸ τῆς ἐμβολῆς τῶν κρημνῶν.

5 ἅμα δὲ τῷ ἡλίῳ ἀνίσχοντι οἱ Ἕλληνες ἐπῄεσάν
σφισιν ἐκ τῶν Δελφῶν, οἱ μὲν ἄλλοι τὴν ἐπὶ
τὸ στράτευμα εὐθεῖαν, οἱ Φωκεῖς δὲ ἅτε καὶ
μᾶλλον ἔχοντες τῶν χωρίων ἐμπείρως κατέβησάν
τε διὰ τῆς χιόνος κατὰ τὰ ἀπότομα τοῦ Παρνασ-
σοῦ καὶ ἔλαθον κατὰ νώτου γενόμενοι τοῖς Κελτοῖς,
ἠκόντιζόν τε ἐς αὐτοὺς καὶ ἐτόξευον σὺν οὐδενὶ
6 ἀπὸ τῶν βαρβάρων δείματι. οἱ δὲ ἀρχομένης
μὲν τῆς μάχης, καὶ μάλιστα οἱ περὶ τὸν Βρέννον

themselves and their armour alike. Then there
were seen by them ghosts of the heroes Hyperochus,
Laodocus and Pyrrhus; according to some a fourth
appeared, Phylacus, a local hero of Delphi. Among
the many Phocians who were killed in the action
was Aleximachus, who in this battle excelled all the
other Greeks in devoting youth, physical strength,
and a stout heart, to slaying the barbarians. The
Phocians made a statue of Aleximachus and sent it
to Delphi as an offering to Apollo.

All the day the barbarians were beset by calamities
and terrors of this kind. But the night was to
bring upon them experiences far more painful. For
there came on a severe frost, and snow with it; and
great rocks slipping from Parnassus, and crags
breaking away, made the barbarians their target, the
crash of which brought destruction, not on one or
two at a time, but on thirty or even more, as they
chanced to be gathered in groups, keeping guard or
taking rest. At sunrise the Greeks came on from
Delphi, making a frontal attack with the exception
of the Phocians, who, being more familiar with the
district, descended through the snow down the
precipitous parts of Parnassus, and surprised the
Celts in their rear, shooting them down with arrows
and javelins without anything to fear from the bar-
barians. At the beginning of the fight the Gauls
offered a spirited resistance, especially the company

---

[1] ἐν was added by Sylburg.

—οὗτοι δὲ μήκιστοί τε ἦσαν καὶ ἀλκιμώτατοι
τῶν Γαλατῶν—τότε μὲν ὑπὸ προθυμίας ἔτι
ἀντεῖχον βαλλόμενοί τε πανταχόθεν καὶ οὐχ
ἧσσον ὑπὸ τοῦ ῥίγους, μάλιστα οἱ τραυματίαι,
ταλαιπωροῦντες· ὡς δὲ καὶ ὁ Βρέννος ἔλαβε
τραύματα, ἐκεῖνον μὲν λιποψυχήσαντα ἐκκομί-
ζουσιν ἐκ τῆς μάχης, οἱ δὲ βάρβαροι πανταχόθεν
σφίσιν ἐγκειμένων τῶν Ἑλλήνων ὑπέφευγόν τε
ἄκοντες καὶ ἑαυτῶν τοὺς ἀδυνάτους διὰ τραύματα
7 ἔπεσθαι καὶ ἀρρωστίαν φονεύουσιν. καὶ οἱ μὲν
ἐστρατοπεδεύσαντο ἔνθα νὺξ κατελάμβανεν ἀνα-
χωροῦντας, ἐν δὲ τῇ νυκτὶ φόβος σφισὶν ἐμπίπτει
Πανικός· τὰ γὰρ ἀπὸ αἰτίας οὐδεμιᾶς δείματα
ἐκ τούτου φασὶ γίνεσθαι. ἐνέπεσε μὲν ἐς τὸ
στράτευμα ἡ ταραχὴ περὶ βαθεῖαν τὴν ἑσπέραν,
καὶ ὀλίγοι τὸ κατ᾿ ἀρχὰς ἐγένοντο οἱ παραχθέντες
ἐκ τοῦ νοῦ, ἐδόξαζόν τε οὗτοι κτύπου τε ἐπελαυ-
νομένων ἵππων καὶ ἐφόδου πολεμίων αἰσθάνεσθαι,[1]
μετὰ δὲ οὐ πολὺ καὶ ἐς ἅπαντας διέδρα ἡ ἄγνοια.[2]
8 ἀναλαβόντες οὖν τὰ ὅπλα καὶ διαστάντες ἔκτει-
νόν τε ἀλλήλους καὶ ἀνὰ μέρος ἐκτείνοντο, οὔτε
γλώσσης τῆς ἐπιχωρίου συνιέντες οὔτε τὰς
ἀλλήλων μορφὰς οὔτε τῶν θυρεῶν καθορῶντες
τὰ σχήματα· ἀλλὰ ἀμφοτέραις ταῖς τάξεσιν
ὁμοίως ὑπὸ τῆς ἐν τῷ παρόντι ἀγνοίας οἵ τε
ἄνδρες οἱ ἀνθεστηκότες εἶναί σφισιν Ἕλληνες
καὶ αὐτοὶ καὶ τὰ ὅπλα ἐφαίνοντο καὶ Ἑλλάδα
ἀφιέναι τὴν φωνήν, ἥ τε ἐκ τοῦ θεοῦ μανία
πλεῖστον ἐξειργάσατο ὑπ᾿ ἀλλήλων τοῖς Γαλά-
9 ταις τὸν φόνον. τῶν δὲ Φωκέων ὅσοι κατελί-
ποντο κατὰ τοὺς ἀγροὺς φυλακῆς βοσκημάτων
ἕνεκα, πρῶτοί τε ᾔσθοντο καὶ ἀπαγγέλλουσι τοῖς

attached to Brennus, which was composed of the
tallest and bravest of the Gauls, and that though they
were shot at from all sides, and no less distressed
by the frost, especially the wounded men. But
when Brennus himself was wounded, he was carried
fainting from the battle, and the barbarians, harassed
on all sides by the Greeks, fell back reluctantly,
putting to the sword those who, disabled by wounds
or sickness, could not go with them. They encamped
where night overtook them in their retreat, and during
the night there fell on them a "panic." For causeless
terrors are said to come from the god Pan. It was
when evening was turning to night that the con-
fusion fell on the army, and at first only a few
became mad, and these imagined that they heard
the trampling of horses at a gallop, and the attack
of advancing enemies; but after a little time the
delusion spread to all. So rushing to arms they
divided into two parties, killing and being killed,
neither understanding their mother tongue nor
recognising one another's forms or the shape of their
shields. Both parties alike under the present delusion
thought that their opponents were Greek, men and
armour, and that the language they spoke was
Greek, so that a great mutual slaughter was wrought
among the Gauls by the madness sent by the god.
Those Phocians who had been left behind in the
fields to guard the flocks were the first to perceive

---

[1] αἰσθάνεσθαι was added by Musurus.
[2] Perhaps we should read ἄνοια with Sylburg.

Ἕλλησι τὰ ἐν τῇ νυκτὶ κατασχόντα τοὺς
βαρβάρους. ἀναθαρσήσαντες δὲ οἱ Φωκεῖς προ-
θυμότερον ἔτι ἐνέκειντο τοῖς Κελτοῖς· διὰ φυλα-
κῆς τε πλείονος τὰς ἐπαύλεις ἐποιοῦντο καὶ τὰ ἐς
βίου χρείαν οὐ περιεώρων σφᾶς ἐκ τῆς χώρας
ἀμαχεὶ λαμβάνοντας, ἐγεγόνει τε αὐτίκα τοῖς
Γαλάταις διὰ παντὸς τοῦ στρατοῦ καὶ σίτου καὶ
10 ὅσα ἐς τροφὴν ἄλλα ἔνδεια ἰσχυρά. πλῆθος
δὲ τὸ ἐν τῇ Φωκίδι αὐτῶν ἀναλωθέν, ὀλίγῳ μὲν
ἑξακισχιλίων ἐλάσσονες οἱ ἐν ταῖς μάχαις, οἱ
δ᾽ ἐν τῇ χειμερίῳ διαφθαρέντες νυκτὶ καὶ ὕστε-
ρον οἱ ἐν τῷ Πανικῷ δείματι ἐγένοντο ὑπὲρ
τοὺς μυρίους, τοσοῦτοι δὲ ἄλλοι καὶ ὑπὸ τοῦ
λιμοῦ.

11 Ἀθηναίων δὲ ἄνδρες ἐπισκεψόμενοι μὲν
ἀφίκοντο ἐν Δελφοῖς· τότε δὲ ἐπανήκοντες τά
τε ἄλλα ἤγγελλον ὁποῖα συμβεβήκει τοῖς βαρ-
βάροις καὶ τὰ ἐκ τοῦ θεοῦ κατειληφότα. οἱ δὲ
αὐτοί τε ἐξεστρατεύοντο καὶ ὡς τὴν Βοιωτίαν
διώδευον οἱ Βοιωτοί σφισιν ἀνεμίχθησαν· οὕτω
δὴ ἀμφότεροι τοῖς βαρβάροις ἐπακολουθοῦντες
12 ἐλόχων τε καὶ ἔκτεινον τοὺς ἀεὶ ἐσχάτους. τοῖς
δὲ φεύγουσιν ὁμοῦ τῷ Βρέννῳ καὶ οἱ περὶ τὸν
Ἀκιχώριον ἐν τῇ προτέρᾳ νυκτὶ ἀνεμίχθησαν·
βραδεῖαν γὰρ τὴν πορείαν ἐποίησάν σφισιν οἱ
Αἰτωλοὶ τοῖς τε ἀκοντίοις ἐς αὐτοὺς ἀφειδέσ-
τερον καὶ ὅτῳ τύχοιεν καὶ ἄλλῳ χρώμενοι,
ὥστε ἐς τὸ στρατόπεδον τὸ πρὸς τῇ Ἡρα-
κλείᾳ μοῖρα οὐ πολλὴ διέφυγεν ἐξ αὐτῶν. τῷ
δὲ Βρέννῳ κατὰ μὲν τὰ τραύματα ἐλείπετο ἔτι
σωτηρίας ἐλπίς· τῶν δὲ πολιτῶν φόβῳ φασὶν
αὐτὸν καὶ τῇ αἰδοῖ πλέον, ἅτε τῶν ἐν τῇ Ἑλλάδι

and report to the Greeks the panic that had seized the barbarians in the night. The Phocians were thus encouraged to attack the Celts with yet greater spirit, keeping a more careful watch on their encampments, and not letting them take from the country the necessities of life without a struggle, so that the whole Gallic army suffered at once from a pressing shortage of corn and other food. Their losses in Phocis were these: in the battles were killed close on six thousand; those who perished in the wintry storm at night and afterwards in the panic terror amounted to over ten thousand, as likewise did those who were starved to death.

Athenian scouts arrived at Delphi to gather information, after which they returned and reported what had happened to the barbarians, and all that the god had inflicted upon them. Whereupon the Athenians took the field, and as they marched through Boeotia they were joined by the Boeotians. Thus the combined armies followed the barbarians, lying in wait and killing those who happened to be the last. Those who fled with Brennus had been joined by the army under Acichorius only on the previous night. For the Aetolians had delayed their march, hurling at them a merciless shower of javelins and anything else they could lay hands on, so that only a small part of them escaped to the camp at Heracleia. There was still a hope of saving the life of Brennus, so far as his wounds were concerned; but, they say, partly because he feared his fellow-countrymen, and still more because he was

505

κακῶν αἴτιον, ἑκουσίως ἀφεῖναι τὴν ψυχὴν
13 ἀκράτου πίνοντα τοῦ οἴνου. καὶ τὸ ἀπὸ τούτου
δὲ οἱ βάρβαροι μέχρι μὲν τοῦ Σπερχειοῦ χαλεπῶς
ἐκομίσθησαν, τῶν Αἰτωλῶν βιαίως σφίσιν ἐγκει-
μένων· ὡς δὲ ἀφίκοντο ἐπὶ τὸν Σπερχειόν οἱ
ἐντεῦθεν ὑποκαθήμενοι Θεσσαλοὶ καὶ οἱ Μαλιεῖς
ἐνεφορήθησαν οὕτω σφῶν ὡς μηδένα οἴκαδε
14 ἀποσωθῆναι. ἐγένετο δὲ τῶν Κελτῶν στρατεία
τε ἐπὶ τὴν Ἑλλάδα καὶ ἡ ἀπώλεια Ἀναξι-
κράτους Ἀθήνησιν ἄρχοντος, δευτέρῳ δὲ ἔτει
τῆς πέμπτης ὀλυμπιάδος ἐπὶ εἴκοσι καὶ ἑκατόν,
ἣν Λάδας Αἰγιεὺς ἐνίκα στάδιον· τῷ δὲ ἔτει
τῷ ἐφεξῆς Δημοκλέους Ἀθήνησιν ἄρχοντος,
οἱ δὲ αὖθις ἐς τὴν Ἀσίαν διαβαίνουσιν οἱ
Κελτοί.

XXIV. Ταῦτα μὲν δὴ οὕτω γενόμενα ἴστω τις·
ἐν δὲ τῷ προνάῳ τῷ ἐν Δελφοῖς γεγραμμένα ἐστὶν
ὠφελήματα ἀνθρώποις ἐς βίον, ἐγράφη δὲ ὑπὸ
ἀνδρῶν οὓς γενέσθαι σοφοὺς λέγουσιν Ἕλληνες·
οὗτοι δὲ ἦσαν ἐκ μὲν Ἰωνίας Θαλῆς τε Μιλήσιος
καὶ Πριηνεὺς Βίας, Αἰολέων δὲ τῶν ἐν Λέσβῳ
Πιττακὸς Μιτυληναῖος, ἐκ δὲ Δωριέων τῶν ἐν τῇ
Ἀσίᾳ Κλεόβουλος Λίνδιος, καὶ Ἀθηναῖός τε
Σόλων καὶ Σπαρτιάτης Χίλων· τὸν δὲ ἕβδομον
Πλάτων ὁ Ἀρίστωνος ἀντὶ Περιάνδρου τοῦ
Κυψέλου Μύσωνα κατείλοχε τὸν Χηνέα· κώμη
δὲ ἐν τῇ Οἴτῃ τῷ ὄρει ᾠκοῦντο αἱ Χῆναι. οὗτοι
οὖν οἱ ἄνδρες ἀφικόμενοι ἐς Δελφοὺς ἀνέθεσαν
τῷ Ἀπόλλωνι τὰ ᾀδόμενα Γνῶθι σαυτὸν καὶ
Μηδὲν ἄγαν.

2 Οὗτοι μὲν δὴ ἐνταῦθα ἔγραψαν τὰ εἰρημένα,
θεάσαιο δ᾽ ἂν καὶ εἰκόνα Ὁμήρου χαλκῆν ἐπὶ

conscience-stricken at the calamities he had brought on Greece, he took his own life by drinking neat wine. After this the barbarians proceeded with difficulty as far as the Spercheius, pressed hotly by the Aetolians. But after their arrival at the Spercheius, during the rest of the retreat the Thessalians and Malians kept lying in wait for them, and so took their fill of slaughter that not a Gaul returned home in safety. The expedition of the Celts against Greece, and their destruction, took place when Anaxicrates was archon at Athens, in the second year of the hundred and twenty-fifth Olympiad, 279 B.C. when Ladas of Aegium was victor in the foot-race. In the following year, when Democles was archon at Athens, the Celts crossed back again to Asia.

XXIV. Such was the course of the war. In the fore-temple at Delphi are written maxims useful for the life of men, inscribed by those whom the Greeks say were sages. These were: from Ionia, Thales of Miletus and Bias of Priene; of the Aeolians in Lesbos, Pittacus of Mitylene; of the Dorians in Asia, Cleobulus of Lindus; Solon of Athens and Chilon of Sparta; the seventh sage, according to the list of Plato,[1] the son of Ariston, is not Periander, the son of Cypselus, but Myson of Chenae, a village on Mount Oeta. These sages, then, came to Delphi and dedicated to Apollo the celebrated maxims, " Know thyself," and " Nothing in excess."

So these men wrote what I have said, and you can see a bronze statue of Homer on a

---

[1] See Plato, *Protagoras* 343, A.

στήλη καὶ ἐπιλέξει τὸ μάντευμα ὃ γενέσθαι τῷ
Ὁμήρῳ λέγουσιν·

> ὄλβιε καὶ δύσδαιμον—ἔφυς γὰρ ἐπ᾿ ἀμφο-
> τέροισι—
> πατρίδα δίζηαι. μητρὶς δέ τοι, οὐ πατρίς
> ἐστιν.
> ἔστιν Ἴος νῆσος μητρὸς πατρίς, ἥ σε θανόντα
> δέξεται. ἀλλὰ νέων παίδων αἴνιγμα φύλαξαι.

δεικνύουσι δὲ οἱ Ἰῆται καὶ Ὁμήρου μνῆμα ἐν
τῇ νήσῳ καὶ ἑτέρωθι Κλυμένης, τὴν Κλυμένην
3 μητέρα εἶναι τοῦ Ὁμήρου λέγοντες. Κύπριοι
δὲ—οἰκειοῦνται γὰρ δὴ καὶ οὗτοι Ὅμηρον—
Θεμιστώ τε αὐτῷ μητέρα εἶναι τῶν τινα ἐπι-
χωρίων γυναικῶν λέγουσι καὶ ὑπὸ Εὔκλου προ-
θεσπισθῆναι τὰ ἐς τὴν γένεσιν τὴν Ὁμήρου φασὶν
ἐν τοῖσδε·

> καὶ τότ᾿ ἐν εἰναλίῃ Κύπρῳ μέγας ἔσσετ᾿
> ἀοιδός,
> ὅν τε Θεμιστὼ τέξει ἐπ᾿ ἀγροῦ δῖα γυναικῶν
> νόσφι πολυκτεάνοιο πολύκλειτον Σαλαμῖνος.
> Κύπρον δὲ προλιπὼν διερός θ᾿ ὑπὸ κύμασιν
> ἀρθείς,
> Ἑλλάδος εὐρυχόρου μοῦνος κακὰ πρῶτος
> ἀείσας
> ἔσσεται ἀθάνατος καὶ ἀγήραος ἤματα πάντα.

ταῦτα ἡμεῖς ἀκούσαντές τε καὶ ἐπιλεξάμενοι τοὺς
χρησμοὺς ἰδίᾳ οὐδένα αὐτῶν λόγον οὔτε ἐς
πατρίδα οὔτε περὶ ἡλικίας Ὁμήρου γράφομεν.
4 Ἐν δὲ τῷ ναῷ πεποίηται μὲν Ποσειδῶνος
βωμός, ὅτι τὸ μαντεῖον τὸ ἀρχαιότατον κτῆμα

slab, and read the oracle that they say Homer received:—

> Blessed and unhappy, for to be both wast thou
> born.
> Thou seekest thy father-land; but no father-land
> hast thou, only a mother-land.
> The island of Ios is the father-land of thy mother,
> which will receive thee
> When thou hast died; but be on thy guard against
> the riddle of the young children.

The inhabitants of Ios point to Homer's tomb in the island, and in another part to that of Clymene, who was, they say, the mother of Homer. But the Cyprians, who also claim Homer as their own, say that Themisto, one of their native women, was the mother of Homer, and that Euclus foretold the birth of Homer in the following verses:—

> And then in sea-girt Cyprus there will be a mighty
> singer,
> Whom Themisto, lady fair, shall bear in the fields,
> A man of renown, far from rich Salamis.
> Leaving Cyprus, tossed and wetted by the waves,
> The first and only poet to sing of the woes of
> spacious Greece,
> For ever shall he be deathless and ageless.

These things I have heard, and I have read the oracles, but express no private opinion about either the age or date of Homer.

In the temple has been built an altar of Poseidon, because Poseidon too possessed in part the most

ἦν καὶ Ποσειδῶνος, ἔστηκε δὲ καὶ ἀγάλματα
Μοιρῶν δύο· ἀντὶ δὲ αὐτῶν τῆς τρίτης Ζεύς
τε Μοιραγέτης καὶ Ἀπόλλων σφίσι παρέστηκε
Μοιραγέτης. θεάσαιο δ' ἂν ἐνταῦθα καὶ ἑστίαν,
ἐφ' ᾗ Νεοπτόλεμον τὸν Ἀχιλλέως ὁ ἱερεὺς
ἀπέκτεινε τοῦ Ἀπόλλωνος· τὰ δὲ ἐς τοῦ Νεο-
πτολέμου τὴν τελευτήν ἐστιν ἡμῖν ἑτέρωθι
5 εἰρημένα. ἀνάκειται δὲ οὐ πόρρω τῆς ἑστίας
θρόνος Πινδάρου· σιδήρου μέν ἐστιν ὁ θρόνος,
ἐπὶ δὲ αὐτῷ φασιν, ὁπότε ἀφίκοιτο ἐς Δελφούς,
καθέζεσθαί τε τὸν Πίνδαρον καὶ ᾄδειν ὁπόσα
τῶν ᾀσμάτων ἐς Ἀπόλλωνά ἐστιν. ἐς δὲ τοῦ
ναοῦ τὸ ἐσωτάτω, παρίασί τε ἐς αὐτὸ ὀλίγοι καὶ
χρυσοῦν Ἀπόλλωνος ἕτερον ἄγαλμα ἀνάκειται.

6 Ἐξελθόντι δὲ τοῦ ναοῦ καὶ τραπέντι ἐς ἀρισ-
τερὰ περίβολός ἐστι καὶ Νεοπτολέμου τοῦ
Ἀχιλλέως ἐν αὐτῷ τάφος· καί οἱ κατὰ ἔτος
ἐναγίζουσιν οἱ Δελφοί. ἐπαναβάντι δὲ ἀπὸ τοῦ
μνήματος λίθος ἐστὶν οὐ μέγας· τούτου καὶ
ἔλαιον ὁσημέραι καταχέουσι καὶ κατὰ ἑορτὴν
ἑκάστην ἔρια ἐπιτιθέασι τὰ ἀργά· ἔστι δὲ καὶ
δόξα ἐς αὐτὸν δοθῆναι Κρόνῳ τὸν λίθον ἀντὶ τοῦ
παιδός, καὶ ὡς αὖθις ἤμεσεν αὐτὸν ὁ Κρόνος.

7 Ἰοῦσι δὲ ὡς ἐπὶ τὸν ναὸν αὖθις μετὰ τοῦ λίθου
τὴν θέαν ἐστὶν ἡ Κασσοτὶς καλουμένη πηγή·
τεῖχος δὲ οὐ μέγα ἐπ' αὐτῇ καὶ ἡ ἄνοδος διὰ τοῦ
τείχους ἐστὶν ἐπὶ τὴν πηγήν. ταύτης τῆς Κασ-
σοτίδος δύεσθαί τε κατὰ τῆς γῆς λέγουσι τὸ
ὕδωρ καὶ ἐν τῷ ἀδύτῳ τοῦ θεοῦ τὰς γυναῖκας
μαντικὰς ποιεῖν· τὴν δὲ τῇ κρήνῃ δεδωκυῖαν τὸ
ὄνομα τῶν περὶ τὸν Παρνασσὸν νυμφῶν φασιν
εἶναι.

510

ancient oracle. There are also images of two Fates; but in place of the third Fate there stand by their side Zeus, Guide of Fate, and Apollo, Guide of Fate. Here you may behold the hearth on which the priest of Apollo killed Neoptolemus, the son of Achilles. The story of the end of Neoptolemus I have told elsewhere.[1] Not far from the hearth has been dedicated a chair of Pindar. The chair is of iron, and on it they say Pindar sat whenever he came to Delphi, and there composed his songs to Apollo. Into the innermost part of the temple there pass but few, but there is dedicated in it another image of Apollo, made of gold.

Leaving the temple and turning to the left you will come to an enclosure in which is the grave of Neoptolemus, the son of Achilles. Every year the Delphians sacrifice to him as to a hero. Ascending from the tomb you come to a stone of no large size. Over it every day they pour olive oil, and at each feast they place on it unworked wool. There is also an opinion about this stone, that it was given to Cronus instead of his child, and that Cronus vomited it up again.

Coming back to the temple after seeing the stone, you come to the spring called Cassotis. By it is a wall of no great size, and the ascent to the spring is through the wall. It is said that the water of this Cassotis sinks under the ground, and inspires the women in the shrine of the god. She who gave her name to the spring is said to have been a nymph of Parnassus.

[1] See Book IV. xvii. 4.

XXV. Ὑπὲρ δὲ τὴν Κασσοτίδα ἐστὶν οἴκημα
γραφὰς ἔχον τῶν Πολυγνώτου, ἀνάθημα μὲν
Κνιδίων, καλεῖται δὲ ὑπὸ Δελφῶν Λέσχη, ὅτι
ἐνταῦθα συνιόντες τὸ ἀρχαῖον τά τε σπουδαιότερα
διελέγοντο καὶ ὁπόσα μυθώδη· τοιαῦτ᾽ εἶναι
πολλὰ ἀνὰ πᾶσαν τὴν Ἑλλάδα Ὅμηρος ἐν
Μελανθοῦς λοιδορίᾳ πρὸς Ὀδυσσέα ἐδήλωσεν·

οὐδ᾽ ἐθέλεις εὕδειν χαλκήιον ἐς δόμον ἐλθὼν
ἠέ που ἐς λέσχην, ἀλλ᾽ ἐνθάδε πόλλ᾽ ἀγορεύεις.

2 ἐς τοῦτο οὖν ἐσελθόντι τὸ οἴκημα τὸ μὲν σύμπαν
τὸ ἐν δεξιᾷ τῆς γραφῆς Ἴλιός τέ ἐστιν ἑαλωκυῖα
καὶ ἀπόπλους ὁ Ἑλλήνων. Μενελάῳ δὲ τὰ ἐς
τὴν ἀναγωγὴν εὐτρεπίζουσι, καὶ ναῦς ἐστι
γεγραμμένη καὶ ἄνδρες ἐν τοῖς ναύταις καὶ
ἀναμὶξ παῖδες, ἐν μέσῃ δέ ἐστι τῇ νηὶ ὁ κυβερ-
νήτης Φρόντις κοντοὺς δύο ἔχων. Ὅμηρος δὲ
Νέστορα ἐποίησεν ἄλλα τε διαλεγόμενον πρὸς
Τηλέμαχον καὶ περὶ τοῦ Φρόντιδος· πατρὸς μὲν
Ὀνήτορος, Μενελάου δὲ ἦν κυβερνήτης, δοκιμώ-
τατος δὲ ἐς τὴν τέχνην, καὶ ὡς Σούνιον ἤδη τὸ ἐν
τῇ Ἀττικῇ παραπλέοντα ἐπέλαβεν αὐτὸν τὸ
χρεών· καὶ τέως ὁμοῦ Νέστορι ὁ Μενέλαος
πλέων τότε κατὰ αἰτίαν ἀπελείφθη ταύτην,
ἵνα μνήματος καὶ ὅσα ἐπὶ νεκροῖς ἄλλα ἀξιώσειε
3 τὸν Φρόντιν. οὗτός τε οὖν ἐν τοῦ Πολυγνώτου
τῇ γραφῇ καὶ ὑπ᾽ αὐτὸν Ἰθαιμένης τέ τις κομί-
ζων ἐσθῆτα καὶ Ἐχοίαξ διὰ τῆς ἀποβάθρας
κατιών ἐστιν, ὑδρίαν ἔχων χαλκῆν. καταλύουσι
δὲ καὶ τοῦ Μενελάου τὴν σκηνὴν οὐ πόρρω
τῆς νεὼς οὖσαν Πολίτης καὶ Στρόφιός τε καὶ

XXV. Beyond the Cassotis stands a building with paintings of Polygnotus. It was dedicated by the Cnidians, and is called by the Delphians Lesche (*Place of Talk, Club Room*), because here in days of old they used to meet and chat about the more serious matters and legendary history. That there used to be many such places all over Greece is shown by Homer's words in the passage where Melantho abuses Odysseus [1]:—

And you will not go to the smith's house to sleep,
Nor yet to the place of talk, but you make long
    speeches here.

Inside this building the whole of the painting on the right depicts Troy taken and the Greeks sailing away. On the ship of Menelaüs they are preparing to put to sea. The ship is painted with children among the grown-up sailors; amidships is Phrontis the steersman holding two boat-hooks. Homer [2] represents Nestor as speaking about Phrontis in his conversation with Telemachus, saying that he was the son of Onetor and the steersman of Menelaüs, of very high repute in his craft, and how he came to his end when he was already rounding Sunium in Attica. Up to this point Menelaüs had been sailing along with Nestor, but now he was left behind to build Phrontis a tomb, and to pay him the due rites of burial. Phrontis then is in the painting of Polygnotus, and beneath him is one Ithaemenes carrying clothes, and Echoeax is going down the gangway, carrying a bronze urn. Polites, Strophius and Alphius are pulling down the hut of Menelaüs,

---

[1] Homer, *Odyssey* xviii. 328.
[2] Homer, *Odyssey* iii. 278 foll.

Ἄλφιος. καὶ ἄλλην διαλύων σκηνήν ἐστιν
Ἀμφίαλος, ὑπὸ δὲ τοῦ Ἀμφιάλου τοῖς ποσὶ
κάθηται παῖς· ἐπίγραμμα δὲ οὐκ ἔστι τῷ παιδί,
γένεια δὲ μόνῳ τῷ Φρόντιδι. καὶ μόνου τούτου
τὸ ὄνομα ἐκ τῆς ἐς Ὀδυσσέα ποιήσεως ἔμαθε,
τῶν δὲ ἄλλων ἐμοὶ δοκεῖν τὰ ὀνόματα συνέθηκεν
αὐτὸς ὁ Πολύγνωτος,

4 Βρισηὶς δὲ ἑστῶσα καὶ Διομήδη τε ὑπὲρ αὐτῆς
καὶ Ἶφις πρὸ ἀμφοτέρων ἐοίκασιν ἀνασκοπού-
μενοι τὸ Ἑλένης εἶδος. κάθηται δὲ αὐτή τε ἡ
Ἑλένη καὶ Εὐρυβάτης πλησίον· τὸν δὲ Ὀδυσ-
σέως εἶναι κήρυκα εἰκάζομεν, οὐ μὴν εἶχεν ἤδη
γένεια. θεράπαινα δὲ Ἠλέκτρα καὶ Πανθαλίς,
ἡ μὲν τῇ Ἑλένῃ παρέστηκεν, ἡ δὲ ὑποδεῖ τὴν
δέσποιναν ἡ Ἠλέκτρα· διάφορα δὲ καὶ ταῦτα
τὰ ὀνόματα ἤ[1] Ὅμηρος ἔθετο ἐν Ἰλιάδι, ἔνθα
καὶ Ἑλένην καὶ ἰούσας ὁμοῦ τῇ Ἑλένῃ τὰς
5 δούλας ἐπὶ τὸ τεῖχος πεποίηκεν. κάθηται δὲ
ὑπὲρ τὴν Ἑλένην πορφυροῦν ἀνὴρ ἀμπεχό-
μενος ἱμάτιον καὶ ἐς τὰ μάλιστα κατηφής·
Ἕλενον εἶναι τεκμήραιο ἂν τὸν Πριάμου καὶ
πρὶν ἢ τὸ ἐπίγραμμα ἐπιλέξασθαι. πλησίον
δὲ τοῦ Ἑλένου Μέγης ἐστί· τέτρωται δὲ τὸν
βραχίονα ὁ Μέγης, καθὰ δὴ καὶ Λέσχεως ὁ
Αἰσχυλίνου Πυρραῖος ἐν Ἰλίου πέρσιδι ἐποίησε·
τρωθῆναι δὲ ὑπὸ τὴν μάχην τοῦτον, ἣν ἐν τῇ
νυκτὶ ἐμαχέσαντο οἱ Τρῶες, ὑπὸ Ἀδμήτου φησὶ
6 τοῦ Αὐγείου. γέγραπται δὲ καὶ Λυκομήδης
παρὰ τὸν Μέγητα ὁ Κρέοντος, ἔχων τραῦμα ἐπὶ
τῷ καρπῷ· Λέσχεως δ᾽ οὕτω φησὶν αὐτὸν ὑπὸ
Ἀγήνορος τρωθῆναι. δῆλα οὖν ὡς ἄλλως γε
οὐκ ἂν ὁ Πολύγνωτος ἔγραψεν οὕτω τὰ ἕλκη

which is not far from the ship. Another hut is being pulled down by Amphialus, at whose feet is seated a boy. There is no inscription on the boy, and Phrontis is the only one with a beard. His too is the only name that Polygnotus took from the *Odyssey*; the names of the others he invented, I think, himself.

Briseïs is standing with Diomeda above her and Iphis in front of both; they appear to be examining the form of Helen. Helen herself is sitting, and so is Eurybates near her. We inferred that he was the herald of Odysseus, although he had yet no beard. One handmaid, Panthalis, is standing beside Helen; another, Electra, is fastening her mistress' sandals. These names too are different from those given by Homer in the *Iliad*,[1] where he tells of Helen going to the wall with her slave women. Beyond Helen, a man wrapped in a purple cloak is sitting in an attitude of the deepest dejection; one might conjecture that he was Helenus, the son of Priam, even before reading the inscription. Near Helenus is Meges, who is wounded in the arm, as Lescheos of Pyrrha, son of Aeschylinus, describes in the *Sack of Troy*. For he says that he was wounded by Admetus, son of Augeias, in the battle that the Trojans fought in the night. Beside Meges is also painted Lycomedes the son of Creon, who has a wound in the wrist; Lescheos says he was so wounded by Agenor. So it is plain that Polygnotus would not have represented

---

[1] Homer, *Iliad* iii. 144.

---

[1] ἤ was added by Porson.

σφίσιν, εἰ μὴ ἐπελέξατο τὴν ποίησιν τοῦ Λέσχεω·
προσεπέθηκε μέντοι καὶ σφυροῦ τῷ Λυκομήδει
καὶ τρίτον τραῦμα ἐν τῇ κεφαλῇ. τέτρωται δὲ
καὶ Εὐρύαλος ὁ Μηκιστέως κεφαλήν τε καὶ ἐπὶ
7 τῇ χειρὶ τὸν καρπόν. οὗτοι μὲν δὴ ἀνωτέρω τῆς
Ἑλένης εἰσὶν ἐν τῇ γραφῇ· ἐφεξῆς δὲ τῇ Ἑλένῃ
μήτηρ τε ἡ Θησέως ἐν χρῷ κεκαρμένη καὶ παίδων
τῶν Θησέως Δημοφῶν ἐστι φροντίζων, ὅσα γε
ἀπὸ τοῦ σχήματος, εἰ ἀνασώσασθαί οἱ τὴν
Αἴθραν ἐνέσται. Ἀργεῖοι δὲ καὶ ἐκ τῆς Σίνιδος
θυγατρὸς γενέσθαι Θησεῖ Μελάνιππον λέγουσι,
καὶ ὡς ἀνέλοιτο ὁ Μελάνιππος δρόμου νίκην, ὅτε
οἱ Ἐπίγονοι καλούμενοι Νέμεια δεύτεροι οὗτοι
8 ἔθεσαν μετὰ Ἄδραστον. Λέσχεως δὲ ἐς τὴν
Αἴθραν ἐποίησεν, ἡνίκα ἡλίσκετο Ἴλιον, ὑπεξελ-
θοῦσαν ἐς τὸ στρατόπεδον αὐτὴν ἀφικέσθαι τὸ
Ἑλλήνων καὶ ὑπὸ τῶν παίδων γνωρισθῆναι τῶν
Θησέως, καὶ ὡς παρ' Ἀγαμέμνονος αἰτήσαι
Δημοφῶν αὐτήν· ὁ δὲ ἐκείνῳ μὲν ἐθέλειν χαρίζε-
σθαι, ποιήσειν δὲ οὐ πρότερον ἔφη πρὶν Ἑλένην
πεῖσαι· ἀποστείλαντι δὲ αὐτῷ κήρυκα ἔδωκεν
Ἑλένη τὴν χάριν. ἔοικεν οὖν ὁ Εὐρυβάτης ὁ
ἐν τῇ γραφῇ ἀφῖχθαί τε ὡς τὴν Ἑλένην τῆς
Αἴθρας ἕνεκα καὶ τὰ ἐντεταλμένα ὑπὸ τοῦ
Ἀγαμέμνονος ἀπαγγέλλειν.
9    Γυναῖκες δὲ αἱ Τρῳάδες αἰχμαλώτοις τε ἤδη
καὶ ὀδυρομέναις ἐοίκασι. γέγραπται μὲν Ἀνδρο-
μάχη, καὶ ὁ παῖς οἱ προσέστηκεν ἑλόμενος [1] τοῦ
μαστοῦ—τούτῳ Λέσχεως ῥιφθέντι ἀπὸ τοῦ
πύργου συμβῆναι λέγει τὴν τελευτήν· οὐ μὴν
ὑπὸ δόγματός γε Ἑλλήνων, ἀλλ' ἰδίᾳ Νεοπτόλε-
μον αὐτόχειρα ἐθελῆσαι γενέσθαι—γέγραπται

them so wounded, if he had not read the poem of
Lescheos. However, he has painted Lycomedes as
wounded also in the ankle, and yet again in the head.
Euryalus the son of Mecisteus has also received a
wound in the head and another in the wrist. These
are painted higher up than Helen in the picture.
Next to Helen comes the mother of Theseus with
her head shaved, and Demophon, one of the sons
of Theseus, is considering, to judge from his attitude,
whether it will be possible for him to rescue Aethra.
The Argives say that Theseus had also a son Melanip-
pus by the daughter of Sinis, and that Melanippus won
a running-race when the Epigoni, as they are called,
held the second celebration of the Nemean games,
that of Adrastus being the first. Lescheos says
of Aethra that, when Troy was taken, she came
stealthily to the Greek camp. She was recognised by
the sons of Theseus, and Demophon asked for her
from Agamemnon. He was ready to grant Demophon
the favour, but said that Helen must first give her
consent. He sent a herald, and Helen granted him
the favour. So in the painting Eurybates appears
to have come to Helen to ask about Aethra, and
to be saying what he had been told to say by
Agamemnon.

The Trojan women are represented as already
captives and lamenting. Andromache is in the
painting, and near stands her boy grasping her
breast; this child Lescheos says was put to death
by being flung from the tower, not that the Greeks
had so decreed, but Neoptolemus, of his own accord,
was minded to murder him. In the painting is

---

[1] Perhaps ἐχόμενος ("clinging to").

δὲ Μηδεσικάστη, θυγατέρων μὲν Πριάμου καὶ
αὕτη τῶν νόθων, ἐξῳκίσθαι δὲ ἐς Πήδαιον πόλιν
φησὶν αὐτὴν Ὅμηρος Ἰμβρίῳ Μέντορος[1] συνοι-
10 κοῦσαν. ἡ μὲν δὴ Ἀνδρομάχη καὶ ἡ Μηδεσι-
κάστη καλύμματά εἰσιν ἐπικείμεναι, Πολυξένη
δὲ κατὰ τὰ εἰθισμένα παρθένοις ἀναπέπλεκται
τὰς ἐν τῇ κεφαλῇ τρίχας· ἀποθανεῖν δὲ αὐτὴν
ἐπὶ τῷ Ἀχιλλέως μνήματι ποιηταί τε ᾄδουσι
καὶ γραφὰς ἔν τε Ἀθήναις καὶ Περγάμῳ τῇ ὑπὲρ
Καΐκου θεασάμενος οἶδα ἐχούσας ἐς τῆς Πολυ-
11 ξένης τὰ παθήματα. γέγραφε δὲ καὶ Νέστορα
τῇ κεφαλῇ τε ἐπικείμενον πῖλον καὶ ἐν τῇ χειρὶ
δόρυ ἔχοντα· καὶ ἵππος κονίεσθαι μέλλοντος
παρέχεται σχῆμα· ἄχρι μὲν δὴ τοῦ ἵππου
αἰγιαλός τε καὶ ἐν αὐτῷ ψηφῖδες ὑποφαίνονται,
τὸ δὲ ἐντεῦθεν οὐκέτι ἔοικεν εἶναι θάλασσα.

XXVI. Τῶν δὲ γυναικῶν τῶν μεταξὺ τῆς τε
Αἴθρας καὶ Νέστορος, εἰσὶν ἄνωθεν τούτων
αἰχμάλωτοι καὶ αὗται Κλυμένη τε καὶ Κρέουσα
καὶ Ἀριστομάχη καὶ Ξενοδίκη. Κλυμένην
μὲν οὖν Στησίχορος ἐν Ἰλίου πέρσιδι κατη-
ρίθμηκεν ἐν ταῖς αἰχμαλώτοις· ὡσαύτως δὲ καὶ
Ἀριστομάχην ἐποίησεν ἐν Νόστοις θυγατέρα
μὲν Πριάμου, Κριτολάου δὲ γυναῖκα εἶναι τοῦ
Ἱκετάονος· Ξενοδίκης δὲ μνημονεύσαντα οὐκ
οἶδα οὔτε ποιητὴν οὔτε ὅσοι λόγων συνθέται.
ἐπὶ δὲ τῇ Κρεούσῃ λέγουσιν ὡς ἡ θεῶν μήτηρ καὶ
Ἀφροδίτη δουλείας ἀπὸ Ἑλλήνων αὐτὴν ἐρρύ-
σαντο, εἶναι γὰρ δὴ καὶ Αἰνείου τὴν Κρέουσαν
γυναῖκα· Λέσχεως δὲ καὶ ὁ ποιήσας ἔπη τὰ Κύπρια
2 διδόασιν Εὐρυδίκην γυναῖκα Αἰνείᾳ. γεγραμμέ-
ναι δὲ ἐπὶ κλίνης ὑπὲρ ταύτας Δηινόμη τε καὶ
518

also Medesicaste, another of Priam's illegitimate
daughters, who according to Homer [1] left her home
and went to the city of Pedaeum to be the wife of
Imbrius, the son of Mentor. Andromache and
Medesicaste are wearing hoods, but the hair of
Polyxena is braided after the custom of maidens.
Poets sing of her death at the tomb of Achilles, and
both at Athens and at Pergamus on the Caïcus I
have seen the tragedy of Polyxena depicted in
paintings. The artist has painted Nestor with a cap
on his head and a spear in his hand. There is also
a horse, in the attitude of one about to roll in the
dust. Right up to the horse there is a beach with
what appear to be pebbles, but beyond the horse the
sea-scene breaks off.

XXVI. Above the women between Aethra and
Nestor are other captive women, Clymene, Creüsa,
Aristomache and Xenodice. Now Stesichorus, in
the *Sack of Troy*, includes Clymene in the number
of the captives; and similarly, in the *Returns*, he
speaks of Aristomache as the daughter of Priam
and the wife of Critolaüs, son of Hicetaon. But I
know of no poet, and of no prose-writer, who makes
mention of Xenodice. About Creüsa the story is
told that the mother of the gods and Aphrodite
rescued her from slavery among the Greeks, as she
was, of course, the wife of Aeneas. But Lescheos
and the writer of the epic poem *Cypria* make Eurydice
the wife of Aeneas. Beyond these are painted on a

---

[1] Homer, *Iliad* xiii. 171.

---

[1] Here the MSS. have παιδὶ ἀνδρὶ ἐς πήδαιον. I take ἐς
πήδαιον to be a repetition of the same words above, and
παιδὶ ἀνδρὶ to be a corruption of them.

Μητιόχῃ καὶ Πεῖσίς ἐστι καὶ Κλεοδίκη· τούτων
ἐν Ἰλιάδι καλουμένῃ μικρᾷ μόνης ἐστὶ τὸ ὄνομα
τῆς Δηινόμης, τῶν δ᾽ ἄλλων ἐμοὶ δοκεῖν συνέθηκε
τὰ ὀνόματα ὁ Πολύγνωτος. γέγραπται δὲ καὶ
Ἐπειὸς γυμνὸς καταβάλλων ἐς ἔδαφος τῶν
Τρώων τὸ τεῖχος· ἀνέχει δὲ ὑπὲρ αὐτὸ κεφαλὴ
τοῦ ἵππου μόνη τοῦ δουρείου. Πολυποίτης δὲ
ὁ Πειρίθου δεδεμένος τὴν κεφαλὴν ταινίᾳ καὶ
παρ᾽ αὐτὸν Ἀκάμας ἐστὶν ὁ Θησέως ἐπικείμενος
τῇ κεφαλῇ κράνος· λόφος δὲ ἐπὶ τῷ κράνει
3 πεποίηται. καὶ Ὀδυσσεύς τέ ἐστι . . . καὶ
ἐνδέδυκε θώρακα Ὀδυσσεύς. Αἴας δὲ ὁ Οἰλέως
ἔχων ἀσπίδα βωμῷ προσέστηκεν, ὀμνύμενος ὑπὲρ
τοῦ ἐς Κασσάνδραν τολμήματος· ἡ δὲ κάθηται
τε ἡ Κασσάνδρα χαμαὶ καὶ τὸ ἄγαλμα ἔχει τῆς
Ἀθηνᾶς, εἴγε δὴ ἀνέτρεψεν ἐκ βάθρων τὸ ξόανον,
ὅτε ἀπὸ τῆς ἱκεσίας αὐτὴν ὁ Αἴας ἀφεῖλκε.
γεγραμμένοι δὲ καὶ οἱ παῖδές εἰσιν οἱ Ἀτρέως,
ἐπικείμενοι καὶ οὗτοι κράνη, Μενελάῳ δὲ ἀσπίδα
ἔχοντι δράκων ἐπὶ τῇ ἀσπίδι ἐστὶν εἰργασμένος
τοῦ ἐν Αὐλίδι φανέντος ἐπὶ τοῖς ἱερείοις τέρατος
4 ἕνεκα. ὑπὸ τούτοις τοῖς[1] τὸν Αἴαντα ἐξορκοῦσιν,
κατ᾽ εὐθὺ δὲ τοῦ ἵππου τοῦ[2] παρὰ τῷ Νέστορι
Νεοπτόλεμος ἀπεκτονώς ἐστιν Ἔλασον, ὅστις δὴ
ὁ Ἔλασος. οὗτος μὲν δὴ ὀλίγον ἐμπνέοντι ἔτι
εἴκασται· Ἀστύνοον δέ, οὗ δὴ ἐποιήσατο καὶ
Λέσχεως μνήμην, πεπτωκότα ἐς γόνυ ὁ Νεο-
πτόλεμος ξίφει παίει. Νεοπτόλεμον δὲ μόνον τοῦ
Ἑλληνικοῦ φονεύοντα ἔτι τοὺς Τρῶας ἐποίησεν
ὁ Πολύγνωτος, ὅτι ὑπὲρ τοῦ Νεοπτολέμου τὸν

---

[1] τοῖς is not in the MSS. Some would read φανέντος
τέρατος ἕνεκα· ἐπὶ τοῖς ἱερείοις τὸν Αἴαντα κ.τ.ἕ.

couch Deïnome, Metioche, Peisis and Cleodice. Deïnome is the only one of these names to occur in what is called the *Little Iliad*; Polygnotus, I think, invented the names of the others. Epeius is painted naked; he is razing to the ground the Trojan wall. Above the wall rises the head only of the Wooden Horse. There is Polypoetes, the son of Peirithoüs, his head bound with a fillet; by his side is Acamas, the son of Theseus, wearing on his head a helmet with a crest on it. There is also Odysseus . . . and Odysseus has put on his corslet. Ajax, the son of Oileus, holding a shield, stands by an altar, taking an oath about the outrage on Cassandra. Cassandra is sitting on the ground, and holds the image of Athena, for she had knocked over the wooden image from its stand when Ajax was dragging her away from sanctuary. In the painting are also the sons of Atreus, wearing helmets like the others; Menelaüs carries a shield, on which is wrought a serpent as a memorial of the prodigy that appeared on the victims at Aulis. Under those who are administering the oath to Ajax, and in a line with the horse by Nestor, is Neoptolemus, who has killed Elasus, whoever Elasus may be. Elasus is represented as a man only just alive. Astynoüs, who is also mentioned by Lescheos, has fallen to his knees, and Neoptolemus is striking him with a sword. Neoptolemus is the only one of the Greek army represented by Polygnotus as still killing the Trojans, the reason being that he intended the whole painting

---

<sup>a</sup> τοῦ is not in the MSS.

τάφον ἡ γραφὴ πᾶσα ἔμελλεν αὐτῷ γενήσεσθαι.
τοῦ δὲ Ἀχιλλέως τῷ παιδὶ Ὅμηρος μὲν Νεοπτόλε-
μον ὄνομα ἐν ἁπάσῃ οἱ τίθεται τῇ ποιήσει· τὰ δὲ
Κύπρια ἔπη φησὶν ὑπὸ Λυκομήδους μὲν Πύρρον,
Νεοπτόλεμον δὲ ὄνομα ὑπὸ Φοίνικος αὐτῷ
τεθῆναι, ὅτι Ἀχιλλεὺς ἡλικίᾳ ἔτι νέος πολεμεῖν
5 ἤρξατο. γέγραπται δὲ βωμός τε καὶ ὑπὸ δεί-
ματος παῖς μικρὸς ἐχόμενος τοῦ βωμοῦ· κεῖται
δὲ καὶ θώραξ ἐπὶ τῷ βωμῷ χαλκοῦς. κατὰ δὴ
ἐμὲ σπάνιον τῶν θωράκων τὸ σχῆμα ἦν τούτων,
τὸ δὲ ἀρχαῖον ἔφερον αὐτούς. δύο ἦν χαλκᾶ
ποιήματα, τὸ μὲν στέρνῳ καὶ τοῖς ἀμφὶ τὴν
γαστέρα ἁρμόζον, τὸ δὲ ὡς νώτου σκέπην εἶναι
—γύαλα ἐκαλοῦντο—· τὸ μὲν ἔμπροσθεν τὸ δὲ
ὄπισθεν προσῆγον, ἔπειτα περόναι συνῆπτον
6 πρὸς ἄλληλα. ἀσφάλειαν δὲ ἀποχρῶσαν ἐδόκει
παρέχεσθαι καὶ ἀσπίδος χωρίς· ἐπὶ τούτῳ καὶ
Ὅμηρος Φόρκυνα τὸν Φρύγα οὐκ ἔχοντα ἀσπίδα
ἐποίησεν, ὅτι αὐτῷ γυαλοθώραξ ἦν. ἐγὼ δὲ
γραφῇ μεμιμημένον τοῦτον ἐθεασάμην ὑπὸ τοῦ
Πολυγνώτου, καὶ ἐν Ἀρτέμιδος τῆς Ἐφεσίας
Καλλιφῶν ὁ Σάμιος Πατρόκλῳ τοῦ θώρακος τὰ
γύαλα ἁρμοζούσας ἔγραψε γυναῖκας.
7    Τοῦ βωμοῦ δὲ ἐπέκεινα Λαοδίκην ἔγραψεν
ἑστῶσαν. ταύτην οὔτε ὑπὸ ποιητοῦ κατειλεγ-
μένην ἐν ταῖς αἰχμαλώτοις ταῖς Τρῳάσιν εὕρισκον
οὔτε ἄλλως ἐφαίνετο ἔχειν μοι τὸ εἰκὸς ἢ ἀφε-
θῆναι τὴν Λαοδίκην ὑπὸ Ἑλλήνων. Ὅμηρος
μέν γε ἐδήλωσεν ἐν Ἰλιάδι Μενελάου καὶ Ὀδυσ-
σέως ξενίαν παρὰ Ἀντήνορι καὶ ὡς Ἑλικάονι
8 ἡ Λαοδίκη συνοικοίη τῷ Ἀντήνορος· Λέσχεως
δὲ τετρωμένον τὸν Ἑλικάονα ἐν τῇ νυκτομαχίᾳ

to be placed over the grave of Neoptolemus. The
son of Achilles is named Neoptolemus by Homer in
all his poetry. The epic poem, however, called
*Cypria* says that Lycomedes named him Pyrrhus,
but Phoenix gave him the name of Neoptolemus
(*young soldier*) because Achilles was but young when
he first went to war. In the picture is an altar,
to which a small boy clings in terror. On the altar
lies a bronze corselet. At the present day corselets
of this form are rare, but they used to be worn in
days of old. They were made of two bronze pieces,
one fitting the chest and the parts about the belly,
the other intended to protect the back. They were
called *gyala*. One was put on in front, and the
other behind; then they were fastened together by
buckles. They were thought to afford sufficient
safety even without a shield. Wherefore Homer [1]
speaks of Phorcys the Phrygian as without a shield,
because he wore a two-piece corselet. Not only
have I seen this armour depicted by Polygnotus,
but in the temple of Ephesian Artemis Calliphon of
Samos has painted women fitting on the *gyala* of
the corselet of Patroclus.

Beyond the altar he has painted Laodice standing,
whom I do not find among the Trojan captive women
enumerated by any poet, so I think that the only
probable conclusion is that she was set free by the
Greeks. Homer in the *Iliad* [2] speaks of the hospitality
given to Menelaüs and Odysseus by Antenor, and
how Laodice was wife to Helicaon, Antenor's son. [2]
Lescheos says that Helicaon, wounded in the night

---

[1] Homer, *Iliad* xvii. 312.
[2] See *Iliad* iii. 205 and 123.

γνωρισθῆναί τε ὑπὸ Ὀδυσσέως καὶ ἐξαχθῆναι
ζῶντα ἐκ τῆς μάχης φησίν. ἔποιτο ἂν οὖν τῇ
Μενελάου καὶ Ὀδυσσέως κηδεμονίᾳ περὶ οἶκον
τὸν Ἀντήνορος μηδὲ ἐς τοῦ Ἑλικάονος τὴν
γυναῖκα ἔργον δυσμενὲς ὑπὸ Ἀγαμέμνονος καὶ
Μενελάου γενέσθαι· Εὐφορίων δὲ ἀνὴρ Χαλκι-
δεὺς σὺν οὐδενὶ εἰκότι τὰ ἐς τὴν Λαοδίκην ἐποίη-
9 σεν. ἐφεξῆς δὲ τῇ Λαοδίκῃ ὑποστάτης τε λίθου
καὶ λουτήριόν ἐστιν ἐπὶ τῷ ὑποστάτῃ χαλκοῦν,
Μέδουσα δὲ κατέχουσα ταῖς χερσὶν ἀμφοτέραις
τὸ ὑπόστατον ἐπὶ τοῦ ἐδάφους κάθηται· ἐν δὲ
ταῖς Πριάμου θυγατράσιν ἀριθμῆσαι τις ἂν καὶ
ταύτην κατὰ τοῦ Ἱμεραίου τὴν ᾠδήν, παρὰ
δὲ τὴν Μέδουσαν ἐν χρῷ κεκαρμένη πρεσ-
βῦτις ἢ ἄνθρωπός ἐστιν εὐνοῦχος, παιδίον δὲ
ἐν τοῖς γόνασιν ἔχει γυμνόν· τὸ δὲ τὴν χεῖρα
ὑπὸ δείματος ἐπίπροσθε τῶν ὀφθαλμῶν πεποί-
ηται.

XXVII. Νεκροὶ δὲ ὁ μὲν γυμνὸς Πῆλις ὄνομα
ἐπὶ τὸν νῶτόν ἐστιν ἐρριμμένος, ὑπὸ δὲ τὸν
Πῆλιν Ἡιονεύς τε κεῖται καὶ Ἄδμητος ἐνδεδυ-
κότες ἔτι τοὺς θώρακας· καὶ αὐτῶν Λέσχεως
Ἡιονέα ὑπὸ Νεοπτολέμου, τὸν δὲ ὑπὸ Φιλοκτή-
του φησὶν ἀποθανεῖν τὸν Ἄδμητον. ἄλλοι δὲ
ἀνωτέρω τούτων ὑπὸ μὲν τὸ λουτήριον Λεώκριτός
ἐστιν ὁ Πουλυδάμαντος τεθνεὼς ὑπὸ Ὀδυσσέως,
ὑπὲρ δὲ Ἡιονέα τε καὶ Ἄδμητον Κόροιβος ὁ
Μύγδονος· τούτου μνῆμά τε ἐπιφανὲς ἐν ὅροις
πεποίηται Φρυγῶν Στεκτορηνῶν καὶ ἀπ' αὐτοῦ
ποιηταῖς Μύγδονας ὄνομα ἐπὶ τοῖς Φρυξὶ
τίθεσθαι καθέστηκεν. ἀφίκετο μὲν δὴ ἐπὶ τὸν
Κασσάνδρας ὁ Κόροιβος γάμον, ἀπέθανε δέ, ὡς

battle, was recognised by Odysseus and carried alive out of the fighting. So the tie binding Menelaüs and Odysseus to the house of Antenor makes it unlikely that Agamemnon and Menelaüs committed any spiteful act against the wife of Helicaon. The account of Laodice given by the Chalcidian poet Euphorion is entirely unlikely. Next to Laodice is a stone stand with a bronze washing-basin upon it. Medusa is sitting on the ground, holding the stand in both hands. If we are to believe the ode of the poet of Himera, Medusa should be reckoned as one of the daughters of Priam. Beside Medusa is a shaved old woman or eunuch, holding on the knees a naked child. It is represented as holding its hand before its eyes in terror.

XXVII. There are also corpses: the naked man, Pelis by name, lies thrown on his back, and under Pelis lie Eïoneus and Admetus, still clad in their corselets. Of these Lescheos says that Eïoneus was killed by Neoptolemus, and Admetus by Philoctetes. Above these are others: under the washing-basin is Leocritus, the son of Pulydamas, killed by Odysseus; beyond Eïoneus and Admetus is Coroebus, the son of Mygdon. Of Mygdon there is a notable tomb on the borders of the Phrygians of Stectorium, and after him poets are wont to call Phrygians by the name of Mygdones. Coroebus came to marry Cassandra, and was killed, according to the more popular

μὲν ὁ πλείων λόγος, ὑπὸ Νεοπτολέμου, Λέσχεως
2 δὲ ὑπὸ Διομήδους ἐποίησεν. εἰσὶ δὲ καὶ ἐπάνω
τοῦ Κοροίβου Πρίαμος καὶ Ἀξίων τε καὶ
Ἀγήνωρ. Πρίαμον δὲ οὐκ ἀποθανεῖν ἔφη Λέσχεως
ἐπὶ τῇ ἐσχάρᾳ τοῦ Ἑρκείου, ἀλλὰ ἀποσπασθέντα
ἀπὸ τοῦ βωμοῦ πάρεργον τῷ Νεοπτολέμῳ πρὸς
ταῖς τῆς οἰκίας γενέσθαι θύραις. ἐς δὲ Ἑκάβην
Στησίχορος ἐν Ἰλίου πέρσιδι ἐποίησεν ἐς Λυκίαν
ὑπὸ Ἀπόλλωνος αὐτὴν κομισθῆναι. Ἀξίονα δὲ
παῖδα εἶναι Πριάμου Λέσχεως καὶ ἀποθανεῖν
αὐτὸν ὑπὸ Εὐρυπύλου τοῦ Εὐαίμονός φησι· τοῦ
Ἀγήνορος δὲ κατὰ τὸν αὐτὸν ποιητὴν Νεοπτό-
λεμος αὐτόχειρ ἐστί· καὶ οὕτω φαίνοιτο ἂν
Ἔχεκλος μὲν φονευθεὶς ὁ Ἀγήνορος ὑπὸ Ἀχιλ-
λέως, Ἀγήνωρ δὲ αὐτὸς ὑπὸ τοῦ Νεοπτολέμου.
3 Λαομέδοντος δὲ τὸν νεκρὸν Σίνων τε ἑταῖρος
Ὀδυσσέως καὶ Ἀγχίαλός εἰσιν ἐκκομίζοντες.
γέγραπται δὲ καὶ ἄλλος τεθνεώς· ὄνομά οἱ
Ἔρεσος· τὰ δὲ ἐς Ἔρεσόν τε καὶ Λαομέδοντα,
ὅσα γε ἡμεῖς ἐπιστάμεθα, ᾖσεν οὐδείς. ἔστι δὲ
οἰκία τε ἡ Ἀντήνορος καὶ παρδάλεως κρεμά-
μενον δέρμα ὑπὲρ τῆς ἐσόδου, σύνθημα εἶναι
τοῖς Ἕλλησιν ἀπέχεσθαι σφᾶς οἴκου τοῦ Ἀντή-
νορος. γέγραπται δὲ Θεανώ τε καὶ οἱ παῖδες,
Γλαῦκος μὲν καθήμενος ἐπὶ θώρακι γυάλοις
4 συνηρμοσμένῳ, Εὐρύμαχος δὲ ἐπὶ πέτρᾳ. παρὰ
δὲ αὐτὸν ἕστηκεν Ἀντήνωρ καὶ ἐφεξῆς θυγάτηρ
Ἀντήνορος Κρινώ· παιδίον δὲ ἡ Κρινὼ φέρει
νήπιον. τῶν προσώπων δὲ ἅπασιν οἷον ἐπὶ
συμφορᾷ σχῆμά ἐστι. κιβωτὸν δὲ ἐπὶ ὄνον καὶ
ἄλλα τῶν σκευῶν εἰσιν ἀνατιθέντες οἰκέται·
κάθηται δὲ καὶ ἐπὶ τοῦ ὄνου παιδίον μικρόν.

account, by Neoptolemus, but according to the poet Lescheos, by Diomedes. Higher up than Coroebus are Priam, Axion and Agenor. Lescheos says that Priam was not killed at the hearth of the Courtyard God, but that he was dragged away from the altar and fell an easy prey to Neoptolemus at the gate of his own palace. As to Hecuba, Stesichorus says in the *Sack of Troy* that she was brought by Apollo to Lycia. Lescheos says that Axion was a son of Priam, killed by Eurypylus, the son of Euaemon. According to the same poet Agenor was slain by Neoptolemus. So it would appear that Echeclus the son of Agenor was slaughtered by Achilles, and Agenor himself by Neoptolemus. The body of Laomedon is being carried off by Sinon, a comrade of Odysseus, and Anchialus. There is also in the painting another corpse, that of Eresus. The tale of Eresus and Laomedon, so far as we know, no poet has sung. There is the house of Antenor, with a leopard's skin hanging over the entrance, as a sign to the Greeks to keep their hands off the home of Antenor. There are painted Theano and her sons, Glaucus sitting on a corselet fitted with the two pieces, and Eurymachus upon a rock. By the latter stands Antenor, and next to him Crino, a daughter of Antenor. Crino is carrying a baby. The look upon their faces is that of those on whom a calamity has fallen. Servants are lading an ass with a chest and other furniture. There is also sitting on the ass a small child. At this part of

κατὰ τοῦτο τῆς γραφῆς καὶ ἐλεγεῖόν ἐστι
Σιμωνίδου·

γράψε Πολύγνωτος, Θάσιος γένος, Ἀγλαοφῶν-
τος
υἱός, περθομένην Ἰλίου ἀκρόπολιν.

XXVIII. Τὸ δὲ ἕτερον μέρος τῆς γραφῆς τὸ
ἐξ ἀριστερᾶς χειρός, ἔστιν Ὀδυσσεὺς καταβεβηκ-
ὼς ἐς τὸν Ἅιδην ὀνομαζόμενον, ὅπως Τειρεσίου
τὴν ψυχὴν περὶ τῆς ἐς τὴν οἰκείαν ἐπέρηται
σωτηρίας· ἔχει δὲ οὕτω τὰ ἐς τὴν γραφήν.
ὕδωρ εἶναι ποταμὸς ἔοικε, δῆλα ὡς ὁ Ἀχέρων,
καὶ κάλαμοί τε ἐν αὐτῷ πεφυκότες καὶ [1] ἀμυδρὰ
οὕτω δή τι τὰ εἴδη τῶν ἰχθύων ὡς [2] σκιὰς
μᾶλλον ἢ ἰχθῦς εἰκάσεις. καὶ ναῦς ἐστιν ἐν τῷ
2 ποταμῷ καὶ ὁ πορθμεὺς ἐπὶ ταῖς κώπαις. ἐπη-
κολούθησε δὲ ὁ Πολύγνωτος ἐμοὶ δοκεῖν ποιήσει
Μιννάδι· ἔστι γὰρ δὴ ἐν τῇ Μιννάδι ἐς Θησέα
ἔχοντα καὶ Πειρίθουν

ἔνθ᾽ ἤτοι νέα μὲν νεκυάμβατον, ἣν ὁ γεραιός
πορθμεὺς ἦγε Χάρων, οὐκ ἔλαβον ἔνδοθεν
ὅρμου.

ἐπὶ τούτῳ οὖν καὶ Πολύγνωτος γέροντα ἔγραψεν
3 ἤδη τῇ ἡλικίᾳ τὸν Χάρωνα. οἱ δὲ ἐπιβεβηκότες
τῆς νεὼς οὐκ ἐπιφανεῖς ἐς ἅπαν εἰσίν.[3] Τέλλις
μὲν ἡλικίαν ἐφήβου γεγονὼς φαίνεται, Κλεόβοια
δὲ ἔτι παρθένος, ἔχει δὲ ἐν τοῖς γόνασι κιβωτὸν
ὁποίας ποιεῖσθαι νομίζουσι Δήμητρι. ἐς μὲν δὴ
τὸν Τέλλιν τοσοῦτον ἤκουσα ὡς ὁ ποιητὴς Ἀρχί-
λοχος ἀπόγονος εἴη τρίτος Τέλλιδος, Κλεόβοιαν

the painting there is also an elegiac couplet of Simonides :—

> Polygnotus, a Thasian by birth, son of Aglaophon,
> Painted a picture of Troy's citadel being sacked.

XXVIII. The other part of the picture, the one on the left, shows Odysseus, who has descended into what is called Hades to inquire of the soul of Teiresias about his safe return home. The objects depicted are as follow. There is water like a river, clearly intended for Acheron, with reeds growing in it; the forms of the fishes appear so dim that you will take them to be shadows rather than fish. On the river is a boat, with the ferryman at the oars. Polygnotus followed, I think, the poem called the *Minyad*. For in this poem occur lines referring to Theseus and Peirithoüs :—

> Then the boat on which embark the dead, that the old
> Ferryman, Charon, used to steer, they found not within its moorings.

For this reason then Polygnotus too painted Charon as a man well stricken in years. Those on board the boat are not altogether distinguished. Tellis appears as a youth in years, and Cleoboea as still a maiden, holding on her knees a chest such as they are wont to make for Demeter. All I heard about Tellis was that Archilochus the poet was his grandson, while as for Cleoboea, they say that she was the first

---

¹ Here Spiro would add ἰχθύες· ἔστι δ'.
² ὡς was added by Kayser.
³ Here the MSS. have οἷς προσήκουσι, which Frazer would delete.

δὲ ἐς Θάσον τὰ ὄργια τῆς Δήμητρος ἐνεγκεῖν
πρώτην ἐκ Πάρου φασίν.

4 Ἐπὶ δὲ τοῦ Ἀχέροντος τῇ ὄχθῃ μάλιστα
θέας[1] ἄξιον, ὅτι ὑπὸ τοῦ Χάρωνος τὴν ναῦν
ἀνὴρ οὐ δίκαιος ἐς πατέρα ἀγχόμενός ἐστιν ὑπὸ
τοῦ πατρός. περὶ πλείστου γὰρ δὴ ἐποιοῦντο
οἱ πάλαι γονέας, ὥσπερ ἔστιν ἄλλοις τε τεκμή-
ρασθαι καὶ ἐν Κατάνῃ τοῖς καλουμένοις Εὐσεβέ-
σιν, οἵ, ἡνίκα ἐπέρρει τῇ Κατάνῃ πῦρ τὸ ἐκ
τῆς Αἴτνης, χρυσὸν μὲν καὶ ἄργυρον ἐν οὐδενὸς
μερίδι ἐποιήσαντο, οἱ δὲ ἔφευγον ὁ μὲν ἀράμενος
μητέρα, ὁ δὲ αὐτῶν τὸν πατέρα· προϊόντας δὲ
οὐ σὺν ῥᾳστώνῃ καταλαμβάνει σφᾶς τὸ πῦρ
ἐπειγόμενον τῇ φλογί· καὶ—οὐ γὰρ κατετίθεντο
οὐδ᾽ οὕτω τοὺς γονέας—διχῇ σχισθῆναι λέγεται
τὸν ῥύακα, καὶ αὐτούς τε τοὺς νεανίσκους, σὺν
δὲ αὐτοῖς τοὺς γονέας τὸ πῦρ οὐδέν σφισι λυμη-
5 νάμενον παρεξῆλθεν. οὗτοι μὲν δὴ τιμὰς καὶ
ἐς ἐμὲ ἔτι παρὰ Καταναίων ἔχουσιν, ἐν δὲ τῇ
Πολυγνώτου γραφῇ πλησίον τοῦ ἀνδρός, ὃς τῷ
πατρὶ ἐλυμαίνετο καὶ δι᾽ αὐτὸ ἐν Ἅιδου κακὰ
ἀναπίμπλησι, τούτου πλησίον ἱερὰ σεσυληκὼς
ἀνὴρ ὑπέσχε δίκην· γυνὴ δὲ ἡ κολάζουσα αὐτὸν
φάρμακα ἄλλα τε καὶ ἐς αἰκίαν οἶδεν ἀνθρώπων.
6 περισσῶς δὲ ἄρα εὐσεβείᾳ θεῶν ἔτι προσέκειντο
οἱ ἄνθρωποι, ὡς Ἀθηναῖοί τε δῆλα ἐποίησαν,
ἡνίκα εἷλον Ὀλυμπίου Διὸς ἐν Συρακούσαις
ἱερόν, οὔτε κινήσαντες τῶν ἀναθημάτων οὐδὲν
τὸν ἱερέα τε τὸν Συρακούσιον φύλακα ἐπ᾽ αὐτοῖς
ἐάσαντες· ἐδήλωσε δὲ καὶ ὁ Μῆδος Δᾶτις λόγοις
τε οὓς εἶπε πρὸς Δηλίους καὶ τῷ ἔργῳ, ἡνίκα[2]
ἐν Φοινίσσῃ νηὶ ἄγαλμα εὑρὼν Ἀπόλλωνος ἀπέ-

to bring the orgies of Demeter to Thasos from Paros.

On the bank of Acheron there is a notable group under the boat of Charon, consisting of a man who had been undutiful to his father and is now being throttled by him. For the men of old held their parents in the greatest respect, as we may infer, among other instances, from those in Catana called the Pious, who, when the fire flowed down on Catana from Etna, held of no account gold or silver, but when they fled took up, one his mother and another his father. As they struggled on, the fire rushed up and caught them in the flames. Not even so would they put down their parents, and it is said that the stream of lava divided itself in two, and the fire passed on, doing no hurt to either young men or their parents. These Catanians even at the present day receive honours from their fellow countrymen. Near to the man in Polygnotus' picture who maltreated his father and for this drinks his cup of woe in Hades, is a man who paid the penalty for sacrilege. The woman who is punishing him is skilled in poisonous and other drugs. So it appears that in those days men laid the greatest stress on piety to the gods, as the Athenians showed when they took the sanctuary of Olympian Zeus at Syracuse; they moved none of the offerings, but left the Syracusan priest as their keeper. Datis the Persian too showed his piety in his address to the Delians, and in this act as well, when having found an image of Apollo in a Phoenician ship he restored

---

[1] θέας was added by Facius.
[2] The MSS. have τῶν ἔργων εἵνεκα, emended by Porson.

δωκεν αὖθις Ταναγραίοις ἐς Δήλιον. οὕτω μὲν
τὸ θεῖον καὶ οἱ πάντες τότε ἦγον ἐν τιμῇ, καὶ ἐπὶ
λόγῳ τοιούτῳ τὰ ἐς τὸν συλήσαντα ἱερὰ ἔγραψε
Πολύγνωτος.

7    Ἔστι δὲ ἀνωτέρω τῶν κατειλεγμένων Εὐρύνο-
μος· δαίμονα εἶναι τῶν ἐν Ἅιδου φασὶν οἱ
Δελφῶν ἐξηγηταὶ τὸν Εὐρύνομον, καὶ ὡς τὰς
σάρκας περιεσθίει τῶν νεκρῶν, μόνα σφίσιν
ἀπολείπων τὰ ὀστᾶ. ἡ δὲ Ὁμήρου ποίησις ἐς
Ὀδυσσέα καὶ ἡ Μινυάς τε καλουμένη καὶ οἱ
Νόστοι—μνήμη γὰρ δὴ ἐν ταύταις καὶ Ἅιδου
καὶ τῶν ἐκεῖ δειμάτων ἐστὶν—ἴσασιν οὐδένα
Εὐρύνομον δαίμονα. τοσοῦτο μέντοι δηλώσω,
ὁποῖός τε ὁ Εὐρύνομος καὶ ἐπὶ ποίου γέγραπται
τοῦ σχήματος· κυανοῦ τὴν χρόαν μεταξύ ἐστι
καὶ μέλανος, ὁποῖαι καὶ τῶν μυιῶν αἱ πρὸς τὰ
κρέα εἰσὶ προσιζάνουσαι, τοὺς δὲ ὀδόντας φαίνει,
καθεζομένῳ δὲ ὑπέστρωταί οἱ δέρμα γυπός.

8 ἐφεξῆς δὲ μετὰ τὸν Εὐρύνομον ἥ τε ἐξ Ἀρκαδίας
Αὔγη καὶ Ἰφιμέδειά ἐστι· καὶ ἡ μὲν παρὰ
Τεύθραντα ἡ Αὔγη ἀφίκετο ἐς Μυσίαν, καὶ
γυναικῶν ὁπόσαις ἐς τὸ αὐτὸ Ἡρακλέα ἀφικέσθαι
λέγουσι, μάλιστα δὴ παῖδα ἐοικότα ἔτεκε τῷ
πατρί· τῇ δ' Ἰφιμεδείᾳ γέρα δέδοται μεγάλα ὑπὸ
τῶν ἐν Μυλάσοις Καρῶν.

XXIX. Τῶν δὲ ἤδη μοι κατειλεγμένων εἰσὶν
ἀνώτεροι τούτων ἱερεῖα οἱ ἑταῖροι τοῦ Ὀδυσσέως
Περιμήδης καὶ Εὐρύλοχος φέροντες· τὰ δέ ἐστι
μέλανες κριοὶ τὰ ἱερεῖα. μετὰ δὲ αὐτοὺς ἀνήρ
ἐστι καθήμενος, ἐπίγραμμα μὲν Ὄκνον εἶναι
λέγει τὸν ἄνθρωπον· πεποίηται μὲν πλέκων
σχοινίον, παρέστηκε δὲ θήλεια ὄνος ἐπεσθίουσα

it to the Tanagraeans at Delium. So at that time all men held the divine in reverence, and this is why Polygnotus has depicted the punishment of him who committed sacrilege.

Higher up than the figures I have enumerated comes Eurynomus, said by the Delphian guides to be one of the demons in Hades, who eats off all the flesh of the corpses, leaving only their bones. But Homer's *Odyssey*, the poem called the *Minyad*, and the *Returns*, although they tell of Hades, and its horrors, know of no demon called Eurynomus. However, I will describe what he is like and his attitude in the painting. He is of a colour between blue and black, like that of meat flies; he is showing his teeth and is seated, and under him is spread a vulture's skin. Next after Eurynomus are Auge of Areadia and Iphimedeia. Auge visited the house of Teuthras in Mysia, and of all the women with whom Heracles is said to have mated, none gave birth to a son more like his father than she did. Great honours are paid to Iphimedeia by the Carians in Mylasa.

XXIX. Higher up than the figures I have already enumerated are Perimedes and Eurylochus, the companions of Odysseus, carrying victims for sacrifice; these are black rams. After them is a man seated, said by the inscription to be Ocnus (*Sloth*). He is depicted as plaiting a cord, and by him stands a she-ass, eating up the cord as quickly as it

τὸ πεπλεγμένον ἀεὶ τοῦ σχοινίου. τοῦτον εἶναι
τὸν Ὄκνον φίλεργόν φασιν ἄνθρωπον, γυναῖκα
δὲ ἔχειν δαπανηράν· καὶ ὁπόσα συλλέξαιτο
ἐργαζόμενος, οὐ πολὺ δὴ [1] ὕστερον ὑπὸ ἐκείνης
2 ἀνήλωτο. τὰ οὖν ἐς τοῦ Ὄκνου τὴν γυναῖκα
ἐθέλουσιν αἰνίξασθαι τὸν Πολύγνωτον. οἶδα δὲ
καὶ ὑπὸ Ἰώνων, ὁπότε ἴδοιέν τινα πονοῦντα ἐπὶ
οὐδενὶ ὄνησιν φέροντι, ὑπὸ τούτων εἰρημένον ὡς
ὁ ἀνὴρ οὗτος συνάγει τοῦ Ὄκνου τὴν θώμιγγα.
ὄκνον δ᾽ οὖν καὶ μάντεων οἱ ὁρῶντες τοὺς οἰωνοὺς
καλοῦσί τινα ὄρνιθα· καὶ ἔστιν οὗτος ὁ ὄκνος
μέγιστος μὲν καὶ κάλλιστος ἐρωδιῶν, εἰ δὲ
ἄλλος τις ὀρνίθων σπάνιός ἐστι καὶ οὗτος.
3 γέγραπται δὲ καὶ Τιτυὸς οὐ κολαζόμενος ἔτι,
ἀλλὰ ὑπὸ τοῦ συνεχοῦς τῆς τιμωρίας ἐς ἅπαν
ἐξανηλωμένος, ἀμυδρὸν καὶ οὐδὲ ὁλόκληρον
εἴδωλον.

Ἐπιόντι δὲ ἐφεξῆς τὰ ἐν τῇ γραφῇ, ἔστιν
ἐγγυτάτω τοῦ στρέφοντος τὸ καλῴδιον Ἀριάδνη·
κάθηται μὲν ἐπὶ πέτρας, ὁρᾷ δὲ ἐς τὴν ἀδελφὴν
Φαίδραν, τό τε ἄλλο αἰωρουμένην σῶμα ἐν
σειρᾷ καὶ ταῖς χερσὶν ἀμφοτέραις ἑκατέρωθεν
τῆς σειρᾶς ἐχομένην· παρεῖχε δὲ τὸ σχῆμα
καίπερ ἐς τὸ [2] εὐπρεπέστερον πεποιημένον συμ-
βάλλεσθαι τὰ ἐς τῆς Φαίδρας τὴν τελευτήν.
4 τὴν δὲ Ἀριάδνην ἢ κατά τινα ἐπιτυχὼν δαίμονα
ἢ καὶ ἐπίτηδες αὐτὴν λοχήσας ἀφείλετο Θησέα
ἐπιπλεύσας Διόνυσος στόλῳ μείζονι, οὐκ ἄλλος
κατὰ ἐμὴν δόξαν, ἀλλὰ ὁ πρῶτος μὲν ἐλάσας
ἐπὶ Ἰνδοὺς στρατείᾳ, πρῶτος δὲ Εὐφράτην γεφυ-
ρώσας ποταμόν· Ζεύγμά τε ὠνομάσθη πόλις καθ᾽
ὅ τι ἐζεύχθη τῆς χώρας ὁ Εὐφράτης, καὶ ἔστιν

is plaited. They say that this Ocnus was a dili-
gent man with an extravagant wife. Everything
he earned by working was quickly spent by his wife.
So they will have it that Polygnotus has painted a
parable about the wife of Ocnus. I know also that
the Ionians, whenever they see a man labouring at
nothing profitable, say that such an one is plaiting the
cord of Ocnus. Ocnus too is the name given to a
bird by the seers who observe birds that are ominous.
This ocnus is the largest and most beautiful of the
herons, a rare bird if ever there was one. Tityos
too is in the picture; he is no longer being punished,
but has been reduced to nothing by continuous
torture, an indistinct and mutilated phantom.

Going on to the next part of the picture, you see
very near to the man who is twisting the rope a
painting of Ariadne. Seated on a rock she is looking
at her sister Phaedra, who is on a swing grasping in
either hand the rope on each side. The attitude,
though quite gracefully drawn, makes us infer the man-
ner of Phaedra's death. Ariadne was taken away from
Theseus by Dionysus, who sailed against him with supe-
rior forces, and either fell in with Ariadne by chance
or else set an ambush to catch her. This Dionysus
was, in my opinion, none other than he who was the
first to invade India, and the first to bridge the river
Euphrates. Zeugma (*Bridge*) was the name given to
that part of the country where the Euphrates was

---

¹ δὴ Wilamowitz: ἀν MSS.
² καὶ περὶ τὸ MSS.

ἐνταῦθα ὁ κάλως καὶ ἐς ἡμᾶς ἐν [1] ᾧ τὸν ποταμὸν
ἔζευξεν, ἀμπελίνοις ὁμοῦ πεπλεγμένος καὶ κισσοῦ
5 κλήμασι. τὰ μὲν δὴ ἐς Διόνυσον πολλὰ ὑπό τε
Ἑλλήνων λεγόμενα καὶ ὑπὸ Αἰγυπτίων ἐστίν·
ὑπὸ δὲ τὴν Φαίδραν ἐστὶν ἀνακεκλιμένη Χλῶρις
ἐπὶ τῆς Θυίας γόνασιν. οὐχ ἁμαρτήσεται μὲν
δὴ οὐδὲ ὅστις φησὶ φιλίαν εἶναι ἐς ἀλλήλας,
ἡνίκα ἔτυχον αἱ γυναῖκες ζῶσαι· ἦσαν γὰρ δὴ ἡ
μὲν ἐξ Ὀρχομενοῦ τοῦ ἐν Βοιωτίᾳ ἡ Χλῶρις, ἡ δὲ
Κασταλίου θυγάτηρ ἀπὸ τοῦ Παρνασσοῦ.[2] εἶπον
δὴ [3] καὶ ἄλλοι τὸν [4] ἐς αὐτὰς λόγον, τῇ μὲν συγγε-
νέσθαι Ποσειδῶνα τῇ Θυίᾳ, Χλῶριν δὲ Ποσειδῶ-
6 νος παιδὶ Νηλεῖ συνοικῆσαι. παρὰ δὲ τὴν Θυίαν
Πρόκρις τε ἕστηκεν ἡ Ἐρεχθέως καὶ μετ’ αὐτὴν
Κλυμένη· ἐπιστρέφει δὲ αὐτῇ τὰ νῶτα ἡ Κλυ-
μένη. ἔστι δὲ πεποιημένα ἐν Νόστοις Μινύου
μὲν τὴν Κλυμένην θυγατέρα εἶναι, γήμασθαι δὲ
αὐτὴν Κεφάλῳ τῷ Δηίονος καὶ γενέσθαι σφίσιν
Ἴφικλον παῖδα. τὰ δὲ ἐς τὴν Πρόκριν καὶ οἱ
πάντες ᾄδουσιν, ὡς προτέρα Κεφάλῳ ἢ Κλυμένη
συνῴκησε καὶ ὃν τρόπον ἐτελεύτησεν ὑπὸ τοῦ
7 ἀνδρός. ἐσωτέρω δὲ τῆς Κλυμένης Μεγάραν τὴν
ἐκ Θηβῶν ὄψει· ταύτην γυναῖκα ἔσχεν Ἡρακλῆς
τὴν Μεγάραν καὶ ἀπεπέμψατο ἀνὰ χρόνον,
ἅτε παίδων τε ἐστερημένος τῶν ἐξ αὐτῆς καὶ
αὐτὴν ἡγούμενος οὐκ ἐπὶ ἀμείνονι τῷ δαίμονι
γῆμαι.

Γυναικῶν δὲ τῶν κατειλεγμένων ὑπὲρ τῆς
κεφαλῆς ἥ τε Σαλμωνέως θυγάτηρ ἐστὶν ἐπὶ
πέτρας καθεζομένη καὶ Ἐριφύλη παρ’ αὐτὴν
ἑστῶσα, διὰ μὲν τοῦ χιτῶνος ἀνέχουσα ἄκρους

---

[1] Wilamowitz would change ἐν to ἔτι.

bridged, and at the present day the cable is still
preserved with which he spanned the river; it is
plaited with branches of the vine and ivy. Both
the Greeks and the Egyptians have many legends
about Dionysus. Underneath Phaedra is Chloris
leaning against the knees of Thyia. He will not be
mistaken who says that all during the lives of these
women they remained friends. For Chloris came
from Orchomenus in Boeotia, and the other was a
daughter of Castalius from Parnassus. Other authori-
ties have told their history, how that Thyia had con-
nection with Poseidon, and how Chloris wedded
Neleus, son of Poseidon. Beside Thyia stands
Procris, the daughter of Erechtheus, and after her
Clymene, who is turning her back to Chloris. The
poem the *Returns* says that Clymene was a daughter
of Minyas, that she married Cephalus the son of
Deïon, and that a son Iphiclus was born to them.
The story of Procris is told by all men, how she had
married Cephalus before Clymene, and in what way
she was put to death by her husband. Farther
within from Clymene you will see Megara from
Thebes. This Megara married Heracles, but was
divorced by him in course of time, on the ground that
he had lost the children he had by her, and so thought
that his marriage with her was unlucky.

Above the heads of the women I have enumerated
is the daughter of Salmoneus sitting on a rock, beside
whom is standing Eriphyle, who is holding up the
ends of her fingers along her neck through her tunic,

---

[2] Κασταλίου . . . Παρνασσοῦ added by Robert.
[3] The MSS. have δ' or δ' ἂν.
[4] The MSS. have ἄλλοι ὅν or ἀλλοῖον.

παρὰ τὸν τράχηλον τοὺς δακτύλους, τοῦ χιτῶνος
δὲ ἐν τοῖς κοίλοις εἰκάσεις τῶν χειρῶν τῇ ἑτέρᾳ[1]
8 ἐκεῖνον τὸν ὅρμον αὐτὴν ἔχειν. ὑπὲρ δὲ τὴν
Ἐριφύλην ἔγραψεν Ἐλπήνορά τε καὶ Ὀδυσσέα
ὀκλάζοντα ἐπὶ τοῖς ποσίν, ἔχοντα ὑπὲρ τοῦ
βόθρου τὸ ξίφος· καὶ ὁ μάντις Τειρεσίας πρόεισιν
ἐπὶ τὸν βόθρον. μετὰ δὲ τὸν Τειρεσίαν ἐπὶ
πέτρας ἡ Ὀδυσσέως μήτηρ Ἀντίκλειά ἐστιν· ὁ
δὲ Ἐλπήνωρ ἀμπέχεται φορμὸν ἀντὶ ἐσθῆτος,
9 σύνηθες τοῖς ναύταις φόρημα. κατωτέρω δὲ τοῦ
Ὀδυσσέως ἐπὶ θρόνων καθεζόμενοι Θησεὺς μὲν
τὰ ξίφη τό τε Πειρίθου καὶ τὸ ἑαυτοῦ ταῖς
χερσὶν ἀμφοτέραις ἔχει, ὁ δὲ ἐς τὰ ξίφη βλέπων
ἐστὶν ὁ Πειρίθους· εἰκάσαις ἂν ἄχθεσθαι τοῖς
ξίφεσιν αὐτὸν ὡς ἀχρείοις καὶ ὄφελός σφισιν οὐ
γεγενημένοις ἐς τὰ τολμήματα. Πανύασσις δὲ
ἐποίησεν ὡς Θησεὺς καὶ Πειρίθους ἐπὶ τῶν
θρόνων παράσχοιντο σχῆμα οὐ κατὰ δεσμώτας,
προσφύεσθαι δὲ ἀπὸ τοῦ χρωτὸς ἀντὶ δεσμῶν
10 σφισιν ἔφη τὴν πέτραν. Θησέως δὲ καὶ Πειρίθου
τὴν λεγομένην φιλίαν ἐν ἀμφοτέραις ἐδήλωσεν
Ὅμηρος ταῖς ποιήσεσι, καὶ Ὀδυσσεὺς μὲν πρὸς
Φαίακας λέγων ἐστὶ

καί νύ κ᾽ ἔτι προτέρους ἴδον ἀνέρας οὓς ἔθελόν
περ,

Θησέα Πειρίθοόν τε, θεῶν ἐρικυδέα τέκνα·

πεποίηται δὲ αὐτῷ καὶ ἐν Ἰλιάδι ὁ Νέστωρ ἄλλα
τε ἐπὶ Ἀγαμέμνονος καὶ Ἀχιλλέως νουθεσίᾳ καὶ
ἔπη τάδε εἰρηκώς·

---

[1] τῇ ἑτέρᾳ added by Kayser.

and you will conjecture that in the folds of her tunic she is holding in one of her hands the famous necklace. Beyond Eriphyle have been painted Elpenor and Odysseus. The latter is squatting on his feet, and holding his sword over the trench, towards which the seer Teiresias is advancing. After Teiresias is Anticleia, the mother of Odysseus, upon a rock. Elpenor has on instead of clothes a mat, such as is usual for sailors to wear. Lower down than Odysseus are Theseus and Peirithoüs sitting upon chairs. The former is holding in his hands the sword of Peirithoüs and his own. Peirithoüs is looking at the swords, and you might conjecture that he is angry with them for having been useless and of no help in their daring adventures. Panyassis the poet says that Theseus and Peirithoüs did not sit chained to their chairs, but that the rock grew to their flesh and so served as chains. The proverbial friendship of Theseus and Peirithoüs has been mentioned by Homer in both his poems. In the *Odyssey* Odysseus says to the Phaeacians :— [1]

And now I should have seen more men of former days, whom I wished very much to see,
Theseus and Peirithoüs, renowned children of gods.

And in the *Iliad* he has made Nestor give advice to Agamemnon and Achilles, and speaking among others the following verses :— [2]

---

[1] Homer, *Odyssey* xi. 631 foll.
[2] Homer, *Iliad* i. 262 foll.

οὐ γάρ πω τοίους ἴδον ἀνέρας οὐδὲ ἴδωμαι
οἷον Πειρίθοόν τε Δρύαντά τε ποιμένα λαῶν
Καινέα τ' Ἐξάδιόν τε καὶ ἀντίθεον Πολύ-
φημον
Θησέα τ' Αἰγείδην ἐπιείκελον ἀθανάτοισιν.

XXX. Ἐφεξῆς δὲ τὰς Πανδάρεω θυγατέρας
ἔγραψεν ὁ Πολύγνωτος. Ὁμήρῳ δὲ ἐν Πηνε-
λόπης λόγοις ἐστὶν ὡς ἀποθάνοιεν μὲν ταῖς
παρθένοις οἱ γεινάμενοι κατὰ μήνιμα ἐκ θεῶν,
αὐτὰς δὲ ὀρφανὰς τραφῆναι μὲν ὑπὸ Ἀφροδίτης,
λαβεῖν δὲ καὶ παρ' ἄλλων θεῶν, Ἥρας μὲν
φρονεῖν τε ἱκανὰς εἶναι καὶ εἶδος καλάς, μῆκος
δὲ τοῦ σώματος Ἄρτεμίν φησιν αὐταῖς δωρή-
σασθαι, ἔργα δὲ γυναιξὶν ἁρμόζοντα ὑπὸ Ἀθηνᾶς
2 διδαχθῆναι. Ἀφροδίτην μὲν οὖν ἐς οὐρανὸν
ἀνέρχεσθαι, παρὰ Διὸς γάμον εὐδαίμονα ἐθέλου-
σαν ταῖς παισὶν εὔρασθαι, τὰς δὲ ἀπούσης
ἐκείνης ἁρπασθῆναί τε ὑπὸ Ἁρπυιῶν καὶ Ἐρι-
νύσιν ὑπ' αὐτῶν δοθῆναι. τάδε μέν ἐστιν ἐς
αὐτὰς Ὁμήρῳ πεποιημένα, Πολύγνωτος δὲ κόρας
τε ἐστεφανωμένας ἄνθεσι καὶ παιζούσας ἔγραψεν
ἀστραγάλοις, ὄνομα δὲ αὐταῖς Καμειρώ τε καὶ
Κλυτίη. τὸν δὲ Πανδάρεων Μιλήσιόν τε ἐκ
Μιλήτου τῆς Κρητικῆς ὄντα ἴστω τις καὶ ἀδική-
ματος ἐς τὴν κλοπὴν Ταντάλῳ καὶ τοῦ ἐπὶ τῷ
3 ὅρκῳ μετασχόντα σοφίσματος. μετὰ δὲ τοῦ
Πανδάρεω τὰς κόρας Ἀντίλοχος τὸν μὲν ἕτερον
ἐπὶ πέτρας τῶν ποδῶν, τὸ δὲ πρόσωπον καὶ τὴν
κεφαλὴν ἐπὶ ταῖς χερσὶν ἀμφοτέραις ἔχων ἐστίν,
Ἀγαμέμνων δὲ μετὰ τὸν Ἀντίλοχον σκήπτρῳ τε
ὑπὸ τὴν ἀριστερὰν μασχάλην ἐρειδόμενος καὶ

I have never yet seen such men, and I am never
    likely to see
As were Peirithoüs, Dryas, shepherd of the folk,
Caeneus, Exadius, god-like Polyphemus,
And Theseus, son of Aegeus, like to the immortals.

XXX. Next Polygnotus has painted the daughters
of Pandareos. Homer makes Penelope say in a
speech [1] that the parents of the maidens died because
of the wrath of the gods, that they were reared
as orphans by Aphrodite and received gifts from
other goddesses: from Hera wisdom and beauty of
form, from Artemis high stature, from Athena
schooling in the works that befit women. He goes
on to say that Aphrodite ascended into heaven,
wishing to secure for the girls a happy marriage, and
in her absence they were carried off by the Harpies
and given by them to the Furies. This is the story
as given by Homer. Polygnotus has painted them
as girls crowned with flowers and playing with dice,
and gives them the names of Cameiro and Clytië.
I must tell you that Pandareos was a Milesian from
Miletus in Crete, and implicated in the theft of
Tantalus and in the trick of the oath. After the
daughters of Pandareos is Antilochus, with one foot
upon a rock and his face and head resting upon both
hands, while after Antilochus is Agamemnon, leaning
on a sceptre beneath his left armpit, and holding up

---

[1] Homer, *Odyssey* xx. 66–78.

ταῖς χερσὶν ἐπανέχων ῥάβδον· Πρωτεσίλαος δὲ
πρὸς Ἀχιλλέα ἀφορᾷ καθεζόμενος. καὶ ὁ Πρω-
τεσίλαος τοιοῦτον παρέχεται σχῆμα, ὑπὲρ δὲ τὸν
Ἀχιλλέα Πάτροκλός ἐστιν ἑστηκώς. οὗτοι
πλὴν τοῦ Ἀγαμέμνονος οὐκ ἔχουσι γένεια οἱ
ἄλλοι.

4     Γέγραπται δὲ ὑπὲρ αὐτοὺς Φῶκός τε ἡλικίαν
μειράκιον καὶ Ἰασεὺς γενείων μὲν εὖ ἔχων,
δακτύλιον δὲ ἐκ τῆς ἀριστερᾶς τοῦ Φώκου περι-
αιρούμενος χειρὸς ἐπὶ τοιῷδέ ἐστι λόγῳ.
Φώκῳ τῷ Αἰακοῦ διαβάντι ἐξ Αἰγίνης ἐς τὴν
νῦν καλουμένην Φωκίδα, καὶ ἀνθρώπων τε
ἀρχὴν τῶν ἐν τῇ ἠπείρῳ ταύτῃ κτήσασθαι καὶ
αὐτῷ θέλοντι ἐνταῦθα οἰκῆσαι, ἀφίκετο ἐπὶ
πλεῖστον ὁ Ἰασεὺς φιλίας καί οἱ δῶρα ἄλλα τε
ὡς τὸ εἰκὸς ἐδωρήσατο καὶ λίθου σφραγῖδα
ἐνδεδεμένην χρυσῷ· Φώκῳ δὲ οὐ μετὰ πολὺν
χρόνον ἀνακομισθέντι ἐς Αἴγιναν Πηλεὺς αὐτίκα
ἐβούλευσε τοῦ βίου τὴν τελευτήν. καὶ τοῦδε
ἕνεκα ἐν τῇ γραφῇ ἐς ἀνάμνησιν ἐκείνης τῆς
φιλίας ὅ τε Ἰασεὺς τὴν σφραγῖδά ἐστιν ἐθέλων
θεάσασθαι καὶ ὁ Φῶκος παρεὶς[1] λαβεῖν αὐτήν.

5     Ὑπὲρ τούτους Μαῖρά ἐστι ἐπὶ πέτρᾳ καθεζο-
μένη· περὶ δὲ αὐτῆς πεποιημένα ἐστὶν Νόστοις
ἀπελθεῖν μὲν παρθένον ἔτι ἐξ ἀνθρώπων, θυγα-
τέρα δὲ αὐτὴν εἶναι Προίτου τοῦ Θερσάνδρου,
τὸν δὲ εἶναι Σισύφου. ἐφεξῆς δὲ τῆς Μαίρας
Ἀκταίων ἐστὶν ὁ Ἀρισταίου καὶ ἡ τοῦ Ἀκ-
ταίωνος μήτηρ, νεβρὸν ἐν ταῖς χερσὶν ἔχοντες
ἐλάφου καὶ ἐπὶ δέρματι ἐλάφου καθεζόμενοι·
κύων τε θηρευτικὴ παρακατάκειταί σφισι βίου

---

[1] It has been suggested to read παριείς instead of the aorist.

a staff in his hands. Protesilaüs is seated with his gaze fixed on Achilles. Such is the posture of Protesilaüs, and beyond Achilles is Patroclus standing. With the exception of Agamemnon these figures have no beard.

Beyond them has been painted Phocus as a stripling, and Iaseus, well bearded, is taking off a ring from the left hand of Phocus. The story about this is as follows. When Phocus, the son of Aeacus, had crossed from Aegina into what is now called Phocis, and wished to gain the rule over the men living on that part of the mainland, and to settle there himself, Iaseus conceived a great friendship for him. Among the gifts that Iaseus gave (as friends will) was a seal-ring, a stone set in gold. But when Phocus returned, not long afterwards, to Aegina, Pelcus at once plotted to kill him. This is the reason why in the painting, as a reminder of their great friendship, Iaseus is anxious to look at the ring and Phocus has let him take it.

Beyond these is Maera sitting on a rock. About her the poem *Returns* says that she was still a maid when she departed this life, being the daughter of Proetus, son of Thersander, who was a son of Sisyphus. Next to Maera is Actaeon, son of Aristaeüs, together with the mother of Actaeon; they hold in their hands a young deer, and are sitting on a deer's skin. A hunting dog lies stretched out

τοῦ Ἀκταίωνος ἕνεκα καὶ τοῦ ἐς τὴν τελευτὴν
τρόπου.

6 Ἀποβλέψαντι δὲ αὖθις ἐς τὰ κάτω τῆς γραφῆς,
ἔστιν ἐφεξῆς μετὰ τὸν Πάτροκλον οἷα ἐπὶ λόφου
τινὸς Ὀρφεὺς καθεζόμενος, ἐφάπτεται δὲ καὶ τῇ
ἀριστερᾷ κιθάρας, τῇ δὲ ἑτέρᾳ χειρὶ ἰτέας ψαύει·
κλῶνές εἰσιν ὧν ψαύει, προσανακέκλιται δὲ τῷ
δένδρῳ. τὸ δὲ ἄλσος ἔοικεν εἶναι τῆς Περσε-
φόνης, ἔνθα αἴγειροι καὶ ἰτέαι δόξῃ τῇ Ὁμήρου
πεφύκασιν· Ἑλληνικὸν δὲ τὸ σχῆμά ἐστι τῷ
Ὀρφεῖ, καὶ οὔτε ἡ ἐσθὴς οὔτε ἐπίθημά ἐστιν ἐπὶ
7 τῇ κεφαλῇ Θρᾴκιον. τῷ δένδρῳ δὲ τῇ ἰτέα κατὰ
τὸ ἕτερον μέρος προσανακεκλιμένος ἐστὶν αὐτῇ
Προμέδων. εἰσὶ μὲν δὴ οἳ νομίζουσι καθάπερ
ἐς ποίησιν ἐπεσῆχθαι τὸ Προμέδοντος ὄνομα ὑπὸ
τοῦ Πολυγνώτου· τοῖς δὲ εἰρημένον ἐστὶν ἄνδρα
Ἕλληνα ἔς τε τὴν ἄλλην ἅπασαν γενέσθαι
φιλήκοον μουσικὴν καὶ ἐπὶ τῇ ᾠδῇ μάλιστα τῇ
8 Ὀρφέως. κατὰ τοῦτο τῆς γραφῆς Σχεδίος ὁ
Φωκεῦσιν ἡγησάμενος ἐς Τροίαν καὶ μετὰ τοῦτον
Πελίας ἐστὶν ἐν θρόνῳ καθεζόμενος, τὰ γένεια
ὁμοίως καὶ τὴν κεφαλὴν πολιός, ἐνορᾷ δὲ ἐς τὸν
Ὀρφέα· ὁ δὲ Σχεδίος ἐγχειρίδιόν τε ἔχων καὶ
ἄγρωστίν ἐστιν ἐστεφανωμένος. Θαμύριδι δὲ
ἐγγὺς καθεζομένῳ τοῦ Πελίου διεφθαρμέναι αἱ
ὄψεις καὶ ταπεινὸν ἐς ἅπαν σχῆμά ἐστι καὶ ἡ
κόμη πολλὴ[1] μὲν ἐπὶ τῆς κεφαλῆς, πολλὴ[1] δὲ
αὐτῷ καὶ ἐν τοῖς γενείοις· λύρα δὲ ἔρριπται πρὸς
τοῖς ποσί, κατεαγότες αὐτῆς οἱ πήχεις καὶ αἱ
9 χορδαὶ κατερρωγυῖαι. ὑπὲρ τούτου ἐστὶν ἐπὶ
πέτρας καθεζόμενος Μαρσύας, καὶ Ὄλυμπος
παρ᾽ αὐτὸν παιδός ἐστιν ὡραίου καὶ αὐλεῖν

beside them, an allusion to Actaeon's mode of life, and to the manner of his death.

Turning our gaze again to the lower part of the picture we see, next after Patroclus, Orpheus sitting on what seems to be a sort of hill; he grasps with his left hand a harp, and with his right he touches a willow. It is the branches that he touches, and he is leaning against the tree. The grove seems to be that of Persephone, where grow, as Homer thought,[1] black poplars and willows. The appearance of Orpheus is Greek, and neither his garb nor his head-gear is Thracian. On the other side of the willow-tree Promedon is leaning against it. Some there are who think that the name Promedon is as it were a poetic invention of Polygnotus; others have said that Promedon was a Greek who was fond of listening to all kinds of music, especially to the singing of Orpheus. In this part of the painting is Schedius, who led the Phocians to Troy, and after him is Pelias, sitting on a chair, with grey hair and grey beard, and looking at Orpheus. Schedius holds a dagger and is crowned with grass. Thamyris is sitting near Pelias. He has lost the sight of his eyes; his attitude is one of utter dejection; his hair and beard are long; at his feet lies thrown a lyre with its horns and strings broken. Above him is Marsyas, sitting on a rock, and by his side is Olympus, with the appearance of a boy in the bloom of youth

---

[1] Homer, *Odyssey* x. 510.

---

[1] Madvig suggested πολιή.

διδασκομένου σχῆμα ἔχων. οἱ δὲ ἐν Κελαιναῖς
Φρύγες ἐθέλουσι μὲν τὸν ποταμὸν ὃς διέξεισιν
αὐτοῖς διὰ τῆς πόλεως ἐκεῖνόν ποτε εἶναι τὸν
αὐλητήν, ἐθέλουσι δὲ καὶ εὕρημα εἶναι τοῦ
Μαρσύου τὸ Μητρῷον αὔλημα· φασὶ δὲ ὡς καὶ
τὴν Γαλατῶν ἀπώσαιντο στρατείαν τοῦ Μαρσύου
σφίσιν ἐπὶ τοὺς βαρβάρους ὕδατί τε ἐκ τοῦ
ποταμοῦ καὶ μέλει τῶν αὐλῶν ἀμύναντος.

XXXI. Εἰ δὲ ἀπίδοις πάλιν ἐς τὸ ἄνω τῆς
γραφῆς, ἔστιν ἐφεξῆς τῷ Ἀκταίωνι Αἴας ὁ ἐκ
Σαλαμῖνος, καὶ Παλαμήδης τε καὶ Θερσίτης
κύβοις χρώμενοι παιδιᾷ, τοῦ Παλαμήδους τῷ
εὑρήματι· Αἴας δὲ ὁ ἕτερος ἐς αὐτοὺς ὁρᾷ παί-
ζοντας. τούτῳ τῷ Αἴαντι τὸ χρῶμά ἐστιν οἷον
ἂν ἀνδρὶ ναυαγῷ γένοιτο ἐπανθούσης τῷ χρωτὶ
2 ἔτι τῆς ἅλμης· ἐς δὲ τὸ αὐτὸ ἐπίτηδες τοῦ
Ὀδυσσέως τοὺς ἐχθροὺς ἤγαγεν ὁ Πολύγνωτος·
ἀφίκετο δὲ ἐς Ὀδυσσέως δυσμένειαν ὁ τοῦ Ὀιλέως
Αἴας, ὅτι τοῖς Ἕλλησιν Ὀδυσσεὺς παρῄνει
καταλιθῶσαι τὸν Αἴαντα ἐπὶ τῷ ἐς Κασσάνδραν
τολμήματι· Παλαμήδην δὲ ἀποπνιγῆναι προελ-
θόντα ἐπὶ ἰχθύων θήραν, Διομήδην δὲ τὸν ἀπο-
κτείναντα εἶναι καὶ Ὀδυσσέα ἐπιλεξάμενος ἐν
3 ἔπεσιν οἶδα τοῖς Κυπρίοις. Μελέαγρος δὲ ὁ
Οἰνέως ἀνωτέρω μὲν ἢ ὁ τοῦ Ὀιλέως Αἴας ἐστὶν
ἐν τῇ γραφῇ, ἔοικε δὲ ὁρῶντι ἐς τὸν Αἴαντα.
τούτοις πλὴν τῷ Παλαμήδει γενειά ἐστι τοῖς
ἄλλοις. ἐς δὲ τοῦ Μελεάγρου τὴν τελευτὴν
Ὁμήρῳ μέν ἐστιν εἰρημένα ὡς Ἐρινὺς καταρῶν
ἀκούσαι τῶν Ἀλθαίας καὶ ἀποθάνοι κατὰ ταύτην
ὁ Μελέαγρος τὴν αἰτίαν, αἱ δὲ Ἠοῖαί τε καλού-
μεναι καὶ ἡ Μινυὰς ὡμολογήκασιν ἀλλήλαις·

learning to play the flute. The Phrygians in Celaenae hold that the river passing through the city was once this great flute-player, and they also hold that the Song of the Mother, an air for the flute, was composed by Marsyas. They say too that they repelled the army of the Gauls by the aid of Marsyas, who defended them against the barbarians by the water from the river and by the music of his flute.

XXXI. If you turn your gaze again to the upper part of the painting, you see, next to Actaeon, Ajax of Salamis, and also Palamedes and Thersites playing with dice, the invention of Palamedes; the other Ajax is looking at them as they play. The colour of the latter Ajax is like that of a shipwrecked sailor with the brine still rough on the surface of his skin. Polygnotus has intentionally gathered into one group the enemies of Odysseus. Ajax, son of Oïleus, conceived a hatred of Odysseus, because Odysseus urged the Greeks to stone him for the outrage on Cassandra. Palamedes, as I know from reading the epic poem *Cypria*, was drowned when he put out to catch fish, and his murderers were Diomedes and Odysseus. Meleager, the son of Oeneus, is higher up in the picture than Ajax, the son of Oïleus, and he seems to be looking at Ajax. Palamedes has no beard, but the others have. As to the death of Meleager, Homer[1] says that the Fury heard the curses of Althaea, and that this was the cause of Meleager's death. But the poem *Eoeae*, as it is called, and the *Minyad* agree in giving a

---

[1] Homer, *Iliad* i. 566.

Ἀπόλλωνα δὴ αὑταί φασιν αἱ ποιήσεις ἀμῦναι
Κούρησιν ἐπὶ τοὺς Αἰτωλοὺς καὶ ἀποθανεῖν
4 Μελέαγρον ὑπὸ Ἀπόλλωνος. τὸν δὲ ἐπὶ τῷ
δαλῷ λόγον, ὡς δοθείη μὲν ὑπὸ Μοιρῶν τῇ
Ἀλθαίᾳ, Μελεάγρῳ δὲ οὐ πρότερον ἔδει τὴν
τελευτὴν συμβῆναι πρὶν ἢ ὑπὸ πυρὸς ἀφανισθῆναι
τὸν δαλὸν καὶ ὡς ὑπὸ τοῦ θυμοῦ καταπρήσειεν
αὐτὸν ἡ Ἀλθαία, τοῦτον τὸν λόγον Φρύνιχος ὁ
Πολυφράδμονος πρῶτος ἐν δράματι ἔδειξε Πλευ-
ρωνίαις·

> κρυερὸν γὰρ οὐκ
> ἤλυξεν μόρον, ὠκεῖα δέ νιν φλὸξ κατεδαίσατο,
> δαλοῦ περθομένου ματρὸς ὑπ᾽ αἰνᾶς κακομη-
> χάνου.

οὐ μὴν φαίνεταί γε ὁ Φρύνιχος προαγαγὼν τὸν
λόγον ἐς πλέον ὡς εὕρημα ἄν τις οἰκεῖον, προσ-
αψάμενος δὲ αὐτοῦ μόνον ἅτε ἐς ἅπαν ἤδη
διαβεβοημένου τὸ Ἑλληνικόν.
5    Ἐν δὲ τοῖς κάτω τῆς γραφῆς μετὰ τὸν Θρᾷκά
εἰσι Θάμυριν Ἕκτωρ μὲν καθεζόμενος—ἀμφο-
τέρας ἔχει τὰς χεῖρας περὶ τὸ ἀριστερὸν γόνυ,
ἀνιωμένου σχῆμα ἐμφαίνων—, μετὰ δὲ αὐτὸν
Μέμνων ἐστὶν ἐπὶ πέτρᾳ καθεζόμενος καὶ Σαρπη-
δὼν συνεχὴς τῷ Μέμνονι· ἐπικέκλιται δὲ τὸ
πρόσωπον ἐπὶ τὰς χεῖρας ἀμφοτέρας ὁ Σαρπη-
δών, ἡ δὲ ἑτέρα τῶν χειρῶν τοῦ Μέμνονος ἐπὶ
6 τῷ ὤμῳ τοῦ Σαρπηδόνος κεῖται. γένεια μὲν
πᾶσίν ἐστιν αὐτοῖς, ἐν δὲ τοῦ Μέμνονος τῇ
χλαμύδι καὶ ὄρνιθές εἰσιν ἐπειργασμέναι· Μεμ-
νονίδες ταῖς ὄρνισίν ἐστιν ὄνομα, κατὰ δὲ ἔτος
οἱ Ἑλλησπόντιοί φασιν αὐτὰς ἐν εἰρημέναις

different account. For these poems say that Apollo
helped the Curetes against the Aetolians, and that
Meleager was killed by Apollo. The story about the
brand, how it was given by the Fates to Althaea,
how Meleager was not to die before the brand was
consumed by fire, and how Althaea burnt it up in a
passion—this story was first made the subject of a
drama by Phrynichus, the son of Polyphradmon, in his
*Pleuronian Women* :—

> For chill doom
> He escaped not, but a swift flame consumed him,
> As the brand was destroyed by his terrible mother,
> contriver of evil.

However, it appears that Phrynichus did not elaborate
the story as a man would his own invention, but only
touched on it as one already in the mouths of every-
body in Greece.

In the lower part of the picture, after the Thracian
Thamyris, comes Hector, who is sitting with both
hands clasped about his left knee, in an attitude of
deep grief. After him is Memnon, sitting on a rock,
and Sarpedon next to Memnon. Sarpedon has his
face buried in both hands, and one of Memnon's
hands lies on Sarpedon's shoulder. All are bearded;
and on the cloak of Memnon are embroidered birds.
Their name is Memnonides, and the people of the
Hellespont say that on stated days every year they go

ἡμέραις ἰέναι τε ἐπὶ τοῦ Μέμνονος τὸν τάφον, καὶ
ὁπόσον τοῦ μνήματος δένδρων ἐστὶν ἢ πόας
ψιλόν, τοῦτο καὶ σαίρουσιν αἱ ὄρνιθες καὶ ὑγροῖς
τοῖς πτεροῖς τοῦ Αἰσήπου τῷ ὕδατι ῥαίνουσι.
7 παρὰ δὲ τῷ Μέμνονι καὶ παῖς Αἰθίοψ πεποίηται
γυμνός, ὅτι ὁ Μέμνων βασιλεὺς ἦν τοῦ Αἰθιόπων
γένους. ἀφίκετο μέντοι ἐς Ἴλιον οὐκ ἀπ' Αἰθιο-
πίας ἀλλὰ ἐκ Σούσων τῶν Περσικῶν καὶ ἀπὸ
τοῦ Χοάσπου ποταμοῦ, τὰ ἔθνη πάντα ὅσα ᾤκει
μεταξὺ ὑποχείρια πεποιημένος· Φρύγες δὲ καὶ
τὴν ὁδὸν ἔτι ἀποφαίνουσι δι' ἧς τὴν στρατιὰν
ἤγαγε τὰ ἐπίτομα ἐκλεγόμενος τῆς χώρας·
τέτμηται δὲ διὰ τῶν μονῶν [1] ἡ ὁδός.
8 Ὑπὲρ δὲ τὸν Σαρπηδόνα τε καὶ Μέμνονα,
ἔστιν ὑπὲρ αὐτοὺς ὁ Πάρις οὐκ ἔχων πω γένεια·
κροτεῖ δὲ ταῖς χερσίν, οἷος ἂν γένοιτο ἀνδρὸς
ἀγροίκου κρότος· ἐοικέναι τὸν Πάριν φήσεις τῷ
ψόφῳ τῶν χειρῶν Πενθεσίλειαν παρ' αὐτὸν
καλοῦντι. ἔστι δὲ καὶ ἡ Πενθεσίλεια ὁρῶσα
ἐς τὸν Πάριν, τοῦ προσώπου δὲ ἔοικε τῷ νεύματι
ὑπερορᾶν τε αὐτὸν καὶ ἐν οὐδενὸς τίθεσθαι λόγῳ·
τὸ δὲ σχῆμά ἐστι τῇ Πενθεσιλείᾳ παρθένος
τόξον ἔχουσα τοῖς Σκυθικοῖς ἐμφερὲς καὶ παρ-
9 δάλεως δέρμα ἐπὶ τῶν ὤμων. αἱ δὲ ὑπὲρ τὴν
Πενθεσίλειαν φέρουσαι μέν εἰσιν ὕδωρ ἐν κατεα-
γόσιν ὀστράκοις, πεποίηται δὲ ἡ μὲν ἔτι ὡραία
τὸ εἶδος, ἡ δὲ ἤδη τῆς ἡλικίας προήκουσα· ἰδίᾳ
μὲν δὴ οὐδὲν ἐπίγραμμα ἐπὶ ἑκατέρᾳ τῶν γυναι-
κῶν, ἐν κοινῷ δέ ἐστιν ἐπὶ ἀμφοτέραις εἶναι σφᾶς
10 τῶν οὐ μεμνημένων γυναικῶν. ἀνωτέρω τούτων

---

[1] Probably corrupt. ὁρῶν or Μηρηνῶν (one MSS. has
μηνῶν) has been suggested.

to the grave of Memnon, and sweep all that part of the tomb that is bare of trees or grass, and sprinkle it with the water of the Aesepus from their wet wings. Beside Memnon is depicted a naked Ethiopian boy, because Memnon was king of the Ethiopian nation. He came to Troy, however, not from Ethiopia, but from Susa in Persia and from the river Choaspes, having subdued all the peoples that lived between these and Troy. The Phrygians still point out the road through which he led his army, picking out the shortest routes. The road is divided up by halting-places.[1]

Beyond Sarpedon and Memnon is Paris, as yet beardless. He is clapping his hands like a boor, and you will say that it is as though Paris were calling Penthesileia to him by the noise of his hands. Penthesileia too is there, looking at Paris, but by the toss of her head she seems to show her disdain and contempt. In appearance Penthesileia is a maiden, carrying a bow like Scythian bows, and wearing a leopard's skin on her shoulders. The women beyond Penthesileia are carrying water in broken pitchers; one is depicted as in the bloom of youth, the other is already advanced in years. There is no separate inscription on either woman, but there is one common to the pair, which states that they are of the number of the uninitiated. Higher up than these is Callisto,

---

[1] With the suggested emendations : "is cut through the mountains " or "is cut through the territory of the people of Meros."

ἐστὶν ἡ Λυκάονος Καλλιστὼ καὶ Νομία τε καὶ
ἡ Νηλέως Πηρώ· ταύτης ἔδνα τῶν γάμων βοῦς
ὁ Νηλεὺς ἤτει τὰς Ἰφίκλου. τῇ Καλλιστοῖ δὲ
ἀντὶ μὲν στρωμνῆς ἐστι αὐτῇ δέρμα ἄρκτου,
τοὺς πόδας δὲ ἐν τοῖς Νομίας γόνασιν ἔχει κει-
μένους. ἐδήλωσε δέ μοι τὰ πρότερα τοῦ λόγου
φάναι τοὺς Ἀρκάδας Νομίαν εἶναι ἐπιχώριον
νύμφην· τὰς νύμφας δὲ εἶναι πολὺν μέν τινα
ἀριθμὸν βιούσας ἐτῶν, οὐ μέντοι παράπαν γε
ἀπηλλαγμένας θανάτου, ποιητῶν ἐστιν ἐς αὐτὰς
λόγος.

Μετὰ δὲ τὴν Καλλιστὼ καὶ ὅσαι σὺν ἐκείνῃ
γυναῖκες, κρημνοῦ τε σχῆμά ἐστι καὶ ὁ Αἰόλου
Σίσυφος ἀνῶσαι πρὸς τὸν κρημνὸν βιαζόμενος
11 τὴν πέτραν. ἔστι δὲ καὶ πίθος ἐν τῇ γραφῇ,
πρεσβύτης δὲ ἄνθρωπος, ὁ δὲ ἔτι παῖς, καὶ
γυναῖκες, νέα μὲν ὑπὸ τῇ πέτρᾳ, παρὰ δὲ τὸν
πρεσβύτην ἐοικυῖα ἐκείνῳ τὴν ἡλικίαν· οἱ μὲν
δὴ ἄλλοι φέρουσιν ὕδωρ, τῇ δὲ γραῒ κατεᾶχ-
θαι τὴν ὑδρίαν εἰκάσεις· ὅσον δὲ ἐν τῷ ὀστράκῳ
λοιπὸν ἦν τοῦ ὕδατος, ἐκχέουσά ἐστιν αὖθις ἐς
τὸν πίθον. ἐτεκμαιρόμεθα δ' εἶναι καὶ τούτους
τῶν τὰ δρώμενα Ἐλευσῖνι ἐν οὐδενὶ θεμένων λόγῳ·
οἱ γὰρ ἀρχαιότεροι τῶν Ἑλλήνων τελετὴν τὴν
Ἐλευσινίαν πάντων ὁπόσα ἐς εὐσέβειαν ἥκει
τοσούτῳ ἦγον ἐντιμότερον ὅσῳ καὶ θεοὺς ἐπί-
προσθεν ἡρώων.

12 Ὑπὸ τούτῳ δὲ τῷ πίθῳ Τάνταλος καὶ ἄλλα
ἔχων ἐστὶν ἀλγεινὰ ὁπόσα Ὅμηρος ἐπ' αὐτῷ
πεποίηκεν, ἐπὶ δὲ αὐτοῖς πρόσεστιν οἱ καὶ τὸ
ἐκ τοῦ ἐπηρτημένου λίθου δεῖμα. Πολύγνωτος
μὲν δῆλός ἐστιν ἐπακολουθήσας τῷ Ἀρχιλόχου

daughter of Lycaon, Nomia, and Pero, daughter of Neleus. As her bride-price Neleus asked for the oxen of Iphiclus. Instead of a mattress, Callisto has a bearskin, and her feet are lying on Nomia's knees. I have already mentioned that the Arcadians say that Nomia [1] is a nymph native to their country. The poets say that the nymphs live for a great number of years, but are not altogether exempt from death.

After Callisto and the women with her is the form of a cliff, and Sisyphus, the son of Aeolus, is trying his hardest to push the rock up it. There is also in the painting a jar, and an old man, with a boy and two women. One of these, who is young, is under the rock; the other is beside the old man and of a like age to his. The others are carrying water, but you will guess that the old woman's water-jar is broken. All that remains of the water in the sherd she is pouring out again into the jar. We inferred that these people too were of those who had held of no account the rites at Eleusis. For the Greeks of an earlier period looked upon the Eleusinian mysteries as being as much higher than all other religious acts as gods are higher than heroes.

Under this jar is Tantalus, enduring all the pains that Homer [2] speaks of, and in addition the terror of the stone that hangs over him. Polygnotus has plainly followed the account of Archilochus, but I

[1] See Book VIII. xxxviii. 11.
[2] Homer, *Odyssey* xi. 582.

λόγῳ· Ἀρχίλοχος δὲ οὐκ οἶδα εἴτε ἐδιδάχθη
παρὰ ἄλλων τὰ ἐς τὸν λίθον εἴτε καὶ αὐτὸς ἐς
τὴν ποίησιν ἐσηνέγκατο.

Τοσαύτη μὲν πλῆθος καὶ εὐπρεπείας ἐς το-
σοῦτόν ἐστιν ἤκουσα ἡ τοῦ Θασίου γραφή·

XXXII. Τοῦ περιβόλου δὲ τοῦ ἱεροῦ θέατρον
ἔχεται θέας ἄξιον, ἐπαναβάντι δὲ ἐκ τοῦ περι-
βόλου . . . Διονύσου δὲ ἄγαλμα ἐνταῦθα Κνιδίων
ἐστὶν ἀνάθημα. στάδιον δέ σφισιν ἀνωτάτω τῆς
πόλεώς ἐστιν· ἐπεποίητο δὲ ἐκ τῆς πέτρας
τοῦτο[1] ὁποῖαι περὶ τὸν Παρνασσὸν εἰσιν αἱ
πολλαί, ἄχρις Ἀθηναῖος Ἡρώδης λίθῳ τῷ
Πεντελῆσιν αὐτὸ μετεκόσμησεν.

Τὰ μὲν δὴ ἀνήκοντα ἐς συγγραφὴν τοσαῦτά
τε καὶ τοιαῦτα κατ' ἐμὲ ἦν τὰ λειπόμενα ἐν
2 Δελφοῖς· ἰόντι δὲ ἐκ Δελφῶν ἐπὶ τὰ ἄκρα τοῦ
Παρνασσοῦ, σταδίοις μὲν ὅσον ἐξήκοντα ἀπω-
τέρω Δελφῶν ἐστιν ἄγαλμα χαλκοῦν, καὶ ῥᾴων
εὐζώνῳ ἀνδρὶ ἢ ἡμιόνοις τε καὶ ἵπποις ἐπὶ τὸ
ἄντρον ἐστὶν ἄνοδος τὸ Κωρύκιον· τούτῳ δὲ τῷ
ἄντρῳ γενέσθαι τὸ ὄνομα ἀπὸ νύμφης Κωρυκίας
ἐδήλωσα ὀλίγον τι ἔμπροσθεν· σπηλαίων δὲ
ὧν εἶδον θέας ἄξιον μάλιστα ἐφαίνετο εἶναί μοι.
3 ὅσα μὲν γὰρ ἐπί τε αἰγιαλοῖς καὶ ἀγχιβαθεῖ τῇ
θαλάσσῃ, τούτων μὲν οὐδὲ ἀριθμὸν ἄν τις ἐθέλων
ἐξεύροι, ὀνομαστότατα δὲ ἔν τε Ἕλλησι καὶ ἐν
γῇ τῇ βαρβάρων ἐστί· Φρύγες οἱ ἐπὶ ποταμῷ
Πεγκέλᾳ, τὰ δὲ ἄνωθεν ἐξ Ἀρκαδίας καὶ Ἀζάνων
ἐς ταύτην ἀφικόμενοι τὴν χώραν, δεικνύουσιν
ἄντρον καλούμενον Στεῦνος περιφερές τε καὶ
ὕψους ἔχον εὐπρεπῶς· Μητρὸς δέ ἐστιν ἱερόν,
4 καὶ ἄγαλμα Μητρὸς πεποίηται. Θεμισώνιον

554

do not know whether Archilochus borrowed from others the story of the stone or whether it was an invention of his that he introduced into his poem.

So great is the number of the figures and so many are their beauties, in this painting of the Thasian artist.

XXXII. Adjoining the sacred enclosure is a theatre worth seeing, and on coming up from the enclosure . . . and here is an image of Dionysus, dedicated by the Cnidians. The Delphian race-course is on the highest part of their city. It was made of the stone that is most common about Parnassus, until Herodes the Athenian rebuilt it of Pentelic marble. Such in my day the objects remaining in Delphi that are worth recording. On the way from Delphi to the summit of Parnassus, about sixty stades distant from Delphi, there is a bronze image. The ascent to the Corycian cave is easier for an active walker than it is for mules or horses. I mentioned a little earlier in my narrative[1] that this cave was named after a nymph called Corycia, and of all the caves I have ever seen this seemed to me the best worth seeing. It would be impossible to discover even the mere number of caves whose entrances face the beach or the deep sea, but the most famous ones in Greek or in foreign lands are the following. The Phrygians on the river Pencelas, and those who came to this land originally from the Azanians in Arcadia, show visitors a cave called Steunos, which is round, and handsome in its loftiness. It is sacred to the Mother, and there is an image of her. Themisonium

---

[1] See chapter vi. § 3 of this Book.

---

[1] In the MSS. τοῦτο comes after πόλεως.

δὲ τὸ ὑπὲρ Λαοδικείας Φρύγες μὲν καὶ τοῦτο
οἰκοῦσιν· ὅτε δὲ ὁ Γαλατῶν στρατὸς ἔφερε καὶ
ἦγεν Ἰωνίαν καὶ Ἰωνίας τὰ ὅμορα, οἱ Θεμισωνεῖς
φασιν αὑτοῖς Ἡρακλέα βοηθὸν καὶ Ἀπόλλωνα
γενέσθαι καὶ Ἑρμῆν· τούτους γὰρ τοῖς τὰς ἀρχὰς
ἔχουσιν ἄντρον τε δι' ὀνειράτων δεῖξαι καὶ ἀπο-
κρυφθῆναι Θεμισωνεῦσι καὶ γυναιξὶν αὐτῶν καὶ
5 παισὶν ἐς τοῦτο προστάξαι τὸ ἄντρον. καὶ ἐπὶ
τούτῳ πρὸ τοῦ σπηλαίου σφισὶν ἀγάλματα οὐ
μεγάλα ἐστὶν Ἡρακλέους καὶ Ἑρμοῦ τε καὶ
Ἀπόλλωνος, Σπηλαῖται καλούμενοι· τὸ δὲ ἀπέχει
ὅσον τριάκοντα τοῦ ἄστεως σταδίους, ὕδατος
δέ εἰσιν ἐν αὐτῷ πηγαί· οὔτε δὲ ἔσοδος ἐς αὐτὸ
φέρει οὔτε ἐπὶ πολὺ ἡ αὐγὴ δίεισι τοῦ ἡλίου, τοῦ τε
ὀρόφου τὰ πλείονα ἐγγυτάτω τοῦ ἐδάφους γίνεται.
6 ἔστι δὲ καὶ τοῖς ἐπὶ ποταμῷ Ληθαίῳ Μάγνησιν
Αὐλαὶ[1] καλούμενον χωρίον· ἐνταῦθα Ἀπόλλωνι
ἀνεῖται σπήλαιον, μεγέθους μὲν εἵνεκα οὐ πολλοῦ
θαύματος, τὸ δὲ ἄγαλμα τοῦ Ἀπόλλωνος τὰ
μάλιστα ἀρχαῖον καὶ ἰσχὺν ἐπὶ ἔργῳ παρέχεται
παντί· καὶ αὐτῷ ἄνδρες ἱεροὶ κατὰ κρημνῶν τε
ἀποτόμων καὶ πετρῶν πηδῶσιν ὑψηλῶν καὶ
ὑπερμήκη δένδρα ἐριπόντες ἐκ ῥιζῶν κατὰ τὰ
στενώτατα τῶν ἀτραπῶν ὁμοῦ τοῖς ἄχθεσιν
7 ὁδεύουσι. τὸ δὲ ἄντρον τὸ Κωρύκιον μεγέθει
τε ὑπερβάλλει τὰ εἰρημένα καὶ ἔστιν ἐπὶ πλεῖσ-
τον ὁδεῦσαι δι' αὐτοῦ καὶ ἄνευ λαμπτήρων· ὅ τε
ὄροφος ἐς αὐταρκὲς ἀπὸ τοῦ ἐδάφους ἀνέστηκε,
καὶ ὕδωρ τὸ μὲν ἀνερχόμενον ἐκ πηγῶν, πλέον
δὲ ἔτι ἀπὸ τοῦ ὀρόφου στάζει, ὥστε καὶ δῆλα
ἐν τῷ ἐδάφει σταλαγμῶν τὰ ἴχνη διὰ παντός
ἐστι τοῦ ἄντρου. ἱερὸν δὲ αὐτὸ οἱ περὶ τὸν

above Laodiceia is also inhabited by Phrygians.
When the army of the Gauls was laying waste Ionia
and the borders of Ionia, the Themisonians say that
they were helped by Heracles, Apollo and Hermes,
who revealed to their magistrates in dreams a cave,
and commanded that in it should be hidden the
Themisonians with their wives and children. This
is the reason why in front of the cave they have set
up small images, called Gods of the Cave, of Heracles,
Hermes and Apollo. The cave is some thirty stades
distant from the city, and in it are springs of water.
There is no entrance to it, the sunlight does not
reach very far, and the greater part of the roof lies
quite close to the floor. There is also near Magnesia
on the river Lethaeüs a place called Aulae (*Halls*),[1]
where there is a cave sacred to Apollo, not very
remarkable for its size, but the image of Apollo is
very old indeed, and bestows strength equal to any
task. The men sacred to the god leap down from
sheer precipices and high rocks, and uprooting trees
of exceeding height walk with their burdens down
the narrowest of paths. But the Corycian cave
exceeds in size those I have mentioned, and it is
possible to make one's way through the greater part
of it even without lights. The roof stands at a
sufficient height from the floor, and water, rising in
part from springs but still more dripping from the
roof, has made clearly visible the marks of drops on
the floor throughout the cave. The dwellers around

---

[1] Αὐλαί Wilamowitz: ὕλαι MSS.

Παρνασσὸν Κωρυκίων τε εἶναι Νυμφῶν καὶ
Πανὸς μάλιστα ἥγηνται. ἀπὸ δὲ τοῦ Κωρυκίου
χαλεπὸν ἤδη καὶ ἀνδρὶ εὐζώνῳ πρὸς τὰ ἄκρα
ἀφικέσθαι τοῦ Παρνασσοῦ· τὰ δὲ νεφῶν τέ
ἐστιν ἀνωτέρω τὰ ἄκρα καὶ αἱ Θυιάδες ἐπὶ
τούτοις τῷ Διονύσῳ καὶ τῷ Ἀπόλλωνι μαίνον-
ται.

8 Τιθορέα δὲ ἀπωτέρω Δελφῶν ὀγδοήκοντα ὡς
εἰκάσαι σταδίοις ἐστὶ καὶ ἑκατὸν [1] ἰόντι τὴν διὰ
τοῦ Παρνασσοῦ· τὴν δὲ οὐ πάντα ὀρεινήν, ἀλλὰ
καὶ ὀχήμασιν ἐπιτήδειον πλεόνων ἔτι ἐλέγετο
εἶναι σταδίων. διάφορα ἐς τὸ ὄνομα οἶδα τῆς
πόλεως Ἡροδότῳ τε εἰρημένα ἐν ἐπιστρατείᾳ
9 τοῦ Μήδου καὶ Βάκιδι ἐν χρησμοῖς. Βάκις μέν
γε Τιθορέας τοὺς ἐνθάδε ἐκάλεσεν ἀνθρώπους·
Ἡροδότου δὲ ὁ ἐς αὐτοὺς λόγος ἐπιόντος φησὶ
τοῦ βαρβάρου τοὺς ἐνταῦθα οἰκοῦντας ἀναφυγεῖν
ἐς τὴν κορυφήν, ὄνομα δὲ Νεῶνα μὲν τῇ πόλει,
Τιθορέαν δὲ εἶναι τοῦ Παρνασσοῦ τῇ ἄκρᾳ.
ἔοικεν οὖν ἀνὰ χρόνον πρῶτα μὲν δὴ τῇ ἁπάσῃ
χώρᾳ, μετὰ δὲ ταῦτα, ἐπειδὴ ἀνῳκίσθησαν ἀπὸ
τῶν κωμῶν, ἐκνικῆσαι καὶ ἐπὶ τῇ πόλει Τιθορέαν
μηδὲ ἔτι Νεῶνα ὀνομάζεσθαι· Τιθορέα δὲ οἱ
ἐπιχώριοι τεθῆναί φασιν [2] ἀπὸ Τιθορέας νύμφης,
οἷαι τὸ ἀρχαῖον λόγῳ τῷ ποιητῶν ἐφύοντο ἀπό
τε ἄλλων δένδρων καὶ μάλιστα ἀπὸ τῶν δρυῶν.
10 γενεᾷ δὲ ἢ με γενέσθαι μιᾷ πρότερον ἐς τὸ χεῖρον
ἔτρεψεν ὁ δαίμων τὰ ἐν τῇ Τιθορέᾳ. θεάτρου
μὲν δὴ κατασκευὴ καὶ περίβολός ἐστιν ἀγορᾶς
ἀρχαιοτέρας· τὰ δὲ τῶν ἐν τῇ πόλει μάλιστα ἐς

---

[1] καὶ ἑκατὸν added to the MSS. by Heberdey.
[2] Some think that ὄνομα has fallen out here.

Parnassus believe it to be sacred to the Corycian nymphs, and especially to Pan. From the Corycian cave it is difficult even for an active walker to reach the heights of Parnassus. The heights are above the clouds, and the Thyiad women rave there in honour of Dionysus and Apollo.

Tithorea is, I should guess, about one hundred and eighty stades distant from Delphi on the road across Parnassus. This road is not mountainous throughout, being fit even for vehicles, but was said to be several stades longer. I am aware that Herodotus [1] in his account of the Persian invasion gives the town a different name from that given to it in the oracles of Bacis. For Bacis called the inhabitants Tithoreans, but the account of them in Herodotus states that during the advance of the barbarian the people dwelling here fled up to the summit, and that the city's name was Neon, Tithorea being the name of the peak of Parnassus. It appears, then, that at first Tithorea was the name applied to the whole district; but in course of time, when the people migrated from the villages, the city too came to be called Tithorea, and not Neon any longer. The natives say that Tithorea was so called after a nymph of the same name, one of those who in days of old, according to the story of the poets, grew out of trees and especially out of oaks. One generation before I was born heaven made the fortunes of Tithorea decay. There are the buildings of a theatre, and the enclosure of a rather ancient market-place. The most noteworthy objects in

---

[1] Herodotus viii. 32.

μνήμην ¹ ἥκοντα Ἀθηνᾶς ἐστιν ἄλσος καὶ ναός
τε καὶ ἄγαλμα· καὶ Ἀντιόπης μνῆμά ἐστι καὶ
Φώκου. καί μοι τοῦ λόγου τὰ ἔχοντα ἐς Θη-
βαίους ἐδήλωσε μὲν ὡς ἡ Ἀντιόπη δι᾽ ὀργὴν
ἐκ Διονύσου μανείη, καὶ κατὰ αἰτίαν ἥντινα
11 ἐπεσπάσατο ἐκ τοῦ θεοῦ τὸ μήνιμα, ἐδήλωσε δὲ
καὶ ὡς ἐρασθέντι Φώκῳ τῷ Ὀρνυτίωνος συνῴ-
κησε καὶ τέθαπται ὁμοῦ τῷ Φώκῳ, καὶ Βάκιδι
ὁποῖά ἐστι τῷ χρησμολόγῳ κοινὰ ἐς τοῦτον τὸν
τάφον καὶ ἐς τὸν Ζήθου τε ἐν Θήβαις καὶ
Ἀμφίονος. τὰ μὲν δὴ ἐς συγγραφὴν τῶν ἐν τῷ
πολίσματι ὅτι μὴ τὰ εἰρημένα ἄλλο ἦν οὐδέν,
ποταμὸς δὲ παρὰ τῶν Τιθορέων ῥέων τὴν πόλιν
ποτὸν σφισι γίνεται καταβαίνουσί τε ἐπὶ τὴν
ὄχθην καὶ ἀρυομένοις τὸ ὕδωρ· ὄνομα δέ ἐστιν
αὐτῷ Καχάλης.

12 Σταδίοις δὲ ἀπωτέρω Τιθορέας ἑβδομήκοντα
ναός ἐστιν Ἀσκληπιοῦ, καλεῖται δὲ Ἀρχαγέτας·
τιμὰς δὲ παρὰ αὐτῶν ἔχει Τιθορέων καὶ ἐπ᾽ ἴσης
παρὰ Φωκέων τῶν ἄλλων. ἐντὸς μὲν δὴ τοῦ
περιβόλου τοῖς τε ἱκέταις καὶ ὅσοι τοῦ θεοῦ
δοῦλοι, τούτοις μὲν ἐνταῦθά εἰσι καὶ οἰκήσεις·
ἐν μέσῳ δὲ ὅ τε ναὸς καὶ ἄγαλμα λίθου πε-
ποιημένον, γένεια ἔχον μέγεθος καὶ ὑπὲρ δύο
πόδας. ² κλίνη δὲ ἐν δεξιᾷ κεῖται τοῦ ἀγάλμα-
τος, θύειν δὲ αὐτῷ τὰ πάντα ὁμοίως νομίζουσι
πλὴν αἰγῶν.

13 Τοῦ δὲ Ἀσκληπιοῦ περὶ τεσσαράκοντα ἀπέχει
σταδίους περίβολος καὶ ἄδυτον ἱερὸν Ἴσιδος,
ἁγιώτατον ὁπόσα Ἕλληνες θεῷ τῇ Αἰγυπτίᾳ
πεποίηνται· οὔτε γὰρ περιοικεῖν ἐνταῦθα οἱ

---

¹ In the MSS. ἐς μνήμην comes before Ἀντιόπης.

the city are the grove, temple and image of Athena.
There is also the tomb of Antiope and Phocus. I
have already in my account of Thebes mentioned [1]
how Antiope went mad because of the wrath of
Dionysus, and the reason why she brought on her-
self the anger of the god; I have also told how
Phocus, the son of Ornytion, fell in love with her,
how she married him and is buried with him, and
what Bacis the soothsayer says about this grave in
common with that of Zethus and Amphion at Thebes.
I found nothing else remarkable in the town except
what I have already mentioned. Running past the
city of Tithorea is a river that gives the inhabi-
tants drinking-water. They go down to the bank
and draw the water up. The name of the river
is Cachales.

Seventy stades distant from Tithorea is a temple
of Asclepius, called Archagetas (*Founder*). He re-
ceives divine honours from the Tithoreans, and
no less from the other Phocians. Within the
precincts are dwellings for both the suppliants of
the god and his servants. In the middle is the
temple of the god and an image made of stone,
having a beard more than two feet long. A couch
is set on the right of the image. It is usual to
sacrifice to the god any animal except the goat.

About forty stades distant from Asclepius is a
precinct and shrine sacred to Isis, the holiest of all
those made by the Greeks for the Egyptian goddess.
For the Tithoreans think it wrong to dwell round

[1] See Book IX. xvii. 6.

---

[2] Some mark a lacuna after ἔχον. Others put a comma at
ἔχον and for δύο read δυοκαίδεκα.

Τιθορεεῖς νομίζουσιν οὔτε ἔσοδος ἐς τὸ ἄδυτον
ἄλλοις γε ἢ ἐκείνοις ἐστὶν οὓς ἂν αὐτὴ προτι-
μήσασα ἡ Ἶσις καλέσῃ σφᾶς δι' ἐνυπνίων. τὸ
δὲ αὐτὸ καὶ ἐν ταῖς ὑπὲρ Μαιάνδρου πόλεσι θεοὶ
ποιοῦσιν οἱ καταχθόνιοι· οὓς γὰρ ἂν ἐς τὰ
ἄδυτα ἐσιέναι θελήσωσιν, ἀποστέλλουσιν αὐτοῖς
14 ὀνειράτων ὄψεις. ἐν δὲ τῇ Τιθορέων καὶ δὶς
ἑκάστου τοῦ ἔτους τῇ Ἴσιδι πανήγυριν ἄγουσι,
τὴν μὲν τῷ ἦρι, τὴν δὲ μετοπωρινήν· τρίτῃ δὲ
ἡμέρᾳ πρότερον καθ' ἑκατέραν τῶν πανηγύρεων,
ὅσοις ἐστὶν ἐσελθεῖν ἄδεια, τὸ ἄδυτον ἐκκαθαί-
ρουσι τρόπον τινὰ ἀπόρρητον, καὶ δὴ καὶ τῶν
ἱερείων ἃ ἐπὶ τῆς προτέρας ἐνεβλήθη πανηγύ-
ρεως, τούτων ὁπόσα ἂν ὑπολειπόμενα εὕρωσι
κομίζουσιν ἐς τὸ αὐτὸ ἀεὶ χωρίον καὶ κατορύσ-
σουσιν ἐνταῦθα· δύο τε ἀπὸ τοῦ ἀδύτου στάδια
15 ἐτεκμαιρόμεθα ἐς τοῦτο εἶναι τὸ χωρίον. ταύτῃ
μὲν δὴ τῇ ἡμέρᾳ τοσαῦτα περὶ τὸ ἱερὸν δρῶσι,
τῇ δὲ ἐπιούσῃ σκηνὰς οἱ καπηλεύοντες ποιοῦνται
καλάμου τε καὶ ἄλλης ὕλης αὐτοσχεδίου. τῇ
τελευταίᾳ δὲ τῶν τριῶν πανηγυρίζουσι πιπρά-
σκοντες καὶ ἀνδράποδα καὶ κτήνη τὰ πάντα, ἔτι
16 δὲ ἐσθῆτας καὶ ἄργυρον καὶ χρυσόν· μετὰ δὲ
μεσοῦσαν τὴν ἡμέραν τρέπονται πρὸς θυσίαν.
θύουσι δὲ καὶ βοῦς καὶ ἐλάφους οἱ εὐδαιμονέ-
στεροι, ὅσοι δέ εἰσιν ἀποδέοντες πλούτῳ, καὶ
χῆνας καὶ ὄρνιθας τὰς μελεαγρίδας· οἰσὶ δὲ ἐς
τὴν θυσίαν οὐ νομίζουσιν οὐδὲ ὑσὶ χρῆσθαι καὶ
αἰξίν. ὅσοις μὲν δὴ καθαγίσασι[1] τὰ ἱερεῖα ἐς
τὸ ἄδυτον ἀποστεῖλαι . . . πεποιημένους ἀρχήν,
καθελίξαι δεῖ σφᾶς τὰ ἱερεῖα λίνου τελαμῶσιν
ἢ βύσσου· τρόπος δὲ τῆς σκευασίας ἐστὶν ὁ

about it, and no one may enter the shrine except those whom Isis herself has honoured by inviting them in dreams. The same rule is observed in the cities above the Maeander by the gods of the lower world; for to all whom they wish to enter their shrines they send visions seen in dreams. In the country of the Tithoreans a festival in honour of Isis is held twice each year, one in spring and the other in autumn. On the third day before each of the feasts those who have permission to enter cleanse the shrine in a certain secret way, and also take and bury, always in the same spot, whatever remnants they may find of the victims thrown in at the previous festival. We estimated that the distance from the shrine to this place was two stades. So on this day they perform these acts about the sanctuary, and on the next day the small traders make themselves booths of reeds or other improvised material. On the last of the three days they hold a fair, selling slaves, cattle of all kinds, clothes, silver and gold. After mid-day they turn to sacrificing. The more wealthy sacrifice oxen and deer, the poorer people geese and guinea fowl. But it is not the custom to use for the sacrifice sheep, pigs or goats. Those whose business it is to burn the victims [1] and send them into the shrine . . . having made a beginning must wrap the victims in bandages of coarse or fine linen; the mode of preparing is the Egyptian. All

---

[1] This scarcely makes sense, and the emendation of Kayser is ingenious: "Those whom Isis has invited to send the victims."

---

[1] ὅσους μὲν ἂν καλέσῃ ἡ Ἶσις Kayser.

17 Αἰγύπτιος. πομπεύει τε δὴ πάντα ὅσα ἔθυσαν
καὶ οἱ μὲν ἐς τὸ ἄδυτον τὰ ἱερεῖα ἐσπέμπουσιν,
οἱ δὲ ἔμπροσθε τοῦ ἀδύτου καθαγίζουσι[1] τὰς
σκηνὰς καὶ ἀποχωροῦσιν αὐτοὶ σπουδῇ. καὶ
φασί ποτε ἄνθρωπον οὐ τῶν καταβαινόντων ἐς
τὸ ἄδυτον, βέβηλον δέ, ἡνίκα ἤρχετο ἡ πυρὰ
καίεσθαι, τηνικαῦτα ἐσελθεῖν ἐς τὸ ἄδυτον ὑπὸ
πολυπραγμοσύνης τε καὶ τόλμης· καί οἱ πάντα
ἀνάπλεα εἰδώλων φαίνεσθαι, καὶ ἀναστρέψαι
μὲν αὐτὸν ἐς τὴν Τιθορέαν, διηγησάμενον δὲ ἃ
18 ἐθεάσατο ἀφεῖναι τὴν ψυχήν. ἐοικότα δὲ ἀνδρὸς
ἤκουσα Φοίνικος, ἄγειν τῇ Ἴσιδι Αἰγυπτίους τὴν
ἑορτήν, ὅτε αὐτὴν τὸν Ὄσιριν πενθεῖν λέγουσι·
τηνικαῦτα δὲ καὶ ὁ Νεῖλος ἀναβαίνειν σφίσιν
ἄρχεται, καὶ τῶν ἐπιχωρίων πολλοῖς ἐστιν
εἰρημένα ὡς τὰ αὔξοντα τὸν ποταμὸν καὶ ἄρδειν
τὰς ἀρούρας ποιοῦντα δάκρυά ἐστι τῆς Ἴσιδος.
τότε οὖν τὸν Ῥωμαῖον, ὃς ἐπετέτραπτο Αἴγυπτον,
ἄνδρα ἔφη χρήμασιν ἀναπείσαντα ἐς τὸ ἄδυτον
καταπέμψαι τῆς Ἴσιδος τὸ ἐν Κόπτῳ· καὶ ὁ
ἐσπεμφθεὶς ἀνέστρεψε μὲν ἐκ τοῦ ἀδύτου, διηγη-
σάμενον δὲ ὁπόσα ἐθεάσατο καὶ τοῦτον αὐτίκα
ἐπυνθανόμην τελευτῆσαι. τὸ ἔπος οὖν ἀληθεύειν
ἔοικε τὸ Ὁμήρου, σὺν οὐδενὶ αἰσίῳ τοὺς θεοὺς τῷ
γένει τῶν ἀνθρώπων ἐναργῶς ὁρᾶσθαι.

19 Τὸ δὲ ἔλαιον τὸ ἐν τῇ Τιθορέων ἀποδεῖ μὲν
πλήθει τοῦ τε Ἀττικοῦ καὶ τοῦ Σικυωνίου, χρόᾳ
δὲ ὑπερβάλλει καὶ ἡδονῇ τὸ Ἰβηρικὸν καὶ τὸ
ἐκ τῆς νήσου τῆς Ἱστρίας· καὶ μύρα τε ἀπ'
αὐτοῦ παντοῖα ἑψοῦσι καὶ τὸ ἔλαιον ὡς βασιλέα
ἄγουσιν.

XXXIII. Ἑτέρα δὲ ἐκ Τιθορέας ὁδὸς ἡ ἐπὶ

that they have devoted to sacrifice are led in procession; some send the victims into the shrine, while others burn the booths before the shrine and themselves go away in haste. They say that once a profane man, who was not one of those descending into the shrine, when the pyre began to burn, entered the shrine to satisfy his rash inquisitiveness. It is said that everywhere he saw ghosts, and on returning to Tithorea and telling what he had seen he departed this life. I have heard a similar story from a man of Phoenicia, that the Egyptians hold the feast for Isis at a time when they say she is mourning for Osiris. At this time the Nile begins to rise, and it is a saying among many of the natives that what makes the river rise and water their fields is the tears of Isis. At that time then, so said my Phoenician, the Roman governor of Egypt bribed a man to go down into the shrine of Isis in Coptus. The man despatched into the shrine returned indeed out of it, but after relating what he had seen, he too, so I was told, died immediately. So it appears that Homer's verse [1] speaks the truth when it says that it bodes no good to man to see godhead face to face.

The olive oil of Tithorea is less abundant than Attic or Sicyonian oil, but in colour and pleasantness it surpasses Iberian oil and that from the island of Istria. They distil all manner of unguents from the oil, and also send it to the Emperor.

XXXIII. Another road from Tithorea is the one

[1] Homer, *Iliad* xx. 131.

---

[1] Here Kayser would add περί.

Λέδοντά ἐστιν· πόλις δέ ποτε ἐνομίζετο καὶ αὕτη,
κατ᾽ ἐμὲ δὲ ὑπὸ ἀσθενείας ἐξελελοίπεσαν οἱ
Λεδόντιοι τὴν πόλιν, καὶ ἄνθρωποι περὶ ἑβδο-
μήκοντα οἱ οἰκοῦντες ἦσαν ἐπὶ τῷ Κηφισῷ·
Λέδων δ᾽ οὖν ὄνομα ταῖς οἰκήσεσίν ἐστιν αὐτῶν,
καὶ ἐς τὸν Φωκέων σύλλογον κοινὸν τελεῖν
ἠξίωνται καὶ οὗτοι, καθάπερ γε καὶ οἱ Πανοπεῖς.
τῶν δὲ ἀνθρώπων οἳ οἰκοῦσιν ἐπὶ τῷ Κηφισῷ
τεσσαράκοντά ἐστιν ἀνωτέρω σταδίοις Λέδοντος
τῆς ἀρχαίας τὰ ἐρείπια, καὶ τὸ ὄνομα ἀπὸ
ἀνδρὸς λαβεῖν τὴν πόλιν φασὶν αὐτόχθονος.
2 κακῶν δὲ ἀπέλαυσαν μὲν ἀνιάτων καὶ ἄλλαι
πόλεις δι᾽ ἀδικίαν ἐπιχωρίων ἀνδρῶν· ἐς τελέαν
δὲ ἀπώλειαν ὤλισθον Ἴλιον μὲν διὰ τὴν ἐς
Μενέλαον ὕβριν τοῦ Ἀλεξάνδρου, Μιλήσιοι δὲ
διὰ τὸ ἐς τὰς ἐπιθυμίας Ἑστιαίου πρόχειρον καὶ
ἔρωτα ἄλλοτε μὲν τῆς ἐν Ἠδωνοῖς πόλεως, τοτὲ
δὲ εἶναι Δαρείου σύμβουλον, ἄλλοτε δὲ ἐπανή-
κειν ἐς Ἰωνίαν· καὶ δὴ καὶ Λεδοντίοις Φιλόμηλος
ἀσέβειαν τὴν ἑαυτοῦ δημοσίᾳ παρέσχε σφίσιν
ἀναμάξασθαι.
3 Λίλαια δὲ ἡμέρας μὲν ὁδὸν καὶ ὥρᾳ χειμῶνος
ἀπέχει Δελφῶν κατιοῦσι διὰ τοῦ Παρνασσοῦ,
στάδια δὲ ἐτεκμαιρόμεθα ὀγδοήκοντα εἶναι τῆς
ὁδοῦ καὶ ἑκατόν. τοὺς δὲ ἐνταῦθα ἀνθρώπους,
καὶ ἐπειδὴ ἀνῳκίσθη αὐτοῖς ἡ πόλις, ἀτύχημα
ἐκ Μακεδονίας δεύτερον σφᾶς ἔμελλεν ἐπιλή-
ψεσθαι. πολιορκηθέντες γὰρ ὑπὸ Φιλίππου τοῦ
Δημητρίου παρέστησαν κατὰ συνθήκας, καὶ
ἐσήχθη φρουρὰ σφίσιν ἐς τὴν πόλιν, ἕως οὗ
ἀνὴρ ἐπιχώριος—ὄνομα δέ οἱ ἦν Πάτρων—τούς
τε ἐν ἡλικίᾳ τῶν πολιτῶν συνέστησεν ἐπὶ τὴν

that leads to Ledon. Once Ledon also was considered a city, but in my day the Ledontians owing to their weakness had abandoned the city, and the dwellers on the Cephisus were about seventy people. Still the name of Ledon is given to their dwellings, and the citizens, like the Panopeans, have the right to be represented at the general assembly of the Phocians. The ruins of the ancient Ledon are forty stades farther up from these dwellers on the Cephisus. They say that the city took its name from an aboriginal. Other cities have incurred incurable harm through the sin of their own citizens, but Troy's ruin was complete when it fell through the outrage that Alexander committed against Menelaüs, and Miletus through the lack of control shown by Histiaeüs, and his passionate desire, now to possess the city in the land of the Edonians, now to be admitted to the councils of Dareius, and now to go back to Ionia. Again, Philomelus brought on the community of Ledon the punishment to be paid for the crime of his own impiety.

Lilaea is a winter day's journey distant from Delphi; we estimated the length of the road, which goes across and down Parnassus, to be one hundred and eighty stades. Even after their city had been restored, its inhabitants were fated to suffer a second disaster at the hands of the Macedonians. Besieged by Philip, the son of Demetrius, they made terms and surrendered, and a garrison was brought into the city, until a native of the city, whose name was Patron, united against the garrison those of the citizens who were of military age, conquered the

567

φρουρὰν καὶ κρατήσας τοὺς Μακεδόνας μάχῃ
ἠνάγκασεν ἀπελθεῖν σφᾶς ὑποσπόνδους· Λιλαιεῖς
δὲ αὐτὸν ἀντὶ τῆς εὐεργεσίας ταύτης ἀνέθεσαν
4 ἐς Δελφούς. ἔστι δὲ ἐν Λιλαίᾳ θέατρον καὶ
ἀγορά τε καὶ λουτρά· ἔστι δὲ καὶ θεῶν ἱερὰ
Ἀπόλλωνος, τὸ δὲ Ἀρτέμιδος· ἀγάλματα δὲ
ὀρθὰ ἐργασίας τε τῆς Ἀττικῆς καὶ τῆς Πεντε-
λῆσι λιθοτομίας. Λίλαιαν δὲ τῶν καλουμένων
Ναΐδων καὶ θυγατέρα εἶναι τοῦ Κηφισοῦ καὶ
ἀπὸ τῆς νύμφης τὸ ὄνομα τεθῆναι τῇ πόλει φασί.
5 καὶ ὁ ποταμὸς ἐνταῦθα ἔχει τὰς πηγάς· ἄνεισι
δὲ ἐκ τῆς γῆς οὐ τὰ πάντα μεθ' ἡσυχίας, ἀλλ' ὡς
τὰ πλείω συμβαίνειν μεσούσης μάλιστα τῆς
ἡμέρας παρέχεται φωνὴν ἀνερχόμενος· εἰκάσαις
ἂν μυκωμένῳ ταύρῳ τὸν ἦχον τοῦ ὕδατος. ἔχει
δὲ ἡ Λίλαια καὶ πρὸς τὰς τοῦ ἔτους ὥρας μετο-
πώρου καὶ ἐν θέρει καὶ ἦρος ἐπιτηδείως· τὸν δὲ
χειμῶνα μὴ ὁμοίως ἤπιον γίνεσθαι κωλύει τὸ ὄρος
ὁ Παρνασσός.
6    Χαράδρα δὲ εἴκοσιν ἀπωτέρω σταδίοις ἐστὶν
ὑπὲρ ὑψηλοῦ κειμένη κρημνοῦ, καὶ ὕδατος οἱ
ἐνταῦθα σπανίζουσιν ἄνθρωποι, ποτὸν δέ σφισι
ποταμός ἐστι Χάραδρος κατερχομένοις ὅσον τρία
ἐπ' αὐτὸν στάδια· ἐκδίδωσι δὲ ἐς τὸν Κηφισόν,
καί μοι τὸ ὄνομα ἀπὸ τοῦ ποταμοῦ φαίνεται
τεθῆναι τοῦ Χαράδρου τῇ πόλει. Χαραδραίοις
δὲ Ἡρώων καλουμένων εἰσὶν ἐν τῇ ἀγορᾷ βωμοί,
καὶ αὐτοὺς οἱ μὲν Διοσκούρων, οἱ δὲ ἐπιχωρίων
7 εἶναί φασιν ἡρώων. γῆ δὲ διακεκριμένη ἀρίστη
τῆς Φωκίδος ἐστὶν ἡ παρὰ τὸν Κηφισὸν καὶ
φυτεῦσαι καὶ σπείρειν καὶ ἀνεῖναι νομάς· καὶ
γεωργεῖται ταῦτα μάλιστα τῆς χώρας, ὥστε καὶ

Macedonians in battle, and forced them to with-
draw under a truce. In return for this good deed
the Lilaeans dedicated his statue at Delphi. In
Lilaea are also a theatre, a market-place and baths.
There is also a sanctuary of Apollo, and one of
Artemis. The images are standing, of Attic work-
manship, and of marble from the Pentelic quarries.
They say that Lilaea was one of the Naïds, as they
are called, a daughter of the Cephisus, and that
after this nymph the city was named. Here the
river has its source. It is not always quiet when it
rises from the ground, but it usually happens that at
about mid-day it makes a noise as it wells up. You
could compare the roar of the water to the bellowing
of a bull. Lilaea has a temperate climate in autumn,
in summer, and in spring; but Mount Parnassus
prevents the winter from being correspondingly
mild.

Charadra is twenty stades distant, situated on
the top of a lofty crag. The inhabitants are badly
off for water; their drinking water is the river
Charadrus, and they have to go down about three
stades to reach it. This river is a tributary of the
Cephisus, and it seems to me that the town was
named after the Charadrus. In the market-place
at Charadra are altars of Heroes, as they are called,
said by some to be the Dioscuri, by others to be
local heroes. The land beside the Cephisus is dis-
tinctly the best in Phocis for planting, sowing and

λόγος ἐστὶ πόλιν μὲν Παραποταμίους μὴ ὀνομασ-
θῆναι, ἐπὶ δὲ τῶν παρὰ τὸν Κηφισὸν γεωργούντων
πεποιῆσθαι τὸ ἔπος,

οἵ τ' ἄρα πὰρ ποταμὸν Κηφισὸν δῖον ἔναιον.

8 τούτῳ τῷ λόγῳ διάφορα μὲν ἐν τῇ Ἡροδότου
συγγραφῇ, διάφορα δέ ἐστιν αὐτῷ καὶ ὅσα ἐπὶ
ταῖς νίκαις ταῖς Πυθικαῖς μνημονεύουσιν· Ἀμ-
φικτύονες γὰρ Πύθια ἐτίθεσαν πρῶτον, καὶ
Αἰχμέας Παραποτάμιος πυγμὴν ἐνίκησεν ἐν παι-
σίν· ὡσαύτως δὲ Ἡρόδοτος καταλέγων τὰς
πόλεις, ὅσας βασιλεὺς Ξέρξης τῶν ἐν Φωκεῦσιν
ἐνέπρησε, καὶ Παραποταμίους κατείλοχεν ἐν
αὐταῖς πόλιν. οὐ μέντοι οἱ Παραποτάμιοί γε
ὑπὸ Ἀθηναίων καὶ Βοιωτῶν ἀνῳκίσθησαν, ἀλλὰ
ἐς τὰς ἄλλας πόλεις οἱ ἄνθρωποι κατενεμήθησαν
ὑπό τε ἀσθενείας καὶ σπάνει χρημάτων.

Παραποταμίων μὲν δὴ οὔτε ἐρείπια ἔτι ἦν
οὔτε ἔνθα τῆς χώρας ᾠκίσθη ἡ πόλις μνημο-
9 νεύουσιν· ὁδὸς δὲ ἡ ἐς Ἀμφίκλειαν σταδίων ἐκ
Λιλαίας ἐστὶν ἑξήκοντα. ταύτην τὴν Ἀμφίκλειαν
ἐλυμήναντο οἱ ἐπιχώριοι τῷ ὀνόματι, καὶ Ἡρόδο-
τος μὲν Ἀμφίκαιαν ἐκάλεσεν ἑπόμενος τῷ ἀρχαιο-
τάτῳ τῶν λόγων, Ἀμφικτύονες δὲ δόγμα ἐπὶ τῇ
τῶν πόλεων ἀπωλείᾳ τῶν ἐν Φωκεῦσιν ἐξε-
νεγκόντες ὄνομα ἔθεντο αὐτῇ Ἀμφίκλειαν. οἱ δὲ
ἐπιχώριοι τοιάδε ἐπ' αὐτῇ λέγουσι· δυνάστην
ἄνδρα ἐπιβουλὴν ἐχθρῶν ὑποπτεύσαντα ἐς νή-
πιον παῖδα καταθέσθαι τὸν παῖδα ἐς ἀγγεῖον,
καὶ ἀποκρύψαι τῆς χώρας ἔνθα οἱ ἄδειαν ἔσεσθαι
πλείστην ἠπίστατο. λύκον μὲν δὴ ἐπιχειρεῖν τῷ

pasture. This part of the district, too, is the one most under cultivation, so that there is a saying that the verse,[1]

And they who dwelt beside the divine river Cephisus,

alludes, not to a city Parapotamii (*Riverside*), but to the farmers beside the Cephisus. The saying, however, is at variance with the history of Herodotus[2] as well as with the records of victories at the Pythian games. For the Pythian games were first held by the Amphictyons, and at this first meeting a Parapotamian of the name of Aechmeas won the prize in the boxing-match for boys. Similarly Herodotus, enumerating the cities that King Xerxes burnt in Phocis, includes among them the city of Parapotamii. However, Parapotamii was not restored by the Athenians and Boeotians, but the inhabitants, being poverty-stricken and few in number, were distributed among the other cities.

I found no ruins of Parapotamii left, nor is the site of the city remembered. The road from Lilaea to Amphicleia is sixty stades. The name of this Amphicleia has been corrupted by the native inhabitants. Herodotus, following the most ancient account, called it Amphicaea; but the Amphictyons, when they published their decree for the destruction of the cities in Phocis, gave it the name of Amphicleia. The natives tell about it the following story. A certain chief, suspecting that enemies were plotting against his baby son, put the child in a vessel, and hid him in that part of the land where he knew there would be most security. Now a wolf attacked

---

[1] Homer, *Iliad* ii. 522.     [2] See Herodotus viii. 33.

παιδί, δράκοντα δὲ ἰσχυρὰν ἔχειν τὴν φρουρὰν
10 ἐσπειραμένον περὶ τὸ ἀγγεῖον. ὡς δὲ ὁ πατὴρ
ἦλθε τοῦ παιδός, τὸν δράκοντα ἐπιβουλεῦσαι τῷ
παιδὶ ἐλπίζων ἀφίησι τὸ ἀκόντιον, καὶ ἐκεῖνόν
τε καὶ ὁμοῦ τῷ δράκοντι τὸν παῖδα ἀπέκτεινε·
διδαχθεὶς δὲ ὑπὸ τῶν ποιμαινόντων ὡς εὐεργέτην
καὶ φύλακα τοῦ παιδὸς ἀπεκτονὼς εἴη, πυρὰν τῷ
δράκοντι καὶ τῷ παιδὶ ἐποίησεν ἐν κοινῷ. τό τε
δὴ χωρίον ἐοικέναι καὶ ἐς τόδε καιομένῃ πυρᾷ
φασι καὶ ἀπὸ τοῦ δράκοντος ἐκείνου τὴν πόλιν
11 ἐθέλουσιν Ὀφιτείαν ὀνομασθῆναι. θέας δὲ μά-
λιστα ἄξια Διονύσῳ δρῶσιν ὄργια, ἔσοδος δὲ ἐς
τὸ ἄδυτον οὐκ ἔστι, οὐδὲ ἐν φανερῷ σφισιν
ἄγαλμα.[1] λέγεται δὲ ὑπὸ τῶν Ἀμφικλειέων
μάντιν τέ σφισι τὸν θεὸν τοῦτον καὶ βοηθὸν
νόσων καθεστηκέναι· τὰ μὲν δὴ νοσήματα αὐτοῖς
Ἀμφικλειεῦσι καὶ τοῖς προσοικοῦσιν ἰᾶται δι᾽
ὀνειράτων, πρόμαντις δὲ ὁ ἱερεύς ἐστι, χρᾷ δὲ ἐκ
τοῦ θεοῦ κάτοχος.

12 Ἀμφικλείας δὲ ἀπωτέρω σταδίοις πεντεκαί-
δεκά ἐστι Τιθρώνιον ἐν πεδίῳ κειμένη· παρέχεται
δὲ οὐδὲν ἐς μνήμην. ἐκ Τιθρωνίου δὲ εἴκοσιν ἐς
Δρυμαίαν στάδιοι· καθ᾽ ὅ τι δὲ αὕτη ἡ ὁδὸς καὶ ἡ
ἐς Δρυμαίαν ἐξ Ἀμφικλείας ἡ εὐθεῖα περὶ[2] τὸν
Κηφισὸν συμμίσγουσιν, ἔστιν Ἀπόλλωνος
Τιθρωνεῦσιν ἐνταῦθα ἄλσος τε καὶ βωμοί. πε-
ποίηται δὲ καὶ ναός· ἄγαλμα δὲ οὐκ ἔστιν.

Ἀπέχει δὲ Ἀμφικλείας ἡ Δρυμαία σταδίους
ὀγδοήκοντα ἀποτραπέντι ἐς ἀριστερά . . . κατὰ
Ἡροδότου τοὺς λόγους, Ναυβολεῖς δὲ τὰ ἀρχαιό-

---

[1] The MSS. have ἄδυτον οὐδὲ ἐν φανερῷ σφισιν ἄγαλμα οὐκ
ἔστι. Emended by Kayser.

the child, but a serpent coiled itself round the vessel, and kept up a strict watch. When the child's father came, supposing that the serpent had purposed to attack the child, he threw his javelin, which killed the serpent and his son as well. But being informed by the shepherds that he had killed the benefactor and protector of his child, he made one common pyre for both the serpent and his son. Now they say that even to-day the place resembles a burning pyre, maintaining that after this serpent the city was called Ophiteia. They celebrate orgies, well worth seeing, in honour of Dionysus, but there is no entrance to the shrine, nor have they any image that can be seen. The people of Amphicleia say that this god is their prophet and their helper in disease. The diseases of the Amphicleans themselves and of their neighbours are cured by means of dreams. The oracles of the god are given by the priest, who utters them when under the divine inspiration.

Fifteen stades away from Amphicleia is Tithronium, lying on a plain. It contains nothing remarkable. From Tithronium it is twenty stades to Drymaea. At the place where this road joins at the Cephisus the straight road from Amphicleia to Drymaea,[1] the Tithronians have a grove and altars of Apollo. There has also been made a temple, but no image.

Drymaea is eighty stades distant from Amphicleia, on the left . . . according to the account in Herodotus,[2] but in earlier days Naubolenses. The

---

[1] With the reading παρὰ: "joins the straight road from Amphicleia to Drymaea along the bank of the Cephisus."
[2] Herodotus viii. 33.

---

[2] παρὰ Schubart.

τερα· καὶ οἰκιστὴν οἱ ἐνταῦθα γενέσθαι σφίσι
Ναύβολον[1] Φώκου παῖδά φασι τοῦ Αἰακοῦ.
Δήμητρος δὲ Θεσμοφόρου Δρυμαίοις ἱερόν ἐστιν
ἀρχαῖον, καὶ ἄγαλμα ὀρθὸν λίθου πεποίηται, καὶ
αὐτῇ Θεσμοφόρια ἑορτὴν ἄγουσιν ἐπέτειον.

XXXIV. Ἐλάτεια δὲ τῶν ἐν Φωκεῦσι μεγίστη
πόλεών ἐστι τῶν ἄλλων μετά γε τοὺς Δελφούς·
κεῖται δὲ κατὰ Ἀμφίκλειαν, καὶ ἐς αὐτὴν
ὀγδοήκοντα καὶ ἑκατὸν ὁδός ἐστιν ἐξ Ἀμφικλείας
σταδίων, πεδιὰς ἡ πολλὴ καὶ αὖθις οὐκ ἐπὶ πολὺ
ἀνάντης ἡ ἐγγυτάτω τοῦ Ἐλατέων ἄστεως. ῥεῖ
δὲ ἐν τῇ πεδιάδι ὁ Κηφισός· αἱ δὲ ὠτίδες καλού-
μεναι παρὰ τὸν Κηφισὸν νέμονται μάλιστα
2 ὀρνίθων. Ἐλατεῦσι δὲ ἐξεγένετο μὲν Κάσσαν-
δρον καὶ τὴν Μακεδόνων ἀπώσασθαι στρατιάν,
ὑπῆρξε δὲ καὶ Ταξίλου Μιθριδάτῃ στρατηγοῦντος
τὸν πόλεμον σφισιν ἐκφυγεῖν· ἀντὶ τούτου δὲ τοῦ
ἔργου Ῥωμαῖοι δεδώκασιν αὐτοῖς ἐλευθέρους
ὄντας ἀτελῆ νέμεσθαι τὴν χώραν. ἀμφισβητοῦσι
δὲ οὗτοι ξενικοῦ γένους, καὶ Ἀρκάδες φασὶν εἶναι
τὸ ἀρχαῖον· Ἔλατον γὰρ τὸν Ἀρκάδος, ἡνίκα
ἐπὶ τὸ ἱερὸν Φλεγύαι τὸ ἐν Δελφοῖς ἐστρατεύ-
σαντο, ἀμῦναί τε τῷ θεῷ καὶ ἐν τῇ Φωκίδι ὁμοῦ
τῷ στρατεύματι αὐτὸν καταμείναντα Ἐλατείας
3 οἰκιστὴν γενέσθαι. ἐν δὲ ταῖς Φωκέων πόλεσιν
ἃς ὁ Μῆδος ἐνέπρησεν, ἀριθμῆσαι καὶ τὴν Ἐλά-
τειαν ἔστιν ἐν ταύταις. συμφοραὶ δὲ αἱ μὲν πρὸς
Φωκέας τοὺς ἄλλους γεγόνασί σφισιν ἐν κοινῷ,
τὰς δὲ καὶ ἰδίᾳ τοῖς Ἐλατεῦσιν ἐκ Μακεδόνων
παρεσκεύασεν ὁ δαίμων. καὶ ἐπὶ μὲν Κασσάν-
δρου πολεμήσαντος Ὀλυμπιόδωρος κατέστη
μάλιστα αἴτιος ἄπρακτον τοῖς Μακεδόσι γενέ-

inhabitants say that their founder was Naubolus,[1] son of Phocus, son of Aeacus. At Drymaea is an ancient sanctuary of Demeter Lawgiver, with a standing image made of stone. Every year they hold a feast in her honour, the Thesmophoria.

XXXIV. Elateia is, with the exception of Delphi, the largest city in Phocis. It lies over against Amphicleia, and the road to it from Amphicleia is one hundred and eighty stades long, level for the most part, but with an upward gradient for a short distance quite close to the town of Elateia. In the plain flows the Cephisus, and the most common bird to live along its banks is the bustard. The Elateans were successful in repelling the Macedonian army under Cassander, and they managed to escape from the war that Taxilus, general of Mithridates, brought against them. In return for this deed the Romans have given them the privilege of living in the country free and immune from taxation. They claim to be of foreign stock, saying that of old they came from Arcadia. For they say that when the Phlegyans marched against the sanctuary at Delphi, Elatus, the son of Arcas, came to the assistance of the god, and with his army stayed behind in Phocis, becoming the founder of Elateia. Elateia must be numbered among the cities of the Phocians burnt by the Persians. Some disasters were shared by Elateia with the other Phocians, but she had peculiar calamities of her own, inflicted by fate at the hands of the Macedonians. In the war waged by Cassander, it is Olympiodorus who must receive most credit for the Macedonians

---

[1] Ναύβολον added by Schubart.

σθαι πολιορκίαν· Φίλιππος δὲ ὁ Δημητρίου τόν
τε ἐν Ἐλατείᾳ δῆμον πρὸς τὸ ἔσχατον δέους
ἤγαγε καὶ ὑπηγάγετο ἅμα τοὺς δυνατωτέρους
4 δωρεᾷ. Τίτος μὲν δὴ ὁ ἄρχων ὁ Ῥωμαίων—
τὸ γὰρ δὴ Ἑλληνικὸν ἅπαν ἐλευθερώσων
ἀπέσταλτο ἐκ Ῥώμης—πολιτείαν τε Ἐλατεῦσιν
ἀποδώσειν τὴν ἀρχαίαν ἐπηγγέλλετο καὶ δι'
ἀγγέλων ἐπεκηρυκεύετό σφισιν ἀπὸ Μακεδόνων
ἀφίστασθαι· οἱ δὲ ὑπὸ ἀγνωμοσύνης ὁ δῆμος ἢ
οἱ ἔχοντες τὰς ἀρχὰς Φιλίππῳ τε ἦσαν πιστοὶ
καὶ ὑπὸ τοῦ Ῥωμαίου πολιορκίᾳ παρέστησαν.
χρόνῳ δὲ οἱ Ἐλατεῖς ὕστερον Ταξίλου τε
Μιθριδάτῃ στρατηγοῦντος καὶ τῶν ἐκ τοῦ Πόν-
του βαρβάρων ἀντέσχον τῇ πολιορκίᾳ· ἐπὶ
τούτῳ δὲ ἐλευθέρους εἶναι τῷ ἔργῳ δέδοταί
5 σφισιν ὑπὸ Ῥωμαίων. τὸ δὲ Κοστοβώκων τῶν
ληστικῶν τὸ κατ' ἐμὲ τὴν Ἑλλάδα ἐπιδραμὸν
ἀφίκετο καὶ ἐπὶ τὴν Ἐλάτειαν· ἔνθα δὴ ἀνὴρ
Μνησίβουλος λόχον τε περὶ αὐτὸν ἀνδρῶν συνέ-
στησε καὶ καταφονεύσας πολλοὺς τῶν βαρβάρων
ἔπεσεν ἐν τῇ μάχῃ. οὗτος ὁ Μνησίβουλος
δρόμου νίκας καὶ ἄλλας ἀνείλετο καὶ ὀλυμπιάδι
πέμπτῃ πρὸς ταῖς τριάκοντά τε καὶ διακοσίαις
σταδίου καὶ τοῦ σὺν τῇ ἀσπίδι διαύλου· ἐν
Ἐλατείᾳ δὲ κατὰ τὴν ὁδὸν τοῦ δρομέως Μνησι-
6 βούλου χαλκοῦς ἕστηκεν ἀνδριάς. ἡ δὲ ἀγορὰ
αὐτή τέ ἐστι θέας ἀξία καὶ ὁ Ἔλατος ἐπειργασ-
μένος στήλῃ· σαφῶς δὲ οὐκ οἶδα εἴτε τιμῶντες
οἷα οἰκιστὴν εἴτε καὶ μνήματος ἐπίθημα ἐποιή-
σαντο τὴν στήλην. τῷ δὲ Ἀσκληπιῷ ναὸς
ᾠκοδόμηται καὶ ἄγαλμα γένεια ἔχον ἐστί· τοῖς
ἐργασαμένοις τὸ ἄγαλμα ὀνόματα μὲν Τιμοκλῆς

being forced to abandon a siege. Philip, the son of
Demetrius, reduced the people of Elateia to the
utmost terror, and at the same time seduced by
bribery the more powerful of the citizens. Titus,
the Roman governor, who had a commission from
Rome to give all Greeks their freedom, promised
to give back to Elateia its ancient constitution,
and by messengers made overtures to its citizens to
secede from Macedonia. But either they or their
government were stupid enough to be faithful to
Philip, and the Romans reduced them by siege.
Later on the Elateans held out when besieged by
the barbarians of Pontus under the command of
Taxilus, the general of Mithridates. As a reward
for this deed the Romans gave them their free-
dom. An army of bandits, called the Costobocs,
who overran Greece in my day, visited among other
cities Elateia. Whereupon a certain Mnesibulus
gathered round him a company of men and put to
the sword many of the barbarians, but he himself
fell in the fighting. This Mnesibulus won several
prizes for running, among which were prizes for the
foot-race, and for the double race with shield, at
the two hundred and thirty-fifth Olympic festival. 162 A.D.
In Runner Street at Elateia there stands a bronze
statue of Mnesibulus. The market-place itself is
worth seeing, and so is the figure of Elatus carved in
relief upon a slab. I do not know for certain whether
they made the slab to honour him as their founder
or merely to serve as a gravestone to his tomb.
A temple has been built to Asclepius, with a bearded
image of the god. The names of the makers of the

καὶ Τιμαρχίδης, γένους δέ εἰσι τοῦ Ἀττικοῦ.
ἐπὶ τῷ πέρατι δὲ τῷ ἐν δεξιᾷ τῆς πόλεως θέατρόν
τέ ἐστι καὶ χαλκοῦν Ἀθηνᾶς ἄγαλμα ἀρχαῖον·
ταύτην τὴν θεὸν λέγουσιν ἀμῦναί σφισιν ἐπὶ
τοὺς ὁμοῦ Ταξίλῳ βαρβάρους.

7    Ἐλατείας δὲ ὅσον σταδίους εἴκοσιν ἀφέστηκεν
Ἀθηνᾶς ἐπίκλησιν Κραναίας ἱερόν· ἡ δὲ ὁδὸς
ἐπὶ τοσοῦτον ἀναντεστέρα ὡς ἀνιᾶν τὸ μηδὲν καὶ
λεληθέναι μᾶλλον αὐτῆς τὸ ἄναντες. λόφος δὲ
ἐπὶ τῆς ὁδοῦ τῷ πέρατι τὰ πλείω μὲν ἀπότομος,
οὐ μέντοι ἄγαν ἢ μεγέθους ἔχων ἐστὶν ἢ ὕψους·
ἐπὶ τούτῳ τῷ λόφῳ τὸ ἱερὸν πεποίηται, καὶ στοαί
τέ εἰσι καὶ οἰκήσεις διὰ τῶν στοῶν, ἔνθα οἰκοῦσιν
οἷς τὴν θεὸν θεραπεύειν καθέστηκε, καὶ ἄλλοις
8  καὶ μάλιστα τῷ ἱερωμένῳ.   τὸν δὲ ἱερέα ἐκ
παίδων αἱροῦνται τῶν ἀνήβων, πρόνοιαν ποιού-
μενοι πρότερον τῆς ἱερωσύνης ἐξήκειν οἱ τὸν
χρόνον πρὶν ἢ ἡβῆσαι· ἱεράται δὲ ἔτη συνεχῆ
πέντε, ἐν οἷς τήν τε ἄλλην δίαιταν ἔχει παρὰ τῇ
θεῷ καὶ λουτρὰ αἱ ἀσάμινθοι κατὰ τρόπον εἰσὶν
αὐτῷ τὸν ἀρχαῖον.  τὸ δὲ ἄγαλμα ἐποίησαν μὲν
καὶ τοῦτο οἱ Πολυκλέους παῖδες, ἔστι δὲ ἐσκευασ-
μένον ὡς ἐς μάχην· καὶ ἐπείργασται τῇ ἀσπίδι
τῶν Ἀθήνησι μίμημα ἐπὶ τῇ ἀσπίδι τῆς καλου-
μένης ὑπὸ Ἀθηναίων Παρθένου.

XXXV. Ἐς Ἅβας δὲ ἀφικέσθαι καὶ ἐς Ὑάμ-
πολιν ἔστι μὲν¹ ἐξ Ἐλατείας ὀρεινὴν ὁδὸν ἐν
δεξιᾷ τοῦ Ἐλατέων ἄστεως, ἡ δὲ ἐπὶ Ὀποῦντα
λεωφόρος ἡ ἐξ Ὀρχομενοῦ καὶ ἐς ταύτας φέρει
τὰς πόλεις.  ἰόντι οὖν ἐς Ὀποῦντα ἐξ Ὀρχομενοῦ
καὶ ἐκτραπέντι οὐ πολὺ ἐπ᾽ ἀριστερὰν ὁδός² ἡ ἐς

---

¹ Most MSS. have καὶ here.

image are Timocles and Timarchides, artists of Attic birth. At the end of the city on the right is a theatre, and an ancient bronze image of Athena. They say that this goddess helped them against the barbarians under Taxilus.

About twenty stades away from Elateia is a sanctuary of Athena surnamed Cranaea. The road to it slopes upwards, but so gentle is the ascent that it causes no fatigue—in fact one scarcely notices it. At the end of the road is a hill which, though for the most part precipitous, is neither very large nor very high. On this hill the sanctuary has been built, with porticoes and dwellings through them, where live those whose duty it is to wait on the god, chief of whom is the priest. They choose the priest from boys who have not yet reached the age of puberty, taking care beforehand that his term of office shall run out before puberty arrives. The office lasts for five successive years, during which the priest boards with the goddess, and bathes in tubs after the ancient manner. This image too was made by the sons of Polycles. It is armed as for battle, and on the shield is wrought in relief a copy of what at Athens is wrought on the shield of her whom the Athenians call the Virgin.

XXXV. To reach Abae and Hyampolis from Elateia you may go along a mountain road on the right of the city of Elateia, but the highway from Orchomenus to Opus also leads to those cities. If then you go along the road from Orchomenus to Opus, and turn off a little to the left, you reach the

---

Here Spiro would add ἐστιν.

Ἄβας. οἱ δὲ ἐν ταῖς Ἄβαις ἐς γῆν τὴν Φωκίδα
ἀφικέσθαι λέγουσιν ἐξ Ἄργους καὶ τὸ ὄνομα ἀπὸ
Ἄβαντος τοῦ οἰκιστοῦ λαβεῖν τὴν πόλιν, τὸν δὲ
Λυγκέως τε καὶ Ὑπερμνήστρας τῆς Δαναοῦ
παῖδα εἶναι. Ἀπόλλωνος δὲ ἱερὰς νενομίκασιν
εἶναι τὰς Ἄβας ἐκ παλαιοῦ, καὶ χρηστήριον καὶ
2 αὐτόθι ἦν Ἀπόλλωνος. θεῷ δὲ τῷ ἐν Ἄβαις
οὐχ ὁμοίως Ῥωμαῖοί τε ἀπένειμαν τὰ ἐς τιμὴν
καὶ ὁ Πέρσης· ἀλλὰ Ῥωμαῖοι μὲν εὐσεβείᾳ τῇ ἐς
τὸν Ἀπόλλωνα Ἀβαίοις δεδώκασιν αὐτονόμους
σφᾶς εἶναι, στρατιὰ δὲ ἡ μετὰ Ξέρξου κατέπρησε
καὶ τὸ ἐν Ἄβαις ἱερόν. Ἑλλήνων δὲ τοῖς ἀντι-
στᾶσι τῷ βαρβάρῳ τὰ κατακαυθέντα ἱερὰ μὴ ἀνι-
στάναι σφίσιν ἔδοξεν, ἀλλὰ ἐς τὸν πάντα
ὑπολείπεσθαι χρόνον τοῦ ἔχθους ὑπομνήματα·
καὶ τοῦδε ἕνεκα οἵ τε ἐν τῇ Ἁλιαρτίᾳ ναοὶ καὶ
Ἀθηναίοις τῆς Ἥρας ἐπὶ ὁδῷ τῇ Φαληρικῇ καὶ
ὁ ἐπὶ Φαληρῷ τῆς Δήμητρος καὶ κατ᾽ ἐμὲ ἔτι
3 ἡμίκαυτοι μένουσι. τοιαύτην θέαν καὶ τοῦ ἐν
Ἄβαις ἱεροῦ τότε γε εἶναι δοκῶ, ἐς ὃ ἐν τῷ
πολέμῳ τῷ Φωκικῷ βιασθέντας μάχῃ Φωκέων
ἄνδρας καὶ ἐς Ἄβας ἐκπεφευγότας αὐτούς τε οἱ
Θηβαῖοι τοὺς ἱκέτας καὶ τὸ ἱερόν, δεύτερον δὴ
οὗτοι μετὰ Μήδους, ἔδοσαν πυρί· εἱστήκει δ᾽
οὖν καὶ ἐς ἐμὲ ἔτι οἰκοδομημάτων ἀσθενέστατον
ὁπόσα δὴ ἡ φλὸξ ἐλυμήνατο, ἅτε ἐπὶ τῷ Μηδικῷ
προλωβησαμένῳ πυρὶ αὖθις ὑπὸ τοῦ Βοιωτίου
4 πυρὸς κατειργασμένον. παρὰ δὲ τὸν ναὸν τὸν
μέγαν ἐστὶν ἄλλος ναός, ἀποδέων ἐκείνου μέγεθος·
βασιλεὺς δὲ Ἀδριανὸς ἐποίησε τῷ Ἀπόλλωνι·
τὰ δὲ ἀγάλματα ἀρχαιότερα καὶ αὐτῶν ἐστιν
Ἀβαίων ἀνάθημα, χαλκοῦ δὲ εἴργασται καὶ

road to Abae. The people of Abae say that they
came to Phocis from Argos, and that the city got its
name from Abas, the founder, who was a son of
Lynceus and of Hypermnestra, the daughter of
Danaüs. Abae from of old has been considered
sacred to Apollo, and here too there was an oracle
of that god. The treatment that the god at Abae
received at the hands of the Persians was very
different from the honour paid him by the Romans.
For while the Romans have given freedom of
government to Abae because of their reverence for
Apollo, the army of Xerxes burned down, as it did
others, the sanctuary at Abae. The Greeks who
opposed the barbarians resolved not to rebuild the
sanctuaries burnt down by them, but to leave them
for all time as memorials of their hatred. This too
is the reason why the temples in the territory of
Haliartus, as well as the Athenian temples of Hera
on the road to Phalerum and of Demeter at Phalerum,
still remain half-burnt even at the present day.
Such, I suppose, was the appearance of the sanctuary
at Abae also, after the Persian invasion, until in the
Phocian war some Phocians, overcome in battle,
took refuge in Abae. Whereupon the Thebans
gave them to the flames, and with the refugees the
sanctuary, which was thus burnt down a second
time. However, it still stood even in my time, the
frailest of buildings ever damaged by fire, seeing
that the ruin begun by the Persian incendiaries was
completed by the incendiaries of Boeotia. Beside
the large temple there is another, but smaller in
size, made for Apollo by the emperor Hadrian.
The images are of earlier date, being dedicated by
the Abaeans themselves; they are made of bronze,

581

ὁμοίως ἐστὶν ὀρθά, Ἀπόλλων καὶ Λητώ τε καὶ
Ἄρτεμις. Ἀβαίοις δὲ ἔστι μὲν θέατρον, ἔστι
δὲ καὶ ἀγορά σφισι, κατασκευῆς ἀμφότερα
ἀρχαίας.

5 Ἐπανελθόντα δὲ ἐς τὴν ὁδὸν τὴν ἐς Ὀποῦντα
εὐθεῖαν Ὑάμπολις τὸ ἀπὸ τούτου σε ἐκδέξεται.
τῶν δὲ ἐνταῦθα ἀνθρώπων καὶ αὐτὸ κατηγορεῖ
τὸ ὄνομα οἵτινες ἦσαν ἐξ ἀρχῆς καὶ ὁπόθεν
ἐξαναστάντες ἀφίκοντο ἐς ταύτην τὴν χώραν·
Ὑάντες γὰρ οἱ ἐκ Θηβῶν Κάδμον καὶ τὸν σὺν
ἐκείνῳ φυγόντες στρατὸν ἀφίκοντο ἐνταῦθα. τὰ
μὲν δὴ ἀρχαιότερα ὑπὸ τῶν προσχώρων ἐκα-
λοῦντο Ὑάντων πόλις, χρόνῳ μέντοι ὕστερον
6 Ὑάμπολιν ἐξενίκησεν ὀνομασθῆναι. ἅτε δὲ καὶ
βασιλέως Ξέρξου καταπρήσαντος τὴν πόλιν καὶ
αὖθις Φιλίππου κατασκάψαντος, ὅμως τὰ ὑπο-
λειπόμενα ἦν ἀγορᾶς τε ἀρχαίας κατασκευὴ καὶ
βουλευτήριον, οἴκημα οὐ μέγα, καὶ θέατρον οὐ
πόρρω τῶν πυλῶν. Ἀδριανὸς δὲ βασιλεὺς στοὰν
ᾠκοδομήσατο, καὶ ἐπώνυμος ἡ στοὰ τοῦ ἀνα-
θέντος βασιλέως ἐστί. φρέαρ δέ σφισίν ἐστιν
ἕν· ἀπὸ τούτου μόνου καὶ πίνουσι καὶ λούονται,
ἀπ' ἄλλου δὲ ἔχουσιν οὐδενὸς πλήν γε δὴ ὥρᾳ
7 χειμῶνος τὸ ἐκ τοῦ θεοῦ. σέβονται δὲ μάλιστα
Ἄρτεμιν, καὶ ναὸς Ἀρτέμιδός ἐστιν αὐτοῖς· τὸ
δὲ ἄγαλμα ὁποῖόν τί ἐστιν οὐκ ἔχω δηλῶσαι.[1]
δὶς γὰρ καὶ οὐ πλέον ἑκάστου ἐνιαυτοῦ τὸ ἱερὸν
ἀνοιγνύναι νομίζουσιν. ὁπόσα δ' ἂν τῶν βοσκη-
μάτων ἱερὰ ἐπονομάσωσιν εἶναι τῇ Ἀρτέμιδι,
ἄνευ νόσου ταῦτα καὶ πιότερα τῶν ἄλλων ἐκτρέ-
φεσθαι λέγουσιν.

8 Ἐσβολὴ δὲ ἐκ Χαιρωνείας ἐς γῆν τὴν Φωκίδα

and all alike are standing, Apollo, Leto and Artemis.
At Abae there is a theatre, and also a market-place,
both of ancient construction.

Returning to the straight road to Opus, you come
next to Hyampolis. Its mere name tells you who
the inhabitants originally were, and the place from
which they were expelled when they came to this
land. For it was the Hyantes of Thebes who came
here when they fled from Cadmus and his army.
In earlier times the city was called by its neighbours
the city of the Hyantes, but in course of time the
name of Hyampolis prevailed over the other.
Although Xerxes had burnt down the city, and
afterwards Philip had razed it to the ground, never-
theless there were left the structure of an old market-
place, a council-chamber (a building of no great size)
and a theatre not far from the gates. The emperor
Hadrian built a portico which bears the name of the
emperor who dedicated it. The citizens have one
well only. This is their sole supply, both for drink-
ing and for washing; from no other source can they
get water, save only from the winter rains. Above
all other divinities they worship Artemis, of whom
they have a temple. The image of her I cannot
describe, for their rule is to open the sanctuary twice,
and not more often, every year. They say that
whatever cattle they consecrate to Artemis grow up
immune to disease and fatter than other cattle.

The straight road to Delphi that leads through

---

¹ The MSS. have οὐκ ἐδήλωσα.

οὐ μόνον ἡ εὐθεῖά ἐστιν ἐς Δελφοὺς ἡ διά τε
Πανοπέως καὶ παρὰ τὴν Δαυλίδα καὶ ὁδὸν τὴν
Σχιστήν· φέρει δὲ ἐκ Χαιρωνείας καὶ ἑτέρα
τραχεῖά τε ὁδὸς καὶ ὀρεινὴ τὰ πλέονα ἐς πόλιν
Φωκέων Στίριν· μῆκος δὲ εἴκοσι στάδιοι τῆς
ὁδοῦ καὶ ἑκατόν. οἱ δὲ ἐνταῦθά φασιν οὐ
Φωκεῖς, Ἀθηναῖοι δὲ εἶναι τὰ ἄνωθεν, καὶ ἐκ τῆς
Ἀττικῆς ὁμοῦ Πετεῷ τῷ Ὀρνέως ἀφικέσθαι διωχ-
θέντι ὑπὸ Αἰγέως ἐξ Ἀθηνῶν· ὅτι δὲ τῷ Πετεῷ
τὸ πολὺ ἐκ τοῦ δήμου τοῦ Στιρέων ἠκολούθησεν,
9 ἐπὶ τούτῳ κληθῆναι τὴν πόλιν Στίριν. Στιρίταις
δέ ἐστιν ἐπὶ ὑψηλοῦ καὶ πετρώδους ἡ οἴκησις·
σπανίζουσιν οὖν κατὰ τοῦτο ὕδατος θέρους ὥρᾳ·
φρέατα γὰρ αὐτόθι οὔτε πολλὰ οὔτε ὕδωρ παρ-
εχόμενά ἐστιν ἐπιτήδειον. ταῦτα μὲν δὴ λουτρά
σφισι καὶ ὑποζυγίοις ποτὸν γίνεται, τὸ δὲ ὕδωρ
οἱ ἄνθρωποι τὸ πότιμον ὅσον στάδια τέσσαρα
ὑποκαταβαίνοντες λαμβάνουσιν ἐκ πηγῆς· ἡ δὲ
ἐν πέτραις ἐστὶν ὀρωρυγμένη, καὶ ἀρύονται κατι-
10 όντες ἐς τὴν πηγήν. Δήμητρος δὲ ἐπίκλησιν
Στιρίτιδος ἱερόν ἐστιν ἐν Στίρι· πλίνθου μὲν τῆς
ὠμῆς τὸ ἱερόν, λίθου δὲ τοῦ Πεντελῆσι τὸ ἄγαλμα,
δᾷδας ἡ θεὸς ἔχουσα. παρὰ δὲ αὐτῇ κατειλημ-
μένον ταινίαις ἄγαλμα ἀρχαῖον εἴ τι[1] ἄλλο
ὁπόσα Δήμητρος ἐποιήθη.[2]

XXXVI. Ἐς δὲ Ἄμβροσσον στάδιοι περὶ
ἑξήκοντά εἰσιν ἐκ Στίρεως· πεδιὰς ἡ ὁδός, ὀρῶν
ἐν μέσῳ πεδίον κείμενον. ἄμπελοι δὲ τὸ πολύ
εἰσι τοῦ πεδίου, καὶ ἐν γῇ τῇ Ἀμβροσσέων οὐ[3]
συνεχεῖς μὲν ὥσπερ αἱ ἄμπελοι, πεφύκασι μέντοι

---

[1] εἴ τι Kühn : ἐστιν MSS.
[2] ἐποιήθη Kayser: ἐς τιμήν MSS.   [3] οὐ added by Bekker.

Panopeus and past Daulis and the Cleft Way, is not the only pass from Chaeroneia to Phocis. There is another road, rough and for the most part mountainous, that leads from Chaeroneia to the Phocian city of Stiris. The length of the road is one hundred and twenty stades. The inhabitants assert that by descent they are not Phocian, but Athenian, and that they came from Attica with Peteüs, the son of Orneus, when he was pursued from Athens by Aegeus. They add that, because the greater part of those who accompanied Peteüs came from the parish of Stiria, the city received the name of Stiris. The people of Stiris have their dwellings on a high and rocky site. For this reason they suffer from a shortage of water in summer; the wells are few, and the water is bad that they supply. These wells give washing-water to the people and drinking-water to the beasts of burden, but for their own drinking-water the people go down about four stades and draw it from a spring. The spring is in a hole dug into the rocks, and they go down to it to fetch water. In Stiris is a sanctuary of Demeter surnamed Stiria. It is of unburnt brick; the image is of Pentelic marble, and the goddess is holding torches. Beside her, bound[1] with ribbons, is an image of Demeter, as ancient as any of that goddess that exists.

XXXVI. From Stiris to Ambrossus is about sixty stades. The road is flat, lying on the level with mountains on both sides of it. The greater part of the plain is covered with vines, and in the territory of Ambrossus grow shrubs, though not close together

---

[1] Should we read κατειλημένον? Cf. Lucian Symp. 47: κατειλημένος ταινίαις τὴν κεφαλήν.

καὶ αἱ θάμνοι· τὴν δὲ θάμνον ταύτην Ἴωνες μὲν
καὶ τὸ ἄλλο Ἑλληνικὸν κόκκον, Γαλάται δὲ οἱ
ὑπὲρ Φρυγίας φωνῇ τῇ ἐπιχωρίῳ σφίσιν ὀνομά-
ζουσιν ὗς. γίνεται δὲ αὕτη μέγεθος μὲν ἡ κόκκος
κατὰ τὴν ῥάμνον καλουμένην, φύλλα δὲ μελάν-
τερα μὲν καὶ μαλακώτερα ἢ ἡ σχῖνος, τὰ μέντοι
2 ἄλλα ἐοικότα ἔχει τῇ σχίνῳ. ὁ δὲ αὐτῆς καρπὸς
ὅμοιος τῷ καρπῷ τῆς στρύχνου, μέγεθος δέ ἐστι
κατὰ ὄροβον. γίνεται δέ τι ἐν τῷ καρπῷ τῆς
κόκκου βραχὺ ζῷον· τοῦτο εἰ ἀφίκοιτο ἐς τὸν
ἀέρα πεπανθέντος τοῦ καρποῦ, πέτεταί τε αὐτίκα
καὶ ἐοικὸς κώνωπι φαίνοιτο ἄν· νῦν δὲ πρότερον,
πρὶν ἢ τὸ ζῷον κινηθῆναι, συλλέγουσι τῆς κόκκου
τὸν καρπόν, καὶ ἔστι τοῖς ἐρίοις ἡ βαφὴ τὸ αἷμα
τοῦ ζῴου.

3 Ἡ δὲ Ἄμβροσσος κεῖται μὲν ὑπὸ τὸ ὄρος τὸν
Παρνασσόν, τὰ ἐπέκεινα δὲ ἢ Δελφοί· τεθῆναι δὲ
τὸ ὄνομα τῇ πόλει ἀπὸ ἥρωός φασιν Ἀμβρόσσου,
Θηβαῖοι δὲ ἐς τὸν Μακεδόνων καὶ Φιλίππου
καθιστάμενοι πόλεμον περιέβαλον τῇ Ἀμβρόσσῳ
διπλοῦν τεῖχος· τὸ δέ ἐστιν ἐπιχωρίου λίθου,
χρόαν μέλανος, ἐς τὰ μάλιστα ἰσχυροῦ· κύκλος
δὲ ἑκάτερος τοῦ τείχους πλάτος μὲν ἀποδέων
ὀλίγον ἐστὶν ὀργυιᾶς, τὸ δὲ ὕψος ἐς ἡμίσειάν
τε καὶ δύο ὀργυιάς, ὅπου μὴ τὸ τεῖχος πεπόνηκε·
4 διάστημα δὲ ἀπὸ τοῦ προτέρου τῶν κύκλων ἐπὶ
τὸν δεύτερόν ἐστιν ὀργυιά· κατασκευὴ δὲ πύργων
ἢ ἐπάλξεων ἢ εἴ τι ἄλλο ἐς εὐπρέπειαν τείχους
παρεῖται τὰ πάντα σφίσιν ἅτε τειχίζουσιν ἐπὶ
μόνῳ τῷ αὐτίκα ἀμύνεσθαι. ἔστι δὲ ἀγορά τε
Ἀμβροσσεῦσιν οὐ μεγάλη καὶ ἀνδριάντων ἐν
αὐτῇ λίθου πεποιημένων κατεάγασιν οἱ πολλοί.

like the vines. This shrub the Ionians, as well as the rest of the Greeks, call *kokkos*, and the Gauls above Phrygia call it in their native speech *hys*. This *kokkos* grows to the size of what is called the *rhamnos*; the leaves are darker and softer than those of the mastich-tree, though in other respects the two are alike. Its fruit is like the fruit of the nightshade, and its size is about that of the bitter vetch. There breeds in the fruit of the *kokkos* a small creature. If this should reach the air when the fruit has ripened, it becomes in appearance like a gnat, and immediately flies away. But as it is they gather the fruit of the *kokkos* before the creature begins to move, and the blood of the creature serves as a dye for wool.

Ambrossus lies at the foot of Mount Parnassus, on the side opposite to Delphi. They say that the city was named after Ambrossus, a hero. On going to war with Philip and his Macedonians the Thebans drew round Ambrossus a double wall. It is made of a local stone, black in colour and very hard indeed. Each ring of wall is a little less than a fathom broad, and two and a half fathoms in height except where it has broken down. The interval between the first ring and the second is a fathom. The building of towers, of battlements, or of any ornament, has been entirely neglected, as the only object the citizens had in constructing the walls was immediate protection. There is a small market-place at Ambrossus, and of the stone statues set up in it most are broken.

5 Τραπέντι δὲ ἐπὶ ᾿Αντίκυραν ἀνάντης τὰ πρῶτά
ἐστιν ὁδός· ἀναβάντι δὲ ὅσον δύο στάδια ὁμαλές
τε χωρίον καὶ ἐν δεξιᾷ τῆς ὁδοῦ Δικτυνναίας
ἐπίκλησιν ἱερόν ἐστιν ᾿Αρτέμιδος. ταύτην οἱ
᾿Αμβροσσεῖς ἄγουσι μάλιστα ἐν τιμῇ· τῷ δὲ
ἀγάλματι ἐργασία τέ ἐστιν Αἰγιναία καὶ μέλανος
τοῦ λίθου πεποίηται. τὸ δὲ ἀπὸ τοῦ ἱεροῦ τῆς
Δικτυνναίας κατάντης ὁδὸς ἐς ᾿Αντίκυραν πᾶσά
ἐστι. τὰ δὲ ἀρχαιότερα ὄνομα εἶναι Κυπάρισσον
τῇ πόλει φασί, καὶ ῞Ομηρον ἐν Φωκέων καταλόγῳ
τὸ ὄνομα θελῆσαι θέσθαι γε αὐτόν, ὅτι ἤδη
τηνικαῦτα ἐκαλεῖτο ᾿Αντίκυρα· εἶναι γὰρ δὴ τὸν
6 ᾿Αντικυρέα κατὰ ῾Ηρακλέα ἡλικίαν. κεῖται μὲν
δὴ ἡ πόλις κατὰ Μεδεῶνος τὰ ἐρείπια· ἐδήλωσα
δὲ ἀρχομένης τῆς ἐς Φωκέας συγγραφῆς[1] ἐς τὸ
ἱερὸν ἀσεβῆσαι τὸ ἐν Δελφοῖς ᾿Αντικυρέας.[2]
᾿Αντικυρέας δὲ ἐποίησε μὲν ἀναστάτους καὶ ὁ
᾿Αμύντου Φίλιππος, ἐποίησε δὲ καὶ δεύτερα
᾿Οτίλιος ὁ ῾Ρωμαῖος, ὅτι ἦσαν ὑπήκοοι καὶ οὗτοι
Φιλίππου τοῦ Δημητρίου βασιλεύοντος Μακε-
δόνων· ὁ δὲ ἐπὶ τὸν Φίλιππον ἀμύνειν ᾿Αθηναίοις
7 ὁ ᾿Οτίλιος ἀπέσταλτο ἐκ ῾Ρώμης. τὰ δὲ ὄρη τὰ
ὑπὲρ τὴν ᾿Αντίκυραν πετρώδη τε ἄγαν ἐστὶ καὶ
ἐν αὐτοῖς φύεται μάλιστα ὁ ἑλλέβορος. ὁ μὲν
αὐτοῦ μέλας χωρεῖ τε ἀνθρώποις καὶ ἔστι γαστρὶ
καθάρσιον, ὁ δὲ ἕτερος ὁ[3] λευκὸς δι᾿ ἐμέτου
καθαίρειν πέφυκε· τὸ δὲ φάρμακον τὸ ἐς τὴν
8 κάθαρσιν ἡ τοῦ ἑλλεβόρου ῥίζα ἐστίν. ᾿Αντι-
κυρεῦσι δὲ εἰσὶ μὲν ἀνδριάντες ἐν τῇ ἀγορᾷ
χαλκοῖ, ἔστι δέ σφισιν ἐπὶ τῷ λιμένι Ποσειδῶνος
οὐ μέγα ἱερόν, λογάσιν ᾠκοδομημένον λίθοις·

---

[1] συγγραφῆς added by Porson.

The road to Anticyra is at first up-hill. About two stades up the slope is a level place, and on the right of the road is a sanctuary of Artemis surnamed Dictynnaean, a goddess worshipped with great reverence by citizens. The image is of Aeginetan workmanship, and made of a black stone. From the sanctuary of the Dictynnaean goddess the road is down-hill all the way to Anticyra. They say that in days of old the name of the city was Cyparissus, and that Homer in the list of Phocians [1] was determined to call it by this name, although it was called Anticyra in Homer's day, because Anticyreus was a contemporary of Heracles. The city lies over against the ruins of Medeon. I have mentioned in the beginning of my account of Phocis that the people of Anticyra were guilty of sacrilege against the sanctuary at Delphi.[2] They were driven from home by Philip, son of Amyntas, and yet once more by the Roman Otilius, because they were subjects of the Macedonian king Philip, son of Demetrius. Otilius had been despatched from Rome to help the Athenians against Philip. The mountains beyond Anticyra are very rocky, and on them grows hellebore in great profusion. Black hellebore sends those who take it to stool, and purges the bowels; the nature of the other, the white kind, is to purge by vomiting. It is the root of the hellebore which is used as a purging drug. In the market-place at Anticyra are bronze statues, and at the harbour is a small sanctuary of Poseidon, built of unhewn

[1] See Homer, *Iliad* ii. 519.     [2] Book X. iii.

---

[2] Ἀντικυρέας added by Facius.
[3] ὁ : added by Schubart.

κεκονίαται δὲ τὰ ἐντός. τὸ δὲ ἄγαλμα ὀρθὸν
χαλκοῦ πεποιημένον, βέβηκε δὲ ἐπὶ δελφῖνι τῷ
ἑτέρῳ τῶν ποδῶν· κατὰ τοῦτο δὲ ἔχει καὶ τὴν
χεῖρα ἐπὶ τῷ μηρῷ, ἐν δὲ τῇ ἑτέρᾳ χειρὶ τρίαινά
9 ἐστιν αὐτῷ. τοῦ γυμνασίου δὲ ἐν ᾧ καὶ τὰ
λουτρά σφισι πεποίηται, τούτου πέραν ἄλλο
γυμνάσιόν ἐστιν ἀρχαῖον· ἀνδριὰς δὲ ἕστηκεν
ἐν αὐτῷ χαλκοῦς· φησὶ δ' ἐπ' αὐτῷ τὸ ἐπίγραμμα
Ξενόδαμον παγκρατιαστὴν Ἀντικυρέα ἐν ἀνδρά-
σιν Ὀλυμπικὴν ἀνῃρῆσθαι νίκην. εἰ δὲ ἀληθεύει
τὸ ἐπίγραμμα, ὀλυμπιάδι τῇ πρώτῃ μετὰ δέκα
καὶ διακοσίας φαίνοιτο ἂν τὸν κότινον ὁ Ξενό-
δαμος εἰληφώς· αὕτη δὲ ἐν τοῖς Ἠλείων γράμμασι
10 παρεῖται μόνη πασῶν ἡ ὀλυμπιάς. ἔστι δὲ ὑπὲρ
τὴν ἀγορὰν ἐν φρέατι ὕδατος πηγή· σκέπη δὲ
ἀπὸ ἡλίου τῷ φρέατι ὄροφός τε καὶ ἀνέχοντες
τὸν ὄροφον κίονες. ἔστι δὲ οὐ πολὺ ἀνωτέρω τοῦ
φρέατος λίθοις τοῖς ἐπιτυχοῦσιν ᾠκοδομημένον
μνῆμα· ταφῆναι δέ φασιν ἐνταῦθα τοὺς Ἰφίτου
παῖδας, τὸν μὲν ἀνασωθέντα ἐξ Ἰλίου καὶ
ἀποθανόντα ἐν τῇ οἰκείᾳ, Σχεδίῳ δὲ ἐν μὲν γῇ
τῇ Τρῳάδι τὴν τελευτὴν συμβῆναι λέγουσιν,
ἀχθῆναι δὲ οἴκαδε καὶ τούτου τὰ ὀστᾶ.

XXXVII. Τῆς πόλεως δὲ ἐν δεξιᾷ δύο μάλιστα
προελθόντι ἀπ' αὐτῆς σταδίους, πέτρα τέ ἐστιν
ὑψηλὴ—μοῖρα ὄρους ἡ πέτρα—καὶ ἱερὸν ἐπ'
αὐτῆς πεποιημένον ἐστὶν Ἀρτέμιδος· ἡ Ἄρτεμις[1]
ἔργων τῶν Πραξιτέλους, δᾷδα ἔχουσα τῇ δεξιᾷ
καὶ ὑπὲρ τῶν ὤμων φαρέτραν, παρὰ δὲ αὐτὴν
κύων ἐν ἀριστερᾷ· μέγεθος δὲ ὑπὲρ τὴν μεγίστην
γυναῖκα τὸ ἄγαλμα.

stones. The inside is covered with stucco. The image, which is made of bronze, is a standing figure, with one foot resting on a dolphin. On this side he has one hand upon his thigh; in his other hand is a trident. Opposite the gymnasium, in which the baths have been made, is another gymnasium, an old one, in which stands a bronze statue. The inscription on it says that Xenodamus of Anticyra, a pancratiast, won an Olympic victory in the match for men. If the inscription speaks the truth, it would seem that Xenodamus received the wild olive at the two hundred and eleventh Olympic festival. But this is the only festival omitted in 67 A.D the Elean records. Beyond the market-place there is in a well a spring of water. Over the well there is a roof to shelter it from the sun, with columns to support the roof. A little higher up than the well is a tomb built of any stones that came to hand. Here they say are buried the sons of Iphitus; one returned safe from Troy and died in his native land; the other, Schedius, died, they say, in the Troad, but his bones also were brought home.

XXXVII. About two stades off the city there is, on the right, a high rock, which forms part of a mountain, with a sanctuary of Artemis built upon it. The image of Artemis is one of the works of Praxiteles; she carries a torch in her right hand and a quiver over her shoulders, while at her left side there is a dog.[1] The image is taller than the tallest woman.

---

[1] ἡ Ἄρτεμις added by Facius.

2    Τῇ δὲ γῇ τῇ Φωκίδι ἐστὶν ὅμορος ἣ ὀνομάζεται
μὲν ἀπὸ Βούλωνος ἀγαγόντος τὴν ἀποικίαν ἀνδρός,
συνῳκίσθη δὲ ἐκ πόλεων τῶν ἐν τῇ ἀρχαίᾳ Δωρίδι.
λέγονται δὲ οἱ Βούλιοι Φιλομήλου καὶ Φωκέων
. . . σύλλογον τὸν κοινόν. ἐς δὲ τὴν Βούλιν ἐκ
μὲν τῆς Βοιωτίας Θίσβης σταδίων ἐστὶν ὁδὸς
ὀγδοήκοντα, ἐξ Ἀντικύρας δὲ τῆς Φωκέων δι᾽
ἠπείρου μὲν καὶ εἰ ἀρχήν ἐστιν οὐκ οἶδα· οὕτω
δύσβατα ὄρη καὶ τραχέα τὰ μεταξὺ Ἀντικύρας
τέ ἐστι καὶ Βούλιδος· ἐς δὲ τὸν λιμένα σταδίων
ἐξ Ἀντικύρας ἐστὶν ἑκατόν, τὰ δὲ ἀπὸ τοῦ λιμένος
στάδια ὁδοῦ τῆς πεζῆς τὰ ἐς Βούλιν ἑπτὰ εἶναι
3    μάλιστα εἰκάζομεν. κάτεισι δὲ καὶ ποταμὸς ἐς
θάλασσαν ταύτῃ χείμαρρος, ὃν οἱ ἐπιχώριοι
ὀνομάζουσιν Ἡράκλειον. κεῖται δὲ ἐπὶ ὑψηλοῦ
τε ἡ Βοῦλις καὶ ἐν παράπλῳ περαιουμένοις ἐξ
Ἀντικύρας ἐς Λέχαιον τὸ Κορινθίων· οἱ δὲ
ἄνθρωποι οἱ ἐνταῦθα πλέον ἡμίσεις κόχλων ἐς
βαφὴν πορφύρας εἰσὶν ἁλιεῖς. κατασκευὴ δὲ ἡ
ἐν τῇ Βούλιδι οὔτε ἡ ἄλλη θαύματος πολλοῦ καὶ
ἱερὰ θεῶν ἐστιν Ἀρτέμιδος, τὸ δὲ αὐτῶν Διονύσου·
τὰ δὲ ἀγάλματα ξύλου μέν ἐστιν εἰργασμένα,
ὅστις δὲ ἦν ὁ ποιήσας οὐχ οἷοί τε ἐγενόμεθα
συμβαλέσθαι. θεῶν δὲ ὅντινα οἱ Βούλιοι σέ-
βουσι μάλιστα, Μέγιστον μὲν ὀνομάζουσι, Διὸς
δὲ κατὰ ἡμετέραν δόξαν ἐστὶν ἐπίκλησις. καὶ
πηγὴ Βουλίοις ἐστὶ καλουμένη Σαύνιον.
4    Ἐς δὲ Κίρραν τὸ ἐπίνειον Δελφῶν ὁδὸς μὲν
σταδίων ἑξήκοντά ἐστιν ἐκ Δελφῶν· καταβάντι
δὲ ἐς τὸ πεδίον ἱππόδρομός τέ ἐστι καὶ ἀγῶνα
Πύθια ἄγουσιν ἐνταῦθα τὸν ἱππικόν. τὰ μὲν δὴ
ἐς τὸν ἐν Ὀλυμπίᾳ Ταράξιππον ἐδήλωσέ μοι τὰ
592

Bordering on the Phocian territory is a land named after Bulon, the leader of the colony, which was founded by a union of emigrants from the cities in ancient Doris. The Bulians are said of Philomelus and the Phocians . . . the general assembly. To Bulis from Thisbe in Boeotia is a journey of eighty stades; but I do not know if in Phocis there be a road by land at all from Anticyra, so rough and difficult to cross are the mountains between Anticyra and Bulis. To the harbour from Anticyra is a sail of one hundred stades, and the road by land from the harbour to Bulis we conjectured to be about seven stades long. Here a torrent falls into the sea, called by the natives Heracleius. Bulis lies on high ground, and it is passed by travellers crossing by sea from Anticyra to Lechaeum in Corinthian territory. More than half its inhabitants are fishers of the shell-fish that gives the purple dye. The buildings in Bulis are not very wonderful; among them is a sanctuary of Artemis and one of Dionysus. The images are made of wood, but we were unable to judge who was the artist. The god worshipped most by the Bulians is named by them the Greatest, a surname, I should think, of Zeus. At Bulis there is a spring called Saunium.

The length of the road from Delphi to Cirrha, the port of Delphi, is sixty stades. Descending to the plain you come to a race-course, where at the Pythian games the horses compete. I have told in my account of Elis [1] the story of the Taraxippus at

---

[1] Book VI. xx. 15.

ἐς Ἠλείους τοῦ λόγου, ὁ δὲ ἱππόδρομος ἔοικε
τοῦ Ἀπόλλωνος τάχα μέν που καὶ αὐτὸς τῶν
ἱππευόντων τινὰ ἀνιᾶσαι, ἅτε ἀνθρώποις τοῦ
δαίμονος ὁμοίως ἐπὶ ἔργῳ παντὶ καὶ ἀμείνω καὶ
τὰ χείρω νέμοντος· οὐ μέντοι καὶ αὐτὸς ταραχὴν
τοῖς ἵπποις ὁ ἱππόδρομος οὔτε κατὰ αἰτίαν ἥρωος
οὔτε ἐπ᾽ ἄλλῃ πέφυκεν ἐργάζεσθαι προφάσει.
5 τὸ δὲ πεδίον τὸ ἀπὸ τῆς Κίρρας ψιλόν ἐστιν
ἅπαν, καὶ φυτεύειν δένδρα οὐκ ἐθέλουσιν ἢ ἔκ
τινος ἀρᾶς ἢ ἀχρεῖον τὴν γῆν ἐς δένδρων τροφὴν
εἰδότες. λέγεται δὲ ἐς τὴν Κίρραν . . . καὶ ἀπὸ
τῆς Κίρρας τὸ ὄνομα τὸ ἐφ᾽ ἡμῶν τεθῆναὶ τῷ
χωρίῳ φασίν. Ὅμηρος μέντοι Κρίσαν ἔν τε
Ἰλιάδι ὁμοίως καὶ ὕμνῳ τῷ ἐς Ἀπόλλωνα
ὀνόματι τῷ ἐξ ἀρχῆς καλεῖ τὴν πόλιν. χρόνῳ
δὲ ὕστερον οἱ ἐν τῇ Κίρρᾳ ἄλλα τε ἠσέβησαν
ἐς τὸν Ἀπόλλωνα καὶ ἀπέτεμνον τοῦ θεοῦ τῆς
6 χώρας. πολεμεῖν οὖν πρὸς τοὺς Κιρραίους ἔδο-
ξεν Ἀμφικτύοσι, καὶ Κλεισθένην τε Σικυωνίων
τυραννοῦντα προεστήσαντο ἡγεμόνα εἶναι καὶ
Σόλωνα ἐξ Ἀθηνῶν ἐπηγάγοντο συμβουλεύειν·
χρωμένοις δέ σφισιν ὑπὲρ νίκης ἀνεῖπεν ἡ
Πυθία·

οὐ πρὶν τῆσδε πόληος ἐρείψετε πύργον ἑλόντες,
πρίν κεν ἐμῷ τεμένει κυανώπιδος Ἀμφιτρίτης
κῦμα ποτικλύζῃ κελαδοῦν ἐπὶ οἴνοπα πόντον.

ἔπεισεν οὖν ὁ Σόλων καθιερῶσαι τῷ θεῷ τὴν
Κιρραίαν, ἵνα δὴ τῷ τεμένει τοῦ Ἀπόλλωνος
7 γένηται γείτων ἡ θάλασσα. εὑρέθη δὲ καὶ
ἕτερον τῷ Σόλωνι σόφισμα ἐς τοὺς Κιρραίους·
τοῦ γὰρ Πλείστου τὸ ὕδωρ ῥέον διὰ ὀχετοῦ

Olympia, and it is likely that the race-course of Apollo too may possibly harm here and there a driver, for heaven in every activity of man bestows either better fortune or worse. But the race-course itself is not of a nature to startle the horses, either by reason of a hero or on any other account. The plain from Cirrha is altogether bare, and the inhabitants will not plant trees, either because the land is under a curse, or because they know that the ground is useless for growing trees. It is said that to Cirrha . . . and they say that from Cirrha the place received its modern name. Homer, however, in the *Iliad*,[1] and similarly in the hymn to Apollo,[2] calls the city by its ancient name of Crisa. Afterwards the people of Cirrha behaved wickedly towards Apollo; especially in appropriating some of the god's land. So the Amphictyons determined to make war on the Cirrhaeans, put Cleisthenes, tyrant of Sicyon, at the head of their army, and brought over Solon from Athens to give them advice. They asked the oracle about victory, and the Pythian priestess replied :—

You will not take and throw down the tower of this city,
Until on my precinct shall dash the wave
Of blue-eyed Amphitrite, roaring over the wine-dark sea.

So Solon induced them to consecrate to the god the territory of Cirrha, in order that the sea might become neighbour to the precinct of Apollo. Solon invented another trick to outwit the Cirrhaeans. The water of the river Pleistus ran along a channel to the city,

[1] Homer, *Iliad* ii. 520.    [2] See ll. 269, 282, 438.

σφισὶν ἐς τὴν πόλιν ἀπέστρεψεν ἀλλαχόσε ὁ
Σόλων. καὶ οἱ μὲν πρὸς τοὺς πολιορκοῦντας ἔτι
ἀντεῖχον ἔκ τε φρεάτων καὶ ὕδωρ τὸ ἐκ τοῦ θεοῦ
πίνοντες· ὁ δὲ τοῦ ἐλλεβόρου τὰς ῥίζας ἐμβαλὼν
ἐς τὸν Πλεῖστον, ἐπειδὴ ἱκανῶς τοῦ φαρμάκου
τὸ ὕδωρ ᾔσθετο ἔχον, ἀπέστρεψεν αὖθις ἐς τὸν
ὀχετόν. καὶ—ἐνεφορήσαντο γὰρ ἀνέδην οἱ Κιρ-
ραῖοι τοῦ ὕδατος—οἱ μὲν ὑπὸ ἀπαύστου τῆς
διαρροίας ἐξέλιπον οἱ ἐπὶ τοῦ τείχους τὴν φρου-
8 ράν, Ἀμφικτύονες δὲ ὡς εἷλον τὴν πόλιν,
ἐπράξαντο ὑπὲρ τοῦ θεοῦ δίκας παρὰ Κιρραίων,
καὶ ἐπίνειον Δελφῶν ἐστιν ἡ Κίρρα. παρέχεται
δὲ καὶ ἐς θέαν Ἀπόλλωνος καὶ Ἀρτέμιδος καὶ
Λητοῦς ναόν τε καὶ ἀγάλματα μεγέθει μεγάλα
καὶ ἐργασίας Ἀττικῆς. ἡ δὲ Ἀδράστεια ἵδρυται
μὲν ἐν τῷ αὐτῷ σφισί, μεγέθει δὲ τῶν ἄλλων
ἀποδέουσα ἀγαλμάτων ἐστίν.

XXXVIII. Ἡ δὲ γῆ ἡ Λοκρῶν τῶν καλου-
μένων Ὀζολῶν προσεχὴς τῇ Φωκίδι ἐστὶ κατὰ
τὴν Κίρραν. ἐς δὲ τὴν ἐπίκλησιν τῶν Λοκρῶν
τούτων διάφορα ἤκουσα, ὁμοίως δὲ ἅπαντα
δηλώσω. Ὀρεσθεῖ τῷ Δευκαλίωνος βασιλεύοντι
ἐν τῇ χώρᾳ κύων ἔτεκεν ἀντὶ σκύλακος ξύλον·
κατορύξαντος δὲ τοῦ Ὀρεσθέως τὸ ξύλον ἅμα
τῷ ἦρι φῦναι ἄμπελον ἀπ' αὐτοῦ λέγουσι καὶ
ἀπὸ τοῦ ξύλου τῶν ὄζων γενέσθαι τὸ ὄνομα τοῖς
2 ἀνθρώποις. οἱ δὲ Νέσσον πορθμεύοντα ἐπὶ τῷ
Εὐήνῳ τρωθῆναι μὲν ὑπὸ Ἡρακλέους, οὐ μέντοι
καὶ αὐτίκα γε ἀποθανεῖν ἀλλὰ ἐς τὴν γῆν ταύτην
ἐκφυγεῖν νομίζουσι, καὶ ὡς ἀπέθανε σήπεσθαί τε
ἄταφον καὶ ὀσμῆς τῷ ἐνταῦθα ἀέρι μεταδοῦναι
δυσώδους. ὁ δὲ τρίτος τῶν λόγων καὶ ὁ τέ-

and Solon diverted it in another direction. When
the Cirrhaeans still held out against the besiegers,
drinking well-water and rain-water, Solon threw
into the Pleistus roots of hellebore, and when he
perceived that water held enough of the drug he
diverted it back again into its channel. The Cir-
rhaeans drank without stint of the water, and those
on the wall, seized with obstinate diarrhoea, deserted
their posts, and the Amphictyons captured the city.
They exacted punishment from the Cirrhaeans on
behalf of the god, and Cirrha is the port of Delphi.
Its notable sights include a temple of Apollo, Artemis
and Leto, with very large images of Attic workman-
ship. Adrasteia has been set up by the Cirrhaeans
in the same place, but she is not so large as the
other images.

XXXVIII. The territory of the Locrians called
Ozolian adjoins Phocis opposite Cirrha. I have
heard various stories about the surname of these
Locrians, all of which I will tell my readers. Ores-
theus, son of Deucalion, king of the land, had a
bitch that gave birth to a stick instead of a puppy.
Orestheus buried the stick, and in the spring, it is
said, a vine grew from it, and from the branches
(*ozoi*) of the stick the people got their name. Others
believe that Nessus, ferrying on the Evenus, was
wounded by Heracles, but not killed on the spot,
making his escape to this country; when he died
his body rotted unburied, imparting a foul stench
to the atmosphere of the place. The third story

597

ταρτος, ὁ μὲν ποταμοῦ τινος ἄτοπον τήν τε
ἀτμίδα καὶ αὐτό φησιν εἶναι τὸ ὕδωρ, ὁ δὲ
τὸν ἀσφόδελον φύεσθαι πολὺν καὶ ἀνθοῦντα . . .
3 ὑπὸ τῆς ὀσμῆς. λέγεται δὲ καὶ ὡς οἱ πρῶτοι
τῶν ἐνταῦθα ἀνθρώπων ἦσαν αὐτόχθονες, ἐσθῆτα
δὲ οὐκ ἐπιστάμενοί πω ὑφαίνεσθαι σκέπην πρὸς
τὸ ῥῖγος θηρίων δέρματα ἐποιοῦντο ἀδέψητα, τὸ
δασὺ τῶν δερμάτων ἐς τὸ ἐκτὸς ὑπὲρ εὐπρεπείας
τρέποντες· ἔμελλεν οὖν κατὰ τὸ αὐτὸ ταῖς βύρσαις
καὶ ὁ χρὼς σφισιν ἔσεσθαι δυσώδης.

4 Δελφῶν δὲ ἀπωτέρω σταδίοις εἴκοσί τε καὶ
ἑκατόν ἐστιν Ἄμφισσα μεγίστη καὶ ὀνομαστο-
τάτη πόλις τῶν Λοκρῶν. ἐσποιοῦσι δὲ αὑτοὺς ἐς
τὸ Αἰτωλικὸν αἰσχύνῃ τῶν Ὀζολῶν τοῦ ὀνόματος·
καὶ δὴ καὶ ἔχει λόγον εἰκότα, ὅτε βασιλεὺς ὁ
Ῥωμαίων ἀναστάτους ἐς τὸν Νικοπόλεως συνοι-
κισμὸν ἐποίησεν Αἰτωλούς, ἀποχωρῆσαι τοῦ
δήμου τὸ πολὺ ἐς τὴν Ἄμφισσαν. τὸ μέντοι
ἐξ ἀρχῆς γένους τοῦ Λοκρῶν εἰσί· τεθῆναι δὲ τῇ
πόλει τὸ ὄνομα ἀπὸ Ἀμφίσσης τῆς Μάκαρος τοῦ
Αἰόλου φασὶ καὶ Ἀπόλλωνα ἐραστὴν γενέσθαι
5 τῆς Ἀμφίσσης. κεκόσμηται δὲ ἡ πόλις κατα-
σκευῇ τε τῇ ἄλλῃ καὶ τὰ μάλιστα ἥκοντα ἐς
μνήμην ἔστι μὲν μνῆμα Ἀμφίσσης, ἔστι δὲ
Ἀνδραίμονος· σὺν δὲ αὐτῷ ταφῆναι λέγουσι καὶ
Γόργην τὴν Οἰνέως συνοικήσασαν τῷ Ἀνδραί-
μονι. ἐν δὲ τῇ ἀκροπόλει ναὸς σφισιν Ἀθηνᾶς
καὶ ἄγαλμα ὀρθὸν χαλκοῦ πεποιημένον, κο-
μισθῆναι δὲ ὑπὸ Θόαντός φασιν αὐτὴν ἐξ Ἰλίου
καὶ εἶναι λαφύρων τῶν ἐκ Τροίας· οὐ μὴν καὶ
6 ἐμέ γε ἔπειθον. ἐδήλωσα δὲ ἐν τοῖς προτέροις
τοῦ λόγου Σαμίους Ῥοῖκον Φιλαίου καὶ Θεόδωρον

says that the exhalations from a certain river, and
its very water, have a peculiar smell; the fourth,
that asphodel grows in great abundance and when
in flower . . . because of the smell.  Another story
says that the first dwellers here were aboriginals,
but as yet not knowing how to weave garments they
used to make themselves a protection against the
cold out of the untanned skins of beasts, turning
outwards the shaggy side of the skins for the sake
of a good appearance.  So their own skins were
sure to smell as badly as did the hides.

One hundred and twenty stades away from Delphi
is Amphissa, the largest and most renowned city of
Locris.  The people hold that they are Aetolians,
being ashamed of the name of Ozolians.  Support
is given to this view by the fact that, when the
Roman emperor[1] drove the Aetolians from their
homes in order to found the new city of Nicopolis,
the greater part of the people went away to Amphissa.
Originally, however, they came of Locrian race.
It is said that the name of the city is derived from
Amphissa, daughter of Macar, son of Aeolus, and
that Apollo was her lover.  The city is beautifully
constructed, and its most notable objects are the
tomb of Amphissa and the tomb of Andraemon.
With him was buried, they say, his wife Gorge,
daughter of Oeneus.  On the citadel of Amphissa is
a temple of Athena, with a standing image of bronze,
brought, they say, from Troy by Thoas, being part
of the spoils of that city.  But I cannot accept the
story.  For I have stated in an earlier part of my
work[2] that two Samians, Rhoecus, son of Philaeüs,

---

[1] See V. xxiii. 3 and VII. xviii. 8.
[2] Book VIII. xiv. 8.

Τηλεκλέους εἶναι τοὺς εὑρόντας χαλκὸν ἐς τὸ
ἀκριβέστατον τῆξαι· καὶ ἐχώνευσαν οὗτοι πρῶ-
τοι. Θεοδώρου μὲν δὴ οὐδὲν ἔτι οἶδα ἐξευρών,
ὅσα γε χαλκοῦ πεποιημένα· ἐν δὲ Ἀρτέμιδος τῆς
Ἐφεσίας πρὸς τὸ οἴκημα ἐρχομένῳ τὸ ἔχον τὰς
γραφὰς λίθου θριγκός ἐστιν ὑπὲρ τοῦ βωμοῦ τῆς
Πρωτοθρονίης καλουμένης Ἀρτέμιδος· ἀγάλματα
δὲ ἄλλα τε ἐπὶ τοῦ θριγκοῦ καὶ γυναικὸς εἰκὼν
πρὸς τῷ πέρατι ἔστηκε, τέχνη τοῦ Ῥοίκου,
7 Νύκτα δὲ οἱ Ἐφέσιοι καλοῦσι. τοῦτο οὖν τὸ
ἄγαλμα τῆς ἐν τῇ Ἀμφίσσῃ Ἀθηνᾶς καὶ ἰδεῖν
ἔστιν ἀρχαιότερον καὶ ἀργότερον τὴν τέχνην.
ἄγουσι δὲ καὶ τελετὴν οἱ Ἀμφισσεῖς Ἀνάκτων
καλουμένων παίδων· οἵτινες δὲ θεῶν εἰσιν οἱ
Ἄνακτες παῖδες, οὐ κατὰ ταὐτά ἐστιν εἰρημένον,
ἀλλ' οἱ μὲν εἶναι Διοσκούρους, οἱ δὲ Κούρητας, οἱ
δὲ πλέον τι ἐπίστασθαι νομίζοντες Καβείρους
λέγουσι.
8　　Τούτων δὲ τῶν Λοκρῶν τοσαίδε ἄλλαι πόλεις
εἰσίν· ἄνω μὲν ὑπὲρ Ἀμφίσσης πρὸς ἤπειρον
Μυονία στάδιοις ἀπωτέρω τριάκοντα Ἀμφίσσης·
οὗτοι καὶ τῷ Διὶ ἐν Ὀλυμπίᾳ εἰσὶν οἱ ἀναθέντες
Μυάνες τὴν ἀσπίδα. κεῖται δὲ τὸ πόλισμα ἐπὶ
ὑψηλοῦ, καί σφισιν ἄλσος καὶ βωμὸς θεῶν
Μειλιχίων ἐστί· νυκτεριναὶ δὲ αἱ θυσίαι θεοῖς
τοῖς Μειλιχίοις εἰσὶ καὶ ἀναλῶσαι τὰ κρέα
αὐτόθι πρὶν ἢ ἥλιον ἐπισχεῖν νομίζουσι. καὶ
Ποσειδῶνός ἐστιν ὑπὲρ τὴν πόλιν τέμενος καλού-
μενον Ποσειδώνιον, ἐν δὲ αὐτῷ ναὸς Ποσειδῶνος·
τὸ δὲ ἄγαλμα ἐς ἐμὲ οὐκ ἦν.
9　　Οὗτοι μὲν δὴ ὑπεροικοῦσιν Ἀμφίσσης· ἐπὶ
θαλάσσης δὲ Οἰάνθεια καὶ ταύτῃ ὁμοροῦσά ἐστι

and Theodorus, son of Telecles, discovered how to found bronze most perfectly, and were the first casters of that metal. I have found extant no work of Theodorus, at least no work of bronze. But in the sanctuary of Ephesian Artemis, as you enter the building containing the pictures, there is a stone wall above the altar of Artemis called Goddess of the First Seat. Among the images that stand upon the wall is a statue of a woman at the end, a work of Rhoecus, called by the Ephesians Night. A mere glance shows that this image is older, and of rougher workmanship, than the Athena in Amphissa. The Amphissians also celebrate mysteries in honour of the Boy Kings, as they are called. Their accounts as to who of the gods the Boy Kings are do not agree; some say they are the Dioscuri, others the Curetes, and others, who pretend to have fuller knowledge, hold them to be the Cabeiri.

These Locrians also possess the following cities. Farther inland from Amphissa, and above it, is Myonia, thirty stades distant from it. Its people are those who dedicated the shield to Zeus at Olympia. The town lies upon a height, and it has a grove and an altar of the Gracious Gods. The sacrifices to the Gracious Gods are offered at night, and their rule is to consume the meat on the spot before sunrise. Beyond the city is a precinct of Poseidon, called Poseidonium, and a temple of Poseidon is in it. But the image had disappeared before my time.

These, then, live above Amphissa. On the coast is Oeantheia, neighbour to which is Nau-

Ναύπακτος. πλὴν δὲ ᾿Αμφίσσης ὑπ᾿ ᾿Αχαιῶν
οἱ ἄλλοι Πατρέων ἄρχονται, βασιλέως σφίσι
δόντος Αὐγούστου. ἐν Οἰανθεία δὲ ᾿Αφροδίτης
τε ἱερὸν καὶ ὀλίγον ὑπὲρ τὴν πόλιν κυπαρίσσου
τε ἀναμὶξ καὶ τῆς πίτυός ἐστιν ἄλσος, καὶ ναός
τε ᾿Αρτέμιδος καὶ ἄγαλμα ἐν τῷ ἄλσει· γραφὰ
δὲ ἐπὶ τῶν τοίχων ἐξίτηλοί τε ἦσαν ὑπὸ τοῦ
χρόνου καὶ οὐδὲν ἔτι ἐλείπετο ἐς θέαν αὐτῶν.
10 κληθῆναι δὲ ἀπὸ γυναικὸς ἢ νύμφης τεκμαίρομαι
τὴν πόλιν, ἐπεὶ ἐπὶ Ναυπάκτῳ γε οἶδα εἰρημένον
ὡς Δωριεῖς οἱ ὁμοῦ τοῖς ᾿Αριστομάχου παισὶ τὰ
πλοῖα αὐτόθι ἐποιήσαντο, οἷς ἐς Πελοπόννησον
ἐπεραιώθησαν· καὶ ἀντὶ τούτου γενέσθαι τὸ
ὄνομα τῷ χωρίῳ φασί. τὰ δέ μοι Ναυπακτίων,
ὡς τοῖς ἐς ᾿Ιθώμην ἀποστᾶσιν ὁμοῦ τῷ σεισμῷ
τῷ ἐν Λακεδαίμονι ᾿Αθηναῖοι Ναύπακτον ἐνοικῆ-
σαί σφισιν ἔδοσαν ἀφελόμενοι τοὺς Λοκροὺς καὶ
ὡς τοῦ ᾿Αθηναίων ὕστερον πταίσματος τοῦ ἐν
Αἰγὸς ποταμοῖς Λακεδαιμόνιοι τοὺς Μεσσηνίους
ἐδίωξαν καὶ ἐκ τῆς Ναυπάκτου, τάδε μὲν ἐπεξῆλ-
θέ μοι καὶ ἐς πλέον ἡ Μεσσηνία συγγραφή·
ἐκλιπόντων δὲ ὑπὸ ἀνάγκης τῶν Μεσσηνίων,
οὕτως οἱ Λοκροὶ συνελέχθησαν αὖθις ἐς τὴν
11 Ναύπακτον. τὰ δὲ ἔπη τὰ Ναυπάκτια ὀνο-
μαζόμενα ὑπὸ ῾Ελλήνων ἀνδρὶ ἐσποιοῦσιν οἱ
πολλοὶ Μιλησίῳ· Χάρων δὲ ὁ Πύθεώ φησιν αὐτὰ
ποιῆσαι Ναυπάκτιον Καρκίνον. ἑπόμεθα δὲ καὶ
ἡμεῖς τῇ τοῦ Λαμψακηνοῦ δόξῃ· τίνα γὰρ καὶ
λόγον ἔχοι ἂν ἔπεσιν ἀνδρὸς Μιλησίου πε-
ποιημένοις ἐς γυναῖκας τεθῆναί σφισιν ὄνομα
Ναυπάκτια;
12 ᾿Ενταῦθα ἔστι μὲν ἐπὶ θαλάσσῃ ναὸς Ποσει-
602

pactus. The others, but not Amphissa, are under
the government of the Achaeans of Patrae, the
emperor Augustus having granted them this privi-
lege. In Oeantheia is a sanctuary of Aphrodite,
and a little beyond the city there is a grove of
cypress-trees mixed with pines; in the grove is a
temple of Artemis with an image. The paintings
on the walls I found had lost their colour with time,
and nothing of them was still left worth seeing. I
gather that the city got its name from a woman or
a nymph, while as for Naupactus, I have heard it
said that the Dorians under the sons of Aristomachus
built here the vessels in which they crossed to the
Peloponnesus, thus, it is said, giving to the place its
name.[1] My account of Naupactus, how the Athen-
ians took it from the Locrians and gave it as a home
to those who seceded to Ithome at the time of the
earthquake at Lacedaemon, and how, after the
Athenian disaster at Aegospotami, the Lacedaemon-
ians expelled the Messenians from Naupactus, all
this I have fully related in my history of Messenia.[2]
When the Messenians were forced to leave, the
Locrians gathered again at Naupactus. The epic
poem called the *Naupactia* by the Greeks is by most
people assigned to a poet of Miletus, while Charon,
the son of Pythes, says that it is a composition of
Carcinus of Naupactus. I am one of those who
agree with the Lampsacenian writer. For what
reason could there be in giving the name of *Naupactia*
to a poem about women composed by an author of
Miletus?

Here there is on the coast a temple of Poseidon

---

[1] Naupactus means " the city of ship-building."
[2] Book IV. xxiii. foll.

δῶνος καὶ ἄγαλμα ὀρθὸν χαλκοῦ πεποιημένον,
ἔστι δὲ καὶ ἱερὸν Ἀρτέμιδος καὶ ἄγαλμα λευκοῦ
λίθου· σχῆμα δὲ ἀκοντιζούσης παρέχεται καὶ
ἐπίκλησιν εἴληφεν Αἰτωλή. Ἀφροδίτη δὲ ἔχει
μὲν ἐν σπηλαίῳ τιμάς· εὔχονται δὲ καὶ ἄλλων
εἵνεκα καὶ αἱ γυναῖκες μάλιστα αἱ χῆραι γάμον
13 αἰτοῦσι παρὰ τῆς θεοῦ. τοῦ δὲ Ἀσκληπιοῦ τὸ
ἱερὸν ἐρείπια ἦν, ἐξ ἀρχῆς δὲ ᾠκοδόμησεν αὐτὸ
ἀνὴρ ἰδιώτης Φαλύσιος. νοσήσαντι γάρ οἱ τοὺς
ὀφθαλμοὺς καὶ οὐ πολὺ ἀποδέον τυφλῷ ὁ ἐν
Ἐπιδαύρῳ πέμπει θεὸς Ἀνύτην τὴν ποιήσασαν
τὰ ἔπη φέρουσαν σεσημασμένην δέλτον. τοῦτο
ἐφάνη τῇ γυναικὶ ὄψις ὀνείρατος, ὕπαρ μέντοι ἦν
αὐτίκα· καὶ εὑρέ τε ἐν ταῖς χερσὶ ταῖς αὑτῆς
σεσημασμένην δέλτον καὶ πλεύσασα ἐς τὴν
Ναύπακτον ἐκέλευσεν ἀφελόντα τὴν σφραγῖδα
Φαλύσιον ἐπιλέγεσθαι τὰ γεγραμμένα. τῷ δὲ
ἄλλως μὲν οὐ δυνατὰ ἐφαίνετο ἰδεῖν τὰ γράμματα
ἔχοντι οὕτω τῶν ὀφθαλμῶν· ἐλπίζων δέ τι ἐκ τοῦ
Ἀσκληπιοῦ χρηστὸν ἀφαιρεῖ τὴν σφραγῖδα, καὶ
ἰδὼν ἐς τὸν κηρὸν ὑγιής τε ἦν καὶ δίδωσι τῇ
Ἀνύτῃ τὸ ἐν τῇ δέλτῳ γεγραμμένον, στατῆρας
δισχιλίους χρυσοῦ.

with a standing image made of bronze; there is also a sanctuary of Artemis with an image of white marble. She is in the attitude of one hurling a javelin, and is surnamed Aetolian. In a cave Aphrodite is worshipped, to whom prayers are offered for various reasons, and especially by widows who ask the goddess to grant them marriage. The sanctuary of Asclepius I found in ruins, but it was originally built by a private person called Phalysius. For he had a complaint of the eyes, and when he was almost blind the god at Epidaurus sent to him the poetess Anyte, who brought her a sealed tablet. The woman thought that the god's appearance was a dream, but it proved at once to be a waking vision. For she found in her own hands a sealed tablet; so sailing to Naupactus she bade Phalysius take away the seal and read what was written. He did not think it possible to read the writing with his eyes in such a condition, but hoping to get some benefit from Asclepius he took away the seal. When he had looked at the wax he recovered his sight, and gave to Anyte what was written on the tablet, two thousand staters of gold.

*Printed in Great Britain by*
*Richard Clay (The Chaucer Press), Ltd.,*
*Bungay, Suffolk*

# THE LOEB CLASSICAL LIBRARY

## VOLUMES ALREADY PUBLISHED

### *Latin Authors*

AMMIANUS MARCELLINUS. Translated by J. C. Rolfe. 3 Vols.

APULEIUS: THE GOLDEN ASS (METAMORPHOSES). W. Adlington (1566). Revised by S. Gaselee.

ST. AUGUSTINE: CITY OF GOD. 7 Vols. Vol. I. G. E. McCracken. Vol. II. W. M. Green. Vol. VI. W. C. Greene.

ST. AUGUSTINE, CONFESSIONS OF. W. Watts (1631). 2 Vols.

ST. AUGUSTINE, SELECT LETTERS. J. H. Baxter.

AUSONIUS. H. G. Evelyn White. 2 Vols.

BEDE. J. E. King. 2 Vols.

BOETHIUS: TRACTS and DE CONSOLATIONE PHILOSOPHIAE. Rev. H. F. Stewart and E. K. Rand.

CAESAR: ALEXANDRIAN, AFRICAN and SPANISH WARS. A. G. Way.

CAESAR: CIVIL WARS. A. G. Peskett.

CAESAR: GALLIC WAR. H. J. Edwards.

CATO: DE RE RUSTICA; VARRO: DE RE RUSTICA. H. B. Ash and W. D. Hooper.

CATULLUS. F. W. Cornish; TIBULLUS. J. B. Postgate; PERVIGILIUM VENERIS. J. W. Mackail.

CELSUS: DE MEDICINA. W. G. Spencer. 3 Vols.

CICERO: BRUTUS, and ORATOR. G. L. Hendrickson and H. M. Hubbell.

[CICERO]: AD HERENNIUM. H. Caplan.

CICERO: DE ORATORE, etc. 2 Vols. Vol. I. DE ORATORE, Books I. and II. E. W. Sutton and H. Rackham. Vol. II. DE ORATORE, Book III. De Fato; Paradoxa Stoicorum; De Partitione Oratoria. H. Rackham.

CICERO: DE FINIBUS. H. Rackham.

CICERO: DE INVENTIONE, etc. H. M. Hubbell.

CICERO: DE NATURA DEORUM and ACADEMICA. H. Rackham.

CICERO: DE OFFICIIS. Walter Miller.

CICERO: DE REPUBLICA and DE LEGIBUS; SOMNIUM SCIPIONIS. Clinton W. Keyes.

CICERO: DE SENECTUTE, DE AMICITIA, DE DIVINATIONE. W. A. Falconer.

CICERO: IN CATILINAM, PRO FLACCO, PRO MURENA, PRO SULLA. Louis E. Lord.

CICERO: LETTERS to ATTICUS. E. O. Winstedt. 3 Vols.

CICERO: LETTERS TO HIS FRIENDS. W. Glynn Williams. 3 Vols.

CICERO: PHILIPPICS. W. C. A. Ker.

CICERO: PRO ARCHIA POST REDITUM, DE DOMO, DE HARUSPICUM RESPONSIS, PRO PLANCIO. N. H. Watts.

CICERO: PRO CAECINA, PRO LEGE MANILIA, PRO CLUENTIO, PRO RABIRIO. H. Grose Hodge.

CICERO: PRO CAELIO, DE PROVINCIIS CONSULARIBUS, PRO BALBO. R. Gardner.

CICERO: PRO MILONE, IN PISONEM, PRO SCAURO, PRO FONTEIO, PRO RABIRIO POSTUMO, PRO MARCELLO, PRO LIGARIO, PRO REGE DEIOTARO. N. H. Watts.

CICERO: PRO QUINCTIO, PRO ROSCIO AMERINO, PRO ROSCIO COMOEDO, CONTRA RULLUM. J. H. Freese.

CICERO: PRO SESTIO, IN VATINIUM. R. Gardner.

CICERO: TUSCULAN DISPUTATIONS. J. E. King.

CICERO: VERRINE ORATIONS. L. H. G. Greenwood. 2 Vols.

CLAUDIAN. M. Platnauer. 2 Vols.

COLUMELLA: DE RE RUSTICA. DE ARBORIBUS. H. B. Ash, E. S. Forster and E. Heffner. 3 Vols.

CURTIUS, Q.: HISTORY OF ALEXANDER. J. C. Rolfe. 2 Vols.

FLORUS. E. S. Forster; and CORNELIUS NEPOS. J. C. Rolfe.

FRONTINUS: STRATAGEMS and AQUEDUCTS. C. E. Bennett and M. B. McElwain.

FRONTO: CORRESPONDENCE. C. R. Haines. 2 Vols.

GELLIUS, J. C. Rolfe. 3 Vols.

HORACE: ODES AND EPODES. C. E. Bennett.

HORACE: SATIRES, EPISTLES, ARS POETICA. H. R. Fairclough.

JEROME: SELECTED LETTERS. F. A. Wright.

JUVENAL and PERSIUS. G. G. Ramsay.

LIVY. B. O. Foster, F. G. Moore, Evan T. Sage, and A. C. Schlesinger and R. M. Geer (General Index). 14 Vols.

LUCAN. J. D. Duff.

LUCRETIUS. W. H. D. Rouse.

MARTIAL. W. C. A. Ker. 2 Vols.

MINOR LATIN POETS: from PUBLILIUS SYRUS TO RUTILIUS NAMATIANUS, including GRATTIUS, CALPURNIUS SICULUS, NEMESIANUS, AVIANUS, and others with " Aetna " and the " Phoenix." J. Wight Duff and Arnold M. Duff.

OVID: THE ART OF LOVE and OTHER POEMS. J. H. Mozley.

2

OVID: FASTI. Sir James G. Frazer.

OVID: HEROIDES and AMORES. Grant Showerman.

OVID: METAMORPHOSES. F. J. Miller. 2 Vols.

OVID: TRISTIA and EX PONTO. A. L. Wheeler.

PERSIUS. Cf. JUVENAL.

PETRONIUS. M. Heseltine; SENECA; APOCOLOCYNTOSIS.
W. H. D. Rouse.

PLAUTUS. Paul Nixon. 5 Vols.

PLINY: LETTERS. Melmoth's Translation revised by W. M. L.
Hutchinson. 2 Vols.

PLINY: NATURAL HISTORY.
10 Vols. Vols. I.–V. and IX. H. Rackham. Vols. VI.–
VIII. W. H. S. Jones. Vol. X. D. E. Eichholz.

PROPERTIUS. H. E. Butler.

PRUDENTIUS. H. J. Thomson. 2 Vols.

QUINTILIAN. H. E. Butler. 4 Vols.

REMAINS OF OLD LATIN. E. H. Warmington. 4 Vols. Vol. I.
(ENNIUS AND CAECILIUS.) Vol. II. (LIVIUS, NAEVIUS,
PACUVIUS, ACCIUS.) Vol. III. (LUCILIUS and LAWS OF XII
TABLES.) Vol. IV. (ARCHAIC INSCRIPTIONS.)

SALLUST. J. C. Rolfe.

SCRIPTORES HISTORIAE AUGUSTAE. D. Magie. 3 Vols.

SENECA: APOCOLOCYNTOSIS. Cf. PETRONIUS.

SENECA: EPISTULAE MORALES. R. M. Gummere. 3 Vols.

SENECA: MORAL ESSAYS. J. W. Basore. 3 Vols.

SENECA: TRAGEDIES. F. J. Miller. 2 Vols.

SIDONIUS: POEMS and LETTERS. W. B. ANDERSON. 2 Vols.

SILIUS ITALICUS. J. D. Duff. 2 Vols.

STATIUS. J. H. Mozley. 2 Vols.

SUETONIUS. J. C. Rolfe. 2 Vols.

TACITUS: DIALOGUES. Sir Wm. Peterson. AGRICOLA and
GERMANIA. Maurice Hutton.

TACITUS: HISTORIES AND ANNALS. C. H. Moore and J. Jackson.
4 Vols.

TERENCE. John Sargeaunt. 2 Vols.

TERTULLIAN: APOLOGIA and DE SPECTACULIS. T. R. Glover.
MINUCIUS FELIX. G. H. Rendall.

VALERIUS FLACCUS. J. H. Mozley.

VARRO: DE LINGUA LATINA. R. G. Kent. 2 Vols.

VELLEIUS PATERCULUS and RES GESTAE DIVI AUGUSTI. F. W.
Shipley.

VIRGIL. H. R. Fairclough. 2 Vols.

VITRUVIUS: DE ARCHITECTURA. F. Granger. 2 Vols.

# Greek Authors

ACHILLES TATIUS. S. Gaselee.

AELIAN: ON THE NATURE OF ANIMALS. A. F. Scholfield. 3 Vols.

AENEAS TACTICUS, ASCLEPIODOTUS and ONASANDER. The Illinois Greek Club.

AESCHINES. C. D. Adams.

AESCHYLUS. H. Weir Smyth. 2 Vols.

ALCIPHRON, AELIAN, PHILOSTRATUS: LETTERS. A. R. Benner and F. H. Fobes.

ANDOCIDES, ANTIPHON, Cf. MINOR ATTIC ORATORS.

APOLLODORUS. Sir James G. Frazer. 2 Vols.

APOLLONIUS RHODIUS. R. C. Seaton.

THE APOSTOLIC FATHERS. Kirsopp Lake. 2 Vols.

APPIAN: ROMAN HISTORY. Horace White. 4 Vols.

ARATUS. Cf. CALLIMACHUS.

ARISTOPHANES. Benjamin Bickley Rogers. 3 Vols. Verse trans.

ARISTOTLE: ART OF RHETORIC. J. H. Freese.

ARISTOTLE: ATHENIAN CONSTITUTION, EUDEMIAN ETHICS, VICES AND VIRTUES. H. Rackham.

ARISTOTLE: GENERATION OF ANIMALS. A. L. Peck.

ARISTOTLE: METAPHYSICS. H. Tredennick. 2 Vols.

ARISTOTLE: METEOROLOGICA. H. D. P. Lee.

ARISTOTLE: MINOR WORKS. W. S. Hett. On Colours, On Things Heard, On Physiognomies, On Plants, On Marvellous Things Heard, Mechanical Problems, On Indivisible Lines, On Situations and Names of Winds, On Melissus, Xenophanes, and Gorgias.

ARISTOTLE: NICOMACHEAN ETHICS. H. Rackham.

ARISTOTLE: OECONOMICA and MAGNA MORALIA. G. C. Armstrong; (with Metaphysics, Vol. II.).

ARISTOTLE: ON THE HEAVENS. W. K. C. Guthrie.

ARISTOTLE: ON THE SOUL. PARVA NATURALIA. ON BREATH. W. S. Hett.

ARISTOTLE: CATEGORIES, ON INTERPRETATION, PRIOR ANALYTICS. H. P. Cooke and H. Tredennick.

ARISTOTLE: POSTERIOR ANALYTICS, TOPICS. H. Tredennick and E. S. Forster.

ARISTOTLE: ON SOPHISTICAL REFUTATIONS.
On Coming to be and Passing Away, On the Cosmos. E. S. Forster and D. J. Furley.

ARISTOTLE: PARTS OF ANIMALS. A. L. Peck; MOTION AND PROGRESSION OF ANIMALS. E. S. Forster.

4

ARISTOTLE: PHYSICS. Rev. P. Wicksteed and F. M. Cornford. 2 Vols.

ARISTOTLE: POETICS and LONGINUS. W. Hamilton Fyfe; DEMETRIUS ON STYLE. W. Rhys Roberts.

ARISTOTLE: POLITICS. H. Rackham.

ARISTOTLE: PROBLEMS. W. S. Hett. 2 Vols.

ARISTOTLE: RHETORICA AD ALEXANDRUM (with PROBLEMS. Vol. II.) H. Rackham.

ARRIAN: HISTORY OF ALEXANDER and INDICA. Rev. E. Iliffe Robson. 2 Vols.

ATHENAEUS: DEIPNOSOPHISTAE. C. B. GULICK. 7 Vols.

ST. BASIL: LETTERS. R. J. Deferrari. 4 Vols.

CALLIMACHUS: FRAGMENTS. C. A. Trypanis.

CALLIMACHUS, Hymns and Epigrams, and LYCOPHRON. A. W. Mair; ARATUS. G. R. MAIR.

CLEMENT of ALEXANDRIA. Rev. G. W. Butterworth.

COLLUTHUS. Cf. OPPIAN.

DAPHNIS AND CHLOE. Thornley's Translation revised by J. M. Edmonds; and PARTHENIUS. S. Gaselee.

DEMOSTHENES I.: OLYNTHIACS, PHILIPPICS and MINOR ORATIONS. I.–XVII. AND XX. J. H. Vince.

DEMOSTHENES II.: DE CORONA and DE FALSA LEGATIONE. C. A. Vince and J. H. Vince.

DEMOSTHENES III.: MEIDIAS, ANDROTION, ARISTOCRATES, TIMOCRATES and ARISTOGEITON, I. AND II. J. H. Vince.

DEMOSTHENES IV.–VI.: PRIVATE ORATIONS and IN NEAERAM. A. T. Murray.

DEMOSTHENES VII.: FUNERAL SPEECH, EROTIC ESSAY, EXORDIA and LETTERS. N. W. and N. J. DeWitt.

DIO CASSIUS: ROMAN HISTORY. E. Cary. 9 Vols.

DIO CHRYSOSTOM. J. W. Cohoon and H. Lamar Crosby. 5 Vols.

DIODORUS SICULUS. 12 Vols. Vols. I.–VI. C. H. Oldfather. Vol. VII. C. L. Sherman. Vol. VIII. C. B. Welles. Vols. IX. and X. R. M. Geer. Vol. XI. F. Walton.

DIOGENES LAERTIUS. R. D. Hicks. 2 Vols.

DIONYSIUS OF HALICARNASSUS: ROMAN ANTIQUITIES. Spelman's translation revised by E. Cary. 7 Vols.

EPICTETUS. W. A. Oldfather. 2 Vols.

EURIPIDES. A. S. Way. 4 Vols. Verse trans.

EUSEBIUS: ECCLESIASTICAL HISTORY. Kirsopp Lake and J. E. L. Oulton. 2 Vols.

GALEN: ON THE NATURAL FACULTIES. A. J. Brock.

THE GREEK ANTHOLOGY. W. R. Paton. 5 Vols.

GREEK ELEGY AND IAMBUS with the ANACREONTEA. J. M. Edmonds. 2 Vols.

5

THE GREEK BUCOLIC POETS (THEOCRITUS, BION, MOSCHUS). J. M. Edmonds.

GREEK MATHEMATICAL WORKS. Ivor Thomas. 2 Vols.

HERODES. Cf. THEOPHRASTUS: CHARACTERS.

HERODOTUS. A. D. Godley. 4 Vols.

HESIOD AND THE HOMERIC HYMNS. H. G. Evelyn White.

HIPPOCRATES and the FRAGMENTS OF HERACLEITUS. W. H. S. Jones and E. T. Withington. 4 Vols.

HOMER: ILIAD. A. T. Murray. 2 Vols.

HOMER: ODYSSEY. A. T. Murray. 2 Vols.

ISAEUS. E. W. Forster.

ISOCRATES. George Norlin and LaRue Van Hook. 3 Vols.

ST. JOHN DAMASCENE: BARLAAM AND IOASAPH. Rev. G. R. Woodward and Harold Mattingly.

JOSEPHUS. 9 Vols. Vols. I.–IV.; H. Thackeray. Vol. V.; H. Thackeray and R. Marcus. Vols. VI.–VII.; R. Marcus. Vol. VIII.; R. Marcus and Allen Wikgren. Vol. IX. L. H. Feldman.

JULIAN. Wilmer Cave Wright. 3 Vols.

LUCIAN. 8 Vols. Vols. I.–V. A. M. Harmon. Vol. VI. K. Kilburn. Vol. VII. M. D. Macleod.

LYCOPHRON. Cf. CALLIMACHUS.

LYRA GRAECA. J. M. Edmonds. 3 Vols.

LYSIAS. W. R. M. Lamb.

MANETHO. W. G. Waddell: PTOLEMY: TETRABIBLOS. F. E. Robbins.

MARCUS AURELIUS. C. R. Haines.

MENANDER. F. G. Allinson.

MINOR ATTIC ORATORS (ANTIPHON, ANDOCIDES, LYCURGUS, DEMADES, DINARCHUS, HYPERIDES). K. J. Maidment and J. O. Burtt. 2 Vols.

NONNOS: DIONYSIACA. W. H. D. Rouse. 3 Vols.

OPPIAN, COLLUTHUS, TRYPHIODORUS. A. W. Mair.

PAPYRI. NON-LITERARY SELECTIONS. A. S. Hunt and C. C. Edgar. 2 Vols. LITERARY SELECTIONS (Poetry). D. L. Page.

PARTHENIUS. Cf. DAPHNIS and CHLOE.

PAUSANIAS: DESCRIPTION OF GREECE. W. H. S. Jones. 4 Vols. and Companion Vol. arranged by R. E. Wycherley.

PHILO. 10 Vols. Vols. I.–V.; F. H. Colson and Rev. G. H. Whitaker. Vols. VI.–IX.; F. H. Colson. Vol. X. F. H. Colson and the Rev. J. W. Earp.

PHILO: two supplementary Vols. (*Translation only.*) Ralph Marcus.

PHILOSTRATUS: THE LIFE OF APOLLONIUS OF TYANA. F. C. Conybeare. 2 Vols.

PHILOSTRATUS: IMAGINES; CALLISTRATUS: DESCRIPTIONS. A. Fairbanks.

PHILOSTRATUS and EUNAPIUS: LIVES OF THE SOPHISTS. Wilmer Cave Wright.

PINDAR. Sir J. E. Sandys.

PLATO: CHARMIDES, ALCIBIADES, HIPPARCHUS, THE LOVERS, THEAGES, MINOS and EPINOMIS. W. R. M. Lamb.

PLATO: CRATYLUS, PARMENIDES, GREATER HIPPIAS, LESSER HIPPIAS. H. N. Fowler.

PLATO: EUTHYPHRO, APOLOGY, CRITO, PHAEDO, PHAEDRUS. H. N. Fowler.

PLATO: LACHES, PROTAGORAS, MENO, EUTHYDEMUS. W. R. M. Lamb.

PLATO: LAWS. Rev. R. G. Bury. 2 Vols.

PLATO: LYSIS, SYMPOSIUM, GORGIAS. W. R. M. Lamb.

PLATO: REPUBLIC. Paul Shorey. 2 Vols.

PLATO: STATESMAN, PHILEBUS. H. N. Fowler; ION. W. R. M. Lamb.

PLATO: THEAETETUS and SOPHIST. H. N. Fowler.

PLATO: TIMAEUS, CRITIAS, CLITOPHO, MENEXENUS, EPISTULAE. Rev. R. G. Bury.

PLUTARCH: MORALIA. 15 Vols. Vols. I.–V. F. C. Babbitt. Vol. VI. W. C. Helmbold. Vol. VII. P. H. De Lacy and B. Einarson. Vol. IX. E. L. Minar, Jr., F. H. Sandbach, W. C. Helmbold. Vol. X. H. N. Fowler. Vol. XI. L. Pearson and F. H. Sandbach. Vol. XII. H. Cherniss and W. C. Helmbold.

PLUTARCH: THE PARALLEL LIVES. B. Perrin. 11 Vols.

POLYBIUS. W. R. Paton. 6 Vols.

PROCOPIUS: HISTORY OF THE WARS. H. B. Dewing. 7 Vols.

PTOLEMY: TETRABIBLOS. Cf. MANETHO.

QUINTUS SMYRNAEUS. A. S. Way. Verse trans.

SEXTUS EMPIRICUS. Rev. R. G. Bury. 4 Vols.

SOPHOCLES. F. Storr. 2 Vols. Verse trans.

STRABO: GEOGRAPHY. Horace L. Jones. 8 Vols.

THEOPHRASTUS: CHARACTERS. J. M. Edmonds. HERODES, etc. A. D. Knox.

THEOPHRASTUS: ENQUIRY INTO PLANTS. Sir Arthur Hort, Bart. 2 Vols.

THUCYDIDES. C. F. Smith. 4 Vols.

TRYPHIODORUS. Cf. OPPIAN.

XENOPHON: CYROPAEDIA. Walter Miller. 2 Vols.

XENOPHON: HELLENICA, ANABASIS, APOLOGY, and SYMPOSIUM. C. L. Brownson and O. J. Todd. 3 Vols.

XENOPHON: MEMORABILIA and OECONOMICUS. E. C. Marchant.

XENOPHON: SCRIPTA MINORA. E. C. Marchant.

# IN PREPARATION

ARISTOTLE: HISTORIA ANIMALIUM (Greek). A. L. Peck.
PLOTINUS (Greek). A. H. Armstrong.
BABRIUS (Greek) AND PHAEDRUS (Latin). Ben E. Perry.

## *DESCRIPTIVE PROSPECTUS ON APPLICATION*

London                    WILLIAM HEINEMANN LTD
Cambridge, Mass.          HARVARD UNIVERSITY PRESS